KB210122

한국전쟁 70년과
'以後' 교회

한국전쟁 70년과 '以後' 교회

통일의 신학적 의미를 찾아서

현장아카데미 편

도서출판 모시는사람들

『종교개혁 500년과 '以後' 신학』, 『3.1정신과 '以後' 기독교』에 이어 마침 내 『한국전쟁 70년과 '以後' 교회』가 세상에 빛을 보게 되었다. 그동안 신학 적 소명을 갖고 이 땅의 역사적 과제와 씨름했던 학자들에게 크게 고맙다 말하고 싶다. 연거푸 세 권의 책을 펴낸 도서출판 모시는사람들에게도 인사 드린다. 일반적으로 감사의 말은 말미에 적는 것이 통상이지만 학자들과 출 판사가 감당한 노고가 컸기에 이렇듯 감사의 말이 모두에 발설되었다. 이 책을 기획한 사람으로 그만큼 은혜를 입었던 까닭이리라.

앞선 두 책이 '변선환 아카이브' 이름으로 기획되었다면 이번 책은 필자가 책임자로 있는 '현장아카데미'가 주도했다. 하지만 집필자들은 거지반 필자 의 동료들과 제자들로서 달라지지 않았다. 기획 주체가 바뀐 것은 여러 이 유가 있겠으나 우선 아카이브의 역량을 후일 일아 선생님의 탄생 백주년 기 리는 작업을 위해 비축하기 위함이다. 동시에 한국전쟁 주제만큼은 아카이 브보다 현장아카데미 성격과 더 부합한다는 판단도 작용했다. 분단 이데올 로기 극복 및 통일 신학에 관한 주제는 본 아카이브의 일차적 관심사가 아 니었던 까닭이다. 민족의 주체적 역량을 강조한 4.27 판문점 선언 이후의 신학은 필자가 감당할 몫이 되었다. 고 박순경 선생께서 지적한 대로 그간 감신대의 토착화 전통은 남북 이념 문제를 다룰 수 있는 역량을 키우지 못했다. 이념적 갈등 현실보다 문화(종교)적 이상에 치중한 결과라 할 것이다. 그럴수록 우리는 반공을 복음과 등가로 여겨 온 교회 현실에서 한국전쟁 70년 역사와 옳게 맞닥트려야만 했다. 이 땅을 이념적으로 분단시킨 한국전쟁의 기원, 전개 및 결과에 대한 공부 없이는 이 비판을 넘어설 수 없었고 4.27 선언 이후 세상을 상상할 수 없었다. 이 점에서 현장아카데미는 한국전쟁을 지속적으로 연구할 수 있는 장이 되었고 그 바탕에서 오늘의 결과물 『한국전쟁 70년과 '以後' 교회』를 출판하게 되었으니 작게나마 공을 이뤘다 할 것이다.

주지하듯 이번 새 책 출판을 위해 필자는 후학들의 도움을 받아 텀블벅 크라우드 펀딩을 시도했다. 이번 책의 가치와 의미를 널리 알리고 싶은 마음에서였다. 연구와 생계로 분주한 16명의 집필자들과 더불어 한국전쟁을 주제로 공부하고 1년 6개월 동안 공동 작업을 한다는 것은 결코 쉽지 않았다. 생각만큼 학문공동체를 이루지 못했으나 토론 과정을 거쳐 자기 글을 수정, 보완하는 힘든 과정을 거쳐야 했다. 포기하고 싶은 유혹도 엄청 많았을 것이다. 어떤 보상도 제시하지 않았고 오직 '뜻'만으로 시작했던바, 선생이란 이름으로 밀어붙이기까지 했으니 많이 미안하다. 그럴수록 우리가 내민 손을 붙잡아준 70여 분의 텀블벅 후원자들이 더없이 귀하다. 집필자로서는 자기 글을 누군가가 읽어 주는 것만큼 고마운 일은 없을 것이다. 그럴수록 좋은 책으로 보답하는 것이 우리들 책무가 되었다. 『한국전쟁 70년과 '以後' 교회』가 읽을 만한 책이 되어 후원자를 비롯한 여러 독자들 손에 들려지는 순간을 기다려 본다. 더 많이 읽혀지고 회자되어 혐오의 대상인 '북'에게서 괴물의 상이 벗겨지기를 희망한다.

누차 말했듯이 이번 책에 이르기까지 세 권의 '以後' 시리즈를 기획한 것은 2010년에서 2020년에 이르는 지난 10년간을 한국 기독교의 앞날을 위해 하늘 주신 시간이라 여겼던 까닭이다. 2013년 세계교회협의회(WCC) 10차 대회가 유불선이 공존하는 이 땅에서 열렸고, 2017년 종교개혁 500주년을 기려야 했으며, 3.1정신을 다시 소환해야 했던 2019년이 예사롭지 않았기에 분단이념을 고착시킨 한국전쟁 상흔을 70년 되는 2020년을 계기로 극복하기를 바란 것이다. 세계 교회들과의 대화를 통해 세상과 소통하고 그 힘으로 자폐적 한국교회를 개혁하여 3.1정신과 공명하는 민족의 교회로 거듭나 남북은 물론 세계사적 분단을 극복하는 주체로 우뚝 설 기회를 기대했던 것이다.

앞서 언급한 각각의 책들은 모두 이런 역사적 시점에 맞춰 기획, 집필되었다. WCC 10차 대회를 전후로 필자는 한국종교인평화회의(KCRP) 종교간 대화위원장 자격으로 『축의 시대와 종교간 대화』(2014, 모시는사람들)를 펴냈다. 어떤 신학도 무시간적으로 타당한 신학은 존재치 않으며 언제든 자기 시대의 문제를 해결할 목적으로 재구성될 수밖에 없다고 배웠고 가르쳤기에, 시대의 과제에 직면코자 한 것이다. 본 작업의 의미와 가치는 후대가 평가할 것이겠으나 평생 신학의 우물을 길어 마셨던 필자로서 이 과제들을 동료, 후학들과 함께 걸머져야만 했다.

세 권의 책자가 공통적으로 담고 있는 '以後'란 말뜻, 즉 '以後' 신학, '以後' 기독교 그리고 '以後' 교회의 의미를 체계적으로 풀어내는 일이 필자에게 남아 있다. 향후 세미나, 심포지엄의 방식으로 우리가 생각했던 '以後'의 의미를 힘껏 풀어 낼 생각이다. 과연 '以後'의 종교로서 기독교가 어떤 모습일지, 기존 모습과 얼마나 다를지, 얼마나 세상이 요구하는 '이단적 명령(Peter Berger)' 앞에서 어떻게 표현될 지 궁금하다.

이 책『한국전쟁 70년과 '以後' 교회』는 16편의 논문으로 구성되었다. 처음부터 계획, 의도한 것은 아니었으나 글의 성격과 내용에 따라 5부로 나뉘어 편집되었는데 각 부에 서너 편씩의 논문들이 모아졌다. 우선 1부는 여성신학자들의 글 세 편으로 구성되었다. 한국전쟁의 세계사적, 사상사적 의미를 탐구한 것이다. 흔히 경험에 기초한 여성신학이 거대담론에 비판적이라 알려졌으나 글 첫부분을 담당한 이은선, 김정숙 그리고 신혜진, 세 분의 여성신학자들은 한국전쟁을 사상사적 토대에서 거시적으로 다뤘다. 먼저 이은선 교수는 한국전쟁을 서구 전체주의 사조와의 연계 속에서 살폈다. 한나 아렌트의 명저『전체주의의 기원』의 논지를 확대시켜 한국전쟁 속에 감춰진 악의 보편적 구조를 새롭게 해명했다. 즉 한국전쟁에는 기독교 절대주의, 미 제국주의 그리고 서구 전체주의의 모순이 집약되었다고 본 것이다. 이 첫 글은 한국전쟁의 세계사적 차원을 사상적 측면에서 심오하게 밝힌 독창적 글이 되었다. 김정숙 교수는 르네 지라르와 발터 벤야민의 용어, '희생양 메카니즘'과 '신적 폭력'의 개념을 갖고서 한국전쟁을 이해했다. 인류 역사가 '폭력에로의 타락사'란 사실을 이 두 개념에 의지하여 살폈고 이를 한국전쟁을 통해서 확증한 것이다. 서구의 정치 신학적 관점에서 한국전쟁을 신학화한 점이 돋보인다. 신혜진 박사의 글은 '주체' 개념의 빛에서 분단을 야기한 한국전쟁을 독해했다. 민족 고유한 주체와 기독교적 주체 개념을 연결 지어 분단 종결을 위한 (통일)신학적 과제를 제시한 것이다. 얼마 전 고인이 된 여성 통일신학자 박순경 교수의 관점을 재점화했다. 기독교가 지난 70년 역사 속에서 어떻게 극우 반공주의의 온상이 되었는가를 예시한 것이 장점이다.

2부에는 한국전쟁의 역사적 배경 및 그 실상이 사실적으로 적시되었다. 앞선 1부가 사상사적, 세계사적 차원의 글이었다면 2부를 구성한 세 편의 글은 모두 실증적 사실에 토대를 둔 것이다. 첫 글의 저자 김종길 박사는 한 미동맹이란 허구를 벗기는 데 주력했다. 이스라엘 역사에 정통한 구약학자의 관점이 녹아든 결과라 생각한다. 불평등성을 넘어 신화로까지 미화된 한 미동맹의 틀을 벗겨내는 것이 민족적으로뿐 아니라 세계사적으로 나아가 신학(성서)적으로 정당한 것이란 논지를 폈다. 민족 주체성에 입각한 좌우 합작의 전통을 잇자는 것이다. 최태육 박사는 한국전쟁 이후 반공의 이름으로 학살된 희생자들을 발굴하고 그 역사를 기록해 온 기독교 사학자이다. 이번에도 "학살과 기독교"란 제목으로 국가권력, 전쟁정책(반공이념)에 의해 집단적으로 희생된 충남 아산 마을의 경우를 소개했다. 이런 국가정책이 기독교 속에 스며든 이래로 교회는 이념적 갈등을 부추기는 종교집단으로 전락했음을 적시했다. 한국전쟁 이후 국가와 교회의 학살 행위는 상상을 초월한다. 기독교 윤리학자이자 근대사 연구가인 이병성 박사는 한국전쟁에 대한 미 선교사의 전쟁 인식을 연구했다. 이는 당시 한국전쟁에 대한 미국 교회, 나아가 미국적 시각을 살피는 데 도움이 된다. 특히 반공주의, 복음주의적 정교분리의 입장은 취했던 밥 피어스란 선교사를 공산주의를 적그리스도로 보았던 대표적 인물로 적시했다. 그에게 있어 반공주의는 정치와 종교를 복음주의적으로 연결하는 방식이었다는 것이다.

　3부에는 한국전쟁을 문화적 측면에서 살필 수 있는 귀중한 글 세 편이 모아졌다. 아마도 한국전쟁을 다룬 여타의 책에서는 쉽게 찾을 수 없는 내용일 듯싶다. 한국전쟁 사진과 영화 그리고 당시의 노래가 주제가 되었다. 재불 미술 평론가인 심은록 박사는 전쟁 사진들에서 한국전쟁에 관한 집단 기억을 소환했다. 특별히 아우구스티누스의 시간론의 핵심개념들ㅡ기억, 직관, 기대ㅡ을 근본 틀 삼아 그리한 것이다. 전쟁 사진 속에서 당시를 기억하고 그것을 예술적으로 직관하여 미래를 평화통일에 대한 기대로 채우는 과정을 서술했다. 숱한 전쟁 사진들을 분석하여 설명하는 과정이 많이 이채롭고 신선하다. 의례 연구자인 이정훈 목사는 한국전쟁 이후 불린 노래들을 발굴하여 그 속에 담긴 전쟁의 상흔을 되새김질하였다. 일종의 한국전쟁에 관한 노래 기행문으로서, 사람뿐 아니라 당시 산하의 아픔을 생생하게 전달해 주었다. 특히 경기도 연천, 백두산-두만강 유역, 경상도 하동 땅 그리고 평택지역에서 불린 전쟁 이후 노래를 통해 한의 기억을 소환했고, 그 아픔을 치유하여 전쟁 없는 세상을 위한 연대를 추구한 멋진 글이 되었다. 영화평론가로 활동해 온 조직신학자 최성수 박사는 영화를 통해 한국전쟁을 기억하는 방식의 변화를 밝히는 흥미로운 글을 썼다. 한국전쟁을 주제로 한 아주 다양한 영화를 소개했다. 저자에게 영화는 시대정신을 읽고 해석할 수 있는 가장 좋은 대중적 매체였기 때문이다. 급기야 글쓴이는 영화라는 미학적 기억매체를 통해서 남북 간 화해 공동체를 추동할 수 있다고도 추론했다. 영화가 기독교의 화해론을 실현시킬 수 있는 적합한 수단이자 매체라 본 탓이다.

4부에는 한국전쟁을 목회적, 교회적 관점에서 연구한 세 편의 글이 실렸다. 첫 글 집필자인 신익상 박사는 한국전쟁에서 비롯한 분단 70년 현실에 대한 개신교인들의 의식을 통계적으로 밝혔다. 특별히 20대 청년의 생각을 물었고 기독교란 종교가 평화와 통일의 주제를 견인할 만한 관심과 역량이 있는지를 살폈다. 하지만 결론은 개신교인들의 신앙 양태가 평화와 통일 주제와의 상관성이 없(적)다는 것이었다. 예상했기에 놀랍지 않으나 본 논문은 향후 기독교(인)의 변화를 강력히 요구하고 있다. 메노나이트 소속 평화운동가인 김복기 목사는 평화교회의 시선에서 한국전쟁을 살폈다. 우리에게 다소 낯선 메노나이트 교회의 평화사상을 살필 수 있는 좋은 기회를 제공한 것이다. 역사적 박해 속에서 형성된 이들 평화의 시각에서 한국전쟁을 이해했고 교회적으로 극복할 방향성을 제시했다. 기독교 평화주의 이론과 역사적으로 존재했던 국내외 평화교회(운동)에 대한 소개가 이 글의 공헌점이다. 조직신학자인 최태관 박사는 독일 통일에 지대한 역할을 했던 독일교회의 시각을 한국 개신교회가 배울 것을 강조했다. 논문의 전반부를 통해 독일교회와 특히 평신도들의 평화와 통일운동을 충족히 설명했다. 하지만 저자는 흡수통일을 했던 독일과 달리 남북 간 평화 정착이 우선이란 논리를 폈다. 이를 위해 이 땅의 교회가 먼저 평화의 공동체가 될 것을 당위적으로 역설했다. 하지만 '어떻게?'는 우리 모두의 몫으로 남겨 두었다.

마지막 5부는 결론 장으로서 4개의 묵직한 논문으로 구성되었다. 전쟁 극복 나아가 평화통일을 위한 교회의 실천적, 선교적 과제를 중심으로 엮어졌다. 뭇 통일 담론과의 변별된 통일신학에 대한 전망도 담겼다. 먼저 최대광 박사는 반공주의 기독교의 실상을 이념 환원주의라 규정하고, 이것이 평화를 삼키고 진실을 묻는 블랙홀이 되었다고 적시했다. 신학자이자 목회자로서 저자는 한국 사회를 양분시키는 이념 환원주의를 종교영성 신학, 종교적 수행의 차원에서 그의 극복 가능성을 실험했다. 이웃종교의 수행영성을 기독교적으로 재구성한 종교 신학의 도상에서 이분법적 세계관을 난파시키려 한 것이다. 이성호 박사는 한국전쟁 전사자를 남과 북을 포함한 전쟁에 참여한 각 나라의 영웅으로만 추모하는 기존 태도에 대해 이의를 제기했다. 이는 평화 체제로 가는 길에 걸림돌이 되기 때문이다. 오히려 본고는 전사자를 냉전 이데올로기 및 국가 이데올로기와 참혹한 전쟁의 희생자로도 바라보자고 주장한다. 한국전쟁 군인 사망자들의 삶을 기억하고 그들의 존재 자체를 애도하는 탈이념적, 보편적 추모의 길을 새롭게 모색했다. 탈식민주의적 관점으로 남북 경계를 무너트려 평화를 구축할 수 있다는 것이 본고의 결론이 되었다. 선교신학자 홍정호 박사의 글은 북한 이탈주민의 정체성 물음을 깊게 밀고 나갔다. 새터민으로도 불리는 탈북자들 수가 급증하는 현실에서 이들의 정체성에 대한 이해가 통일을 앞서 준비하는 신학적 작업일 수 있겠다. 통일 이후 북한 선교의 성패가 이런 선행연구와 무관할 수 없을 것이다. 타자화된 북한을 이탈주민의 현실을 통해 재구성하는 작업은 통일 이후의 난제를 훨씬 쉽게 만들 수 있을 것이다. 5부의 마지막이자 『한국전쟁 70년과 '以後' 교회』의 마지막 논문으로서 필자는 뭇 통일 담론과 변별되는 통일신학의 고유성을 밀도 있게 논했다. 한국전쟁 기원과 발달에 대한 제 의견을 비판적으로 종합하여 '민족'의 주제를 재 도출했고 그 시각에서 여러 통일 담론들과 논쟁했다. 평화 체제와 통일을 나눠 생각하지 않았으며, 양국체제론에 동의할 수 없었다. 민족을 역사의 희생양 삼은 한국전쟁, 그의 극복은 평화 체제로의 이행뿐 아니라 민족 구원을 넘어 세계사적 의미 또한 지녀야하기에 말이다. 3.1선언으로 제국을 넘어 '민국'을 이뤘듯이 제 이념을 아우르는 생태, 생명 가치에 충실한 중립국에 이르기를 희망했다.

이상으로 5부로 구성된 16편의 논문 내용을 간략하게 소개했다. 서로 중복된 내용도 많을 것이며 도출된 결론 역시 같지 않을 수도 있겠다. 아직 설익은 이야기도 거칠게 토해냈다. 하지만 이번 책에서만 배울 수 있는 알찬 내용이 더 많을 것이다. 역사학적 시각은 많이 부족하겠으나 신학적 상상력과 해석학으로 실증 역사학의 한계를 넘을 수 있었다. 한국전쟁에 대한 무지와 곡해가 반공적 기독교를 형성시켰기에 본 주제에 대해 공들여 읽고 쓴 결과일 것이다. 한국전쟁에 신학적, 세계사적 의미를 더했으니 이제 교회는 폐쇄적인 반공이데올로기와 결별해야 옳다. 저자들은 이 책을 통해 독자들이 한국전쟁에 대한 다른 시각을 갖고 지금과는 다른 교회를 만들어 줄 것을 소망할 뿐이다. 향후 교회는 믿기 위해서라도 우리 역사를 먼저 옳게 알아야 할 것이다. 한두 논문을 제외하고 이 책 속의 글들은 모두 새롭게 쓴 것임을 재차 밝힌다.

앞서 말했듯이 세 권의 책에서 사용했던 '以後'의 의미를 신학과 기독교, 교회의 차원에서 다시 묻고 정립하는 일이 남았다. 책 출판 이후 코로나 상황이 안정될 경우 '以後'에 대한 논의를 본격적으로 묻고 답할 것이다. 코비드 19가 바로 이 일을 하라고 우리를 등 떠밀며 명하고 있다. 그 때를 기다리며 시리즈 세 권 중 마지막 책을 세상에 내놓는다. 긴 세월 시리즈로 책을 출판해준 〈모시는사람들〉에게 감사드리며 편집진 노고에 경의를 표한다. 다시한번 글쓴이들에게도 고맙다는 말을 전하며, 텀블벅 펀딩의 후원자가 되어 주신 분들의 신뢰를 가슴에 깊이 간직하련다. 지난 해 12월에 나왔어야 할 책이 해를 넘겼으니 죄송할 뿐이다. 펀딩 작업을 비롯하여 마지막 편집일로 수고한 홍정호, 이성호 박사에게 큰 빚을 졌다. 아무쪼록 이 책을 비롯하여 '以後' 시리즈 세 권의 책이 세상 곳곳에서 읽혀지기를 소망하며 신축년 새해를 시작한다.

2021년 1월
부암동 현장 아카데미에서 이정배 두 손 모음

차례

한국전쟁 70년과 '以後' 교회

제1부

한국전쟁의 세계사적, 사상사적 맥락

한나 아렌트의 '전체주의의 기원'으로 살펴본 한국전쟁

이 은 선　세종대 명예교수, 한국信연구소 소장

오랫동안 '잊힌 전쟁'이 되어서 한국전쟁의 고통과 참상 속에서 신음하는 있는 우리도 분명 다시 시작할 수 있다. 그래서 더는 싸움과 미움과 원망이 아닌 용서와 신뢰와 약속의 남북 공동체로서 거듭날 수 있으며, 이 끔찍한 고통과 죽음을 통해서 다시 얻은 믿음과 상호 신뢰로 우리 한반도뿐 아니라 세계 인류 공동체를 향한 새로운 희망이 될 수 있다.

들어가는 글—'잊힌 전쟁'으로서의 한국전쟁과 서구 전체주의

올해는 한국전쟁이 발발된 지 70주년이 되는 해이다. 공식적으로는 1950년 6월 25일 시작되어서 1953년 7월 27일의 휴전협정과 더불어 정전된 것이니 만 3년 1개월간의 치열했던 전쟁이 일단락된 것이다. 동북아시아 '한반도' 또는 '조선반도'에서 일어났던 이 전쟁에 대한 대표적인 수식어들이 있다. 1945년 제2차 세계대전 이후 냉전 시대에 일어난 최초의 세계 전쟁이라든지, 그 격렬함과 잔혹성에 있어서 인류 역사에서 발생한 전쟁 중 단연 손꼽혀 한국전쟁에 앞서는 전쟁은 오직 제1, 2차 세계대전뿐이라는 것, 거기서 한국인이 300만 명 정도 희생되었고, 그중 최소한 절반은 민간인이 차지하여[1] 혹자는 이 전쟁을 겪은 한국인의 경험을 제2차 세계대전 나치 치하의 유대인의 그것과 비교하기도 한다는 것, 하지만 이 전쟁은 한편 '잊힌 전쟁'이라는 것이다.

6월 25일 새벽 북한군의 남격으로 38선이 침범을 받자 즉각적으로 참전을 결정한 미군과 유엔군 중 예를 들어 영국군은 한국전쟁에서 1천 명 이상이 전사했는데, 그 참전한 영국군이 겪은 비극적인 일 중의 하나는 그의 고

---

[1] 한국역사연구회 현대사분과 편, 『역사학의 시선으로 읽는 한국전쟁』, 휴머니스트, 2010, 301-302; 브루스 커밍스, 『브루스 커밍스의 한국전쟁』, 현실문화, 2018, 325.

향에서 이 전쟁에 대해 아는 사람이 거의 없었다는 것이다. 그래서 생사의 갈림길을 넘어 집으로 돌아가도 환영은커녕 "한동안 안 보이던데 어디 갔었어?" "한국에 있었어." "아, 그랬구나." 하면서 더는 무엇을 겪었는지 묻는 사람도 없었다고 한다. 한국전쟁은 당시 신문이나 텔레비전에도 거의 보도되지 않아 애초에 아무도 기억하지 않는 전쟁이었고, 영국은 그래서 전사자도 본국으로 데려가지 않아서 지금 모두 부산 유엔기념공원에 있다고 한다.[2] 내국인 한국전쟁 연구가로서 큰 성과를 이룬 박명림 교수도 밝히기를, 한국전쟁에서 저질러졌던 비인도적 전쟁범죄 행위는 베트남전쟁의 경우와는 달리 세계의 비판적 언론과 여론으로부터 거의 고립된 채 전개되어서 외부에 알려지거나 견제받지 않았다는 점이 그 차이라고 한다.[3] 그래서 재영 학자 권헌익도 올해 한국전쟁 발발 70주기를 맞이해서 번역 소개된 자신의 책 서문에서 "그런데 한반도의 전쟁은 70년이란 세월이 흘렀음에도 아직도 '끝나지 않은 전쟁', 아직 역사가 되길 거부하는 놀랍도록 예외적인 사건"이라고 지적했다.[4] 물론 그 휴전 상황을 말하는 것이기도 하지만 한국전쟁에 대해서는 여전히 그 기원이라든가 역사적 파급효과, 그 '끝나지 않은 전쟁'이 내포하는 인류 미래사적 함축 등이 제대로 파악되지 않는다는 것을 밝히는 의미라고 생각한다.

본 논문은 이상과 같은 인식 아래서 한국전쟁을 특히 그 기원에 초점을 맞추어서 한나 아렌트(Hannah Arendt, 1906-1975)의 20세기 '전체주의의 기원'

---

2 이향규 지음, 『영국 청년 마이클의 한국전쟁』, 창비, 2019, 54.
3 박명림, 『한국 1950 전쟁과 평화』, 나남출판, 2003, 369.
4 권헌익, 『전쟁과 가족』, 창비, 2020, 005.

의 시각에서 살펴보려는 것이다. 아렌트는 자신의 책『전체주의의 기원』을 1949년에 마무리해 놓고, 1950년 한국에서 전쟁이 일어났다는 소식을 듣자 서둘러서 출판하며 첫판의 서문(1950년 여름)을 썼다고 한다. 그러면서 그 첫 일성을 "한 세대 동안 두 차례나 일어난 세계대전은 … 패자를 위한 평화 조약도 승자를 위한 휴식기간도 남기지 않았고, 거기서 살아남은 양대 세력(미국과 소련) 간의 제3차 대전을 예고하면서 마무리되었다."라는 말로 시작하였다.[5] 그녀는 자신이 이 책을 쓴 이유는 어떤 "믿음(faith)"의 일이 아닌 단지 "사이비 신앙(superstition)"의 일뿐인 "무모한 낙관주의(reckless optimism)"나 그 반대의 "분별없는 절망(reckless despair)"을 물리치기 위해서라고 했다. 즉 인류의 삶의 역사에서 "죽음의 공장"이 만들어질 정도로 끔찍한 경험을 남기고서도 여전히 미래가 더욱 예측 불가능하고, 상식(common sense)과 자기 이익(self-interest)이라는 보편적인 삶의 원칙마저도 따르지 않는 전체주의 정치가 또다시 행해질 수도 있다는 우려, 그 속에서 결국 자신이 겪은 서구 20세기의 '전체주의(totalitarianism)'가 어디서 어떻게 기원했는지, 왜 그것이 인종주의의 한 사소한 변형인 '반(反)유대주의(antisemitism)'로부터 나와서 인간의 물질과 부에 대한 거대한 욕망인 '제국주의(imperialism)'를 거쳐서 나치즘이나 스탈린주의와 같은 "절대 악(an absolute evil)"의 전체주의를 낳게 되었는지를 탐색하려는 것이라고 밝혔다. 그녀에 따르면, 그 역사의 진행에는 분명한 고리가 있고, 그때까지 인간의 정치적이고 정신적이며 영적 삶에서 작동해 오던 모든 가치와 의미들을 집어삼켜 버린 거대한 덩어리에는 "감추어진 구조(the hidden mechanics)"가 있으며, 그것을 밝혀내어서 "실

---

5   Hannah Arendt, "Preface to the First Edition", *The Origins of Totalitarianism*, A Harvest Book, p.vii; 한나 아렌트, 『전체주의의 기원 1』, 이진우, 박미애 옮김, 한길사, 2006, 33.

제(reality)" 앞에 바로 설 때만이 다시 우리 앞에 놓인 예측 불허의 현실과 미래에 깊게 맞서고, 저항하고, 견디어 낼 수 있다.[6]

필자는 아렌트가 1950년 한국전쟁의 발발을 보면서 썼다는 이러한 『전체주의의 기원』의 첫 서문이 우리 한국전쟁의 기원에 관한 탐구에도 그대로 적용될 수 있다고 생각했다. 아렌트는 여기서 "이해(comprehension)"의 중요성에 대해서 말했는데, 도저히 인간 상식에도 맞지 않고 선례가 없어 유추하기도 어려운 일을 이해한다고 하는 것은 그 일의 잔학무도함의 현실을 부인하는 것도 아니고 그것을 역사의 필연성(historical necessity) 등으로 보편화하는 것도 아니라고 강조했다. 대신 과거 세대가 우리 어깨에 지운 짐을 잘 검토하고 의식적으로 떠맡으면서도 그 무게에 굴복하지 않으며 인간 존엄성의 새로운 근거와 보증("human dignity needs a new guarantee")을 찾아 나서는 일이라고 했다.[7]

물론 이렇게 확신하는 아렌트의 20세기 전체주의 연구가 1950년 한반도에서 일어난 한국전쟁을 직접 언급하지는 않았다. 하지만 우리의 한국전쟁이라는 것이 일본 제국주의 침략의 결과 속에서 서구 전체주의의 직접적인 파급권(제2차 세계대전 후 소련의 스탈린주의와 그에 대한 한 대응인 미국 정부의 매카시즘) 안에서 일어난 전쟁이고 보면 아렌트의 이러한 연구가 한국전쟁을 이해하는 데도 새로운 관점과 이해를 보태 줄 수 있다고 여긴다. 이번 짧은 논문 안에 그러한 이해 가능한 연결점들과 고리들을 얼마만큼이나 보여줄 수 있을지 염려되지 않는 것도 아니지만, 그런데도 이 짐을 떠안고자 했다. 왜냐하면, 모두가 주지하다시피 그러한 맥락에서 일어난 한국전쟁이 발발 70주기가 지나

---

6   Ibid., p.viii; 같은 책, 34-35.

7   Ibid., p.ix; 같은 책, 36.

가는데도 여전히 종전이 아닌 휴전으로 지속 중이고, 오늘 21세기 남북이 겪고 있는 많은 비참과 고통이 바로 그로부터 연원하는 것임을 우리가 잘 알기 때문이다. 또한, 아렌트도 1950년의 서문에 이어서 1960년대에 새롭게 쓴 각 파트의 서문에서도 밝힌 대로 새로운 형태로 등장하는 인종주의나 제국주의의 위협을 경고했고, 한반도야말로 바로 그러한 위협 아래 21세기 세계 제국주의의 최대 격전지가 될지 모르는 현실 가운데 놓여 있기 때문이다. 오늘은 핵무기의 위협까지 첨가되어서 점점 더 고조되고 있는 한반도 주변 세계 신냉전의 위기는 이미 1950년 당시 한국전쟁이 '중미(中美) 전쟁'이었다는 언급처럼[8] 오늘 격화되는 중국과 미국 간의 주도권 경쟁으로 한반도의 삶은 물론이려니와 전 세계 인류 삶의 미래가 큰 우려 속에서 위협을 받고 있다.

아렌트는 첫 서문에서부터 서구 사회를 20세기에 인류가 겪은 전체주의의 파국으로 이끈 "서구 역사의 지하 땅속을 흐르는 흐름(the subterranean stream of Western/European history)"에 관하여 이야기했다. 필자는 이 말이 아렌트가 '반유대주의(anti-semitism)'를 그때까지 서구 역사에서 있었던 "종교적인 유대인 증오(religious Jew-hatred)"와는 다르다는 것을 강조하면서[9] 어떻게든 그것을 정치와 합리의 영역에서 세속적으로 이해하려고 하지만, 그 문제가 결코 세속의 영역에만 머무는 것이 아님을 암시하는 언술이라고 여긴다. 아렌트는 1960년대의 반유대주의 연구 중에서 의미 있는 언술로 "유대 민족과 다른 민족의 차이는 종교적 교리나 신앙의 문제라기보다는 내적 본성의 차이(not one of creed and faith, but one of inner nature)"이며, "근본적으로 인종 문제인 것 같다(more likely to be racial in origin)."라고 한 다른 연구자의

---

8 와다 하루끼, 『한국전쟁』, 서동만 옮김, 창비, 2009, 199.
9 Hannah Arendt, "Preface to Part One: Antisemitism", *The Origins of Totalitarianism*, p.xi.

언어를 가져왔다.[10] 필자는 이러한 시각도 서구 전체주의의 문제는 결코 단순히 세속 학문만으로 풀 수 없고, 일종의 "비의(a mistery)"이며,[11] 단순한 차원의 신앙의 교리 문제가 아니라 깊은 신학적 물음이고, 또한 인류 종교 문명사의 영적(spiritual) 문제이기도 하다는 것을 드러내 주는 지적이라고 보고자 한다. 우리가 오늘 한반도 남쪽의 서울 한복판에서 전광훈 부류의 극보수 기독교와 한국 정치의 오랜 우파들이 함께 짝을 이루어서 극우 반공주의 태극기 부대를 이루는 것을 보더라도 한국전쟁을 이해하고 서구 전체주의를 이해하는 일은 그렇게 다층적이고 중첩적인 시각이 필요하다는 것을 알수 있다. 그러므로 본 논문은 동시에 신학 논문이기도 하고, 아렌트의 '반유대주의'와 '제국주의', '전체주의'의 세 이념을 특히 서구 기독교 신학의 저변에 흐르는 절대주의적이고 배타적인 속성을 드러내는 과정에서 살피면서 그것이 어떻게 한국전쟁과 그 이후의 한반도의 삶에 영향을 미쳤고, 여전히 우세한지를 살피려는 것이다. 그 극복과 '이후(以後)'가 본 논문의 지향점인 바, 궁극적으로 어떠한 형태의 남북 통일과 평화가 가능할지를 나름대로 제안하고자 한다.

1. 한국전쟁의 기원 1
—일제강점기 조선 유교 신분제 사회의 잔재와 아렌트의 '반(反)유대주의' 이해

일제에 40년간 착취를 당하고도 해방 후 1인의 희생도 내지 않고 곱게 일본

---

10 Jacob Katz, *Exclusiveness and Tolerance, Jewish Gentile Relations in Medieval and Modern Times*, New York, 1962, in: Ibid., p.xii.

11 Ibid., p.xii.

인을 돌려보낸 이 지구의 순박한 농민들이 적치(북한 공산당 치하를 말함) 5년 후에 이다지도 끔찍하게 동족 간의 혈투가 벌어지는 이유가 어디 있을 것인가?[12]

이 질문은 한국전쟁 당시 남북이 서로 남진과 북진을 번갈아 하며 벌였던 잔인한 피의 복수에 관해서 절망스럽게 묻는 물음이다. 이러한 질문에 대해서 한국인들은 아직도 그 대답을 충실히 듣지 못했다. 이렇게 오늘 이 땅에 사는 많은 사람이 여전히 직간접적으로 이 끔찍한 한국전쟁의 무게에 눌려 있지만, 이해할 만한 답을 잘 듣고 있지 못해서 '용서'와 '화해' 등의 언어는 아직도 매우 힘겹다. 특히 어떠한 학살의 문제보다도 그처럼 오랫동안 동일 민족임을 자랑하며 함께 살아왔고, 또한 그 전 36년간의 혹독했던 외국 식민지 기간을 함께 뚫고 나왔던 가족과 이웃, 동족 공동체 간의 비극이라는 것이 상황을 더욱 어렵게 한다.[13]

1) 한국전쟁과 조선 유교 신분제 사회의 잔재

필자는 우선 이 상황에 대한 첫 번째의 가능한 답으로 바로 전(前) 세기까지 지속해 온 조선 유교 사회의 신분제가 그 잔재로 남아 일으킨 비극을 들고자 한다. 우리가 한국전쟁의 학살과 관련해서 많이 들어 온 이야기로, 국가적으로는 1894년 갑오개혁으로 신분제가 폐지되었지만, 이후도 사람들의 구체적 삶에서는 여전히 힘을 발휘하고 그로 인해 불이익을 당하고 억

---

12 박명림, 같은 책, 627.
13 같은 책, 296.

눌려 왔던 사람들의 복수와 한의 이야기가 있다. 주지하다시피 조선 사회는 서구 근대의 제국주의를 만나기 전까지는 중화 문명권 안에 있는 사농공상(士農工商)의 신분제 사회였다. 하지만 그때 서구 유럽에서는 국민주권의 공화제와 과학과 산업력으로 무장한 제국주의가 일어났고, 우리는 아시아 국가로서 그것을 선취한 이웃 일본의 식민지로 전락하면서 동시에 신분제도 급격한 균열을 겪는다. 특히 1919년 3·1운동 이후 1920년대부터 조선에도 공산당의 활동이 시작되고 사회주의 이념이 적극적으로 소개되면서 신분제는 점점 설 자리를 잃어 갔다. 하지만 이 시기 신분제의 그늘은 결코 쉽게 지워지지 않았다. 그 한 예로 한국 사회주의 운동의 세 주역의 삶을 역동적으로 그린 조선희 작가의 『세여자』(주세죽, 허영숙, 고영자)도 보면 조선공산당의 창시자 박헌영(1900-1956)의 삶에도 그 그늘이 얼마나 짙게 드리워져 있었는지를 잘 알 수 있다. 마지막 작가의 말로 자신의 "소설"이 "역사"를 배반하지 않도록 주의했다는 말에[14] 의지해서 이 소설의 한 주역 조선공산당 창시자 박헌영의 삶을 살펴보면, 그도 자신의 자존심과 완벽주의를 끌어 올리는데 동기가 되기도 했던 계급 트라우마와 신분 콤플렉스를 "일생의 태반을 보내고서야" 극복한 후에 "그냥 '박헌영'이 되었다."라고 한다. 그가 어디를 가건 계속 그의 서얼 출신이 문제가 되었기 때문이다.[15]

『마을로 간 한국전쟁』의 저자 박찬승 교수는 한국전쟁의 기원을 단지 거시적인 관점에서만이 아닌 미시적인 관점에서의 이해도 강조했다. 그러면서 후방에서도 진행 중이었던 "마을에서 벌어진 작은 전쟁들"에 주목할 필요가 있다고 역설했다. 그에 따르면 한국 사회는 전쟁 이전 신분제·지주

---

14 조선희, 『세여자 2』, 한겨레출판, 2017, 375.
15 같은 책, 129.

제·씨족과 마을 간 갈등 등 갈등 요소가 매우 많은 사회였고, 그것이 한국 전쟁기에 극심한 충돌과 반복적인 학살로 나타났다.[16] 그래서 예를 들어 한 국전쟁 기간 중 남한에서 가장 많은 민간인 인명 피해를 당한 전라남도 영 암군의 구림마을을 보면, 전체적으로 보수적인 양반 동네로서 양반들이 마을 내외에 있던 평민층 이하의 주민들을 내려다보는 경향이 있었는데, 한 국전쟁기에 이 마을 평민층 이하의 주민들이 마을의 상징이라고 할 수 있는 회사정을 불태웠고 교회방화학살 사건에도 관여하면서, 낮에는 경찰이, 밤에는 빨치산이 장악하는 마을로서 서로 간의 보복이 치열했다고 한다.[17] 또 다른 예로서 충남 부여군의 두 마을은 바로 이웃한 마을로서 오랜 세월 동안 신분 문제로 갈등 관계에 있었는데, 여기서도 유사한 일이 일어났다 고 한다. 즉 서로 다른 두 성씨가 주도하는 양반과 평민으로 구성된 두 마을 에서는 1894년 신분제가 폐지되었지만 1930년대까지도 양반가의 구성원들 은 평민들에게 나이에 상관없이 하대했고, 그렇게 쌓인 갈등이 한국전쟁기 에 폭발해서 1950년 인민군이 남하하자 부여군의 경찰이 A마을의 보도연맹 원들을 끌고 가 처형했고, 다시 인민군이 들어와 인공 치하가 되자 그에 대 한 보복 행위에 나섰으며, 이후 인민군의 석 달여의 부여 점령 기간이 지나 자 경찰과 B마을 사람들은 A마을을 포위하고 빨갱이 마을로 지목하여 정식 재판도 거치지 않은 채 사람들을 처형하고 몰려가서 약탈했다고 한다.[18] 우 익인 B마을의 주민들은 A마을의 중앙에 있던 마을의 상징인 팽나무 고목 과 느릅나무 고목을 베어 버리기까지 하면서 보복을 했고, A마을이 그나마

---

16 박찬승, 『마을로 간 한국전쟁』, 돌베개, 2018, 11.
17 같은 책, 168-169.
18 같은 책, 195-203.

숨을 돌릴 수 있는 계기가 된 것은 중공군의 개입으로 인한 1 · 4후퇴였다고 한다.[19] 이렇게 두 마을 사이에 건널 수 없는 강을 만들어 놓은 한국전쟁기의 많은 학살과 갈등이 한국 사회에 남아 있던 구제도 신분제의 모순과 연결되어 있는 것을 알 수 있다. 물론 이러한 갈등이 모두 신분 문제에서만 비롯된 것은 아니라 하더라도 한국전쟁의 기원과 '내전'으로서의 그것을 이해하는 데는 중요한 관점이 되는 것을 부인할 수 없다.

2) 아렌트의 반유대주의(antisemitism) 이해와 한국전쟁

한나 아렌트는 그녀의 『전체주의의 기원』 반유대주의(antisemitism) 편의 시작점에서 유대인들이 20세기 나치 전체주의에 의해서 인종 청소의 홀로코스트를 겪을 정도로 "이해할 수도 없고", "용서하기조차 어려운" 살상과 비참을 겪게 된 이유를 크게 두 가지로 들었다. 그것은 먼저 "자신의 과거에 대한 무지와 오해(ignorance or misunderstanding of their own past)"이고, 다음으로 "정치적 능력의 부족(the lack of political ability)"이라고 했다.[20] 주지하듯 기독교 『성서』에도 나와 있듯이 고대 로마 제국에 저항해서 독립운동을 일으켰던 유대인들은 자신들의 예루살렘 성전이 A.D. 70년경 로마군에 의해서 전폐되자 디아스포라의 삶을 시작했고 그것을 20세기 현대까지 이어갔다. 그러한 가운데 특히 5세기 이후 서구 정신을 석권한 기독교는 그 유대인들에게 자신들의 메시아 예수를 죽였다는 종교적 혐오를 두면서 말할 수 없는 박해를 가했다. 아렌트는 그러나 그러한 역사상의 종교적 유대인 혐오(Jew-

---

19 같은 책, 204.

20 Hannah Arendt, *The Origins of Totalitarianism*, p.8.

hatred)가 19세기 중반까지는 유럽에서 그 이름이 알려지지 않았던 반유대주의(antisemitism)와는 서로 다른 것임을 강조한다. 후자는 전자와 무관하지 않지만, 반유대주의는 특히 프랑스혁명과 계몽주의 이후 유럽 사회의 세속화와 부르주아화와 더불어 진행된 하나의 세속화된 인종주의적 이데올로기라는 것이다. 그것은 하나의 사회적 차별(social discrimination)이 정치적 반유대주의(political antisemitism)로 확대되어서 이후 유럽 정치와 세계 역사의 전개에 결정적인 정치적 촉매로 작용했고, 유대인들은 그렇게 과도한 희생을 치른 것이라고 밝힌다.[21]

아렌트에 따르면 유럽 국민국가에서 유대인의 역할은 몇 차례의 변천을 겪어 왔다. 16세기 말까지 유대인들은 게토 속에서 박해를 받으며 살아왔다. 그러다가 유럽 가톨릭 국가와 개신교 국가 사이의 전쟁인 30년 전쟁(1618-1648)을 계기로 각처에 퍼져 살던 유대인들이 전장의 군인들에게 식량 등을 팔면서 상인과 대금업자의 역할로 부상했다. 이후 이들 유대인은 자신들이 봉사했던 귀족들이 절대왕정의 왕과 왕자들이 되고 국민국가가 탄생하자 궁정 유대인(the court Jews)이 되어서 그들의 위상과 지위도 크게 높아졌다고 한다. 하지만 프랑스대혁명 이후 절대왕정이 무너지고 국민국가가 해체되기 시작되면서 재정 담당자로서의 유대인의 역할이 축소되고 그때까지 특별한 유대인으로서 대우를 받아 오던 소수 유대인의 특권이 사라졌다. 그 대신에 유럽 사회가 점점 더 부르주아적으로 시민사회화하는 가운데 유럽 시민으로서의 '동화(assimilation)'가 강요되면서 유대 공동체가 무너지자 유대인 증오가 떠오르게 된 것이라고 설명한다.[22]

---

21 Ibid., p.61.
22 Ibid., p.19-23.

아렌트는 "권력 없이 부만 가진 사람들에 대한 증오(hate people who have wealth without power)"에 대해서 말한다.[23] 그렇게 유대인들이 돈과 경제력만 있고 어떤 정치 세력도 형성하지 못하면서 여전히 예전처럼 국가(state)에 붙어서 소수의 특별한 특권에 집착할 때, 유럽 사회는 과거의 신분제를 넘어서 보편적 인권의 부르주아 사회가 되어 가면서 나름의 '계급(class)'을 형성해 나갔고, 그러면서 유대인들의 소외는 깊어갔다는 것이다.[24] 아렌트는 드레퓌스 사건이 일어났던 19세기 말 프랑스의 유대인들을 심지어는 작년에 봉준호 감독의 영화로 유명했던 〈기생충〉의 그 "기생충들(the parasites)"이라는 단어로 서술하며, 이들이 이미 부패할 대로 부패한 프랑스 제3공화국의 국가권력에 기대어 국가와 기업 사이에서 교묘하게 금융으로 피를 빨아먹고 사는 사람들이었다고 지적한다. 이들의 행태는 그리하여 당시 유럽 사회에서 파나마 운하 스캔들과 같은 엄청난 사기 사건이 터졌을 때 유대인들로 하여금 당시 사회의 부패에 분노하는 대중들의 시선을 돌리기 위한 희생양이 되도록 하는 데 이바지했다고 밝힌다.[25]

아렌트에 따르면 부자 유대인들은 유대인들의 시민사회로의 동화 가능성이 열리기 시작하자 자신들을 일반 유대인 공동체로부터 구별시켰다. 그러면서 잘못된 역사의식과 자기 민족의 역사에 대한 무지와 함께 자신의 민족성을 먼저 지우려고 했고, 내부적으로 수많은 분파로 분열하면서 자신들의 생존이 오직 다른 민족과 그들의 증오 여부에 달린 것처럼 행위하면서 그들 문제가 서서히 유럽 사회의 "정치" 문제가 되어 가는 것을 눈치채지 못

---

23 Ibid., p.5.
24 Ibid., p.18.
25 Ibid., p.99.

했다고 한다.[26] 그 대신 유명한 로스차일드(Rothschild) 가족과 같이 민족 공동체의 안위보다는 좁은 가족주의에 빠져서 자기 가족의 부와 안위만을 우선 관심했고, 서로 힘을 합해서 자신의 지역에서 하나의 정치적인 세력이나 그룹으로 성장하지 못하고 대신에 특권을 가진 예외적 개인, "예외 유대인(exception Jews)", 특권의 국제적 부자 브로커 가족 등으로 원자화하면서 유럽 다른 국민국가 그룹들이 자신들을 받아들여 주는 것에 목매는 "유대인이고자 하면서도 동시에 유대인이 아니고자 하는(to be and yet not to be Jews)",[27] "거리에서는 일반인이지만 집에서는 유대인(be a man in the street and a Jew at home)"이어야 하는 문제적 인간으로 전락해 갔다고 분석한다.[28]

이렇게 당시 시대의 "정치적이고 시민적인 권리(political and civil rights)"에는 무관심하면서 한편으로는 오로지 "교육(education)"이나 문화, 예술과 학문 등의 개인적이고 지적인 능력을 통해서 공적 세계 바깥에서 자신들의 예외적인 사회적 자격증을 얻으려 했던 유대인들은 성공하지 못했고,[29] 이후 시대가 변하고 유럽 국민국가가 해체되면서 국가가 직접 제국주의 약탈의 기업가로 변해서 국제 경쟁에 뛰어드는 제국주의 시대가 열리자 유대인들은 그 가운데서 발생하는 온갖 부조리와 부패와 악의 화신이자 원인 제공자로 몰리며 전(全) 유럽적으로 점점 더 심화해 가는 반유대주의의 표적이 되었다는 분석이다. 아렌트는 이러한 상황 전개에 대해서 유대인 역사에서 그

---

26 Ibid., p.22.

27 Ibid., p.56.

28 Ibid., p.65.

29 아렌트는 19세기 유럽 보편인으로서 괴테를 숭상하며 베를린에서 모였던 라헬 파른하겐(Rahel Varnhagen)의 살롱을 그 대표적인 예로 든다. 이은선, "한나 아렌트의 라헬 반하겐과 한국 사회에서의 졸부의식과 교육적 속물주의", 『생물권 정치학시대에서의 정치와 교육-한나 아렌트와 유교와의 대화 속에서』, 도서출판 모시는사람들, 2015, 44이하.

들의 친구가 아닌 오직 적만이 이 유대인 문제(the Jewish question)가 하나의 정치적인 문제(a political one)라는 것을 알아챈 것이 가장 불행한 사실 가운데 하나라고 지적한다.[30] 이 유대인 문제는 그리하여 점점 더 하나의 "유대적인 것(the Jewishness)"의 종족적(인종적) 이데올로기 문제로 변모하여 제국주의 국가들이 그것을 정치적으로 악용하면서 유대인의 파국을 초래하였다는 것이다.

3) 한국전쟁의 제1의 기원으로서의 일제강점과 한말의 저항적 역사의식

이렇게 아렌트가 유대 민족의 역사와 특히 19세기 이후 반유대주의의 기원을 추적하며 20세기 유대인 홀로코스트의 숨겨진 기원을 밝혀내려 한 시도를 보면서 필자는 한국전쟁이라는 20세기 한민족의 참극과 그것을 배태했던 일제강점기로 이어진 조선의 시간을 생각했다. 조선 신분제의 수혜자들도 구제도의 나라가 망해 가는 상황에서 여전히 자신들의 신분제적 특권에 매달리면서 나라와 민족보다는 자기 가문의 안녕과 영달에 더 관심하였다. 결국 나라를 팔고 민족의 과거와 역사를 지워 버리고자 하면서 집안에서는 그래도 여전히 자신들의 옛 신분을 내세웠지만, 밖에서는 식민자 나라의 개화된 귀족으로 행세하며 일본과의 내선일치를 주장하는 길로 나아간 것이다.

우리는 이즈음 1905년 러일전쟁의 시기에 나중에 한국전쟁 시기에 가장 두드러지게 쓰였던 단어 중 하나인 한반도 '38도선'이란 단어가 이미 그때 식민약탈자들 사이에서 거론되었다는 사실과 마주한다. 당시 러일전쟁

---

30 Ibid., p.56.

발발 전 점점 더 강대해지던 두 제국 러시아와 일본이 군사적 실력 행사에 앞서서 외교로써 서로를 견제하기 위해서 '만한교환론(滿韓交換論)'을 거론하였고, 38선 이북의 한반도 지역을 중립화하자는 제안을 했다고 한다. 그런 연유에서 해방 이후 미국과 소련에 의한 한반도 분할에서 다시 이 38선이 주목받은 것이라고 본다면, 이 시기로부터 한국전쟁의 첫 번째 기원을 찾는 것은 그렇게 과해 보이지 않는다. 이후 우리가 잘 알다시피 러일전쟁이 바로 다음 세기 한국전쟁의 핵심 주역이었던 미국의 중재로 일본이 사할린 남부를 받으며 조선에 대해 우월권을 가지는 것을 인정하는 1905년 포츠머스조약(1905.9.5)으로 마무리되었다. 또한 바로 그 이전 미국과 일본이 비밀리에 필리핀 지배권과 조선 지배권을 서로 인정하는 가쓰라-태프트 협정(1905.7.29)을 맺었다. 그러한 모든 것이 이후 일본 병탄과 그 이후 한반도의 남북 분리로 이어졌고, 이로부터 한국전쟁이 직접 촉발되었으므로 이 시기로부터 한국전쟁의 기원을 찾는 것은 마땅하다고 하겠다.

아렌트는 19세기 반유대주의 운동의 유일하게 직접적이고 순수한 결과는 나치즘이 아니라 오히려 그 반대로 반유대주의에 대한 유대인 자의식의 응답인 '시오니즘(Zionism)'이라고 했다.[31] 이와 유비되게 필자는 이 시기에 조선 지식인층에서도 한민족의 역사와 종교 등에 대한 자의식이 크게 강조된 사실을 들고자 한다. 조선 후기 실학사상을 계승한 김택영의 『역사집략(歷史輯略)』, 황현의 『매천야록(梅泉野錄)』에 이어 박은식의 『한국통사(韓國痛史)』와 『한국독립운동지혈사(韓國獨立運動之血史)』가 그것이고, 특히 이를 이은 1920년대 신채호의 『조선상고사(朝鮮上古史)』는 역사를 연구하는 데 가장 기초적으로 전제하고 중시해야 하는 것이 주체성의 문제라는 것을 강조

---

31 Ibid., p. xv.

했다.[32] 이는 아렌트가 반유대주의 아래 있는 유대인들이 자신들의 과거와 현실에 대한 무지와 오해 때문에 앞으로 닥쳐올 끔찍한 희생과 위험을 간과하거나 과소평가했다고 본 것과 유사하게 그때 나라의 존폐가 크게 문제시되는 상황에서 당시까지의 대부분의 역사 서술처럼 중국이나 일본을 중심으로 해서 쓴 역사가 아니라 조선을 주체로 해서 서술한 역사 이해가 얼마나 중요한지를 밝힌 것이다. 아렌트는 동화된 유대인 집안의 딸로서 종교로서의 '유대교', 또는 '유대주의(Judaism)'를 신봉하지는 않았지만, 자신도 유대인의 한 사람으로서 유대교와 유대 민족의 과거와 역사를 아는 것이 얼마나 중요한지를 역설했다. 거기서부터 당시 거대한 국제적 정치적 흐름으로 등장하여 잔인한 역할을 하는 반유대주의의 실체를 정확히 알 수 있다고 본 것이다.[33] 조선 땅에서 1860년 최제우가 창건한 '동학(東學)', 유사한 시기에 충청도의 선비 김일부(金一夫)가 그때까지의 중국 중심의 주역(周易) 대신에 한반도를 중심으로 우주의 질서를 새롭게 파악한 '정역(正易)', 스러져 가는 나라를 구하기 위해서 온갖 시도를 한 후 마지막으로 민족 종교운동을 일으킨 홍암 나철 등의 '단군교' 또는 '대종교' 등이 모두 민족의 주체를 바로 세우기 위한 노력이다. 여기서 특히 홍암 나철에게 한민족의 고기(古記)와 고유한 주체의식을 전해 주면서 함께 대종교를 중광한 호남의 선비 해학 이기(李沂, 1848-1909)는 러일전쟁 후 강대국들의 회담에서 우리 민족의 운명과 미래에 관해 중요한 결정이 내려질 것을 예상하고 미국이 중재한 포츠머스 조약에 반대하기 위해서 어떻게든 도미하려는 시도까지 했다. 그 시도가 일

---

32 이우성/강만길 편, 『한국의 역사인식 下』, 창작과비평사, 2014, 442.
33 김선욱, "한나 아렌트와 유대주의", 『철학논집』 제60집, 2020.02, 35-68.

본 공사와 친일파 정부 대신들의 방해로 결국 좌절되고 말았지만,[34] 이는 비록 아주 소수이긴 했어도 당시 대한제국 말기의 저항적 지식인들이 나름의 뛰어난 역사의식과 정치의식으로 시대의 흐름에 맞서고자 한 것이다.[35] 하지만 그런 저항이 자신의 역사에 대해서도 무지하고 외세에 붙어서 온갖 사적 이익에 취한 구체제의 특권 그룹에 짓밟힘으로써 이후 나라는 이웃 나라의 식민지가 되었고, 남북으로 나누어지게 되었으며, 결국 한국전쟁의 끔찍한 피해와 학살로 이어져 그 고통이 오늘까지 지속되고 있는 것이다.

2. 한국전쟁의 기원 2
―삼일운동 이후 항일운동과 해방공간에서의 자본주의와 사회주의
    좌우 분열과 아렌트의 '제국주의' 이해

『극단의 시대: 20세기 역사』의 저자 에릭 홉스봄(Eric Hobsbawm, 1917-2012)은 제2차 세계대전 이후 1947년부터 1973년까지의 시기를 "전례 없고 어쩌면 파격적인 황금시대"라고 표현하며 어떻게 그때 제2차 세계대전 이후의 자본주의가 그렇게 활황을 거듭하여 "황금시대"로 급진전했는지 모르겠다고 매우 의아해했다. 그러면서 그것을 밝히는 일이 앞으로 20세기를 다루는 역사가들이 직면한 중요한 문제라고 지적하였는데,[36] 하지만 필자가 보기에 홉스봄이 냉전에 이어서 1950년대 이후로의 황금시대라는 제목 아래 그 시대를 설명하는 가운데도 바로 그 시기의 벽두에 내쟁(內爭) 같은 국제전쟁, 외전(外

---

34 박종혁, 『한말격변기 해학이기의 사상과 문학』, 아세아문화사, 1995, 238.

35 이은선, "한말의 저항적 유학자 해학 이기의 신인(神人) 의식과 동북아평화", 『동북아평화와 聖·性·誠의 여성신학』, 동연, 2020, 211-278.

36 에릭 홉스봄, 『극단의 시대: 20세기 역사』, 이용우 옮김, 까치, 2017, 22-23.

戰) 같은 동족 전쟁,[37] 또는 "미군의 명백한 참전과 소련의 깊숙한 숨은 개입으로 인해 점점 더 세계 전쟁으로서의 성격을 띠어" 간[38] 한국전쟁이 있었는데도 그에 관한 이야기가 거의 없는 것이 더 이상하다. 이것은 앞 장에서도 본 논문이 지적한 대로 1990년대에 있었던 서구 20세기 연구에서도 한국전쟁이 여전히 '잊힌 전쟁'이었다는 것이 다시 드러난 것이라 할 수 있다.

1) 제2차 세계대전 이후 냉전시대 제국주의의 희생양 한반도와 한국전쟁

그런데 여기서 한국전쟁을 지금까지처럼 서구, 특히 미국 중심의 시각과는 다른 관점에서 대안적으로 이해하려는 시도들을 살펴보면, 홉스봄이 황금시대를 말하면서 그 도래의 이유를 모르겠다고 한 것의 가능한 근거를 찾을 수 있을지 모르겠다. 특히 한국전쟁의 기원을 탐색하는 데 1950년 6월 25일 누가 먼저 공격을 시작했고, 누가 먼저 38선의 경계를 훼손했는지의 표면적인 물음을 넘어서야 함을 강조하는 브루스 커밍스 등의 연구에 따르면, 세계는, 특히 미국은 한국전쟁을 계기로 해서 바로 '미국 군산복합체' 산업 시대의 장을 열 수 있었다. 즉 미국은 한국전쟁을 계기로 이후 세계적 차원에서 미국 냉전 진지를 구축할 수 있었고, 그것을 발판으로 군수산업을 일으켜서 미국 자본주의의 활황을 가능하게 한 것을 말한다.[39] 그렇다면 홉스봄이 말한 1950년대 이후 서구 자본주의의 황금시대는 바로 한국전쟁과 한반도 냉전을 희생으로 삼아 이룬 것이라고 할 수 있고, 이것은 단지 서구

---

37 한국역사연구회 현대사분과 편, 같은 책, 68.
38 박명림, 같은 책, 112.
39 브루스 커밍스, 같은 책, 286 이하.

강대국 미국에만 해당하는 이야기가 아니라 중국이나 특히 일본에도 적용되는 것을 부인할 수 없겠다.

한국전쟁 당시 트루먼 정부의 국무 장관이었던 딘 애치슨은 한국전쟁은 "발발하여 우리(미국)를 구한 위기"라는 말을 했다고 한다. 그것은 한국전쟁 덕분에 국가안전보장회의 문서 제68호가 최종적으로 승인되었고, 미국 국방비를 네 배로 늘릴 수 있었으며, 이후 미국의 세계적 영향력의 근간이었던 해외 군사기지 체계와 장비를 공급하는 미국 내 군산복합체를 활성화한 동인이 바로 제2차 세계대전이 아닌 한국전쟁이었음을 밝힌 것이라 할 수 있다.[40] 또 다른 한국전쟁의 기원에 관한 연구자 와다 하루키(和田春樹, 1938-현재) 교수는 한국전쟁을 특히 "중미 전쟁"이라고 부르는데, 중국이 한국전쟁에 참전해서 핵심적인 역할을 한 것은 이전에 제국주의 일본에 대한 항일운동에서 함께했던 조선에 대한 의리와 "미국과의 숙명적인 승부가 불가피하다는 인식"에서 이루어진 것이고, 그런 의미에서 "한국전쟁은 중국혁명의 귀결이었다."라고 정리했다.[41] 그에 따르면 혁명으로 갓 태어난 중화인민공화국의 처지에서 보면 사망자와 행방불명자가 거의 100만여 명으로 추정되는 큰 희생을 치렀지만, "미국과 대등하게 싸운 전쟁"을 통해 그 지위를 완전히 확립할 수 있게 되었다는 것이다.[42] 그러나 이 전쟁을 통해서 최대의 이익을 얻은 것은 자신의 조국 일본이라고 했는데, 한국전쟁 중 미군의 전진기지 역할을 한 일본은 이 전쟁 중에 정치체제와 경제의 기초가 만들어져서 "한반도의 비극 위에 전후 일본의 발전이 시작되었"으며, 한국의 박명림

---

40 같은 책, 285.

41 와다 하루키, 같은 책, 52.

42 같은 책, 348.

교수도 유사하게 지적한 대로, "냉전의 최대 수혜 국가"가 된 것을 말한다. 그래서 "제국주의 시대 전범 국가에서 재빨리 탈출"하여 미국-일본-한국 연대의 고리 속에서 재생의 채비를 갖추었다는 것이다.[43]

이렇게 한국전쟁은 결코 잊힌 전쟁이 될 수 없고, 그 전쟁을 통해서 세계의 강국들, 특히 한민족 분단과 비극의 직접적 원인 제공자였던 일본조차도 크게 이익을 얻은 사실이 지적되듯이 한국전쟁은 그 기원에서 세계 강국들의 '제국주의' 찬탈과 밀접하게 연결되는 것을 부인할 수 없다. 이 제국주의 침략은 아렌트도 다시 1960년대에 우익 자본주의 국가 미국이 치른 베트남 전쟁 등을 보면서 우려스러운 염려를 드러냈는데, "조선에서 양키들은 히틀러 도배를 훨씬 능가하였다."라는[44] 서술이 나올 정도로 잔인하고 악독한 만행이 저질러졌던 한국전쟁을 겪은 한반도는 그 피해의 보상은커녕 오히려 오늘까지 세계의 유일한 분단국가로 남아서 여전히 큰 고통을 당하고 있다. 제2차 세계대전 이후 미국은 동아시아 지역에서 민족주의를 반공산주의로 전환하는 구상을 했다고 지적되었다.[45] 이를 위하여 한반도의 식민지배자였던 일본을 중심으로 정치적, 경제적, 문화적 지역 통합 전략을 계획했는데, 이는 이후 많은 갈등을 일으켜 한국전쟁은 "일본에 저항했던 한국인과 일본에 협력했던 한국인 사이의 충돌"이라는 말까지 나오게 했고,[46] 제2차 세계대전 이후 일본 식민지 유산을 극복하기 위한 한국인들의 노력을 좌절시켰다.

---

43 박명림, 같은 책, 757.
44 같은 책, 630.
45 한국역사연구회 현대사분과 편, 같은 책, 31.
46 브루스 커밍스, 같은 책, 10.

2) 일제강점기와 해방공간에서의 좌우 갈등과 미소 제국주의

하루키 교수에 의하면 한국전쟁은 전통적 민족주의자와 공산주의적 민족주의자 간의 분열과 일제강점기의 상하이와 중경의 대한민국임시정부의 움직임과 당시 국내 공산주의 운동, 그리고 만주의 항일무장투쟁과 연안 중심의 조선의용군 등의 갈등과 대립에 그 연원이 있다. 앞에서 언급한 조선희 작가의 『세 여자』도 그 관계의 스펙터클을 잘 그려 주었는데, 특히 제2차 세계대전 당시 소련이 일본의 중국과 미국, 영국과의 전쟁 마지막 단계에서 참전한 후(1945.8.8) 일본이 포츠담선언(1945.7.26)을 수락하고 항복하자(1945.8.14.) 38도 선을 경계로 한반도가 미소 양국의 분할점령으로 나누어져 북쪽으로 들어오게 된 것이 가장 심각한 원인이라고 보았다.[47] 그래서 미국은 앞에서 지적한 대로 러일전쟁을 처리한 '포츠머스회담'과 제2차 세계대전 후 일본 제국 처리 과정에서 소련에게 참전 대가로 38선을 경계로 한 분할점령과 신탁통치를 제안한 '얄타회담'(1945.2)에서 한국을 "저버렸다"라는 비판이 나온다.[48] 미국은 전쟁을 끝낸 직후 38선 이남을 점령하면서 군정을 설치할 때 그 점령군 사령부는 남한을 거듭해서 "적의 영토"로 취급했다고 한다.[49] 또한, 점령군 사령관 하지는 남한 진주 후 9월 23일부터 38선 이북으로부터 모든 민간인과 군인의 출입을 막기 위해서 38선을 따라서 도로 차단벽을 설치하라고 지시했고, 소련 역시 도로차단벽과 경비 초소를 세웠다고 한다. 이렇게 38선이 미소 점령군에 의해서 군사경계선화하면서 이후

---

47 와다 하루키, 같은 책, 341.
48 박명림, 같은 책, 371.
49 브루스 커밍스, 같은 책, 163.

신탁통치안과 관련된 남쪽과 북쪽, 그리고 민족주의자와 공산주의자 사이의 극심한 대립 등이 더해져서 38선은 남북한 정부의 국경선이 된 것이다. 그때 민족 분열과 남북 분단의 고착화는 잘 예견될 수 있었고, 이에 대해서 김구(金九, 1876~1949)는 타국이 만든 38선이 우리 마음에는 없지만 "궂은 날을 당할 때마다 38선을 싸고도는 원귀의 곡성"이 들리는 것 같다고 한탄했다.[50]

이러한 좌우 이데올로기 갈등은 이미 일제강점기 때부터 드러나기 시작했다. 한국의 공산주의 운동은 1925년 4월 17일 서울에서 박헌영·감단야·조봉암 등이 조선공산당으로 시작하였고, 그 이전 러시아의 10월 혁명에 영향을 받은 인재들이 1921년 1월 중국 상하이에서 고려공산당 대회를 열었다. 그것은 1921년 7월의 중국공산당 창당보다 먼저 열린 것이었다고 지적된다. 일제강점기의 조선공산당은 일제로부터 많은 박해를 받았고, 특히 식민지 처지에서의 공산주의 운동은 민족과 계급의 두 모순 사이의 관계 설정 문제와 또한 국내와 해외 운동 그룹 사이의 주도권 문제로 많은 어려움을 겪었다. 이에 더해서 서구 공산주의 운동에서는 노동계급을 새로운 세계를 여는 혁명 주체로 보지만 조선에서는 농민운동과 토지문제가 오히려 핵심이 되어서 그와는 차이가 있었다.[51] 해방공간에서 신탁통치를 극구 반대하며 어떻게든 남북 분열을 막기 위해서 백방으로 노력하다 암살당한 김구는 그의 『백범일지』에서 1919년 3·1운동 이후 항일운동에서 '민주주의파'와 '공산주의파'가 첨예하게 서로 나누어져 갈등하고, 각자의 내부에서도 서로 분파를 나누어서 충돌하고 분쟁하는 "사상 갈등"에 대해서 적었다.

---

50 한국역사연구회 현대사분과 편, 같은 책, 68.

51 김명기, 『민족·민주·통일운동가 이기홍 평전』, 도서출판 삼인, 2019, 240.

그는 특히 1923년 1월 상해에서 민족운동의 통일을 위해서 국민대표대회가 열렸을 때 한인공산당은 크게 세 파로 나누어져 서로 대립하면서 민족주의자들을 분열시키고 임시정부를 흔들었다고 서술했다. 그러나 그러던 중 레닌이 "식민지 운동은 복국운동(復國運動)이 사회운동보다 우선한다."라고 발표하자 그때까지의 태도를 바꾸어서 독립운동과 복국운동을 공산당의 당시(黨是)로 주창하기 시작했다고 한다. 이렇게 공산당은 계속 권리 쟁탈전으로 서로 대립하고 신뢰를 저버려서 결국 순전히 민족주의자들만으로 한국독립당을 구성하게 되었고, 그래서 항일운동에서부터 민족주의자와 공산주의자가 서로 갈라서면서 둘 모두에게 곤란이 닥치게 되었다고 일찍부터 시작된 좌우 분열과 갈등을 밝힌다.[52]

하지만 여기서 김구가 공산주의 운동가들에게서 제일 안타까워하는 것은 계급이 먼저냐 나라의 독립(민족)이 먼저냐 하는 것에 관한 그들의 견해 차이라기보다도 그들이 민족을 위해서 운동을 한다고 하면서도 바로 그 운동의 원조라는 구실에서 레닌이나 소련의 공산당에게 종속되어서 '자주적'이지 못한 것이라고 밝혔다. 그는 당시 임시정부 내에서 공산주의 운동을 강조했던 이동휘에게 "우리 독립운동이 우리 한민족의 독자성을 떠나서 어느 제삼자의 지도·명령의 지배를 받는 것은 자주성을 상실한 의존성 운동입니다."라고 말하며, 그래서 자신은 조선공산당의 지시를 따를 수 없다고 응대했다.[53] 그런데 김구의 이러한 지적은 단지 당시 사회주의 계열의 좌익 운동에만 적용되지 않고 우익의 자본주의 또는 민주주의 계열의 그룹에도 그대로 적용되는 것이었다. 이러한 모순적 행태는 해방공간에서 미국과 소

---

52 백범 김구 자서전 『백범일지』, 도진순 주해, 돌베개, 2010, 313-316.
53 같은 책, 310.

련이 점령군으로서 한반도에 들어와서 보여준 행태에서도 그대로 드러나고, 한국전쟁에서 전쟁을 수행했던 이승만과 김일성의 남북의 지도부, 그리고 그 위에 있던 두 진영의 리더 국가인 미국과 소련의 전쟁 수행 방식이나 그보다 먼저 전쟁을 발발시킨 기원에서도 핵심적인 요인이었다는 것이 필자가 한국전쟁을 이해하는 시각이다. 즉 한국전쟁의 기원과 그 수행을 이해하려고 할 때 서구 '제국주의'와 그에 대한 피식민지의 종속 상황을 이해해야 한다는 것이다.

한국전쟁에서 한국민이 입은 피해를 절절히 기록한 『울부짖는 한국(Cry Korea)』을 쓴 종군기자의 기록에 따르면, 공군의 지원을 받으며 미군이 전진하는 동안 수백 수천의 민간인이 죽어 갔는데 심지어는 단지 한 여성이나 어린이를 죽이기 위해 단추를 누르는 사람도 있었다고 한다. 1950년 8월 12일 미 공군이 북한에 대해 폭탄을 퍼부은 것을 보면 625톤으로 이것은 제2차 세계대전 중 B-17 250대로 구성된 폭격비행대가 한꺼번에 투하할 수 있는 폭탄의 양과 맞먹는 것이었다고 한다. 그래서 위의 종군기자는 "우리는 이것이 한국 민중들이 치르기를 요구받고 있는 참혹한 대가의 단순한 시작에 지나지 않는다는 점을 (서울 수복의 그 시점에서는) 아직 알지 못했다. 우리는 그것이 끝이라고 생각했으나 한국민들의 참혹한 희생은 이제 다만 시작되었을 뿐이었다."라고 썼다.[54] 그런데 이 글을 인용한 박명림 교수도 잘 지적한 대로 여기서 한국전쟁을 앞장서서 수행한 서구 미국의 '인종주의'를 들지 않을 수 없다. 이들은 비록 민주주의의 수호와 공산주의의 침략을 저지하기 위해서 왔다고 했지만, 이들의 한국민에 대한 '인종적 편견'과 다른 문

---

54 Reginald Thompson, *Cry Korea* (London: Macdonald & Co. LTD, 1951), p.94, 박명림, 같은 책, 386에서 재인용.

화와 문명의 역사에 대한 무지는 바로 자기편의 남쪽 군인이나 민중들조차 자신들과 같은 사람으로 인정하는 것을 꺼리게 했고, 한국전쟁에서 통계는 곧 "인간의 삶과 죽음의 문제"라는 것을 보지 못하게 했던 것이다.[55]

　해방 후 한국인들은 북한에서는 소련군과 충돌했고, 남한에서는 미군과 충돌했다. 그리고 미 군정 시 예를 들어 군대 내에서의 미군과 한국군의 충돌은 단지 좌파와 우파, 좌파와 미군 사이의 충돌만이 아니라 미군이 일본군(日軍)과 만주군 출신으로 군대와 경찰을 편성하자 그러한 반민족적 조직에 가담하지 않으려는 저항이었다고 한다. 해방 전 항일운동에서 강한 민족 주체의식과 중국에서의 투쟁 경력을 지닌 노(老) 민족주의 운동가들의 반발이 심했던 것을 지적한 것이다.[56] 앞에서 들었던 조선희의 『세 여자』 중에 허정숙(1902-1991)은 중국에서 조선의용대원으로서 중일전쟁과 모택동 공산혁명을 함께 치렀다. 해방 후 북쪽으로 돌아와서 김일성 공산 정권과 더불어 한국전쟁을 치르고 고위직을 지내며 1991년까지 살았다. 일제강점기 때 유명한 항일 법률가였던 그녀의 아버지 허헌(許憲)은 지적하기를, 미군정이 저지른 실수 중 하나는 "한국의 좌파들은 대부분 공산주의자가 아니라 민족주의자들이라는 점을 깨닫지 못한 것"이라고 지적했다.[57] 이러한 실수는 단지 남쪽 미군정의 실수만이 아니라 북쪽 소련군의 실수이기도 한데, 북쪽의 민족주의자 조만식 선생이 이끄는 건국준비위원회가 평양에 진주한 소련군에 의해서 인민 정치위원회로 재편되고, 거기서 소련 당국을 충실히 따르는 김일성 중심의 공산당에게로 모든 결정권이 넘어가 한국전쟁의 발발로

55　박명림, 같은 책, 384.
56　같은 책, 372.
57　Mark Gayn, *Japan Diary*(New York: William Sloane Associates, Inc. 1948), p.363, 박명림, 같은 책, 373에서 재인용.

이어진 것을 함께 생각해 볼 수 있다. 당시 북한 주민들은 해방군이 아니라 점령군처럼 행동하는 소련군을 보면서 "소련군이 우리 한국을 위해서 무엇을 했다고 저 야단인가?" 하고 탄식했고,[58] 결국, 조선공산당을 창당한 박헌영도 한국전쟁의 실패 책임을 추궁당하며 처단되었다. 그 이전에 김단야도 소련 당국에 의해서 일본의 밀정이라고 처단되고, 그의 마지막 부인이 된 주세죽도 모스크바로부터 멀리 중앙아시아 카자흐스탄으로 쫓겨나서 "왜놈들 지긋지긋해서 도망 나왔더니 우리가 왜놈하고 한패라고 이리로 쫓아보낸 거라. 환장할 노릇이지."라는 한탄을 자아냈다.[59]

3) 아렌트의 제국주의(imperialism)와 한국전쟁에서의 인종주의 이해

한국전쟁의 기원을 탐색하는 일에서 "아시아에 대해 아무것도 모르고 자신들이 옳다는 확신을 가졌던 미국인들이야말로 바로 야만인"이라고 한 커밍스의 비판이 적실했음을 말할 수 있겠다.[60] 미국인들은 "공산주의 저지가 탈식민 개혁의 유예와 구(舊) 식민국가 총독부 관리들의 계속 근무를 허락할 명분이 될 수 없었다."라는 것을 숙지하지 못했으며,[61] 미국 전쟁사에 계속해서 등장하는 "사악한 인종주의"가 변형된 것임을 몰랐다.[62] 오늘 우리도 모두 그러한 해방 정국의 제국주의적 유예가 얼마나 잘못된 것이며, 그것이

---

58 전영택, "고당 조만식(古堂 曺晚植) 선생 일대기", 〈씨올의 소리〉, 2020년 11 · 12월(통권 제270호), 114.

59 조선희, 같은 책, 364.

60 Bruce Cumings, *The Origins of the Korea War, Vol.2: Roaring of the Cataract*(Princeton: Princeton University Press, 1990), p.696-697, 박명림, 같은 책, 376에서 재인용.

61 박명림, 같은 책, 374.

62 같은 책, 377.

지금까지도 한반도의 고통과 더불어 21세기 오늘날에는 세계 인류 전체를 큰 위기로 모는 요인이 될 수 있다는 것을 당시로서는 잘 보지 못했다. 이는 일찍이 아렌트가 지적한 대로 19세기 이후, 예를 들어, 반유대주의의 인종주의를 매개로 해서 어떻게 서구 제국주의가 전개되었으며, 아시아의 고통은 그런 전개 속에 휩쓸려 들어가서 여전히 고통받고 있는 현실을 말해 준다. 사악한 인종주의의 변형이 지금도 문제인 것이다.

아렌트에 따르면 중세 신분제 봉건사회 이후에 등장한 서구 근대 국민국가는 결국 그 부르주아계급의 부와 자산에 대한 무한정한 욕심 때문에 무너졌다. 그녀는 19세기 후반부터 1914년 제1차 세계대전으로 그 욕망에 불탔던 유럽 나라들 사이의 파국적인 충돌이 일어나기 전까지를 좁은 의미의 '제국주의' 시기로 파악한다. 그녀에 따르면, 당시 제국주의의 욕망이 유럽 사회에서 나라와 민족의 경계를 넘어, 심지어는 노동자계급의 연대를 통해서 국제적인 연대를 강조하던 사회주의자와 마르크스주의자들조차도 그 제국주의가 약속하는 자국을 위한 경제적 이익에 눈멀어서 그 위험성을 크게 의식하지 못했다.[63] 그러한 제국주의는 자본주의 생산을 지배하는 계급이 국가의 한계를 뛰어넘어 경제적으로 팽창하려 할 때 탄생하는데, 원래 남아프리카 다이아몬드와 금 채굴업자였던 영국 제국주의자 세실 로즈(Ceil J. Rhodes, 1853-1902)가 "할 수만 있다면 저 별들을 훔쳤으면 좋으련만(I would annex the planets if I could)."이라고 한 유명한 말이 극명하게 드러내듯이, 이들은 자신들의 무한정한 팽창을 위해서 '국가와 정치'를 '경제'에 종속시키고 자신들의 사적 이익에 굴복시키면서 약탈하기 위해서 아프리카와 아시아 등 전 세계를 돌아다니며 새로운 투자 가능성을 탐색했다.

---

63 Hannah Arendt, op. cit., p. 151-152; 한나 아렌트, 『전체주의의 기원 1』, 308-309.

하지만 아렌트에 의하면 이들의 "팽창이 전부다."라는 모토 안에 내재하는 광기는 인간 삶의 자연적인 조건과 한계에 모순된다는 것을 진지하게 고려하지 않았다.[64] 정치는 경제와는 달리 무한히 확장될 수 없고, 또한 국민국가가 제국주의 식민자와 정복자로 등장하면 피정복 민족의 민족의식과 주권의식이 강하게 촉발되어 거기서 제국주의적 "팽창을 위한 팽창"은 마침내 국가 간의 파국적인 전쟁의 위기를 불러온다는 것을 생각하지 않았다. 그와 함께 거기서의 인간 삶은 그 침략자 모국 내의 국민의 삶이건 바깥 피정복 국민의 삶이건, 아렌트가 그야말로 유일하게 진정한 자본주의자의 철학자라고 평가한 홉스(Thomas Hobbes, 1588-1679)의 『리바이어던』이 잘 예견한 대로, 국가와 정치는 "이익에 가장 이바지하는" 것 외에는 다른 행동 법칙을 따르지 않고, 그래서 거기서의 개인은 "모든 사람에게 승리 아니면 죽음을 제공하는" 최후의 전쟁에 이르기까지 "능력(평등)주의(equality of ability)"에 시달리며 비참하게 살아간다는 것이다.[65]

아렌트에 따르면 제국주의의 팽창은 당시 부르주아 경제의 기이한 경제위기 때문에 촉발되었다. 즉 그것은 산업혁명의 산업 확장 시기 이후에 국민국가의 경계 안에서 더 생산적 투자처를 찾을 수 없게 되자 그 '남아도는' 돈이 수출되어야 했고, 단지 남아도는 '잉여 재산'만이 아니라 그러한 생산 사회에서 몰락하고 뒤처진 '잉여 인간', 즉 "폭민(mob)"도 같이 출구를 찾아야 했는데, 그렇게 제국주의는 "돈이 너무 많은 사람의 이윤 추구 동기와 너무 가난한 사람들의 도박 본능에 호소하는 소수의 자본주의자가 연출한 광

---

64 Ibid., p.126.; 한나 아렌트, 같은 책, 269.
65 Ibid., p.146.; 같은 책, 301.

경"이었다고 서술한다.[66] 그 일을 위해서 정치는 통치 권력을 수출했고, 그 렇게 국가가 재산과 노동을 투자한 지역을 합병해 나가는 제국주의의 팽창 은 당시 유럽 사회를 위한 "영구적인 치료제", "만병통치약"처럼 보였다는 것이다.[67]

바로 이러한 팽창을 지속하게 하려고 당시의 제국주의자들이 끌어들인 개념이 '인종', '인종주의(racism)'였다. 당시 유럽 각국에는 출현 배경이 약간 씩 다르지만 유사하게 인종 사상이 퍼져 있었는데, 유럽에서 프랑스는 혁명 으로 인권선언을 시작한 나라지만 그에 대항하는 프랑스 귀족들은 '국민(민 족)' 대신에 '인종'을 들고 나왔고, 게르만 민족의 장자로서 독일은 외세(프랑 스)의 침략 앞에서 당시 군소국으로 분열되어 있던 나라를 통일하기 위해서 '게르만족'을 내세웠으며, 영국의 보수주의는 영국민을 인류 모든 민족 중 의 '귀족'으로 내세우면서 제국주의의 또 다른 발견으로서 '관료정치'를 통 해 모든 민족을 자신들의 수단으로 삼은 것이다.[68] 또한, 해외 제국주의가 아닌 대륙 내의 제국주의자들(continental imperialism)은 '범슬라브주의(Pan-Slavism)', '범게르만주의(Pan-Germanism)' 등을 내세우며 민족(nation)을 나누 고 국가(sovereignty)를 나누며 인간을 철저히 종족으로 환원시켰다. 아렌트 에 의하면 그러나 제국주의는 자본주의의 마지막 단계라기보다는 부르주 아계급이 정치 지배를 실현하는 첫 단계로 이해해야 한다.[69] 그리고 인종은 인간 이해의 처음이 아니라 "마지막(end)"이고, "쇠퇴(decay)"이며, "부자연스

---

66 같은 책, 280.
67 같은 책, 307.
68 Ibid. p.176. 같은 책, 345 이하.
69 같은 책, 288.

러운 죽음(unnatural death)"이다.[70] 즉 인간을 인종으로 이해하고 민족과 시민과 국가를 종족으로 구분하며 침략하고 살해하고 청소하고자 할 때 거기서 모든 인간적 문명의 흔적은 사라지게 되는 것을 말한다. 그런 맥락에서 한국전쟁에서 한민족이 경험했던 잔인성이 일본 제국주의적 군국주의로부터 배운 "유습"이라는 지적이 틀리지 않아 보인다.[71] 미군에 의한 노근리 학살이나 북한에 대한 폭격으로 평양엔 단 한 채의 교회당도 남지 않게 되었다는 한국전쟁의 참상은 서구 제국주의가 그 물질주의의 지속적인 작동과 성장을 위해 견지해 온 인종주의의 한 유형이라고 말하지 않을 수 없다. 예를 들어 서구 제국주의는 이미 1890년 평화로운 콩고 주민을 대량 학살해서 당시 2천만에서 4천만의 인구를 1911년에는 8백만 정도가 되게 할 정도로 잔인했다는 것이다.[72]

이러한 맥락에서 발발한 한국전쟁 당시인 1950년 7월 12일 이승만 대통령은 한국군작전지휘군을 맥아더 장군에게 이양했다. 그리고 그것을 아직도 돌려받지 못하고 있는 오늘의 현실에서 미국 제국주의는 한반도의 분단과 군사 긴장 덕분으로 21세기에도 여전히 자신들의 자본주의 산업을 굴리고 있다. 그러면서 회칠한 무덤처럼 오히려 정의의 수호군으로 행세하고 있다는 인상을 지울 수 없다. 하지만 그러한 거짓과 불의가 자국에도 어떠한 결과를 가져오는지를 일찍이 영국 작가 조셉 콘래드(Joseph Conrad, 1857-1924)는 그의 『암흑의 심장(Heart of Darkness)』에서 소름 끼치게 그려 주었다. 제국주의 나라 사람들의 인간성과 인격 파멸은 서서히 진행되고, 그들의 의

---

70 Ibis. p.157. 같은 책, 317.

71 이나미, 『이념과 학살』, 선인, 2013, 49.

72 Ibid. p.185. 같은 책, 362.

지와 감정의 죽음은 마침내는 그들이 그렇게 추구했던 자본주의의 목적까지도 더 작동되지 않는 전체주의의 죽음과 암흑의 세계를 불러온다는 것을 말한다;

우리가 무슨 자격으로 그 세계(아프리카 콩고의 밀림)로 들어오게 되었단 말인가? 우리가 그 말 없는 세계를 지배할 수 있을까, 아니면 그 세계가 우리를 지배하게 될 것인가? 말을 할 줄 모르는, 아마 귀까지 먹었음이 틀림없는 그 세계가 실로 엄청나게 거대하다는 것을 나는 절감하고 있었어. 그 세계 속에는 무엇이 들어 있었을까? 그 세계에서 약간의 상아가 나오는 것을 볼 수 있었고, 또 그 속에 커츠 씨가 머물고 있다는 말도 들었었지…. 거짓말 속에는 죽음의 색깔이 감돌고 또 인간 필멸(必滅)의 냄새도 풍기는 게 아닌가.[73] 내게 가장 괴로웠던 건 그들 또한 비인간적이지는 않았다고 하는 바로 그 생각이었어. … 그들 또한 우리처럼 인간이라는 생각.[74]

3. 한국전쟁의 기원 3
—분단된 남북 정권(이승만과 김일성)의 절멸주의와 아렌트의 '전체주의' 이해

와다 하루키 교수에 의하면 한국전쟁은, 커밍스가 강하게 지적하는 1950년 6월 25일 오전 4시 옹진 지구에서 남한 측이 국지적인 선제공격을 했는지 여부에 관계없이, 북한이 전면 공격 태세에 있었고,[75] 남한군이 그랬다

---

73 조셉 콘래드, 『암흑의 핵심』, 이상욱 옮김, 민음사 세계문학전집 7, 2015, 60.
74 같은 책, 82.
75 와다 하루끼, 같은 책, 21

하더라도 그것은 일찍부터 계획하고 있었던 공격의 구실로 이용될 수 있는 상황에서 벌어진 것이다.[76] 그날 북한군의 전면 침공이 시작된 것을 지적하는 의미이다. 하지만 앞 장에서도 보았듯이 한국전쟁의 기원은 그것만이 아니라 해방 직후의 한반도 현실 속에 이미 여러 형태로 내포되어 있었다. 1945년 8월 15일 일본의 무조건적인 항복으로 제2차 세계대전이 끝난 후 미·소 때문에 한반도가 38선을 경계로 분할 점령되었고, 이후 신탁통치 문제로 남과 북 사이의 대립이 격화되어서 둘 사이의 간격은 더 이상 메우기 어렵게 된 것이다.

1) 해방 정국에서의 남북 단독정부 수립 과정과 테러

한반도의 임시정부 수립을 지원하기 위해서 마련된 미소공동위원회도 성과 없이 끝나자 미국은 1947년 9월 한국 문제를 유엔에 상정했고 11월 유엔총회는 남북한 총선거를 결의했다. 하지만 이미 미소공동위원회가 시작되기도 전인 1946년부터 김일성을 중심으로 북한만의 정권 기관을 창출하며 토지개혁 등 사회 개혁을 급격하게 추진하고 있던 북한과 그 뒤의 소련은 그 결의안을 거부했다. 결국, 1948년 5월 10일 남한만의 선거를 치르고 8월 15일 이승만 대통령의 '대한민국'이 성립하였고, 북한도 9월 8일 김일성 수상·박헌영 부수상의 '조선민주주의인민공화국'을 성립시켜 한반도는 두 정권의 나라로 갈라진 것이다. 거기서 남북의 정권은 각각 자신들의 영토를 한반도 전역이라고 선언하였고, 남한의 국회에서는 북한 5도 선출의 국회의원 의석이 유보된 것으로 하였고, 북한도 자신들의 수도는 서울이고 평양

---

76 같은 책, 70.

을 임시 수도로 한다고 헌법에 규정했다.[77] 이렇게 자신들이야말로 한반도 전체의 유일한 정통성을 이은 국가라고 주장하는 두 정권은 이러한 가운데 소련군이 1948년 말 철수하고, 미군이 1949년 전반에 철수하자 직접적인 무력 충돌에 노출될 수밖에 없었고, 둘 다 모두 어떻게든 전 영역의 국토를 차지하고자 노심초사했다.

한나 아렌트는 그녀의 『전체주의의 기원』 마지막 3부인 나치와 스탈린의 전체주의 고찰에서 한반도의 한국전쟁과 밀접히 관계되어있는 미국(루스벨트)과 영국, 소련 3국의 '얄타회담'(1945년 2월)이 비전체주의 세계(미국, 영국)가 전체주의 정권(소련)의 거짓 외교에 속아 넘어간 가장 대표적인 예 중의 하나라고 지적했다.[78] 일본과의 태평양전쟁을 속히 마치고 싶었던 미국은 얄타회담에서 소련의 참전을 적극적으로 요구했고, 그 대가로 러일전쟁에서 일본에 내주었던 사할린 지역을 다시 찾게 해 주며 일정 기간 신탁통치가 제안된 한국에 대해서도 소련의 발언권을 인정하는 것으로 합의한 것을 말한다. 여기서 소련은 일본 히로시마와 나가사키에 원자폭탄이 떨어진 후 일본의 조건 없는 항복이 확실해진 후에야 대일 선전포고를 했다(8월 8일). 그러면서도 만주를 거쳐서 파죽지세로 한반도 이북으로 들어와서 미군이 9월 8일에 서울에 들어온 것보다 먼저 평양을 점령하고 소련에서 훈련받은 김일성을 앞세우고 북쪽을 장악했다고 역사는 전한다.[79] 루스벨트에 이어서 미국 대통령이 된 트루먼은 한국전쟁을 강자(소련)가 약자(남한)를 침략한 것이라 규정했으며, 한국전쟁의 배후가 소련이라는 것을 누구도 의심

---

77 같은 책, 342.

78 한나 아렌트, 『전체주의의 기원 2』, 151, Hannah Arendt, op.cit., p.393.

79 한국민족문화대백과사전, '삼팔선(三八線)'.

하지 않았다고 지적했다.[80]

1948년 9월 9일 조선민주주의인민공화국 수립이 선언되고 연말에 소련군 철수가 완료되자 김일성은 1949년 3월 3일 박헌영을 동반하고 스탈린을 공식 방문했다. 이때 김일성은 경제원조를 요청하고 군사 문제로 들어가서 대화를 나누었는데, 이 1949년 3월 시점에서는 스탈린은 중국 내전에 미군이 개입할 것을 두려워하면서 모택동의 중국공산당에게 장개석의 국민당과 평화회담을 계속하도록 권하였고, 그래서 김일성으로서도 남한 무력 해방 이야기를 꺼낼 수 없었을 것이라고 한다.[81] 하지만 4월 21일 모택동의 중국인민해방군이 양쯔강을 건너 난징을 함락했고 미군의 개입이 없는 가운데 10월 1일 중화인민공화국 수립을 선언하자 김일성은 그러한 중국혁명의 승리로 이번에는 자신들 차례라고 생각했고, 그래서 스탈린에게 무력 해방을 지지해 달라고 강력하게 요구하며 모택동에게도 동의를 구해 지지를 약속받았다고 한다. 이렇게 해서 1950년 4월 스탈린은 김일성과 박헌영에게 한반도 무력 통일 계획을 최종 승인했고,[82] 그들의 "국토 완정", "완전 독립"의 기치는 공식적으로는 남에서의 혁명을 기다린다는 것이었지만, 진정한 의도는 남진을 통해 남한 정권을 타도하고 국토를 통일하는 것임을 드러냈다.[83]

한편 남한에서는 미군정 및 비공산 세력과 공산당 간의 대립이 격화되어 거의 내전 상태로 치달았다. 그런 와중에서 좌우합작을 강조하는 여운형이 1947년 7월 19일 암살되었고, 남한 단독정부 수립을 반대하던 한국독립당의 김구마저 친공산주의 세력으로 몰아세움을 당하는 가운데 1949년 6

---

80 한국역사연구회편, 같은 책, 87.
81 와다 하루끼, 같은 책, 78.
82 같은 책, 82.
83 같은 책, 342.

월 26일 암살되었다. 남한 단독정부를 수립하기 위한 1948년 5·10선거에 반대하여 3월 1일 제주에서 벌어진 3.1독립운동 기념 경찰의 발포로 촉발된 '제주4·3사건'은 미군정과 남한 우익 세력이 어떻게 테러와 폭력을 일삼았는지를 보여주는 상징적인 사건이 되었다. 이어서 10월에 발생한 '여순사건'도 제주에 토벌대로 파견되기를 거부한 군 내 좌익 군인들의 저항을 진압하는 과정에서 비롯된 것인데, 이렇게 분단의 영구화를 걱정하며 남한의 단독정부 수립을 반대한 인사들은 무차별적으로 반민족 인사로 몰려서 죽임을 당하고 갖은 고통을 겪었다.[84] 여기에 소위 '보도연맹' 가입자에 대한 폭력도 포함되는데, 주로 친일 세력의 우익 주도로 대통령이 된 이승만 대통령은 일제 말기 총독부 당국이 좌익 항일운동 세력을 묶어 놓기 위해 실시한 방식과 똑같이 닮은 조직인 '국민보도연맹(보도연맹)'을 만들어서 남로당 계열의 잔존 인사들과 좌익 인사들을 가입시켰고, 나중에는 조직을 확대하기 위해서 전혀 무관한 일반 주민들도 미끼를 써서 가입시켜 1949년 말까지 가입자 수가 30만 명 선이었다고 한다. 그런데 이 가입서는 곧 한국전쟁이 발발한 후에 "반드시 살해해야만 할 살해자 예비 명단"이 되어 버렸고, 이승만 정권은 군에 특명을 내려서 후방의 보도연맹 가입자들을 조직적으로 무자비하게 살해해서 전국 각지에서 약 30만 명이 희생되었다고 한다.[85] 이러한 모든 과정을 직접 겪으면서 큰 희생과 고통을 당했던 완도 출신 민족·민주·통일운동가 이기홍(1912-1966)은, "전쟁이 터졌는데 적국이 아닌 조국의 경찰로부터 가장 먼저 생명의 위협을 받고 있다는 것이 당시 대한민

---

84 김명기, 같은 책, 259.
85 같은 책, 278, 289.

국의 적나라한 모습이었다."라고 밝히고,[86] 이승만 정권이 시작된 후 남쪽에서 흔적도 소식도 없이 살해된 인사들이 헤아릴 수 없이 많았다고 하면서 한국전쟁이 실질적으로 발발하기 이전부터도 이데올로기 갈등으로 인한 테러가 얼마나 극심했는지를 증언했다.

2) 한국전쟁의 발발과 전쟁의 잔혹함

김일성이 미국을 아는 것보다 이승만이 스탈린을 훨씬 더 잘 알았다고 평가받는 이승만은[87] 당시 한반도를 미·소 냉전의 전초기지로 자처했다고 한다. 그런 그는 1950년 6월 25일 북의 전면 남침을 보고받고 2시 각료회의에서 자신은 이 상황을 오랫동안 경고해 왔기 때문에 매우 놀라지는 않는다고 하면서 "한국을 제2의 사라예보(a second Sarajevo)로 만드는 것을 피하려고 노력해 왔으나, 어쩌면 현재의 위기는 '한국 문제를 일거에 해결하기 위한 최선의 기회(the best opportunity for settling the Korean problem once and for all)'를 제공해 주는 것인지도 모른다."라고 발설했다고 한다.[88] 즉 그는 한국이 언젠가 세계대전의 발화점이 될지도 모른다는 인식(제2의 사라예보)과 함께 북한의 기습이 일어나자 이 기회를 "한국 문제의 궁극적 해결인 통일의 기회"로 활용할 수 있는 절대적 호기라고 보면서 각오를 단단히 다졌음을 의미한다.[89] 그런데 그런 대통령 이승만이 전쟁 발발 66시간 만에 낸 첫 육성이 국민을 속이는 것이었다고 지적받았다. 대통령 자신은 이미 서울을 빠

---

86 같은 책, 273.
87 박명림, 같은 책, 148.
88 같은 책, 145.
89 같은 책, 145-146.

져나가 대전에 도착해 있으면서 거짓 방송으로 여전히 서울에 체류하고 있는 것처럼 속여서 미처 빠져나가지 못해 피난 가지 못한 사람들에게 큰 희생과 죽음을 감수케 했다는 것이다.[90] 하지만 그런 가운데서도 6월 30일 곧바로 미국 지상군 파견이 결정되고, 유엔 안전보장이사회에서도 7월 7일 유엔군 결성이 확인되는 가운데 "이제 (한국전쟁은) 당신들의 전쟁이 아니라 우리의 전쟁(This is not your war, but ours.)"이라는 말이 나오게 되었다. 이것으로써 이승만의 의도는 "크게 성공한 것"이 되었으며, 한국전쟁은 "유엔의 전쟁, 그리고 세계의 전쟁"으로 넘어간 것을 말한다.[91]

상황이 이렇게 전개되자 북의 김일성은 7월 8일 미국의 개입을 맹비난하는 특별방송을 했다고 한다. 그러면서 통일 실패의 요인을 미국의 참전으로 규정하면서 자신의 전쟁을 "조선 민족을 침습한 미국에 대항하는 민족해방전쟁"으로 몰아갔는데, 이것은 자신들의 공격을 '정의의 전쟁(just war)'이 되도록 하는 의도였다는 지적이 있다.[92] 한편 김일성이 그렇게 협조를 구하기 위해서 공을 들인 소련의 스탈린은 김일성을 후원하는 문제를 가능하면 북한의 문제로 한정 지으려 했는데, 그러면서도 자신의 이익은 극대화하려는 "의뭉한 형태"를 유지했다는 것은, 아렌트도 『전체주의의 기원』에서 지적했듯이 나치나 스탈린 전체주의 국가의 표리부동과 거짓말, 양파 껍질을 벗겨내도 끊임없이 또 나오는 변신과 도덕 기준의 무시를 잘 드러내 준다. 당시 스탈린의 소련이 사회주의의 모국으로서 표면적으로는 국제주의(코민테른)를 내세우고 또한 세계 볼셰비키 혁명을 위한 '일국사회주의'를 말하며 다른

---

90 같은 글, 167.
91 같은 글, 120.
92 같은 글, 120-121.

나라의 혁명을 지휘했지만, 내면에서는 철저한 자국 이기주의와 스탈린 개인 우상화에 빠져 있었다는 것을 극명하게 보여주는 것이다.[93]

1953년 3월 5일 한국전쟁이 막바지로 치닫고 있던 때에 갑작스럽게 죽기까지 스탈린은 소련의 공개적 개입 금지와 철저한 비밀 개입 원칙을 고수했다. 하지만 소련이 없이는 전쟁에서 승리할 수 없다고 믿었던 북한 공산당에 의한 스탈린 선전은 거리에 넘쳐 났고, 그에게 보내는 수많은 메시지의 내용은 "감사, 감사, 감사"였다고 한다. "쏘련인민의 위대하고 영명한 수령이며 조선인민의 가장 친근한 벗이며 해방자인 쓰탈린 대원수 만세!", "대소(大小) 민족의 독립과 자주권을 옹호하는 위대한 쓰딸린적 대외정책 만세!" 등이 아주 쉽게 찾을 수 있는 구호였다고 하는데, 이렇게 한반도의 한국전쟁은 미국에서는 극우 반공주의 매카시 광풍이 몰아치던 와중에서, 그리고 북쪽에서는 스탈린 볼셰비키 전체주의가 최고점에 달해 있던 시기에 그들의 전체주의적 이데올로기와 테러를 유사하게 답습하여 자국민에게 똑같은 거짓과 테러로써 학살과 살인을 자행한 이승만과 김일성이 주역으로 벌인 전쟁이었음을 보여준다.

주지하다시피 한국전쟁의 초반은 북쪽이 일방적으로 우세했다. 서울은 3일 만에 함락되었고, 전쟁 초기부터 김일성이 매우 원했던 소련 공군의 지원은 없었지만, 중국 국공 내전에서 함께 싸웠던 조선의용군을 넘겨받았던 북한 인민군은 파죽지세로 공격을 밀고 나가 8월 초 주력부대들이 낙동강 연안까지 이르렀다. 그러나 9월 15일 맥아더 사령관의 유엔군 인천상륙작전이 성공하자 북한군은 다시 북으로 밀려갔고, 10월 1일에는 38선 이북으

---

93 한나 아렌트, 『전체주의의 기원 2』, 122.

로의 북진마저 허용했다. 맥아더의 '무조건 항복(unconditional surrender)'요구에 다급해진 김일성과 박헌영은 그리하여 긴급하게 소련과 중국에 도움을 청했고, 오랜 설왕설래 끝에 중국의 모택동이 참전을 결정하면서 1950년 10월 19일 첫 압록강 도하를 시작으로 미군과 중국군의 힘겨루기가 시작되었다. 그렇게 38선과 서울 탈환과 사수를 중심으로 중·미 간의 전쟁으로 확전되면서 한국전쟁의 양상이 크게 변하였고, 마침내 1951년 늦봄, 전투가 오늘의 한반도 비무장지대와 거의 비슷한 선에서 고착된 가운데 휴전 논의가 시작되었다. 이후 2년간 잔혹한 전투가 더 계속되다가 드디어 1953년 7월 27일 이승만의 남한은 여전히 휴전을 거부하는 가운데 북한과 미국, 중국의 전쟁 당사자 간에 휴전협정이 맺어진 것이다.

이 사이에 한반도의 인민들이 겪은 고통과 학살, 잔혹 행위는 이루 말할수 없었다. 처음 이승만 정권이 서울 이남으로 쫓겨 가면서 저질렀던 만행은, 예를 들어 북한 자료이기는 하지만, 한 자료는 이승만 정부가 후퇴하면서 서울에서만 1만 2천 명의 애국자(좌파)를 학살했다고 한다.[94] 경기도 이천의 한 마을에서 일어났던 보도연맹 학살 사건에 대해서 "사람은 다 같은데 그렇게 잡아다 죽이니…." "처음에 경찰들이 보도연맹을 죽이지만 않았어도 그런 사변은 없었을 텐데…." "이승만 씨 학정은 억만년이 지나도 죄를 씻을 수가 없어."라는 한 맺힌 절규를 낳았다.[95] 이에 비견되게 남한 사람들이 1950년 6월 28일부터 9월 28일까지 3개월 동안 받았던 공산주의 통치의 충격도 엄청났는데, 곧바로 좌파의 재조직화와 전면적 전시 동원 체제로의 이행을 통해서 '민족 반역자'나 '미·일 제국주의자', 보도연맹 가입자 등

---

94 박명림, 같은 책, 316.
95 한국역사연구회편, 같은 책, 608.

의 '변절자'에 대한 처형이나 고문, 증오와 교육이 이어졌다. 청년들을 인민 군으로 동원·징집하여 전선에 투입했는데, 심지어는 1950년 9월 23일 인 민군 주력 사단인 제4단조차 그 병력의 70%가 남한에서 징집한 신병들로 보충되었고, 이들은 훈련도 없이 곧바로 전선에 투입되었다고 한다.[96] 또한, 남한군과 미군이 38선을 넘어서 북한에 진주했을 때 북한군이 쫓겨 가면서 원산이나 함흥 교도소에서 정치범을 참혹하게 학살한 일은 공산주의자들 이 저지른 피의 살육 앞에서 인간 통제력을 잃게 만드는 장면이었다고 지적 한다.[97]

3) 한국전쟁 남북 정권의 절멸주의와 아렌트의 전체주의 이해

자본주의와 사회주의의 남북 대결 전쟁이 시작된 후 한국인들에게 다가 온 첫 번째 느낌은 공포였고, 전쟁의 초기부터 중간파라는 존재는 가능하지 않았음을 보여주었다.[98] 하지만 그런 가운데서도 한국전쟁 시기 좌익에 관 한 한 연구에 따르면, 이 기간에 북쪽 좌익에 의한 대량 학살은 거의 인천상 륙작전 직후 급한 후퇴와 더불어 이루어진 것이라고 한다. 인천상륙작전 전 까지 북한 인민군은 미군에게도 비교적 좋은 대우를 해 주었고, 남한 우익 인사도 처형보다는 북한으로 끌고 가는 경우가 많았지만, 미군의 인천상륙 작전으로 상황이 급변하고 퇴로가 차단되자, 예를 들어, 당시 남한 대전 교 도소에서의 집단 학살 사건처럼 그러한 상황에 몰려 벌어진 일인 경우가 대

---

96 박명림, 같은 책, 216.
97 같은 책, 614-615.
98 같은 책, 300.

부분이었다고 한다. 그런 의미에서 본다면 미군의 인천상륙작전은 지금까지의 통상적인 이해와는 다르게 "어떤 의미에서 보면 잡혀 있는 인질의 안전을 전혀 고려하지 않은 범인 소탕 작전"이었다고 할 수 있다는 것이다.[99]

이러한 이야기들은 한국전쟁이, 미국이 전쟁의 확대를 저지하고 피해를 최소화하기 위해 노력한 '제한전쟁(a limited war)'이었다는 주장에 이의를 제기하도록 한다. 오히려 그것은 하나의 '무제한전쟁(a unlimited war)'이었다는 주장이 설득력을 얻는다.[100] 이러한 주장의 저자 김태우에 의하면 특히 미 공군의 전략항공작전과 관련해서 1950년 9월 15일 인천상륙작전 이후 한국전쟁은 초기의 전쟁과는 완전히 다른 양상을 보여서 1950년 11월 5일에 맥아더를 포함한 미 극동군의 주요 인사들은 "이제부터 북한 지역의 모든 건물과 시설, 마을은 군사·전술적 목표물로 간주한다. 유일한 예외는 만주 국경과 한반도 내에 있는 수력발전소뿐이다."라면서 북한 지역 전체를 초토화하는 정책(scorched earth policy)을 결정했다고 한다.[101] 그 지역 민간 지역 자체의 파괴를 명령한 것이다. 이러한 명령은 이후 가공할 위력을 발휘해서 1950년 겨울, 말 그대로 북한의 도시와 농촌 지역은 잿더미로 화했고, 1951년 5월 북한 지역을 돌며 전쟁 피해를 조사한 조사단원들은 "도중에 파괴되지 않은 도시를 하나도 보지 못했다. 피해를 보지 않은 촌락은 거의 없었다."라고 묘사했으며, 1951년 7월 이후 더 유리한 조건에서 정전을 성사시키기 위한 미 공군의 폭격은 1953년 7월의 정전협정 시점까지 하루도 끊이

---

99 이나미, 같은 책, 14-15.
100 김태우, "무제한 전쟁을 향하여; 한국전쟁기 미 공군 공중폭격작전의 성격 변화", 한국역사연구회편, 같은 책, 302-302.
101 같은 글, 314.

지 않고 지속되었다고 한다.[102] 1953년 5월부터는 북한 지역 저수지 공중폭
격을 통한 평야 지역 홍수로 주식인 쌀의 생산을 방해하자 북한군 지도부와
민간인들이 큰 충격을 받았고, 이렇게 한국전쟁 발발 직후부터 시작된 미
공군 폭격은 진남포의 80%, 해주의 75%, 함흥의 80%, 흥남의 85%, 평양의
80%, 사리원의 95%, 원산의 80% 등 북한의 도시와 농촌을 온통 폐허로 만
든 "무제한전쟁"이었다는 것이다.[103] 물론 우리가 아는 대로 중공군이 개입
한 이후 중국 해안과 만주 지역으로까지 전쟁을 확전하려는 맥아더를 1951
년 4월 11일 트루먼 대통령이 결국 해임하였지만, 그는 한국전쟁을 승리로
이끌기 위해서 중국과의 전면전도 불사하며 제3차 세계대전의 전조도 크게
인식하지 않는 일종의 "절멸주의(exterminism)" 지도자였다는 것이다.[104] 이
점에서는 그의 우익 파트너인 남한의 이승만도 유사한 평가를 받을 수 있는
데, 그는 1953년 7월 휴전협정 체결을 끝까지 거부하며 북진 통일을 주장했
다. 그와 더불어 북쪽의 김일성과 그 김일성이 제거한 박헌영도 휴전협정에
응하긴 했지만 결국 전쟁을 통해서 통일을 이루려 했던 그들의 기도가 실패
한 '절멸주의'의 모습이었다고 말할 수 있겠다.

   중국 문명을 진정으로 알고자 했고, 20세기 전반기에 자신의 연구를 위
해서 중국에 오래 머물렀던 『중국의 과학과 문명(Science and Civilisation in
China)』의 저자 조지프 니덤(Joseph Needham, 1900-1995)은 한국전쟁 당시 미
군이 전쟁 발발 1년여 후 양측이 어느 누구도 승리를 장담할 수 없는 엎치
락뒤치락 속에 갇혀있는 동안 그 전략적 균형을 깨트리기 위해서 '생물학적

---

102 같은 글, 318.
103 같은 글, 320.
104 같은 책, 241; 박명림, 같은 책, 383, 742 이하.

무기'를 사용하지 않았는가 하는 의심을 한다. 이 주장이 처음 제기된 것은 1951년의 일이었다고 하는데, 당시 수많은 병력이 "몰려오는 적군이 이용하지 못하도록 도시를 파괴하고, 교량을 폭파하고, 철도를 폭격하고, 온갖 종류의 잔인한 방식으로 앞으로 수십 년 동안 수백만 명이 겪을 삶을 망쳐 버리고 있"는 가운데, 모스크바의 여러 신문이 미국의 특수 요원들이 북한의 우물에 콜레라 세균을 풀어 넣었고, 최북단 지역에서는 탄저균을 사용했다는 보도를 내놓았다. 1952년 초에 중국의 언론이 다시 한반도와 만주에서 미군의 야간 공습 직후에 일어난 곤충들의 떼죽음과 수백 마리의 작은 들쥐 같은 설치류가 하늘에서 떨어지는 모습을 목격했다는 보도를 했는데,[105] 아마도 그것은 질병을 함유한 동물일 것이라고 한다. 물론 한국전쟁에서 세균전과 생물학적 무기가 진정 사용되었느냐에 대해서는 아직까지도 그 평가가 엇갈리지만, 한국전쟁 당시 수상직을 맡고 있던 저우언라이(周恩來, 1898-1976)는 "저는 세균 무기 사용이라는 악질적인 범죄를 저지른 미국을 전 세계의 인민 앞에 고발하는 바입니다"라고 하면서 "전 세계의 평화를 사랑하는 인민"을 향해 "미국 정부의 광포하고 범죄적인 행위에 종지부를 찍는 일에 나서자."라고 호소했다고 한다.[106]

필자는 이 모든 것이 아렌트가 서구 근대 인종주의와 계급투쟁으로 인해서 야기된 20세기 '전체주의'의 특징을 드러내기 위해 가져온 표제어, "평범한 사람들은 모든 것이 가능하다는 사실을 알지 못한다."라는 말이 바로 우리의 한국전쟁에도 그대로 적용될 수 있다는 것을 보여주는 것으로 이

---

105 사이먼 윈체스터, 『중국을 사랑한 남자-조지프 니덤 평전』, 박중서 옮김, 사이언스북스, 2019, 321-323.
106 같은 책, 324.

해한다. 이 지상에서 자신들이 세운 목표를 위해서는 "모든 것이 가능하다 (Everything is possible)."라는 의지 속에서 어떠한 실정법이나 인간 보편의 상식, 인간의 '자연(nature)'과 '역사(history)'의 한계를 무시하고, 자신과 자연, 자신과 역사가 바로 그대로 하나인 것처럼 목표를 위해 돌진하는 "테러 (terror)"의 모습이 바로 그것인 까닭이다. 아렌트는 20세기 인류가 독일의 나치즘과 소련의 스탈린주의에서 경험한 전체주의(Totalitarianism)의 두 핵심 기제가 바로 "이데올로기와 테러(Ideology and Terror)"'라고 지적하였다.[107] 이 데올로기는 말 그대로 한 가지 이념이나 사상을 가지고 이 세상에 존재하는 모든 것과 일어나는 모든 것을 설명할 수 있다는 주장이므로 여기에 어긋나는 것으로 보이는 존재에 대해 테러와 처단을 일상화한다.

한반도에서 일어났던 한국전쟁의 한 주역이 아렌트가 지적한 20세기 전체주의의 한 화신이었던 스탈린이었다면, 우리는 왜 그렇게 한국전쟁의 현실에서 그렇게 오랜 세월 한민족 공동체로서 살아온 사람들 사이의 전쟁이라고는 믿기지 않을 정도로 잔혹하고 용서하기조차 어려운 학살과 테러, 끔찍한 범죄가 행해졌는지를 조금은 이해할 수 있을지 모르겠다. 그는 당시 갑작스러운 죽음을 3년여 앞둔 시점에 있었지만 이미 1924년 소련에서 레닌에 이어 권력을 잡은 이후로 자국민에게 엄청난 테러와 거짓과 학살을 일삼은 지도자였다. 박명림의 한국전쟁 기원에 대한 탐색에서 간간이 등장하는 스탈린의 행보에 관한 서술, 예를 들어 "미국과 전쟁을 수행하도록 동의해 놓고는 그들과 싸우는 작은 국가가 일방적으로 몰리고 있는데도 휴양지에서 휴가를 보내는 것이 스탈린의 태도였다."[108] 라던가, 또는 "소련 군사고

---

107 Hannah Arendt, op. cit., p. 460ff.; 한나 아렌트, 『전체주의의 기원 2』, 255 이하.
108 박명림, 같은 책, 469.

문단들에게는 철수를 지시하고, 김일성에게는 강력히 맞서 싸우라고 지시하는 것이 스탈린의 방식이었다."[109], 그리고 "북한을 버림으로써 미국과의 관계를 개선하는 것, 그것이 스탈린의 이 시점의 목적이었다."[110] 등은 그가 얼마나 거짓과 자기 이익과 배신, 불신과 나중에는 비상식과 미신의 "초의식(supersense)"의 사람이었는지를 알게 해 준다. 하지만 이와 더불어 우리는 그런 스탈린주의 공산당에 대해서 한국전쟁을 일으킨 상대의 주역으로 그와 같은 볼셰비키즘이 지난 역사에서 출현되도록 하는 데 가장 직접적인 요인자였던, 극도로 개인주의적이고, 자기 이익 중심적이며, 자신의 사적 욕망과 부의 축적을 위해서는 모든 것을 거는 똑같은 전체주의자, 우익 자본주의와 그의 변태적 자식인 '매카시즘'이 있었다는 것을 안다. 북쪽의 김일성 공산당과 남쪽의 이승만 정권은 각각 그 양쪽 노선의 식민지적 아류였고, 거기에 막 한쪽 이데올로기의 부분적인 역사적 실현(중국공산당 혁명)으로 아직 삶과 세계에 대한 "자발성(spontaneity)"과 "책임감(responsibility)"이 살아 있던 중국공산당의 모택동이 가세한 것이라고 할 수 있다.

일찍이 작가적인 예민한 감수성으로 자신이 직접 경험했던 한반도의 해방공간과 이후 한국전쟁에서의 충돌, 실패한 전쟁의 참혹함 이후에 휴전협정으로 가는 길의 허무와 좌절을 섬세하게 그려 준 최인훈의 『광장』은 남쪽의 전장에서 다시 만난 북쪽의 애인 은혜가 "왜 이런 전쟁을 시작했을까?" 하고 묻자, "고독해서 그랬겠지(That's because he was lonely)."라고 응수한다.[111] 북쪽의 김일성이 '고독해서' 전쟁을 시작했을 것이라는 응답, 이 응답

---

109 같은 책, 475-476.

110 같은 책, 485.

111 최인훈, 『광장』, 문학과지성사, 2015, 165, Choi In-Hun, *The Square*, trans. by Kim Seong-Kon, Library of Korean Literature, 2014, p.131.

을 하는 명준과 은혜 자신도 그때는 동굴 속에서 오로지 서로의 몸으로 축소된 광장(The square)만을 가지고 죽음을 향해 가고 있던 현실이었다. 그것은 이데올로기와 테러로써 모든 살아 있는 것을 죽이고, 그들의 자발성과 의지와 기쁨과 선택과 행위를 용납하지 않고, 스스로가 신이 되고, 자연과 역사와 자신을 일치시키며 온 세상을 죽음으로 몰고 가는 것이다. 그러면서도 그 자신과 자신의 이념만이 이 세상에 정의를 가져올 수 있다고 믿는 전체주의의 화신들로 인해서 야기된 현실인 것이다. 다음 장에서는 결국 이러한 전체주의의 파국이 진하게 깔려있던 한국전쟁을 넘어서 우리가 어떻게 개인으로서, 민족과 국가로서, 그리고 세계 문명의 공동 주체와 창시자로서 다시 시작할 수 있는지, 그래서 다시 우리 의식과 삶에서 진정한 '초월성[聖]'과 '다원성[性]', '지속성[誠]'의 감각을 회복하고 우리가 함께할 수 있는 새로운 '광장'을 구축할 수 있는지를 한반도의 구체적 통일 논의와 관련해서 살펴보고자 한다.

4. 한국전쟁을 넘어서 '세계 평화의 못자리'로 거듭나기

한국전쟁이 발발한 지 70년이 지났고, 한반도는 여전히 휴전 상태 속에서 주변 강대국들과 힘겹게 주도권겨루기를 하면서 어떻게든 민족 통일과 평화를 이루기 위해서 고투하고 있다. 그동안 남북은 서로 간의 전쟁과 무력 분쟁을 통해서는 하나 됨을 이루기 어렵다는 것을 톡톡히 경험했고, 이후의 여러 협상을 통해서 때때로 다가가기도 했지만, 2018년 4월 17일 판문점 남북정상회담 이후 이어진 2019년 6월 하노이 북미정상회담이 어긋나면서 한반도는 다시 언제라도 전쟁이 일어나고, 핵전쟁을 포함한 제3차 세계대전으로 이어질 수 있는 세계 최고의 위험 지구라는 것을 보여주고 있다. 한국전쟁이 미국 측이 주장한 '제한전쟁'이 아니었다는 것을 여러 새로운 연구들이 보여주고 있듯이, 2018년 이후의 북미 핵 협상에서 미국 측이 주장한 'CVID[완전하고(completely), 검증가능하며(verifiable), 불가역적인(irreversible) 비핵화(dismantlement)]'는 다시 한 번 서구 강대국의 방식이 상대방의 처지를 전혀 고려하지 않는 매우 제국주의적이고, 전체주의적인 발상임을 드러낸다. 결국 북미회담은 결렬되었고, 이후 상황은 더욱 악화되었다.[112] 그러는 사이 남북한 사람들의 삶의 처지는 더욱 왜곡되고 고통스러워져서 남쪽에서의 남남갈등은 특히 극우 기독교 신자들이 중심이 된 태극기 부대의 '종북좌빨' 혐오 선전 등으로 격화되고 있으며, 미국 주도의 북한 경제제재와 봉쇄로 북한 주민들의 고통은 이루 말할 수 없다. 오늘의 이런 갈등과 고통의 요인은 아직도 한반도가 여전히 치르고 있는 한국전쟁의 정신사적 뿌리에 닿아 있다.

1) 서구 전체주의의 기독교 신학적 뿌리와 한반도 통일을 위한 민족 종교적 뿌리

아렌트는 20세기 서구 전체주의의 기원을 탐색하면서 그 뿌리에 놓여 있는 인종주의가 근원적으로는 서구 유대기독교 문명의 '(유대인들의) 선민의식'과 닿아 있으며, 그것이 예를 들어 나치의 게르만족이나 스탈린의 슬라브족이 비난하면서 닮고 있는 범게르만주의(Pan-Germanism)나 범슬라브주의(Pan-Slavism) 운동으로 전개되었음을 밝혔다.[113] 이것은 결국 서구 제국주의

---

112 이은선, "동북아 평화 프로세스와 4.27 판문점 선언", 『동북아 평화와 聖·性·誠의 여성신학』, 동연, 2020, 63 이하.

113 Hannah Arendt, op.cit., p.223ff.; 한나 아렌트, 『전체주의의 기원 1』, 419 이하.

나 전체주의가 서구 기독교 문명의 문제이며, 거기서의 신(神) 의식과 역사 의식, 존재 의식이 인류 전체를 파국으로 몰고 갈 수 있는 핵을 지니고 있음을 드러낸 것이라 하겠다.[114] 아렌트에 따르면 인종주의자들의 유대인 증오는 신이 선택한 민족, 신의 섭리로 최종적으로 성공이 보장된 민족이 자신들이 아니라 유대인일지도 모른다는 "미신적 인식"과 "우스꽝스러운 미신(ridiculous superstition)"에서 나왔으며,[115] 그래서 유대적 기원을 가지는 기독교가 서구 의식계를 모두 석권한 마당에서는 히틀러의 '자연(nature)' 전체주의나 스탈린의 '역사(history)' 전체주의는 바로 그러한 유대기독교 신앙의 역학 속에 들어 있던 "숨겨진 작은 톱니"를 가지고 와서 세속적으로 보편화하여 전체주의화한 "사이비 신비주의(pseudo mysticism)" 형태라고 지적했다.[116]

나치나 스탈린의 전체주의는 '자연(인종)'이나 '역사(계급)'라는 이데올로기를 가져와서 그것을 신으로 대체했고, 이 현실의 모든 구체적인 것을 그 자연과 역사의 "운동법" 아래 둠으로써 각자 존재 고유의 뿌리를 인정하지 않고, 모든 것을 통째로 보편화시켰다. 그리고 거기서 자신이나 자기 종족, 또는 자기 당은 스스로 절대(전체)가 되는데, 그런 의미에서 한 개별성의 인간이 되고, 자신을 넘어서는 어떤 초월과 관계하고, 운동(행동)이 아닌 존재 자체로서, 또는 현재의 존재로서 살 수 있는 권리를 박탈하고, 그렇게 모든 인간의 "뿌리를 뽑아 버리는 것(uprootedness)"을 통해서 자연과 역사 전체를 통치하려는 기도라는 것을 알 수 있다.[117] 아렌트는 이러한 전체주의의 기도에 대응하는 표현으로 유대기독교 전통이 아닌 그리스 로마 전통, 즉 플

---

114 이은선, 『사유하는 집사람의 논어읽기』, 도서출판 모시는사람들, 2020, 19 이하.
115 Ibid., p. 243; 같은 책, 451.
116 Ibid., p. 234; 같은 책, 433.
117 Ibid., p. 464; 한나 아렌트, 『전체주의의 기원 2』, 261.

라톤이 "인간이 아니라 신이 만물의 척도다(Not man, but a god, must be te measure of all things)."라고 한 표현을 자주 가져왔는데, 그것은 "인간이 세상의 주인일지는 몰라도 창조주는 아니다(Man is only the master, not the creator of the world)."라는 것을 망각하지 말라는 가르침이라고 밝혔다.[118]

오늘 한국전쟁 이후의 한반도 현실에서도 남쪽 극우의 '종북좌빨' 북한혐오나 북쪽 사회주의의 교조화된 주체사상도 모두 서구 기독교 문명(개신교와 마르크스주의)과 깊이 연관되어 있음을 부인할 수 없다. 그렇다면 필자는 이번에는 아렌트와 다르게 역시 그러한 서구 문명이 배태한 플라톤의 언어보다는 동아시아의 다른 사고를 가져와서 그 극복의 열쇠를 찾고자 한다. 서구 20세기 나치와 스탈린의 전체주의는 서구적 자아·주체(the self)의 '미래(the future)'를 위한 전체주의이기도 하다. 아렌트는 그것을 그들의 전체주의에서는 "모든 법이 운동법이 된다(All laws have become laws of movement)."라는 말로도 표현했는데, 미래를 자신들의 이데올로기로 채워가려는 이들 전체주의 자아는 그래서 자신이 주인공이 아니었던 '과거'를 인정하지 않는다. 과거라는 뿌리는 그들에게 필요 없는 것이다. 거기에 반해서 예를 들어 동아시아 전통에서 중시하는 신분(class)이나 가족(family)은, 앞에서 우리가 살펴볼 때는 그것이 한국전쟁에서 빚어졌던 잔혹성의 한 요인으로 작용하기도 했지만, 그러나 그러한 변질된 사각지대를 걷어내고 나면 바로 거기에 지금까지 우리가 살펴본 서구 전체주의의 폐해를 극복할 수 있는 근거가 들어있음을 본다. 예를 들어 권헌익의 한국전쟁 연구는 바로 그 가족과 과거의 관계의 뿌리가 역할을 하여서 어느 마을에서는 한국전쟁의 상흔이 훨씬

---

118 Ibid., p. 302; 한나 아렌트, 『전체주의의 기원 1』, 541.

더 쉽게 치유되기도 했고, 또한 그 과거로부터 오는 공동체의 권위가 비록 과거 신분 사회에서 이루어진 것이긴 했지만 긍정적인 역할을 하여서 해방 공간과 전쟁 중에도 상대적인 평화가 가능해진 경험들을 들었다.[119] 한국전 쟁을 "식민지배에서 벗어난 세계의 가족과 친족집단이 탈식민화 과정에서 전 지구적 정치체제가 양극화되면서 벌어졌던 격동의 상황 속으로 쓸려 들 어간 때"의 일로 보는 저자가 서구 근대 정치가 무시하거나 간과한 가족과 친족 공동체가 한국인들의 삶의 회복에 어떻게 역할을 하였는지를 여러모 로 밝힌 것이다. 그중 특히 전쟁의 상흔 속에서라도 다양한 창조적인 방식 으로 친족과 가족들이 모이는 '제사'를 드리고, '조상의 묘소'를 돌보고, '굿' 을 통해서 조상의 범위를 넓히며 친족 공동체의 망자를 위로하는 방식 등은 살아있는 자들의 관계를 회복하고 일상을 살려 내는 좋은 기제가 된다는 것 을 보여주었다. 그 강한 예로 어떠한 어려운 상황에서라도 죽은 조상의 "영 혼의 권리(the rights of soul)"를 회복하고자 만든 제주도 남서부 상모리의 '백 조일손지묘(百祖一孫之墓)'를 들었는데,[120] 그것은 한국전쟁 중 우익에 의해 서 집단으로 학살당한 조상들의 묘소를 꾸미기 위해 전쟁 이후의 연좌제나 주류 우익 사회의 온갖 박해와 방해에도 불구하고 후손들이 끈질긴 공동의 노력으로 대략 100구 내외의 유골을 확보해서 모두 함께 모신 공동의 묘소 를 말한다. 그 일을 행하는 가운데 살아있는 자들의 공동체가 회복되고, 그 회복의 뿌리에 과거와 이 세상 너머의 영혼(초월)도 함께한다는 것을 밝혔 다. "영혼의 권리란 죽은 이에게는 친족의 세계에 존재할 수 있는 권리의 회 복이고, 살아있는 이에게는 정치적 사회 내의 시민권의 회복과 같은 의미"

---

119 권헌익, 같은 책, 60.
120 같은 책, 73-78.

는 것을 증거한 경우라고 설명한다.[121]

이렇게 인간의 삶이란 관계 속에 머무는 것이고, 그 관계가 과거와의 관계이기도 하고, 영혼과의 관계이기도 하며, 그런 관계를 무화시키지 않는 것이 살아있는 삶을 치유하는 데도 긴요하다는 것이 드러났다면, 아렌트도 지적했듯이 서구 기독교 문명에서 나온 전체주의처럼 인간의 신분을 온통 뿌리 뽑아 무개성의 '대중(mass)'으로 환원시키고, 모든 공동체를 보편적인 '대중운동(mass-movement)' 아래 두는 것이 얼마나 근시안적 사고인가를 말할 수 있겠다. 그와 유사한 경우가 필자는 한반도의 통일을 위한 길에서 과거 민족적 요소를 모두 탈각시키고 무마시키는 무차별한 '탈민족주의' 방식이라고 여긴다. 이것은 다시 말하면 남북의 통일을 향한 길 위에서 우리가 가장 긴요하게 살펴야 할 요소 중 하나는 바로 '민족적일 것'이라는 의미이다.[122] 그래서 우리의 통일을 위해서 과거 우리의 민족적인 공통적 요소를 자각하지 못하고 단지 현재적 정치적인 산술이나 자기 쪽의 이익만을 공리주의적으로 챙기는 방식으로는 뜻을 이루기 어렵다는 것을 강조하고자 한다. 그렇게 '민족적일 것'을 받아들인다는 것은 자신의 현재가 과거에 힘입은 것이고, 그래서 지금 대화의 상대가 나와 매우 다른 모습의 현재라 할지라도 그 차이보다 더 오래된 '공통적인 것'을 토대로 나와 달라진 상대를 받아들이는 가능성을 열어놓는 것을 말한다.

그러므로 유사한 맥락에서 예를 들어 도올 김용옥 선생이 한반도의 남쪽

121 같은 책, 265.
122 윤건차, 박진우 외 옮김, 『자이니치의 정신사남·북·일 세 개의 국가 사이에서』, 한겨레출판사, 2015, 828; 이은선, "동아시아 역사 주정주의와 평화 이슈", 같은 책, 41.

과 북쪽에 대해서 바로 "유교가 함의하는 오랜 전통 위에 두 사회가 서 있으므로 동질성이 있다."라고 한 언술은 의미가 있다.[123] 그는 그 방증으로 북한 공산당의 당기에는 자신들의 유교적 전통을 철저히 탈각시킨 중국공산당 당기에는 없는 '붓(지식인)'이 망치(노동자)와 낫(농민)과 더불어 들어있는 것을 지적했고, 또한 '어버이 수령님'하는 것도 중국 공산사회에서는 그 개념이 사라진 효(孝)의 가치를 여전히 중시하는 것이라고 들었다. 그래서 북한 공산주의는 "유교적 공산주의"라 할 수 있다는 것이다.[124] 아렌트는 이제 인류는 더 어떤 자연이나 역사가 아닌 "인간성(humanity)" 자체에 의해서 "(인간으로서의) 권리를 가질 수 있는 권리", 또는 "각 개인이 인간성에 속할 수 있는 권리"가 보장되는 새로운 상황에 도달했다고 밝혔다.[125] 이것은 필자가 보기에는 '인간성[仁/性]'을 바로 '초월[天/理]'로 보는 한국 유교적 전통의 역할에 대한 지적과 다르지 않으므로 인류의 다른 어떤 종교전통보다도 '과거'의 권리와 '조상(영혼)'의 권리, '관계'를 중시하는 동아시아 유교적 뿌리는 우리의 통일 논의를 위해서도 여전히 유의미하다는 지적으로 볼 수 있다.[126]

2) 전체주의의 테러에 저항하는 한반도 평화통일을 위한 구상

자신의 이데올로기를 통해서 온 세상을 전체주의적으로 통치하기 원하는 전체주의 정부가 쓰는 통치 방식은 '테러(terror)'이다. 아렌트에 따르면

---

123 도올 김용옥, 『유시민과 도올 통일, 청춘을 말하다』, 통나무, 2019, 190.
124 같은 책, 189.
125 Hannah Arendt, op.cit., p. 298.; 한나 아렌트, 『전체주의의 기원 1』, 536 이하.
126 이은선, "어떻게 우리의 대동(大同)사회를 이룰 수 있을 것인가", 『생물권 정치학시대에서의 정치와 교육-한나 아렌트와 유교와의 대화 속에서』, 도서출판 모시는사람들, 2015, 337 이하.

그것은 비독재 국가의 합법성은 물론이려니와 독재 정부의 무법성과도 달리 법 자체를 무화시키는 "차가운 논리(ice cold reasoning)"와 계산의 이데올로기이다.[127] 테러는 자연의 힘이나 역사의 힘이 어떤 생명적 힘의 자발적인 행동 때문에 방해받지 않고 인류를 통과할 수 있게 하려고 모든 개별성과 자유, 생명력을 죽여버리고, 오직 그 운동법만이 남아서 전체를 하나로 뭉뚱그려서 마침내는 모든 것이 정지하도록 만든다. 즉 모든 생명과 인간이 '잉여(superfluous)'가 되도록 하며, 그래서 더 살아가려는 의지나 행동하려는 목표도 없이 그저 모두가 "한 사람(one man)"이 되어서 이데올로기 실현의 도구가 되는 현실을 말한다.[128] 최인훈의 『광장』에서 명준은 자신의 아버지가 혁명을 위해 넘어갔던 북녘으로 찾아가서 거기서 자신이 만난 것은 "잿빛(ash-gray) 공화국"이었다고 고백한다. 그가 당이 시켜서 강연을 다니며 학교, 공장, 시민회관 등에서 만난 얼굴은 "맥 빠진(lifeless)" 얼굴들이었고, 자신이 쓴 원고도 당이 지시하는 대로 마지막 결재가 나도록 "코뮤니스트들이 늘 하는 되풀이를 이어 붙인 죽은 글"로 둔갑하여야 했고,[129] 그곳에서 만난 애인의 이름을 묻자 그녀가 응답하기를, "이름 같은 게 대순가요(Is a name so important)?" 하고 응대했다고 전한다. 아렌트가 전체주의 사회를 "있는 그대로(as it is)"의 존재를 받아들이지 못하고 항상 모든 것을 "앞으로 지속할 발전의 한 단계(only a stage of some further development)"와 "운동법(not of action but of motion)" 아래에 있는 것으로 본다고 한 것처럼,[130] 명준은 당시 북쪽의 당은 "저더러는 생활하지 말라는(telling me not to love truly as I am) 것"

---

127 Hannah Arendt, op.cit., p. 464.; 한나 아렌트, 『전체주의의 기원 2』, 262.
128 Ibid., p. 467.; 같은 책, 266.
129 최인훈, 같은 책, 122; Choi In-Hun, op. cit., 93.
130 Hannah Arendt, op.cit., p. 464.; 한나 아렌트, 『전체주의의 기원 2』, 261.

이고,[131] 북쪽 사회는 "오직 움직임만이 있는 곳(in a place where there was only movement)"[132]이라는 표현으로 그가 경험한 북쪽 당의 독재 사회가 바로 아렌트가 묘사한 전체주의의 속성을 유사하게 드러내고 있는 것을 보여준다.

이렇게 "존재 자체의 기적(the miracle of being)"과 아름다움에는 무관심하고, 거기에 테러를 가해서 자연을 역사화하고, 잉여화하는 전체주의의 역사법에 대해서 아렌트가 대응으로 내어놓는 응답은 "다원성(the plurality)"과 "차이(difference)"이다. 아렌트는 그녀의 제국주의 탐구의 마지막에 "차이의 어두운 심연(the dark background of difference)"이라는 표현을 썼는데,[133] 필자는 이 "어두운 배경(심연)"이라는 말이 그녀의 진정한 종교적 신앙과 영적 감각을 드러내는 표현이라고 생각한다. 다시 말하면 모든 존재의 차이와 개별성이라는 엄중한 현실 앞에 그것 각자의 존재에의 권리를 인정하는 것, 그 차이는 어디서 오는 것인지 인간의 논리와 계산과 예측만으로 알 수 없지만 그것은 어두운 심연의 배경을 가지는 '신비'라는 것이고, 이것을 인정하면서 모든 존재의 현재와 그 권리를 단순히 미래의 어떤 목표만을 위한 지나가는 과정으로 치부해 버리지 않는 것, 그것이 우리의 참된 신앙과 믿음(faith)이고, 히틀러나 스탈린과 같은 차가운 논리의 전체주의자는 생각할 수 없는 인간성의 핵심이라고 본 것을 말하는 의미이다. 그래서 그녀는 만약 하나의 문명이 이 차이의 어두운 심연에 대한 인식 없이 그것을 제거해버리거나 최

---

131 최인훈, 같은 책, 122; Choi In-Hun, op. cit., 93.

132 『광장』의 영역자는 여기서 최인훈의 "움직임"이라는 단어를 영어로 'action'으로 번역했지만, 아렌트적인 언어로 하면 그것은 'action'이 아닌 'motion' 또는 'movement'가 바른 번역이라고 하겠다. 'action'(행위)은 아렌트 사상에서는 행위를 하는 주체의 의지와 의도가 들어간 매우 자발적인 행동으로 보기 때문이다.

133 Hannah Arendt, op.cit., p. 302.; 한나 아렌트, 『전체주의의 기원 1』, 541.

소한으로 줄여버리고자 한다면 거기에는 다만 모든 것이 생기를 잃고 굳어지는 "석화(石化petrifaction)"만이 남을 것이고, 그것은 바로 인간이 다만 "잠시 세상의 주인일 뿐이지 창조자는 아니라는 것을 망각한 죄에 대한 벌"인 것이라고 일갈했다.[134]

지금 한반도 통일의 일이 바로 이와 같은 돌처럼 굳어진 '석화'의 변을 당하고 있는지 모르겠다. 주변 세계 강대국의 강력한 제국주의가 남북의 분단을 여전히 차가운 논리와 냉철한 공리적 계산만으로 틀어막고 있고, 거기에 굴종해서 남북도 자신의 목소리를 내지 못하고 오랜 민족적 과거를 망각한 채, 상대방을 자신의 법과 이데올로기로 '흡수' 통일하기만을 바라면서 남북의 갈등과 분단은 점점 더 고착되고 굳어지고 있는 것을 말한다. 일단 이러한 석화의 상황을 타개해 나가기 위해서 촛불 정국 이후의 "촛불을 평화적 혁명으로 완성하는 길"로서의 한반도 평화프로세스를 말하기 위해서 예를 들어 김상준 교수는 "코리아 양국 체제"를 제안했다. 그는 한국전쟁 이후 지금까지의 통일 논의에서 한 번도 남북이 서로를 독립된 한 '국가(nation)'로 인정하지 못했다고 지적했다. 하지만 벌써 1991년 남북 유엔 동시 가입과 〈남북기본합의서〉가 노태우 정권 아래서 이루어졌다면 "하나의 민족이 두 나라가 될 수 있다."라는 발상의 전환으로 한반도의 평화를 이룰 수 있다고 강변한다.[135] 많은 논란을 일으키는 제안이지만 필자는 그것을 일단 유의미하게 본다.

지금까지 한민족이 하나의 나라(국가)를 이루어 온 경험이 고려 시대 이후로만 봐도 천 년이 넘고, 이전의 한민족 고기(古記)가 계산하는 것을 보면

---

134 Ibid., p. 302.
135 김상준, 『코리아 양국체제』, 아카넷, 2019, 17.

참으로 긴 시간인데, 이제 와서 분단 70여 년의 시간을 견디지 못하고 두 국가로 체제를 나누자는 것은 우선 매우 성급한 제안으로 보인다. 하지만 오늘 한국 사회에서 우리도 매일 겪듯이 세계 인류 문명의 정황은 더는 단일 민족국가만을 주장할 수 없는 상황으로 나아가고 있다. 그런 가운데서 김상준 교수는 자신의 이러한 코리아 양국체제론이 올여름 세상을 떠난 입지전적인 통일운동가이며 평화운동가인 『탐루(探淚)』의 주인공 김낙중(金洛中, 1931-2020) 선생의 평화통일론에서 깊은 영향을 받은 것임을 밝혔다. 김낙중 선생은 일찍이 힘든 일제 식민지 시기를 지내고 고등학생과 대학생으로서 한국전쟁을 겪었다. 이후 그는 남북으로 분단된 조국이 여전히 서로가 상대방을 절멸시키려는 무력통일을 주장하고 있는 현실을 깊이 애통해하면서 일생 온몸으로 한반도의 평화로운 통일을 이루기 위해 힘쓰다 가신 분이다.[136] 그런 그가 2000년 "세상에 남기는 저의 유서"라고 하면서 〈6·15 남북공동선언〉에 대해서 밝힌 글을 보면, 그는 '대한민국'이나 '조선민주주의인민공화국'이 비록 전체 한국인들의 '민족국가'는 아니지만, 각기 자신을 하나의 독립된 '국민국가'로 인정하지 않으려 하는 것은 "비현실적 명분론"이거나 "교조주의적 관념론에 매인 결과일 뿐"이라고 했는데, 김상준 교수는 여기서 김낙중 선생이 이미 코리아 양국체제를 주장한 것이라고 읽어낸다.[137] 필자는 이들의 이러한 관점을 우리의 통일 논의에서 '민족적일 것' 다음으로 어떻게든 그것이 무력이 아닌 '평화의 방법'이어야 한다는 것을 강조한 의미로 받아들이고자 한다.[138]

---

136 최두석, 『임진강』, 도서출판 b, 2010.

137 김상준, 『코리아 양국체제』, 118.

138 이은선, "동아시아 역사 주정주의와 평화 이슈", 『동북아평화와 聖·性·誠의 여성신학』, 42.

김낙중 선생도 김상준 교수도 모두 지금 현실적으로 남한과 북한을 '두 개의 국가', '한국(ROK)'과 '조선(DPRK)'의 두 국민국가로 인정하지 않음으로 인해서 분단 현실이 더 영구화된다고 보았다.[139] 그러면서 특히 김상준은 한국(ROK)과 조선(DPRK) 간의 한조 수교를 통해서 시작될 코리아 양국체제는 남북 두 국가가 "자신의 체제에 대한 자신감"과 "상대가 자신을 말살하지 않을 것이라는 신뢰"가 구축되어야 가능해진다는 것을 강조했다. 그리고 그러한 가능성이 문재인 정권을 탄생시킨 촛불 혁명과 북쪽의 북핵 완성, 그리고 북미대화의 조합으로 현실화되었다고 보았다. 하지만 이 글을 쓰는 2020년 11월의 오늘은 우리가 이미 경험했듯이 지난 2019년 6월 하노이 북미회담이 불발로 끝난 후 남북 간의 관계도 다시 급속도로 냉각된 현실이다. 김교수는 백낙청 교수의 '분단체제론' 등과 같은 이전의 통일 논의를 비판적으로 점검하면서 지금까지 남북대화의 장에서 희망적인 화해의 선언 이후에 항상 다시 부는 '역풍'과 "마의 순환고리"를 지적했는데 이번에도 역시 그것이 다시 등장하지 않았나 하는 의구심이 든다고 밝혔다. 그러면서 남북관계 게임의 차원을 바꾸는 일이 북미 관계의 차원을 바꾸는 일보다 우리가 훨씬 더 주도적으로 추진력을 가지고 할 수 있는 일이라고 말하는데,[140] 그의 이러한 주장에는 필자도 동의한다. 일찍이 한국전쟁의 발발과 더불어 청년 시절부터 민족의 현실에 "눈물"을 흘리는 애타는 마음의 항거자를 찾아 헤맸던(탐루) 김낙중 선생은 당시 자신의 대학생 청년의 눈에 "민족 현실에 대한 능동적인 사색은 찾아볼 수 없었다."고 토로하면서[141] 그런 현실을 스스로가

---

139 같은 책, 120.

140 같은 책, 308.

141 최두석, 『임진강』, 45.

능동적으로 타개하고자 1955년 대학생의 신분으로 평화통일을 위한 '통일 독립 청년 공동체 수립안'을 구안하여 몸에 지니고 홀로 임진강을 수영하여 거슬러 올라간 것이다. 거기서 다시 판문점을 통해 송환된 후 남에서의 모진 고문과 살해 위협을 견뎌 낸 후에 그가 한 말은, "역사 창조의 주체인 민중이 억압당하고 수탈당하는 상태에서는 민족통일에 관한 설계가 탁상공론일 뿐이다. 민중이 민족의 알맹이가 되어 사회를 움직일 수 있을 때 비로소 분단의 철조망을 제거할 수 있다."라는 것이었다.[142] 오늘 이 체험의 진실이 발설된 후 70여 년이 되어 가지만, 이 진실은 여전히 유효하고, 우리 사회를 향해 그 수행을 절실히 요구하고 있다는 것이 필자의 생각이다.

3) 인류 20세기 전체주의를 넘어서서 세계 평화의 못자리로 거듭나기

아렌트가 고발한 인종주의와 제국주의, 그리고 그것의 종국인 전체주의는 결국 모두 인간의 부와 물질에 대한 물질주의적 욕망에서 나온 것임을 알려 준다. 부르주아 사회가 시작되면서 누구나 더 부자가 되려고 하고, 더 많이 부를 축적하려고 하는 경쟁에서 누군가를 자연의 인종으로 구분해서 차별하고 착취하고, 또 그 존재를 절멸시키고자 하고, 착취할 공간을 점점 더 넓혀서 이동수단이 닿는 한 가능한 먼 곳까지 가서 그곳의 부와 물질을 폭력으로 빼앗아 오고, 급기야는 그러나 그 뺏고자 하는 경쟁을 무한대로 펼치다가 종국에는 자신의 행동이 무엇을 목적으로 하고 어떤 목표를 가지는지도 망각하면서도 계속 나아가고자 하는 형국을 말한다. 그런 가운데 그 빼앗은 부와 권력과 힘을 더 힘 있는 자에게 빼앗길까 봐 전전긍긍하고, 아

---

142 같은 책, 166.

무도 믿지 못하고 의심하고, 그에게 유일하게 남은 것은 몸의 섹스와 환각, 허무와 항상 "가장 최악의 경우만을 상상하는" 상상력의 부패, 이런 것들이 전체주의 인물의 종국이라고 아렌트는 『전체주의의 기원』에서 서술했고, 최인훈도 『광장』을 통해 그려 주었다.

『광장』에서 명준은 남쪽 부르주아 사회 사람들의 삶의 공허함에 관해서 말한다. 해방공간의 미군정하에서 우익 부르주아 은행지점장 부모 밑에서 "댄스파티, 드라이브, 피크닉, 영화, 또 댄스파티…"의 공허하고 무의미한 향락과 재미만을 쫓아가는 여자 대학생 영미, 그러다가 "미군 지프 꽁무니에 올라앉아서 미국의 유치원 아이보다 못한 영어로 재롱을 부리는 게 사귀는 것"이라 착각하며 노는 일로 몰려다니는[143] 그녀와 그 오빠 태식도 "음악을 배우는 학생이면서 카바레에서 색소폰을 불고", "날마다 애인을 바꾸는 모양"이지만 "고독해서 그러는 거야."라는 말을 입에 달고 사는[144] 부잣집 외아들이 나온다. 그리고 이들 부모가 그래도 "타락할 수 있는 자유, 게으를 수 있는 자유"가 있는 남쪽 부르주아 사회에서 엘리트 "정치가들"로 살아가는 모습도 가히 "천재적"이라고 작가는 그려낸다. 거리에 들어찬 술집마다 사람들이 넘치지만 "더 많은 양조장 허가를 내준다"라거나, "갈보장사를 못하게 하는 법률을 만들라는 여성 단체의 부르짖음은 그날치 신문 기삿거리를 만들어 주는 게 고작"이라고 생각하는 사람들이 "자신들의 자녀에겐, 진심으로, 교회에 나가기를 권유하고, 외국에 보내서 좋은 가르침을 받게 하고 싶어 한다."는 것이다.[145]

---

143 최인훈, 같은 책, 37.
144 같은 책, 37, 48, 50.
145 같은 책, 180.

오늘 한반도의 처지가 꼭 여기 쓰인 대로 문자 그대로의 답습은 아닐지라도 그 기본적인 색깔과 정조가 유사하다는 것을 누구도 부인하지 못할 것이다. 아니 그에 더해서 오늘 21세기의 분단된 남북의 모습은 북녘의 사람들조차도 '쁘띠부르주아' 정신에 함락당했고, 거기서 더 나아가서 이미 아렌트가 그의 전체주의 분석 마지막에서 잘 지적한 대로 이제 사람들은 부와 그것을 통한 세계 지배라는 '운동'의 방향과 목표도 상실한 채, 이제는 무엇 때문에 사는지, 어떤 목적과 목표가 남아있는지의 감각도 잃어버린 채 "고립과 무기력(isolation and impotence)" 속에 빠져있는 모습이라는 것을 드러내 준다.[146] 오직 자신의 전체주의적 욕망을 위해서 "모든 것이 가능하다."라고 믿으면서 주변의 다양한 관계들과 내면의 양심의 소리와 몸과 감정의 호소를 무시하면서 살다 보니 나중에는 무엇이 진실이고 사실이며, 반대로 무엇이 허구이고 거짓인지를 구별해내는 능력도 사라지고, 지금까지 온통 이익과 실리를 외치며 '실용주의적'으로 살아왔지만, 나중에는 그 실용주의조차도 버리고, 상식에서도 도저히 이해할 수 없는 논리만의 사람으로 남는다는 것이다. 아렌트에 따르면 자신들만의 왕국을 건설하기 위해서 모든 유대인을 멸절시켜야 한다는 이데올로기에 사로잡힌 히틀러가 그 처형을 위해 곳곳에 수용소를 세우고, 유대인들을 이곳저곳으로 옮기며 온갖 거짓과 의심으로 자기 주변조차도 믿지 못하고 계속 바꾸면서 학살의 공포정치를 행한 것은 결코 "실용적(utilitarian)"이지 않은 행동이었다.[147] 그것은 실리와 실용과는 거리가 아주 먼, 목표 부재의, 그래서 그 스스로가 삶에서 철저히 '뿌리 뽑힌' 깊은 외로움이었다. 그래서 그녀는 일갈하기를 다음과 같이 한다.

---

146 Hannah Arendt, op.cit., p. 474.; 한나 아렌트, 『전체주의의 기원 2』, 277.
147 Ibid., 404.; 같은 책, 168.

이데올로기 사유의 자기 강요의 힘은 현실과의 모든 관계를 파괴한다. 이에 대한 준비는 사람들이 주변의 현실이나 동료들과 접촉을 잃었을 때 이미 성공했다. 왜냐하면, 관계의 상실과 함께 사람들은 경험과 사유의 능력 모두를 잃게 되기 때문이다. 전체주의 지배의 이상적인 부하(附下)는 골수 나치나 골수 공산주의자가 아니라 그들에게 사실과 허구(즉 경험의 현실)의 차이와 참과 거짓(즉 사유의 기준)의 차이가 더이상 남아있지 않은 사람들이다.[148]

상황이 이러하다면, 인간 삶에서의 '목표'의 완전한 탈각, 아렌트는 그것을 깊은 '외로움(loneliness)'과 '뿌리 뽑힘(uprootedness)', 또는 '잉여 (superfluousness)'로 표현했는데, 그러한 목표 부재의 상황이 그 정도로 인간의 삶을 파국으로 모는 것이라면, 오늘 한국전쟁이 아직도 마무리되지 못하고 여전히 큰 고통 속에서 남북의 통일과 한반도의 평화를 이루어 내야 하는 과제를 안고 있는 한반도의 현실은 오히려 축복된 현실이라고 할 수 있을지 모르겠다. 왜냐하면 오늘 우리 상황의 모든 부정적인 요소에도 불구하고 어쩌면 그 목표와 과제가 우리 삶을 다시 생기 있게 하고, 사람들을 서로 모아서 관계 속에 넣고, 그래서 '자발성'과 '책임감'을 다시 살려내고, 사람들이 어떻게 하면 이 목표를 실현해 낼 수 있을지를 깊이 고민하게 하면서 '생각'의 힘을 기르도록 하고, 그 방식을 찾아 나서는 길에서 가장 '실용적인' 길이 무엇일지를 생각하게 하면서 우리의 실천력과 판단력, 협동력, 서로에 대한 배려와 이해력, 아직 이곳에 실현되지는 않았지만, 그것이 이루어질 날을 '상상'하면서 참고 '인내'하는 힘을 기를 수 있도록 하기 때문이다. 또한, 그것이 부분적으로 이루어졌을 때 참으로 기뻐할 줄 아는 감사와 자

---

148 Ibid., 474.; 같은 책, 276.

기 인내와 협력의 힘, "서로 조화 속에서 함께하는 협동(acting in concert)"의 놀라운 능력을 배울 수 있도록 할 것이기 때문이다.

한편으로 그 좋은 기제가 '남북통일'과 '한반도 평화'를 이루기 위한 노력이고 목표일 수 있다는 것이다. 앞의 김상준 교수는 그것을 '팍스 코리아나(Pax Coreana)'를 이루는 일이라고도 표현했다.[149] 즉 그것은 이전의 팍스 로마나나 팍스 브리타니카, 팍스 아메리카처럼 힘 있는 자의 무력과 군사와 식민지 지배로 점철된 제국주의적 평화가 아니라 오히려 그 제국주의를 오랫동안 아프게 겪은 피식민자와 또한 그것의 20세기 전체주의적인 폭발과 연장으로서의 한국전쟁을 혹독히 겪은 당사자로서 추구하는 평화와 통일 공동체를 말하는 것일 터이다. 3·1운동과 4·19민주학생 항거, 5·18시민혁명, 2017년 촛불혁명 등의 고난 속에서 다듬어진 온갖 고통과 희생을 견디고 이겨 낸 참된 인간적 행위의 주체자가 배운 역량을 말하는 것이리라.

이 목표를 위해서 제일 관건이 되는 것은 바로 우리 안의 불평등과 불의를 더욱 개선하는 일일 것이다. 그런 의미에서 한국의 여성 신학자로서 일생을 이 통일을 위해서 고투하다 가신 박순경 교수는 있는 힘을 다해 "민족통일과 민중해방의 불가분성"을 강조해 왔다. 그녀는 남북이 서로 배우면서 서로의 협력과 화합으로 바로 이 문제를 풀어낸다면 한민족의 평화와 통일운동이 세계 인류의 앞날을 위해서도 놀라운 역할을 할 것이라고 내다보았다. 민족의 주체성과 민중의 주체성을 동시에 이루어내야 하는 한반도의 처지야말로 세계사에서 고유한 것이고, 그래서 그것은 유럽이나 남미를 능가하면서 앞으로의 인류 문명사에서 세계변혁을 이끌어 갈 의미있는 역량이

---

149 김상준, 『코리아 양국체제』, 209.

될 것이라고 내다본 것이다.[150] 어떤 목표를 가지는 일은 자칫 앞에서 우리가 본 대로 '절대 악'으로까지 표현되는 20세기 서구 제국주의와 전체주의의 이데올로기처럼 다시 우리를 옥죄고, 우리 삶을 추상화시키며, 사이비 신앙과 미신의 폭력과 무지에 빠지게 할 수도 있다. 하지만 다시 생각해 보면 우리 삶에서 목표를 모두 탈각해 버리는 것이야말로 진정 불신과 비신앙의 비탄이 되며, 허무와 고독과 자기기만의 소외 속에서 자아와 현재만을 절대화하는 모습일 될 수 있다. 그리하여 목표(聖)를 가지면서도 내가, 나 자신만이, 우리 쪽의 주장만으로 모든 것이 가능하다고 생각하지 않으면서, 항상 우리는 중층적으로 "조건 지어진 존재(性, a conditioned being)"라는 것을 잊지 않고, 그 중층적이고 다원적인 조건 속에서의 존재로서 자신을 넘어서는 삶의 지속성(誠)을 위한 한 의미로 살아간다면 거기서의 목표, 즉 한반도의 평화와 통일은 우리 삶의 좋은 푯대가 될 것이다. 그렇게 될 때 한반도는 인류 세계평화와 그 하나 됨을 위한 훌륭한 못자리로 거듭날 것이다.[151]

나가는 글―새로 시작할 수 있는 힘, 우리 인간성(性命精)

아렌트는 우리가 앞에서 여러 가지로 살펴본 자신의 『전체주의의 기원』을 아우구스티누스의 『신국(De Civitate Dei)』에 나오는 유명한 말, "시작이 있기 위해 인간이 창조되었다."라는 유명한 말로 마무리하였다. 그러면서 "매번의 새로운 탄생이 이 시작을 보장한다. 참으로 모든 인간이 새로운 시작

---

150 박순경, "한민족과 신학", 『통일신학의 여정』, 한울, 1992, 55.; 이은선, "한국여성신학자 박순경 통일신학의 세계문명사적 함의와 聖·性·誠의 여성신학", 『동북아 평화와 聖·性·誠의 여성신학』, 171.

151 一仙 이남순, 『나는 이렇게 평화가 되었다』, 정신세계원, 2010.

이다."라는 말로 그 뜻을 부연했다. 그렇다. 바로 매 인간이 새로운 시작이고, 새로운 시작의 가능성이며, 그래서 우리는 매번의 새로운 탄생을 하늘의 선물과 이 세상을 위한 신적 은총과 축복으로 감사하며 받는다. 오랫동안 '잊힌 전쟁'이 되어서 한국전쟁의 고통과 참상 속에서 신음하는 있는 우리도 분명 다시 시작할 수 있다. 그래서 더는 싸움과 미움과 원망이 아닌 용서와 신뢰와 약속의 남북 공동체로서 거듭날 수 있으며, 이 끔찍한 고통과 죽음을 통해서 다시 얻은 믿음과 상호 신뢰로 우리 한반도뿐 아니라 세계 인류 공동체를 향한 새로운 희망이 될 수 있다.

얼마전 일생 참된 신앙인이자 통일운동가로 살다 가신 앞의 박순경 선생님이 "잘못했습니다. 고맙습니다."의 두 마디 말을 주고 가셨다. 그런데 바로 이 두 마디 안에는 우리가 지금까지 살핀 모든 과거의 오류와 잘못에 대한 진정한 참회와 그것을 딛고 다시 서고자 하는 용기와 감사, 책임이 담겨 있는 것 같다. 그래서 필자는 이제 남과 북이 서로 만나서 처음 나눌 말로 이 두 말 외에 어떤 다른 것이 더 있을 수 있을까 생각했다. 그렇게 우리는 두 말을 새롭게 얻었다. 두 언어가 다시 새롭게 탄생한 것이다. 이 탄생은 새로 시작하기 위해서 온 것이다. 이 탄생은 바로 죽음이 있었기 때문에 가능해진 것이고, 그러므로 삶과 죽음, 탄생과 떠나감, 나와 너, 남과 북, 우리와 세계는 결코 둘이 아니고 서로 깊이 연결되어 있다는 것을 다시 밝혀 준다. 이것을 믿는 것이 진정한 신앙이고, 인간의 말은 바로 그런 믿음[信]을 발화하는 말이어야 한다고 필자는 생각한다.

르네 지라르와 발터 벤야민의 정치신학적 관점에서 읽는 한국전쟁 이야기

: 희생양 메커니즘과 신적 폭력을 중심으로

김정숙 감신대 부교수

한반도에도 신적 폭력의 사건이 있었다. 한국을 일본에 합병하고 자신들의 폭력을 정당화시킨 일본의 식민지법 밖에서 한반도의 자주 독립과 해방을 선포한 삼일독립선언과 비폭력 만세운동은 한반도에 대한 일본의 식민지배의 신화적 폭력에 틈을 낸 "신적 폭력"의 사건이다. 남녀노소 종교인과 지도자 모든 여성과 남성 어린아이와 노인까지 하나가 되어 폭력적인 식민지배를 무효라고 선포하며 식민지배 법 밖에서 한국인이 주권을 선포한 삼일독립선언과 만세운동은 희생양 메커니즘의 순환을 끊어낸 "신적 폭력"의 사건이 틀림없다.

들어가는 글—폭력과 전쟁의 역사

　인류의 역사는 폭력의 역사다. 해석하는 관점에 따라 역사에 대한 평가가 다양할 수 있겠지만 인간의 역사를 '전쟁의 역사'라고 주장하는 데는 상당한 설득력이 있다. 인류의 역사에서 인간들은 단 한 순간만이라도 모두가 평등하고 평화로운 세상을 만들어 본적은 있었을까? 장 자크 루소(Jean Jacques Rousseau, 1712-1778)는 『인간 불평등 기원론』에서 인간 사이에 불평등과 계급이 생겨난 원인과 시기에 대해 인간이 자연 상태의 고립에서 벗어나 집단 생활을 시작하고 사유재산을 소유하게 되면서부터 불평등한 관계가 생겨나게 되었다고 말했다. 루소의 이야기는 문명 이전 인류의 자연 상태는 마치 낙원과 같은 순진무구의 시대로서 모두가 평등하고 평화롭게 살았던 유일한 시기였다는 것을 연상시킨다. 그런데 정말 그런 적이 있기는 했었을까? 루소가 피력하는 모두가 평화롭고 평등했던 자연 상태의 천진무구의 시기는 학문적으로나 경험적으로 추적할 수 없는 역사 너머의 상상의 세계로 이양시키는 듯하다.

　실로 인류의 역사는 피로 점철된 폭력의 역사요 전쟁의 역사이며 그래서 죄악의 역사로 그 뿌리가 역사 이전의 낙원에서부터 시작되었기에 신의 구원이 절실하게 필요한 역사라는 것이 『성서』가 증언하는 인간의 역사다. 낙원에서 쫓겨난 아담과 하와에게서 출생한 두 형제 가인과 아벨의 이야기는 질투와 욕망으로 인해 분노를 이기지 못하고 자신의 동생을 돌로 쳐 죽인 인류의 첫 살인자 가인의 후예가 바로 우리 인간이라고 이야기한다. 동생을 죽인 첫 번째 살인 이야기로부터 시작되어 끊임없이 이어지는 폭력과 전쟁의 이야기, 끔찍한 폭력으로 메시아마저 죽인 이야기, 그리고 마침내 모든 것을 멸망시키는 폭력적인 종말의 이야기가 인간이 만든 역사라고 한다면 구세주의 희생과 사랑으로 인간을 폭력에서 구원하는 이야기가 신이 만든 역사라는 것을『성서』는 대조적으로 보여준다.

　과정신학자 마조리 수하키(Marjorie H. Suchocki, 1933-현재)는 자신의 저서 『폭력에로의 타락』에서 하나님의 피조물을 향해 끊임없이 가하는 인간의 폭력적 행위를 가리켜 인간의 '원죄'라고 규정했다. 인류 역사를 통해 쉼 없이 지속된 폭력의 행사를 인류의 운명으로 만들어 버린 폭력의 보편적이고 심층적인 넓이와 깊이를 가리켜 수하키는 원죄의 의미로서 '폭력에로의 타락'으로 규정한 것이다. 수하키에게 인간의 원죄란 피조물인 인간이 창조주이신 하나님을 향해 직접적으로 반항하며 폭력을 행사하는 것이 아니다. 한낱 하나님의 피조물에 불과한 인간이 하나님께서 창조하시고 하나님께 속한 인간과 자연을 향해 지속적으로 가해온 끔찍한 폭력과 전쟁이 마치 인간의 필연적인 운명인 양 피로 물들여 온 '폭력으로 타락한 역사'를 가리켜 '원죄'로 규정한 것이다. 이 세계에 존재하는 모든 것, 하늘아래 땅 위에 속한 모든 생명은 하나님께 속한 것이기에 인간과 자연에 가하는 폭력과 전쟁의 행위는 창조주이신 하나님을 향한 도전과 폭력의 행위로서 이는 죄악의 역사이며 구원되어야 할 역사라는 의미다.

　폭력의 사전적 의미가 사람의 신체와 재산에 직접적이고 물리적인 강제력을 가하는 것이라고 한다면 전쟁은 집단적이고 극단적인 형태의 폭력으로 발현된다. 역사의 초기부터 전쟁은 크고 작은 형태로 지속적으로 발발해 왔으나 근대국가가 성립되면서부터는 국가들 간에 군사력과 각종 살상 무기 등을 동원해 조직적이고 지속적으로 폭력의 강도와 범위를 확장시켜 왔다. 더 짧은 시간에 더 적은 비용과 더 고통스런 방법으로 대량 살상을 가능케 하는 전략과 무기를 개발해 온 각 나라들은 마침내 인류의 유일한 삶의 터전인 지구를 몇 십 번 폭파하고도 남을 만큼의 핵무기를 보유하면서 그 절정을 이루고 있다.

시대에 따라 전쟁의 표면적인 형식은 다양한 폭력의 모습으로 나타나지만 드러나지 않은 전쟁의 이면에는 다하지 못한 구구절절한 사연을 남긴다. 승리의 환호와 전리품을 획득한 영웅의 무용담 뒤에는 잔인한 폭력으로 인한 희생과 전쟁 포로, 약탈과 강간, 가족을 잃은 애통함이 있다. 전쟁은 가해자와 피해자의 전혀 다른 사연과 승자와 패자 양측에 봉합할 수 없는 전쟁의 상흔을 남긴다. 전쟁의 이야기를 이분법적으로 도식화할 수 없음에도 불구하고 전쟁은 그 원인과 과정 그리고 전개 방식에 따라 가해자 측의 구차한 변명과 폭력을 정당화하는 미사여구로 장식한 허구적인 이야기가 있는가하면 가족과 삶의 터전을 잃어버린 전쟁고아의 이야기, 본인의 의지와 상관없이 침략군의 성노예로 전락한 현실 이야기도 있다.

죽임과 죽음과 주검 앞에 영웅은 없으며 승자도 패자도 없다. 참혹한 십자가의 폭력 앞에 태양도 빛을 잃고 어둠이 온 대지를 덮었다. 메시야의 죽음 한 가운데 신의 침묵은 폭력과 전쟁으로 점철된 인류의 역사를 돌아보게 한다. 전쟁을 경험한 사람과 그렇지 않은 사람들 모두에게 전쟁의 승전가와 환호성, 무용담과 미담 이면에 감춰진 잔인한 폭력과 전쟁의 실상을 세상에 알리는 전쟁의 이야기는 계속 되어야 한다. 더 많이 말해지고 더 많이 들려져야 하는 전쟁 이야기의 궁극적인 목적이 있다면 그것은 결단코 폭력은 근절되어야 하며 전쟁은 결코 일어나서는 안 된다는 것이다. 하나로 연결된 이 지구촌에 궁극적으로 울려 퍼져야 할 노래는 더 많은 사람들을 죽이고 더 많은 것을 파괴하고 빼앗은 전쟁 영웅의 승전가가 아니라 모두가 함께 부르는 평화의 합창이어야만 한다.

이제 전쟁 이야기를 하려 한다. 지구상에 하나 남은 분단국가, 전쟁을 잠시 멈추자는 합의로 시작해 올해로 70년 동안 휴전 중인 한국전쟁에 관한 이야기다. 한국전쟁은 1950년 6월 25일에 한반도에서 발발해서 3년하고도 32일간 지속되다 1953년 7월 27일에 휴전했기에 지금도 여전히 끝나지 않은 전쟁이다. 그런 한국전쟁의 독특한 점은 한반도를 중심으로 수천 년의 역사를 이어 오며 하나의 민족 정체성을 지녀 온 한민족이 남과 북으로 나누어져 서로를 향해 총을 겨눈 내전으로 시작된 전쟁이며 동시에 22개국이 참여한 세계 전쟁이기도 하다는 데 있다. 그래서 한반도 영토에는 한민족이 서로를 향해 총부리를 겨누고 세계 각처에서 온 젊은이들이 이유도 모른 채 낯선 땅에서 서로 아군과 적군이 되어 서로 죽이고 죽은 비극의 땅이다.

한국전쟁으로 인해 분단된 것은 한반도 영토만이 아니다. 휴전선을 중심으로 남북으로 헤어진 가족들은 왕래는커녕 여전히 소식조차 나눌 수 없다. 그 시절 남과 북의 형제자매들이 서로의 가슴을 향했던 총구는 이제 서울 광화문광장 한복판에서 좌파와 우파로 갈라져 서로의 면전을 향해 퍼붓는 욕설과 비난의 화살이 되고 있다. 분단의 장벽은 1950년 휴전선에만 세워진 것이 아니다. 분단의 철옹성은 한국전쟁 70년이 지난 오늘도 대한민국 국민들의 가슴과 삶의 한복판에 출구 없는 장벽으로 서 있다.

반만년의 역사를 거치며 끊임없는 외세의 침략과 침탈 가운데서도 오직 하나라는 의식으로 살아남은 민족인데 어쩌면 그래서 더 집착처럼 하나의 정체성으로 뭉칠 수 있었던 한민족이었는데 무엇을 위해 서로를 향해 그 끔찍한 폭력을 자행해야 했을까? 일제의 식민 지배에서 벗어나 해방되고 자율적이고 완전한 독립국가가 되기를 한마음으로 그렇게 열망했던 한민족은 어째서 해방된 지 5년이 채 안 되어 지금까지 계속되는 영구적 분단에 이르는 전쟁을 해야만 했을까? 우리는 여전히 하나의 민족이라는 뜨거운 가슴으로 남과 북의 자매와 형제들이 서로의 손을 맞잡고 평화롭게 살아갈 날은 올 수 있을까? 가능성이 아닌 당위성으로 분단의 장벽을 넘어 하나의 민족이 되기 위해 우리는 무엇을 어떻게 할 수 있을 것인지, 고뇌 어린 질문을 품고 한국전쟁의 이야기를 하려 한다.

얽히고설킨 한국전쟁의 이야기를 풀어 가기 위해 인류학·문화·종교 비평가인 르네 지라르(Rene Girard, 1923-2015)[1]의 폭력의 '희생양 메커니즘' 이론과 함께 발터 벤야민(Walter Benjamin, 1892-1940)[2]의 폭력에 관한 두 가지 유형, 곧 '신화적 폭력'과 '신적 폭력'의 비판적 이해에 근거한 정치신학적 관

---

1   르네 지라르(René Girard)는 1923년 12월 25일 성탄절에 남프랑스 지방에 있는 아비뇽이라는 도시에서 4남매 중 둘째로 태어났다. 그러나 이후 그의 활동무대가 되고 학자로서의 명성을 얻은 곳은 프랑스가 아닌 미국이다. 존스홉킨스 대학에 교수로 재직 시 그의 이름을 세상에 알린 『낭만적 거짓과 소설적 진실』을 출간했다. 이후 버펄로 대학으로 자리를 옮겨 『폭력과 성스러움』, 『문화의 기원』를 출간하며 "인류의 문화적 기원과 기독교"라는 주제를 확장시킨다. 1975년 다시 존스홉킨스 대학으로 돌아온 지라르는 1978년 『세상의 처음부터 감추어져 온 것들』을 발표한다. 1980년부터 1995년에 이르는 기간 스탠퍼드 대학에서 교수로서 재직하며 폭력과 종교에 대한 학술 대회를 열었으며 이후 해마다 강연회를 열고 『전염: 폭력, 모방, 문화저널』이라는 제목의 학회지를 간행하는 등 많은 영향력을 끼쳤다. 1982년 『희생양』을 출간했으며 1999년 『사탄이 번개처럼 떨어지는 것이 보이노라』를 출판했다. 2005년 3월 17일 프랑스 학술원의 종신회원으로 선출되었으며 2015년 사망했다. 그의 이론 가운데 가장 대표적인 이론이 모방욕망 이론과 희생양 메커니즘, 초석적 폭력 등 폭력과 종교의 관계에 대한 이론 등이 있다.
2   발터 벤야민 (Walter Benjamin)은 1892년 7월 15일 독일 베를린에서 태어난 유태인으로 문예 평론가이자 사상가이다. "20세기 문화철학과 예술사회학 분야에서 가장 중요한 사상가" 중의 한사람으로서 벤야민은 『아케이드 프로젝트』, 『기술 복제 시대의 예술 작품』, 『역사 개념에 관하여』 등, 중요한 저서를 남겼다. 나치에 쫓겨 망명하던 1940년 9월 26일에 자살로 생을 마감한다.

점에서 여전히 끝나지 않은 한국전쟁을 이야기할 것이다.

1. 폭력과 르네 지라르의 희생양 메커니즘

르네 지라르가 주장한 이론들 가운데 '희생양 메커니즘'은 약자를 향한 강자들의 폭력과 집단적인 폭력의 성격을 이해하는 데 중요하다. 지라르에게 희생이란 흔히 알려진 것처럼 신의 노여움을 달래거나 혹은 신의 축복을 받고자 하는 사람이 신에게 제물로 바치는 수단이 아니다. 희생은 신과 인간 사이를 조정하는 제물로서의 매개체가 아니라 오히려 인간들의 관계를 조정하는 사회적 맥락에서 이해해야 한다는 것이다. 인류의 문화적 기원을 연구한 지라르는 본래 희생, 희생제물은 원시공동체나 집단에서 발생하는 집단적인 폭력을 일정한 방향으로 배출시키는 '대체 폭력'이며, 위기에 빠진 집단을 내적 폭력으로부터 '정화하는 기능'을 해 온 수단이었다고 말했다.[3]

하나님께 죄를 범한 사람이나 공동체가 자신의 죄를 용서받기 위한 수단으로 비둘기나 어린 양을 하나님께 희생 제물로 바치는 모습을 『구약성서』에서 볼 수 있듯이 지라르가 설명한 희생양도 유사한 사회적 방식으로 '폭력의 이중적 기능'을 갖는다. 다시 말해 어떤 이유로 인해 한 집단에 혼란과 문제가 닥쳐오게 되고 위기감이 집단적인 폭력으로 변화되고 확산될 때 혼란과 위기의 원인 제공자로 하나의 희생양을 지목해서 집단 구성원들 모두가 만장일치로 희생양에게 집단적인 폭력을 가하는 것이다. 공동체의 분노와 폭력을 희생양에게 집중적으로 발산함으로써 공동체의 분노는 정화되고 상호 간의 폭력으로 인한 집단 폭력 사태를 예방할 수 있다는 의미다.

---

3 김모세, 『욕망, 폭력, 구원의 인류학』, 살림출판사, 2014, 181.

즉, 원시 부족 공동체 내부에서 종종 발생하는 집단 폭력은 공동체 전체의 질서를 파괴하고 공동체 자체의 파멸을 야기할 수 있는 상호적인 집단 폭력의 형태를 의미한다. 반면, 희생양을 지목해서 만장일치로 행하는 집단의 폭력은 양적으로나 질적으로 대규모의 폭력을 단 하나의 희생양에게 집중하여 축소시킴으로 사회적 혼란을 막고 질서를 회복하는 폭력으로 '대체적 폭력' 혹은 '정화적인 폭력'이라는 것이다. 지라르는 집단의 구성원 전체가 하나의 대상을 지목해 집중적으로 가하는 집단 폭력은 문명 이전의 원시시대부터 자행되어 전수되어 온 '초석적 폭력'이라고 말했다. 비록 전문적인 인류학자로 분류되지는 않았으나 지라르는 인류의 문화적 기원을 깊이 연구하며 레비스트로스(Claude Levi Strauss, 1908-2009), 말리노프스키(Bronislaw Kasper Malinowski, 1884-1942)와 같은 대표적인 인류학자들의 이론을 비판하며 자신만의 독특한 이론을 정립했다.

지라르는 인간이 더불어 살아가는 집단생활에서 폭력은 불가피한 것이라고 여겼다. 말하자면 마치 만인에 대한 만인의 투쟁을 주장했던 홉스처럼 인간 생활에서 평화가 아닌 폭력이 더 근본적이라고 여긴 것이다. 그렇다고 해서 지라르가 성선설이나 성악설과 같은 철학적 의미에서 인간 본성에 근거하여 폭력성을 규정한 것은 아니다. 그는 문화의 기원에 관한 연구나 문화인류학적인 다양한 자료를 근거로 한 인간 실존의 근본적인 특성으로서 원시 공동체의 집단 내부에서 발생했던 폭력 현상을 이야기했다. 원시 부족 공동체들에서 찾아볼 수 있는 공통적인 현상들 가운데 하나가 부족 공동체 자체가 멸절될 만큼의 거대한 집단 폭력이 있었다는 것이며, 더욱이 이러한 집단 폭력이 자주 발생했기에 이를 '폭력의 메커니즘'이라고 한다는 것이다. 이런 집단 폭력의 메커니즘으로 인해 희생양에 대한 초석적 폭력이 생겼으며, 희생양에 대한 초석적 폭력을 수단으로 부족 공동체가 멸망하는 것을 막을 수 있었을 뿐만 아니라, 공동체의 문화가 시작될 수 있었기에 초석적 폭력이 문명의 기원이 되었다고 한다. 따라서 인간의 문명·문화가 형성되고 발전할 수 있었던 근원적인 배경에는 집단 구성원들의 만장일치에 의한 집단 폭력으로 인해 죽어야 했던 억울하고 무고한 사회적 약자의 죽음이 있었다는 것을 말한다. 지라르는 인간 공동체에서 집단 폭력이 발생하는 근본적인 원인은 인간의 욕망 특별히 '모방 욕망'과 불가분의 관계가 있다고 주장했다.[4]

초석적 폭력의 제물이 될 희생양은 미리 계획되었고 지정되었으며 부양되었다. 원시 부족 집단에서 집단 폭력으로 공동체가 파멸되는 것을 막기 위해 한 사람을 희생물로 정하는 데는 여러 가지 요건이 필요했다. 먼저 공

---

4 참조하라. 르네 지라르, 『폭력과 성스러움』, 『사탄이 번개처럼 떨어지는 것이 보이노라』, 『희생양』. 지라르에게 인간은 욕망하는 존재다. 일반적으로 욕망이란 본시 자신이 결핍하고 있는 것을 갈망하는 것이기에 욕망은 욕망하는 주체로부터 자연스럽게 생겨나는 것이라고 알려졌다. 그러나 이와는 달리 지라르에게 욕망이란 외부로부터 매개된 감정이며 욕망의 기본적인 속성은 '모방'이라고 말한다. 말하자면 욕망하는 주체는 소유하고 싶거나 혹은 되고 싶은 대상이 하나의 매개체가 되어 욕망을 갖게 되기 때문에 모든 욕망은 "간접화"된 욕망이라고 한다. 즉 주체가 어떤 대상을 직접 욕망하기보다는 그 대상을 모델로 삼아 모델이 욕망하는 그의 욕망을 모방하고자 한다며 이를 "모방욕망"이라 말한다. 예를 들면, 노예는 자신이 섬기는 주인을 매개체로 해서 주인이 되고자 하는 욕망을 갖게 되고, 모델로 삼은 주인이 욕망하는 그 욕망을 모방한다고 설명하며 이를 "욕망의 삼각형"이라고 설명한다. 따라서 욕망하는 모델의 소유물을 욕망하는데 그치는 것이 아니라 모델의 욕망을 욕망하고 모방하는 것이기에 모방욕망은 끊임없이 재생산되고 계속적으로 전염된다는 것을 의미한다. 각각의 욕망주체는 서로가 서로에게 매개자가 되고 모델이 되며 모방하고 모방되는 모방욕망의 연쇄적인 고리 가운데 각각의 주체들은 서로의 차이가 좁혀지고 마침내 차이가 상실되어 상호 경쟁자가 된다. 모방하고 모방된 차이가 상실된 주체들은 경쟁자가 되어 서로 우선권을 점하고 우위를 차지하기 위해 폭력이 일어나고 마침내 집단폭력이 발생하게 된다는 것이 지라르의 설명이다. 사법권과 같은 통제권이 없었던 원시집단 생활에서 모두를 멸절시키는 집단폭력을 막기 위해 선택된 것이 바로 희생양이며 집단의 폭력적 분노를 하나의 희생양에게 향해 집중한 집단폭력이 바로 "초석적 폭력"이라고 지라르는 말한다. 지라르는 바로 희생양을 향한 초석적 폭력이 희생양 제의가 되었다고 주장한다.

동체의 분노를 희생양에게 집중시키고 집단 폭력의 최대한의 효과를 얻기 위해서 희생양의 의미와 희생 제물에 관한 정보는 희생양으로 지정된 사람뿐만 아니라 공동체 구성원에게 알려져서는 안 되었다. 그리고 무엇보다도 희생양이 되기에 적합한 사람을 찾아내는 일이 필요했다. 희생양이 될 수 있는 자격 요건은 우선적으로 복수할 능력이 없어야 했으며 후에 문제가 될 여지가 없는 사람들이어야 했다. 이를 위해 정신적으로 신체적으로 장애가 있는 사람 그리고 가족이나 친지가 없는 고아나 부랑자 혹은 연고를 알 수 없는 나그네 등이 미리 검토되었고 선정되었으며 희생물로 준비되었다. 유대교에서 신께 속죄 제물로 바치기 위해 어린 양을 준비하고 공동체 구성원의 죄를 양에게 대신 전가한 후 동네 밖으로 쫓아내는 속죄 제사를 시행함으로 신에게 자신들이 저지른 죄에 대한 용서를 구했던 것과 유사한 맥락이라고 할 수 있다. 그뿐만 아니라 고대 그리스에서도 사회적 불안이나 재앙이 덮쳤을 때, 재앙의 원인으로 몰아 처형한 사람을 '파르마코스(Pharmakos)'라고 불리는 인간 제물이 있었다고 한다. 지라르에 따르면 종교적으로 시행되는 희생제사의 기원이 바로 원시 부족 공동체의 집단 폭력의 희생양에서 유래되었다고 한다.

상대방 자체나 상대방의 소유물이 아닌 상대방의 '욕망'을 '욕망하는 끝없는 욕망'이 서로를 향한 폭력으로 전염되고 확산되고 마침내 집단화되어 공동체가 더 이상 지속될 수 없을 위기 상황이 되었을 때, 미리 준비한 인간 제물 곧 파르마코스를 부족 공동체 앞에 끌고 나온다. 부족 공동체의 구성원들은 서로간의 집단 폭력으로 야기된 모든 혼란의 원인으로 희생양을 지목하여 죽일 것을 만장일치로 결의한 후 희생양으로 지목된 파르마코스를 향해 집단 폭력을 시행한다. 그렇게 부족 구성원들의 만장일치에 의해 시행된 폭력으로 마침내 파르마코스가 죽으면 부족 공동체의 혼란과 위기는 해소되고 한 동안 평화를 누릴 수 있었다. 이처럼 죄 없는 사회적 약자를 희생양으로 삼아 죽음으로 내몰았던 대체 폭력은 역사를 통해 수없이 반복되었고 지라르는 이렇게 반복되어 전수된 집단 폭력의 현상을 '희생양 메커니즘'이라고 부른다. 부족 공동체 구성원의 만장일치로 결의된 집단 폭력의 광기는 죄 없는 한 인간을 희생시키고 나서야 마침내 진화되었고 이후 어쩔 수 없이 앙금으로 남는 죄의식으로 인해 희생된 제물을 추모하고 추앙하는 제사의 관습이 되었으며 마침내 종교적 예식을 갖춘 '희생제의'가 되었다고 한다.

지라르는 공동체의 집단 폭력에 의해 죽은 무고한 희생양으로 인해 공동체가 파멸되지 않았으며 공동체의 역사를 이어 올 수 있었고 원시 공동체가 문명을 발전시키고 문화를 만들어 올 수 있었다고 말한다. 그래서 인류 공동체가 이룬 문명의 기초는 평화가 아니라 폭력이며 현재 우리가 누리는 사회적 질서와 문화인으로서의 위상은 영문도 모른 채 죽어 간 죄 없는 파르마코스의 희생에 기초해 있다는 것이다.[5] 물론 지라르가 주장한 '모방 욕망'과 '폭력의 관계', '초석적 폭력', 그리고 '희생양 메커니즘'과 '희생제의' 등에 관한 이론들에 대해 학자들의 찬반 논쟁은 여전히 뜨겁다. 그러나 21세기 현대인들의 삶에서도 권력 집단 내부에서 야기된 혼란을 덮고 대중들의 관심을 돌리기 위해 다양한 방식으로 무고한 약자를 희생양으로 만들어 집단 린치를 가하는 일들이 없다고 자신 있게 말할 수 있는 사람은 몇 명이나 될지 의심스러운 것 또한 사실이다. 지금도 여전히 개인이 개인을 향해, 집단이 개인을 향해 그리고 집단과 집단 사이에서 파르마코스는 은밀히 준비되고 지명되고 있으며, 희생양이 되어 사회적 타살로 희생되는 것 역시 온전히 사회적 약자의 몫이다. 희생양 메커니즘은 결코 멈춘 적이 없었으며 시

---

5 김모세, 『욕망, 폭력, 구원의 인류학』, 183.

대를 거치며 더 교묘한 방법으로 더 잔인하게 작동되고 실행되어 왔다. 나라가 없어 디아스포라로 세계 각처에 뿔뿔이 흩어져 살아야 했던 유대인들이 급기야 독일 나치의 희생양이 되었다는 사실은 너무도 분명한 희생양 메커니즘의 결과였다. 중세 말과 근세 초기 과학의 발견과 세계관의 변화로 인한 격변의 시대에 위기의식을 느낀 종교 권력자들에 의해 수많은 여성과 노인 등 사회적 약자들이 희생양으로 처형당했던 마녀사냥의 역사 또한 같은 맥락에서 이해할 수 있다.

원시 부족 공동체에서 시작된 희생양 메커니즘은 집단 전체의 만장일치로 한 사람을 희생양으로 만드는 폭력의 행사였지만, 군주제나 봉건제에서는 왕 한 명이 백성들을 폭력의 희생양으로 만드는가 하면, 집단과 집단 사이에도 국가와 국가 사이에도 희생양 메커니즘은 계속되었다. 폭력과 전쟁이 불가항력적 필연과 절실한 필요에 의해서라기보다는 강자들과 강대국들이 부와 명예를 위한 욕망 때문에 폭력을 행사하며 이웃의 영토를 빼앗고 약탈하고 전리품을 취하는 것이 더 일반적이다. 오랜 역사 가운데 자국의 독창적인 문화화 전통을 이어 온 국가를 침략하고 식민지를 만들어 약탈하고 억압하여 지배해온 식민주의의 역사와, 약소국가들을 침략해 영토를 빼앗고 흡수해 제국을 형성해 온 제국주의의 역사 속에서도 약소국의 국민들은 강대국에 생사여탈권을 빼앗기고 희생양이 되어 왔다는 것 또한 부인할 수 없다. 근대국가가 형성되면서 대량 살상 무기의 개발과 치명적인 타격 전술을 발전시켜 온 강대국들이 상대적으로 열세에 있는 국가와 국민을 대상으로 저질러온 전쟁의 역사 속에서도 희생양 메커니즘은 결코 멈춘 적이 없다. 지정학적 위치로 인해 강대국들에 의해 끊임없이 침략을 당해 온 한반도 역시 희생양 메커니즘의 악순환의 고리에서 생존해 온 대표적인 국가 중의 하나라고 할 수 있다. 또한 내전이면서 동시에 세계 전쟁이었던 한국전쟁 역시 이러한 희생양 메커니즘과 무관하지 않다. 따라서 먼저 강대국들에 의한 한반도의 분단과 한국전쟁을 희생양 메커니즘이라는 구조적 틀에서 살펴볼 것이다.

2. 강대국의 희생양 메커니즘과 한반도의 해방

내전이면서 동시에 국제전이기도 했던 한국전쟁의 배경과 과정 그리고 특성을 역사 실증적 관점에서 분석하고 해석하는 일은 그리 단순한 일이 아니다. 한국전쟁은 이념의 갈등과 분열이라는 국내적 요인뿐만 아니라 국제적 요인들이 복잡하게 얽혀 있으며, 더욱이 두 차례의 세계대전과 냉전이라는 시대적이고 이념적인 특성들을 배경으로 하고 있어 한국전쟁에 대한 해석도 매우 다양하다. 국제적 요인을 중심으로 한국전쟁의 배경과 발발의 원인을 규명하는 '외인론'적인 해석들이 있는가 하면, 내전적인 요인들을 중심으로 해석하는 '내인론'도 있다. 또한 한국전쟁의 발발을 누가 주도했는지에 대한 논의 역시 북침을 의미하는 '남측주도설'과 남침을 의미하는 '북측주도설'간에 치열한 논쟁이 이루어지다 뒤늦게 공개된 러시아와 중국의 자료에 의해 북측이 계획적으로 남침했다는 '북측주도설'이 정설이 되고 있다.[6] 그런 북측주도설 가운데 소련의 스탈린과 북한의 김일성 중 남침을 결정하는 데 누가 주도적인 역할을 하였는지에 대해서도 '스탈린 단독주도설' 혹은 '김일성 단독주도설'이 있으며, 이완범이 좀 더 자세히 분류 정리한 바에 의하면 '김일성 · 스탈린 공동주도설' '김일성주도 · 스탈린지원설' '스탈

---

6   이완범, 『한국전쟁: 국제전적 조망』, 백산서당, 23-24.

린주도 · 김일성보조설' 등과 같은 다양한 논쟁들이 있다.[7]

한국전쟁의 발발에 대한 전통주의적인 해석에는 외인론적인 입장이 지배적이기도 했으나 이후 수정주의적인 해석에서는 내인론적 입장이 더 강세를 띠기도 했다. 그러나 수많은 원인들과 결과들이 상호 의존적 관계 속에서 동시다발적으로 발생하고 결국 하나의 사건 혹은 사태의 발생으로 귀결되는 것처럼, 민족사적으로나 세계사적으로나 중대한 한국전쟁이 발발하게 된 복잡하고도 상호 연계된 배경과 원인을 양자택일로 환원시키는 것은 지나친 단순화의 오류라고 할 수 있다. 내전인 동시에 국제전이라는 한국전쟁의 복잡한 특성을 감안한다면 내인론과 외인론이 서로 유기적으로 연관된 관계 속에서 발생되었다고 하는 주장이 설득력이 있다.[8] 그러나 한국전쟁이 발발하게 된 배경과 원인에 내부적 갈등과 외부적 요인이 복합적으로 연관되었다는 것을 전제함에도 불구하고, 미국과 소련이라는 강대국에 의해 일방적으로 획정된 한반도의 분단이 궁극적으로 한국전쟁 발발의 가장 중요한 요인이었다면 힘의 역학 관계에 근거해서 볼 때 내인론보다는 외인론에 더 큰 힘이 실린다고 할 수 있을 것이다.

불평등한 위계적 관계가 보편적으로 구조화된 사회에서 사회적 약자의 운명은 때로 의도하지 않았음에도 권력자의 손에 의해 전혀 다른 방향으로 규정지어지는 경우를 어렵지 않게 경험한다. 마치 지라르가 말한 원시 부족 공동체의 지도자급 몇 명이 비밀리에 약자를 선정해 희생양으로 지정한

---

7 같은 책, 25-26. 이완범은 한국전쟁에 관한 외인설 중 남침설을 정리하면서 '스탈린주도 김일성 보조역할설'(김영호), '김일성과 스탈린 공동주도설'(서주석) 김일성이 주도한 전쟁을 스탈린이 정신적 물적으로 지원했다는 '김일성 주도 스탈린 지원설'(김학준, 신복룡, 박명림) 이를 다시 크게 분류해서 '김일성 주도설'(박명림, 신복룡) '스탈린 주도설'(김영호)로 분류하고 있다.

8 이완범은 내인론과 외인론이 유기적으로 연관되어 있다고 주장하는 다수의 학자들이 있다.

것처럼, 20세기 초반 한반도의 해방과 분단의 상황은 원시 부족의 파르마코스의 운명처럼 스스로 자국의 운명을 선택할 수 있는 자유와 권리가 주어지지 않았다. 한반도의 해방과 독립은 제2차 세계대전에서 연합군이 승리함에 따라 종전과 더불어 일본의 패망이 이루어지고 그 결과로서 주어진 것이기에 한반도의 운명이 연합군의 몇몇 승전국 손에 달려 있었다는 것은 쉽게 짐작할 수 있다. 36년간 일제 식민 지배 아래서 민족의 얼인 언어가 말살되고 이름조차 개명해야 하는 등 한국인의 모든 권리가 일본인들에게 착취되고 유린되었던 것처럼, 한반도의 해방과 독립이 타국의 손에 의해 이루어졌다는 사실은 정도의 차이는 있을지언정 또 다른 외세의 지배하에 들어가는 수순에 불과했다. 그 때문에 한반도의 분단과 한국전쟁이 승전국이라는 외세와 무관하게 자율적 결단과 실행만으로는 가능하지 않았을 것이라는 사실을 감안할 때 외인론의 무게가 더 무거웠다는 것을 방증할 수 있다. 따라서 먼저 한국전쟁이 발발되었던 역사적 배경이 되었던 한반도의 해방과 독립 그리고 38도선 획정에 따른 한반도의 분단에 이르는 과정을 살펴보도록 하겠다.

함석헌의 표현에 따르면, 한반도의 해방과 독립은 당시의 사람들에게는 전혀 예측할 수 없었던 뜻밖의 것이었다. 그렇게 맞은 해방은 스스로 싸워서 쟁취한 승리의 결과가 아니었기에 준비하며 대비하지 못한 상황에서 도둑처럼 온 해방이었다고 한다. 오랜 시간 동안 일본 제국에 의한 식민지 지배 아래 '국민적 정치 훈련'을 할 수 있는 기회도 박탈당하고 '문화 창조력'을 배우고 훈련할 수 있는 물자도 없었으며 기술을 연마할 수 있는 모든 여건마저 모두 박탈당한 상태에서 타인에 의해 주어진 해방은 마냥 기뻐하고 환호할 수만은 없었던 상황으로 이어졌다는 것이다. 갑작스레 주어진 해방의 후유증으로 인해 전개된 사회적 혼란이나 정치적 갈등과 폭력 사태의 상황을 가리켜 함석헌은 '아무 준비도 못한 채 무대 위로 올라가라는 명령을 받은 배우가 된 셈'이라고 한탄하며 고뇌 어린 심경을 토로했다.[9] 너무도 갈망한 일제로부터의 해방이며 독립이었지만 실질적으로 다가올 해방 이후를 기대하고 준비할 수 있는 상황이 아니었다. 독립된 국가를 건설하기 위해 구체적으로 계획할 정신적인 여력도 물질적인 기반도 전혀 없었던 상황에서 타국에 의해 주어진 해방과 독립은 너무도 큰 대가를 요구하였다.

연합군이 일본 제국주의를 패망시킴으로써 한반도는 어부지리로 해방과 독립을 거저 얻었다는 '주어진 해방론' 혹은 '타율적 해방론'은 그동안 독립과 해방을 위해 헌신한 한국인들의 자주적인 노력을 펌하한다는 비판을 받아 왔다. 분명 연합군의 승리를 통해 예기치 못했던 갑작스런 해방과 독립이었으나 그렇다고 해서 한국인들이 나라와 민족의 해방과 독립을 위해 국내외에서 행한 독립운동을 과소평가해서는 안 된다는 것이다. 약소국에 대한 강대국들의 오랜 식민 지배의 역사에서도 그 유례가 없을 정도로 잔인했던 한반도에 대한 일제의 식민 치하에서도 각계각층의 한국인들은 목숨을 걸고 국내외에서 나라의 해방과 독립을 위해 저항운동을 결코 멈추지 않았다. 유난히 민족성이 강한 한국인, 반만년의 역사를 이어 온 문화민족으로서의 정체성과 자부심이 강한 한국인이 치욕적인 일본의 식민 지배에서 벗어나고자 무엇을 하였는지에 대해서 열거하는 것은 이 글의 범위를 넘어선다. 이보다 더 중요한 것은 남녀노소, 지도층으로부터 어린 여학생에 이르기까지 그리고 의병으로 싸웠던 농민들과 시민들까지 한반도의 해방과 독립을 위해 목숨을 걸고 싸운 한국인들의 투쟁과 독립을 위한 거사 등을 연

---

9 함석헌, 『뜻으로 본 한국역사』, 한길사, 2003 재인용. 라종일, 『세계와 한국전쟁』, 대한민국역사박물관, 2019, 23.

합국의 승전국들은 전혀 인정하지도 고려하지도 않았다는 사실이다. 연합국의 강대국들은 임시정부의 존재와 활동도 한민족을 대표하는 민족 지도자 33인의 독립선언도, 비폭력 3·1만세운동의 거사도 인정하지 않았으며 오직 한반도의 해방과 독립을 가져온 주체는 승전국이었고 그래서 한반도에 대한 모든 권한은 승전국의 것이라고 여겼다. 한반도가 승전국들의 단순한 전리품에 불과했다는 것은 한반도의 분단과 군정이라는 일련의 과정과 결과가 보여준다. 한반도의 분단과 한국전쟁의 발발 그리고 지금까지 계속되는 휴전선을 중심으로 한 한반도의 분단 배경이 되는 '가쓰라-태프트 밀약,' '포츠머스조약,' '을사늑약'에 이어 한일합방에 따른 일본 군국주의의 한반도에 대한 식민 지배는 철저하게 미국, 러시아, 일본 등 세계열강들의 철저한 희생양 메커니즘의 틀에서 일어날 수 있었다. 즉, 한반도를 일본의 식민지가 되도록 허용한 것도 그리고 한반도에 해방을 허용한 것도 약자를 제물로 삼은 강자들의 희생양 메커니즘의 틀에서 가능할 수 있었다. 그리고 한반도의 분단과 한국전쟁의 발발도 같은 맥락에서 가능했다.

한반도를 가운데 둔 희생양 메커니즘은 한반도 영토를 분단하는 데도 한국전쟁 이전 일본이 한반도를 자신들의 식민지로 만드는 데도 어김없이 작동하였다. 일본이 한반도를 식민화하는 과정도 일본과 세계 강대국들과의 공모 관계 속에서 진행되었다. 1904년 2월부터 1905년 9월까지 진행된 러시아와 일본 간의 전쟁은 한반도와 만주의 분할과 지배권을 놓고 시작된 전쟁이었다. 러시아는 만주와 한반도 북쪽을 지배하기 원했고 일본은 한반도 전체를 차지하고 만주로 침입하고자 했다. 결과적으로 일본이 전쟁에서 승기를 잡자 필리핀을 지배하고자 했던 미국은 일본의 필리핀 진출을 견제하기 위해 1905년 7월 일본 도쿄에서 일본과 '가쓰라-태프트 밀약'을 통해 미국은 사실상 일본이 한반도를 지배하도록 승인했다. 미국과 일본, 두 제국이 맺은

'가쓰라-태프트 밀약'은 한반도와 필리핀과 같은 약소국을 희생 제물로 삼아 비밀스레 진행한 희생양 메커니즘의 시동이었다. 미·일 두 제국이 협상한 밀약의 내용의 핵심은, "필리핀은 미국과 같은 나라가 통치하는 것이 일본에 유리하며, 일본은 필리핀에 대해 어떠한 침략의 의도도 갖지 않는다. 미국은 일본이 한국의 보호권을 확립하는 것이 러일전쟁의 논리적 귀결이고, 극동의 평화에 공헌할 것으로 인정한다."라는 것이었다.[10] 한국이나 필리핀과 같은 한 나라의 주권과 국민들의 자유와 권리는 안중에도 없이 철저히 미국과 일본의 이익을 위해 다른 나라의 운명을 유린하는 횡포 가운데 행한 비밀스런 모의였다. 오랜 역사와 문화적 전통을 가진 한반도의 정체성은 유린되었고 한반도와 전혀 상관없는 러시아와 일본의 싸움에 한반도와는 무관한 미국이 한반도에 대한 일본의 식민 지배를 암암리에 승인한 것이다.

원시 부족 공동체에서 파르마코스는 희생양 메커니즘의 구조 속에서 부족의 지도자 몇 명을 제외하고는 공동체의 구성원이나 파르마코스 본인도 모르게 비밀스럽게 희생제물로 규정되었다. 그리고 언제든지 때가 되면 성난 부족 구성원들이 자행하는 폭력을 정화시키는 희생양으로 바쳐지기 위해 사육되고 관리되었다. 그렇게 저항할 수 없고 도와줄 친지 하나 없는 파르마코스는 부족 이웃들에 의해 왜 폭력을 당해야 하는지 영문도 모른 채 주검이 되어 돌무더기에 묻혔다. 그 시대의 파르마코스 그리고 이 시대의 파르마코스에게 누구라서 본인의 자유와 권리를 위해 무엇을 하였냐고 책임을 추궁할 수 있을까? '가쓰라-태프트 밀약'은 미국이 필리핀을 통치하는 것이 필리핀에게 유리하다고 말하지 않았다. 반대로 미국의 필리핀 통치가

---

10 '가쓰라-태프트협약' 한국민족문화대백과사전 http://encykorea.aks.ac.kr/Contents/ Index?contents_id=E0066158, (2020 10. 28)

'일본'에게 유리하다고 규정했다. 미국과 일본 두 제국주의 당사자는 '보호권 확립' '극동의 평화 공헌' 등과 같은 '언어 조작'을 통해 자신들이 행하는 제국주의의 식민지 침탈 전쟁을 정당화시키고 미화시켰다. 희생양 메커니즘 속에서 파르마코스가 '공동체의 평화'라는 미명 아래 잔인한 폭력의 희생양이라는 제물이 되어 바쳐지듯이, 20세기 초 반복된 희생양 메커니즘 속에서 국가로서 한반도는 '보호'라는 미명과 '극동의 평화 공헌'을 위한다는 명분으로 비밀스런 거래를 통해 미국의 손을 거쳐 일본에게 식민지라는 제물로 바쳐졌다. 그리고 미국과 일본이 비밀스럽게 맺은 음모는 같은 해 9월 포츠머스조약(Treaty of Portsmouth)을 통해 공식화되었다.

포츠머스조약은 러일전쟁을 종결하기 위한 조약으로 '가쓰라-태프트 밀약'이 있은 지 2달 후 미국 주재로 일본과 러시아가 미국의 포츠머스에서 행한 협상조약이다. 미국은 포츠머스회담을 알선한 주재국으로 일본과 러시아의 협상에서 일본에 유리한 입지를 유도하였다는 것을 알 수 있다. 포츠머스조약을 통해 '가쓰라-태프트 밀약'에서 나눈 비밀스런 약속이 공식적인 절차로 진행될 수 있었다. 여기서 체결된 15개조의 강화조약 가운데 "러시아는 한국에 대한 일본의 지도보호 감리조치를 승인한다."라는 내용이 공식화되었다. 이로써 일본은 세계 강국으로부터 한반도에 대한 독점권을 인정받았으며 이로부터 두달 후 일본은 당시 대한제국의 외교권을 빼앗아 버린 을사늑약을 강제로 체결할 수 있었다.[11] 마침내 1910년 8월 일본은 친일파 앞잡이였던 이완용을 내세워 〈한일합병조약〉을 조인하게 만들었고 한반도는 치욕스런 일본의 식민 지배에 들어가게 되었다. 막강한 군사력을 앞세운 동

---

11 포츠머스조약, 『한국민족문화대백과사전』, https://terms.naver.com/entry.nhn?docId=2456828
&cid=46623&categoryId=46623, 2020. 10. 28.

아시아 제일의 강국이 된 일본 제국이었지만 20세기에 한반도를 식민화하는 일은 일본 단독의 힘만으로는 쉽지 않은 일이었다는 것을 알 수 있다. 자국의 이익을 위해서는 다른 국가의 주권과 국민들의 생명권과 인권은 유린해도 된다는 강대국들의 공모 관계 속에서 이루어진 희생양 메커니즘의 구조적 작동이 없었다면 필시 한반도의 역사는 달라졌을 수도 있었을 것이다.

3. 희생양 메커니즘 속의 한반도 38선 분단

38도선이 획정되고 한반도가 분단된 날은 일본이 패망하고 한반도가 해방되기 바로 며칠 전인 1945년 8월 10일부터 14일 사이에 일어난 일이다. 38도선을 중심으로 남북을 양분하기로 획정한 주체는 미국이었고, 목적은 소련의 세력이 더 확산되는 것을 막기 위함이었다. 마치 포획된 먹잇감을 나누듯 한반도를 가운데 두고 자신들의 입맛에 따라 거래를 시작했던 '가쓰라-태프트 밀약'과 '포츠머스조약'에서 이미 미국과 소련 사이에서 서로 견제하는 관계가 드러났듯이, 한반도를 남북으로 나눈 38도선을 획정하는 데도 어김없이 미국과 소련 두 강대국 사이의 균형과 견제를 위해 미국이 제안하고 소련이 동의하는 전략이 개입되었다. 두 강대국이 한반도의 영토를 양분하여 분할 점령하고 심지어 철조망으로 가로막아 주민들의 자유로운 왕래조차 막아 버린 일에 한반도의 주인인 한국인들의 의견도 그리고 편의도 고려되지 않았다. 미국의 일방적 획정에 소련이 합의함으로써 한반도의 영토는 분단되었고 결국은 분단이 한국전쟁의 발발로 이어졌다. 일본 침략군이 물러간 한반도 땅에는 미국과 소련이라는 외국 군대가 들어왔고 일본의 식민지 지배 대신 미국과 소련의 군사 정치가 한반도를 지배하게 되었다. 한국은 전쟁을 일으킨 추축국이 아니며 연합군에게 패망한 전범 국가도 아니다. 불법적으로 침략한 일본과 자국의 이권을 위해 일본의 침략을 허용한 강대국들로 인해 식민지가 된 억울한 희생양이었다. 한반도에 대한 식민지배를 허용하고 침략국에게 이양했던 몇몇 승전국들에게 한반도는 자신들의 승리의 대가로 얻어진 전리품에 불과했다.

미국이 왜 한반도를 양분하는 분단선으로 북위 38도선으로 획정하는지 그리고 그 과정은 왜 그렇게 긴급하게 이루어졌는지에 대해 의심스런 질문이 제기된다. 이에 대해, 심각한 의도나 전략적 고려 없이 단순히 군사적 편의를 위해 38도선을 획정하였다고 주장하는 '군사적 편의설'이 있으며 이는 주로 미국 측의 입장이다. 정치적 의도를 가지고 미리 기획하고 전략적으로 구상한 결과라고 주장하는 '정치적 의도설'이 있는가 하면, 후에 등장한 한반도 38도선 분단에서 일본의 역할이 지대했다는 '일본 책임론'도 있다. 소련의 미하일 스밀로노프가 주장하는 일본 책임론은 한반도 38도 분단선이 획정되는 데 일본의 역할이 컸다는 사실을 밝히고 있다.[12] 일본은 해방된 한반도에 단일 정부를 가진 강력한 나라가 형성되는 것을 원하지 않았기 때문에 한반도가 분단되도록 일본이 일정부분 역할을 했다는 것이다.

위에 제시된 다양한 이론들을 검토해 볼 때, 미국 정부가 주장하는 단순히 군사적 편의를 위해 38도선을 획정했다는 '군사편의설'이나 한반도가 하나로 통일된 강력한 국가가 되는 것을 결코 원할 리 없는 일본의 역할도 어느 정도 있었을 것이라 짐작할 수 있다. 그럼에도 불구하고 충분한 사료들의 검토를 통해 이완범을 비롯한 많은 학자들이 주장하는 '정치적 의도설'이 '군사적 편의설'이나 '일본 책임론'보다는 훨씬 강한 설득력이 있다. 이완범

---

12 이완범, "미국의 38선 획정 과정과 그 정치적 의도 1945년 8원 10일~15일", 『한국정치학회보』 29, 1995, 150-151.

은 군사적 편의를 위해 급하게 38도선을 획정하게 되었다는 미국 측의 주장이 한낱 변명에 불과하다며 비판하면서, 미국은 군사적 편의보다는 오히려 정치적 목적을 위해 한반도의 분단과 점령을 오랜 기간 준비해 왔다고 주장한다.[13] 뿐만 아니라 당시 강대국들의 회담과 선언문들이 미국의 '정치적 의도설'을 방증하고 있다.

제2차 세계대전이 한참 진행되던 당시인 1943년 11월과 12월 두 차례에 걸쳐 열린 카이로회담에서 미국의 루스벨트 대통령, 영국의 처칠 수상, 그리고 중국의 장개석 총통 등 연합국 소속 강대국들의 각 대표는 당시 진행되고 있는 세계대전에 어떻게 대응할 것이며 더 나아가 전쟁 후에는 어떻게 할 것인지 논의하고 선언문을 발표했다. 카이로선언문에는 일본이 세계대전에서 패할 경우 전쟁 동안 일본이 차지한 영토의 처리 문제와 함께 한반도 문제도 명시하였다. 카이로선언 특별 조항에는 '현재 한국민이 노예 상태 아래 놓여 있음을 유의하여 앞으로 적절한 절차에 따라 한국의 자유와 독립을 줄 것'을 결의했다고 기록되었다. 카이로선언문에 한국민에 대한 공식적인 언급이 비록 기간이 명시되지 않아 불확실한 것이라 할지라도 미국이나 영국이 한반도 국민에게 선의를 가진 것으로 생각될 수 있었다. 후에 알려진 바에 의하면 한국의 자유와 독립에 관한 언급은 백범 김구 선생의 간곡한 요청을 받고 중국의 장개석 총통이 요청하여 명시했다는 평가가 있

---

13 참조하라. 이완범, "미국의 38선 획정 과정과 그 정치적 의도: 1945년 8월 10-15일", 『한국정치학회보』, 29. 1995. 이완범은 위 논문을 통해 미국이 군사적 목적이 아닌 정치적 의도를 가지고 38도선을 획정했다는 것을 증명하는 일련의 정치적 회의 과정과 함께 미국 측에서 군사적 편의를 위해 급하게 사용했다고 주장하는 38도선의 지형이 불분명한 지도와 실제적으로 정치적으로 유리한 분할을 위해 상세하게 준비된 지도를 제시하고 비교하며 정치적 목적을 위한 38도선 획정을 위해 철저하게 오랜 기간했다는 것을 증명하고 있다.

다. 이러한 요청을 한 장개석의 심중을 알 수는 없으나 한반도에 관한 이러한 명시가 미국이나 영국이 한반도의 자유와 독립에 특별히 관심과 호의가 있어서라기보다는 장개석이 강력하게 요청했기 때문이라는 것을 알 수 있는 후일담이 전해진다. 즉 같은 달 24일 루스벨트와 처칠 둘만의 회담에서 나온 대화 중, 루스벨트가 중국이 만주나 한국의 점령을 포함해서 큰 야심을 가지고 있는 것이 분명하다고 말했다는 기록이 이를 방증한다.[14]

카이로회담이 끝난 직후인 11월 28일 루스벨트와 처칠은 테헤란으로 장소를 옮겨 장개석 총통이 부재한 상태에서 소련의 스탈린을 만났고 테헤란회담을 가졌다. 미·영·소 3개국 정상회담에서 루스벨트는 "한국인이 완전한 독립을 얻기 전에 약 40년간의 수습 기간을 필요로 한다."라고 말했고 스탈린은 이에 구두로 동의했다는 기록이 있다. 이뿐만 아니라 카이로회담이 있기 8개월 전쯤 루스벨트와 영국 외상 이든이 워싱턴에서 회합을 가졌을 때 루스벨트가 그 회담에서 "한반도를 일정 기간 동안 미국, 중국 및 소련 등 3국의 신탁통치 아래 두었다가 독립시킨다."라는 의견을 공식적으로 밝혔으며 이든은 호의적 반응을 보였다는 기록 등에서 한반도에 대한 미국의 태도는 전쟁에서 승자가 대가로 얻는 전리품을 대하는 것과 같이 느껴진다.[15]

제2차 세계대전 막바지에 들어서 1945년 2월 4~11일까지 소련 크림반도의 얄타에서 미국, 영국, 소련의 정상들이 모인 회담에서는 이미 항복을 한 이탈리아와 패전이 예상되었던 독일과 그리고 이들 국가들이 점령했던 영

---

14 히라야마 타즈미, 『한반도 냉전의 기원』, 이성환 옮김, 중문, 1999, 56-57, 43.재인용, 강준만,
　　『한국현대사 산책: 1940년대 1권』, 인물과 사상사, 2006, 43.
15 강준만, 『한국현대사 산책: 1940년대 편 1권』, 인물과 사상사 , 2006, 42.

토에 대한 지배권을 어떻게 분할할 것인지에 대해 논의했다. 미·영·소의 국가 정상들의 관심은 모두 어떻게 하면 조금이라도 더 자국의 이익을 위해 많은 대가를 얻어 낼 수 있을지에 있었다. 또한 일본과의 전쟁에서 승리하기 위해서는 소련의 참전이 중요하다고 판단한 미국과 영국은 러시아 참전의 대가로 러일전쟁 때 러시아가 상실한 영토에 대한 지배권과 여러 권리들을 약속했다. 소련의 참전으로 일본이 항복할 시 일본의 쿠릴열도 할양과 사할린섬 남부의 반환, 외몽골과 남만주 철도 등의 지배권을 소련에게 넘겨준다고 승인했다. 따라서 소련은 얄타회담의 결의에 따라 대일 전쟁에 참전하기 위해 만주와 한반도까지 거침없이 진격했다. 1945년 8월 6일에는 히로시마에 그리고 이틀 뒤인 8일에는 나가사키에 미국이 원자폭탄을 투하하여 일본의 패망이 이미 가시화된 시점에 소련이 일본에 선전포고를 하고 공격을 시작하자 미국으로서는 당혹스럽게 느꼈다고 한다.

소련이 한반도로 진격해 들어오는 시점에 미국은 한반도에서 멀리 떨어진 오키나와에 있었기에 더욱 불안했다. 소련이 전쟁이 이미 다 끝난 것이나 다름없는 시점에 일본을 향해 전쟁을 선포하고 공격하자 미국은 자칫 한반도를 빼앗기고 일본마저 소련 손에 넘어갈 수도 있다는 위기감과 불안감에 소련을 막을 전략을 세웠다. 이완범의 증언에 따르면, 미국의 '3성 조성위원회'는 '한반도와 극동 지역'에 관한 '초안 작성 임무'를 전략정책단 과장이었던 찰스 본스틸 대령과 딘 러스크 대령에게 맡겼다고 기록되어 있다. 두 대령은 '30분 만에 위도 38선을 분할선으로 잡아' 보고서를 작성했는데, 이 보고서는 상부 보고를 거쳐 대통령에게 보고되고 최종적으로 일반명령제1호로 확정되어 맥아더에게 전달되었다고 기록되어 있다. 미국은 이렇게 긴급하게 확정된 38도선 획정안을 소련 측에 제시했고 소련이 그 제안을 수락함으로써 이후 한반도를 현재까지 비극으로 몰아넣은 영구적 분단선이 되었다. 이렇게 한반도는 미국 측의 일방적인 결정에 의해 국토가 분단되었다. 미국 측은 이렇게 획정된 38도선이 단순히 '군사적 편의'를 위한 것이었다고 주장하나, 정치적 목적을 가지고 오랫 동안 구상하고 준비한 '정치적 의도설'에 훨씬 더 무게가 실린다. 미국이 한반도를 분할 통치하겠다고 의중을 드러낸 것은 이미 카이로회담 이전부터였다. 자신들의 주요 전략 기지로서 일본을 지키고 싶었던 미국은 전범 국가인 일본을 분할 통치하는 대신 한반도를 대용품으로 삼아 북위 38도선을 분단선으로 획정한 것이다.

북위 38도 분단선은 한반도 영토의 분단만을 의미하는 것이 아니라 또 다른 나라의 점령까지 의미했다. 일본의 군국주의가 지배했던 한반도를 이제 미국과 소련의 군대가 점령해서 군정으로 한반도를 지배하는 것이다. 1945년 9월 2일 연합국 최고사령부 지시 제1호 문서는 한반도 영토가 38도선을 중심으로 남북으로 분단되었다는 사실을 적시했다. 미소군정의 지배는 곧 공산주의와 자본주의 이데올로기가 북위 38도선을 중심으로 한반도에서 대치한다는 것이며 미국과 소련의 대립과 긴장과 충돌이 한반도에서 전개된다는 것을 의미했다. 오로지 나라와 민족의 해방과 독립을 열망했던 한국인들은 이후 한반도를 분단하고 분열시킬 공산주의와 자본주의라는 이데올로기의 메커니즘의 소용돌이에 휘말리게 되었다. 강준만은 이 같은 한반도의 상황에 대해 "한반도의 진정한 해방은 오직 16일이었다."라며 한반도는 미국과 소련 두 강대국이 가지고 노는 장난감처럼 비참한 운명에 떨어지게 되었다고 표현한다.[16] 표현만 다를 뿐 한반도는 미국과 소련이 전쟁에서 승리한 대가로 얻은 한낱 전리품에 불과했다.

좌우합작을 이뤄 내지 못하고 끝없이 서로를 향해 질타하고 분열하고 암

---

16 같은 책, 49.

살하고 죽이는 과정에서 한반도는 단독 정부를 세우지 못한 채 강대국의 지배를 받아야 했고 급기야 한반도 영토에서 전쟁을 겪어야 했다. 한반도의 서글픈 역사를 돌아보고 우리 자신을 돌아보면 안타까운 분노와 원망과 아쉬움의 복합적인 감정이 드는 것 또한 사실이다. 그러나 강대국들이 전쟁에 참여하고 승리한 뒤 전리품을 취하는 그들만의 희생양 메커니즘의 논리 속에서 전범 국가도 아닌 한반도는 전리품이라는 희생양이 되고 말았다. 미국과 소련에 의한 한반도의 분단과 지배는 한국전쟁 발발의 직접적인 요인이 되었으며 이는 내적 요인보다는 외적 요인에 훨씬 더 큰 비중이 있다는 것을 말한다.

4. 이념의 희생양 메커니즘과 대리전으로서의 한국전쟁

1950년 6월 25일 일요일 새벽 4시 한반도에서 전쟁이 발발했다. 탱크와 대포와 전투기 그리고 12만 명의 병력을 앞세운 북한 군대는 개성을 시작으로 동해안 강릉 근처에 상륙작전을 펼쳤고, 같은 날 25일 서울에 도착해서 28일에는 서울을 함락시켰다. 36년간 일본의 식민 지배에서 해방된 지 불과 16일 만에 미국과 소련에 의해 나라가 분단되어 약 3년간의 군정 지배가 끝난 시점에서 한반도는 또다시 3년간의 전쟁에 휩싸이게 되었고 전쟁의 후유증은 지금까지도 지속되고 있다. 전쟁의 실상은 '죽임'이고 '죽음'이고 '주검'이다. 전쟁의 실상을 명료하게 표현할 수 있든 그 어떤 다른 표현을 찾을 수 없다. 죽이고 죽고 주검이 되는 한계를 모르는 광기 어린 폭력 앞에 존엄성을 지닌 '인간'은 찾을 수 없다. 군대와 군인, 적과 아군, 죽이지 않으면 죽는다는 전쟁놀이의 게임 법칙은 모두를 현실이 아닌 광기와 환각의 세계로 몰아넣는다. 그러나 군복으로 감싼 무리는 군대가 아닌 생명의 존엄성을 지닌 인간이며, 모두가 아군도 적군도 아닌 누군가의 귀한 자식이다. 전쟁의 폭력 속에 영웅과 패자는 없으며 모두가 폭력의 사슬에 매인 피해자들뿐이라는 것을 한국전쟁은 보여주고 있다. 전쟁은 공포와 긴장, 폭격과 파괴, 피난, 포로, 사상자와 부상자, 강간과 고아 등 온갖 폭력으로 점철된 잔인하고 끔찍한 피의 언어로 묘사되는 실존이다. 전쟁은 그 어떤 이념으로도 그 어떤 종류의 미사여구를 통해서도 정당화시키거나 미화시킬 수 없는 그저 생명을 소멸시키는 범죄이며 그래서 신에 대한 죄악이라고밖에 표현할 수 없는 실존이다.

그런 전쟁이 누군가에겐 자신의 목적을 이루기 위해 종종 사용되는 정치적인 도구가 되기도 한다. 박태균은 정치학자들에게 전쟁은 종종 '정치의 연장'으로 생각되기도 한다고 설명한다. 이어 역사적 관점에서 '전쟁은 사회적인 갈등과 모순이 증폭되어 폭발하는 지점에서 나타나는 역사적 사건'이라고 말한다.[17] 사회 내부에서 누적된 갈등이 마침내 폭발하고 폭력 사태가 일어나면 '혁명'이 되거나 '시민전쟁'의 형태가 되지만, 한 국가의 내부에서 발생한 '내부의 갈등과 모순'을 외부와의 전쟁을 통해 해결하려 할 때 두 지역 혹은 두 나라 사이에 전쟁이 발생한다는 것이다. 박태균은 두 차례의 세계대전이 바로 국가 내부의 문제를 외부와의 전쟁을 통해 해결하려 했던 전쟁의 전형적인 사례라고 설명한다. 한반도의 시간을 거슬러 도요토미 히데요시가 임진왜란을 일으켰던 동기 역시 일본을 통일하고 일본 내부의 혼란과 갈등을 봉합하기 위한 방편으로 당시 조선을 침략해서 전쟁을 일으킨 것이라고 설명했다. 익히 알고 있는 바대로 박태균의 설명은 원시 부족 시대에 부족 공동체의 위기와 갈등으로 인해 발생하는 폭력 사태를 희생양 살

---

17 박태균, 『한국전쟁: 끝나지 않은 전쟁, 끝나야 할 전쟁』, 책과 함께, 25.

해를 통해 해소했던 희생양 메커니즘이 전쟁의 역사 속에서 반복해서 이어져 오고 있다는 사실을 보여준다. 한국전쟁 역시 여전히 반복되는 희생양 메커니즘의 순환 속에서 한 치도 벗어날 수 없었던 한반도의 운명을 여실히 드러내고 있다. 미국과 소련이라는 초강대국 사이의 냉전 체제는 추축국도 패전국도 아닌 한반도를 전리품으로 삼아 분단과 군정 체제를 통해 양극의 냉전 체제를 한반도에 그대로 이양시켰다. 미·소 냉전 체제로 인한 긴장과 충돌은 한반도 영토 안에서 집약되어 재현되었으며, 한국 사람들을 매개로 한 이념의 냉전 체제로 한반도 안에서 고착되어 갔다. 한반도는 의도하지 않았음에도 소련과 미국의 공산주의와 자본주의의 동서 이데올로기의 대리전이라는 희생양 메커니즘 안에서 급기야 한민족이 남북으로 갈라져 서로를 향해 총을 겨누는 한국전쟁의 비극으로 재현되었다.

독일의 역사학자 베른트 슈퇴버(Bernd Stoever, 1961-현재)는 한국전쟁이 발발할 수 있었던 배경에는 김일성과 스탈린 그리고 마오쩌둥이라는 적극적인 요소와 애치슨 라인[18]에서 비롯된 미국의 무관심이라는 소극적인 요소의 복합적인 작용이 있었다고 말한다.[19] 분단선을 없애고 한반도를 공산주의 국가로 통일시켜 해방을 완성시키고자 열망했던 김일성은 미군의 일시적 철수를 기회로 한반도를 다시 독립된 통일국가로 만들 수 있는 기회라고 생

---

18 애치슨 라인(Acheson line), 1950년 1월 12일 미 국무장관 딘 애치슨(1949~1953)이 전미국신문 기자협회에서 "아시아에서의 위기"라는 제목으로 한 연설을 지칭한다. 소위 "애치슨 선언"에서 언급한 "미국의 극동 방위선"을 의미하는 것으로 미국의 극동 방위선에서 한국과 타이완, 인도차이나 반도를 제외시킴으로써 한반도에 대한 군사적 공격에는 대응하지 않는다는 입장으로 비쳐져 북한의 오판을 불러일으켰고 6.25전쟁 발발의 원인이 되었다는 비판을 받고 있다. 이후 애치슨 선언은 공화당으로부터 비난을 받고 철회되었다. 에치슨 라인, [네이버 지식백과] (시사상식사전, pmg지식엔진연구소), 2020.10. 31.
    https://terms.naver.com/entry.nhn?docId=2175303&cid=43667&categoryId=43667.
19 베른트 슈퇴버, 『한국전쟁: 냉전시대 최초의 열전』, 황은미 옮김, 여문책, 2018, 72.

각했다. 그러나 전쟁을 위해 소련과 중국의 승인이 필요했던 김일성은 스탈린과 마오쩌둥의 허락과 동의를 구하기 위해 거듭 전쟁의 필요성과 승인을 호소하고 요청했다는 사실이 후에 드러난 비밀 자료를 통해 알려져 있다.

1950년 1월 스탈린은 한국전쟁을 결정했고 마오쩌둥을 만난 직후인 2월 9일 김일성이 요청했던 '한국 통일의 해방전쟁'을 승인했다고 보고되었다. 슈퇴버에 따르면 스탈린이 고심 끝에 소위 '한국 통일의 해방전쟁'을 하도록 김일성에게 승인할 수 있었던 배경에는 당시 소련이 최초로 핵폭탄 실험에서 성공했고 이에 더해 중국 내전에서는 마오쩌둥의 공산당이 승리해 중국이 공산화된 것이 큰 요인으로 작용했을 것이라고 한다.[20] 사회주의의 종주국인 소련으로서는 아시아의 강대국인 중국이 공산주의 국가가 되는 데 성공하였고 이제 한반도까지 공산주의 국가가 된다면 아시아에서 소련이 패권을 장악할 수 있는 절호의 기회라 여겼을 수 있었을 것이다. 또한 김일성이 제안한 '통일해방전쟁'에 중국의 마오쩌둥이 동의한 것은 북한과의 동맹 관계도 있었지만, 그보다는 오히려 이제 막 혁명에 성공한 마오쩌둥에게 한국전쟁은 해방전쟁으로 '세계 혁명'의 진전이라고 여겼기 때문이라고 슈퇴버는 전한다.[21] 제1, 2차 세계대전을 기회로 세계 최강국으로 부상한 미국이 먼저 핵폭탄으로 세계대전을 종전으로 이끈 이후 위축되었던 소련의 입장에서는 김일성이 소위 민족 해방을 위해 치르는 전쟁이 아시아에서 소련을 위한 대리전쟁이 될 수도 있을 것이라 생각했을 것이다. 이렇게 소련과 중국의 동의와 승인을 얻어 낸 김일성은 미국이 철수한 틈을 타 남한을 향해 전쟁을 도발했다.

---

20 같은 책.
21 같은 책, 74.

엄청난 살상과 파괴로 유럽 전체를 폐허로 만든 세계대전을 경험한 이후에도 전쟁이 끊임없이 발생한다는 사실은 누군가에겐 전쟁이 유용한 정치적인 수단이 되기 때문이다. 실제로 자신의 의지를 관철하는 데 상대와 토론하고 설득하며 타협하기보다는 폭력을 사용하는 것이 더 쉽고 빠르게 상대를 제압할 수 있다는 것을 종종 경험한다. 물론 폭력과 전쟁을 계획하고 실행할 때는 상대방에 비해 훨씬 더 강하다는 확신이나 철저한 사전 준비를 통해 승리할 수 있다는 확신이 있을 때에만 가능할 것이다. 그러나 『세계와 한국전쟁』을 저술한 라종일은 근대 과학기술의 발전에 따라 강력한 파괴력을 지닌 대량 살상 무기로 인한 전쟁의 참혹성을 경험한 후 세계 정치 지도자들의 전쟁에 대한 인식이 달라졌다고 말한다. 특별히 두 차례의 세계대전을 통해 모든 것이 폐허가 되고 급기야 원자폭탄이란 엄청난 파괴력을 경험한 전쟁 참전국들은 전쟁을 통해 모두가 피해자가 되고 패자가 된다는 사실과 함께 전쟁을 정치적 수단으로 삼는 일은 없어야 한다는 것을 새롭게 깨닫는 계기가 되었다는 것이다.[22] 그래서 세계대전에 참전했던 강대국들은 전쟁으로 얻을 수 있는 것이 별반 없다는 것을 깨달았기에 서로 간의 충돌이 제3차 세계대전으로 확산될까 두려워하여 서로 자극하는 일을 피하며 조심하게 되었다는 의미다.

북한의 김일성이 한국전쟁을 계획하고 스탈린과 마오쩌둥에게 승인을 구할 때도 소련과 중국 역시 미국을 의식해서 전면에 나서기를 매우 조심스러워했으며 자신의 의중을 잘 드러내지 않으려 했다는 사실을 지적한다. 라종일은 그럼에도 전쟁을 정쟁의 수단으로 전쟁을 사용하고자 하는 사람들이 있었는데 이들은 '현대식 전쟁의 막대한 파괴력과 그 참상을 직접 경험해 본

---

22 라종일, 『세계와 한국전쟁』, 대한민국역사박물관 2019, 9.

적이 없는 사람들로, 세계 정치의 주변부에 있는 사람들'이라고 말한다. 예를 들어 소위 "제3세계 지도자들의 경우 정치적 문제를 전쟁이나 폭력으로 해결하고자 하는 성향이 있다."라고 설명한다.[23] 이는 세계대전에 직접 참전하지 않았던 북한의 김일성이 한국전쟁을 정치적 목적을 위해 수단으로 쉽게 사용할 수 있었다는 말이고 한국전쟁의 발발이 그 결과라는 의미다.

한국전쟁을 누가 주도하였는지에 대한 논쟁이 치열했던 가운데 초기에는 스탈린이 꼭두각시인 김일성을 앞세워 한국전쟁을 도발했다는 주장이 우세했다. 그러나 이후 새롭게 공개된 소련의 당서기장이었던 흐루쇼프(Nikita Sergeevich Khrushchyov, 1894-1971)의 회고집을 비롯해 1970년대 자료와 이후 이어진 1994년에 공개된 한국전쟁 관련 러시아 외교문서 등 새로운 자료가 공개됨에 따라 한국전쟁에 관한 더욱 정확한 정보가 세상에 알려지게 되었다. 따라서 초기 인식과는 달리 한국전쟁은 김일성이 주도적이었으며 스탈린이 '동의' 내지 '승인' 혹은 '허락'하는 입장과 함께 마오쩌둥이 찬성함으로 한국전쟁이 발발하게 되었다는 주장이 일반적으로 받아들여지고 있다. 따라서 한국전쟁이 발발하게 된 주요 원인과 배경에는 김일성과 스탈린 그리고 마오쩌둥의 협의 또는 합의가 있었다. 중요한 점은 그들이 합의할 수 있었던 결정적 요소들 가운데는 '애치슨 라인의 소극적 봉쇄정책'이라는 미국의 한반도에 대한 소극적 정책이 있었다는 사실이다.

애치슨 라인은 1949년 6월 미군정이 한반도에서 철수하고 약 5개월 후인 1950년 1월 12일 애치슨 국무 장관이 극동방위선을 오키나와, 필리핀, 알류산 열도와 일본으로 정하면서 한반도를 제외시킨다고 발표한 정책이다. 애치슨 라인의 선언에 대해 김일성은 물론 스탈린이나 마오쩌둥 역시 미국이

---

23 같은 책.

한반도를 포기하는 것으로 인식했을 가능성이 다분히 있었을 것이다.[24] 따라서 김일성이 주도하고 스탈린과 마오쩌둥이 동의한 한국전쟁은 미군의 한반도 철수와 애치슨 라인의 선언에 기대어 한국전쟁이 발발하더라도 미국이 한국전쟁에 참여하지 않을 것이라는 어느 정도의 기대가 전제되어 있었다는 것이다. 김일성의 요청에 대한 소련의 승인 내지 허락은 또 한 차례의 세계 대전은 피하고 싶었던 만큼 오로지 미국의 태도를 주시한 결과에서 시의적절한 결정이었음에 틀림없다.

그런데 미국은 왜 중국이 공산화에 성공한 직후인 그 예민한 시점에 애치슨 라인을 선포했는지에 대해 의문이 제기된다. 마오쩌둥이 중국을 공산화하는 막바지 단계인 1949년 6월 신중국 건국 준비회담을 가진 이후, 같은 해 1949년 10월 1일 북경 천안문 광장에서 신중국 개국 의식을 가지며 중화인민공화국을 성립을 선언했다. 공산화한 중화인민공화국의 성립은 스탈린과 김일성에게는 한반도를 공산국가로 통일하기 위한 기대에 매우 고무적이었던 반면 미국으로서는 동아시아의 국가들이 공산화되는 도미노 현상을 우려할 수밖에 없었을 것이다.[25] 그런 미국이 중화인민공화국이 성립한 지 불과 3개월 후에 극동방위선에서 한반도를 배제하는 애치슨 라인을 선포한 것이다. 이러한 애치슨 라인의 선포는 김일성이나 스탈린 그리고 마오쩌둥까지도 한국전쟁의 발발을 기획하고 동의하고 승인하는 일에 미국이 한반도 전쟁에 참전하지 않을 것이라고 오판하는 중요한 요소가 되었음에는 틀림없다. 그런 의미에서 미국이 의도적으로 소련과 중국의 이러한 오

---

24 이완범, 『한국전쟁: 국제전적 조망』, 108.
25 같은 책, 119.

판을 유도했다며 미국의 '남침 유도설'을 제기하는 학자들도 있었다.[26] 그러나 미국으로서는 소련과 대립한 냉전 체제 속에서 미국의 모든 주요 전략은 소련을 겨냥해서 계획하고 실행하였다는 것을 전제할 때, 아시아와 태평양을 잇는 핵심적인 해상 전략 기지로 일본을 선택했으며 그 때문에 일찍부터 일본을 강화하는 미일동맹을 체결했다고 볼 수 있다. 소련의 영향력을 막고 자국의 이익을 보호하기 위해 미국은 한반도가 아닌 유럽과 해상 작전에 중심 전략지인 일본에 집중했다고 볼 수 있을 것이다. 따라서 한반도에 대한 미국의 소극적 봉쇄정책이 김일성의 오판의 원인이 될 수 있었다. 한반도를 분단하고 군정을 실시하고 철수하는 때로 적극적이고 때로 소극적인 한반도에 대한 미국과 소련의 정치는 시종일관 한반도에 대한 관심이 아니라 오직 미·소간의 견제와 자국의 이익을 위한 결정이었다는 것을 알 수 있다.

결과적으로 한국전쟁의 발발은 미군이나 소련군 그리고 중국군이 한반도의 영토에 없었던 시점에 북한군에 의해 단독적으로 도발한 전쟁이라는 점에서 외세에 의한 전쟁이 아닌 내전으로 시작된 전쟁이었다. 그러나 소련과 중국의 허락 또는 승인을 통한 도움과 물적 인적 자원을 제공하겠다는 약속 없이는 김일성 단독으로 전쟁을 일으키기에는 정황상 불가능한 전쟁이었다는 점에서 소련과 중국 측이 책임을 면하기는 어려운 점이 있는 것 또한 사실이다. 그러나 무엇보다도 한국전쟁 발발의 근본적인 상황은 소련과 미국에 의한 일방적인 한반도의 분단이었다. 미국과 소련의 38도선 획

---

26 남침유도설을 주장한 사람들은 수정주의학자로 알려진 학자들로 선구자적 역할을 한 학자를 미국의 부르스 커밍스로 지적했으나 이는 커밍스의 초기 연구 일부분을 오해하고 확대시킨 것으로 알려진다. 오히려 커밍스는 분단선 근방의 남북군들의 작은 충돌이 복합적이고 다양한 이유로 확대된 교전확대설로 보는 입장으로 정정되었다. 한국전쟁에 관한 대표적인 한국학자로서 박명림은 새로운 자료들을 근거로 남침설을 정설로 주장한다.

정 이후부터 한국전쟁 발발 이전의 5년간 '한반도는 냉전 체제에서 양극의 극단적인 시스템을 유지하면서 분단을 지속해 왔으며' 남한과 북한은 미국과 소련에 의해 주도되었거나 혹은 주입된 공산주의와 자본주의 이데올로기 곧 '분단 이데올로기'를 한반도의 국민들에게 강요'함으로써 유지될 수 있었다는 점이다.[27] 따라서 부인할 수 없는 한 가지 분명한 점은 개인적 권력의 야욕에서 혹은 민족주의에서 혹은 이데올로기적 신념에서 비롯되었든지 그 어떤 동기를 막론하고 이승만이 '북진 통일'을 외치고 김일성이 남침 전쟁을 감행한 가장 핵심적인 이유 가운데 하나가 한반도의 분단을 극복하고 통일된 나라에서 단독 정부를 세우고자 했던 것임을 부인하기 어렵다.

독일의 역사학자가 김일성 개인을 평가하는 것이 얼마나 옳을까 하는 의심도 들지만, 슈퇴버는 '북한에서의 김일성의 명성은 특히 일본과의 투쟁에서 성공한 빨치산 지도자로 쌓아진 것'이라고 표현했고, 모스크바에서 대화 중 김일성은 '전쟁을 산책하는 것'이라고 묘사했다고 전했다. 그만큼 김일성은 한국전쟁에서 승리할 것이라는 자신감이 있었다는 것이다. 김일성이 가진 이러한 자신감의 배경에는 전쟁 발발 시 남한에서 활동 중인 빨치산의 역할과 북한이 남한을 침략할 경우 남한 민중들의 호응이 클 것이라는 기대도 한몫했다는 것을 알 수 있다. 이에 더해 라종일이 지적한 것처럼, 한국전쟁을 일으킨 주도자로서 김일성은 세계대전에 직접 참여한 경험자가 아니었기에 너무도 쉽게 전쟁을 자신의 목적을 위한 수단으로 사용했다는 사실을 뒷받침하고 있다. 미군정은 한반도에서 철군한 이후 한반도에 대한 군사적 지원에 소극적이었던 반면, 소련의 군정은 철군 이후에도 북한에 대한 군사적 지원에 적극적이었기에 북한은 남한에 비해 무기와 군사력에서 훨

---

27 박태균, 『한국전쟁』, 78.

씬 앞서 있었다. 스탈린과 마오쩌둥이라는 든든한 배경을 뒤에 업은 김일성
은 빨치산과 남한 민중에 대한 과장된 정보와 기대 그리고 실질적으로 남한
보다 앞선 군사력에 대한 자신감으로 속전속결로 전쟁을 수행하여 한반도
를 통일하리라는 계획을 가지고 한국전쟁을 도발한 것이다. 김일성이 전쟁
을 통해서라도 한반도를 공산화시키겠다는 왜곡된 이념을 품고 지도자로
서 정세를 오판한 것은 한국전쟁의 직접적 원인이 되었고, 그로 인해 한국
인뿐만 아니라 세계인들이 치러야 할 대가는 너무도 컸다.

　그렇게 한국전쟁은 발발했고 김일성과 스탈린, 마오쩌둥의 예상과는 달
리 미국은 매우 신속하게 한국전에 참여했다. 미국의 트루먼 대통령은 미
국 의회의 결의도 없이 바로 25일 유엔안전보장이사회에 전화를 걸어 한반
도 '국경선 회복'에 관한 안건을 요청했고 같은 날에 유엔 결의안이 채택되
었다. 전쟁 발발 불과 5일 만인 1950년 7월 1일 미군이 전격적으로 한국전
에 참여했다. 미국이 모두의 기대와는 달리 한국전쟁에 신속하게 참전함으
로써 김일성과 스탈린 그리고 마오쩌둥이 오판하였거나 적어도 예상 밖의
일이 전개되었다고 볼 수 있다. 김일성이 미국의 불개입을 얼마큼 확신했는
지는 알 수 없으나, 적어도 '북한이 압도적 공격 능력과 전쟁을 신속하게 수
행할 수 있는 능력에 대한 확신과 남한 민중이 궐기할 것이라는 믿음'으로
미국이 개입하기 전 속전속결로 전쟁을 종결할 수 있다고 판단했을 것이라
고 알려진다.[28] 미국의 참전과 유엔의 연합군의 파병으로 한국전은 내전에
서 국제전으로 확대되었다. 연합군 총사령관에 맥아더가 임명되었고 연합
국의 회원인 16개국에서 파견된 군대는 맥아더 총사령관의 지휘를 받았다.

　소련의 적극적인 지원을 받아 훈련된 막강한 군사력으로 북한은 전쟁 초

28　이완범, 『한국전쟁: 국제전적 조망』, 113.

반에 서울을 함락하고 남쪽으로 밀고 내려가면서 승기를 잡을 수 있었다. 그러나 9월 15일 연합군이 인천상륙작전으로 서울을 수복하고 38도선을 넘어 북으로 진격하여 평양을 점령하고 압록강까지 이르러 한반도의 통일이 가까웠다고 전망했을 때, 중공 군대가 막강한 병력으로 연합군을 공격하면서 한반도에서 양쪽 군대는 밀리고 밀고 다시 밀리는 전쟁 기간을 지나 38도선이 휴전선이 되어 정전협정으로 멈췄으니 한국전쟁은 아직도 끝나지 않은 전쟁이다.

1950년 6월 25일에 개전되어 1953년 7월 27일 정전협정으로 멈춘 3년 1개월간의 한국전쟁은 소위 '통일·독립·자유·인민 해방·평등·자유민주주의'라는 거창한 이름으로 대한민국 군인의 사망·부상·실종 등 전체 인명의 손실이 98만 7000여 명에 달하고, 민간인 피해는 피학살자 12만 8936명·사망자 24만 4663명·부상자 22만 9625명·피랍자 8만 4532명·행방불명자 33만 312명·의용군 강제징집자 40만여 명·경찰관 손실 1만 6816명 등 140여만 명으로, 군·민 모두 합쳐 230만여 명에 달한다고 보고되었다. 북한군의 경우 52만여 명이 사망하고 40만 6000여 명이 부상했으며, 민간인 손실은 200만여 명에 달해 총 292만 명의 인적 손실이 있었으며 이로써 남북한을 합친 한국민의 인명 손실은 무려 520만 명 선이며, 이에 더해 가족들과 헤어진 이산가족의 숫자는 1000만 명에 달하는 것으로 추정된다.[29] 유엔군의 사망자는 3만 7천 902명으로 추정되며 이 가운데 미군 사망자는 3만 3천 686명으로 대부분을 차지하며 이어 영국군(1천 78명), 터키군

---

29 이 통계는 『북한30년사』의 통계를 인용한 네이버 지식백과를 인용한 숫자다.
한국전쟁, 한국민족문화대백과, https://terms.naver.com/entry.nhn?docId=795353&cid=46628&categoryId=46628

(966명), 캐나다군(516명) 순으로 사망자가 많은 것으로 보고되었다. 그 외에도 유엔군 실종자와 포로는 각각 3천 950명, 5천 817명이며 부상자는 10만 3천 460명으로 보고되었다. 그리고 중공군 사망자도 14만 8천 600명이며 부상자는 79만 8천 400명에 달할 것으로 추정된다.[30]

이념과 신념을 정당화시키는 미사여구로 당위성을 부여하며 개전된 한국전쟁의 실상은 사망·부상·실종·손실·이산가족·포로·전쟁고아와 전쟁미망인 등의 숫자와 폐허·파괴·잿더미 등으로 표상되며 정전되었다. 다행히도 한반도에서 원자폭탄이 사용되지는 않았지만 맥아더는 한국전쟁에 원자폭탄을 사용하겠다고 트루먼 대통령에게 강력하게 요청했다고 전해진다. 한반도를 폐허로 만들어 버리고 수백만의 사상자를 낸 한국전쟁은 도대체 누구를 위한 무엇을 위한 전쟁이었을까? 한국전쟁은 한반도 역사에 무엇을 남겼는지 자문해 본다. 한반도가 어딘지도 모르는 수많은 세계의 젊은이들이 뒤에 남기고 떠난 수많은 사연들과 사랑하는 자식을 한 번도 가본 적도 없는 나라에 묻어야 했던 부모와 사랑하는 가족들의 슬픔과 고통을 표현하기에 충분한 말은 그 어디에도 없다. 한국전쟁은 한반도의 운명을 그리고 한국인들의 삶을 그리고 한국전쟁에 참여한 세계 젊은이들과 그 가족들의 삶을 송두리째 바꿔 버렸다.

결국, 한국전쟁은 내적인 요소와 외적인 요소가 복합적이면서도 연쇄적으로 결합하여 발발했다. 한국인 스스로가 서로 화합하고 하나가 되어 독립과 통일의 문제를 주체적으로 해결하려 하지 않고 미국과 소련이라는 강대국에 의지하려는 사대주의로 인해 한국전쟁이 일어나지는 않았는지 자성

---

30 이영재, "숫자로 본 6·25전쟁…국군 사망자 13만7천899명", 2015년 6월 24일자 연합뉴스, https://www.yna.co.kr/view/AKR20150624129751043

해 본다. 그러나 그 이전 한국전쟁은 제2차 세계대전이 끝나갈 무렵 미국과 소련을 중심으로 한 냉전 체제가 한반도를 둘러싼 소련과 미국 그리고 중국과 일본의 사이의 동맹 구도를 구축하는 과정에서 일어난 전쟁이다.[31] 미국과 소련이 일본 식민 지배 하에서도 끊임없이 노력했던 한국인의 해방과 독립운동을 무시한 채 한반도를 패전국처럼 전리품으로 삼아 남북으로 분단하지 않았다면 한국전쟁은 일어나지 않았을 것이다. 자국의 이익을 위해 한반도를 분단한 미국이 자국의 이익을 위해 일본과 강화 동맹을 맺으며 소극적 봉쇄정책을 통해 한반도를 배제하지 않았다면 김일성뿐만 아니라 스탈린과 마오쩌둥이 전쟁을 일으키는 오판을 하지 않았을 수도 있었을 것이란 합리적 가정도 해 본다.

한국전쟁으로 인해 가장 큰 이익을 챙긴 국가가 일본이라는 사실은 우연이라는 역사의 모순성에 대해 생각하게 한다. 세계대전을 일으킨 추축국이자 전범 국가로서 패망한 일본은 분단되지 않았으며 한반도 전쟁을 기회로 전쟁의 폐허에서 다시 재건의 발판을 닦을 수 있는 수혜를 본 국가가 되었다. 한반도를 침략하고 식민지로 삼은 침략국 일본으로 인해 한반도가 분단되었고, 한반도의 분단으로 인해 한국전쟁이 일어났다는 부인할 수 없는 역사적 사실에도 불구하고 한국전쟁을 통해 일본이 재기할 수 있었다는 사실은 발터 벤야민(Walter Benjamin, 1892-1940)이 말한 '신적 폭력'의 역사로 우리를 인도한다. 한국전쟁은 영구적인 분단 전쟁으로 종결되지 않을 것이며, 한반도의 역사는 한국전쟁 이후를 고민하며 만들어 가는 한국인들에 의해 새로운 방향으로 진행 중에 있다.

---

31 이완범, 『한국전쟁』, 161.

나가는 글 — 발터 벤야민의 신적 폭력과 한국전쟁 이후

인류의 역사는 폭력의 역사이자 전쟁의 역사다. 『성서』는 폭력의 시초를 에덴동산 이야기에서부터 시작한다. 인간의 몸을 통해 처음 탄생한 가인을 동생의 살인자로 기술하고 전 인류를 살인자의 후예로 묘사하는 『성서』의 이야기는 폭력으로 점철된 인간실존의 역사를 상징적으로 그려낸다. 폭력으로 구조화되고 심화되어 보편화된 이러한 인류의 역사를 르네 지라르는 희생양 메커니즘을 통해서 설명했다. 지라르는, 희생양에 대한 초석적 폭력은 종교의식의 희생제사로 변화되었고 이후 예수 그리스도께서 십자가에서 죽으심으로써 희생제사는 멈췄다고 말한다. 지라르는 또한 희생양을 향한 초석적 폭력은 법적인 제도가 실행되기 이전에 공동체를 지키기 위해 사용되었으나 사법제도가 실행되면서부터 초석적 폭력은 사라지게 되었다고 주장했다. 지라르의 설명과는 달리 희생양 메커니즘은 지금도 여전히 다양한 형태를 통해 계속되고 있다는 사실을 상기시킨다. 더욱이 발터 벤야민에 의하면 폭력은 오히려 사법적 제도를 통해, 다시 말해 법을 통하여 그 정당성을 확보하며 폭력과 전쟁은 계속해서 실행되고 있다고 말한다.

발터 벤야민은 제1, 2차 세계대전을 경험하며 역사상 가장 어두운 폭력의 시대를 살았으며 나치의 위협 속에서 망명하다 자살로 생을 마감해야 했던 유태계 독일인 사상가다. 벤야민은 자신이 경험하는 시대의 '폭력'을 성찰하며 쓴 「폭력비판을 위하여」를 통해 법과 권력과 관련해서 폭력을 '법정립적 폭력'과 '법보존적 폭력'으로 구분하여 정의했다. 벤야민에 따르면 무엇이 어떻게 폭력인지에 대한 규정은 법과 관련하여서만 규정될 수 있으며, 법 역시 권력이라는 집중화된 폭력을 통해 제정될 수 있으며, 법 자체는 강제력이라는 폭력을 통해서 실행될 수 있다고 말한다. 왜냐하면 권력의 본질이란 현재적이며 하나로 집중화된 위협적인 힘으로서의 권력이라는 속성이 있기 때문이라는 것이다. 그런 면에서 국가는 모든 폭력을 포괄해서 독점한 권력기관이다. 벤야민은 국가는 폭력을 독점한 권력을 통해 폭력을 적법화시키고 독점화된 폭력을 사용하는 유일한 권력기관으로서 법을 제정하는 권력을 '법정립적 폭력'이라고 말한다.

따라서 벤야민에게 법을 정립한다는 것은 폭력 자체에 기반을 두고 있으며, 폭력에 의해 제정된 법을 보존하고 유지하는 일 역시 폭력에 근거한 것으로 '법보존적 폭력'이 된다. 포괄적으로 폭력을 독점화한 권력기관이 폭력에 근거해 제정한 법을 보존하고 지키기 위해서는 강제력이라는 폭력을 사용해야 하기에 '법보전적 폭력'이라는 것이다.[32] 다시 말해 법이 보호하고 관리하지 않는 폭력 곧 권력이 실행하지 않은 폭력은 불법적인 폭력이 되며 그러한 불법적 폭력은 권력에 의해 제정되고 보호되는 법의 강제력인 폭력에 의해 폭력적으로 제압된다. 전쟁에서 폭력을 통해 승리한 승자는 폭력에 의해 진압된 패자에 대한 폭력의 대가 속에서 새로운 법을 제정하고 그 법을 적법화된 폭력으로 사용해서 법질서를 지킨다는 것이다. 그래서 발터 벤야민에게 모든 법은 폭력에 의해 제정되고 폭력에 의해 법을 유지한다. 발터 벤야민은 인간의 역사를 통해서 그리고 근대에 들어서서 법과 권력과 연관되어 일어난 모든 폭력, 특별히 전쟁의 폭력을 일컬어 '신화적 폭력'이라고 명명했다. 따라서 벤야민의 '신화적 폭력'의 입장에서 보자면 권력에 의해 제정된 법에 의해 발생한 모든 폭력, 그리고 이데올로기로 정당화하며 합법화한 모든 전쟁은 '신화적 폭력'이다.

'신화적 폭력'에서 '신화'란 그리스 신화나 수메르 신화에서 볼 수 있는 것

---

32 최성만, 『발터 벤야민의 기억의 정치학』, 도서출판 길, 2014,

처럼 '어떤 기원을 지속적으로 정당화하는 메타 서사처럼' '신화와 법이 교배'하여 낳은 신화적 폭력을 '법정립적 폭력'과 '법보전적 폭력'으로 구분하여 이야기하는 것이다.[33] 진실에 근거하지 않은 허구적이고 조작된 주장에 대해 정당성을 확보하고 동의와 선동을 끌어내기 위해 '법'을 이용하여 행하는 모든 폭력을 벤야민은 '신화적 폭력'이라고 하며 '법정립적 폭력' '법보전적 폭력'이 모두 '신화적 폭력'에 속한다고 말한다. 벤야민의 논리에 따르면, 인류 역사를 통해 권력자들이 본인이나 본인 가족 혹은 자신이 속한 공동체나 자국의 유익을 위해 사용한 모든 폭력과 전쟁은 '신화적 폭력'이다. 그래서 신화적 폭력은 폭력에 의해 세워진 권력이 폭력의 토대 위에 법을 세우고 그 법을 보존하기 위해 법의 테두리 내에서 일어나는 폭력을 폭력으로 제지하는 폭력이다. 그런 면에서 지라르의 원초적 폭력에 근거한 희생양 메커니즘은 의심할 여지 없이 '신화적 폭력'이다.

벤야민의 폭력 이해의 관점에서 볼 때, 원시 부족 공동체의 몇몇의 권력자들이 무고한 사람을 희생양으로 지목해 부족 공동체 구성원들에게 집단 폭력을 가하도록 유도하고 정당화시킨 원초적 폭력은 '신화적 폭력'이다. "거룩한 예루살렘 성지를 탈환하자." "신이 원하신다."라는 선동과 함께 '거룩한 전쟁'이라는 미명을 통해 전쟁을 정당화시키고 미화시켜 폭력과 전쟁을 일삼은 십자군 전쟁 역시 '신화적 폭력'이다. 중세 말 과학적 세계관의 유입과 시대적 변화에 의해 흔들리는 종교 권력을 보호하고자 모든 혼란의 원인을 사회적 약자들과 여성들에게 돌려 온갖 고문과 화형을 통해 죽음으로 몰아넣은 마녀사냥 역시 '신화적 폭력'이다. 나치에 의한 유대인 학살은 물론이고 제1, 2차 세계대전 역시 '신화적 폭력'이며, 일본 군국주의의 한반도

---

33 이문영, "폭력개념에 대한 고찰", 『역사비평』, 2014, 338.

침략과 식민 지배도 벤야민의 폭력 해석에 비추어 볼 때 '신화적 폭력'이다.

미국과 소련의 냉전 체제를 무고한 한반도 땅에 이전시키고 공고히 하고 확산시키기 위해 한반도를 분단하고 한국인을 분열시킨 것 또한 자명한 '신화적 폭력'이다. '한국 통일의 해방전쟁'이라는 당위성으로, '세계 혁명의 진전'이라는 이데올로기로 전쟁을 도발하고 허락하고 지원한 한국전쟁은 수백만 명의 무고한 생명을 희생시킨 '희생양 메커니즘'이며 단연코 '신화적 폭력'이다. 벤야민에 따르면 인류 역사를 통해 폭력으로 만들어진 권력과 법을 동원해 이유와 명분을 만들어 정당한 것으로 조작하고 마치 적법한 것인 양 포장한 모든 폭력과 전쟁은 '신화적 폭력'이다. 그래서 모든 신화적 폭력은 폭력으로 세워진 권력과 법의 테두리 안에서 일어나는 폭력들을 포함하며 인류 역사에 일어난 대부분의 전쟁과 폭력이 바로 이 '신화적 폭력'이된다. 그 때문에 인류의 역사는 폭력과 전쟁의 역사이며, 더 엄밀한 의미에서 낙원에서부터 시작된 '신화적 폭력'으로 아벨의 피로 점철된 역사가 바로 인류의 역사라는 의미다.

벤야민에게 신화적 폭력이 법제정적 그리고 법보전적 폭력이라면, 신화적 폭력에 맞서는 폭력은 '신적 폭력'이다. 신화적 폭력이 법이 정한 테두리 내에서 일어나는 폭력이라면 신적 폭력은 법의 테두리 밖에서 일어나는 폭력이라고 할 수 있다. 벤야민에게 '신적 폭력'은 법 자체가 폭력이라는 면에서 법을 파괴하는 것이며, 법의 질서가 곧 폭력의 질서라는 인지 하에 법의 질서를 파괴하는 폭력이다. 다시 말해 신화적 폭력은 법이 폭력을 규정하는 기준이 되지만 신적 폭력은 법 자체가 폭력이기에 폭력의 기능으로서의 법을 파괴하는 것이 '신적 폭력'이다. 발터 벤야민은 '신화적 폭력'의 모든 면에서 거절하는 것이 '신적 폭력'이라며 다음과 같이 말한다.

신화적 폭력이 법정립적이라면 신적 폭력은 법파괴적이고, 신화적 폭력이 경계를 설정한다면 신적 폭력은 경계가 없으며, 신화적 폭력이 죄를 부과하면서 동시에 속죄를 시킨다면 신적 폭력은 죄를 면해 주고, 신화적 폭력이 위협적이라면 신적 폭력은 내리치는 폭력이고, 신화적 폭력이 피를 흘리게 한다면 신적 폭력은 피를 흘리지 않은 채 죽음을 가져온다.[34]

인류의 역사가 폭력의 역사이자 전쟁의 역사이며 따라서 역사이전부터 시작된 '신화적 폭력'의 역사라면, 벤야민의 '신적 폭력'이 인류의 역사에서 실현된 적은 있었는지 아니면 단순히 종말론적 비전으로서 역사너머에서나 실현 가능한 것인지 의문이 든다. 벤야민은 대답한다. 신적 폭력은 쉽게 발현되지는 않으나 역사적 사건으로 실현 가능한 것이며, 실제로 신적 폭력이 역사 가운데 사건으로 실현된 경우가 있음을 설명한다. 벤야민은 인류의 역사를 지배하고 통제해 온 모든 폭력과 전쟁이 신화적 폭력으로 점철되어 왔지만 그럼에도 불구하고 연속적인 신화적 폭력의 역사에 '틈'을 내고 '간극'을 벌려 역사의 전환적인 계기가 된 '신적 폭력'이 있었다고 말한다. 권력과 법이 결탁해서 도발한 모든 신화적 폭력, 희생양 메커니즘의 폭력에 철퇴를 가한 신적 폭력이 매우 드물지만 과거에도 있었기에 미래에도 가능할 수 있다는 희망을 벤야민은 우리에게 전한다. 벤야민의 폭력 개념의 빛에서 조명할 때 폭력적이고 전쟁이 난무하는 현실에서 우리는 어디서 어떻게 '신적 폭력'이 발현을 알아차릴 수 있을까. 우리 주변에서 발현되었던 '신적 폭력'은 어떤 모습이었는지 그래서 미래에 우리가 기대할 수 있는 '신적 폭력'은 어떤 모습을 하고 있을지 역사를 거슬러 한줄기 빛이 들어오는 틈새를

---

34 발터 벤야민, 『폭력비판을 위하여』, 최성만, 도서출판 길, 2009, 111.

찾는다.

자의가 아닌 타의에 의해 분단된 한반도는 한국전쟁으로 폐허가 된 이후에도 분단의 골은 깊어만 갔다. 남과 북의 분단만이 아니라 대한민국 내부에도 분단과 분열의 이데올로기가 깊숙이 자리를 잡고 뿌리를 내렸다. 비무장지대를 사이에 두고 남북의 군인들이 총을 겨누며 대치하고 있으며, 세계대전의 전범국이었던 독일도 마침내 통일을 이루었지만, 한반도는 여전히 세계 유일의 분단국가로 남아 있다. 자본주의와 공산주의라는 냉전의 이데올로기는 정작 미국과 소련 두 종주국 사이에서는 해빙되어 갔지만 한반도의 남과 북으로 이양된 냉전 체제는 점점 견고해지는 듯하다. 대륙으로 나가고 싶은 섬나라와 해양으로 진출하고 싶은 대륙의 국가들로 인해 한반도는 대륙과 해양의 길목으로 지금도 여전히 미국과 소련, 중국과 일본 등의 강대국의 희생양 메커니즘에서 한반도는 자유롭지 못하다.

한반도를 삶의 터전으로 반만년을 함께한 한민족이 두 개의 나라가 되어 끝나지 않은 전쟁을 이어 가며 불안과 긴장, 분열로 인한 이 비애를 언젠가 끝내고 우리는 과연 하나가 될 수는 있을지 현실과 이상 속에서 절망과 희망의 계곡을 넘나든다. 핵무기 보유로 인해 유엔과 강대국의 경제제재를 겪고 있는 위태롭고 불안하기만 한 북한이 혹여나 잘못되면 한반도의 반쪽은 또 누구의 희생제물이 될 것인가 하는 염려도 엄습한다. 일본 식민 지배로 인해 야기된 미국과 소련에 의한 한반도의 분단, 미소의 냉전 체제가 한반도에서 충돌한 한국전쟁, 여전히 강대국들의 간섭과 침해로부터 자유롭지 못한 한반도 그리고 계속되는 분단과 분열, 미국과 중국이라는 강대국으로부터 계속되는 압박 속에서 우리는 지겹도록 옥죄는 희생양 메커니즘의 악순환의 고리를 끊어 낼 수 있을 것인가?

강자들의 폭력으로 세운 법과 이데올로기로 침략을 정당화하고 억압과 통제를 미화시켜 온 신화적 폭력을 내리쳐 틈을 내고 간격을 벌려 한 줄기 빛줄기를 비춘 '신적 폭력'의 사건이 진정 한반도의 역사에 있기는 하였을 까? 희생양 메커니즘의 순환 속에서 한낱 희생양으로 살고 죽었던 발터 벤야민은 신화적 폭력의 역사에 송곳만 한 틈을 내 한줄기 빛이 들어오게 한 신적 폭력의 사건은 분명코 있었기에 우리로 하여금 한반도의 역사를 돌아보고 신적 폭력의 역사를 만들어 가라는 메시지를 전한다.

한반도에도 신적 폭력의 사건이 있었다. 한국을 일본에 합병하고 자신들의 폭력을 정당화시킨 일본의 식민지법 밖에서 한반도의 자주독립과 해방을 선포한 삼일독립선언과 비폭력 만세운동은 한반도에 대한 일본의 식민지배의 신화적 폭력에 틈을 낸 '신적 폭력'의 사건이다. 남녀노소 종교인과 지도자, 모든 여성과 남성, 어린아이와 노인까지 하나가 되어 폭력적인 식민 지배를 무효라고 선포하며 식민 지배 법 밖에서 한국인이 자국의 주권을 선포한 삼일독립선언과 만세운동은 희생양 메커니즘의 순환을 끊어 낸 '신적 폭력'의 사건이 틀림없다.

분단과 분열의 이데올로기를 자신들의 권력을 유지하기 위해 무고한 시민들을 희생양으로 삼아 이용해 온 독재 정권, 부패한 정권에 분연히 일어나 항거한 시민들의 저항운동은 새로운 빛을 전해 준 '신적 폭력'의 역사적 사건이었다. 신적 폭력은 법밖에 있는 보호받지 못한 약자들과 함께하시는 하나님의 역사다. 부정한 정부의 불법선거에 맞선 4·19혁명과 5·18민주화항쟁이라는 '신적 폭력'의 사건이 있었다. 그리고 무엇보다도 민주 시민들이 한마음으로 하나가 되어 촛불을 들었던 '촛불시민혁명'은 결단코 우리에게 새로운 희망과 변화된 시대를 연 '신적 폭력'의 사건이다. 누가 시키지 않았지만 대한민국의 시민들이 스스로 촛불을 들고 하나가 되어 빛을 밝힌 촛불시민혁명은 벤야민이 "신적 폭력은 피를 흘리지 않은 채 죽음을 가져온다."라고 말한 것처럼 피를 흘리지 않았지만 대한민국에서 불의한 권력과 정권의 종말을 가져왔다. 그래서 희생양 메커니즘의 악순환의 고리를 끊어내고, 폭력으로 만들어진 권력과 폭력적인 법으로 세운 '신화적 폭력'의 역사에 틈을 내는 신적 폭력의 역사는 계속될 것이다.

십자가의 처형은 희생양 메커니즘에서 희생된 메시야의 죽음이다. 예수의 죽음은 신화적 폭력에 의한 죽임이지만 신화적 폭력에 철퇴를 가한 신적 폭력은 예수의 부활사건으로 발현된다. 한반도를 피로 물들인 신화적 폭력의 희생양 메커니즘을 끊어낸 신적 폭력의 사건은 계속되고 있다. 신적 폭력으로 인한 역사의 균열이 커져갈수록 그 틈을 통해 더 크고 밝은 빛이 한반도의 미래를 비출 것이다. 우리는 신적 폭력의 역사를 통해 마침내 한반도에서 이루어질 구원의 역사를 꿈꾼다. 약자들을 옥죄던 한반도의 희생양 메커니즘의 악순환의 고리를 끊어내고 마침내 우리가 하나로 통일될 그날을 기대한다. 그래서 과거의 신적 폭력의 역사를 기억하고 오늘도 계속되는 신적 폭력의 역사를 찾고 만들며 더 큰 빛과 소망을 전해 줄 미래의 신적 폭력의 역사로 발현될 한반도의 평화통일을 기대한다.

통일신학의
주체 개념으로 본
분단체제와 한국기독교

신 혜 진 감신대 객원교수

이같이 통일신학을 통해 지난 우리 역사를 본다는 것은 학문적 객관성과 중립성을 가지고 균형 있는 시각으로 역사 전체를 의식하는 일이다. 통일신학으로 역사를 보고, 세계를 보고, 우리 사회의 현상을 본다는 것은 '신학적 시각으로 본다'는 것을 의미하는데, 이 의미는 우리 역사와 민족이라는 공동체적 입장에서 보았을 때 궁극적으로 하나님의 역사로 수렴되는, 열린 미래를 갖는 희망을 내포하는 것을 말한다. 그런데, 그 희망에는 전제 조건이 있다. 그것은 우리, 즉 우리 사회와 우리 한국기독교가 과거의 '죄'와 '악'을 심각하게 보고 그것에 대한 반성과 참회를 해야 한다는 것이다. '회개'없이는 다른 미래가 없다는 것을 뜻한다. 이 점에서 통일신학은 반성의 신학이며, 외면한 진실과 직면해야 하는 변증법적 신학이며, 우리 죄에 대한 회상의 신학이며, 회개를 통해서만 다른 미래를 꿈꿀 수 있는 희망의 신학이라고 할 수 있다. 이 글은 바로 이러한 통일신학의 특성에 중점을 두고, '지금 여기, 나는 어떻게 살아야 할 것인지'를 묻는 동시대 그리스도인과 함께 고민을 시작해보고자 한다.

들어가는 글

"우리는 하나님, 예수님, 성령의 역사, 하나님 나라에 관계된다. 그러나 우리
는 하나님, 예수 그리스도, 성령을 이 민족의 문제 상황에서 증언해야 하며,
이 문제 상황의 극복 없이 우리는 하나님 나라의 도래를 증언할 수 없다."

이 말은 통일운동가이자 통일신학자인 박순경 교수가 한 것이다. 박순경
의 통일신학은 신앙의 눈으로 한반도 역사와 한 국기독교를 보고자 했던 혁
명적 시도였다. 우리가 사는 시공간을 정치, 사회, 종교적 지형도를 통해 주
시하는 동시에 복음과 하나님의 나라가 이 한반도에 속히 이루어지길 소망
하는 신학적 바램이었다. 한반도라는 지리적 위치와 한국역사라는 시간적
흐름 속에서 지금 이 시대를 사는 우리의 삶을 깊게 들여다보게 하는 신학
적 노력이었다. 이 글은 기독교사회윤리적 입장에서 통일신학의 시각에 힘
입어 현재 한국 사회와 기독교의 관계를 역사적 맥락에서 살펴보고자 한다.
1950년 6 · 25한국전쟁이 발발한 이후에 지난 70년의 시간을 반추해 보면서
앞으로 한국기독교가 한국 사회와 민족의 역사에 어떤 역할을 할 수 있을지
고민해보고자 한다. 특수한 상황과 구조 가운데 놓여있던 한반도 사람들의
이야기, 그 중에서도 전쟁으로 인한 분단과 남한의 기독교 이야기를 하려고
한다. 전쟁 전후 휴전 상황으로 가게 된 이야기로부터 시작하여, 북위38도

선을 가르고 강대국들이 분할통치하면서 민족이 두 개의 극으로 갈라졌던 이야기, 양극화된 갈등이 두 국가를 구축하고 서로 싸우면서 한반도의 분단 구조를 형성하게 된 이야기를 짚어보려 한다.

먼저, '휴전 상황'과 한반도의 분단구조를 놓고 볼 때, 우리는 이 싸우는 구조 즉 갈등의 구조적 상태를 '분단체제'라고 부를 수 있다. 그리고 이러한 상황을 초래한 6·25한국전쟁에 대해 몇 가지 시각으로 접근할 수 있다. 가장 먼저는 문학이나 전쟁 경험을 통한 증언에서 나타나는 실존적 시각이다. 그 시각으로 현실을 볼 때 전쟁의 참상과 결과가 곧바로 확인된다. 그 다음은, 전쟁을 사건으로 다루는 사회적 시각이다. 여기서 우리는 사회학적 시각으로 국내정치와 세계정세로 구분하고 다시 이들의 역학 관계를 연결해 볼 수 있을 것이다. 그 후에, 긴 시간의 연장선에서 사건을 보는 역사적 시각이 가능하다. 이로써, 6·25전쟁이 가져온 개인적, 국가적, 세계사적 영향과 그 의의를 일정한 거리에서 관찰할 수 있게 될 것이다.

그런데, 여기서 우리는 더욱 긴 역사의 시각, 다시 말하면 조금 다른 차원의 안목을 선택할 수 있다. 그것은 종교적 시각이며 신학적 시각이다. 물론 신학적 시각은 그 시각을 적용하기 전까지 먼저 역사의 순간들과 과정들의 인과성을 이해하는 필수적인 과정을 거쳐야 한다. 이 과정에서 한국 현대사와 분단체제에 대한 다양한 해석과 입장의 차이가 있을 수 있겠으나, 이 글에서는 한국 근현대사 역사학자들의 연구를 기본 자료로 하여 현재 상황에서 '과거'를 검토하고, 이를 재서술하는 과정을 거치고자 한다. 그것으로써, 객관적 역사에 대한 시각들의 차이를 의식하며 더 나은 '미래'를 위한 선택의 자리로 나아갈 것을 이 글의 목표로 삼는다. 현재적 삶의 실존성과 사회성을 포괄하며 세계적 역사성을 의식할 수 있는 시야를 확보하고 그 이상의 '초월'을 구상해 볼 수 있는 가능성을 타진해보려는 것이다. 다시 말해, 지금 우리가 사는 이 세상이 더욱 정의롭고 생명에 충실한 방향으로 가도록 우리는 어떤 노력을 할 수 있는지, 어떤 방식으로 이를 현재화 할 수 있는지 보고자 하는 것이다.

지금 우리가 놓인 한반도의 현재 상황은 선택을 요구하고 있다. 비록 지금까지 열려진 남북한의 대화가 간헐적이었을지라도 앞으로는 평화를 지향하는 신뢰 방향으로 갈 것인가, 아니면 다른 국가들의 시선으로 한반도 정세가 흐르도록 놔두면서 공격적인 긴장 상태로 갈 것인가? 지금은 우리가 기대에 따른 선택을 할 수 있는 시기이며, 이 선택은 정부가 아닌 '시민' 또는 '이 땅의 주인'의 의지에 의해 움직일 수 있다는 가능성을 전제로 하고 있다. 다시 말해서, 평화 체제로 갈 것인지 아니면 분단체제로 남을 것인지, 우리는 이 갈래에 서 있다고 할 수 있다. 그렇다면, 우리는 어떤 시각을 통해 우리가 처한 이 상황을 진단할 것인가? 무엇을 보고 있으며, 무엇을 보고자 하는가에 대해 우리 스스로에게 물어보도록 하자.

1. 통일신학의 필요성과 '주체' 문제

신학의 눈으로 본다는 것은 역사의 시각보다 더 거시적인 시각으로 보는 것을 의미할 것이다. 그런데, 신학적인 시각은 우주적 스케일로 볼 수 있지만 바로 그 때문에 우리의 실존을 담아내지 못할 것이라는 우려를 내포한다. 그럼에도, 물질적이고 생물학적이며 정치적인 차원의 시각으로는 우리 인간의 본질과 삶의 이유를 다 담아 낼 수 없다. 따라서, 우리의 삶을 말해줄 수 있는 신학, 우리 삶과 우리의 신앙을 동시에 담아낼 수 있는 신학이 우리에게 절실하다.

1) 통일신학이 왜 필요한가?

통일신학은 한국신학이다. 한국신학이란 한국적인 신학을 말한다. 한국적인 신학이란, 한국 사람이 한국 땅에서 경험한 그리스도 신앙의 삶을 한국 사람들의 말로 정리한 신학을 말할 것이다. 한국적인 신학이란 역사적, 세계적, 신학적 차원을 가지고 있으면서, 이 땅에 사는 사람들에게 과거의 역사를 상기시키며 해석하여, 왜 지금 우리가 이렇게 살고 있으며, 앞으로의 삶은 어떤 방향으로 향할 때 어떤 사회를 만들게 되는지에 대해 말을 거는 신학이다. 또한, 신학이기 때문에 그리스도 복음으로 그 전체를 밝혀주는 역할이 요구된다. 이런 의미에서, 통일신학은 철저하게 한국적인 신학이다.[1] 한국의 땅, 한국인, 한국어가 공통되는 역사적 운명공동체와 전체 사람의 범위를 '민족'으로 칭하고 있으면서, 그 삶의 역사와 현재와 미래를 신학의 틀로 정리하고 있다. 그런데, 오늘날 통일신학이 다시금 우리에게 불러 일으켜지는 이유는 이 신학이 다루어왔던 주제와 그 주제를 다루는 방식의 중요성에 있다. 그 대상을 보는 시각에 더하여, 그 시각이 가지는 변증법적 인식체계가 더 깊고 더 확장된 앎을 추구하도록 하며, 자기변혁을 주도한다는 사실 때문일 것이다. 지금 현재 통일신학이 지금의 한국 사회와 한국기독교에서 다시 수용되고 그 문제의식을 공유해야 하는 이유는 바로 여기에 있다.

---

1 '한국신학의 주제, 민족통일'은 통일신학자 박순경 교수의 신앙관, 역사관, 인간관을 포함하고 있다. 한국기독교가 미국이나 다른 강대국들의 힘을 견디지 못하고 하나님이 아닌 이러한 힘에 의해 추동되고 있음을 비판하며, 민족이라는 보다 큰 범위의 공동체를 안고 신학적 고민을 멈추지 않는다. 그리고 민족이 놓여있는 역사적 상황을 인식하여, 기독교가 한국 사회와 한반도와 세계평화에 이바지할 수 있는 길을 모색하고 있다. 참조, 박순경, "통일신학의 정초를 위하여", 『희년신학과 통일희년운동』, 채수일 편, 한국신학연구소, 1995, 177-208.

통일신학적 시각의 예리함은 이 시대 한국 사회와 한국기독교를 해부하여보듯 정확하게 폐부를 지목하고 있는 동시에 온전하고 통전적인 사회와 구성원을 위한 미래를 제시한다. 통일신학의 눈이 필요한 이유를 다시 정리하면 다음과 같다. 첫째, 통일신학이 다루고 있는 주제 때문이다. '한반도', '평화', '민족', '통일'의 주제는 현대인으로 바쁘게 자신을 소여하는 이 사회 안의 인간 개개인에게 '공동체'와 함께 살아가는 실존적 인간 조건을 상기시킨다. 통일신학이 주제로 삼은 주요한 문제는 가장 현실적이고 구체적인 시공간으로서의 '한반도'와 그 속의 숨 쉬고 살아왔던 '사람들'이다. 고통의 역사 속에서 살아가는 한민족이자 민중, 즉 '나, 너, 우리'이다. 둘째, 통일신학은 현재 우리 현실에 대한 앎의 지평을 확장한다. 한국 사회와 그 속에 인간 주체를 볼 뿐 아니라, 우리 사회 구조가 처한 상황을 분석하고 해석한다. 인문사회과학적 시야를 확보하는 동시에 철학적 차원의 심도 있는 렌즈를 사용하고 있으므로, 신학이라는 독특한 시야에 갇히지 않음은 물론 학제간 연구가 가능하도록 논의의 장을 넓게 열고 있다. 셋째, 통일신학은 이 신학이 다루어왔던 주제인 '한반도에 사는 사람들'을 이 연구의 대상으로부터 연구의 주체로 초대한다. 이 국가, 이 사회, 이 땅의 모든 사람들을 '민족'으로 크게 아우른다. 민족이라고 하는 역사적 공동운명체를 통틀어 보면서 '지금 여기'라고 하는 시공간 속에서의 '주인된 삶'이 무엇인지를 묻는다. 그리고, 새로운 시대의 전망을 제시한다. 우리가 아는 이제까지의 앎과 삶은 한반도라는 시공간에 갇혀서 폐쇄적인 부분이 있었다. 분단국가에 살면서 자유롭지 못했던 부분도 많았다. '자유'를 중시하는 민주주의국가에 살면서 신자유주의 구조 안에서는 자본으로 자유하다고 학습해 왔으나, 우리가 사는 울타리인 분단체제에 대해서는 금기사항이 많았다. 이제 그 금기시되었던 앎의 영역을 깨고, 좀 더 많은 사람들이 지식과 진실을 공유하여 스스로 주인된 삶을 살 수 있는 방식으로 돕는 것이 통일신학이 추구하는 바이다. 그것이 바로 기독교 '복음'의 본질이라고 보기 때문이다. 사람이 생명을 누리며 주인된 삶을 사는 일, 그것이 바로 하나님 나라의 시민이자 하나님의 자녀로 사는 길이라고 믿기 때문이다. 통일신학은 이를 위해 인식의 범위를 넓히는 일, 그리고 그 길을 가면서 이제까지 삶을 구속했던 방해물들을 치우고 더 넓은 안목으로 다른 삶과 연대하는 일을 중시한다. 그 앎이 바로 우리 삶의 현실 구조를 정확히 파악하는 일이며, 그 앎으로 인해 한반도 안에 사는 모든 생명체가 처한 분단체제의 고통이 의식되는 과정이므로, 이를 통해서만 비로소 여기서 벗어나 평화 체제로 갈 수 있는 발판이 마련되기 때문이다. 그래서 우리 삶의 상황과 조건을 제대로 인식하게 되는 일이 중요하다고 본다. 통일신학에서는 이 주제들이 개인 구원과 연결된 복음의 의미만큼이나 심각하고 진지하게 다루어진다. 이와 함께, 사회구조를 보는 시각은 지금 현재 대한민국과 한반도와 국제정세가 연결되어있는 지형도를 같이 놓고 본다. 지정학적 위치가 국가적 선택의 폭을 보여준다는 것을 알기 때문이다. 개인의 시민적 선택권의 범위는 이 국가 안에 한정되어 있으며, 개인이 사회내적 존재임을 확증해주기 때문이다. 그렇지만, 통일신학은 이제껏 가려졌던 장막을 걷어내고 개인적 일상의 시야를 과감히 확장할 때 새로운 인식이 온다는 것을 강조한다. 즉, 우리 각 사람의 미래는 한국 사회와 한반도의 미래적 삶과 연결되어 있으며 이제까지의 한국역사가 세계정세라는 큰 구도 속에서 크게 벗어나지 못하고 있음을 알아야 한다는 것이다. 민족 범위의 공동체와 각각의 개인 주체가 이를 인식할 때, 그때에야 비로소 생명의 풍성함을 영위해야 할 인간존엄성과 새로운 삶의 방식을 구상할 수 있는 창의성이 또 다른 방식으로 작동하게 될 것이라고 통일신학은 확신하고 있기 때문이다.

이같이 통일신학을 통해 지난 우리 역사를 본다는 것은 학문적 객관성과 중립성을 가지고 균형 있는 시각으로 역사 전체를 의식하는 일이다. 통일신학으로 역사를 보고, 세계를 보고, 우리 사회의 현상을 본다는 것은 '신학적 시각으로 본다'는 것을 의미하는데, 이 의미는 우리 역사와 민족이라는 공동체적 입장에서 보았을 때 궁극적으로 하나님의 역사로 수렴되는, 열린 미래를 갖는 희망을 내포하는 것을 말한다.[2] 그런데, 그 희망에는 전제 조건이 있다. 그것은 우리, 즉 우리 사회와 우리 한국기독교가 과거의 '죄'와 '악'을 심각하게 보고 그것에 대한 반성과 참회를 해야 한다는 것이다. '회개'없이는 다른 미래가 없다는 것을 뜻한다. 이 점에서 통일신학은 반성의 신학이며, 외면한 진실과 직면해야 하는 변증법적 신학이며, 우리 죄에 대한 회상의 신학이며, 회개를 통해서만 다른 미래를 꿈꿀 수 있는 희망의 신학이라고 할 수 있다. 이 글은 바로 이러한 통일신학의 특성에 중점을 두고, '지금 여기, 나는 어떻게 살아야 할 것인지'를 묻는 동시대 그리스도인과 함께 고민을 시작해보고자 한다.

2) '주체'란 무엇이며, 주체 문제는 왜 중요한가?

주체란, 일상용어로 쉽게 말하면 행위를 하는 몸, 말과 행위의 주인됨을

---

2 박순경의 통일신학은 성서의 희년법에서 제시된 인간존엄성과 생명, 이웃과 함께 사는 공동체의 정의를 민족의 하나됨과 그 평화의 과정으로 요약하고 있으며, 그 지향인 동시에 주체가 하나님이시다. 모든 불의에 대한 하나님 나라의 통치를 복음으로 전하고, 그 실현을 앞당기는 하나님 나라의 자녀됨이 통일신학의 주요한 내용이다. 한국교회와 한민족의 관계에 대한 비판과 대안 제시를 포함하고 있다. 박순경, "통일신학의 정립 과정에서", 『통일신학의 미래』, 사계절, 1997; 박순경, 『민족통일과 기독교』, 한길사, 1990; 박순경, 『하나님 나라와 민족의 미래』, 대한기독교출판사, 1983 ; 박순경, 『통일신학의 고통과 승리』, 한울, 1992.

말한다. 예를 들면, 이 땅의 주인이라면 이 땅에 대해 잘 알고 주인답게 행동하는 것, 주인답게 말하고 그 권리와 책임을 행사하는 것이 '주인다운 것'이라고 할 수 있겠다. 동시에, '복음'이 말하는 주체란 하나님의 주권 아래 모든 인간이 존엄하고 평등하며 하나님의 자녀로서 다른 어떤 인간의 힘과 권력에 종속되지 아니하며 그것으로부터 독립된 존재를 뜻한다. 세상의 어떤 정치적 권력에도 종속되지 않는 하나님 나라에 속한 자녀라는 의식은 그 나라의 존귀한 성격을 이 땅에서 앞당기고 평화 상태를 유지하려는 자기 인식이다.[3] 따라서, 하나님 외에 세상을 사로잡는 것들로부터 해방됨을 뜻하는 '기쁜 소식'은 하나님의 자녀라는 '주체됨'과 직결된다. 하나님 나라의 주체됨이란 예수께서 산상설교에서 말씀하셨던 '복 있는 사람들'의 특성이다.[4] 그들은 하나님 나라를 지향하고 이 땅에서 평화를 이루어 가는 사람들이다. 신학적인 '주체'의 의미는 이러한 뿌리를 가지고 있다.[5] 서양 이천년

---

3 '주체'란 말은 칸트 이후 근대적 사상에서는 보편적, 논리적 주관을 의미하는 경우가 많았는데, 현대에 들어와서는 그것에 대하여 인간 개인의 개체성이나 실천적 행위성, 개별성을 강조하는 의미로 쓰이고 있다. 여기서는, 통일신학의 '주체'를 적용하되 그 맥락이 민중적이고 민주적이며 역사적 측면에 있으면서도, 동시에 한민족이 함께 자주적인 사고를 할 수 있도록 오늘날 일상생활에서 활용되는 어휘로서 쓰일 것임을 알려둔다. 특히, 통일신학의 '주체됨'은 각각의 개인이지만, 보다 큰 나인 '민족'을 생각하고 있다. '주체됨'은 각각의 인간 개인을 말하는 동시에 민족이다. 이 주체는 움직이는 방향성과 지향점을 가진다. 주체로서 민족이 이루어갈 특별한 지향점이 있다. 그 지향점을 향하는 '주체'는 각각 생각하고 행동하는 실행주체이면서 공동체를 이루는 행위자이다. 그러나, "이 행위의 주체는 인간이면서 동시에 하나님이다. 인간은 자신의 악을 버리고 하나님의 계획에 자신을 일치해가면서 그 역사를 이루어간다." 박순경, 위의 책들 참조.

4 마태복음 4장 23절에서 예수께서는 '하늘 나라의 복음을 선포'하시고, 산상 설교를 통해 '하나님의 자녀'에 대해 밝히셨다. '복 있는 사람'은 현재 마음이 가난하고 슬픈 사람들이지만 그들은 마음이 온유하고 정의에 목마르고 자비한 사람들이다. 그들은 평화를 이루어 가는 사람들이므로 마침내 하나님을 볼 것이며 하나님이 이들을 '자기의 자녀'라고 부르실 것이며 하늘나라가 그들의 것이라고 예수께서 선포한다. 마태복음 5장 1-12절 참조.

5 하나님 앞에서 사람은 모두가 동등하며 상하 관계가 없다. 마틴 루터는 프로테스탄트 곧 자유의 저항을 주장하며 인간의 근본적 평등성과 자율성을 선언한다. 그리고 교회와 정치의 관계에 대

역사는 기독교적 사상의 바탕 위에서 인간 개인의 주체성이 사회적으로 확대되어 실현되는 방향으로 전개되어 왔다고 말해진다.[6] 그리고 현대에 와서 '주체'란 용어는 근대적 이성과 더불어 형성된 시민적 자각의식의 실천적 행위자라는 의미를 지니게 되었다. 그러나, 한국 사회 안에서 이 용어의 실제적 쓰임은 학문과 정치의 영역으로 제한되어 왔다. '주체'와 '주체 사상'을 혼동하여 그 사용 자체를 금지했던 때도 있었다. 이러한 용어 활용의 예를 통해서도 보듯이, '주체'란 용어는 우리 삶에서 가장 중요하고 핵심적인 의미를 담고 있는 말임에도 불구하고 한국 사회는 그것을 금기시하거나 접근성이 떨어지는 곳에 두어 왔음을 알 수 있다.

그렇다면 이러한 예는 우리가 사는 땅에 대해서도 똑같이 해당되는 것임을 알아차릴 수 있다. 우리는 한반도라는 곳에서 오천년을 살았다고 말하는데, 근래 백여 년 동안은 이 땅의 '주인'으로서 자유와 책임을 다하지 못했다는 사실을 다시 확인할 수 있다. 우리가 이 땅에 살면서도 한반도의 '주인'이라는 말을 들을 때, 그 '주체'됨에 대해서는 긍정도 부정도 못하는 상황에 놓여 있었다는 것이다. 그도 그럴 것이, 식민지 경험을 하면서 '너희의 주인은 일본제국이다'라고 세뇌당한지 오래였고, 해방 이후에도 정치적 자유는 '미국에 의해 주어진 것'이고 '너희가 쟁취한 것이 아니'라는 사실을 감안해야

해서 다음과 같은 구분점을 제시했다. "교회가 세속적인 권력과 부를 위해 힘을 행사하는 것도 통치의 혼동이고, 군주가 신앙의 자유를 침해하는 것도 통치의 혼동이다." 참조, 양명수, 『아무도 내게 명령할 수 없다 -마틴 루터의 정치사상과 근대-』, 이화여자대학교출판문화원, 2018, 166.

6　기독교 복음은 이 세상의 현실 국가에서도 현실화되어야 한다는 인간의 희구를 담아왔는데, 이 과정에서 두 왕국론 즉 그리스도의 나라와 세상의 나라를 구별해야 한다는 사상이 등장된다. 이 논의는 역사적으로 오랜 시간에 걸쳐 지속되었으나 그 과정에서 다음과 같은 결론이 도출된다. 종교가 정치와 구분되지만 이 구분은 '세상의 불의와 질서에 대한 비판적 계기를 생성시키기 위해서'라는 기독교사회윤리적 관점이 명확해진다. 참조, 박순경, "신학에 있어서의 정치·사회적 문제와 과제", 『하나님 나라와 민족의 미래』, 대한기독교출판사, 1983, 260-261.

했고, 그렇게 부여된 정치적 자유는 지금의 경제적 신자유주의와 함께 '빈곤으로부터 탈출했다'는 만족으로 대체되었다는 점이다.

다시 보면, 이 땅에 사는 우리는 주체로서 진정한 자유와 책임을 사용할 기회와 선택의 권리를 지니지 못했다는 말이 된다. 우리가 진정한 자유와 책임을 지니지 못했다는 것은, 지금까지 물리적 공간인 대한민국 영토와 한반도에 대하여 주인으로서의 권리 행사가 어렵다는 점에서도 쉽게 드러난다. 현재 우리 자신과 우리 사회뿐만 아니라 여러 국가들 속에 처한 남북 관계와 열강들과의 정치외교 관계를 보면 주인으로서 주인의 권리를 행사하지 못한다는 것이 무엇인지 이해가 쉽다. 예를 들어 보자. 최근 들어서는, 남북한이 경제협력을 추구하며 교류를 가져왔던 개성공단 가동을 재개하고자 했으나 미국의 압력으로 착수하지 못한다는 것, 남한이 북한에 투자하기로 했으나 미국을 비롯한 다른 강대국들이 먼저 자본을 투입하기 전에 사전조사를 마쳐야하기 때문에 허용되지 않는 것, 우리 땅에 미국의 중국 견제용 사드를 배치하는 문제, 수도인 서울 한가운데 있는 군사기지에서 유해 화학물질이 땅에 버려지고 있었으나 방치되었던 문제, 국방비의 상당 액수가 미군 주둔 비용으로 사용되는 문제, 주기적으로 방위비에서 상당한 금액을 낡은 기종의 무기 수입에 사용해야 하는 문제, 한반도는 아름다운 관광지가 될 수 있음에도 언제 전쟁이 터질지 모르는 화약고라고 국제 사회에서 갈등수위를 높이는 문제 등등의 수없이 많은 문제들이 있다. 그런데, 이보다 더욱 큰 문제는 만약 우리 땅에서 실제로 전쟁이 일어나기라도 한다면, 그 전쟁을 제어할 수 있는 군사작전 권리가 우리에게 없다는 사실이다. 다시 말하면, 우리가 우리 땅에서 전쟁을 막거나 멈추거나 하는 일이 불가능하다는 것이다.

그렇다면, 아직까지 우리가 이 땅의 주인임을 주장하지 못하게 하는 가장 외적인 정치적 요소는 무엇인가? 그 해결책은 무엇인가? 그것은 무엇보다 이 땅의 분단 상태를 종결시키는 일, 즉 전쟁중지 상태를 끝내는 일, 즉 휴전을 종전으로 정리하고 방어체제에서 협력체제로 들어서는 길일 것이다. 분단체제를 마치고 평화 체제로 진입하는 일일 것이다. 때로 외적인 변화는 내적인 변화를 가져오기도 한다. 인간 외적 환경인 국가 정책의 변화가 가져온 인간 내적 인식의 변화는 다음과 같다. 최근 남북대화와 교류가 평화 모드로 들어서면서 다시금 사회 안에 새로운 인식이 생겨났다. 한반도 전쟁과 갈등 문제는 한반도 안에 살고 있는 우리 자신의 바람이 아니라, 전쟁이 한반도에서 일어나길 바라는 입장의 시선이라는 점을 새삼 인식하게 되었다. 한반도 내의 전쟁 위협이나 갈등이 완화된다면 그동안 경직되고 긴장된 태도에서 나왔던 상호 배격은 무의미해지고 전시 방어체제에 사용되었던 비용은 상호 발전을 위해 사용될 가능성을 보았다는 것이다. 6·25전쟁 후 70년 동안 지속된 갈등 관계는 간헐적으로 '한반도 평화의 분위기'로 접어들다가 정권이 교체될 때마다 일관성 없는 행보를 보여 왔다. 그럼에도 불구하고, 평화적 노력을 시도하는 짧은 기간들을 통해 일반 시민들이 학습한 내용은 소비적 갈등관계가 다소 완화되어야 우리의 과도한 방위비와 인적 자원의 낭비, 불필요한 희생을 줄일 수 있다는 사실을 체험했다는 것이다. 이제껏 한반도 분단체제에서는 자본주의 체제의 남한이 공산주의 체제인 북한을 이기기 위한 경쟁에 사력을 다했으며, '반공주의'를 넘어 '승공주의'를 위해 경제적 우위에 서야 한다고 '대한민국 국민' 모두가 무한경쟁을 요구받았다. 그러한 체제 경쟁 속에서 불균형적인 경제 구조를 묵인하며 과도한 노동시간과 처우를 감수해야 했고, 그것이 공평한 사회 정의에 의해 분배되지 않아도 침묵해야 했다. 그 비용의 상당액이 무기구입과 군대유지비에 소비되고, 잦은 충돌이 계속되는 휴전선에 인력이 배치되어 희생되어도 이를 어쩔 수 없는 일로 여겨왔다. 이러한 분단체제는 국가 재정을 비효율적으로 소모시키고 노동력의 소진을 가져오는 것이었으나, 반대로 그 노력은 한반도의 안전과 평화를 정착시키는 방향으로 가지 않고 오히려 갈등 상황으로 이끌어 왔다는 점을 서서히 인식하게 된 것이다. 만약 이러한 소모적이고 경쟁적이며 전쟁위협을 불사하는 갈등관계의 분단체제를 놓고 그 현상 유지에 천착하는 집단이 국내에 있다면 이는 분단에서 이익을 얻는 특정 집단일 것이며, 그 극소수를 위한 정치와 여론과 문화 담론은 우리 사회의 다양한 시각과 입장에 노출되어야 하고 논의되어야 할 것이다. 이에 따라, 조금씩 확장된 사회적 인식은 다음과 같은 역사적 필요를 알게 되었다. 첫째, '분단체제를 유지함으로써 특정 집단이 계속적으로 얻는 이익'은 무엇인지 드러내서 한반도 평화의 걸림돌을 제거해야 한다. 둘째, '분단체제'가 해체되고 한반도에 사는 전체 사람들을 위해 평화가 지켜져야 한다. 셋째, 한반도 전체 민족 또는 보통사람들인 민중, 남북한 양국의 국민과 시민으로 불리는 모든 사람들을 위해서, 평화공동체를 원하는 사람들이 안전과 자유를 누릴 수 있는 '평화 체제'가 구축되어야 한다. 그 기틀이 확립되도록 걸림돌을 걷어내고 평화의 주춧돌을 놓는 일이 바로 '이 땅의 주인'이 할 일이라는 사실을 인식하기 시작한 것이다. 그러나, 아직 갈 길이 멀다. 먼저 이 땅의 '주인이 누구인지' 스스로 인식하는 과정부터 시작되어야 한다. 즉 이 땅에 사는 모든 사람이 자신을 한반도의 주인으로 인식하는 일이 우선되어야 하고, 스스로 자신을 그러한 평화공동체의 일원으로 인식할 만큼 인식의 확장이 이루어져야 한다. 더불어 그 권리를 행사하는 실행 주체가 되어 자신의 것을 지킬 수 있어야 하겠다. 이것은 한반도 통일과정에서도 가장 중요한 '자주, 평화, 민족대단결'로 연결된다.

그렇다면, 구체적 질문들을 보면서 우리가 이 땅의 주인으로서 평화 체제로 들어가기 위해서는 어떤 일을 해야 하며, 어떤 능력을 가지고 있어야 하는지에 대해 살펴보기로 하자.

첫째, 가장 먼저, 우리는 어떻게 휴전 중인 6·25전쟁을 종결시킬 수 있는가?

둘째, 만약에 한반도에서 전쟁이 발발한다면, 그 전쟁을 멈추거나 제어할 능력이 있는가?

셋째, 분단체제가 종결된 이후에 평화 체제를 도입한다면, 우리는 이 상태를 유지할 능력이 있는가?

이 질문들은 우선 대한민국 안에 사는 '이 땅의 주인'으로서 스스로 방어 능력을 가지고 있는지를 묻고 있다. 각각 전쟁당사국의 지위, 전시작전 권리, 평화 체제로의 전환 능력과 유지 능력을 묻고 있다. 그런데, 우리는 이 땅에 살고 있지만 현재 이 땅을 방어할 능력이 없다는 사실이 드러난다. 그것은 평화를 지향하는 모든 사람들의 희구 노력이 있었음에도 불구하고 그 평화 체제로 가는 길은 멀고 걸림돌이 많다는 것이다.

또한, 그 길에서 걸림돌의 상당수는 한국기독교와 관련되어 있고, 그 길에서 그 돌들이 제거되지 않는 이상 분단체제에서의 고통은 지속될 것임을 알아야 한다. 따라서, 우리는 이제까지 협소했던 시야를 통일신학이라는 렌즈의 도움을 받아 우리가 살아왔던 한국 사회와 한국기독교의 관계들을 역사 속에서 짚어보고 객관적인 시각으로 현상을 보면서 반성할 수 있는 기회를 가지려 한다.

이를 위해 '한국교회'나 '한국기독교'를 넘어서 '국가' 그리고 '민족'이라는 더 큰 범위의 공동체를 상정한다.[7] 사실 '민족'이란 개념은 근세 이후 인권, 자유, 평등의 실현을 지향하는 새로운 공동체를 설정함으로써 대중을 결집시키는 힘으로 작용해왔다. 그러다가, 근대 이후에는 각국들의 식민지 전쟁과 패권 경쟁을 통해 자국의 이익을 위해 부각되었다. 이와 달리 한반도에서 '민족'이라는 개념이 생겨난 것은 역사적 공동체의 존재기반이 붕괴될 위험에 놓여있던 일제강점기에서였다. '1919년 3·1운동' 이후에 '민족' 공동체가 사라질 위기에 생성된 것임을 알 수 있다. 1920년대 항일운동이 각 분야에서 더욱 활발해지자 이에 일본은 '무단정치'에서 '문화정치'로 바꾸어 표방하면서 기만적인 '민족말살 정책'을 취했기 때문이다. 한민족의 내부로 들어가 분열 정책을 사용하면서 잔혹한 학살과 정신적 강압을 더해갔는데, 이러한 식민통치 방식에 대항하여 각각의 개인들이 서로 연대하면서 '민족말살정책'의 반작용으로 민족의식과 '민족'이라는 자성적 의식이 형성되었던 것이다.[8]

---

7   세계사에서 민족 개념이 생성되었던 것은 18세기 말 근대적 자연권 사상과 더불어 국민 또는 시민이 공동으로 참여하는 정치적 공동체의 개념이 나타나면서부터이다. 이 당시의 '민족'과 '민족주의'는 국가에 대하여 '군주'가 아닌 시민 공동체의 참여와 통합을 위해 작용되었으며 낭만주의적 개체성을 띠고 있었다. 그러나, 19세기 중반이 되면서 민족주의는 유토피아적 이상주의에서 현실주의로 변질되어 간다. 이전에 보였던 사회개혁적 운동성은 현실적이고 정치적인 권력지향성으로 바뀌면서, 보다 자국중심의 자본과 군국주의 성격을 가지게 된다. 그리고 세계대전을 거치면서 국가 간에 경쟁적이고 공격적이며 제국의 팽창을 정당화하는 방향으로 나아간다. 제1차 세계대전이 끝날 무렵에는 민족주의에 뿌리를 두고 있던 극우 강경파들이 파시즘과 나치즘을 통해 활동함으로써, 국제연맹이나 세계적 공공성의 기반이 되는 자연권, 평등과 박애사상을 모두 거부하며 비합리적이고 인간 개인의 자유를 훼손하는 방향으로 나갔다. 그러나, 제2차 세계대전 이후부터 여전히 민족 개념이 가지는 효용성은 '구제도를 파기하고 새로운 질서를 세우는 해방적 기능'을 발휘하는데 있으며, '민족'은 한 국가나 단일 혈통, 동일한 언어 사용에 근거하는 것이 아니라는 점이다. 한국 서양사학회편, 『서양에서의 민족과 민족주의』, 까치, 1999, 9-21.
8   3.1운동 이후 일본은 기만적인 '문화정치'를 실시하였다. 조선에 상주하는 경찰의 수를 3.1운동 직후에 5천명을 증가시켜서, 2만여 명으로 이전보다 3.5배 증가시키고 비밀경찰부를 설치하여

그러나 다른 한편으로 국내 '친일학자'나 식민사학자들은 '민족'의 형성과정을 보면서 일본 제국주의의 입장으로 이를 해석했다. 그들은 '민족'이라는 의식이 '일본 제국주의에 대항하여' 생겼다는 점과 '집단으로 형성'되었다는 점을 인정하면서 '항일 민족주의'라고 불리는 것을 인지하고 있었다. 그러나 '항일'과 '민족주의'라는 용어를 교체하여 '반일'과 '종족주의'라는 단어를 사용했다. '항일 민족주의'를 '반일 종족주의'로 치환하여 일본에 대한 반감을 약화시키고 '민족'이라는 단어를 의도적으로 삭제하여 그 단어가 지니는 역사적 기억과 공동체적 결합을 해체하였다.[9] 이러한 용어의 사용과 해석은 사학자 자신의 입장과 정체성이 어디에 근거를 두고 있는지 보여준다. 동시에 근대적 민족주의의 생성과정과 근원이 어디서 비롯된 것인지를 다시 확인하게 해준다. 여기서 한민족의 '민족'이라는 개념은 서양과 일본의 제국주의적 민족주의와는 전혀 다른 기원을 지니며 서구의 '민족주의'가 내포한 공격성과 폐쇄성을 가지고 있지 않다는 사실과 동시에 현재 사용되고 있는 '민족'은 제국주의에 종속적인 입장을 취하지 않는다는 탈식민지적 관점을 주지시킨다.[10] 그러므로, '민족'은 혈통의 순수성을 강조하거나 다른

한국인의 동태를 감시하도록 밀정들을 고용하였다. 미행, 사찰, 불심검문 등등 감시와 탄압을 강화하고 일제의 식민지 통치를 비판하거나 자본주의 체제를 비판하기만 해도 '선동죄'로서 10년까지의 징역을 가할 수 있게 하였다. 또한 '조선민족운동 대책'을 시행하면서 '친일관료, 친일지식인, 지주, 예속자본가, 부호, 기독교' 등 '친일분자를 각 계급에 침투시켜 조직'을 마련하도록 했으며, 친일단체를 육성하고 기독교에는 편의와 원조를 제공하도록 했다. 표면적으로는 '조선자치'를 내걸어 친일인사들로 하여금 한국민족 지도층을 분열시키는 공작을 실시하였다. 신용하, 『일제의 한국민족말살·황국신민화 정책의 진실』, 문학과지성사, 2020, 69-80.

9 이영훈은 '반일 종족주의'라는 단어를 통해서, '민족'의 기원과 생성 과정을 의식하고 있으나 그 시각의 주체는 일본 제국주의적 식민사를 기본으로 하고 있다. 따라서, 일본에 대항하는 민족의 역사를 평가절하하기 위해 '항일의식을 가진 민족'이 아닌 '황국신민이 되지 못하는 종족'이라는 의미로 옮겨 쓰고 있다.

10 황석영은 남한에서 '민족'이라는 말을 쓰기 어려운 시기가 있었다고 밝히면서, 그에 더하여 한민

국가들에 대한 우위성을 점하려는 장치가 아니라, 최소한의 공동생명 유지와 이를 위한 땅을 지키고 그 속에서 가족, 사회와 더불어 평화공동체를 이루기 위한 전제조건임을 다시 인지할 필요가 있다.

그런데, 지금 우리의 삶에서 모든 일상의 기반을 흔들고 있는 범세계적 질병의 공포를 뛰어넘는 것은, 우리가 사는 이 땅이 지난 백여 년간 여러 번에 걸쳐 전쟁터가 되었던 것처럼 전쟁으로 다시 폐허가 될 수 있다는 생각이다. 실제로 청일전쟁과 러일전쟁 이후 전쟁준비를 본격화 했던 일본 강점기로부터 해방이후 미군정을 거쳐, 동족이 서로를 죽여야만 했던 6·25전쟁을 기억하는 일이다. 이 땅의 주인인 우리가 어찌해볼 수 없었던 전쟁터 상황과 전 국토가 병영기지화 되어 군수물자 보급처가 되어버린 상황, 폭탄으로 도시전체가 '잿더미'가 되었던 순간들, 지금까지 지난 70년간 남북한은 사력을 다해 국가를 재건하였지만 죽음의 공간을 삶의 공간으로 만들어왔던 희생들을 떠올리지 않을 수 없다. 동시에, 2020년 현재 우리는 선택할 권리를 가지고 역사 앞에 서게 되었다. 한반도에 평화를 정착시키는 길로 갈 것인가 아니면 전쟁의 위험을 안고 살아왔던 길로 갈 것인가? 우리는 지금 '이 땅의 주인은 누구인지'를 질문 받고 있다.

2. 한반도 분단체제와 반공 기독교

이 장에서는 지금의 한반도 분단체제가 된 가장 주요한 원인인 '6·25한

족의 '민족'은 서구에서 파시즘적 자민족 우월주의로부터 생겨난 '민족주의' 개념과는 엄청난 차이가 있다고 지적하고 있다. 황석영, "남과 북은 서로를 변화 시킨다", 『통일과 문화』, 김누리, 노영돈 엮음, 역사비평사, 2003, 122.

국전쟁'의 휴전과 분단 상황, 그것을 기점으로 하여 그 이전의 한반도 상황과 그 이후의 한반도 상황, 이렇게 세 부분으로 구분하여 역사 속으로 들어간다. 가장 먼저, 지금 우리가 놓여있는 이 '분단'의 상황과 '전쟁 휴전의 상황'이 6 · 25전쟁으로부터 시작되었다는 사실과 그 의의를 개관하고, 두 번째로는 6 · 25전쟁이 일어나기 직전의 상황 곧 1945년 일본이 항복하여 한반도를 떠난 이후 이 땅에는 어떤 일이 벌어지고 있었는지를 살펴보기로 한다. 그리고 나서, 전쟁 이후 한반도 남한정권과 미국, 기독교 특히 개신교는 어떤 관계를 가져왔는지를 살펴볼 것이다.

1) 6 · 25전쟁과 휴전

"한국은 냉전이 처음 도달한 곳이고, 냉전이 전혀 끝나지 않았고 떠난 적도 없는 곳이며, 여전히 케이블 텔레비전에서 냉전을 볼 수 있는 곳이다."

한국전쟁의 기원과 발발에 대해 기술한 미국의 역사학자 브루스 커밍스는 한국전쟁이 1950년 어떻게 발생했으며 어떤 과정을 거쳐 왔는지 여러 시점에 걸쳐 객관적인 시각으로 기술하여 왔다. 방대한 자료 수집과 지속적인 자료 보충을 통해서 그가 정리한 6 · 25 한국전쟁의 본질은, 다른 나라의 학자들과 동일하게 세계 동서 냉전에 의한 전쟁임을 분명히 해왔다. 또한 그의 최근 저서에서는, 그 전쟁에 대해 알려지지 않았던 역사적 의미를 여러 시각에서 조명하였다. 그러면서, 한국전쟁을 '이미 잊혀진 것'으로 표현했는데, 의식적으로 지우려하지 않아도 미국의 입장에서는 수많은 전쟁 중에 하나로서 '잊혀진 전쟁'이라는 것이다. 동시에, 그는 한국전쟁에 대해 한층 더 들어가서, "삶의 터전인 국토를 모두 휩쓰는 일이나 형제끼리 싸운다는 것이 어떤 의미인지 미국인들은 알지 못한다"라고 그 전쟁의 의미를 설명했다. 전쟁의 의미는 현재까지 그 고통이 연속된다는 점에서 6·25전쟁은 '완결되지 않았다'는 것이다. 그러나, 그는 다시 강조하기를, 미국과 미국인들의 입장에서 볼 때 그 전쟁은 수많은 전쟁들 중에 하나였고 그렇게 '잊혀진 전쟁'이 되기를 바라는 '현대사의 오판'이 있었다고 밝혔다. 역사학자인 그는 분명 한국전쟁이 국제적 냉전시대의 끝부분에 발발한 전쟁이며, 냉전 속에 압축되었던 '열강들의 충돌'임을 계속적으로 설명해왔다. 그런데, 그는 전쟁 이후 50년이 지난 그의 시점에서 볼 때 한국전쟁은 '세간의 잊혀진 전쟁'이며 '망각 속으로 멀어진' 전쟁이라고 하면서도 '끝나지는 않은 전쟁'이라고 다시 지적한 까닭은 무엇인지 그 근거를 설명하였다. 미국인에게 있어서 베트남전쟁보다 '한국전쟁은 잘 알려지지 않은 전쟁'이면서 잊혀지기를 바랐던 전쟁인데, 전쟁의 시기에 공개적인 조사와 시민불복종이 허용되지 않는 미국의 분위기가 있었고, 공산주의나 사회주의가 극적으로 매도되는 매카시즘 절정기에 일어난 냉전 전쟁이기 때문이라는 것이다.[11] 참전군인의 입장에서 또는 참전기자들의 보도에 의해서 서방에 알려진 기간은 오래가지 않았으며, 이 전쟁에 대해 깊이 관여하여 볼수록 이 전쟁의 성격은 '내전'에 가까웠는데, 미국이 개입해서 중공군을 자극하였고 결과적으로 이 전쟁은 국제적 규모의 전쟁이 되어버렸으나 3년간 지루하게 계속되다가 더 이상 하고 싶지 않은 전쟁이 되어버렸기 때문이라는 것이다. 그러면서, 한반도 내전의 시작, 다시 말해서 한반도 내부의 갈등의 시초는 이미 1930년대 일제 치하에서 생겨났으며 일본에 항쟁했던 민족주의 계열과 친일행적을 했던 '매국노'들과의 갈등이 본격화되었던 것이라고 기술했다. 그러면서,

---

11 브루스 커밍스, 『브루스 커밍스의 한국전쟁』, 현실문화, 2019, 129.

최근까지 금기시되어 오다가 공개된 자료를 통해 해방 전후의 상황들을 서술했다. 그 자료를 통해 알려진 북한의 김일성의 행적과 최용건 등의 사회주의 민족주의 계열이 해방 전후에 한 일, 그리고 남한의 민족주의 계열이 한 일이 밝혀지면서, 이와는 대조적으로 친일 행적으로 재산을 모으거나 일본의 앞잡이가 되었던 한국인 일본경찰들이 이승만 정권하에 남한 경찰로 다시 들어가게 되었던 해방 전후의 상황들을 서술했다. 그의 보충된 자료는 그가 1970년대 저술한 '한국전쟁의 기원과 발발'에 더하여 더욱 복잡한 한국적 상황들을 이해하기 위해 여러 사건들을 연결하면서 이념적 갈등에 초점을 두었다. 이와 동일하게, 국내학자로서 박명림은 한국전쟁의 연구 의미를 '분단과 통일'이라고 하는 현재적 과제를 통해 조명하였는데, 그는 한국전쟁의 발발 원인을 전쟁 직전의 심화된 이념 갈등에서부터 보았다.[12]

그렇다면, 한국인에게 6 · 25전쟁은 '잊혀진 전쟁'일까, 아니면 '아직 끝나지 않은 전쟁'일까? 앞에서 커밍스는 미국에게 '잊혀진 전쟁'이라는 의미를 적으면서, 대다수 미국인이 전혀 상상할 수도 없는 보라색 잿빛 한반도와 혈육간에 총을 겨눈 일을 설명했다. 이 점은 그가 미국이라는 국가와 그 이해관계를 알면서도 동시에 그것과 결을 같이 하지 않는 한국전쟁사에 정통한 학자라는 점에서 수긍할 만한 것이었다. 그렇지만, 다른 한편으로 보면 한국전쟁이라는 사건은 보는 시각들이 각각 다르며, 그 시각이 다른 층위에 존재하고 있음을 알 수 있다. 다시 말해서, 그가 학자로서 한국전쟁에 관한 지식으로부터 추론할 수 있었던 사실이 이상과 같다면, 다른 나라나 미

---

12 1999년 정치적 비밀문서들이 개방되면서 더 많은 역사적 사건들이 자료로 드러나며 한국전쟁에 대한 다각적 시선들이 생겨났다. 브루스 커밍스, 같은 책, 135 ; 박명림, 『한국전쟁의 발발과 기원 I, II - 결정과 발발 -』, 나남출판, 1997, 60-61.

국 역시 한국전쟁에 관해서 이해할 수 있는 범위는 상대적으로 더욱 제한되어 있을 것임을 우리는 가늠할 수 있다. 사실 70년이 지난 한국전쟁은 그 실상이 담긴 역사와 문학작품과 인문학을 통해 지금까지 한국 사람들의 삶과 정신에 미친 전쟁의 결과를 가까스로 알리고 있었을 뿐이다. 그래서, 직접 경험하지 못한 세대는 전쟁에 관해 제대로 알 수 없었다. 아직까지도, 그 어떤 이해도 이 '끝나지 않은 전쟁'이 70년 동안 한국 사회에 어떤 의미로 존재했는지, 지금 어떻게 존재하는지 충분히 담아내지 못하고 있다.[13] 그 전쟁이 지금 현재 한반도에 사는 두 국가를 어떤 상황 속으로 몰아넣었는지, 그리고 그 두 나라에 사는 사람들은 그 사회구조 속에서 어떻게 살아왔는지 전혀 알 길이 없을 것이다. 한반도 안에 두 분단국가가 있는데도, 서로 다른 국가가 있다는 사실을 인정할 수 없었던 사회 문화 속에서 산다는 것이 어떤 의미인지 알 수 없을 것이다. 끝나지 않는 고통이 반복되어도, 그 구조적 이유를 알지 못한 채, 그것이 휴전선 너머의 '적' 때문이라고 말하는 이들의 말만 믿고 이중으로 속임을 당한다는 것이 어떤 것인지 모를 것이다. 따라서, 6·25전쟁이라는 사건 자체를 파악할 때 다른 국가들의 정부 문서라고 해도 그 자료들로 본질을 이해한다는 것은 불가능한 일이다.

그럼에도 불구하고, 현재까지 미국, 소련, 중국에서는 일정 기간이 경과되면서 비밀문서가 공개되고 있어서 점차 한국전쟁의 내용과 결과에 다각적 접근이 가능해지고 있다. 한반도 밖에서, 또는 38선을 눈앞에 마주하지 않고 정치적 이데올로기에 구애됨 없이 기술하는 역사적 서술들은 여전히 현대사에서 활용도가 높다고 할 수 있을 것이다. 그 자료들은 한국전쟁을 어떻게 전하고 있는지 다각적으로 살펴볼 때 객관적 시각을 확보할 수 있기

---

13 브루스 커밍스, 같은 책, 111.

때문이다. 오히려 6·25전쟁의 시작이 남침이냐 북침이냐 하는 문제는 그 당시 상황을 알고 나면 그다지 중요한 것이 못된다. 그렇다면, 무엇이 중요한가? 이 전쟁은 왜 발발했으며, 이 전쟁을 통해 이익이 발생한 곳은 어디이며, 전쟁 후에 한반도는 어떤 상황에 놓여졌는가? 전쟁 이전으로 돌아갈 방법은 없는가?

2) 전쟁 이전의 한반도 - 미군정과 이승만의 관계

> "일본 패망 후 첫 해에는 미국의 한국 점령이 다른 미래로 이어질 수 있는 창문이 열려 있었다."

광복 이후 미군정 시대, 그 시기는 한국의 분단과 동족의 잔혹한 전쟁으로 가지 않을 수 있는 가능성이 여전히 있었던 때였다고 커밍스는 말했다.[14] 그러면서, 1890년대 일본이 한반도 땅에 접근했던 때로 거슬러 올라간다. 이 전쟁의 성격이 지니는 남북한의 분열은 좌우의 분열에서부터 시작되었으며, 그 같은 분열은 일본이 조선을 침략한 시기부터 시작되었다고 추정한다. 일본은 1894년 동학농민전쟁 진압을 구실삼아 한반도에 상륙했고, 곧바로 한반도를 군사기지로 삼아 청일전쟁을 일으키고 러시아로 돌진했다. 그리고 미국과 조약 하나를 비밀리에 체결했다. 1905년 7월 미국과 일본은 각각 필리핀과 조선반도를 각자의 식민지로 인정하는 가쓰라-태프트 조약을 맺었다. 그 결과, 두 국가는 일본이 미국 태평양 군사기지인 진주만을 공격하기 이전까지 견고한 관계를 유지했다. 그 훨씬 이전인 1882년에 조선과

---

14 브루스 커밍스, 같은 책, 173.

미국 사이에는 조약 협정이 있었고, 고종은 일본의 침략을 막기 위해 이 조약에 의거하여 헐버트에게 밀서를 써서 미국에 보냈다.[15] 독립국의 지위를 유지하도록 청했으나 미국으로부터 대면 요청을 거절당했다. 이미 미국은 가쓰라-태프트 밀약을 통해서 일본이 조선을 식민지화 하는 것을 사전에 인정했기 때문이었다. 그리고, 일본에 의한 을사조약이 1905년 강제로 체결되었다. 그 이후, 일제 식민지 기간 동안 미국은 일본에 협조했으며 한국에 와서 있던 선교사들을 포함한 다수의 미국인 또한 이러한 미국의 정책에 따르고 있었다. 한국인에게 기독교 복음을 전하던 선교사들이나 교육 기관에 몸담고 있던 미국인들 역시 정치와 종교는 별개의 것이며 일본 정치체제에 순응하라는 교육을 하였다.[16] 이 당시 선교사들은 근대교육과 의료 분야에서 입국이 허용된 이래로 그들의 선교정책을 펼치면서 '복음'이라는 개념을 전파했는데, 이 복음의 내용은 일본의 한반도 식민지화를 인정한 후 '정교분리'정책을 따르고 '서양 근대화'를 적극적으로 수용하도록 독려하는 것이었다는 점이다. '복음'이 전해지는 맥락 자체가 '서양 근대화'와 더불어 한반도에 정착하게 되었으므로 토착민이었던 조선인에게는 '복음'의 실질적 맥락처럼 인식되고 '근대화'자체가 '서구화'와 동일한 것으로 인식되었을 가능성

---

15 조미수호통상조약은 1882년 조선이 미국에 의해 체결된 불평등조약이었다. 그러나, 일본에 국권을 빼앗길 위기에서 고종은 '1882년의 한미조약 제1조를 아주 그대로 믿고 기다리고' 있다고 헐버트를 통해 서신을 미국에 보낸다. 을사늑약 7개월 전 알렌은 몇몇의 선교사들과 일본의 만행을 규탄하는 글을 미 국무성에 발송한 적이 있었으나 곧 해임된다. 헐버트는 고종과 한국민족의 "미국에 대한 무한한 신뢰"가 배반을 당했다고 전한다. 반면에, 1900년대 초반부터 루즈벨트는 일본이 미국을 대신하여 러시아를 견제하고 있다는 사실을 치하하고, 일본의 한국 강점을 묵인한다는 입장을 취하고 있었다. 민경배, 『한국민족교회 형성사론』, 연세대학교 출판부, 2008, 28-32; 이만열, "한말 기독교 사조의 양면성 고찰", 『한국기독교와 민족의식』, 지식산업사, 456-457, 473.

16 이만열, 같은 책, 240-241.

이 높다는 것이다. 또한, 조선에서 활동하던 선교사들은 정치적 국면을 피해가야 했으므로 '복음'의 내용은 사회적 정의 문제를 도외시한 개인의 구원 문제와 내면의 문제, 내세의 문제로 강조점이 돌려져 있었다는 것이 드러난다.[17]

일제침략기가 끝나게 된 1945년 8월 15일 이후, 한반도는 '광복'을 찾았으나 곧바로 '미군정 시기'에 돌입하게 되었다. 미군은 조선을 관리하던 일제의 관리체제를 그대로 인수했다. 일본 강점기에는 90%가 넘는 인구가 농업에 종사하던 조선이 일제 '근대화' 명분하에 군수물자를 생산하는 기지로 병영화 되고 노동력이 착취되었는데, 이 때 토지를 빼앗긴 농민들과 부당한 대우를 받았던 노동자들은 일본에 항의하기도 했다.[18] 광복 후에 그들은 다시 돌려받을 자신의 몫을 기대했지만 다시 미군정에 의해 토지와 재산과 노동쟁의 권리를 빼앗겼다. 광복 직후부터 미국은 여운형의 건국준비위원회가 바뀐 '인민위원회'와 1년 넘게 협력하였으나, 미군 토지 정책과 통제 정책에 한국 농민들이 항의하자 전직일본경찰을 대거 영입하여 '공산주의자'나 '폭도라는 꼬리표'를 붙여 대거 사살했다는 것이다.[19] 이런 과정은 삼척반란, 제주반란, 여수반란으로 지칭되며, 각각 원인은 모두 전시가 아닌 평시에 행해진 노동자·농민·시민들이 관료에 대하여 집단적으로 항의한 것이었으나, 미군정은 이들을 좌익분자들로 간주하여 제거했다. 후에 공개된 미국 자료에 의하면, 제주도의 경우만 3-6만 명이 살해되었고 최대 4만 명이

---

17 물론 대다수 선교사들과 같지 않은 소수의 '독특한' 선교사들도 있었다. 그들은 복음이 '주체적 자아'가 되는 것임을 강조했고, 날이 갈수록 심해지는 일본의 만행을 조선 밖으로 알리기 위해 노력했으며, 정치적인 문제와 종교적인 문제가 동떨어져 존재하는 것이 아님을 역설했다.

18 신용하, 같은 책, 244-245.

19 브루스 커밍스, 같은 책, 176-179.

일본으로 도피하였다고 한다. 최근 연구는 1940년대 말 제주도 인구 전체가 30만 명 정도였는데, 이 때 살해된 수가 8만에 달한다고 전했다.[20] 이 사건이 제주4·3사건이다. 이 당시 제주도에서 극우파였던 도지사는 이승만 정권을 지지하지 않으면 누구든 '자동적으로 좌익'으로 간주했으며 이러한 대다수 '좌익'은 고통스런 '재교육'을 받아야했고 이를 위해 극우세력인 서북청년단을 개입시켰다고 인정했다. 제주도 경찰이 진압작전에 나서면서 '우익 테러집단'으로 합세한 서북청년단은 처음에 미국의 통제를 받아 좌익세력을 억제하기 위해 제주도에 들어갔으나 점차 과격해져서 잔인한 행위들을 자행했다는 것이다. 피해자들의 가족은 오히려 연좌제나 다시 받을 시찰이 두려워 신고조차 하지 못했다고 전한다. 이처럼 남한 이승만 정권과 미군정은 토지와 재산을 독점하고, '좌파'에 대한 두려움과 열등감으로 남한에 있는 무고한 시민들을 학살하며 '좌-우 간 갈등'을 극대화시켜 나갔다는 것이다. 커밍스는 제주도와 한반도 남서부 지방의 반란이 일어났던 주된 원인으로 일본의 잔인한 점령, 그 이후 이승만의 부정과 미국의 독재정권 엄호를 들었다. 토지와 부에 대한 부정의, 불평등에 대하여 스스로의 자결권과 사회정의를 위해 싸운 제주도민들에 대해 무제한의 폭력을 행사한 사건이었다는 것이다.[21]

그런데, 여기서 '우익 테러집단'으로 설명되는 서북청년단의 정체와 이들이 연결되었던 사건들을 들여다볼 필요가 있다. 이들의 정체는 한국 현대사에서 한국극우정치와 한국기독교가 어떻게 결합하였고, 어떤 일들을 했으며, 그 이후 한국기독교가 사회에 어떤 영향을 끼쳤는지에 대해 말해주는

---

20 브루스 커밍스, 같은 책, 181-191.
21 브루스 커밍스, 같은 책, 193-201.

여러 지표물 중 하나와도 같다. 그들은 남한지역으로 내려와서 서북지역 출신 인사들의 모임과 영락교회를 중심으로 자신들의 입지를 다졌다.[22] 마찬가지로 국외에서 오랫동안 거주했던 이승만이 국내에서 정치적 입지를 확장시키려고 할 때 그들은 이승만을 도왔다. 독재정권이 부패하여 지방 곳곳에서 항의가 일어날 때도 이를 무력으로 진압하는 일을 도맡아서 '반공의식'을 명분으로 자신들의 세력을 굳건히 하고자 했다. 한편, 이승만은 미국에서 오랫동안 유학을 하고 거주하였으므로 미국 정부와 소통이 잘될 것으로 보이는 정치인이었으며, 그는 국내 인지도가 있었던 기독교계 민족주의 인사들을 가까이 하면서 국내에서 자신의 입지를 만들기 위해 때로는 협력하듯 때로는 경쟁하듯 그들과 관계를 맺고 있었다. 그러나, 실제적으로 이승만에게는 당시 북한 지역과 남한 지역에서 항일투쟁을 하며 민족 전체를 아우르는 통일정부를 건립하려는 의지나 명분은 전혀 없었으며, 그 때문에 더욱 국민들의 지지를 받지 못했던 그는, 상대적으로 민족항쟁에 기여한 바가 크다고 여겨졌던 북쪽의 김일성과 남쪽의 민족 인사들을 지지하는 모든 세력을 한꺼번에 '용공'으로 지적하고 대대적으로 '반공의식'에 의한 폭력적 진압을 가했다. 이 일을 직접 실행했던 이들이 서북청년단이었다. 아직도 많은 사람들이 이승만을 기독교적인 인물로 여기고 있으며, 당시 '기독교'가 지닌 이미지를 덧입은 이승만을 건국초기에 기독교적 대한민국의 기초를

---

22 원래, 그들이 살았던 서북지역은 선교사가 들어오기 이전부터 자생적인 신앙의 주체성을 유산으로 받았던 지역이기도 하며, 일제 강점기를 통해 많은 지식인들이 그 지역에 학교를 세우고 항일민족 정신을 일깨움으로써 의식이 깨어 있던 곳이기도 하다. 한때 그들은 해방 후에 임의로 그어진 38선 북쪽에서 기독교사회주의를 위한 당을 형성하려고 시도한 적이 있었다. 그러나, 남한으로 내려온 이후 그들은 '신앙'을 지키려는 의지보다 더 강하게 권력에 대한 욕구를 구체화하면서 기독교세력의 안녕과 유지에 더 많은 노력을 기울여왔다.

놓은 사람으로 간주하고 있다. 그 이유는 그가 당시 기독교 선교사들의 후원으로 미국에서 학교를 졸업하고, 임시정부에서 공헌한 바가 없음에도 당시 일반인들의 정보 부족으로 미국에서 임시정부의 훈련소를 맡아 운영하고 기독교적 이념을 실천할 인물로 그려졌기 때문이었다. 그렇지만 그는 임시정부를 위해 한 일도 없거니와 오히려 독립자금을 착복하고 미국에 허위 사실을 알려 지도자로서 오인하게 한 전력이 있는 사람이었다. 그는 권력을 장악하기 위해 다른 민족민주 인사들을 배제시켰으며, 미군의 힘으로 북진통일을 얻고자 했고, 일제 강점기 때 일본경찰을 했던 인력을 재배치하여 전국의 독립운동자들을 다시 궁지로 몰아넣었으며, 광복 이후 토지와 재산을 폭력으로 다시 점유하려던 인물이었던 것이다.[23] 이승만은 기독교인임을 자부하고, 자신은 지도자로서 국가법을 넘어서 하나님 앞에서 선서를 실행한다고 공언했으나, 실제적으로 그가 한 일과 할 수 있었던 것은 한반도가 일본제정에서 미군제정으로 바뀌었을 때 미국의 힘과 전일본경찰 출신의 폭력을 빌려 민주주의국가를 군주국처럼 통치한 것이 전부였다.

　당시 사건들 가운데 주목할 일은 이러한 이승만을 앞세워서 미군정이 했던 일은 무엇인지를 보는 것이다. 이승만은 미국의 힘을 빌렸지만, 사실상 미군정은 이승만을 통해 한반도의 남한을 통치하고 있었다고 보는 것이 더 적합할 것이다. 당시 남한 사회는 이승만정권의 부정부패와 계속되는 친일부역자들의 행태로 민란이 전국 곳곳에서 발생하였는데, 심지어 미군의 통제 하에서 허락되지 않은 민란진압은 없었다고 할 정도로 미군의 한반도 군

---

23 브루스 커밍스/존 할리데이 지음, 차성수/양동주 옮김, 『한국전쟁의 전개과정』, 도서출판 태암, 1989, 66-69.

대의 장악력은 빈틈이 없었다는 것이다.[24] 그 중에 잘 알려진 제주도 4·3사건의 경우, 1947년 말 미국 방첩대는 서북청년단이 제주도에서 자행한 테러 행위에 대해 '경고했다'고 한다. 그러나, 여수, 제주 등에서 일어난 경찰의 폭력진압에 대해서는 미군의 사전 인지가 있었으며, 이승만 정권의 경찰들과 같이 움직이던 서북청년단은 모두 미군의 통제권 하에 있었다는 사실을 확인할 수 있다. 이에 대해 미군이 개입했다는 커밍스의 자료는 그동안 1945년부터 1950년까지의 미군정 시기에 있었던 사건들을 밝혀주었으며, 그 사건 속에서 미군정과 이승만, 그리고 기독교 서북청년단의 관계를 보여주었다.

요약하자면, 해방 이후 전쟁이 발발하기 전까지 남한 내부의 정치상황은 이승만과 그가 행동대장으로 활용했던 서북청년회와 이들을 관리하고 지침을 내렸던 미군으로 이어져 있었다.[25] 그리고, 서북청년단을 처음 형성시킨 서북출신의 기독교인들은 이승만 정권과 미군정을 연결하는 통로 역할을 하고 있었다. 이들은 미국기독교 교단과 연결되어 있으면서, 6·25한국전쟁 당시 소규모로 군인들을 소집하고 인천상륙전투에 투입하게 하는 등 미국과 지속적인 소통을 해왔고 전쟁이 끝날 무렵부터는 전쟁구호 물자가 들어오자 그 전체를 관리하는 특권을 가지기도 하였다. 그러다, 한반도 전역에서 '지리한 전투'가 계속되고 더 이상 얻을 것 없는 상태가 되자 미국은

---

24 당시 1948년 6월 한 신문은 다음과 같이 전한다. "서북부 출신의 청년들로 구성된 청년단체가 들어온 이래로, 섬 주민들과 본토에서 들어온 이들 사이의 감정이 점차 격해졌다." "서북청년단은 경찰보다도 더 강하게 경찰력을 행사했으며, 그들의 잔인한 행태는 주민의 깊은 분노를 초래했다." 브루스 커밍스, 『브루스 커밍스의 한국전쟁』, 184-186.

25 서북청년회가 결성된 초기에는 미국방첩대의 지원을 받고 있었으며, 그 일부 중에는 북한의 지하공장에 적극적으로 참여하였다고 한다. 또한, 서북청년회는 제주4.3 사건 이후 유엔정보국, 유엔군유격대 부대, 한국군 유격대 호림 부대에서 활약했다고 전한다. 윤정란, 『한국전쟁과 기독교』, 한울아카데미, 2015, 228-229.

휴전을 제의하고 이승만은 이에 반대했다. 한국기독교 단체들은 선교사들과 함께 세계 여러 국가에서 들어오는 원조물자를 관리하였다. 또한, 이승만 정권은 외국으로부터 들어온 원조물자에 대해 몇몇의 자본가에게만 국내 판매 권리를 가지도록 부여해주면서 설탕, 밀가루, 시멘트 등의 수입품을 독점적으로 국내에서 유통하도록 하였고, 이들은 일제 강점기에는 토착부호로, 해방 후에는 '자본가'로, 전쟁 후에는 '재벌'로 성장하였다.[26] 이러한 정치와 경제의 불순한 결탁은 부정부패가 극심해지면서 전국적인 민심의 동요를 가져왔고 곧 민란으로 이어지는 결과를 낳았다. 그러나, 정권과 정책에 반대하면 무조건적으로 '반공주의'에 저촉되어 국가보안법에 의한 처벌과 불이익을 감수해야 했다. 후에는 군사쿠데타를 일으킨 박정희가 그 방식을 그대로 이어받아서 국가의 이익을 사적으로 착복하는 형태로 진전시킨다. 그런데, 이 당시 이승만 정권에 대거 참여하던 기독교인들 역시 이에 개입되어 있었다. 한국 개신교 전체를 대표하는 단체인 KNCC와 WCC는 처음에는 이승만과 같은 입장이었다가 후에는 미국의 입장에서 대화를 중재하기도 하였는데, 이 때문에 북진통일을 원하는 이승만에게 '용공'으로 낙인찍히기도 하였다. 이승만은 민족의 단합을 위해서라기보다는 자신의 정치적 입지를 확보하기 위해 휴전을 반대하였는데 결국 미국에 의해 휴전이 되어버리자 그는 1953년 9월에 서북청년단의 이름을 바꾸어 활동한 대한청년단을 해체하고, 관계를 유지해오던 서북출신 기독교인들을 정치권력에서 배제시켰다.[27] 그러나, 후에 서북청년회 출신들은 박정희 군사정권에서 강력한 '반공의식'을 공통인자로 결합하여 정치권 안으로 복귀했다. 이들은

---

26 브루스 커밍스, 김자동 옮김, 『한국전쟁의 기원』, 일월서각, 1986, 56-57.
27 윤정란, 같은 책, 237.

'승공주의'를 주장하면서, 북한과의 체제 경쟁에서 이겨야 한다는 의식을 공유하고 서로 협력하였다.[28] 문제는, 그들이 처음 내세웠던 '반공주의'는 점차 안보문제를 담보로 한 경제체제의 경쟁주의적 '승공'주의가 되었다가 '멸공'의 구호를 가진 공격적 군사주의로 변해갔다는 사실이다. 그 정책에 동조하지 않거나 비판이 있을 때는 곧바로 '용공'으로 몰아서 수없는 정치적 반대세력들을 공격하고 제거하는데 사용했다는 것이다.[29]

한편, 기독교 주류의 입장은 이 상황에 대해 다르게 해석한다. 이승만 정권과 기독교와의 관계에 대해서 언급하기를 이승만 정권이 기독교를 이용했다는 것이다.[30] 그러나, 그렇게 볼 수도 있지만 반대로 당시 한국기독교가 이승만 정권에 동조하고 부정을 은폐하고, 친미정권을 지지하여 오히려 권력을 획득하려고 했다는 사실도 부정할 수 없다는 반성적 시각도 존재한다. 역사적 사실에 근거하여 볼 때 한국기독교는 이 같은 역사에 대해 고백하고 참회해야한다는 것이다. 한국 근현대사를 통틀어 볼 때, 한국의 주류 교단들의 기독교가 '일본기독교'에 동조했던 과오를 다 씻어내지 못한 채로 다시 어용기독교로 작용되었다는 것이다.[31] 조금 더 사실적으로 말한다면, 일본

---

28 윤정란, 같은 책, 246-247.

29 서북청년회 구성원들은 대부분 조선경비사관학교 5기, 7기, 8기, 9기로 입학하였는데, 특히 5기와 8기의 대부분이 서북청년회 출신이거나 관련자였으며 이들은 후에 박정희가 교관일 때 학생이었으며 이들은 5.16 군사정변을 초기부터 주도하였다. 7기였던 서북청년회 출신들은 박정희 정권의 브레인으로 활동하면서, 용공 좌익세력 소통을 감시할 목적으로 서울대학교를 포함하여 고등교육기관으로 들어간다. 휴전 이후에는 미국 기독교의 후원으로 유학을 다녀오기도 하며, 군사 정변을 지지하는 지식인 계층에서 활동하였다. 윤정란, 같은 책, 249-251.

30 사실 이승만-기독교 연결성은 역사 곳곳에서 등장하고 있으며, 해석과 평가가 다르게 나타나고 있음을 이 글 내용에서도 볼 수 있다. 그 이후에도 절대화된 반공주의와 비민주적 군부독재를 지지했던 기독교는 역사에 대해 참회할 수밖에 없음을 말해준다. 박상증, "한국 기독교회의 역사청산에 대한 인식", 『역사신앙고백』, 조형균 편저, 그물코, 2008, 138, 174.

31 김경재, "해방 후 한국 기독교의 역사인식과 죄책고백", 같은 책, 191-192.

의 세력에 밀려서 '변절했던 기독교'는 다시 미국의 힘과 원조에 기대어 회생되었고, 기독교편을 드는 이승만과 결탁하여 수많은 부정부패와 폭력과 학살이 자행되도록 때론 방조하고 때론 협력했던 사실이 드러난다. 물론 그 모든 악행이 한국기독교 전체가 한 일은 아니었으며 신앙의 순수성이 말살된 것은 아니라고 말할 수 있겠으나, 한국기독교가 민족이라고 하는 역사적 운명공동체 전체를 뒤로하고 정의로운 사회를 희구하는 신앙의 본질과는 멀어지고 있었다는 사실은 역사 곳곳에 남겨지게 되었던 것이다.

3) 전쟁 이후 한반도 - 반공친미극우기독교

"우리가 이제까지 세운 대한민국의 대통령이 몇 명인지 아는가?"

한국 교계에서 단순히 이렇게 질문하는 사람은 없다. 이렇게 반문하는 사람만 있다. 이렇게 되묻는 경우에 그 이유는 현재 한국기독교의 위세와 정치적 힘을 내세우는 한편, 현재 공공적 도덕성이 떨어져 비판받는 기독교를 방어하려는 것이다. 여전히 스스로를 '기독교 주류'라고 여기는 교계는 위와 같이 반문하며 근대 이후 기독교와 한국정치와의 역사를 자신들의 해석으로 재건하려 한다. 이러한 태도는 최근 언론에서 연속적으로 보도되는 기독교 관련 보도들에서도 등장한다. 그 사건은 정치 불법집회에 대한 것인데 코로나 질병에 대한 방역을 무시, 방해, 비협조하는 태도로서 일반시민사회의 상식적 우려를 넘는 것이었다. 그들은 '보수 반공 친미 기독교'를 구호로 외치면서 집회를 통해 군중을 정치세력화하려는 움직임을 보이고 있었다. 그 과정에서 기독교 목사와 한국 정치인들의 연결이 더욱 분명히 드러났다. 처음엔 주류 기독교도 방관하고 있었으나 사회법에 저촉되자 이를 한국기독교에 속하지 않는 인물로 선을 그었다. 그럼에도, 국가방역체계와 시민을 존중하지 않는 몇몇의 목사들과 집회들의 특성은 사회공공 질서와 안전을 무시하는 태도를 여과 없이 보여주었다. 주류 기독교계는 급하게 지목된 문제적 인물을 제명하는 행동을 취했으나, 시민들은 이 사건을 통해서 오래전부터 기독교계에서 주장해온 대로 '한국정치계를 들었다 났다한 것이 한국주류기독교'라는 문제적 발언을 조금 더 들여다보게 되었다. 또한, 시민들은 이러한 연결성 즉 한국기독교와 '반공친미보수' 구호는 언제부터 결합된 것이며, 이런 성격과 태도는 기독교 본래적인 것인지 아니면 한국기독교 역사에서 생성된 것인지 묻기 시작했다. 따라서, 이 문제를 가운데 두고 '한국기독교의 반공주의' 또는 '반공주의 기독교'에 대하여 조금 더 살펴보고자 한다.

먼저, '반공주의 기독교'는 무엇이며, 한국 사회와 어떤 관련성을 가져왔는지 주목해보기로 한다. 이미 앞에서는 이승만과 서북청년회, 그리고 미군정이 각각 한국 사회에서 어떤 위치에 있었으며, 각각 어떤 관계를 가져왔는지 알아보았다. 그런데, 여기서 '반공주의'를 짚고 가야할 필요가 있다. 이 '반공주의'란 단순히 한국전쟁을 통해 생성된 상식적인 안보의식을 말하는 것이 아니다. 이승만부터 시작하여 박정희, 전두환, 노태우 군부정권 40년을 거쳐 오는 동안 국가보안법을 통해 경찰과 군대가 무고한 시민을 학살하고, 수많은 사상범들을 만들어서 순식간에 사형에 처했고, 정권에 비판하는 모든 경우를 들어 '용공'으로 몰아서 일반 시민들을 공포 속에 몰아넣으며 정치를 해 온 방식을 말한다.[32] 한국전쟁 이후 사상적 분열을 통해서 분단을

---

32 당시 미국은 매카시 선풍으로 한창이었는데, "이승만은 그들의 무분별하고 무지한 반사적 반공주의를 이해했으며, 이를 한국 국민의 대중 봉기로 마침내 축출되는 1960년까지 자신의 정치적

고착화하고 분단체제로 '현상유지'를 고수하면서 민족의 불행을 자신의 이익으로 교체했던 특정 세력화된 정치적 의도를 말한다고 할 수 있다.

그렇다면, 한국역사 속에서 기독교는 무슨 일을 했는가? 기독교의 본질인 모든 사람의 생명과 인권을 중요하게 여기는 민주주의를 수호했는가? 자유의 이념을 수호하기 위해 반공주의를 외쳤던 한국기독교는 전쟁 이후 어떤 가치에 따라 움직여 왔는가?

한국개신교 가운데 '주류기독교'라고 할 수 있는 초교파 교회정치조직인 KNCC는 한 때 이승만 정부와 미국정부와의 관계를 연결하기도 하였으나, 후에는 이승만의 독재정권에 맞서서 민주주의를 수호한다고 표명하기도 하였다. 그런데, 곧이어 5·16군사쿠데타가 군부정권을 형성하자 이를 지지하는 방향으로 선회했다. 그 이유는 일단 기독교 주류였던 이들의 주된 관심이 '반공주의'에 있었기 때문이다. 이와 같은 명목으로, 대다수의 기독교 협회들과 한국기독교단들과 교회들은 박정희부터 전두환, 노태우로 이어지는 군사정권을 지속적으로 지지했다.[33] 그 과정에서, 한국기독교의 주류 교단들은 신앙의 주된 적을 '공산주의'로 지목하고 '마귀' 또는 '사탄'이라

밑천으로 삼았다." 브루스 커밍스, 『브루스 커밍스의 한국전쟁』, 165-166 ; 1920년대부터 미국에서는 정치적으로 소련 볼셰비키 혁명에 위협을 느끼고 경제적으로는 공황상태에 들어가면서 사회종교적으로는 근본주의적 개신교 부흥사들이 다음과 같이 주장했다. '미국적인 삶은 19세기 반공주의와 방임자본주의를 연합'시켜서 애국심을 고취하는 것인데, 여기에 극단적인 반공주의라는 정치형태에 경제, 종교적 요소들이 결합되고 있음을 볼 수 있다. 류대영, 『한국 근현대사와 기독교』, 푸른역사, 2009, 348-379.

33 한경직은 공산주의자를 신약성서의 「요한계시록」에서 나오는 '적룡'으로 표현하였다. 그 이유는 그들 서북출신 기독교인들이 정당을 조직했으나 김일성 정권에서 탄압 받아 남하한 것에 기인할 것이다. 남한에서 자신들의 세력을 증대하는 동시에, 세계적인 냉전 상황과 미국의 반공주의 열풍과 근본주의적 신앙과 보수정치의 결합은 바로 이들에게서 일치되었던 것이라고 할 수 있다. 윤정란, 같은 책, 99-102.

고 칭했다.[34] 그리고 '장로 대통령'도 자신들이 뽑은 것이며, 자신들을 정치적 조력자로 우대해주는 대통령들을 지지해주고 그 정권을 '정당화'해주는 역할을 해왔다고 자신 있게 설명하였다.[35]

그런데, 위의 내용을 통해 우리는 다음과 같은 질문을 던질 수 있다. 이승만에 이어 박정희가 미국에 영향을 끼치고 싶을 때 활용했던 세력이 한국기독교였다면, 한국기독교의 주류라고 불렸던 이들은 미국과 어떤 관계를 맺고 있었으며 어떤 역할을 하고 있었을까? 왜 당시 기독교 주류 단체장이었던 한경직은 5·16쿠데타가 일어났을 때 박정희 정권을 '한국정부'로 인정해달라고 설득하러 간 것일까? 한국교계는 미국과 어떤 관계성을 형성해 왔는지를 묻지 않을 수 없다.

이 질문에 대한 해답은 한국전쟁 이후 남한의 정치세력과 기독교의 관련성에서 다음과 같이 드러난다. 전쟁 이후 남한에서는 월남한 기독교인들이 집결하고 선교사들이 재입국하면서 장로회 총회를 둘러싼 경쟁이 치열했다고 한다. 그 중에도, 김일성 정권과의 충돌로 남쪽으로 이동한 서북출신 기독교인들은 남한에서의 자신의 세력을 확보하기 위해 주력했다고 한

---

34 모순적이게도 군사정부를 한국의 정부로 인정한 민주주의 국가인 미국은 이미 20세기 초부터 반공주의적 보수세력과 애국적 신앙심의 결합이 견고해져 있었는데, 이런 종교 사상을 뒷받침한 것이 근본주의 신앙의 보수세력이었고, 이들은 세상을 이원론적으로 보면서 소련이나 공산주의 세계를 '사탄'이나 '악마'로 규정하여서 자신들이 '하나님'과 '선'의 입장에 서 있다고 주장하였다. 점차 이런 경향은 정치-군사적인 방향으로 나아가며, 외부에 주적을 내세워 내부를 단합하려고 하였다. 이러한 근본주의적 개신교 신앙은 한국개신교의 주된 흐름을 이루고 미국중심적인 세계관을 형성하여 갔다. 참조: 류대영, 같은 책.

35 박정희 쿠데타가 성공하여 정부를 장악하자 한경직은 바로 미국으로 가서 미국정부와 미국인들에게 한국정부를 지지해달라는 요청을 하여 정권 수립에 큰 기여를 한다. 그 이후, 중요한 일이 있을 때마다, 미국인들과 한국인들을 설득하는 역할을 담당하였다. 1973년에는 대규모 부흥집회가 있었는데, 이를 박정희 정권이 후원하고 공통의 '반공의식'을 공고히 했다. 윤정란, 같은 책, 261.

다.[36] 이 때 미국을 비롯한 세계 각국에서 구호물자들과 선교 자금들이 들어왔고, 이를 선교사들과 일부 한국인들이 관리했는데, 전쟁으로 붕괴된 교회 재건을 위해 수많은 목사들과 교회들이 이들에게 의존하였다는 것이다. 여러 국가, 여러 교단들이 구호물자를 지원했으나, 한국에서 가장 큰 교세를 차지했던 장로교는 다른 단체들을 주도하는 상황이었다.[37] 따라서, 서북출신의 장로교 기독교인들이 "한국에서 전쟁 구호물자와 선교 자금을 독점한다는 것은 미국 정부에 영향력을 미치는 WCC와 미국 NCC와의 관계를 독점하는 것이었으며, 그만큼 한국에서 종교적, 정치적, 사회적으로 세력이 커지는 것을 의미했다"는 것이다.[38] 이들은 개인적으로나 각 개교회 중심으로 세력을 확장시켜 나갔으며, 이에 대해 군사정권은 기독교에 대하여 편의 공간을 묵인하는 방식으로 응답했고 그 행태는 지금까지 지속되고 있다고 볼 수 있다. 교회는 표면적으로는 '정교분리정책'을 옹호하며 국가에 세금을 내지 않고, 토지 소유가 비교적 용이하며, 사학재단을 설립하여 어느 정도 국가적 통제를 벗어날 수 있었고, 대신 정부의 정책이나 민중 노동에 관

---

36 강원용은 당시 교회들이 전쟁으로 인한 교회복구를 위해 외국선교사들의 선교자금과 구호물자에 상당히 의존하고 있었다고 전한다. 그러나, 윤정란은 한국교회가 구호물자를 위한 '의존'으로 보기보다는, 오히려 구호물자를 관장하고 한국 안에서 지대한 영향력을 끼쳤던 CWS나 WCC(세계교회협의회)와의 관계성에서 자신들의 세력을 확장해나가기 위한 것이었다고 보고 있다. 강원용, 『역사의 언덕에서: 젊은이에게 들려주는 나의 현대사 체험. 2, 전쟁의 땅 혁명의 땅』, 한길사, 2003, 155 재인용; 윤정란, "한국전쟁 구호물자와 선교 자금 그리고 세력화", 윤정란, 같은 책, 68-69.

37 그중에서도 한국에서 가장 크게 영향력을 미친 단체는 미국 NCC의 산하단체였던 CWS였으며, 이들은 WCC와 협조하여 구호 활동을 전개했는데, 미국을 비롯하여, 캐나다, 호주, 뉴질랜드, 영국, 일부 유럽, 남미국가들로부터 수집된 구호물자가 WCC를 통해 CWS에 전달되었다고 한다. CWS는 1946년 북미외국선교협회와 미국 연방교회협의회등이 결성한 단체로서 미국중심으로 운영되며 미국의 35개 교파가 이 사업에 협력하고 있었다. 윤정란, 같은 책, 75-77.

38 윤정란, 같은 책, 75.

런된 현안에 대해 정치적 비판을 자제해왔다.

그런데, 이러한 상황 즉 외적으로는 '정교분리'정책을 따른다고 하면서 내적으로는 정치와 교회가 상호 타협하는 이 상황은 한반도에 외국 선교사들이 복음을 가지고 왔을 때와 유사한 특성을 보여주고 있어서, 그 초기 시점을 상기시킨다. 당시 양란으로 피폐해져 있는 조선의 전후 상황 가운데 선교사들은 '복음'과 더불어 새로운 문명의 혜택을 가지고 온 '거대한 힘'으로 간주되었고, 신분제로 인해 억압을 받던 양민들은 생명과 재산의 안전을 위해 기독교로 피신했던 사실도 볼 수 있다. 실제로 조선 후기 봉건적 사회 속에서 그들의 선교정책은 서양의 지배적인 문화를 설명하는 것이었으며, 실제로 몇몇의 선교사들은 자본가로 활동했다. 그들은 조선의 자원을 활용하여 중개무역을 할 줄 알았다. 이와 같은 경제 활동을 했던 그들이 일본강점기 때는 '정교분리정책'을 적용하여 복음이란 '개인구원', '내세구원'이라고 가르쳤던 사실을 놓고 보면, 당시 복음을 수용하는 조선인들에게 '복음'이란 '탈정치적'인 것이고 '탈역사적'인 것으로 이해되었을 것이라는 시각은 타당한 것으로 보인다.[39] 이러한 '복음'에 대한 인상 또는 당시 사람들의 관념으로 '복음'이란 서구적인 것이며, 근대적인 것이고, 제국주의적인 것과도 관련된 '힘'이며 '문화'라고 수용했을 가능성이 크다는 것이다. 이와 같다면, 다수 한국기독교 교인들은 복음이라는 것을, 초기 선교사들이 입국할 당시는

---

39 당시 미국 루즈벨트는 "일본이 한국을 차지하는 것을 보고 싶다."고 하면서, 일본은 러시아를 견제했기 때문에 한국을 차지할 자격이 있다고 했다는 것이다. 이때부터 선교사들은 본국의 외교정책에 순응하는 자세로 전향하기 시작했다고 전한다. 간혹 감리교 헐버트선교사와 같은 소수가 일제의 토지수탈을 목도하고 비판하는 글을 쓰기도 하였으나, 미북장로교 선교부는 이에 불만을 표시하고 한일관계에 관여하지 말 것을 경고하였다. 가쓰라- 태프트조약 이후 정교분리정책과 미국의 일본통감부 인정이 선교 정책에 적용된 것임을 알 수 있다. 이만열, 같은 책, 239-243, 250-251.

새로운 문명의 혜택과 안전의 개념으로 보고, 일제침략기에는 정교분리정책을 통해 개인적 차원의 구원 개념으로 보며, 6·25전쟁 이후에는 폐허와 가난으로부터 탈출하여 목숨을 유지하고 물질적 풍요를 누리는 것을 '복음'의 내용으로 여기는 것이 당연했을 것이다. 처음 미국의 선교사들은 새로운 세상 곧 '하나님 나라'에 대한 지식을 가지고 온 사람들이었는데, 후에는 그 새로운 세상이 '하나님 나라'가 아닌 '미국적인 문화'나 '미국적 정치', '미국의 자본과 혜택'으로 가고 있었다는 것이다. 이것은 우연의 결과가 아니었으며, 지금의 신자유주의로 변형된 '제국주의'의 이식과정이었고, 현재까지 '세계화'로 행해지는 '신식민지화' 과정이면서 현재진행형이라는 점이다.[40]

예로 들면, 미국 기독교는 전쟁 후 인도주의적 차원에서 대량의 구호물자를 지원했고, 미국 정부는 남한에 무상원조를 해주었다. 그러나, 그 금액의 전부는 한국전쟁에서 입은 피해액에는 미치지 못할 뿐 아니라, 경제개발 정책을 위해 지원된 무상원조의 80%는 전쟁 후 미군의 한반도 주둔을 위한 초기비용으로 쓰였으며 실제 한국으로 온 것은 그 나머지에 지나지 않는다는 것이다. 미국은 전쟁 후에 한반도의 위치적 중요성을 절감하게 되었고, 이에 일본보다 더 가까이에서 중국을 견제할 수 있는 거리의 장소를 확보하게 되었으며, 병영기지로 활용할 땅과 신무기들을 배치할 공간으로 활용하게 되었다는 것이다.[41] 이와 더불어, 미국 안에서는 군사적 신무기를 계속적으

---

40 "국제정치적으로는 한미관계가 미국의 세계전략을 위한 군사동맹과 미국의 번영을 위한 자본주의 이식이라는 두가지 핵심 축에 의해 구조화해왔다." 이 유지를 위해 미국은 친미성향의 엘리트들을 양성했으며, 그들이 미국을 선호하고 선택하는 방식으로 학문, 문화, 종교 전반에서 사상과 의식을 주조해왔다. 김준형, "한반도 평화와 한미관계", 『한반도의 평화를 위한 6·15의 해법』, 박명림 편, 연세대학교 대학출판문화원, 2019,

41 김준형, 같은 책, 49; 브루스 커밍스, 『브루스 커밍스의 한국전쟁』, 164.

로 생산하는 산업 기반과 정치가 군산복합체를 이루게 되고, 미국 밖에서는 그 무기들이 낡아지면 팔 수 있는 소비처를 확보하게 되어 이상적인 균형을 이루게 된 것이다.[42]

반면에, 세계적 냉전이 만들어 낸 한국전쟁이 휴전된 이후, 한반도는 잿더미였다. 제2차 세계대전에서 아시아 전체에서 썼던 폭탄의 양보다 많은 양이 한반도에서 사용되었고, 소이탄, 네이팜과 고엽제가 다량 사용된 것은 물론 일본에서 하고 있던 생화학전 실험이 실시되었다.[43] 무기의 사용 총량으로 볼 때도, 제2차 세계대전 때 남은 무기들과 베트남전에서 사용될 화학무기들이 모두 사용된 것으로 알려졌다.[44] 이를 통해 제2차 세계대전 전범국이었던 일본은 패전국으로서 독일처럼 분단국이 되는 대신에 경제적인 부흥국이 되었다. 일본 대신 한반도가 분단국이 되었다. 그리고 미국은 한때 미국에 대항했던 일본 대신 아시아에서 더욱 큰 영향력을 발휘하면서 미국에 위협이 될 것으로 여겨지는 중국이나 소련과 같은 대륙 세력을 의식하여 일본을 빠르게 회생시킬 계기가 필요했는데 때마침 한국전쟁의 발발은

---

42 브루스 커밍스, 같은 책, 286-287.

43 네이팜탄은 '죽음의 불'이라고 불릴 정도의 살상력과 파괴력을 가진다. 국제사회는 네이팜탄 공격을 폭격이 아닌 '학살'로 간주한다. '초가집이 밀집한 마음에 투하하자 마을 전체가 순식간에 불바다로 변했다'고 기록은 전한다. 1951년 초 미군에 의한 네이팜탄 폭격은 피폭지역을 초토화시켰다. 한국전쟁에서 사용된 네이팜탄은 총 3만2천357톤으로서, 회담이 교착상태에 빠질 때마다 북한 지역에 융단을 가했고, 1950년 12월 말부터 1951년 1월 말 사이에는 강원, 충북, 경북 일원에서 '인민군초토화작전'에 쓰였다. 김기진, 『한국전쟁과 집단학살 ─미국 기밀문서의 최초증언─』, 푸른역사, 2006, 141-159.

44 미국은 한국에서 63만 5000천톤의 폭탄을 투하했는데, 이에 비해 제2차 세계대전에서 태평양 전쟁구역 전체에 투하한 양은 50만 3000톤이었다. 일본의 60개 도시가 평균 43% 수준으로 파괴되었던 것에 비해서, 북한의 도시와 마을의 파괴 정도는 40-90%까지로 추산하고 있다. 파괴 정도를 도시별로 보면, 평양 75%, 청진 65%, 함흥 80%, 흥남 85%, 사리원 95%, 신안주 100%, 원산 80%이다. 브루스 커밍스, 같은 책, 216-219, 226-227.

기대했던 결과를 낳게 되었다.[45] 무엇보다 미국은 한국전쟁을 통해서 정치와 경제가 군산복합체로 견고하게 결합되었다. 이에 종교적 색채를 더하여 이슬람 세계나 북한을 대척 관계로 놓고 군사적 공격과 방어를 위한 명분으로 근본주의기독교 전체를 집결시켜서, 정치-경제-종교로 연결하는 미국 내부의 삼위일체적 구조를 형성하였다고 볼 수 있다. 이처럼 '한국전쟁'의 의미는 전쟁을 치른 한반도의 상황과는 달리, 전쟁에 참여한 각국의 목적에 따라 그 결과가 모두 다르다. 한국전쟁은 국가마다 각기 다른 이해관계 구조를 유지하는 계기가 되었고, 이 틀은 현재까지 계속되고 있다.

3. 한반도 분단체제의 구조와 기독교 주체적 신앙

1) 한반도 분단체제의 트라이앵글

> "민족분단의 상황 때문에 정치·경제·군사적으로 미·일에 종속되어서 한 민족 동족끼리 대립하고 있는 한국은 피억압 민족들 가운데서도 아주 기괴하다."[46]

전쟁 이후 '휴전'으로 한 국가가 둘로 분단되어 지속되는 한반도의 상황은 마침내 '분단체제'라는 사회 구조적 틀을 형성하였고, 전후 70년이 지난 지금까지 그것을 유지해오고 있다. 일단 사회 구조적 틀을 이차원적으로 단순화시켜서 본다면, 정치-경제-종교를 통해 세 가지 특징을 세 점으로 하는 트

---

45 박건영, 『한반도의 국제정치 - 평화와 통일을 위한 새로운 접근 -』, 도서출판오름, 1999, 30-31.
46 박순경, 『통일신학의 여정』, 한울, 1992, 285.

라이앵글의 구조로 말해질 수 있겠다.[47] 여기서, 한국 현대사에서 보수적 근본주의 기독교는 한 사회를 이루고 있는 삼각형의 구조에서 한 축으로 작용하고 있다고 가정하고, 이를 삼각형의 한 점으로 놓고 보면서, 그 연결점들의 관계 변화를 가늠해보고자 하는 것이다. 따라서, 두 사회의 구조를 두 개의 트라이앵글 형태로 놓고 보면서 공통점은 무엇이고, 그 연결점들의 관계는 어떠한지 검토해보고자 한다.

전쟁 이후 남한사회는 민주주의 정치제도와 자본주의 경제제도, 그리고 '정교분리정책' 하에 여러 종교들이 사회문화적 요소를 형성하고 있었다. 하지만, 단적으로 한국정치사와 직간접적인 연계성을 가졌던 한국기독교의 관계를 놓고 본다면 남한의 정치-경제 구조와 종교문화 구조는 미국의 정치-경제-종교의 트라이앵글 구조와 흡사하다는 사실을 발견할 수 있다. 특히 남한은 미국의 '반공주의' 열풍이 한창이었던 시점으로부터 그 당시 미국의 관점을 지금까지 그대로 수용하고 있다. 특히 이러한 시각을 옹호하고 추종하는 경우도 볼 수 있는데, 이는 한국 기독교 극우 정치단체에서 찾아볼 수 있는 장면이기도 하다. 그렇지만 이러한 극우 정치단체적 성격을 띤 한국기독교 행태에 관하여 볼 때 그것은 기독교의 일부에 불과하다고 말하며 간과할 수 없는데, 그 이유는 앞에서 본 것과 같이 무관심 속에서 남한사회의 정치-경제-종교의 구조가 미국의 구조를 그대로 축소한 듯 '닮은꼴 삼

---

47 촘스키는 일찍이 세 종교적 갈등 문제로 보이는 미국과 이스라엘과 이슬람 세계의 관계를 '숙명의 트라이앵글'로 보면서 이를 자국의 실리를 우선으로 하는 정치경제 관계로 설명한 바 있다. 이 시각에 착안하여, 종교를 한 꼭지점으로 하는 삼각형에서, 경제와 정치를 나머지 두 꼭지점으로 연결하는 미국의 사회구조를 내부적 '트라이앵글 1'로 보고, 이와 유사하게 개신교를 주축으로 하여 자유민주주의 이념을 표방하면서도 자본주의 경제를 앞세우고 있는 한국 사회구조의 형식이 공통적 특징을 가지고 있다는 비교점에 근거하여 이를 '트라이앵글 2'로 칭하면서, 이에 따라 다른 두 삼각형의 상관성을 보고자 한다. 참조, 노암 촘스키, 『숙명의 트라이앵글』, 이후, 2001.

각형'으로 유지되는 동시에 또 종속된다는 심각성에 있다. 이 두 삼각형이 만나는 지점, 두 삼각형이 공통적으로 가지고 있는 꼭지점이 있는데, 그것은 바로 '종교' 분야이다. 이들은 모두 종교 부분에서 겹쳐있다고 할 만큼 한국 기독교는 미국근본주의 개신교와 그 영향권 하에서 긴밀한 관계를 맺어왔다.

사실 미국의 정치-경제-종교라는 삼각형을 보면 군산복합체라고 하는 정치-경제적 연결에 또 하나의 꼭지점이 종교, 특히 '근본주의 기독교'가 결합되고 있다는 것은 매우 이상한 조합임에 틀림없다. 그러나, 이것을 다시 보면 한국전쟁 이후 미국 사회에서 공식화한, 전혀 낯설 것이 없는 미국의 정치-경제-종교 구조임을 확인할 수 있다.[48] 미국의 삼위일체적 사회구조가 이루고 있는 이 삼각형은 남한의 사회 구조와도 유사하다. 말하자면, 미국의 정치-경제-종교의 삼위일체가 한국에 또 있는 셈이다. 남한사회에서 분단체제를 지지하며 그 사상적인 구조를 이루고 있는 삼각형의 형태로서 극우보수 정치세력 - 미국식 자본주의 - 반공주의 기독교로 연결되는 사상적 구조가 형성되어 있다는 것이다. 다른 점이 있다면, 미국과 다르게 한국은 정교분리 정책을 오랫동안 형식적으로 표방해왔으므로, 문제가 발생할 시에는 국가의 공적 문제라기보다 개인적인 사건으로 처리되어 왔었다는 것 정도의 차이가 있다고 할 수 있겠다. 더욱 유사한 점은, 미국과 남한의 군산복합

---

48 최근 미국근본주의 보수신앙과 미국 정치와 긴밀한 관계 대해서는 부시행정부와 네오콘과의 관계가 표면화된 것에서 쉽게 볼 수 있고, 한국전쟁을 통해 미국은 의회에 국방비 증강을 공식적으로 요구하면서 이때부터 무기 산업 분야는 더욱 활성화되었다. 2009년 기준으로 미국의 국방비는 그 다음의 순위 18개국의 국방예산을 합산한 것보다 많은 액수를 소비하고 있다. 미국은 한국전쟁을 계기로 대규모의 상비군을 유지하도록 하는 정책을 공식화한 이후 미국의 군산복합체는 각 분야에서 호황을 이루었다. 브루스 커밍스, 같은 책, 286-294.

체와 반공 기독교가 정치세력화 되어 있으며, 이 구조가 의도하는 것은 북한과 같은 가상의 '적'을 지목하여 한반도의 분단체제를 유지함으로써 미국은 자국의 이익과 영향력을 위한 물리적 공간을 확보하고 남한의 특정세력은 그 미국과 그 이해관계를 계속적으로 유지함으로써 특권적 이익을 볼 수 있는 체제로 가는 것이다.[49] 이것이 분단체제를 이루는 골조이다. 삼위일체적 힘의 요소들이 한반도 분단체제를 구성하고 있는 주요 인자이며 이들 간의 관계를 볼 수 있는 트라이앵글은 분단체제를 유지하는 핵심요소의 결합상태라고 할 수 있는 것이다.

그렇다면, 이제 한반도 분단체제의 트라이앵글은 어떤 구체적 모습을 가지고 있는지 살펴보기로 하자. 우선적으로, 한반도 분단체제의 트라이앵글은 정치, 경제, 그리고 종교라는 각각 다른 세 점으로 보겠다고 했는데, 그 점 안의 본래적 함의 또는 본질적인 부분들을 채우고 있는지 살펴볼 필요가 있겠다. 우선 정치면에서, 남한의 '민주주의'는 그 틀을 가지고 있으나 내용적으로는 민중 즉 국민이나 시민의 목소리가 무시되지 않는지 또 민주적인 절차에 적합한지, 재벌과 노동자의 인권이 동등하게 대우받고 있는지 살펴볼 필요가 있다. 정치와 결탁한 경제적 힘에 의해 인간의 존엄성이 훼손되는 경우는 없는지, 국민자치와 민주주의 이념이 자유와 평등에 의거하여 제대로 실행되고 있는지 물을 수 있겠다. 그리고 경제적으로는, 해방 이전과

---

49 1) '미국은 동북아 지역에서 그들의 이해관계를 효율적으로 재생산하기 위해 북한을 활용'하고 있다는 사실은 정치외교적 측면에서 볼 때 북미관계나 한미관계를 설명하는 전제조건과도 같다. 2) 그러나, 이러한 미국의 이해관계와 연동되어 있는 한반도의 친미세력은 그 정체성을 분명히 할 필요가 있다. 3) 그리고, 남한에서의 분단체제 현상유지 세력과 한반도의 평화 체제를 형성하는데 있어서 중요한 한반도 군축을 반대하는 미국 내의 군산복합체는 공통되는 이해관계를 가지고 있다고 할 수 있다. 참조, 이종석, 『분단시대의 통일학』, 한울아카데미, 1998, 114-115 ; 박건영, 『한반도의 국제정치』, 도서출판 오름, 2003, 117.

이후에, 그리고 전쟁 이후에 극소수에게만 경제적 특권을 허용하고 이를 정치적으로 이용한 경우를 볼 수 있었는데, 부당한 국가공권력과 외부 국가에 의해 강압적으로 조약과 권리가 이행되는 경우가 없는지도 살펴보아야 할 것이다. 또한, 사회 문화 부분에서는 종교의 역할이 두드러진다고 할 수 있는데, 그 이유는 종교의 사회적 역할 중 하나가 사회통합과 관련된 것이기도 하면서 동시에 그 이상을 볼 수 있는 시각과 사회적 모델을 제공하고 때로 비판하고 격려하는 것이 종교의 역할이기 때문이다.[50]

이와 반대로 한국개신교 주류는 이제까지 이러한 정치 경제적 특권과 정책을 묵인하고 사회정치적 문제와는 구별된 신앙만을 강조하여 '하나님 나라'가 오로지 사적이고 내면적이고 내세적인 것이라고 그 의미를 제한해왔던 것을 볼 수 있다. 이 점에서 보면, 정의를 이 땅에 구현하고 평화를 이루며 산다는 것에 대해서는 한국개신교 주류에서 분명한 가르침을 내놓지 못하고 있었다는 것을 알 수 있다.[51] 또한, 대사회적 공동체 윤리와 통합적 가

---

50 종교사회학적 측면에서 보면, 사회에 대한 종교의 역할은 크게 사회통합의 기능과 사회비판이 기능으로 구분해볼 수 있다. 그러나, 로버트 벨라는 종교지도자와 정치지도자의 관계를 다음과 같이 정리한다. 그 네 가지는 '1) 긴밀한 통합 2) 정교 분리 3) 지나친 분리 4) 창조적 긴장'이다. 그 중에 '창조적 긴장관계'란 종교가 사회에 어느 정도 거리를 유지하며 이상도 제시하고 현실을 비판하기도 하는 기능을 수행해야 사회가 그 학습 과정에서 발전한다는 것이다. 오경환, 『종교사회학』, 서광사, 1990, 324-326.

51 한국교회는 지난 반세기가 넘는 시간동안 정치 경제 군사적으로 미국을 비롯한 국제적 지배세력들에 민족의 자주성을 예속시킨 상실의 역사 가운데 이를 묵인했다고 지적된다. "한국 교회는 대체로 민족사와 유리되어 지배자 서양 혹은 서양 기독교의 부속물처럼 존재하여 왔다. 한국 교회는 항일민족운동에 부분적으로 개인들의 차원에서 관여했으나, 교회의 공식입장은 서양문명과 서양기독교에 대한 편향 때문에 지배자 서양의 죄악을 철저하게 인식하지 못했으며, 분단체제와 결부해서 친미 자본주의적 반공노선 때문에 분단주역들의 죄악과 민족의 고난을 몰인식했고 분단체제 옹호역할을 수행하여 온 것이다." 박순경, "통일신학의 정립 과정에서", 『통일신학의 미래』, 사계절, 1997, 105-106.

치관을 제시하지 못하고, 미국의 기독교에 종속되어 있어서 미국이 FTA에 대한 압력을 넣거나 재고 무기 가격이 인상되거나, 과도한 방위비 인상을 요구하거나 사드배치를 요구해도, 또 화생무기 실험과 국토의 오염위험도가 커져도 국민 스스로가 주체적으로 사고하고 목소리를 낼 수 있는 지침을 주거나 사회적 부정의를 비판할 수 있는 주체성에 대해 침묵했던 것을 볼 수 있다. 결국 한국전쟁 이후 70년의 분단 상황을 정리해보면, 평화의 측면에서 볼 때 북한에 대해 배타적 폭력성을 드러내는 반공주의 기독교라는 종교와, 민주적 주권이나 자주적 측면에서 볼 때 군사나 외교나 국가재정 부분에서도 스스로의 목소리를 내지 못하는 정치와, 또한 민족대단결의 측면에서 볼 때 스스로를 이 땅의 주인으로 제대로 인식하지 못한 채 시민들의 분열을 주도하고 분단체제를 유지하여 한반도의 갈등을 고조시켰던 패권국의 군사주의를 들 수 있다. 이것이 한반도 분단체제의 핵심 구조라고 할 수 있다.

2) 기독교 주체적 신앙의 역할

앞에서 보듯, 한반도 분단체제를 유지하는 트라이앵글은 세 점과 세 변으로 연결되어 있었다. 분단체제라고 하는 구조적 문제의 해결은 결코 쉬운 해법이 없을 것이다. 왜냐하면, 앞에서 확인한 바와 같이 한반도의 분단은 한반도의 남북한 두 국가만의 문제가 아니기 때문이다. 두 국가가 이 문제를 풀려는 의지를 가지고 협력하는 상황에서도 미국의 행방이 여기에 영향을 미치는 것은 물론, 한반도를 둘러싼 강대국들은 자국의 이익과 장기적인 패권국간의 견제 방책을 가지고 한반도에 이를 요구할 것이기 때문이다. 이 같은 지정학적 상황을 고려할 때 각국들은 정세적인 산법으로 자신들의 이익을 최대화하려고 할 것이며, 이렇게 볼 때 한반도는 아시아 지역을 놓고 싸우는 '패권국' 중 강자들 간의 전투지가 될 확률이 높다고 할 수 있다. 이미 이러한 양상은 경제부문에서도 확인 가능하며, 앞으로 물리적 충돌이 없으리라는 보장은 있을 수 없다. 한반도 역사상 지난 140여 년간의 크고 작은 전쟁과 전투의 횟수를 보아도 그러하다. 따라서, 한반도의 분단체제를 이해하고 인식하는 일이 선행된다면, 또한 한반도라는 지구상의 위치를 역사적으로 이해한다면, 앞으로의 한반도에서의 전쟁은 어떻게 막을 수 있을 것인지, 그리고 다시 타국들의 전쟁터가 되지 않고 세계적 냉전의 갈등을 해체시킬 수 있는 방법은 무엇인지를 모색해볼 때라고 생각한다. 미래에 전쟁이 일어난다면, 세계적 전쟁의 발화점으로 지목된 지구상의 몇몇의 지점 중 하나인 한반도는 어떻게 세계적 위험 지역에서 벗어날 것이며, 어떻게 세계적 평화의 지역으로 공인될 것인가?

　우리가 할 수 있는 범위와 그 일을 찾아보는 것이 급선무가 될 것이다. 앞에서는 한반도가 놓여있는 여러 가지 상황들을 이해하고 인식의 폭을 넓히는 작업을 했는데, 다음은 남북 두 국가 간에 또는 한반도를 둘러싼 세계 패권국들 간에 갈등을 해체하는 과정에 대해 잠시 구상해보고자 한다. 일단 복잡한 문제를 풀기위해, 분단체제의 삼각형에서 세 축을 이루었던 점들 가운데, 한 점으로서 한국기독교에 대해 살펴보고자 한다. 앞에서는 한반도 안에서 기독교가 어떤 일을 했으며, 어떤 존재목적을 가져왔는지, 처음 복음은 어떻게 전해졌으며 어떤 상황에서 현재의 모습이 되었는지 짚어보면서 전쟁 이후 정치세력과 연결된 한국기독교에 대해 비판적이고 반성적인 측면에서 살펴보았다. 지금부터는 한국기독교가 전하는 하나님 나라는 어떠한 모습인지, 역사 속의 한국기독교는 어떤 역할을 할 수 있으며 어떠한 점으로 남을 것인지에 대해 몇 가지 요소로 정리해보고자 한다.

한반도 문제의 해답을 찾기 위해서는 복잡한 실뭉치를 풀 단서가 필요한데, 그 실마리로서 한국기독교가 할 수 있는 것은 무엇인지 모색해 볼 시점이다. 그 첫 단계는 현재 기독교가 위치를 차지하고 있는 점의 크기를 줄이는 것이다. 그리고, 두 번째 단계는 그 점과 다른 점들로 연결된 트라이앵글의 각 변을 끊는 것이다. 이 점에서 시작되어 다른 꼭지점으로 연결되는 변들을 모두 절단하는 것이다. 이것에서 기독교는 '종교'로서 다시 태어날 것을 기대한다. 이제까지 정치적 세력에 의존하고 경제적 지원에 의지하던 것에서 벗어나 작은 기독교가 되기로 결정함으로써 본연의 종교성과 그 영향력을 회복할 수 있을 것이라 여겨진다. 종교의 본질인 '성스러움' 즉 거룩함이란 '구별'에서 오기 때문이며, 이 구별은 정치사회적 문제를 돌보면서도 동시에 그것과 거리를 유지하고 그 중심을 더 높은 진리에 두고자할 때 생겨나기 때문이다. 따라서, 기독교에서 시작하여 이 종교부문에서 행위로 옮기는 실천들에 의하여 사회적 변화를 도모해야 하는 것이 종교가 종교의 방식대로 사는 것이며, 정치적 세력으로부터 떨어져 그 본연의 자리를 지키는 것이라고 생각한다. 그러고 나서, 본격적인 작업에 들어간다면 다음과 같다.

첫째, 역사에서 반공주의 기독교를 반성하고 반공이데올로기를 기독교적 본질과 구분하는 작업이 필요하다. 이는 '정치'에서 선을 끊고 기독교가 자유로워지는 길이다. 남한에서 기독교를 반공주의와 결합시켜 자신들의 정치적 기반을 마련하고 정치적으로 세력화한 인물들과 기관들은 이에 대해 참회해야 하며 기독교계와 신학은 이들에 대해 객관적으로 평가해야한다. 그렇지 않고서는 지금까지 아전인수격으로 기독교세력의 존속을 최우선으로 두어 행했던 사회도덕적 악이 제거되지 않을 것이기 때문이다. 또한, 종교로서 한국개신교가 민주주의 선거에서 올바른 사회로 나아갈 기틀을 마련하고 그 지침을 주기에 힘써야 하며, 특정 후보를 지지하여 표를 몰아주고 그것으로써 이 사회에서 필요한 이득을 얻는 일을 포기해야만 한다. 예를 들어, 교회가 국가에 세금을 내지 않고, 대형교회가 사학재단을 통해 감사를 피하고 목사직의 세습을 교단에서 인정하고 교회가 사기업화되는 현상에 대해서도 마찬가지이다. 대형교회가 신학교를 지원하고 보조하는 방식 또한 새로운 구조로 바뀌어야 한다. 교회 스스로가 더욱 높은 도덕성을 함양하거나 신학적 비판으로써 기독교 스스로가 정화할 수 있는 시스템을 갖추어야 한다.

둘째, 기독교 내의 각 단체들과 교회들이 미국의 정치경제적 이익을 대변하는 시각과 구분되어야 한다. 미국의 정치적 힘과 재정, 영향력에 대하여 자립적이고 독립적이어야 함을 뜻한다. 이는 '경제'에서 의존적 관계를 끊고 '자본주의적 사회 구조'를 제대로 볼 수 있는 시각을 확보하는 일이 된다. 한국기독교는 6·25전쟁 이후 수많은 교회를 재건하는 일이 긴급했고, 많은 지도자들은 외국이나 미국의 도움을 구하기 위해 비참한 한국의 상황을 노출시켜서 원조물자와 재정적 지원에 요구했던 것이 사실이다. 그러나, 이제 한국의 상황은 더 이상 도움을 받지 않아도 될 정도로 자립 가능한 상황에 이르렀고, 오히려 그동안 받았던 수혜를 더 많은 국가들에게 돌려주는 일을 활발히 해 왔다고 생각한다. 단, 기독교 교회들 안의 빈부차가 없어지도록 제도적으로 개선하는 일이 필요할 것이다. 한편, 한국전쟁 이후 외국 또는 미국의 경우도, 처음에는 한국의 열악한 종교적 상황과 정치적 활동에 보조하며 기독교 인도주의적 동기로 시작했으나 후에는 정치적 영향력을 점차 크게 발휘하게 되는 것을 볼 수 있었다. 이 때 한국기독교가 스스로의 정체성과 신학을 수립하여 '한국기독교'라는 주체로서 행위하는 것이 요구될 것이다. 여기서 복음의 본질과 자본주의적 문화를 구별하는 능력과 수용자의 태도가 중시된다.

셋째, 한국적인 신학이 지속적으로 형성되고 확립되어야 한다. 종교의 눈으로 이 사회를 본다는 것, 즉 신학적으로 본다는 것의 의미는 정치적 이데올로기가 아닌 모든 인간들이 회구하는 지향성을 지표로 제시하면서 그것을 현재의 삶에 비추어 표상화하는 작업일 것이다. 지금까지 대부분의 개신교 신학은 서구화, 미국화 되어서 이 땅의 신앙주체가 누구인지 인식하지도 못하고, 오히려 그 서구 신학적 주체가 누구여야 하는지에 관해 재서술하는데 많은 시간을 할애했다. 그러나, 오히려 사회는 다각적이고 다문화적이며 다가치적인 포용성을 요구하면서 '시민'이라는 한국적 민중과 국민의 의식이 높아졌는데, 개신교 신학은 지적인 부분이나 정서적인 부분에서 그 기댓값에 미치지 못하고 있는 것이 현실이다. 따라서, 한국인으로서 한국인의 시간과 공간 즉 역사와 한반도 속에서 고민하는 신앙의 문제들이 신학화되어야 한다.[52] 이 신학화 방법 또한 우리의 다양한 시각과 방법론을 통해 우리의 방식대로 언어화하는 작업이 필요하다. 사실 이제까지 한국기독교는 한국 사회에서 민족 또는 민중, 국민 또는 시민들에게 역사적 의미를 가지고 있었다. '한국 교회들은 독재에 저항하는 성지'라고 불렸으며, '항일민족정신의 선구자'였으며, 한국교회는 남북교류와 통일노력을 지속적으로 해왔다는 것도 부정할 수 없다.[53] 서양인 선교사가 들어오기 전부터 '복음'은 이

---

52 '기독교학교는 미국문화 이식의 가장 적절한 방편이 되었다.'고 이만열은 평가한다. '기독교학교의 개화는 곧 미국화 또는 구미화를 의미하는 것이었다'는 것이다. "미국이 기독교라는 이름 아래 '자유 평등 박애'의 간판을 내걸고 교육을 통해 한국민에게 친미사상을 주입시켜 자신들에게 복종 또는 협력하는 기독교도의 양성에 힘을 쏟았다는 것을 의미한다"고 지적하며 다음과 같이 언급한다. "기독교 학교교육이 단편적으로 미국화를 촉진하는 성격을 갖는 한에서는 그 종교적이고 친미적인 성격으로 인해 민족적 주체성의 형성에 일정한 편향성을 가져오는 취약점을 안고 있을 수밖에 없었다" "한말 개신교 선교를 사회적인 관점에서 본다면, 미국의 문화이식과 그 세력부식의 한 과정으로 파악할 수 있다" 이만열, 같은 책, 467-470.
53 이제까지 일제 치하에서 투쟁한 항일민족열사와 민족분단에서 희생된 민주통일열사들이 가지

미 한반도 안에서 공동체를 형성하고 있었으며, 한국인의 자발적인 기독교 수용을 학문적 바탕을 기반으로 전개할 역량이 있었다. 이제는 찬란한 문화적 유산이 존재했음을 의식하고 이러한 학문적 바탕의 사유 체계를 현대적이고 시민적 활용성에 입각하여 새로운 공동체를 만드는 경험을 신학화 하는 노력이 필요할 것이라 본다.[54] 신학과 복음의 근본적 역할은 창조된 인간의 선성으로서 하나님의 형상을 재현해내는 방식이 될 것이며 인간의 존엄성과 정의를 실현하는 방향을 지시하고 지표물을 제시하는 것이 될 것이다.

나가는 글

이제까지 살펴본 바에 따르면, 한국전쟁 이후 한국기독교는 성서의 '복음'이 말하는 바와 달리, '살게 하는 것'이 아니라 '자신이 살기 위한 것'을 위해 매진해왔다. 한국 역사와 한반도라는 시공간성에서 '민족' 전체가 사는 방식에 앞서 '기독교'가 생존하는 방식을 우선시했다. '한국 기독교' 안에는 반공 기독교라는 울타리를 이용해서 정치적 힘과 문화적 권력을 누리고자 했던 부끄러운 과거가 내포되어 있음을 확인하였다. 따라서, 이제까지 통용되

는 의의는, 그 의미의 인식 여하를 떠나서 "하나님의 심판과 영원한 구원의 미래의 빛 아래서 되살아나게 된다."고 박순경은 말한다. 참조: 정성한, 『한국기독교통일운동사』, 그리심, 2006. 브루스 커밍스, 김동노, 이교선, 이진준, 한기욱 옮김, 『한국현대사』, 창비, 2003, 533-534; 박순경, 『통일신학의 미래』, 21.

54 기독교가 한국민족과 한국 사회에 이바지할 수 있는 길은, 복음에 의한 새로운 비전을 제시하고 그 실천적 구체성을 보이는 일일 것이다. 기독교 이념에 의한 교육 즉, '인간성 회복을 위한 교육', '인간 공동체를 위해 사람을 살리는 교육', '권력층의 정치적 지배로부터 교육을 독립시키는 것'이 필수적이다. 기독교교회는 이러한 공동체 이상을 신도들의 공동체 안에서뿐 아니라, 사회 공동체의 비전으로 제시하는 일이 요구된다. 이효재, 『분단시대의 사회학』, 한길사, 1995, 164-168.

어 오던 '복음'과 '기독교인'의 성서적 의미를 재확인하는 작업이 불가피하다. 이에 따라, 한국 현대사에서 6·25전쟁을 기점으로 한국 정치에 관여하며 기독교 전체를 세력화했던 '기독교인들'의 행적과 그 동기에 관하여 재고찰하고 지난 과거에 대해 성찰하는 태도가 지속되어야 할 것으로 보인다. 복음의 역사적 책임성을 다하기 위해서는, 기독교인들이 시야를 넓혀서 사회문제는 물론 남북 관계와 국제 사회의 역학관계를 의식하며 주체적 시각과 태도를 견지해야 함을 알 수 있다. 이미 한국 근현대사 속에서 적지 않은 기독교인들이 항일투쟁과 민주화를 위한 희생을 통해 지금의 한국 사회를 앞당겨 보여준 경험들이 있다. 우리가 앞으로 맞이할 시간에서도 한반도의 평화를 이루는 사람들이 '기독교인'이 되어야 함은 물론 한반도를 이제까지와는 전혀 다른 용도로 활용할 수 있는 길을 보여주어야 할 것이다. 즉, 이제까지 한반도가 냉전체제의 산물로서 살아있는 박물관처럼 작동했었다면, 또는 때때로 활화산처럼 언제 폭발할지도 모르는 불안정한 위험지역으로 지목되어 왔다면, 이제부터는 이 지역으로부터 세계 평화가 안정화될 수 있는 초석의 기반을 닦을 때라고 할 수 있겠다. 기독교에서 '믿음은 바라는 것들의 실상이요 보지 못하는 것들의 증거'라고 정리한 부분은 바로 여기에도 해당된다. 한반도 주변 강대국들의 시선으로 '위험지역으로 구분하고 한반도에 신무기들을 계속적으로 배치하느냐' 아니면 '평화지역으로 선포하고 세계가 한반도와 더불어 평화적 체계로서 안정되느냐'의 문제는, 무엇을 바라며 무엇을 추구할 것인지에 따라 결정될 것이다. 만약 한국기독교가 여전히 '복음'이 사람을 주체되게 하고 새로운 삶 즉 하나님 나라의 시민으로서 살게 하는 것이라는 사실을 믿고 그 사실을 이 땅에서 앞당기고자 한다면, 한국기독교는 평화를 위해 사는 사람들이며 '평화 체제'에 기초를 놓은 사람들이라고 역사는 말하게 될는지 모른다. 세계의 냉전은 끝났으며, "한반도의 6 · 25전쟁도 끝이 났다."고 외치는 일은 이런 의미에서 중요하다. 종전을 원하는 사람들이 실질적 종전을 가져올 것이며, 위기 속 불안을 조성하는 사람들이 휴전 상태를 유지하고자 할 것이다.[55] 종전을 선언하는 일은 한반도의 평화를 가져오는 일이 착수되었음을 알리는 것이고 이 일에 같이 동참하자고 부르는 초대가 되기 때문이다. 이 일에 한반도 안에 사는 우리가 먼저 그 상황을 이해하고 인식하여 한반도 밖에 사는 사람들에게 알리고 평화의 길로 설득하는 과정이 내포되어 있다고 할 수 있다. 그래서, 통일신학에서 말했던 "이 땅의 주인이 된다."는 것은 진실로 이 땅에 태어나 해야 할 일 즉 소명을 아는 것이고, 나와 가족보다 더 큰 범위의 공동체를 품을 수 있게 되는 것이고, 이 일에 참여하여 역사의 한 점을 만들면서 연대하여 선으로 이어가는 것이다.

---

55 '종전선언'은 그 선언 행위의 시작이 종전선언의 실행으로 이어질 수 있다. 물론 국제적 효력 발생하는 것은 아니지만, 이 땅의 주인이 누구이며 어떤 의지를 가지고 있는지 표명하는 것은 세계사적 시각에서도 매우 중요한 것이기 때문이다. 따라서, '미국이 인정하지도 않는 종전선언은 정치적인 제스추어에 불과하다'는 정치적 보수언론의 논조는 그 입장이 누구를 대변하고 있느냐를 보여줄 뿐이다. 국제법상 효력이 따르지 않으므로 종전선언 자체가 '북한에 대한 것도, 미국이나 열강에 대한 것도 아니'라는 점을 강조하는 것은 그 의의와 의지적 표명의 중요성을 인식하지 못하고 있기 때문으로 보인다.

제2부

한국전쟁속에
담긴
역사·이념적 현실

한국전쟁과 한미동맹에 대한 탈신화화 과제

김 종 길 덕성교회 담임목사, 구약학 박사

고대 이스라엘과 한반도는 지정학적으로 닮았다. 이제 여기서, 히브리 영성과 성경적 가치를 구현하는 것이 요구된다. 세계의 열강에 둘러싸여 전략적 요충지에 위치한 한반도는 제국주의 세력이 진출하는 통로며, 열강이 대결하는 각축장이다. 한민족이 열악한 환경에서 생존하는 과정에서 강대국의 신화는 부단히 재생산되었다. 우리의 삶을 침해하는 왜곡된 신화를 재해석하고 재발견해야 한다. 우리는 이제까지 자신을 지배해온 이데올로기를 탈신화화하는 창조적 해법을 찾아야 한다.

들어가는 글

한국전쟁과 한미동맹은 어긋난 한미 관계를 극명하게 보여주는 사건이다. 한미동맹은 한국전쟁으로부터 태어났다. 긴밀하게 엮여진 두 사건은 신화로 채색되어 있다. 그 신화가 대한민국에 만연하고, 한국인의 눈을 가린다. 이 글의 목적은 한국전쟁과 한미동맹에 대한 탈신화화 과제를 수행하여, 우리의 눈에서 비늘을 벗기어 왜곡된 신화를 올바르게 기억하고 해석하는 것이다. 다시 말해서, 본인은 '유엔군사령부'와 '한미상호방위조약'의 존폐 여부를 진지하게 논의하고자 한다.

미국은 한국에게 어떠한 나라이고, 한국은 미국에게 무엇인가? 한국인에게 미국은 해방자요 평화 수호자로 인식되고, 한국은 미국에게 하위 국가로서 세계전략의 도구로 인식된 것 같다.[1] 일찍이 대한제국의 지도자들은 국제정세에 어두웠기 때문에 미국의 실체를 제대로 파악하지 못했다. 구한말에 미국은 한국에 대한 신의를 저버렸다. 1905년 9월 22일 미국 제26대 대통령 루스벨트(Theodore Roosevelt)의 딸인 앨리스 루스벨트 일행이 한성을 방문했다. 미국으로부터 도움을 기대한 고종 황제는 국빈급으로 여행단 일행을 환대했다. 하지만 그것은 외교적 오판이었다. 미국은 이미 한국을 버

---

1   김준형, "한미동맹에서 한미 관계로", 『창작과비평』 46-1, 2018, 55, 58.

렸고, 일본과 손을 잡았던 것이다. 한성 방문 두 달 전인 1905년 7월 말에, 일본과 미국은 가쓰라-태프트 밀약(Katsura-Taft Agreement)을 맺었고, 9월 5일에 루스벨트의 중재로 일본과 러시아는 포츠머스 조약(Treaty of Portsmouth)을 체결했다. 여기서 일본은 한반도에 대한 독점적 지배를 얻어냈다. "러시아는 조선에 대한 일본의 지도 보호 감리조치를 승인한다."(러일강화조약 제2조) 조선에 대한 종주권을 확보한 일본은 그해 11월에 을사조약을 통하여 외교권을 박탈했다. 제국주의자 루스벨트는 일본의 한국 점령을 당연하게 여겼다. 한국을 경시하는 미국의 태도는 현대사로 이어졌다. 미국은 1910년에 무단으로 이루어진 한일병합이 국제법적으로 적법하다고 간주했다. 그래서 일본 패전 이후에 한반도를 일본의 지배가 종료된 분리지역으로 취급했던 것이다.

일제 강점기에 많은 한국인이 기독교 선교를 통하여 미국에 우호적인 태도를 취하게 되었다. 일본의 패전으로 조국의 해방을 맞이한 한국인에게 미국은 믿음직한 우방이었다. 한국전쟁을 겪으면서, 한국의 미국에 대한 의존도는 더욱 강화되었다. 한미 관계는 군사동맹과 자본주의 체제라는 두 축으로 이루어졌다.[2] 해방 이후 미국은 한반도 남쪽에 자국의 체제와 이념을 이식했고, 한국은 제반 영역에서 미국화되었다. 군사적 동맹은 비대칭 구조로 형성되었고, 종속적 관계가 고착되었다.[3] 지정학적 요인으로 인하여 한반도

---

2 김준형, "동북아 질서와 한미 관계," 김계동 외 12인, 『현대 한미 관계의 이해』, 서울: 명인문화사, 2019, 171.

3 이우태, "한미동맹의 비대칭성과 동맹의 발전방향," 『정치정보연구』 19-1, 2016: 62 이하 참조. 이승만은 정권욕 때문에 국가주권을 희생하고 미국의 정책에 편승하였다. 박정희는 일견 자주를 내세운 듯했으나, 독재의 대가로 대한민국을 미국에 예속시켰다. 김대중과 노무현 정부에서 어느 정도 평등한 동맹과 자주적인 대외정책을 추진하였으나, 미국의 비협조와 국내 수구세력의 반발로 결실을 거두지 못했다. 이명박과 박근혜 정부에서는 관성과 기득권 때문에 경로를 바

는 열강의 각축장이 되어 왔다. 한반도를 중심으로 한국-미국-일본이 남방 삼각동맹을 이루고, 북한-중국-러시아가 북방 삼각동맹을 이루어 대치하고 있다. 오늘날 정세의 불안정과 위험이 날로 중대되는 한반도에서, 작금의 한미 관계를 계속 유지하는 것이 합당한가?

한국전쟁은 아직도 "끝나지 않은 전쟁"[4]이며, 세계사적으로 주목받지 못한 "망각된 전쟁"[5]이다. 전쟁 이후 한반도에는 정전체제가 형성되었다. 분단체제와 한미동맹으로 인하여, 오늘날 우리의 현실은 반시대적이다. 한국전쟁의 진실은 제대로 규명되지 못했다. 전쟁의 기원에 관해서도 의견이 분분하다. 한국전쟁에는 내적 원인과 외적 원인이 작용했다. 그 가운데 필자는 미국의 세계전략을 주목하고자 한다. 해방 이후에 미국의 정책은 한민족의 운명을 왜곡하였다. 미국은 한반도를 분단하고 전쟁을 주도했으며 분단체제를 유지해 왔다. 한국전쟁에 끼친 소련의 영향도 적지 않지만, 지면상 소련의 책임은 연구범위에서 제외하겠다.

필자는 다음과 같은 방법으로 한국전쟁과 한미동맹에 접근하고자 한다.

꾸려 하지 않는 '경로 의존(path dependency)'으로 인하여, 한미 관계는 역진했고 한미동맹의 불균형은 더욱 심해졌다. 예를 들면, 부시 행정부가 해외주둔군 재배치계획(GPR)의 일환으로 추진한 주한미군의 '전략적 유연성'에 대하여 노무현 대통령은 유사시 한국의 동의를 얻어야 한다는 조건을 달았지만, 이명박 대통령은 미국 측의 의도를 십분 수용하여 '21세기 전략동맹'을 제의했고, 박근혜 대통령은 그것을 계승하면서 확대하고 강화하였다. 그리하여 남북 관계는 경색되고, 한미 관계는 종속 관계가 심화되었다.

4 아직도 이 땅에서 전쟁은 분단체제로 진행 중이다. 전쟁 시기에 생겨난 기구와 조약과 법규들은 여전히 한국인의 삶에 영향을 미치고 있다. 예를 들면, 유엔군사령부, 한미상호방위조약, 국가보안법 등은 대한민국 및 국민의 삶에 지대한 영향을 미쳐왔다. 박태균은 그의 저서 『한국전쟁』에서 한국전쟁을 "끝나지 않은 전쟁, 끝나야 할 전쟁"으로 규정했다.

5 1951년 10월 5일자 《U.S. News & World Report》에 한국전쟁에 관련하여 "Korea: The Forgotten War"이라는 제목으로 기사가 실렸다. 제3차 세계대전으로 확산될 것을 꺼려한 미국 행정부가 한국전쟁을 부각시키지 않았고, 한반도에 제한된 '작은 전쟁'으로 취급했다.

첫째로, 니체(Friedrich Wilhelm Nietzsche, 1844-1900)가 제안한 '비판적 방식'으로 역사를 대하고자 한다.[6] 새로운 역사를 창조하려면 과거를 법정에 세우고, 고통스럽게 심문하여 유죄를 선고해야 한다. 우리의 부끄러운 역사를 법정에 세우고 고통스럽게 심문할 것이다. 둘째로, 필자는 민족주의 세력과 사회주의 세력을 아우르는 통전적인 태도를 지향하는 '좌우합작적 관점'[7]에서 한국전쟁에 접근하고자 한다. 그런 차원에서 반공주의 시각에서 벗어나, 수정주의적 관점을 비판적으로 수용하겠다. 셋째로, 히브리 성서를 형성한 '탈신화화(Entmythologisierung)' 작업을 강대국이 지배해 온 한반도의 현실에 적용하고자 한다. 한국전쟁과 한미동맹에 대한 탈신화화 작업을 통하여 우리나라가 자주국가로 거듭나기를 기대한다.

---

6   철학자 니체는『반시대적 고찰』에서 역사를 대하는 방식을 세 가지로 구분했다. '기념비적 방식'
    은 과거의 사건과 인물을 숭상하고 기억하고자 한다. 권력을 가진 자들은 기념비적 역사를 통해
    과거를 소유한다. 그것은 역사를 왜곡하는 효과를 목적한다. 서울시 용산구에 세워진 전쟁기념
    관이 대표적인 사례다. 그러나 전쟁을 기념하는 곳에 평화는 없다. '골동품적 방식'은 과거를 존
    경하고 보존하려는 태도다. 골동품적 역사의 문제점은 보존하려고 할 뿐 삶을 생산할 줄 모른다
    는 것이다. 하지만 현재의 삶에 활력을 공급하지 못하는 역사는 죽은 지식이다. '비판적 방식'은
    고통받고 해방을 찾는 이들에게 필요하다. 역사는 비판하고 극복해야 할 대상이다. 그 비판과 부
    정 속에서 새로운 것이 태어날 수 있다. 니체는 '역사의 과잉'을 경계하며, 고통에서 해방되고 인
    간성을 회복하는 올바른 기억투쟁을 제시했다. 바른 기억에 의해 인간은 비로소 진정한 인간이
    된다. Friedrich Wilhelm Nietzsche, *Unzeitgemaeβe Betrachtungen*. 이진우 역,『비극의 탄생,
    반시대적 고찰』, 서울: 책세상, 2005, 301 이하.
7   1946년에 여운형과 김규식 등은 단독정부 수립에 반대하여, 좌우합작위원회를 발족하고 좌우
    합작운동을 펼치기도 했다. 필자는 민족주의 및 공산세력을 아우르는 통전적인 태도를 지향하는
    차원에서 '좌우합작적 관점'이라는 용어를 사용하겠다. 여기서 좌우합작적 관점은 여운형의 세
    계관에 상응한다.

1. 한국전쟁의 역사적 배경

1) 한국전쟁에 대한 입장

영국의 사학자 카(Edward Hallett Carr, 1892-1982)는 역사를 "현재와 과거 사이의 끊임없는 대화"[8]라고 정의했다. 역사가마다 선택하는 역사적 자료와 그에 대한 해석이 다르다는 것이다. 1950년에 상연된 일본 영화 〈라쇼몽(羅生門)〉에서 하나의 사건에 대하여 네 명의 인물이 등장하여, 자신의 처지에 따라서 제각기 다르게 진술한다. 어떤 시점에서 어떤 자료를 선택하느냐에 따라서, 다양한 해석이 나올 수 있다. 그러므로 이 글에 담긴 본인의 생각도 하나의 의견임을 밝혀 둔다. 한국전쟁은 왜 일어났을까? 한국전쟁에 대한 입장은 크게 전통주의와 수정주의로 구분된다. '전통주의(traditionalism)'는 반공적 냉전 이념으로 한국전쟁을 해석한다. 전쟁이 발생한 원인을 공격적이며 팽창주의적인 소련의 대외정책으로 본다. 그러한 입장에는 '스탈린 주도설', '소-중 공모설', '소-조 협력설' 등이 있다. 반공주의에 근거한 전통주의자들은 북한이 남침한 날짜를 강조하여, 한국전쟁을 '6·25전쟁'으로 부르기를 선호한다. 그러한 명칭에는 상대국에 책임을 전가하는 냉전적 이념이 담겨 있다. 김학준은 한국전쟁은 소련이 지원하고 북한이 주도한 침략이라고 규정했다.[9] 미국이 개입하지 않을 것으로 오판한 김일성이 스탈린을 설득해 전쟁을 일으켰다는 것이다. 김영호는 스탈린의 반격 전략(rollback

---

8   E. H. Carr, *What Is History*. 김택현 역, 『역사란 무엇인가』, 서울: 까치, 2015, 46.
9   김학준, 『한국전쟁: 원인, 과정, 휴전, 영향』, 서울: 박영사, 2010, 91-93.

strategy)을 통하여 한국전쟁의 기원과 전개 과정을 설명했다.[10] 한국전쟁은 스탈린이 공산혁명 이후 아시아에서 공산권에게 유리하게 전개되는 상황과 김일성의 무력통일론을 이용하여 반격정책을 추구하는 과정에서 발생했다는 것이다. 한국전쟁을 "세계시민전쟁"이라고 규정한 박명림도 한국전쟁의 기원을 스탈린과 김일성의 합작으로 본다.[11] 전통주의가 학계와 일반인의 인식에서 주류를 이루어 왔다.

전통주의와는 다른 관점을 '수정주의(revisionism)'라고 부른다. 수정주의는 냉전의 출발선이 되는 1940년대에 작성된 미국의 문서들이 공개되기 시작한 1970년대에 등장했다. 수정주의자들은 미국과 소련 사이에 벌어진 냉전의 기원을 수정하고, 제2차 세계대전 이후 미국의 세계정책에 관심한다. 수정주의에도 초기 수정주의(I. F. Stone), 후기 수정주의(Bruce Cumings), 신수정주의(John Merrill) 등 다양한 입장이 있다. 일찍이 수정주의를 개척한 스톤(I. F. Stone)은 『한국전쟁 비사(Hidden History of Korean War)』를 통해 '팍스 아메리카나'의 본질을 간파했다. 『한국전쟁의 기원(The Origin of the Korean War)』을 저술한 커밍스(Bruce Cumings, 1943-현재)는 남북 분단과 한국전쟁을 초래한 미국의 대외정책에 주목했다. 한국전쟁의 기원과 관련하여, 스탈린의 전략과 김일성의 야욕을 지적하지 않을 수 없다. 그보다 미국의 국제정책에 근본적인 문제가 있었음을 부인할 수 없다. 필자는 미국의 세계전략에 주목하고, 기본적으로 수정주의 관점에서 한국 현대사를 분석하겠다.

---

10 김영호, 『한국전쟁의 기원과 전개과정』, 서울: 성신여자대학교출판부, 2006, 313.
11 박명림, 『한국전쟁의 발발과 기원 1』, 경기: 나남, 2017, 207쪽 이하 참조.

2) 한국전쟁의 역사적 배경

한국전쟁의 역사적 배경에서 전쟁의 원인과 미국의 세계전략을 살펴보고
자 한다. 한국 현대사는 해방과 분단으로 시작하였다. 한반도는 해방 정국
부터 내전 상태였다. 일본이 패전한 직후, 한반도에서 친일과 항일, 우익과
좌익, 친미파와 친소파, 지주와 소작인, 자본가와 노동자, 북의 '민주기지론'
과 남의 '단독정부론' 등 각종 세력들이 충돌했다. 한국전쟁에는 내인과 아
울러 외인도 함께 작용했다. 박태균은 외세에 의한 분할점령을 분단과 전쟁
의 필요조건으로 보고, 외세와 결탁하여 이익을 추구한 정치집단의 행위를
충분조건으로 보았다.[12] 자국의 이익을 추구하는 강대국의 대외 정책에도
문제가 있고, 대세에 편승하여 일신의 영달을 꾀한 국내의 지도자들에게도
분단과 전쟁의 책임이 있다. 한반도를 두고 벌어진 강대국들의 각축은 결국
전쟁으로 표출되었다. 여기서 미국이 결정적 역할을 했다. 해방 정국에서
일어난 주목할 사건은 38도선 획정, 미군정 집행, 신탁통치 분쟁 등이다. 이
러한 사건들은 모두 미국과 관련이 있다. 미국이 세계전략 차원에서 한반도
를 분단하고, 전쟁을 기획하여 실행했다는 개연성을 부인할 수 없다.

(1) 38도선 획정

일본 패망 이후 한반도는 미국과 소련에 의해 분리되었다. '북위 38도선'
(이하 38선)은 왜, 어떻게 생겨났는가? 강대국이 한반도를 분할한 의도는 무
엇인가? 38선을 획정한 정책 결정자 및 실무자가 누구인가? 이러한 물음에
대하여 '군사적 편의설', '일본 요인설', '정치적 의도설' 등의 입장이 있다.

---

12 박태균, 『한국전쟁』, 서울: 책과함께, 2005, 80-81.

첫째로, 군사적 편의설이란 38선이 제2차 세계대전의 전승국 가운데 경쟁국으로 등장한 미국과 소련이 경쟁하는 과정에서 생겨난, "일본의 항복을 접수하기 위한 군사적 편의주의의 산물"[13]이라는 것이다. 소련이 종전 직전에 먼저 한반도에 들어왔을 때, 미국은 북위 38선을 경계로 미국과 소련이 한반도를 분할하여 일본군의 항복을 접수하기를 소련 측에 제안했다. 그리하여 미국과 소련은 한반도 분할점령안에 합의했다(1945.8.15). 맥아더는 "38선 이북에 위치한 일본군은 소련 극동군 사령관에게 항복하고, 38선 이남에 있는 일본군은 미합중국 사령관에게 항복하라"는 일반명령 제1호를 발표했다(8.17). 가장 널리 알려진 지론인 군사적 편의설은 미국의 정책 결정자들에게 면책하는 용도로 사용되어 왔다.

둘째로, 일본 요인설은 한반도의 분단을 기획하고 38선을 형성한 것이 일본의 항복 전략이라는 의견이다. 이 주장에 따르면, 일본은 패전에 임박하여 전후 동북아 지역에서 영향력을 유지하기 위해, 한반도에서 미국과 소련이 경쟁하는 구도를 만들려는 계획을 추진했다.[14] 미국의 세력을 견제하기 위해, 일본은 희생을 감수하면서 항복을 지연하여 소련을 한반도에 끌어들였다는 것이다. 그리하여 미국과 아울러 소련에 항복하려는 속셈이었다. 냉전 체제에서 이익을 얻으려는 일본의 항복 전략대로 38선 분단은 한국전쟁을 초래했으며, 그 전쟁에서 일본은 큰 이익을 얻었다. 전후 생존을 위해 일

---

13 차상철, 『미군정시대 이야기』, 경기: 살림출판사, 2014, 10.
14 고시로 유키코(小代有希子)가 2004년에 『미국역사학보』(제109호)에 발표한 "유라시아의 쇠퇴: 일본의 제2차 세계대전 종전전략(Eurasian Eclipse: Japan's End Game in World War II)"라는 논문에서 한반도 분단이 일본의 치밀한 항복전술의 산물이었다는 사실을 주장했다. 일본군은 막대한 피해를 감수하며 소련군이 한반도에 진입하기를 기다리느라 항복을 지연했다. 소련을 끌어들여 동서 냉전체제를 형성한 뒤에 이익을 얻으려는 일본의 항복전략은 성사된 것으로 보인다. 2005년 4월 25일 자 『시사저널』 참조.

본이 한반도를 분할하고 전쟁 상황을 조성했을 수도 있다.

셋째로, 정치적 의도설은 한반도 분할을 주도한 주체가 미국의 정책 결정자들이라는 주장이다.[15] 제2차 세계대전 종전 이전부터 미국은 공산세력의 진출을 봉쇄하기 위하여 한반도에 관심했다. 미국은 얄타회담(1945.2) 이전부터 신탁통치와 분할점령을 기획했다. 한반도 분할선에 관해서는 미국 3부조정위원회에서 1944년 초부터 본격적으로 논의되어 왔다. 한반도 분할 정책은 1945년 8월 10일에 결정되었다. 명령을 받은 군부는 8월 11일에 38선을 기준으로 한반도를 분할하는 기안을 작성했다. 단시간에 기안을 작성할 수 있었던 것은 분할선이 사전에 준비되어 있었기 때문이다. 38선은 소련의 한반도 진출을 저지하여 동북아시아 지역에서 소련의 세력권을 견제하려는 미국의 정책에 따라서 실행된 정치적 결정인 것이다. 김학준은 이완범의 분석에도 일부 동의하지만, 군사적 편의설에 역점을 둔다.[16]

요컨대, 세 가지 주장 가운데 미국의 정치적 의도설이 개연성이 높다고 생각한다. 38선은 동북아시아에서 패권을 차지하려는 미국의 세계전략에서 산출된 것이다.

(2) 미군정 집행

해방 정국은 역동적인 시기였다. 일본의 패망과 함께 해방을 맞이한 한국인들은 '건국준비위원회'와 '인민위원회'를 조직하여 주도적으로 나라를 세워 나갔다. 1945년 9월 6일 건국준비위원회는 '조선인민공화국'을 건립하

---

15 38선 획정과 한반도 분할은 동북아 지배전략 차원에서 미국 정부가 장기간 연구하고 구상한 정책의 소산이었다. 이완범, "미국의 38선 획정 과정과 그 정치적 의도", 『한국정치학회보』 제29집 제1호, 1995.10, 191.

16 김학준, 같은 책, 13, 15 이하.

고, 7일에 조각을 발표했다. 그런데 해방 정국에서 한반도에 먹구름이 몰려왔다. 9월 8일에 미국의 군대는 '점령군'으로 한반도에 진주했다. 미군의 편파적이고 미숙한 통치로 인하여 한반도의 운명이 어긋나기 시작했다. 3년간의 미군정은 국제법적으로 결함을 지니고 있었다.[17] 남한을 점령한 미군은 한국인들을 경계하고 적대시했다. 북한에 입법권과 행정권을 부여한 소련과는 대조적으로, 미국의 점령 정책은 억압적인 군정을 시행하며 냉전 질서를 강요했다. 미군정이 전범국 일본에서 민주화 개혁으로 표출되었고, 한반도에서는 해방된 한국을 오히려 통제하는 양상으로 전개되었다.[18] 1945년 9월 7일 태평양미국육군총사령부는 "조선 인민에게 고함"이라는 포고령 제1호를 공포했다. "38선 이남의 조선과 조선 인민에 대하여 미군이 군정을 펼 것이다"(포고령 제1호 제1조). 10월 10일에 미군정은 "38선 이남의 조선에는 오직 하나의 정부만이 존재한다"고 포고함으로써 조선인민공화국을 배제했다. 아울러 자발적으로 조직된 전국의 인민위원회가 해체되었다. 군정청은 통치 편의를 위해 친일 인물들을 대거 등용했다. "정부와 공공 기관에 종사하는 직원은 종래의 업무를 수행한다"(제2조). 그리하여 한국인은 자기 결정권을 상실하고, 자주적으로 나라를 세울 기회를 박탈당했다. 미군정은 빼앗긴 해방과 분단의 서곡이었다.

군정청의 비호 아래 '한국의 48년 체제,' 곧 정치적 대안이 봉쇄된 보수적 패권 체제가 공고하게 형성되어 갔다.[19] 미군정과 그것에 부역한 국내의 친

---

17 박도 엮음, 『미군정 3년사』, 서울: 눈빛, 2017, 22.

18 안소영, "연합국 최고사령관 총사령부(GHQ/SCAP) 문서와 '점령기 한일관계' 연구", 국민대학교 일본학연구소 편, 『GHQ시대 한일관계의 재조명』, 서울: 선인, 2017, 63.

19 '48년 체제'란 한국 현대 정치체제의 원형을 형성하는 시기인 대한민국 정부수립 과정과 그 결과로 구축된 정치체제의 기본 구조를 말한다. 48년 체제의 형성 과정에 관하여 박찬표, 『한국의

미-친일-반공 세력이 결합하여 '48년 체제'를 형성하게 되었다. 48년 체제는 결국 한국전쟁이라는 비극을 초래하였고, 전쟁은 역설적으로 48년 체제를 공고하게 만들었다. 이후로 그것은 한반도에서 냉전 질서와 분단체제를 유지했다.

(3) 신탁통치 분쟁

신탁통치 분쟁은 해방 정국에서 한반도의 운명을 가른 중요한 사건이다. 1945년 12월에 발표된 모스크바 3상회의 결정서에 따르면, ① 한반도에 통일된 임시 조선민주주의 정부를 구성하고, ② 그것을 지원할 목적으로 미소공동위원회를 조직하며, ③ 최장 5년을 기한으로 신탁통치를 실시하기로 하였다. 그대로 시행된다면, 한반도에 단일 독립국이 수립될 수 있었다. 그런데 신탁통치 분쟁으로 단일 정부 수립에 차질이 생겼다. 원래 소련은 한국의 즉시 독립을 원했으나, 미국은 장기간의 신탁통치를 주장했다. 그런데 공식 발표 하루 전날(1945.12.27), 《동아일보》는 "소련은 신탁통치 주장, 미국은 즉시 독립 주장"이라고 반대로 보도했다. 《동아일보》의 오보로 인하여 정국은 신탁통치 쟁투의 소용돌이에 말려들었다. 한국의 지도자들은 모스크바 결정의 내용을 제대로 파악하지 못하고 경솔하게 행동했다. 이승만과 한민당을 비롯한 우파세력은 소련을 비난하고, 반공 운동을 전개하였다(반탁). 임시정부 주석이었던 김구마저 이승만과 손을 잡고 반탁의 대열에 합류하였다. 반면에, 조선공산당을 비롯한 사회주의 계열은 당초의 태도를 바꾸어 모스크바 결의를 수용했다(찬탁). 좌익은 미소공동위원회를 속개하고 통합 정부를 만들자고 주장했다. 신탁통치로 인한 광적 분쟁은 남한사회

48년 체제』, 서울: 후마니타스, 2010, 39쪽 이하 참조.

를 혼란으로 몰아갔다. 극한의 좌우 대립을 틈타서 친일파는 반탁·반소를 내세워 애국세력으로 행세했다. '친일 청산'이 '반탁'이라는 프레임으로 바뀌고, 통합 정부 문제는 증발되었다. 그리하여 남북 단일 정부를 수립할 절호의 기회를 상실하게 되었다. 해방 정국에서 민주주의민족전선이 대표하는 좌익(박헌영, 여운형)과 비상국민회의를 비롯한 우익(김규식, 김구, 이승만)의 협력이 요구되었다. 그런데 이승만은 정읍 발언(1946.6.3)을 통하여 '남한 단독정부론'을 주장했다. 그것은 남북이 분단되더라도 단독 정부를 수립하겠다는 것이다. 단독 정부 수립에 반대하여, 1946년에 여운형과 김규식 등이 나서서 좌우합작위원회를 발족하고 좌우합작운동을 전개했다. 하지만 극우(이승만)와 극좌(박헌영)는 합작을 반대했다. 미국이 처음에는 좌우합작을 지지했으나, 냉전이 시작되면서 태도를 바꾸었다. 애석하게도 좌우연합의 구심적 인물인 여운형이 암살됨으로써(1947.7.19) 합작운동은 중단되고 말았다. 1947년 2월 이후로 한반도에서는 미국과 소련의 냉전이 본격화되었다. 미소공동위원회가 결렬되자 모스크바 3상의 결정이 폐기되었고, 미국은 한국 문제를 유엔으로 이관했다.

그러면 미국은 왜 신탁통치를 주장했을까? 신탁통치란 국제연합의 신탁을 받아 연합국이 특정 지역을 통치하는 것을 말한다. 미국은 한국인의 독립 투쟁과 대한민국 임시정부를 인정하지 않았다.[20] 미국은 1910년 한일합병이 국제법적으로 적법하다고 간주했다. 그래서 일본 패전 이후에도 미국은 한국을 주권국으로 인정하지 않았고, 한반도를 일본의 지배가 종료된 분리 지역으로 취급했다. 분리 지역에서 통치권을 발동하려면 '신탁통치'를 실시해야 한다. 한국의 독립에 관련하여 "적절한 절차에 따라서(in

---

20 이해영, 『임정, 거절당한 정부』, 경기: 글항아리, 2019, 79, 123.

due course)"라는 카이로선언(1943.12.1)의 문구는 신탁통치를 염두에 둔 것이다. 미국은 테헤란회담(1943.11), 얄타회담(1945.2), 모스크바 3국외상회의(1945.12) 등에서 한국에 대한 장기간의 신탁통치를 주장했다. 반면에 소련은 임시정부 구성에서 좌파 진영이 우세한 것으로 판단하고 한국의 즉시 독립을 제안했다. 결국 소련의 양보로 양국은 5년간 신탁통치에 합의했다. 요컨대, 미국이 한반도의 신탁통치를 주장한 이유는 한국을 독립국이 아닌 분리 지역으로 취급했고, 독일이나 일본에 비해 한반도를 부차적 전략 지역으로 보았으며, 시간을 벌어서 한반도 남쪽에 친미 정부를 세우고자 했기 때문이었다. 미국은 한민족의 운명보다 자국의 이익을 우선했던 것이다.

(4) 미국과 한국전쟁

제2차 세계대전 이후 미국의 동아시아 정책은 냉전체제 중심으로 구상되었다. 미국은 냉전에 효과적으로 대처하기 위해 일본의 주권을 회복시키고, 일본을 반공 진영에 편입시켰다. 미국은 '대일강화조약(샌프란시스코조약)'을 통하여 전범 국가인 일본의 주권을 인정하고, 일본을 소련에 맞서는 주요기지로 삼고자 했다. 대일강화조약은 1951년에 미국을 비롯한 48개 연합국과 일본 사이에 체결한 평화조약이다. 그것은 한국 침탈에 일본의 책임을 묻지 않았으며, 도리어 한국을 국제무대에서 배제시킨 조약이었다. 소위 분리지역인 한국은 회의장에 참석할 자격을 얻지 못했고, 일본에게 정식으로 배상을 청구할 수 없었다. 대일강화조약이 실효를 발휘한 1952년에 비로소 대한민국은 분리 지역에서 독립국이 된 셈이다.

미국은 세계전략 차원에서 한국 문제를 처리했다. 소련에 대항하는 미국의 전쟁 정책은 NSC8, NSC48, NSC68 등의 국가안전보장회의가 제출한 보고서에 나타났다. 특히 NSC8(1948.4.2)에 한국에 대한 정책이 담겨 있다.[21] 미국은 한국 문제에 대하여 이중적 태도를 보였다. 첫째로, 미국은 한반도를 전략적 가치가 낮은 지역으로 평가했다.[22] 그래서 남한에서 미군을 철수시키겠다는 것이다. 둘째로, 한국전쟁 발발 직후 미국은 즉시 전쟁에 개입했다. 미국의 모순적 행동을 어떻게 해석해야 할까? 첫 번째 태도와 관련하여 미국은 한국에 대하여 다음과 같은 조치를 취했다. ① 미국은 대한민국 국군에 무기와 장비를 제대로 제공하지 않았다.[23] 국군의 전력을 경비대 수준으로 유지하게 했다. ② 미국은 한반도에서 군대를 철수시켰다(1949.6). 한국군이 독자적으로 방어능력을 갖추도록 지원하지 않은 상태에서, 미군이 한반도에서 물러난 것이다. ③ 극동방위선(Acheson line)에서 한반도를 제외시켰다(1950.1). 미국은 전략적 무가치론을 내세워 한반도에서 전쟁 억제력을 해소했다. 전쟁 발발 이후, 미국의 태도 역시 의아한데, 북한이 침공하자 미국은 전격적으로 개입했다. 미국의 모순적 태도는 "미국도 전쟁을 원했다"[24]는 것을 방증한다. 애치슨은 NSC68 보고서에서 국방비를 증액하고자 했는데, 한국전쟁 덕분에 초과 달성했다.[25] 미국은 단기간에 참전을 결정

---

21 *Report by the National Security Council on the Position of the United States with Respect to Korea*, April 2, 1948.

22 한반도에 대한 전략적 가치를 과소평가한 내용은 여러 문서에 나타난다. 예를 들면 미육군부가 국무부에 보낸 비망록에 따르면, 한국은 전쟁 승리에 기여하지 않는 곳이며, 전략적 가치가 희박한 지역이라고 평가했다. 전략적 가치는 낮은데 미국이 지불할 비용이 지나치게 많다는 것이다. *Memorandum by the Chief of the Division of Northeast Asian Affairs to the Director of the Office of Far Eastern Affairs*, December 17, 1948.

23 이희진, 『625 미스터리: 한국전쟁, 풀리지 않는 5대 의혹』, 서울: 가람기획, 2010, 107 이하.

24 이희진, 같은 책, 129.

25 David Hallberstam, *The Coldest Winter*. 정윤미, 이은진 옮김 『콜디스트 윈터: 한국전쟁의 감추어진 역사』, 경기: 살림, 2015, 296.

하며, 북한 제재에 대한 국제연합 안전보장이사회 결의를 유도했다. 미국은 6월 26일에 자국의 군대를 파병했고, 27일에 "군사적 조치를 권고한다"는 유엔 안보리 결의를 이끌어냈다. 미국 정부는 유엔 안보리의 결의를 법적 근거로 제시하고, 국회의 승인 없이 미군을 한반도에 파병했다. 그래서 미군 파병이 국내법인 '유엔 참여법(UN Participation Act)'을 위반했다는 논란이 제기되었다.[26]

앞에서 보았듯이, 미국은 한반도의 전략적 가치를 과소평가하면서 동시에 한반도에 집착하는 이율배반적 모습을 보였다. 그 이유는 공산세력에 대항할 국지 전쟁이 필요했기 때문으로 보인다. 제2차 세계대전 이후 미국은 국제정치에서 주도권을 장악하고, 패권국가로 등장할 기회를 찾았다. 그래서 미소의 냉전 구도에서 공산세력의 구체적인 위협이 필요했다. 미국은 한국군의 전력을 제한했고, 한반도에서 미군을 철수시켰으며, 극동방위선에서 한국을 제외했다. 그러한 조치들은 북한이 공백 상태에 놓인 남한을 침공하도록 미국이 유도한 것으로 보인다.[27]

2. 한국전쟁과 국제연합

미국의 정책에 따라서 한반도는 분단과 전쟁을 겪게 되었다. 국제정치

---

26 1950년 6월 미국 대통령이 한국전쟁에 파병한 일은 의회의 동의를 받지 않고 행정적 목적으로 군대를 동원한 유일한 사례가 되었다. 미국헌법과 국제연합 안전보장이사회의 요청이 있는 경우, 그러한 행위는 1945년에 제정된 국제연합참여법에 따라서 행위의 적법성이 판단되어야 한다. 최철영, "미국의 UN참여법과 미군의 6.25전쟁 참전의 합법성문제", 『미국헌법연구』 제21권 제3호, 2010.12, 152-153.

27 하리마오, 『38선도 6·25한국전쟁도 미국의 작품이었다』, 서울: 새로운사람들, 1998, 193 이하.

에서 독주한다는 비난을 면하고자, 미국은 국제연합(United Nations, 유엔)을 동원하여 세계전략을 전개했다. 제2차 세계대전 이후 미국 주도로 설립된 유엔은 미국의 입장을 충실히 대변했다.[28] 미소공동위원회가 결렬되자 (1947.10), 미국은 한국 문제를 유엔으로 이관했다. 유엔의 조치는 한반도의 분단을 현실화했다. 한반도에서 인구에 비례하여 총선거를 실시하도록 결의했지만 북한 측이 거부하자, 유엔은 선거가 가능한 지역에서 선거를 실시하도록 결의했다(1948.2). 결국 38선 이남에서 단독 총선거가 실시되어 대한민국이 성립되었다(1948.8.15). 이에 맞서 이북에서는 조선민주주의인민공화국이 탄생했다(1948.9.9). 남과 북에 정부가 수립됨으로써 남북은 더욱 멀어졌다. 미소 양국이 분단의 단초를 제공했고, 극우와 극좌의 국내 지도자들은 분단의 고착에 일조했다. 남북 간에 전쟁이 발발하자, 유엔은 한반도에 통합군을 파병했다. 대부분 한국인은 국제연합의 결의에 대하여 이의를 제기하지 않는다. 우리는 유엔이 대한민국 정부를 승인하고 전쟁 시에 대한민국을 위해 유엔군을 파병한 것을 감지덕지한다. 이제까지 당연시해 온 유엔의 조치에 다음과 같은 문제를 제기한다. 미국은 한반도 문제를 반드시 유엔에 이관해야 했을까? 유엔은 38선 이남에 단독 정부를 서둘러 승인하고, 총선거를 강행해야 했을까? 통합군 파병은 적법한가? 냉전의 산물인 유엔군사령부는 유엔의 공식 기구인가?

1) 국제연합의 한반도 조치는 정당한가?

한반도 문제에 대한 유엔의 조치는 다음과 같은 결과를 초래했다. 첫째

---

28 David Hallberstam, 같은 책, 147.

로, 유엔은 한반도의 분단을 합법화했다. 1948년 12월 12일 제3차 유엔총회는 대한민국의 정부를 승인했다. "유엔한국임시위원단(UNTCOK)이 총선거를 감시하고 협의할 수 있는 남한 지역에서 효과적인 통제권과 사법권을 보유한 합법 정부가 수립되었으며, 이 정부는 선거가 가능했던 한반도 내에서 유일한 합법 정부임을 승인한다." 국내 전통주의 학자들은 유엔의 승인이 효력을 발생하는 범위를 한반도 전체라고 주장한다. 그러나 그 범위는 "선거가 가능했던" 지역(38선 이남)에 국한된다. 38선 이북 세력을 비합법 집단으로 규정하고 38선 이남 지역에서 합법 정부를 승인한 것은 분단을 전제한 것이다. 5.10 총선거와 8.15 정부수립은 한반도의 분단을 확정했다.

둘째로, 유엔의 대한민국 정부 승인은 38선 이북 지역 점령권과 수복지구 관할권에 대한 문제를 파생시켰다. 1950년 10월 12일 유엔소총회에서 38선 이북 지역 관할권에 대해 다음과 같이 결의했다. "기타 지역[38선 이북 지역]에서 합법적이며 효과적인 정부를 유엔이 승인한 적이 없다. … 유엔군이 점령한 지역에 대한 행정을 … 통합군사령부가 담당할 것을 권고한다." 그것은 "대한민국의 영토는 한반도와 그 부속 도서로 한다"는 대한민국의 헌법 제3조와 충돌한다. 북한을 점령하는 주체가 통합군사령부다. 한국정부의 관할 지역은 선거가 실시된 지역이다. 만약에 북한 정권이 무너지더라도, 38선 이북 지역에 대해서는 통합군사령부가 점령하여 관할하게 된다. 수복지구 관할권에 관해 뒤에서 좀 더 다루겠다.

셋째로, 유엔은 처음부터 군사적 개입을 채택했다. 한반도에서 전쟁이 발발하자, 유엔은 북측의 행위를 국제법을 위반한 침략이라고 규정했다. 국제연합 안전보장이사회(이하 안보리)가 결의문 제82호를 통하여 "북한군의 무력 공격에 심각한 우려를 표명하고 … 그러한 행위는 평화를 파기한 것임을 결정하였다." 6월 27일 안보리는 다시 결의문 제83호를 채택하여 "무력 공격을 격퇴하고 평화와 안전을 회복하도록 한국에 필요한 원조를 할 것을 회원국에 권고"하였다. 안보리는 결의문 제82호, 제83호, 제84호를 채택하여 즉각적으로 군사적 개입을 합법화하였다. 그런데 북한을 합법적인 주권국가로 인정하지 않는다면, "평화 파기를 구성한다"는 안보리의 결정은 자가당착에 빠진다. 비합법 집단이 분리지역을 공격한 것에 대해 "침략"이나 "평화 파기"라는 개념을 적용하여 다국적 군대가 개입한 것은 이율배반적 논리다. 더욱이 "충돌을 야기할 우려"가 있는 상황에 대한 조치는 유엔헌장에 따라서 평화적 수단을 강구해야 한다. "국제평화와 안전을 유지하고 … 평화적 수단에 의하여 또한 정의와 국제법의 원칙에 따라 실현한다"(제1조 제1항). "어떠한 분쟁도 … 평화적 수단에 의한 해결을 구한다"(제33조 제1항). 국제연합의 역할은 전쟁 방지와 평화 유지다. 그런데 유엔은 평화적 수단 대신에 군사적 강제력을 집행했다.

넷째로, 통합군 파병은 집단안보에 부합되지 않는다. 집단안전보장(Collective Security)이란 다수의 국가가 상호 간에 전쟁을 금지하고 이를 위반하는 국가에 대하여 관련 국가가 집단적으로 진압하는 것을 말한다. 전통주의자들은 유엔이 한국전쟁에 개입한 것은 집단안보 제도를 적용한 최초의 사례로 본다. 제성호는 유엔군의 참전이 국제법적으로 정당하고 합법적이며, 그것은 유엔의 성공적인 개입과 지원에 의해 대한민국을 위기에서 구출한 국제적 집단안전보장의 사례라고 평가했다.[29] 하지만 통합군 파병을 집단안보로 보기에 문제가 있다. 7월 7일에 안보리는 결의문 제84호로 "군대와 지원을 제공하는 국가들이 … 미국이 지휘하는 통합군사령부에 군대와 지원을 제공할 것을 권고"하였다. 그리하여 다국적 군대가 한국전쟁에 참여

---

29 제성호, "한국전쟁의 국제법적 재조명", 『전략연구』 통권 제49호, 2010.07, 125-156.

하게 되었다.[30] 파병 국가들은 사실상 유엔이 아니라 미국과 협정을 맺은 것이다. 통합군은 엄밀히 말하면 미군 주도의 다국적군이다. 따라서 한국전쟁에 개입한 군대는 유엔군이 아니라, 다국적군으로, 미국의 세계전략을 실행한 것이다.[31]

요컨대, 유엔의 조치는 한반도의 분단을 전제하고, 국제전을 합법화했다. 한반도를 분할한 미국은 유엔의 깃발을 들고 한국전쟁에 개입했다. 다국적군의 참전으로 내전이 국제전으로 확전되었다. 위에서 살펴보았듯이, 미국이 주도한 안보리 결의안은 법보다 정치가 우선하고, 집단안보의 원칙보다 강대국의 패권이 작동한 것이다.

2) 유엔군사령부는 무엇인가?

(1) 유엔군사령부의 정체

전통주의 학자들이 그러하듯이, 김명기는 유엔헌장 제29조 및 안보리 결의(S/1588)에 근거해서, 유엔군사령부(United Nations Command, 이하 유엔사)가 창설되었다고 주장했다.[32] 그런데 유엔사의 법적 지위에 문제가 있다고

---

30 병력지원국으로는 미국, 영국, 호주, 네덜란드, 캐나다, 프랑스, 뉴질랜드, 필리핀, 터키, 태국, 남아프리카 공화국, 그리스, 벨기에, 룩셈부르크, 에티오피아, 콜롬비아로 총 16개국이며, 의료와 시설 지원국은 스웨덴, 인도, 덴마크, 노르웨이, 이탈리아, 독일로 총 6개국이다.

31 '유엔군'이란 일반적으로는 유엔헌장 제43조의 특별협정에 입각한 안전보장이사회의 요구에 대하여 가맹국이 제공하는 병력을 의미한다. 그 군대는 유엔에 소속되고, 유엔의 지휘와 감독을 받는다. 하지만 미국은 유엔이 제안한 군사행동을 감독할 위원회 설치 건을 거부했다. 미국 정부가 임명한 사령관이 통합군을 지휘했으며, 국제연합의 지휘와 감독을 받지 않았다. 정치적, 행정적, 군사적 통제, 재정 조달, 편제 구성 등의 차원에서 볼 때, 한국전쟁에 동원된 각국의 군대는 미군 주도의 다국적군이다. 이 글에서 편의상 '통합군'과 함께 '유엔군'이라는 용어를 사용하겠다.

32 김명기, "국제연합군사령부의 해체와 한국휴전협정의 존속", 『국제법학회논총』 20-1, 1975, 69.

본다.[33] 김선표는 1950년 이후 유엔사가 유엔연감에 유엔의 기관으로 등재되어 있지 않았음을 지적하고, "유엔 기관이 유엔사를 유엔의 보조기관으로 인식하고 있지 않다"[34]고 언급했다. 그러면 유엔사의 정체가 무엇일까? 한국전쟁 때 설립된 유엔사는 미국의 전쟁을 위해 태어난 냉전의 산물이며, 미군을 중심으로 한 다국적군사령부다.[35] 전쟁 발발 직후에 유엔은 미국 주도로 통합군사령부(Unified Command)를 조직하도록 권고했다. 안보리는 미국에게 통합군의 사령관을 지명할 것과 통합군사령부가 취한 행동에 대하여 적절하게 보고할 것을 요청하였다. 그러나 통합군은 유엔의 결의를 따르지 않았다. 미국은 '통합군사령부'를 임의로 '유엔군사령부'로 명명했다. 그러면서도 유엔사는 안보리의 지휘를 받지 않았다. 유엔사는 상황 및 작전내용을 미국정부에 보고했다. 미국 대통령은 유엔의 승인 없이 사령관을 임명하고 해임했다. 그러한 처사는 유엔헌장 제29조와 일치하지 않으며, 유엔사가 유엔 기구가 아님을 보여준다. 유엔군을 긍정적으로 평가한 이한기도 "유엔헌장 제29조에 계획된 방법대로 창설되지 않았으므로 [유엔군사령부가] UN의 기관이 아니"[36]라는 것을 인정했다. 유엔사가 유엔의 조직이 아님은 1994년에 유엔 사무총장은 북한대사 앞으로 보낸 서한에서도 밝혀졌다. "주한 유엔군사령부는 안보리의 산하 기관이 아니며, 유엔의 어떠한 기구도

---

33 일찍이 스쿠비제프스키(K. J. Skubizewski)와 백스터(R. R. Baxter)는 유엔사가 국제연합의 기관
   이라는 것에 의문을 제기했다. 김명기, "국제연합군사령부의 해체와 한국휴전협정의 존속", 69
   에서 재인용. 정태욱은 유엔사의 법적 지위를 거론하며, 유엔사를 불법적 기구로 보았다. 정태
   욱, "유엔사의 법적 지위와 관련 문제", 〈전문가토론회: 평화협정과 유엔군사령부 관계 문제〉,
   2018.5, 4 이하.
34 김선표, "한반도 평화 체제 구축과 유엔사 문제에 대한 소고", 『서울국제법연구』 제12권 제2호,
   2005, 98.
35 이시우, 『유엔군사령부』, 파주: 들녘, 2013, 391.
36 이한기, "한국 휴전협정의 제문제", 『국제법학회논총』 제3호, 1958, 61.

유엔군사령부의 해체에 대한 책임을 갖고 있지 않다."[37] 유엔사는 유엔의 공식 기구가 아니기에, 유엔이 그것을 해체할 책임이 없다는 것이다. 유엔에는 유엔사에 대한 어떤 규정도 없다. 미군이 만든 주한 유엔사는 유엔 산하 기구도 아니며, 족보도 없는 기관인 것이다.

1975년 제30차 유엔총회에서 남북문제와 관련하여, 평화협정 체결 및 유엔사 해체를 권고했다.[38] 한국전쟁을 위해 만들어진 다국적군을 당시 상황에서 더 이상 지속시킬 이유가 없었기 때문이다. 그런데 미국 국방부는 도리어 유엔사를 재강화하는 방향으로 나아갔다. 미국은 유엔사의 해체에 대비해서, 1957년에 창립된 주한미군사령부(UNITED STATES FORCES KOREA) 이외에 1978년에 한미연합사령부(COMBINED FORCES COMMAND)를 창설했다. 하나의 군대에 세 개의 사령부가 있는 셈이다. 주한미군사령관이 한미연합사령관과 유엔군사령관을 겸직한다. 유엔사가 전시작전통제권을 연합사에 이양했지만, 전시에는 유엔사가 작전을 지휘하게 된다. 2018년에 열린 제50차 한미 안보협의회의에서 합의한 '미래연합사령부'는 전시작전통제권 전환 이후에 편성되어 한국군 주도로 부대를 통솔하고 지휘하는 본부를 말한다. 하지만 유사시에는 미래연합사가 유엔사에 통합된다. 따라서 한국군이 형식적으로 주도해도 실제로는 유엔군사령관을 겸하고 있는 미군사령

---

37 김선표, "한반도 평화 체제 구축과 유엔사", 98쪽에서 재인용.
38 1975년 제30차 유엔총회에서는 남한만이 아니라 북한의 입장도 공식적으로 반영되었다. 유엔 총회 결의 제3390호에서, 남한의 입장을 반영한 결의문은 한반도의 정전협정을 대체하고 항구적 평화를 보장하는 새로운 협정을 위한 교섭에 임할 것을 요구했다. 정전체제 유지를 위한 대안이 마련된다면, 연합군 통합사령부는 해체될 수 있다. 유엔 안보리 결의 없이, 한-미 양국이 합의하여 유엔사를 해체할 수 있다. 북한의 입장을 반영한 결의문은 연합군 통합사령부를 해체하고 남한에 주둔하는 모든 외국군을 철수할 것을 권유했다. 그리고 정전협정을 평화협정으로 대체하고, 남북 군축, 무력 충돌 방지 대책, 자주 평화 통일의 항구적 평화를 권고했다. 정태욱, "한반도 평화협정 관련 논의의 전개과정과 시사점", 『법학연구』 19(2), 2016, 254.

관이 미래연합사에 대한 지휘권을 행사하게 된다. 초법적 기구인 유엔사는 유엔의 형식을 빌린 미군사령부로서 한반도 정세에 개입하는 수단으로 작동된다.

(2) 유엔군사령부의 문제점

주한 유엔사, 무엇이 문제인가? 유엔사가 독자적으로 만든 지침에는 전쟁개시권, 38선 이북 점령권, 비무장지대 관할권, 일본 자위대 후방기지 지휘권 등의 권한이 명시되어 있다. 그러한 유엔사의 권한은 대한민국의 주권을 침해한다.

첫째로, 유엔사의 38선 이북 점령권과 수복지구 관할권은 우리나라의 주권을 제한한다. 1950년 10월 12일에 개최된 유엔소총회에서 다음과 같은 결의안이 통과되었다. "대한민국의 주권은 38선 이남으로 제한된다. 유엔군이 북한 지역에 군정을 실시한다." 그리하여 1950년 10월 유엔군이 38선 이북지역을 점령했을 때, 한국정부는 그 지역에 대하여 공식적인 권한을 행사하지 못했다.[39] 1954년 11월 17일 유엔사가 38선 이북 중동부 점령 지역에 대한 행정권을 대한민국에 이양함으로써 그 지역은 '수복지구'라는 이름으로 남한에 편입되었다. 수복지구란 "최종적인 법적(de jure) 지위에 대한 이양은 보류하고 … 대한민국 정부는 사실상의(de facto) 행정권을 인수한 것"[40]이다. 그래서 유엔사가 여전히 수복지구에 대한 군사적 관할권을 보유하고

---

39 1950년 유엔군과 국군이 북진하여 북한지역을 점령했을 때, 이승만은 이북5도의 도지사를 임명했다. 그런데 유엔사는 그것을 인정하지 않았다. 점령지에 대한 통제권은 유엔군사령관에게 있다고 보았기 때문이다. 박태균, 『한국전쟁』, 238.

40 한모니까, 『한국전쟁과 수복지구』, 서울: 푸른역사, 2017, 23.

행사한다.[41] 만약에 어떠한 원인으로 북한 정권이 붕괴된다면, 북한 지역은 유엔군(미군)의 점령지가 되고, 유엔사가 관할권을 행사하게 된다.[42] 사실상 그곳에서 미군정이 실시되는 것이다.

둘째로, 유엔사가 부당하게 비무장지대(DMZ) 관할권을 행사한다. 정전협정은 순전히 군사적 성격에 속한다. 따라서 유엔사가 비무장지대 내에서 비군사적 활동을 막는 것은 월권행위다. 부당한 사례를 들면, 다음과 같다. 2019년 9월에 통일부가 독일 한독통일자문위원회 위원들과 함께 고성에 소재한 국군 감시초소(GP)를 방문하려 했으나, 유엔사가 안전상의 이유를 내세워 출입을 불허했다. 2019년 1월에는 유엔사가 운송 수단을 문제 삼아 통행을 불허하여 북한에 독감치료제를 전달하지 못하였다. 2018년 8월에 경의선 철도 조사단의 통행을 몇 차례 연기함으로써 현장 조사가 지연되었다. 거슬러 올라가, 2007년 10월 2일 노무현 대통령이 남북정상회담 참석을 위해 도보로 군사분계선(MDL)을 통과하는 과정에도 유엔사가 관여했을 개연성이 있는 것으로 짐작된다. 한반도에 평화 분위기가 조성되자, 미국은 도리어 유엔사의 입지를 강화하는 방향으로 나아간다.[43] 유엔사는 정전협정

---

41 한모니까, 『한국전쟁과 수복지구』, 294. 한모니까, "유엔군사령부의 '수복지구' 점령정책과 행정권 이양", 한국역사연구회, 『역사학의 시선으로 읽는 한국전쟁』, 서울: 휴머니스트, 2010, 191.

42 이명박 대통령은 통일 재원을 마련하고자 2012년에 '통일 항아리'를 내세웠고, 박근혜 대통령은 2014년 신년 기자회견을 통해 "통일은 대박"이라는 말을 유행시켰다. 두 사람의 공통점은 모두 흡수통일을 전제한 것이다. 그래서 그들은 남과 북의 대화를 거부하고 교류를 포기했다. 만약에 이변이 생겨서 북한 정권이 무너지는 경우에, 북한이 남한에 흡수되어 통일이 이루어질까? 현실적으로 한반도에 유엔사가 존재하는 한 불가하다. '통일 항아리'와 '통일 대박'을 외치던 대통령들은 그러한 사실을 몰랐을까?

43 2018년 9월에 주한미군사령관으로 지명된 에이브럼스(Robert Abrams)가 청문회에서 "남북 군사합의서 실행에서 유엔사와 논의해야 한다. 유엔사가 중개, 판단, 감독, 집행해야 한다"고 주장하며, DMZ 내 모든 활동은 유엔사의 관할이라고 답변했다. 이어서 그는 남북 평화협정은 정전협정과 관련 없다고 하며, 남북이 대화하더라도 DMZ 관련사항은 유엔사가 최종적으로 관할한다

을 위반하여 초법적 권한으로 남북의 공동사업을 통제한다. 정전협정 제4조 제60항은 정전체제를 평화 체제로 전환하는 내용을 지니고 있다.[44] "한국 문제의 평화적 해결을 보장하기 위해 쌍방 군사령관은 (…) 모든 외국 군대의 철수 및 한국 문제의 평화적 해결 등의 문제들을 협의할 것을 건의한다."

셋째로, 유사시 일본 자위대가 한반도에 진출할 수 있다. 미국은 일찍이 일본의 재무장과 한반도 진출을 모색해 왔다. 유엔사는 일본 자위대 후방 기지에 대한 지휘권을 가지고 있다. 주한 미군과 주일 미군은 유엔사 산하에 통합된 전투조직이기에, 유엔사는 일본 자위대와 함께 한반도에서 전쟁을 수행할 수 있다. 유엔사는 한반도 유사시 일본을 통한 전력 이동을 지속적으로 강화하겠다고 한다(《한겨레》 2019.07.11). 유엔사가 발간한 〈2019 주한 미군 전략 다이제스트(2019 Strategic Digest)〉는 다음과 같은 내용이 명시했다. "또한 유엔사는 일본을 통하여 위기 시에 필요한 지원과 전력 이동을 보장할 것이다(Additionally, UNC continues to ensure the support and force flow through Japan that would be necessary in times of crisis.)." 번역의 오류를 내세우지만, 이 원문에는 유사시에 일본 자위대가 한반도에서 활동한다는 내용이 내포되어 있다.

유엔사의 관할권 행사에는 국제법적 근거가 부족하다. 그런데도 유엔사는 한반도에서 지배력을 강화하고 있다. 유엔사의 권한 강화는 한반도의 평화와 통일을 억제한다. 한반도의 분단과 불안정이 미국의 이익에 부응하기 때문이다.

고 말했다. 다시 말하면, 남북 군사합의를 유엔사가 통제하겠다는 것이다.
44 조성훈, 『정전협정』, 경기: 살림, 2014, 111.

3. 한미동맹의 어제와 오늘

한국전쟁을 겪으면서 대한민국의 군사 주권은 미합중국에 양도되었다. 전쟁 발발 직후에 이승만은 국회의 승인도 받지 않고, 서신을 통하여 "재한 미국 군대의 관할권에 관한 대한민국과 미합중국 간의 협정"을 체결했다. 그 서신에 "현재의 전쟁 상태가 지속되는 동안 대한민국 군대의 작전지휘권을 귀하[맥아더]에게 이양"한다고 썼다. 이를 두고 스틸웰(Richard G. Stilwell) 전 주한 미군사령관은 "지구상에서 가장 경이로운 주권 양도"라고 평가했다. 정전 이후에 한미상호방위조약을 체결하면서, 이승만은 작전통제권을 유엔사에 이양하기로 합의했다. "유엔군사령부가 한국의 방위를 책임지는 동안 한국군을 유엔군사령부의 통제 하에 둔다"(합의의사록). 전시에 국회의 비준 없이 이양한 작전통제권을 사후에 법제화한 것이다. "현재의 전쟁 상태가 지속되는 동안"이라는 문구가 합의의사록에서 "유엔군사령부가 한국의 방위를 책임지는 동안"으로 변경되면서, 작전통제권의 종료 기한이 없어졌다. 한미군사동맹으로 한국군은 미군에 예속되었다. 한미동맹은 다음과 같은 점에서 매우 예외적이다. ① 동맹이 장기간(68년간) 지속되고 있다. ② 외국 군대가 주권국가에 상시 주둔한다. ③ 주한 미군이 한국군의 작전지휘 통제권을 보유한다. 이러한 예외적 현실이 당연한 일로 받아들여진다. 미군철수를 주장하면 도리어 반미로 낙인이 찍힌다. 미국 정부가 주한미군을 감축시키려 해도 오히려 한국 정부가 반대한다. 한미동맹의 예외성을 이해하려면 군사력(Power), 이해관계(Interest) 그리고 정체성(Identity)을 파악해야 한다.[45] 한미동맹은 군사력 외에 자산 특수성과 담론 구조에 의해 유지되어

---

45 서재정, 『한미동맹은 영구화하는가: 군사동맹에서의 군사력, 이해관계 그리고 정체성』, 경기: 한

왔다. 동맹 지지자는 한미동맹을 종결하는 경우에 대체 비용이 훨씬 커질 것이라고 주장한다. 군사동맹은 공동의 적을 존재이유로 삼는다. 공동의 적은 바로 북한이다. 오늘날 남한의 군사력은 세계 6위로 평가받고 있다. 한국의 군사력이 북한을 능가하는데도, 현실주의적 균형론에서 벗어나 한미동맹은 강화되었다. 미국은 최상의 우호국이고 북한은 최악의 적대국이라는 정체성이 동맹을 영구화하도록 작동한다. 한미동맹 강화와 한반도 평화체제는 양립할 수 있는가? 먼저 한미동맹의 역사와 현실을 살펴보자.

1) 한미상호방위조약

한미상호방위조약(Mutual Defense Treaty Between the United States and the Republic of Korea, 이하 방위조약)은 한미동맹의 근간을 이룬다. 한국전쟁이 끝나자 한미 양국은 정전 후 한미 양국이 방위조약을 체결하고, 미국은 한국에 경제 원조를 이행하며, 한국군의 증강을 지원할 것을 합의했다. 그리하여 1953년 8월 8일 서울에서 대한민국과 미합중국이 가조인하고, 양국 국회의 비준을 받아서 1954년 11월 17일에 방위조약이 발효되었다. 6개 조항으로 이루어진 방위조약의 주요 내용은 다음과 같다.

제1조: 당사국은 관련될지도 모르는 어떠한 국제적 분쟁이라도 (…) 평화적 수단에 의하여 해결하고 (…) 무력으로 위협하거나 무력을 행사함을 삼갈 것을 약속한다.

제2조: 당사국은 단독적으로나 공동으로나 자조와 상호 원조에 의하여 무력

울아카데미, 2010, 32 이하.

공격을 저지하기 위한 적절한 수단을 지속 강화시킬 것이며, 본 조약을 이행하고 그 목적을 추진할 적절한 조치를 협의와 합의하에 취할 것이다.

제3조: 각 당사국은 (…) 공통한 위험에 대처하기 위하여 각자의 헌법상의 수속에 따라 행동할 것을 선언한다.

제4조: 상호적 합의에 의하여 미합중국의 육군, 해군과 공군을 대한민국의 영토 내와 그 부근에 배치하는 권리를 대한민국은 허여하고 미합중국은 이를 수락한다.

제5조: 본 조약은 대한민국과 미합중국에 의하여 각자의 헌법상의 수속에 따라 비준되어야 (…) 한다.

제6조: 본 조약은 무기한으로 유효하다. 어느 당사국이든지 타당사국에 통고한 후 1년 후에 본 조약을 종료할 수 있다.

조약문 제1조는 북한의 무력행사를 견제하고, 남한의 북진 통일을 방지하는 장치다. 제2조는 어느 한 국가가 공격을 받는 경우에 상대국이 적절한 조치를 취할 것을 규정하였다. 제3조는 집단안보의 범위가 태평양 지역임을 명시하였다. 주한 미군의 위상을 한반도에 국한시키지 않고 태평양까지 포괄하는 군사기제로 설정한 것이다. 제4조는 미군의 한반도 주둔에 관한 사항으로, 미국의 권리와 한국의 의무를 규정하였다. 이 조항은 한미행정협정(SOFA) 및 방위비분담금 특별협정(SMA) 등의 문제를 파생시켰다. 제6조에서 조약의 유효기간을 규정했다. 이 조항을 통하여 미군은 한반도에 영구적으로 주둔할 수 있게 되었다.

뉴라이트 학자들은 방위조약 체결을 이승만의 최대 치적으로 꼽으며, 이승만을 "외교적 달인" 또는 "묘책의 달인"[46]으로 치켜세운다. 유영익은 이승만이 외교, 안보, 정치, 경제 등 여러 분야에서 놀라운 성과를 거두었다고 호평했다.[47] 채우석은 방위조약을 "미국에게는 굴욕적인 조약이며 … 노예계약"이라고 말했다(《글로벌디펜스뉴스》2016.8.28). 정말로 그런가? 사실은 그반대다. 방위조약 체결은 다음과 같은 결과를 초래했다. ① 주한 미군의 한반도 주둔을 공식화했다. ② 한반도에서 미국의 영향력이 막강해졌다. ③ 대한민국의 안보를 미국에 의존하게 되었다. ④ 미국이 내정을 간섭하고 정치에 개입하게 되었다. ⑤ 대한민국은 미국의 이익을 실현하는 도구가 되었다. 방위조약은 "이승만과 미국의 불협화음이 교묘하게 타협한 산물"이며, "독재의 논리와 미국의 이해라는 틀에서 교묘하게 맞춰진 조각그림이었다."[48] 이승만 대통령의 정치 고문이었던 올리버(Robert T. Oliver)에 따르면, "이승만은 미국보다 더 앞서서 미국에 필요한 정책을 실행했다." 방위조약은 정권 보장과 경제 원조의 대가로 대한민국의 주권을 미국에 양도한 계약이다. 그것은 "대한민국의 대미 예속 구조의 조약화"[49]였다. 이를테면 "대한민국은 허여하고(grant), 미합중국은 이를 수락한다(accept)"라는 조약문 제

---

46 권영근, "묘책의 달인: 이승만과 한미동맹(1953-1960)", 『전략연구』23-1, 2016, 193.

47 유영익, "한미동맹 성립의 역사적 의의: 1953년 이승만 대통령의 한미상호방위조약 체결을 중심으로", 『한국사 시민강좌 36』, 서울: 일조각, 2005, 172 이하. ① 한미동맹으로 인하여 한반도 및 그 주변에 장기적 평화를 유지했다. ② 미국의 방위보장으로 대한민국은 경제발전에 매진했다. ③ 미국의 지원으로 한국군은 20개 사단, 70만 대군으로 증강되었다. ④ 한미동맹은 한국의 민주화 정착에 기여했다. ⑤ 팍스 아메리카나에 힘입어 한국의 외교망이 확장되었다. 유영익에 따르면, 한미동맹은 동북아의 평화 정착에 기여했다. 한미동맹으로 인하여 일본이 부흥하였고, 한국은 산업화와 민주화를 이룩했으며, 중국이 개혁과 개방을 통해 대국으로 성장했다는 것이다.

48 노영기, "한미상호방위조약: 한미동맹은 과연 '동맹'일까?", 『내일을 여는 역사』제22호, 2005, 212, 221.

49 리영희, "1953년 한미상호방위조약: '북진통일'과 예속의 이중주", 『역사비평』, 1992.5, 45.

4조는 미국에게 무제한의 권리를 보장하는 것이다. 조승우는 방위조약 제1조, 제3조, 제4조, 제6조가 대한민국 헌법 제10조, 제35조, 제37조, 제66조, 제120조 등에 위배된다고 주장한다.[50] 최근에는 전략 범위가 한반도를 벗어나서 인도-태평양으로 확장하려 한다. 그러한 조치는 미국이 중국을 견제하고 봉쇄하려는 전략에 한국을 끌어들이고, 동아시아에서 군사적 지배력을 유지하려는 세계전략의 산물이다. '역외 균형자론'을 내세워 전략범위가 확장될 경우, 한국이 그 발진기지가 될 우려가 있다.

방위조약 제4조에 근거하여, 부속협정으로 한미행정협정(SOFA)을 체결했다. 그러한 조치는 비대칭적 한미동맹을 강화했다.

2) 한미행정협정(SOFA)

'한미행정협정(주둔군지위협정, Status of Forces Agreement, 이하 SOFA)'은 "미합중국의 군대를 대한민국의 영토 내와 그 부근에 배치하는 권리를 대한민국은 이를 허여하고 미합중국은 이를 수락한다"는 한미상호방위조약 제4조에 근거해서 합의된, 시설과 구역 및 대한민국에 주둔한 미군의 지위에 관한 협정이다. SOFA의 역사를 돌아보면, 1948년에 최초로 잠정적 협정을 맺었는데, 1949년에 미군이 철수함으로써 소멸되었다. 1950년 형사 문제에 국한하여 대전에서 SOFA를 체결했다. 그것은 후진국형 협정으로, 한국인의 생명과 재산을 침해했다. 그러다가 1966년에 이르러 정식으로 SOFA를 체결했다. 그것은 외관상으로 선진국형 협정이지만, 부속문서는 협정 본문의

---

50 "문재인 대통령은 한미상호방위조약 폐기를 미국에 통보하기를 청원합니다", 청와대 국민청원, https://www1.president.go.kr/petitions/582161.

내용을 상당히 제한하였다. SOFA는 두 차례에 걸쳐서 개정되었다. 1991년에 1차로 개정하였으나 문제가 많은 합의의사록을 그대로 두었다. 2001년에 2차로 개정되었지만, 내용이 근본적으로 개선되지 않았다. 오늘날 논란을 일으키는 SOFA는 애초부터 불평등한 한미 관계를 반영했다. 여기서는 '형사재판권'과 '방위비 분담금'에 관한 문제를 다루겠다.

(1) 형사재판권

원래 형법의 적용에 국제적으로 확립된 속지주의 원칙에 따르면, 우리 땅에서 발생한 미군 범죄에 당연히 우리의 형법을 적용하여야 한다. 하지만 SOFA에 따라서 접수국인 우리나라와 파견국인 미국은 재판 관할권, 수사 및 공판 절차에 대해 별도의 협정을 체결했다. 협정문은 형식적으로 공정하게 보이지만, 합의의사록(Agreed Minutes)이나 양해사항(Understandings) 등의 부속 문서에는 독소 조항들이 산재해 있다. 미국은 실질적인 형사재판 관할권을 대한민국에 이양하기를 거부한다. 2001년에 개정된 SOFA가 '형사재판권' 조항을 개선한 성과가 있었다고 하지만, 여전히 가해자 처벌과 피해자 보호에 미흡하다. 이장희는 형사재판권의 문제점을 다음과 같이 지적한다.[51] 첫째로, SOFA 제22조 제3항 가 2에 의하면, 공무 중에 일어난 범죄에 대하여 미군 당국이 1차 재판권을 행사하도록 했다. 게다가 합의의사록 제22조 제3항 1에 따르면, 공무 여부를 미군 당국이 판단한다. 그러한 규정은 치외법권을 행사하겠다는 것이다. 둘째로, SOFA 합의의사록 제22조 제3항 나 조항은 "한국 당국이 1차 재판권을 갖는 경우에도, 미군 당국의 요청이 있으면 … 1차 권리를 포기한다"고 규정한다. 이 규정 때문에 한국의 사법

---

51 이장희, "SOFA의 형사주권과 한미 관계", 『고시계』 48-1, 2002, 199-204.

당국은 미군 범죄에 대해 재판권을 제대로 행사할 수 없다. 셋째로, SOFA는 재판 전에 있는 미군 피의자에 대한 과도한 권리를 규정하고 있다. 신병 인도 시점을 최종 판결 후에서 기소 이후로 앞당겨졌지만, 까다로운 전제 조건 (합의의사록 제22조 제5항 다) 때문에 기소 이후에 신병 인도가 신속히 이루어지기 어렵다. 넷째로, 현행 SOFA는 미군 피의자에 대한 지나친 특혜 조항을 유지한다. 그 밖에도 개정된 현행 SOFA의 상당한 내용이 한국의 형사 주권을 침해한다. 한국의 속지주의와 미국의 속인주의가 충돌하는 형사 관할권은 미국의 양보가 담보되어야 해결될 수 있다.[52] 그러므로 상호성, 주체성, 평등성, 주권성이라는 기준에 맞게 SOFA를 재개정하는 것이 필요하다.

(2) 방위비 분담금 특별협정(SMA)

한미상호방위조약 제4조의 부속협정 성격인 SOFA가 1966년에 체결되어 주한 미군의 부지와 시설을 한국이 제공하였다. SOFA 제5조 제1항은 시설 및 구역을 제외한 주둔군의 경비는 미국 측이 부담하도록 규정했다. "미합중국은 제2항에 규정된 바에 따라 대한민국이 부담하는 경비를 제외하고, … 미군 유지에 따르는 모든 경비를 부담하기로 합의한다"(제5조 제1항). 그런데 1991년에 SOFA를 개정할 때, 제5조 제1항에 배치되는 "방위비 분담금 특별협정(Special Measures Agreement/SMA)"을 신설함으로써 대한민국은 재정적인 부담을 떠안게 되었다. "대한민국은 SOFA 제5조 제2항에 규정된 경비에 추가하여 주한미군에 고용된 고용원 경비를 부담하며, 필요에 따라서 다른 경비도 부담한다"(특별협정 제1조). "대한민국은 … 모든 시설, 구역 및

---

52 박성민, "한미주둔군지위협정(SOFA) 제22조 형사재판권의 형사법적 문제와 개선방안", 『형사정책연구』 제22권 제4호, 2011, 214.

통행권을 제공하고, … 소유자와 제공자에게 보상하기로 합의한다"(제2항). SOFA에 의하면, 한국은 주둔군을 위해 부지와 시설을 제공하고, 미국은 운영유지비를 부담하도록 되어 있다. 그런데 SMA는 미군의 운영유지비까지 요구한다. 현재까지 10차에 걸쳐서 SMA가 수정되면서, 한국 측에 운영비용을 증액하여 왔다. 우리나라는 1991년 이래로 주한 미군에게 과도한 방위비 분담금을 지급해 왔다. 그 외에도 각종 면세와 이용료 감면, 공여 토지 무상 임대 등 직간접 비용을 부담하고 있다. 거기에다가 2019년에는 한반도 이외의 미군 주둔 비용까지 추가하여 증액하기를 요구한다. 박기학은 "방위비 분담금 특별협정은 한미행정협정에 의해 미국이 부담할 주한 미군의 운영유지비를 한국에 떠넘기는 특별한 조치"[53]임을 지적했다. SMA는 SOFA의 부당성과 불평등을 가중한다.

3) 연합토지관리계획(LPP)

한미상호방위조약(1953)과 한미행정협정(1966)에 근거하여, 한국과 미국의 정부는 2002년에 '연합토지관리계획(Land Partnership Plan/LPP)' 협정을 체결하고, 주한미군 재배치와 아울러 주한 미군기지 반환에 관한 문제를 다루었다. LPP는 주한 미군기지 통폐합에 따른 토지 관리에 관한 계획으로, "부대, 기지, 시설의 합리적 통합을 유지하고 … 국토의 균형된 개발과 효율적 사용을 증진"할 것을 목적으로 한다. 그 결과로 평택에 세계 최대 해외 미군기지인 '캠프 험프리스(Humphreys)'가 건설되었다.[54] 그런데 우리 입장에서

---

53 박기학,『트럼프 시대, 방위비분담금 바로 알기』, 경기: 한울아카데미, 2017, 11.
54 캠프 험프리스는 1970년대부터 본격적으로 주한미군의 주요기지로 꾸며졌다. 2003년 노무현

LPP는 득보다 실이 크다. LPP, 무엇이 문제인가?

첫째로, 한국 측에서 부당하게 재정을 부담했다. SOFA 제2조 제3항에 의하면 "합중국이 사용하는 시설과 구역은 협정의 목적에 필요 없게 되는 때에는 … 대한민국에 반환되어야 한다." '공여 목적 상실'과 '공여 목적 외 사용'에 대해서 대체 공여가 필요 없다. 그런데 LPP로 인하여, 미국 측에서 부담할 대체 부지 및 부대 이전 비용을 방위비 분담금 명목으로 한국 정부가 부담했다. 이제까지 미군은 무상으로 토지와 시설을 사용하고, 타국에 비해 많은 특혜를 누려 왔다. 심지어 공여지를 수익 사업에 활용하는 경우도 있다.[55] 이러한 처사는 SOFA 규정에 정면으로 위배된다.

둘째로, 미군 부대에 의한 환경오염이 심각하다. 경북 칠곡에 있는 캠프 캐럴에서 베트남전에서 사용하고 남은 다량의 고엽제를 기지 내에 묻었다. 그래서 지하수에서 독성 화학물이 검출되었다. 부산에 소재한 캠프 하야리야에서는 토양오염이 기준치보다 50배, 지하수오염이 기준치보다 480배 높게 측정되었다. 춘천에 있는 캠프 페이지에서 폐유가 담긴 기름통이 수십 개 매립되어있었다. 2018년 12월 녹색연합은 미반환 53개 기지 중에 24개의 기지가 심각하게 오염되었다고 발표했다. 국내 환경법에 따르면, 오염의 주체가 정화 비용을 부담해야 한다. 하지만 "미국 정부는 대한민국 정부에 시

정부와 부시 정부가 합의하고, 전국에 산개한 173개 미군기지들을 통폐합하여 여의도의 5배 규모로 평택기지를 조성하였다. 건설비용은 무려 108억 달러(약 12조원)로 비용의 90%를 우리 정부가 부담했다.

55 공여지 수익사업 사례를 들면, 미국은 군산 공항을 민간항공사에게 임대하고 있다. 미공군과 국토부·국방부가 약속한 "군산 공군기지의 계속적 제한적 공동사용에 관한 합의각서"에 따라서 미공군 제8전투비행단기지인 군산 공항을 민간항공사가 사용한다. 항공사들은 과다하게 이용료를 지불하는데, 시설을 보수하고 유지할 미군 측은 파손된 활주로를 방치하고 있다. 공여지에서 영리활동을 하는 처사는 주둔군이 "대한민국의 법령을 존중하고, 본 협정의 정신에 위배되는 어떠한 활동을 하지 아니하는 의무를 진다"는 SOFA 제7조를 위반한 것이다.

설과 구역을 반환할 때, 원상 복구 및 보상 의무를 지지 않는다"는 SOFA 제4조 제1항을 자의적으로 해석하여, 오염자 부담 원칙을 거부한다.

셋째로, 미군은 한반도에 영구적으로 주둔하려 한다. 2019년 12월 3일 미국 하원 지도부 서한에서 밝혔듯이, "주한 미군이 한국만을 보호하지 않는다. … [한반도에] 병력을 전진 배치하는 목적은 미국의 안보 증진이다." 미군의 존재 목적이 한국의 안보가 아니라 미국의 이해를 우선한다는 것이다. 미군은 LPP를 통하여 보다 유리한 기지를 확보했다. 평택 미군기지는 중국과 러시아를 견제하는 미군의 동아시아 최전방 주요 기지다. 따라서 통일 이후에도 미군은 한반도에 계속 주둔하려 할 것이다.

4. 한미동맹에 대한 탈신화화 과제

1) 히브리 성서의 탈신화화

이스라엘 종교의 독특성은 유일신 사상과 아울러 탈신화화 작업에 있다고 생각한다. '비신화화'로 번역된 '탈신화화'(Entmythologisierung)는 불트만(Rudolf Karl Bultmann, 1884-1976)이 창안한 성서해석학 용어다.[56] 세계가 천상, 지상, 지하 등 삼층 구조로 이루어져 있다는 고대인의 세계상은 신화와 밀접하게 관련된다. 신화란 저 세상적인 것을 이 세상적인 것으로, 신적인 것을 인간적인 것으로 나타내는 표현방식이다. 신화는 세계를 객관적으로

---

56 불트만의 '탈신화화'에 관해서는 Rudolf Bultmann, "Neue Testament und Mythologie", *Offenbarung und Heilsgeschehen* (Goettingen, 1941), 27-69; *Walter Schmithals, Die Theologie Rudolf Bultmann*, 변선환 역, 『불트만의 실존론적 신학』, 서울: 대한기독교출판사, 1983, 254-277 참조.

기술한 것이 아니라, 세계 안에서 인간의 자기 이해를 표현한 것이다. 그러므로 신화적 세계관으로 채색된 본문에 대하여 실존론적 해석을 수행하는 것이 필요하다. 신화는 실존론적 해석을 통하여 인간 실존에 관한 내용을 드러낸다. 따라서 신화는 제거해서는 안 되며, 해석되고 설명되어야한다. 신화의 역사는 인류의 역사다. 인간은 신화를 기억하고 해석하면서 생존하여 왔다. 암스트롱(Karen Armstrong)에 따르면, 신화란 우리가 인간으로서 겪는 곤경에서 헤어날 수 있도록 돕기 위해 만들어진 것이다.[57] 신화는 '생존의 수사학'이라고 할 수 있다. 생존의 과정에서 발생한 신화에는 긍정적인 요소와 부정적인 요소가 섞여 있다. 그러므로 신화를 매시대마다 다시 읽고 바르게 해석하는 작업이 요구된다. 신화가 우리를 구원하기도 하지만, 우리가 신화를 구원하기도 한다.

고대로 거슬러 올라가서, 히브리 성서(구약성서)에서도 탈신화화를 발견할 수 있다. 비옥한 초승달 지대로 알려진 고대 근동은 메소포타미아, 이집트, 아나톨리아 등 열강의 각축장이었다. 비옥한 초승달 지역에서 패권을 잡으려면 레반트(Levant) 지역을 차지해야 했다. 레반트 남부(팔레스타인)에 속한 이스라엘은 제국들의 전쟁에 바람 잘 날이 없었다. 전략적 요충지에 위치한 약소국인 이스라엘은 "주님은 우리 하나님이요, 주님은 오직 한 분이다(신 6:4, 야웨 엘로헤누 야웨 에하드)"를 고백하는 신앙으로 생존했다. 그 당시 주변 제국들은 하늘, 달, 바람, 강, 피, 가시나무 등 자연을 신으로 숭배했다. 강대국들의 틈바구니에서 살아간 히브리인들은 탈신화화를 통하여 제국이 섬기는 신들을 하나님이 창조한 피조물로 격하했다.[58] 히브리인들은

---

57 Karen Armstrong, *A Short History of Myth*, 이다희 역, 『신화의 역사』, 경기: 문학동네, 2010, 12.
58 주원준, 『구약성경과 신들』, 경기: 한님성서연구소, 2018, 23 이하.

강대국이 추구하는 절대적 가치를 상대화한 것이다. 그리고 제국의 문물을 창조적으로 수용하고 토착화하여 이스라엘의 독특한 종교를 형성했다. 이스라엘 종교에서 예언자의 영성도 중요한 위치를 차지한다. 예언자들은 외세와 왕권을 견제하며 근본 신앙을 지키고자 투쟁하였다. 유다 왕국 말기에 요시야 왕은 종주국인 앗시리아에 대한 탈신화화를 통하여 자주적 신앙을 천명하고 종교개혁을 추진했다.

새로운 국가 건설의 청사진으로 제시된 '신명기법전'(신명기 12-26장)은 종주조약(Suzerainty Treaty) 양식으로 편집되었다. 히타이트(Hittite) 제국으로부터 유래한 종주조약은 종주국과 종속국이 조약을 체결하는 의전이었다. 전문, 역사적 서언, 계약조항, 저주와 축복 등으로 구성된 조약문서 양식은 히브리 성서에서 하나님과 이스라엘의 관계를 나타내는 '언약구조'를 이루게 되었다. 당시 유다 왕국은 앗시리아 제국의 봉신국으로서 수모를 겪고 있었다. 요시야 왕은 언약구조를 따라서 신명기법전을 구성함으로써, 유다 왕국이 섬길 대상은 앗시리아 제국이 아니라 오직 야웨 하나님뿐임을 고백한 것이다. 그 후에 나라를 잃고 바벨론 땅으로 강제로 이주한 히브리인들은 그들이 겪은 역사를 성찰하며 성서를 편집하였다. 탈신화화 작업으로 강대한 제국에 굴종하지 않은 히브리 영성은 약소국의 입장에서, 생명과 평화와 정의 등 보편적 가치를 성경에 담아 인류에게 선사하였다.

고대 이스라엘과 한반도는 지정학적으로 닮았다. 이제 여기서, 히브리 영성과 성경적 가치를 구현하는 것이 요구된다. 세계의 열강에 둘러싸여 전략적 요충지에 위치한 한반도는 제국주의 세력이 진출하는 통로며, 열강이 대결하는 각축장이다. 열악한 환경에서 생존하는 과정에서 강대국의 신화는 부단히 재생산되었다. 우리는 이제까지 자신을 지배해온 이데올로기를 탈신화화하는 창조적 해법을 찾아야 한다. 여기서 탈신화화 작업이란 우리나라를 옥죄고 비트는 반공이념과 사대주의에서 벗어나는 것이다.

2) 한미동맹에 대한 탈신화화 작업

그러면 우리는 어떻게 할 것인가? 안전 보장을 위해 한미동맹을 유지할 것인가? 허욱과 로릭은 한미동맹을 긍정적으로 평가한다. 1953년 한미상호 방위조약을 체결한 이래로 한미동맹은 진화해 왔으며, 동맹의 미래는 밝다는 것이다.[59] 대체로 전통주의자들은 한미동맹에 집착한다. 대한민국이 미국으로부터 민주주의를 수입하고, 미국과 동맹을 맺은 것을 천운으로 여긴다. 김영호는 유엔사 강화와 한미동맹이 살 길이라고 강변한다.[60] 반면에, 서재정은 한미동맹의 예외성을 지적하고, 자산 특수성이나 냉전 담론으로 인한 동맹의 영구화를 우려한다.[61] 한국의 군사력이 북한보다 우위에 있고 최초의 안보 위협이 사라졌는데도, 한미 양국은 북한의 군사력을 의도적으로 과대평가하고 북한을 위협국으로 간주하는 안보 딜레마를 조성한다. 동북아시아에서 패권을 지속하려는 미국의 전략과 미국에 의존하여 안보를 보장받으려는 한국의 태도에서 한미동맹이 작동되고 있다. 박태균은 한미 관계가 비정상적이어서, '동맹'이라는 용어가 부적절하다고 본다.[62] 그가 지적한, 한미 관계가 비정상적으로 작동되는 원인은 다음과 같다.[63] ① 제국인 미국이 자국의 정책을 한국에 무리하게 수행하였다. ② 미국의 개입에 한국

---

59 허욱, 테런스 로릭, 『한미동맹의 진화』, 서울: 에코리브르, 2019, 200.

60 김영호, "우적관 분명히 하고 한미동맹 강화해야 할 때", 『고시계』 64, 2019.6, 2-5.

61 서재정, 같은 책, 255 이하.

62 박태균, 『우방과 제국, 한미 관계의 두 신화』, 경기: 창비, 2015, 22.

63 박태균, 같은 책, 371 이하.

정부가 적절하게 대응하지 못했다. 한국 정부가 민주주의에 기초하지 않았기 때문이다. ③ 한국 정부가 국제관계에서 대의명분보다 실리를 추구했다. ④ 한국 사회 구성원들이 미국이라는 신화에 사로잡혀 있다. ⑤ 한국은 미국으로부터 학습 효과를 얻지 못했다. 타당한 진단이다. 국가의 생존을 위해 군사동맹이 필요한 경우도 있다. 그런데 동맹에서 파생한 문제들로 인하여 주권이 침해되고 양국의 관계가 저해된다면, 그것을 점검하고 조절할 필요가 있다. 대다수 국민들이 여전히 지배 이데올로기에 사로잡혀 있고, 종속문화를 벗어나지 못하고 있다. 반면에, 수구와 마찬가지로 극좌도 국익을 해친다. 무조건 반미를 주장하는 소수의 과격파 때문에 한미 관계가 손상될 우려가 있다. 이제 우리는 극우와 극좌를 지양하고, 탈신화화 작업을 통하여 한미동맹을 재정립해야 한다. 한미동맹에 대한 탈신화화 작업의 핵심은 한미상호방위조약을 폐기하는 것이다. 방위조약을 폐기하면 부차적으로 외국 주둔군도 철수하게 된다.

　김누리는 탈냉전 시대에 조응하는 자주적 외교 원칙에 다음의 내용을 담아야 함을 역설한다. "우리는 민족자결주의, 국민주권주의라는 근대국가의 기본 이념에 입각하여 한반도의 평화와 공동 번영을 추구한다. 우리는 이러한 목적에 반하는 모든 행동에 반대한다"(《한겨레》 2019.11.17). 한반도 평화협정은 우리의 문제다. 미국과 중국에 의해 주도될 이유가 없다. 문정인은 "한반도 평화협정이 체결되면 주한 미군 주둔을 정당화하기 어려울 것"(《경향신문》 2018.5.1)이라고 밝혔다. 이어서 그는 "판문점 선언과 한반도 평화"라는 주제로 행한 강연에서 "장기적으로 한미동맹을 없애야 한다"고 역설했다(2018.5.18). 오늘날 우리의 과제는 자주와 민주와 통일을 이루는 것이다. 자주는 국민주권을 회복하는 것이고, 민주는 국민주권을 실현하는 것이며, 통일은 민족의 공영을 이루는 것이다. 자주는 국민주권을 대외적으로 실현하는 것이며, 민주와 통일을 실현하는 기본전제가 된다. 따라서 미국에게 예속된 국가의 주권을 회복하는 것이 급선무다. 한미동맹은 목적이 아니라 수단이다. 혹자는 동북아의 균형자 역할을 위해 주한 미군이 필요하다고 주장한다. 미군은 우리에게 자산이라기보다 전략적 부담이 되고 있다. 그래서 정욱식은 "전략 자산 없는 주한 미군"[64]을 제안한다. 미군에 대한 의존도를 낮추고 방위비 분담금을 줄일수록, 미국이 한국에 전략무기를 배치하는 것을 축소할 것이다. 한미 관계를 군사 중심에서 경제 중심으로 전환할 필요가 있다. 한미 관계의 바람직한 미래상은 한미동맹과 한미 관계를 분리할 때 가능해진다. 김준형의 말을 빌리면, "한미 관계는 깊어지되, 한미동맹은 축소되어야 바람직하다."[65]

맺음말

제2차 세계대전 이후 소련의 팽창정책과 미합중국의 패권주의의 대결이 본격적으로 전개되었다. 공교롭게도 일제강점기에 소련을 통해 들어온 '마르크스-레닌주의'라는 교조적 공산 이념과 구한말에 미국을 통해 수입된 '기독교 근본주의'와 '자본주의'가 한반도에서 충돌했다. 해방 이후 미국에 의한 한반도 분할 점령과 미군정 실시로 모순은 심화되었다. 일제 강점기부터 축적된 친일세력과 항일세력의 갈등, 우파와 좌파의 대립은 이 땅에서 전쟁으로 표출하였다. 여기서 미국이 결정적 역할을 했다. 앞에서 살펴보았듯이, 미국은 유엔을 동원하여 한반도를 분할했고, 한국전쟁을 주도했다. 유

---

64 정욱식, "한미동맹과 주한미군의 딜레마, 어떻게 풀어야 할까?", 『황해문화』, 2020.6, 48.
65 김준형, "동북아 질서와 한미 관계", 181; 김준형 "한미동맹에서 한미 관계로", 70 참조.

엔의 이름을 빌린 다국적군의 참전으로 내전은 국제전으로 확대되었다. 미국이 세계전략 차원에서 한국전쟁을 기획하고 실행했다는 개연성을 부인할 수 없다. 맥아더를 비판한 브래들리(Omar N. Bradley)의 말대로, 그것은 "잘못된 곳에서, 잘못된 시기에, 잘못된 적과 싸우는 잘못된 전쟁"이었다. 한국전쟁은 아직도 끝나지 않은 전쟁이며, 시방도 이 땅에서 진행 중이다. 한미상호방위조약과 거기서 파생된 한미행정협정(SOFA), 연합토지관리계획(LPP) 등은 미국의 이익을 우선하고 불평등한 한미 관계를 심화한다. 특히 유엔군사령부(UNC)는 초법적인 기구로서 한반도의 분단체제를 고착화하는 데에 작동한다. 분단체제에서 한미동맹은 도리어 한반도의 평화와 통일을 억제하고 있다.

종래의 한미 관계는 종주국과 종속국의 관계에 가깝다. 미국은 한국을 하위 국가로 취급하고 세계전략의 도구로 여겨왔다. 해방 이후 미국은 38도선 이남에 자본주의 체제와 자유민주주의 이념을 이식했다. 그리하여 대한민국은 지나치게 미국화되었고, 한미 관계는 종속적 구조로 형성되었다. 미국을 모방한 대한민국은 반공의 교두보가 되었고, 비인간적 자본주의를 신봉하게 되었다. 반공-친미 성향의 국민들은 한미동맹의 신화에 사로잡혀 있고, 타율적 질서와 종속의 문화를 벗어나지 못하고 있다. 지정학적 요인으로 인하여 한반도는 국제질서의 불안정과 전쟁의 위험에 당면해 있다. 동북아시아의 패권을 놓고 남방 삼각동맹과 북방 삼각동맹이 대치하고 있다. 오늘날 한반도에서 남북이 분단되어 대치하고 국제세력이 충돌하는 상황에서, 한미동맹은 심각한 문제를 야기하고 있다. 그래서 한미동맹이 강화되는 역설이 발생한다. 이러한 악순환의 고리를 끊는 길이 탈신화화 작업이다. 탈신화화의 요점은 유엔군사령부를 해체하고 한미상호방위조약을 폐기하는 것이다.

한반도 통일에 앞서, 분단체제를 평화 체제로 전환하는 것이 필요하다. 남북의 인민이 깨어나서 아래로부터 통일운동을 전개하는 것이 중요하다. 그리고 남과 북이 함께 장기간에 걸쳐서 연방제를 시행하는 것이 현실적이라고 생각한다. 수구적 정부에서 내세웠던, 정치적 수사에 불과한 '북진통일'이나 '통일대박'은 공허하며 위험하다. 우선 남과 북이 적대감을 해소하고, 평화적 공존을 모색해야 한다. 문재인 대통령이 제안한 '한반도 평화 과정(Peace Process on the Korean Peninsula)'은 냉전을 청산하고 민족번영의 길로 나아가는 세계사적 함의를 담고 있다고 본다. 평화 과정은 종전을 선언하고, 평화협정을 체결하여, 평화 체제를 구축하는 일이다. 한반도 평화 과정을 정착하기 위해 유엔사와 한미동맹의 해체를 당당히 요구하고 실천해야 한다.

학살과 기독교

: 국가권력의 전쟁 정책과
기독교인의 갈등 문화

최 태 육　한반도통일역사문화연구소 소장, 한국교회사 박사

한국의 기독교는, 양분된 세계에서 한반도도 미국을 중심으로 한 자본주의와 소련을 중심으로 한 공산주의 세력으로 양분될 것이라고 보았다. 이런 상황에서 기독교는 남한을 자본주의 진영으로 편입시켜야 한다고 주장하면서 자신의 편에 서지 않는 개인과 집단을 배타, 제거하고자 하였다. 초기 기독교인들의 배타적 신념 문화는 해방 이후 반공을 중심으로 한 공산주의 적대 문화로 변화되었다. 아산과 서산의 사례에서 나타난 것처럼 해방 후 마을에서 형성된 갈등이 전쟁 중 학살로 이어졌고, 기독교의 배타적 신념을 골간으로 하는 기독교의 갈등 문화는 학살을 정당화하거나 적극화하는 논리로 작용하였다. 이러한 신념 문화는 민간인 학살을 사람을 죽이는 것이 아니라, 붉은 용과 사탄을 제거하는 것이라고 하였다. 한국전쟁 중 치안국, 육군정보국, 내무부에 속해 있던 기독교인들은 가장 적극적으로 민간인 학살을 지휘·명령하였다. 그들에게 희생자들은 민간인이 아니라 사탄에게 사로잡힌 존재, 사탄의 진영, 붉은 용의 편이었기 때문이다. 문제는 이러한 갈등과 폭력, 학살을 정당화하는 신념의 문화가 기독교에 그대로 내재되어 아무 반성 없이 현재에 이르고 있다는 점이다. 이러한 갈등의 문화를 직시하지 않는다면 한국 기독교는 남북 관계를 비롯한 사회 내의 모든 사안에 대해 계속해서 갈등을 증폭시킬 것이다.

들어가는 말

수복 직후인 1950년 10월 아산의 한 마을에서 가족 20여 명이 윗마을 사람들에게 학살되었다. 그 속에는 10개월 젖먹이 아기와 4살 아들, 그리고 남편이 있었다. 직접적인 원인은 인민군 점령 시기 넷째 시동생이 윗마을 사람들을 학살하였을 때 이 일에 관여된 것이었다. 그러나 근본적인 원인은 오래전부터 존재해 왔던 마을 주민들 간의 갈등이었다. 마을마다 존재하는 씨족 간의 갈등, 소작농과 지주 간의 갈등은 해방 이후 소련을 중심으로 한 공산주의와 미국을 중심으로 한 자본주의 간의 이념 전쟁 속으로 빨려 들어갔다. 이렇게 형성된 갈등 문화가 잔혹한 학살로 이어진 것이다.

기독교도 마찬가지의 길을 걸었다. 구한말 한반도에 기독교가 전래되면서 형성된 기독교의 배타적 신앙은 한국의 기존 문화와 갈등을 일으키며 자기 정체성을 형성하였다. 이러한 배타적 신앙은 해방 이후 공산주의 적대를 중심으로 하는 신념 문화로 변신하였다. 반공 이념(理念)을 신앙(信仰)과 결합시켜 교회 내에 공산주의 적대와 자신과 다른 생각을 가진 개인과 집단을 배타하는 신념(信念)의 문화를 형성한 것이다. 이러한 신념 문화는 초기 기독교의 배타적 특성을 그대로 물려받으면서 매우 극단적인 이원론을 형성하였다. 공산주의 적대를 근간으로 하는 배타적 신념은 자신과 다른 개인·집단과 계속해서 갈등을 유발하였다. 기독교의 오래된 갈등 문화가 극단적으로 강화된 형태가 기독교의 배타적 신념인 것이다.

해방 이후 기독교의 신념 문화는 자신과 다른 입장을 가진 개인 · 집단을 배제, 제거하면서 지속적인 갈등을 일으켰다. 마을마다 존재했던 갈등 문화가 학살에 영향을 주었던 것처럼, 신념으로 무장한 기독교는 해방 공간과 전쟁 중 민간인 학살을 정당화하고 적극화하였다. 따라서 여기서는 기독교의 신념 문화가 민간인 학살과 어떻게 연결되었는지 알아보고자 한다. 현재 한국 기독교의 주류가 이러한 신념에 기초해 있다고 볼 때, 여기서 다루는 기독교와 학살은 비단 과거의 단편적인 사건에 국한되지 않는다는 점에 주목할 필요가 있다.

1. 학살 - 국가권력의 전쟁 정책

> 6 · 25사변 중 사항.
> 당 관내에서는 6 · 25 당시 좌익분자들이 악질적으로 부역하여 순민한 농민들이 그들에게 무자비하게 희생당한 가족이 61명이며 좌익 피살자 192명으로 많은 피살가족이 있으며 그중 특히 신ㅇ리2구 극히 좌익분자들이 활동하였으며 모ㅇ리 부락에서는 ㄱ씨와 ㅈ씨 간에 사상보다는 민족적인 편파 감정으로서 상호가 격분적으로 피살되었든 것임.[1]

서산의 ㅅ면에 있는 지서가 1961년 서산경찰서에 보고한 관내 상황이

---

[1] 서산경찰서, 『경찰 연혁』, 1986. 이 내용은 1961년 당시 면내의 상황을 기록하여 서산경찰서로 보고한 내용 중의 일부이다. 서산 경찰서 관할지서들이 같은 보고를 했다. 이중 마을 이름은 'ㅇ'를 하였고, 성씨도 자음만 사용하였다.

다. 이 보고서에 의하면 6·25한국전쟁(이하 한국전쟁) 중 학살당한 주민은 총 253명이고, 피살의 주된 이유는 '좌익분자의 악질적 부역'과 '사상'이라기보다 '민족적 편파 감정'이라고 하였다. 그 전형적이 사례가 모ㅇ리의 주민 ㄱ씨와 ㅈ씨 사이에 발생한 상호 보복 학살이라는 것이다.

이 보고서는 씨족 간의 오래된 갈등 문화가 집단 학살의 주된 원인이었다고 했다. 과연 그랬을까?

이 보고서는 몇 가지 사실을 왜곡했다. 우선 한국전쟁 개전(開戰) 직후 이 마을에서 국민보도연맹원이 학살되었다는 점, 이후 적대 세력에 의한 학살과 부역 혐의 학살이 연이어 발생하였다는 점을 밝히지 않고 학살의 주된 원인을 좌익분자에 의한 것으로 규정한 것이다. 잘 알려져 있듯이 국민보도연맹원(이하 보도연맹원) 학살은 내무부 치안국과 육군정보국 CIC의 처형 지시에 의해 자행되었다. 국민으로부터 보도연맹원을 분리하는 것이 국가권력의 정책이었던 것과 마찬가지로 개전 직후 보도연맹원을 학살한 것도 안정적 치안을 확보하기 위한 국가권력의 전쟁 정책이었다.

부역 혐의자 처형도 마찬가지였다. 1950년 7월 17일 장석윤에 이어 치안국장으로 부임한 김태선은 그해 10월 다음과 같은 기자회견을 했다.

부역자 적발은 수사 당국에서 하였지만 각 동회 국민반 단위로 그 반 내에서 유지들로 하여금 위원회를 조직하여 부역자·악질분자를 적발하여 이들을 예심한 결과를 수사 당국에 보고하여 주기를 바란다. 이유는 어느 개인의 고발보다도 그 반 내에서는 그 누구가 악질분자인 것을 잘 알 수 있을 것이며, 또한 부역자 숙청에 있어서 국민반을 통한다면 이웃 사람 간의 문제인 만큼 공정을 기할 수 있을 것이기 때문이다. 심사위원회의 조직에 대해서는 이미 합동수사본부에서도 성안이 서 있으나 이 심사위원회는 자치적으로 각 동회

와 애국반에서 조직하기를 바란다.[2]

　김태선은 '이미 합동수사본부(군검경합동수사본부)에서도 성안'이 되어 있다고 하면서 경찰을 중심으로 심사위원회를 조직하고 운영할 것을 전국 각 경찰서에 지시하였다. 또한 '부역자·악질분자를 적발하여 이들을 예심한 결과를 수사 당국에 보고'해 줄 것을 요청하였다. 부역자심사위원회의 핵심 구성원인 국민반(자치치안대, 자치대, 치안대[3])가 부역 혐의자를 '적발'하여 체포하면 심사위원회가 이를 '예심', 즉 조사하여 그 결과를 '수사 당국'인 경찰서·군 수사기관(CIC, 헌병대)에 보고하라는 것이다. 각 마을 단위에서는 사실상 부역자심사위원회가 부역 혐의자를 분류하고, 이들의 처형 여부를 결정하는 역할을 하였던 것이다. 또한 이를 통해 부역 혐의자 처형을 지휘·명령한 것이 육군 CIC를 중심으로 한 군검경합동수사본부와 치안국이라는 것을 알 수 있다.

　이처럼 보도연맹원과 부역 혐의자를 처형하는 것이 국가권력의 전쟁 정책 중 하나였다. 또한 이를 집행하는 기관도 국가권력기관이었다. 이렇게 볼 때 서산경찰서처럼 전쟁 중 발생한 학살의 원인을 ㄱ씨와 ㅈ씨 간의 오래된 감정에서 찾는 것은 무리가 있다. 한국전쟁 중 발생한 학살은 국가권

2　"치안국장, 부역자 적발에 국민반 활용 언명," 《조선일보》 1950.10.23. 《조선일보》는 "6·25사변이후 괴뢰들에게 음으로 양으로 협력하여 군 작전에 막대한 지장을 초래함은 물론 시민들을 도탄에 빠지게 한 소위 부역자의 적발 및 처벌은 화급을 요하는 문제인 바 치안국장 金泰善씨는 동회 및 국민반 단위로 심사위원회를 조직하여 이들을 적발하게 할 것이라고 다음과 같이 언명하였다."고 하면서 심사위원회가 부역자를 적발하는 조직임을 명백히 하였다.
3　수복 후 충청남도에서는 경찰의 치안을 지원하는 단체를 자치대, 자치치안대, 치안대 등으로 불리었는데, 치안대라는 명칭은 인민군점령시기 분주소원의 치안은 지원하는 역할을 하는 단체를 지칭하기도 하였다.

력의 전쟁 정책에 의해 시작되었고, 이것을 하급 기관에 지시하면서 발생한 사건이다. 따라서 학살은 국가권력기관의 전쟁 정책이라는 것을 이해할 필요가 있다.

2. 학살과 갈등 문화

그렇다면 '민족적인 편파 감정'에 의한 상호 보복 학살이라는 'ㅅ'지서의 보고는 거짓인가? 그렇지 않다. 지역사회, 혹은 각 마을이 지닌 마을의 문화가 어떤 형태였는지에 따라 학살의 형태도 달라진다. 서산과 아산 각 마을에서 발생한 학살 양상은 이를 확인해 준다.

모ㅇ리 마을은 전쟁 전부터 ㄱ씨와 ㅈ씨 간의 갈등이 있었다. 이 갈등의 문화가 전쟁 시 폭발하면서 학살을 증폭시켰다. 이는 서산의 다른 마을의 희생자 수와 모ㅇ리 희생자 수를 비교할 때 분명해진다. 보도연맹원·적대세력·부역 혐의자 희생자 등 한국전쟁 중 모ㅇ리에서 희생된 주민은 70여 명에 달한다. 반면 지곡면 ㅈ마을의 희생자 수는 1명에 불과하다. 국가권력이 동일한 정책을 적용했지만 희생자 수가 마을마다 다르게 나타난 것이다. 따라서 마을별 희생자 수가 크게 다른 이유를 파악하는 것은 학살의 원인을 파악하는 데 도움을 준다.

서산경찰서 관할 지서가 보고한 'ㄱ씨', 'ㅈ씨', '민족적 편파 감정'이 학살의 원인이었다는 주장에 귀를 기울일 필요가 있다. 이에 대해 이 마을 주민인 ㅈㅇ희와 ㅈㅇ관은 전쟁 전부터 존재하던 씨족 간의 갈등이 학살을 증폭시켰다고 증언하였다. 씨족 간의 갈등 문화가 학살과 무관하지 않을 뿐 아니라 학살의 중요 원인이었다는 것이다. 이러한 현상은 서산 전체에서 나타났다. 이에 대해 서산경찰서는 다음과 같이 밝혔다.

경찰 환주(還住) 직전에 치안대(治安隊)에서는 좌익 악질분자 3백여 명을 보복적으로 살해한 사실이며[4]

치안대는, "당지(서산)도 경찰이 재차 환주케 되어 치안을 회복코자 지방 애국 단체의 협조를 얻었다."는 기록에서 그 정체를 파악할 수 있다. 애국 단체와 치안대는, 인민군과 내무서가 후퇴하는 과정에서 적대 세력에 의해 학살된 희생자 유족과 대한청년단 등 우익 단체 회원을 중심으로 조직된 단체였다. 이들은 인민군이 후퇴하고 경찰 선발대가 서산으로 진입하자 부역 혐의자들을 체포한 후 자의적으로 학살하였다. 서산경찰서 사찰계 형사도 이 사실을 확인하였다.[5]

따라서 한국전쟁 중 발생한 학살은 국가권력의 정책과 갈등 문화가 결합되면서 발생한 사건이라 할 수 있다. 그런데 마을이 지닌 문화의 형태에 따라 학살의 규모가 줄기도 하고, 증폭되기도 하였다. 이러한 현상은 아산에서도 확인된다.

아산 ㄱㅇ리의 경우 머슴·소작과 지주 간의 오래된 갈등이 학살의 주된 원인이었다. 이 마을은 약 100여 호가 모여 사는 마을이었다. 아산을 가로지르는 천을 중심으로 기름진 땅이 있었고, ㄱ씨들이 마을 농지의 대부분을 소유하고 있었다. 한국전쟁 이전은 물론 일제강점기부터 아랫마을에 사는 소작농들은 윗마을ㄱ씨 집안의 농지를 소작하며 살았다. 윗마을 중심에는

---

4   "4283년," 『경찰연혁』(1951-1952), 서산경찰서, 1986.
5   정ㅇㅇ진술녹취(2008. 4. 10). 인민군이 후퇴하고, 경찰선발대가 진입한 짧은 순간에만 보복학살이 발생한 것은 아니다. 서산에서 치안대는 12월 말까지 지서 경찰들을 지원하면서 사적 감정으로 주민들을 빨갱이로 몰았고, 이를 근거로 지서장과 부역자심사위원회(치안대, 이장, 면장)는 주민들의 처형을 결정하였다. 사적 감정에 의한 학살은 부역혐의자 학살 내내 발생하였다.

기와집이 있었고, 넓은 마당에는 3백여 년 된 향나무가 있었다. 봄에 곡식을 빌려 간 소작농들은 가을이 되면 쌀을 갚아야 했다. 이를 갚지 못하는 사람들은 향나무에 묶여 구타를 당했고, 그다음 마당에 펴 놓은 대나무살 위를 맨몸으로 굴러야 했다.

해방 후 소작농과 머슴 중에 똑똑한 사람들이 남로당에 가입하여 교육을 받고 활동을 하였다. 인민군 점령 시기 남로당원과 머슴, 소작농들은 ㄱ씨 가족과 집안을 궐기대회에 소환했고, 주민들은 이들을 구타하였다. 1950년 음력 8월 15일(양 9.26) 유엔군이 천안으로 진입하면서 ㄱ씨의 집안은 50여 명의 소작농과 머슴, 그리고 그 가족을 마을 어귀에 있는 교통호에서 직접 총살·척살하였다. 이어 20여 명의 부녀자와 어린이, 노인 들을 향나무가 있는 마당에 세워 놓고 타살하였다. 이것은 경찰이 들어오기 전과 그 직후 발생한 사건이었다.

한국전쟁 중 서산군(현재 서산시, 태안군)에서 학살된 민간인은 약 2,300명에 달한다. 이 중 2,000여 명이 보도연맹원과 부역 혐의로 희생된 주민들이고, 250여 명이 인민군 점령 시기 적대 세력에게 희생된 주민들이다. 아산의 경우 한국전쟁 중 3천여 명이 학살되었고, 이 중 적대 세력에 의해 피살된 주민이 200여 명, 부역 혐의로 희생된 주민이 2,800여 명에 달한다. 특히 아산의 경우 아기들을 포함해, 어린이, 노인, 부녀자에 대한 학살이 높은 비중을 차지한다.[6]

서산과 아산의 학살은 마을에 존재하는 오래된 갈등 문화가 전쟁이라는

---

6 이러한 주장은 2008년 3월부터 7월 초까지 3개월간 서산 전수조사와 2020년 5월 말부터 9월 중순까지 실시된 아산 민간인학살 전수조사를 토대로 작성되었다. 한반도통일역사문화연구소는 아산 11개 읍면에서 350명을 면담하였고, 이를 토대로 아산에서 발생한 민간인학살을 파악하였다.

상황에서 어떻게 학살로 이어지는지를 보여주는 전형적인 사례이다. 문제는 그 이후 마을 주민들의 삶이었다. 의식적이든 무의식적이든 ㄱ씨들에게 조금만 피해를 입히면 어린 아기들까지 학살되는 모습을 본 마을 주민들은 가족 외에는 누구도 믿지 않게 되었다. ㄱ씨가 마을에서 기득권을 장악하면서 주민들은 서로 갈등하였고, 주민들 간에는 불신이 가득했다.

그런데 아주 드물지만 이와는 반대되는 사례도 존재한다. 아산 ㄷ마을은 ㅊ씨가 주로 거주하는 마을이었다. 전쟁이 발생하고 인공 정치가 시작되자 40대 이상의 ㅊ씨 몇 명이 모였다. 이들은 오랜 경험으로 전쟁 중 발생할 수 있는 불상사를 예측하고 이를 우려하였다. 전쟁 전부터 이장을 하던 20대 후반의 ㅊ씨에게 몇 가지 주문을 하면서 이장, 즉 인민위원장을 맡아 보라고 부탁하였다. 그것은 "너는 이장을 보면서 사적 감정으로 누구의 뺨도 때리지 마라."라는 것이었다. 마을 유지와 이장은 인민군 점령 시기에 이를 위해 서로 협력하였다. 면 인민위원회와 노동당, 분주소의 압력을 잘 견디었고, 그 결과 인민군 점령 시기에 마을 주민들은 어떠한 해도 입지 않았다. 수복 직후 이웃 마을에 학살의 광풍이 지나고 있을 때, 이 마을 주민들은 다시 협력하여 위기를 넘겼다. 단 한 명의 희생자도 없었고, ㄱ마을과 달리 이 마을은 이후에도 서로 등지지 않고 협력하며 살았다.

전쟁 전 두 마을의 문화는 전혀 달랐다. 수백 년 동안 지속된 지주와 소작 농과의 관계로 깊은 갈등 문화를 지니고 있는 ㄱ마을과 위기 때마다 서로 협력하며 위기를 넘기며 상생하는ㄷ마을은 전쟁과 국가권력의 전쟁 정책을 대하는 자세도 달랐다. 인간이 전쟁 중 가장 예민하게 반응하는 것은 생존의 문제가 달려 있을 때이다. 전쟁과 같이 목숨이 걸린 상황이 발생했을 때, 인간은 어떻게 생존할지를 생각한다. 그런데 이때 사람들은 자신이 속한 집단, 그 구성원 간의 관계, 즉 기존의 생활 문화를 따라 행동하기 마련이다.

ㄱ마을은 기존의 갈등 문화를 따라 자기(집단) 생존을 위해 타자를 학살하였고, ㄷ마을은 선조들이 살아온 상생 문화를 토대로 서로를 보호한 것이다.

학살이 발생하였지만 중재자가 있는 마을은 위의 두 가지 사례와 다른 모습을 보였다. 아산 ㅅ마을은 대대로 이순신의 후예들인 덕수 이씨들이 거주하는 곳이다. 이 마을에서는 ㅈ씨와 ㅁ씨가 이충무공의 묘소를 돌보며 살았다. 한국전쟁 개전 직후 ㅁ씨 집안의 한 군인은 인민군이 이 동네로 진입할 때 지서를 근거지로 총격전을 벌이는 등 우익 편에 서서 활동을 하였다. 반면 인민군 점령 시기 집안 사람들 중 몇 명은 인민위원장과 몇몇 직책을 맡아 활동하였다. 인민위원장 등 이 마을의 직책을 맡아 활동하던 이들은 수복 직후 처형되었다. 종전(終戰) 이후 두 씨족은 전쟁 중 발생한 학살로 인해 서로 갈등하였다. 이장 선거나 동네의 대소사가 발생하면 서로 불편한 심경을 드러냈다. 결국 이 마을 덕수 이씨는 두 집안 간의 갈등을 조정하였고, 이를 통해 마을의 평화를 유지했다. 이 사례는 전쟁과 학살로 서로 적대적 관계가 된 사람들이 어떻게 자신의 적대적 감정을 절제할 수 있는지를 보여준다.

국가권력의 전쟁 정책과 지역의 갈등 문화는 한국전쟁 중 발생한 민간인 학살의 주된 원인이라 할 수 있다. 국가권력이 전쟁 정책으로 특정 집단과 주민들을 학살 대상으로 지목하여 권력기관을 통해 이를 집행하려 할 때 국가, 지역사회, 정치·종교 등 각 집단 내에 존재하는 갈등 문화가 학살을 정당화하고 이를 증폭시키는 역할을 할 수 있다는 것이다.

한국 교회는 해방 이후 반공 이념을 중심으로 한 배타적 신념 문화를 형성하였다. 배타적 신념 문화는 한국 교회의 대표적인 갈등 문화였다. 이 갈등 문화가 한국전쟁 전후에 발생한 학살과 어떤 연결점이 있는지 파악하고자 한다. 또한 이는 한국 기독교가 배타적 신념을 근간으로 한국 사회와 남

북문제에 끝없이 갈등 문화를 확산하는 것이 어떤 문제를 야기시킬 수 있는
지를 내다보고자 한다.

3. 한국 기독교의 배타적 신념과 해방 후 공산주의 적대 신념

한국전쟁 중 발생한 학살은 국가권력의 학살 정책과 지역사회의 갈등 문
화가 주된 원인이었다. 그런데 해방 이후 한국 사회가 지니고 있었던 오래된
갈등 문화는 해방 이후 이념 문화 속으로 속속들이 스며들면서 반공을 중심
으로 한 이념 문화로 재구성되었다. 'ㄱ마을의 소작농과 지주 간의 오래된 갈
등 문화가 소련을 중심으로 하는 공산주의와 미국을 중심으로 하는 자본주
의의 상호 적대 문화로 재구성된 것처럼 한국의 기독교도 이 길을 따랐다.

이런 측면에서 개디스와 슈퇴버의 말을 주목할 필요가 있다. 개디스(John
Lewis Gaddis)는 1947년경 "근대 역사에서 가장 극명한 정치의 양극화가 초
래되었다."고 하면서 "마치 거대한 자석이 생겨나 대부분의 국가들, 심지어
는 그 국가들 내에서의 집단들이나 개인들까지도 워싱턴이나 모스크바에
서 발생되는 역장을 따라 정렬되었다."고 했다. 개디스의 주장은 매우 정확
했다. 국가와 국가 내의 집단·개인은 물론 이들이 가지고 있는 정책과 문
화들까지도 공산주의와 자본주의 중 하나를 선택해야 한다는 강제에 의해
정렬되었다. 그의 주장은 버스도 다니지 않는 한국의 외딴 마을의 주민들에
서도 확인된다. 그만큼 설득력이 있는 주장이라는 것이다.[7]

---

7 존 루이스 개디스, 『새로 쓰는 냉전의 역사』, 박건영 역, 서울: 사회평론, 2003, 60; Harry
   Truman, "President Harry S. Truman's Address before A Joint Session of Congress," March
   12, 1947. 개디스가 이를 1947년으로 특정한 것은 1947년 3월 12일, 트루먼 대통령은 미국 상
   하원 합동회의에서 세계의 "거의 모든 나라는 두 가지의 삶의 방식 가운데 하나를 선택해야 한

베른트 슈퇴버(Bernd Stubver)는 이렇게 형성된 '양진영의 비타협성'이 '사회 내부의 양극화 현상'으로 이어졌다고 하면서 냉전은 "본질적으로 이쪽이든 저쪽이든 어느 한쪽에 소속된 전사만을 요구했다."고 했다.[8] 이처럼 냉전은 미국을 중심으로 한 자본주의 진영과 소련을 중심으로 한 공산주의 진영의 극단적 대립 형태로 나타났지만 그 영향력은 제한적이지 않고 세계적이었다. 아산의 ㄱ마을의 소작농과 지주 간의 오래된 갈등과 서산 모ㅇ리 마을의 대대로 이어져 오는 씨족 간의 갈등도 해방 이후 공산주의와 자본주의라는 상호 적대적인 이념 문화 속에 편입되었고, 이로 인해 전쟁 중 학살로 이어졌다.

기독교의 오래된 배타적 신념 문화도 마찬가지의 길을 걸었다. 한국 기독교의 배타적 신념 문화는 매우 오래되었다. 1917년 1월 30일부터 일주일 동안 장대현교회, 남산현교회 등 평양성 내의 12개 교회는 평양대부흥회 10주년을 맞이하여 대규모 연합 집회를 가졌다. 이들은 첫 집회가 열리기 일주일 전부터 기도회를 가졌고, 특별히 찬송을 작곡하였다.

1. 슬프도다 우리 평성(평양성) 내의 <u>죄에 빠진</u> 동포 만구나
   저와 같은 형제 누가 구원할까나 우리들이 나가 구원합시다.
   나아갑시다. 나아갑시다. 평양성 구하러 나아갑시다.
   나아갑시다. 나아갑시다. <u>평양성 구하러 나아갑시다.</u>
2. 우리 대장 예수 선봉 되셨으니 퇴보 말고 열심 전진하여서

다"고 선언한 것 때문이다. 이 선언은 세계가 냉전, 즉 소련을 중심으로 한 공산주의와 미국을 중심으로 한 자본주의로 양분되었다는 것을 의미한다고 보았던 것이다.

8 베른트 슈퇴버, 『냉전이란 무엇인가: 극단의 시대 1945-1991』, 최승완 역, 서울: ㈜역사바평사, 2008, 5, 15-17.

사면 진을 편 원수마귀 손에 사로잡힌 동족 구원합시다.

3. 성신 복음 손에 굳게 잡고 싸워 마귀 진을 깨쳐 승전하고서

개선가를 불러 평양 진동하게 할렐루야 아멘 찬송합시다.[9]

이 찬송에는 한국 기독교 초기 주류를 형성한 평양 각 교회 교인들의 신앙이 그대로 담겨 있다. 이 찬송가는 평양성에 거주하는 사람들 중에 죄에 빠진 동포들이 많다고 주장하였다. 여기서 죄인들은 교회를 다니지 않는 주민이다. 죄인들을 전도하여 교회를 다니게 해야 한다는 것이다. 그런데 죄에 빠진 사람들의 정체는 '원수마귀 손에 사로잡힌 동족'이었다. 따라서 그들을 사로잡고 있는 '마귀 진'을 부수고 그들을 구원해야 한다는 것이다. 반면 이러한 일을 하는 사람들은 하나님의 사람, 평양성을 구원하려는 구원자의 편에 선 사람이었다. 평양성 내 교인들은 자신을 하나님의 선한 역사를 실천하는 편에 서 있는 존재로, 교회 다니지 않는 주민을 마귀 손에 사로잡힌 삶을 사는 죄인으로 분리하였다.

당시 평양성 내 13개 교회는 한국 교회를 대표하는 교회였다. 또한 이들은 1907년 평양대부흥회를 통해 한국 기독교의 신앙의 형태를 만들어 간 교회들이었다. 그런데 이러한 교회의 신앙 속에는 구원받은 사람과 마귀 진영에 사로잡혀 있는 사람이라는 배타적 신념이 자리하고 있었다.

이러한 배타적 신념 문화는 1920년대 이후 공산주의를 적대하는 신념으로 이어졌다. 이 같은 사실은 1931년 조선예수교장로회신학교(평양신학교) 교재를 통해 확인되었다. 이 교재의 첫 장은 「신학난제」의 '유물론과 자연론'인데 그 첫 페이지 시작은 다음과 같다.

9　"연합전도회 후문", 「기독신보」, 1917.3.14.

유물론(Materialism)은 유신(有信) 신앙의 강적으로 고대부터 존재하엿다. 그러나 근대에 지(至)하야 신흥(新興)하는 자연과학의 후원을 수(受)함으로 위세대진(威勢大振)하야 신학계의 최대한 난제(難題)가 되엿다. 유물론은 우주 간의 실재를 물질뿐으로 해석하고 물질의 배후에는 심(心)이나 신의 존재를 ○○ 부인하야바린다. 특히 물질의 영원함을 주장하야 창조주나 시간의 시작이 업슴을 단언한다.[10]

교재 첫 페이지부터 평양신학교는 세계관을 유물론과 유신론으로 양분하고 양자가 서로 용납할 수 없는 적대적 관계라는 것을 가르쳤다. 이는 당시 확산되고 있는 사회주의를 배타하려는 목적을 두고 있었다.

공산주의 국가 소련의 "제도는 국민을 위하야 세운 것이 아니오 노동자 한 계급만 위하야 된 것이다. 이 외의 사람은 그 사회 중에 아모 권리도 없고 그 정부가 이 사람들의게는 그리 관심치 안는다. 전 국민 일억천만 중 과격파는 부과 백만 명 밧게 업는데 이 사람들이 전 지배권을 가젓다. 고로 이는 민주정치도 아니오 일종의 다두정치(多頭政治)이다. 육체로 노동하는 자라야 그 회원 될 입회자격이 잇고 정신노동자는 거의 입회부능이다. 전관○(全官○)가 다-이 회원 중에서 되고 그 무서운 비밀경찰형사단도 이 과격파 인이다."[11]

10 "唯物論과 自然論-神學難題," 『조선예수교장로회신학교교과서 묶음』(평양: 조선예수교장로회신학교, 1931-1933), 1.

11 조선예수교장로회신학교, "蘇聯共産主義에對한反對論," 「社會主義理論」, 『조선예수교장로회신학교교과서 묶음』, 평양: 조선예수교장로회신학교, 1931-1933, 33-34.

조선예수교장로회는 한국에서 확산되고 있는 사회주의를 경계하면서 이를 배타하였다. 이러한 교회의 모습은 1938년 10월 호 『활천』의 주간(主幹)의 글 〈적룡은 무엇인가〉에서 잘 나타난다. 이 글은 붉은 용을 묵시록에 나타나는 사단의 화신이라고 하면서 이를 러시아 공산주의와 일치시켰다. 즉 '붉은 용의 한 일과 적색 로서아의 하는 일을 비교하야 보아 이 적룡이 적색 로서아를 이용하야 자기의 뜻을 이루고저 하는 줄 가히 알 것'이라고 했다. 소련 공산주의를 묵시록에 나타난 적룡의 현실체로 본 것이다.[12]

1917년 이전부터 확인되는 기독교의 배타적 신념 문화는 기독교인 또는 그 집단의 주장에 동조하거나 그 아래로 편입되지 않을 경우, 예를 들어 평양성 주민 중 교회를 다니지 않을 경우 이들을 마귀 진에 사로잡힌 죄인으로 규정했다. 이러한 배타적 신념은 1920년대 이후 공산주의 적대 이념을 신념화하였고 그 결과 공산주의를 묵시록에 나타나는 붉은 용으로 규정하였다. 여기서 주목할 점은 1917년 평양성 12개 교회가 교회에 다니지 않는 주민들을 마귀 진에 사로잡힌 죄인으로 규정하는 방식이다. 이는 자신과 다른 입장을 지닌 개인과 집단은 죄인인 동시에 마귀 진영에 속한다는 주장이다. 조선예수교장로회신학교의 교재와 성결교 『활천』에서 나타나듯이 한국의 기독교계는 1920년대 중반부터 사회주의를 받아들이면서 독립운동을 전개했던 국민들을 자신의 입장과 다르다는 이유로 이들을 배타하면서 마귀와 사탄으로 규정하였다.

바로 한국 교회의 이러한 배타적 신념이 해방 이후 전 세계를 지배한 냉전 구조에 빠르게 편입되면서 공산주의 적대를 근간으로 하는 신념 문화를

---

12 주간, "적룡은 무엇인가", 「활천」, 1938년 10월호, 경성: 동양선교회성결교회출판부, 1938년 9월, 1-2.

교회 내에 정착시켰다. 앞에서 확인된 것처럼 이른바 기독교의 반공 문화는 일제강점기부터 지니고 있었던 배타적 신념 문화에 근거해 있었다. 이것은 아산과 서산의 각 마을의 갈등 문화가 해방 이후 소련을 중심으로 한 공산 주의와 미국을 중심으로 한 자본주의라는 냉전 구조에 빠르게 편입된 것과 같은 양상이었다.

4. 미 국무부의 공산주의 적대 정책과 미국 교회의 반공종교동맹

그런데 이러한 현상은 한국 교회에서만 나타나는 것은 아니었다. 미국의 교회도 마찬가지였다. 좀 더 정확히 말하자면 한국 교회의 이러한 현상은 미국의 대외 정책과 미국의 교회로부터 영향을 받은 것이라고 할 수 있다. 따라서 제2차 세계대전 이후 미국의 대외 정책과 이에 대한 미국 기독교의 관계를 살펴볼 필요가 있다. 특히 트루먼 대통령의 반공종교동맹 운동을 주 목해야 할 것이다.

미국 국무부의 대외 정책의 핵심은 소련 공산주의의 팽창에 대한 '봉쇄' 정 책이라 할 수 있다. 또한 이를 주도한 트루먼의 종교 정책은 소련 공산주의 를 이념적으로 봉쇄하기 위해 반공종교동맹을 조직하는 것이었다. 트루먼 의 종교 정책으로 세계 각국의 기독교는 그 장력(張力)에 편입되었고, 한국 기독교도 마찬가지였다. 미국을 중심으로 한 자본주의 진영을 선택하면서 한국 기독교는 소련 공산주의 적대라는 이념(理念)을 적극 수용하여 이를 신 념(信念)화하였다. 이 과정에서 한국 기독교는 남한이 미국 자본주의를 중 심으로 하는 진영에 편입되는 과정을 촉진시켰고, 이에 반대되는 행위에 대 해 적극적인 적대 행위를 가하였다. 영락교회 청년들이 참여한 정판사 타 격, 강원룡을 비롯한 조선기독교청년회전국연합회의 남선순행과 반탁 집회, 여순사건 당시 원용덕을 비롯한 핵심 지휘명령 계통에 있으면서 민간인 학살을 주도한 기독교인, 제주4·3사건 진압에 참여하고 이를 지휘명령 한 조병옥과 기독교 출신 서북청년단원, 장도영 등 전쟁 중 발생한 민간인 학살의 주요 지휘명령 계통에 있었던 기독교인들은 미국 자본주의를 중심으로 한 공산주의 적대 이념을 종교적 신념으로 전환시켰던 인물들이다. 이들은 모두 미국의 대외 정책(봉쇄정책)을 수용하고, 이를 기반으로 공산주의 적대 이념을 신앙화하였다. 공산주의 적대 이념은 기독교 내에 광범위한 반공 문화를 형성하였다.

1941년 8월 14일, 루스벨트(Franklin Roosevelt)와 처칠(Winston Churchill)은 대서양에서 함상 회담을 갖고 양국의 영토와 세력 확장 불가, 모든 국민이 정부 형태를 스스로 선택할 권리, 자유무역과 국가 간 경제 분야의 협력, 안보 체제 확립 등 8개 조항의 대서양헌장을 발표하였다. 9월, 소련을 비롯한 33개국은 이 헌장을 승인하였다.[13] 미·영·중·소는 전후 상호 협력에 근거한 개방적 세력권을 형성하여 세계의 안보와 경제, 정치적 안정을 형성하기로 했다. 그러나 이후 미국과 소련은 패권을 놓고 상호 적대적 관계를 형성해 나갔다. 스탈린 연설·케넌의 장문의 전문·처칠 연설로 이어지는 대외 정책, 1945년 미국 각료회의·클리포드보고서·바루크 플랜·NSC30·NSC68로 이어지는 핵무기와 미국의 안보 정책, 마셜플랜을 거치면서 세계는 자본주의 진영과 공산주의 진영이라는 배타적 세력권으로 분리되었다.

공산주의와 자본주의 간의 상호 적대가 힘을 얻고 있을 무렵인 1946년 2월 22일, 케넌(George F. Kennan)은 소련의 의도를 담은 '장문의 전문'을 작성

---

13 Flanklin D. Roosevelt, Winston S. Churchill, *The Atlantic Chapter*, 1941.

하여 미 국무 장관 번스(James F. Byrnes)에게 보냈다. 케넌은 소련을 "질병에 걸린 조직을 먹고 자라는 악성 기생충'이라고 하면서 '미국과 영구적으로 협정이 있을 수 없다는 신념, 소련의 힘이 확고해지면 우리(미국-인용자) 사회의 내적인 조화가 무너지고 … 우리의 국제적인 권위가 추락하는 것이 바람직하다는 신념에 광적으로 몰두하는 정치 세력이 이곳에 있다."라고 했다.[14] 팽창(Expansion)정책을 통해 미국을 붕괴시키려는 것이 소련의 의도라는 것이다. 이에 대응해 미국은 '장기적이고 끈기 있게, 확고하고 주의 깊게' 소련을 '봉쇄(Containment)'해야 한다고 했다.[15] 미국과 소련은 서로를 주적으로 규정했고, 주적을 붕괴시키기 위한 전략을 세웠다. 이어 그는 스탈린과 소련을 '악(惡)의 천재'[16]라고 하면서 "미국 국민들은 도덕적 · 정치적 책임을 받아들여야만 국가 안보가 달성될 수 있게 만들어 준 신의 섭리에 감사해야 한다."라고 했다.[17] 냉전의 설계자 케넌은 소련은 악성 기생충과 악의 천재로, 미국은 신의 섭리 가운데 있는 국가로 구별하면서 미국의 대 소련 정책의 기초를 놓았다. 그가 입안한 정책은 세상을 공산주의와 자본주의로 양분하였다.

미국은 케넌이 설계한 봉쇄정책에 따라 대외 정책을 수립하여 나갔다. 스팀슨(Henry Stimson)이 1945년 9월 11일 '원자폭탄 통제를 위한 제안'이라는 제목의 메모를 트루먼 대통령에게 전는데 그 메모에는 미국이 원자폭탄의 비밀 독점과 사용 권리, 통제권을 포기하고 소련과 'share(공유)'해야 한다는 의견이 담겨 있었다. 트루먼은 이를 9월 21일 각료회의 안건으로 상정했다.

---

14 Kennan, *Moscow Embassy Telegram #511(February 22, 1946)*, 14, 17.

15 조지케넌의 미국 외교 50년』, 유강은 역, 서울: 도서출판 가람기획, 2013, 266-267.

16 존 루이스 개디스, 『새로 쓰는 냉전의 역사』, 박건영 역, 서울: 사회평론, 2003, 72.

17 조지 케넌, 「소련행동의 원천」, 279-280.

그러나 포레스털을 중심으로 한 각료들의 강력한 반대로 스팀슨의 의견은 무산되었다.[18] 이후 미국과 소련이 협력하여 개방적 세력권을 형성한다는 대서양헌장의 정신은 사라지고, 상호 적대를 근간으로 하는 배타적 세력권이 형성되었다.

미국은 소련을 핵무장과 핵 공격을 통해 붕괴시킬 위협적인 존재로 규정하였다. 1948년 9월 16일 「미국의 핵전쟁 정책」 NSC30은 국가군사처가 "국가 안보를 위해 핵무기를 비롯한 가능한 모든 적절한 수단을 신속하고 효율적으로 사용할 태세를 갖추어야 한다."라고 했다.[19] 이것은 1948년 초봄, 독일에서 불어온 봄의 전쟁 공포를 반영한 것이었다. 봄의 전쟁 공포는 미국의 공군과 해군의 핵무기 작전 소유권을 둘러싼 싸움과 군수산업의 부활을 촉진시켰다. 1949년 3월 창설되어 핵무기 작전권을 소유한 전략공군사령부는 1949년 300개의 원자폭탄으로 소련의 100개 도시를 파괴할 드롭샷작전을 계획했다.[20]

1950년 4월 트루먼에게 제출된 NSC68은 이런 내용을 집약하고 있었다. 소련의 원자폭탄 보유와 수소폭탄 개발 가능성, 중국의 공산화와 소련과 중국의 조약 체결이라는 상황이 발생하자 국무부 정책기획실장 폴 니체(Paul Nitze)는 동년 4월 7일 〈미국 국가 안보의 목표와 계획〉을 대통령에게 제출했다. 그는 소련의 위협, 배타적 세력권 형성, 봉쇄정책이라는 기존의 정책을 토대로 핵전쟁 · 수소폭탄 개발 · 기습 공격 · 반격전 · 경계 체제 구축 ·

---

18 제임스 캐럴, 『전쟁의 집: 펜타곤과 미국 패권의 비극』, 전일휘 · 추미란 역, 서울: 동녘, 2009, 184-187, 179-180. 노동장관 루이스 유웰레바흐와 우정장관, 육군부 차관 로버트 패터슨, 국무부 차관 딘 애치슨은 스팀슨을 지지했다.

19 "United States Policy on Atomic Warfare"(NSC 30), FRUS, 1948, vol. I, Part 2, 624-628.

20 제임스 캐럴, 『전쟁의 집: 펜타곤과 미국 패권의 비극』, 221-222, 235-236.

제한전 등 다양한 전쟁의 형태를 예상하고 그 대책으로 수소폭탄을 포함한 군사력 증강을 제시했다.

　이러한 정책(NSC68)의 근거가 되는 논리가 있었다. 그것은 "법치 정부 아래 있는 자유사상과 잔인한 소수 독재정치하에 있는 노예 사상 사이에 갈등이 존재한다."라고 하면서 자유사상을 지닌 미국이 노예 사상을 지닌 소련을 전복시킬 수 있다는 신념이었다.[21] NSC68은 미국을 긍정적 자아로 소련을 부정적 타자로 구별 짓고, 부정적 타자인 소련을 전복시킴으로써 자신의 생존과 안전을 지키려 했다. 그 방법으로 평시 우월한 군사력과 경제력에 의한 봉쇄와 전시 핵 공격을 포함한 다양한 전략을 택했다. "우리가 공격을 받자마자 곧 우리의 온 힘을 다하여 반격하기 위해 경계 태세를 갖추어야 하며 가능한 한 소련의 타격이 실제적으로 발생하기 전에 공격하여야 한다."는 것이다.[22]

　문제는 소련 공산주의 적대 정책에 대해 미국의 교회들이 어떤 입장을 보였냐는 것이다. 제2차 세계대전 직후 정부의 정책과 거리를 두었던 미 연방교회협의회(Federal Council of Churches, 이후 기독교교회협의회The National Council of the Churches of Christ in the U.S.A.)는 점차 미국의 정책에 동조하기 시작했다. 미국의 기독교는 소련에 대한 핵 공격을 포함한 미국의 평시와 전시 정책에 대해 윤리적 정당성을 제공했다. 또한 트루먼의 반공종교동맹(a religious alliance against communism)과 미 연방교회협의회 산하단체인 Commission on the Relation of the Church to the War in the Light of the Christian Faith(이하 CRCW), 심리 전략위원회(Psychological Strategy Board, PSB)

---

21 *NSC68: United States Objectives and Programs for National Security*, April 14, 1950, 7.
22 Ibid., 37, 38, 52, 53.

등을 통해 미 정부와 구체적 협력 관계를 유지했다.

특히 미국 교회는 트루먼의 반공종교동맹과 연결되어 있었다. 미 백악관 국가안전보장회의 전략기획실장이었던 인보덴(William Inboden)[23]은 기독교의 이러한 측면을 면밀히 검토했다. 그는 '냉전은 여러 가지 면에서 종교전쟁'이었다고 전제한 후 그 예로 트루먼과 아이젠하워 대통령 등이 "인간의 권리와 자유는 하나님에 의해 주어졌고, 하나님은 세계의 자유를 지키기 위해 미국을 부르셨으며, 무신론과 종교에 대한 적대감 때문에 소비에트 공산주의를 악으로 간주했다."고 하였다. 특히 트루먼은 하나님의 선민에게 부여된 유산(religious heritage)을 계승한 미국은 "전적으로 영적인 가치를 반대하고 하나님의 존재를 부정하는 국제공산주의의 악행을 제한할 뿐만 아니라 선을 행하고 이 세계를 더욱 살기 좋게 하라'하라."는 신의 명령을 따라야 한다고 했다. 이러한 종교적 신념은 안보 및 경제 분야와 함께 어떻게 적을 방어하고 전쟁을 수행해야 하는지를 결정하는 데 영향을 미쳤다.[24]

이처럼 트루먼의 정치신학은 미 연방교회협의회, 세계교회협의회, 교황청, 유럽의 개신교와 관계를 가지면서 소련과 공산주의를 이념적으로 봉쇄하려 했다. 이를 위해 반공종교동맹을 구성하고자 하였다. 1948년부터 트루먼과 테일러는 WCC를 통하여 소련의 공산주의를 견제하고자 했다. 테일러는 WCC 공동의장인 프랑스의 보에그너(Marc Boegner)와 런던의 켄터베리 주교를 만나 미국 정부 대사가 WCC에 참여하는 것과 러시아정교회를

---

23 그는 국무부정책기획참모와 국제종교자유사무국(Office of International. Religious Freedom)에서 활동했다.

24 William Inboden, *Religion and American Foreign Policy 1945-1960: The Soul of Containment*, III, 114-115.

퇴출하는 것을 제안했다가 거절당했다.[25] 결국 반공종교동맹의 조직은 실패했다.

그렇다고 반공종교동맹의 목적이 실패한 것은 아니었다. 미 연방교회협의회와 WCC 일부 세력이 입장을 바꾸어 트루먼의 정책에 동조했기 때문이다. 1945년 12월 말, 미 연방교회협의회는 'CRCW'를 열어 미국이 먼저 핵무기를 사용하는 것을 금지해야 한다고 결정했다.[26] 그러나 반공종교동맹의 활동은 미 연방교회협의회의 핵무기 사용 금지라는 입장에 변화를 주었다. 1949년 하반기에 미 연방교회협의회는 '기독교 양심과 대량 파괴 무기'를 재검토하기 위해 산하단체인 'CRCW'를 소집했다. 이 위원회의 새로운 의장이자 워싱턴 디시의 연회 감독인 던(Angus Dun)은 1946년에 소집된 칼훈 위원회의 의장 칼훈(Robert Calhoun)과 입장을 달리했다. '미국원자력위원회'[27]의 물리학자 컴프톤(Athur Compton)·웨이맥(William Waymack)과 함께 이 위원회에 참석한 니버(Reinhold Niebuhr)도 마찬가지였다. 1950년 12월, 위원회가 제출한 보고서는 '인류를 위협하는 두 가지의 큰 위험 요소'를 '전체주의 폭압 팽창'과 '세계 전쟁'이라고 하면서 전체주의가 전 세계적인 전쟁과 마찬가지로 중요한 위협이라고 했다. 그러면서 '미국이 핵무기를 폐기한다거나 사용하지 않으려 한다는 인상을 준다면 그것은 거의 무방비 상태로 공산권 세계를 놓아두는 것'이라고 하였다. 따라서 '미국의 군사력 증강은 세계대전과 폭압을 모두 저지할 수 있는 필수적인 요소'라고 하면서 "군사력 증강

---

25 Ibid., 135~137.
26 Ibid., 33-35. 당시 니버 형제, 로버트 칼훈, 존 버넷 등 미국 신학자들이 이 위원회에 참석하였다. 3월 6일, 이들이 채택한 「핵무기와 기독교 신앙」은 원자폭탄 투하는 하나님과 일본국민에게 깊은 죄를 지은 것이라고 했다.
27 원자력위원회는 1949년 3월 전략공군 사령부로 넘어가기 전까지 핵무기통제를 담당했다.

에는 핵무기가 반드시 포함되어야 한다."고 하였다. 그러면서 "핵무기 혹은 그와 유사한 파괴력을 가진 무기가 우리에게 사용되거나 아시아와 유럽의 친구들에게 사용된다면, 우리 "정부가 핵무기를 사용해도 정당하다."고 주장하였다.

이 위원회는 NSC30과 NSC68에 명기된 핵무기 증강과 핵 공격에 대한 윤리적 정당성을 제공했다. WCC의 일부 세력도 미 연방교회협의회와 같은 입장을 취했다. 중앙위원회가 열리기 전 WCC와 국제선교위원회(International Missionary Council)의 연합 기관인 국제문제교회위원회(The Commission of the Churches on International Affairs, 이하 CCIA)는 WCC 중앙집행위원회에 1950년 3월 19일 세계평화회의가 발표한 '스톡홀름 평화 호소'를 반대하는 편지를 보냈다. 스톡홀름 호소에는 '원자무기의 사용과 보유를 금지'하고, '타국에 원자무기를 먼저 사용하는 정부를 전범으로 취급'하자는 내용이 들어 있다.[28] 그런데 이 편지에서 CCIA는 원자무기의 금지는 충분하지 않다고 하면서 침략자들을 제지하기 위해 원자무기를 배제해서는 안 된다고 했다.[29]

미 국무부는 소련이 원자폭탄 실험에 성공(1949.8.29)했다는 사실을 한 달 후인 10월에 발표했다. 이 발표가 있은 지 며칠 후 빌리 그레이엄이 이끄는 LA집회에 수십만 명의 기독교인들이 참여하였다. 이 자리에서 빌리 그레이

---

28 Ralph Lord Roy, *Communism and the Churches*, (New York: Harcourt Brace and Company, 1960), 212: 김흥수, "한국전쟁과 세계교회협의회, 1950-1953," 「한국기독교와 역사」, 서울: 한국기독교역사연구소, 2001, 114에서 재인용.

29 "Letter concerning Stockholm Appeal," *Minutes and Reports of the Third Meeting of the Central Committee of the World Council of Churches*, (toronto: Canada July 9-15), 93-94: 김흥수, "한국전쟁과 세계교회협의회, 1950-1953," 115에서 재인용.

엄은 "하나님은 우리에게 절체절명의 선택권을 주십니다."라고 하면서 "세계는 두 진영으로 나뉘어 있습니다. 아시다시피 한쪽은 하나님과 그리스도, 성경, 그리고 모든 종교와의 전쟁을 선포한 공산주의입니다."라고 했다.[30]

이제 미국의 교회는 미국의 대외 정책을 그대로 수용하면서 세계를 하나님의 편과 공산주의 편으로 양분하였다. 또한 이를 토대로 미국의 대외 정책을 지지하면서 소련 공산주의를 핵 공격을 통해 멸족시켜도 되는 절대적 악으로 규정하였다. 미국 교회의 이러한 흐름은 그대로 한국 기독교에 전달되었다.

5. 남한의 공산주의 적대 정책과 교회의 신념 문화

냉전 시기 미국의 기독교는 미국 대외 정책(NSC68)을 지지하면서 긍정적 우리를 선민과 계약 백성으로, 부정적 그들을 악과 사탄으로 규정하여 핵 공격을 해서라도 그들을 배제 · 제거해야 한다고 주장하였다. 이러한 방향에서 니버와 빌리 그레이엄, 미국교회협의회의 일부 세력은 미국 교회의 공산주의 적대 정책에 대한 정당성을 확산시켰다.

이러한 미국 국무부와 기독교의 공산주의 적대 정책은 그대로 한국 정부와 한국 기독교에 수용되었다. 이승만 대통령은 1949년에 저술된 『일민주의개술』에서 소련 공산당의 '거짓 선전에 빠져서 남의 부속국이나 노예가 되거나 또는 공산당과 싸워 이겨 민주국가들이 자유 복리를 누리게 이 두 가지 중에 한 가지를 택하여야만 될 것이며 이 외에 다른 길은 없을 것'이라

---

30 Walter L. Hixson, *George F. Kennan: Cold War Iconoclast*, 77: 제임스 캐럴, 『전쟁의 집: 펜타곤과 미국 패권의 비극』, 274에서 재인용.

고 하였다.[31] 이러한 입장은 1948년 미군정 경무 부장으로 시무하던 조병옥에게서도 확인된다.

> 조선을 원조함이 미국책(美國策)에 부합되는 까닭입니다. 미국은 조선을 통일적인 자주독립국가를 만듦으로써 민주주의 진영을 세계적 규모로 방위하고 극동의 지리적 추요지(樞要地)인 조선반도를 미국의 우호권으로 편성키 위함으로써 그 국방상 생명선인 태평양을 보위할 수 있습니다. 조선의 방위가 깨어지는 날에는 태평양 방위는 중대한 협위(脅威)를 받게 되는 까닭입니다.[32]

미국이 조선을 원조하는 것은 한국의 방위가 깨어지면 미국의 태평양 방위선이 위협을 받기 때문이었다. 미국은 이를 방지하기 위해 '조선을 자주독립국가'로 만들어 미국을 중심으로 하는 자유민주주의 진영의 한 부분이 되게 하고 이를 통해 소련의 팽창을 봉쇄한다는 것이다.

이상의 주장은 NSC8에 나타난 미 국무부의 대한반도 정책과 일치했다. NSC8은 소련의 대한국 정책의 주요 목표를 '소련의 전 한반도 지배'라고 판단했다. 그런데 소련의 전 한국 지배는 중국과 일본에 대한 소련의 정치적 전략적 입장을 강화시키고, 궁극적으로 이 지역과 동북아시아에서 미국의 입장을 약화시킬 것이라고 하였다. 또한 남한에 수립된 정권이 소련이 사주하는 세력에 의해 전복된다면 유엔과 미국에 타격이 될 것이라고 예측했

---

31 이승만, 『일민주의개술』, 11.
32 조병옥, "治安의 角度로 建國을 論함", 『民族 運命의 岐路』, 10-11.

다.[33] 제주4·3과 여순사건을 경험한 미 국무부 동북아시아부 부장 비숍은 1948년 12월 주한 미군 철수 문제에 대해 극동국 국장 버터워쓰에게 보내는 비망록에서 '공산주의자들의 전 한반도 지배가 기정사실화될 경우 일본열도가 세 방면에서 공산주의 국가들로 둘러싸이고 … 극단적인 경우 공산주의 국가는 일본을 그들의 영향하에 두려는 노력을 강화할 것'이라고 예측하였다. 또한 공산주의 국가 체제가 일본을 포함한 동북아시아를 장악하는 데 성공한다면 태평양에서 미국의 안보가 손상될 것이라고 하였다.[34] 이에 대해 미 국무부와 한국 정부는 미 군사고문과 경제적 지원을 통해 남한의 정부를 공고히함으로 북한을 앞세운 소련의 팽창을 봉쇄하고자 하였다.

이는 남한 정부가 4·3사건과 여순사건을 조속히 진압하고 미국의 경제 원조를 받는 과정에서 확인되었다. 1949년 7월 1일 자 국무회의록에 적시된 반공조건부라는 단에서 더욱 확실하게 확인된다.

> 보고 사항(대통령) 시정 일반에 관한 유시의 건=미 상원 의원의 발언 중 반공 조건부 대한원조안 주장에 대하여 감사 사함(謝織)을 외무 장관이 보냄이 좋겠다.
> 보고 사항(공보) 시사 보고의 건=미국 하원 외교위(外交委)에서 1억 5,000만 불 가결이나 반공(反共) 조건부임[35]

---

33 "미국 국무부 점령지역 차관보 살쯔만의 대한경제원조 정책안에 대한 비망록", 1948년 9월 7일, 1292~1298.
34 "미국 국무부 동북아시아부 부장 비숍이 주한미군 철수문제에 대해 극동국 국장 버터워쓰에게 보내는 비망록," 1948년 12월 17일, 1337~1340쪽.
35 「國務會議錄」 제63회(1949년 7월 1일).

이처럼 남한 정부의 정책은 미 국무부의 극동아시아 정책의 일부로 수립되었다. 미 국무부는 극동에서의 소련의 팽창정책에 효율적으로 대응하기 위해 일본열도를 중심으로 방어선과 공격선을 구축하고, 남한을 소련 공산주의를 저지하는 교두보로 삼고자 하였다.

이를 위해 동원된 것은 역시 소련을 중심으로 한 공산주의 적대 정책이었다. 미국에서 사용된 적대 정책의 논리적 정당성은 한반도의 정책에도 그대로 적용되었다. 미국의 대외 정책을 정당화하는 것은 소련 공산주의를 핵 공격을 사용해서라도 제거해야 할 절대 악으로 규정하는 것이었다. 미군정의 조병옥 경무 부장도 이를 그대로 수용하면서 다음과 같이 말했다.

> 이제 세계는 조직된 공산주의 악도의 도량(跳梁)을 막기 위하야 일어나 조직하고 있다. 그것은 유엔이오, 미·영·불·중(중국)의 동심 협력이요, 로마 법왕의 명령이다. 이제 파괴되랴는 인류의 문명을 유지하기 위하야 방공 세력(防共 勢力)이 나날이 결속되고 있다. 저 사탄의 진영이 순순히 복굴(服屈)하면 몰라도 여전히 그의 악을 계속한다면 그들이 무저항(無底抗)으로 전락(轉落)하는 운명의 날이 멀지 아니할 것이다.[36]

그는 기독교 용어를 사용하면서 소련을 중심으로 한 진영을 사탄의 진영으로 규정하였다. 또한 『신약성서』를 인용하면서 공산주의자들이 무저갱으로 굴러떨어질 것이라고 하였다. 그런데 해방 이후 한반도의 정책은 단순히 정책으로 그친 것이 아니었다. 기독교를 비롯한 우익 진영은 미국의 대한반도 정책에 적극 호응하면서 남한을 그 세력권으로 끌고 갔다.

---

36 무저항(無底抗)은 요한계시록에 나오는 무저갱(無底坑)의 오기이다.

기독교는 이러한 한반도의 정책을 정당화하는 이념을 자신의 신념 문화로 발전시켰다. 기독교인인 이승만 대통령은 '우리도 우리를 위하여 공산당과 싸우는 것이니 이 싸움이 아직은 사상적 싸움이므로 이 정도가 변하여 군사적 싸움이 될 때까지는 사상으로 사상을 대항하는 싸움'이 있어야 할 것이라고 하였다.[37] 그는 공산주의와의 사상전을 선포했다. 조선기독교청년회연합회(YMCA)는 1948년 10월 국제 공산주의가 '가열(苛烈)한 사상전'을 전개하기 시작했다고 하면서 '무신론자'의 이러한 공격에 대해 '진리 투쟁의 복음적 항쟁', 즉 '3십만 남녀 기독교 청년의 십자군 동지들'이 유물 사상을 격파할 '복음의 성전(聖戰)'을 전개하자고 주장했다.[38] 광주 형무소 형목이었던 장성옥(張聖玉) 목사는 '세계의 거대한 2대 조류'가 존재하고 이것이 한국에서 충돌하고 있다고 하였다. 이런 상황에서 한국은 둘 중에 하나를 선택해야 한다고 하였다.[39] YMCA연합회 간사였다가 총무가 된 김치묵(金致默) 목사는 기독교 청년들이 한데 뭉치어 을천국을 건설하기 위해 유물적인 외적(外敵)에 대항하여 싸워야 한다고 하였다.[40] 천주교의 강아오스딩은 1948년 '사상전을 좀 더 깊이 고찰해 보면 그 상대방이 우익 대 좌익, 민주주의 대 독재주의, 종국에는 유신론 대 유물론의 싸움'이라고 했다. 이 싸움은 '진정의 구세주는 예수냐? 마르크스냐? 카톨릭의 백(白)이냐? 마르크시즘의 적(赤)이냐? 의 전쟁'이라는 것이다. 따라서 '유물론 사상에 대항하고 격파하는 사상적 십자군을 준비'해야 한다고 했다.[41]

---

37 이승만, 『일민주의개술』, 11-12.
38 主幹, "전국청년신앙동지들께 檄告: 우리들의 鬪爭對象", 「기독교청년」(창간호), 6-7.
39 장성옥, "공산주의와 민족의 위기", 『사회문제와 기독교』, 서울: 십자가사, 1949, 52-53.
40 김치묵, "YMCA 운동의 전망", 「기독교청년」(창간호), 29-30.
41 강아오스딩, "自序," 『천주교와 공산주의』, 서울: 종현가톨릭청년회, 1948, 1.

해방 직후 기독교인 대통령, 기독교 청년, 목사, 천주교인들은 공산주의를 적으로 규정하고 그들과 사상전을 전개할 것을 주장했다. 장성옥 목사가 말한 것처럼 이 사상전은 미국을 중심으로 한 자본주의 진영과 소련을 중심으로 한 공산주의 진영 간의 상호 적대를 배경으로 한다. 그런데 기독교인들은 이 사상전을 유물론자와 유신론자 간의 싸움으로 전환시키면서 진리와 거짓, 하나님의 백성과 사탄 간의 전쟁이라는 신념을 형성하였다.

이러한 주장은 미 국무부의 소련을 중심으로 한 공산주의 적대 정책의 근거가 되는 논리였다. 특히 NSC68의 기초가 되는 논리와 이를 정당화한 기독교의 주장과 일치하였다. 이 대목에서 개디스와 슈퇴버의 주장을 생각할 필요가 있다. 공산주의 적대를 근거로 한 미국의 대외 정책은 한국의 경상도 작은 마을에도 그대로 나타났다.

경주의 ○○교회는 1945년 초겨울(음력-인용자) 엄요섭 목사를 초청하여 예배당에서 시국 강연회를 열었다. 강연을 마친 후 최 장로 집에서 모임을 가졌는데, 그곳에서 엄 목사가 좌익에 대항하는 단체를 만들도록 권유했고 이것이 계기가 되어 대한독립촉성국민회(이하 국민회)를 조직하게 되었다.[42] 이 교회는 대구10월사건 당시 마을에서 일어났던 사건을 다음과 같이 기록했다.

이 사건을 ○○교회에서 다루어야 할 뚜렷한 이유를 보여주고 있다. 첫째, 해방 직후부터 이 지역 우익 진영은 본 교회 청년회와 교역자들에 의해 구성되었고, 이들에 의해 이 지역의 치안 유지가 이루어졌다. 둘째 본 교회 청년들이 이 지역의 대규모 좌익 진영의 세력들을 직접 진압하여 좌익 세력의 근

---

42 ○○교회, 『○○교회60년사』, 경북 경주: ○○교회, 1984, 111.

거를 분쇄시켰다. 셋째, 하나님의 놀라우신 역사와 기적이 좌익 세력들과의 대립 과정에서 분명히 나타나고 있다는 사실이다.[43]

1946년 10월 6~7일, 주민 수천 명이 좌우로 나뉘어져 난투극을 벌였다. 이들은 죽창과 쇠스랑, 몽둥이, 엽총, 수류탄으로 무장하고 싸웠다. 많은 사람들이 부상을 입었고, 사망자도 발생했다. 내동 지서 소속 경찰과 미군은 기관총을 수십 발 발사하는 등 국민회와 교인들을 지원했다.[44] 교인들은 국민회를 조직해 좌익 진영과 싸움을 전개했고, 이를 하나님의 선하신 사업이라고 했다. 기독교인들은 공산주의 진영과 자유민주주의 진영을 구별 짓고, 자유민주주의 진영을 선택했다. 이후 공산주의 진영을 부정·배제하였고, 이것을 신앙과 결합시켰다.

세상을 자본주의 진영과 공산주의 진영으로 양분하고 자본주의 진영에 편입되면서 상대 진영을 배제·제거하기 위해 상대를 악·사탄으로 규정하는 문화는 해방 이후 한국기독교계에 널리 퍼졌다. 영락교회의 한경직 목사는 그 대표적인 사례라 할 수 있다.

한경직은 1946년 설교에서 '유신론이냐 무신론이냐, 민주주의냐 독재주의냐, 기독교사회주의냐 공산주의냐' 둘 중에 하나를 선택해야 한다고 했다. 1947년 '기독교와 정치'라는 설교에서 "건국하되 유물론적 독재국이 되면 어찌하랴."라고 하면서 "참신앙을 가지고 정치운동 사회운동을 일으켜야 한다."고 주장하였다.[45] 그는 세계의 국가들은 둘 중에 하나를 선택해야

---

43 Ibid., 102-103.
44 진실해해위원회, 「경주지역 민간인 희생사건」, 서울: 진실해해위원회, 2010년 6월 29일, 3, 14, 51.
45 한경직, "기독교와 정치(1946년)", 『건국과 기독교』, 서울보린원, 1949, 148-149.

한다는 트루먼의 주장과 같은 주장을 하였고, 이에 따라 공산주의를 봉쇄해야 한다는 미국의 정책을 그대로 받아들이면서 남한 단독 정부 수립을 골간으로 하는 건국론을 펼쳤다. 이때 그의 관심사는 오직 남한을 미국을 중심으로 한 자본주의 진영에 편입시키는 것이었다. '자유민주주의, 민족주의, 도덕, 성경 그리고 기독교 신앙'을 중심으로 한 진영과 '공산주의, 계급이기주의, 반도덕, 야만주의'를 중심으로 한 진영이 존재하는데, 기독교인들은 어느 것을 선택할 것이냐는 것이다. 당연히 기독교인들은 미국을 중심으로 한 자유민주주 진영에 편입되어야 한다는 것이다.[46] 그는 남한이 미국을 중심으로 한 자본주의 진영에 편입될 수 있도록 기독교인들이 참신앙을 가지고 '철저한 사상교화운동'과 '정치운동, 사회운동'을 전개해야 한다고 하였다.

그의 이러한 주장은 '기독교만이 유일한 참종교 곧 진리의 종교'인 반면에 '공산주의야말로 일대 괴물'이고 '이 사상이야말로 묵시록에 있는 붉은 용'이라는 신념에 근거했다. 그래서 그는 "이 용을 멸할 자 누구냐?" 하고 부르 짖었다.[47]

공산주의를 적대하는 신념 문화는 교회는 물론 YMCA, 형목, 조선기독교청년회전국연합회, NCC 등 여러 기독교 단체에서 고르게 나타났다. 해방 이후 이러한 신념은 기독교계에 광범위하게 자리한 문화였다.

이 지점에서 서산과 아산의 마을들이 전쟁 전부터 가지고 있었던 갈등 문화가 전쟁 중 대량 학살로 이어졌다는 점을 기억할 필요가 있다. 기독교도 마찬가지이다. 공산주의 적대라는 신념 문화는 기독교인들로 하여금 민간

---

46 한경직, "건국과 기독교(1947년 12월)", 『건국과 기독교』, 서울보린원, 1949, 196.
47 한경직, "건국과 기독교(1947년 12월)," "기독교와 공산주의", 『건국과 기독교』, 196, 212.

인들에 가담하게 하였다. 이는 영락교회 교인이자 보도연맹원 설계자였던 오제도, 동 교회 소속으로 보도연맹원과 적색분자 소탕을 지시한 장도영 육군정보국장, 감리교 목사의 아들로 7월 낙동강 전선 이후 대구 경북 지역 사령관이었던 원용덕, 보도연맹원과 부역 혐의자 처형을 지시한 치안국장 장석윤과 김태선, 그리고 대구에서 오열 색출을 이유로 민간인 학살을 주도한 조병옥의 활동 속에서 확인된다. 이들은 모두 한국전쟁 중 발생한 민간인 학살의 주요 지휘명령자들이었다.

따라서 이들이 어떤 신념을 지니고 민간인 학살에 가담하였는지 확인할 필요가 있다. 조병옥은 좋은 사례다. 그는 한국전쟁 이전에 '조선 문제는 공산주의냐 민주주의냐 하는 세계 문제의 현실적이고 주체적인 예증'이라고 하였다.[48] 또한 '공산당과 그 추종자'들을 '파괴 진영' 혹은 '사탄의 진영'이라고 하였다.[49] 한국전쟁이 발발하자 조병옥은 해방 공간에서 갖고지니고 있던 이러한 기독교적 신념을 따라 민간인 학살을 지휘·명령하였다. 이와 관련하여 1960년 경상북도 도지사로 재직하던 김규현은 다음과 같이 말했다.

1950년 8월 13일 취임하였던 조준영 경북 도지사는 6·25 사변 당시 가창골서 자행된 학살은 당시 경찰국장인 한경록이 내무부의 지시에 의해 예비검속을 실시한 요시찰인을 군 당국서 인계받아 처치한 것으로 알고 있다고 했다.[50]

---

48 조병옥, "民族 運命의 岐路," 『民族 運命의 岐路』, 서울: 경무부경찰공보실, 1948, 27-28. 이 책은 1948년 4월 20일 발행된 것이다.

49 조병옥, "총선거와 좌익의 몰락", 『民族 運命의 岐路』, 1, 7.

50 「대구매일신문」(1960년 5월 23일); 조준영은 7대(1950. 1. 24 ~ 1950. 4. 16)와 9대(1950. 8. 11 ~ 1951. 7. 26) 경북 경찰국장이었고, 한경록은 8대(1950. 4. 17 ~ 1950. 8. 10) 경찰국장이었다.

내부무가 경상북도 경찰국장 한경록에게 예비검속자 처형 지시를 내렸다는 것이다. 정상적인 지휘명령 계통이라면 치안국이 도경찰국으로 상기 내용을 지시한다. 그러나 조준영은 한경록이 내무부로부터 지시를 받았다고 했다. 가창학살을 지휘한 것이 치안국이라기보다는 내무부라는 것이다. 사찰과 형사 김규현과 조준영 경북 경찰국장의 진술은 내무부와 사찰과가 보도연맹원 등 좌익 관련자들 처리를 담당했다는 것을 말해 준다. 조병옥의 회고록에서 찾을그 내용을 확인할 수 있다. 1950년 7월 17일 자로 내무부 장관에 부임한 조병옥은 "대구의 사위(四圍)에는 경찰의 사찰망을 설치하고 이를 직접 지휘하였다."고 했다.[51] 내무행정과 치안의 일반적 업무는 내무차관과 치안국장에 일임했고 자신은 오열 색출과 처리를 직접 지휘·명령했던 것이다. 그 결과 가창을 비롯해 대구의 외곽 지대에서 경찰에 의한 대량 학살이 자행되었다.

나가는 글

개디스와 슈퇴버는 냉전 초기 세계의 모든 국가는 물론 국가 내 집단과 개인들도 모스크바와 워싱턴의 역장을 따라 정렬되었고, 상호 적대적 행위만 허용되었다고 하였다. 이들의 주장은 한국 정부는 물론 서산과 아산의 작은 시골 마을에서도 확인되었다. 일제에 강점당하기 전부터 형성된 마을의 갈등 문화는 해방 이후 빠르게 공산주의 적대와 자본주의 적대라는 이념

당시 수천 명의 민간인들이 가창골에서 학살되었다. http://www.gbpolice.go.kr/gbpolice/intro/directorhistory. 2014년 9월 10일 접속.

51 조병옥, 『나의 回顧錄』, 서울: 民敎社, 1959, 300-301.

문화로 재편되었다. 이러한 이념 문화는 씨족 간의 갈등, 소작농과 지주 간의 갈등을 자양분 삼아 해방 직후 미국을 중심으로 한 자본주의 세력과 그렇지 않은 세력 간의 갈등을 촉발시켰다.

이러한 현상은 기독교에서도 나타났다. 한국의 기독교는, 양분된 세계에서 한반도도 미국을 중심으로 한 자본주의와 소련을 중심으로 한 공산주의 세력으로 양분될 것이라고 보았다. 이런 상황에서 기독교는 남한을 자본주의 진영으로 편입시켜야 한다고 주장하면서 자신의 편에 서지 않는 개인과 집단을 배타, 제거하고자 하였다. 초기 기독교인들의 배타적 신념 문화는 해방 이후 반공을 중심으로 한 공산주의 적대 문화로 변화되었다.

아산과 서산의 사례에서 나타난 것처럼 해방 후 마을에서 형성된 갈등이 전쟁 중 학살로 이어졌고, 기독교의 배타적 신념을 골간으로 하는 기독교의 갈등 문화는 학살을 정당화하거나 적극화하는 논리로 작용하였다. 이러한 신념 문화는 민간인 학살을 사람을 죽이는 것이 아니라, 붉은 용과 사탄을 제거하는 것이라고 하였다. 한국전쟁 중 치안국, 육군정보국, 내무부에 속해 있던 기독교인들은 가장 적극적으로 민간인 학살을 지휘·명령하였다. 그들에게 희생자들은 민간인이 아니라 사탄에게 사로잡힌 존재, 사탄의 진영, 붉은 용의 편이었기 때문이다.

문제는 이러한 갈등과 폭력, 학살을 정당화하는 신념의 문화가 기독교에 그대로 내재되어 아무 반성 없이 현재에 이르고 있다는 점이다. 이러한 갈등의 문화를 직시하지 않는다면 한국 기독교는 남북 관계를 비롯한 사회 내의 모든 사안에 대해 계속해서 갈등을 증폭시킬 것이다.

미국 선교사의
한국전쟁에 대한 인식

: 밥 피어스(Bob Pierce)를 중심으로

이 병 성　　연세대 강사, 기독교윤리학 박사

그에게 반공주의는 하나님 신앙을 지키는 신앙인의 사명이고, 기독교 국가인 미국을 수호하는 애국의 길인 것이고, 종교의 자유를 지키는 자유주의의 길이고, 한국인들을 마귀의 손길에서 구원하는 선교의 사명인 것이다. ...

피어스의 반공주의는 한편으로 신앙 운동이었지만 또 한편으로는 이데올로기 전쟁이었고 애국주의의 한 표현이었다. 반공주의는 미국의 외교정책에서 핵심적인 것이었고, 미국의 패권주의를 위해 필수적이었으며, 미국적 가치를 지키고 세계화하는 데 긴요하였다. 이것이 잘 표현된 곳이 한국전쟁이다. 한국전쟁을 통하여 기독교 반공주의는 선악 이분법적 관점을 뿌리내리게 하였고, 한반도에 사는 이들의 마음과 감정 그리고 정신을 분열시켰다.

들어가는 글

한국전쟁기의 한국은 미국과 소련의 군사적 힘이 충돌하는 최전선이었다. 군사적 최전선일 뿐 아니라 이데올로기적 최전선이었다. 이때에 한국에서 활동한 선교사들은 공산주의의 전 지구적 확대에 맞서 싸우는 십자군이었고, 한국전쟁의 현장에서의 선교사들의 선교 사업은 전통적인 의미의 선교라는 영역을 뛰어넘는 거대한 프로젝트였다. 기독교 선교는 정치적 이데올로기, 경제체제, 사회를 구성하는 가치 등과 내재적으로나 제도적으로 깊게 연결되어 있다. 밥 피어스(Bob Pierce, 1914-1978)[1] 선교사의 활동과 사상은 이러한 측면을 잘 보여준다.

피어스는1914년 미국 아이오와주에서 태어났고, 1940년 침례교 목사로 안수를 받았다. 그는 복음주의 계열 선교 단체인 십대선교회(Youth for Christ)의 선교사로 1947년부터 중국에서 활동하였다. 이때는 중국의 내전이 격화되던 때였다. 그는 이곳에서 중국 공산당원들이 기독교인과 선교사들을 공격하는 것을 직접 목격하며 체험하였다. 이러한 경험은 그의 반공주의

---

1 밥 피어스(Bob Pierce)의 공식적인 이름은 로버트 윌라드 피어스Robert Willard Pierce 이다. 그러나 그의 저술이나 대중활동 그리고 한국에서의 활동에서는 '밥 피어스'로 불려지고 있다. 초창기에 한국에서 그의 이름은 '밥 피얼스'라고 번역되어 사용되기도 하였다. 이 논문에서는 그의 이름을 '밥 피어스'로 통일한다.

사상의 토대를 형성하는 데 결정적 역할을 하였다. 피어스는 중화인민공화국이 공식적으로 수립되기 직전인 1949년 9월 한국으로 이동하였다. 피어스는 1950년 3월부터 6월까지 한국에서 '구국복음전도운동'에 참여하였다. 이 운동은 한국기독교교회협의회가 전개한 운동이었다. 그는 1951년에 유엔의 종군기자로 지원하였고, 복음주의출판협회(Evangelical Press Association)의 기자로 한국에 돌아와 설교를 비롯한 선교 활동과 다양한 구호 사업을 전개하였다. 한국에서의 구호 사업은 월드비전(World Vision)의 창립으로 이어졌다.[2]

한국에서 피어스에 대한 연구는 그의 한국에서의 활동을 소개하는 데에 초점이 맞추어져 있다. 이은선의 논문은 피어스를 빌리 그레이엄과 함께 한국전쟁기에 '복음주의'적 견지에서 선교와 구호 사업을 펼친 대표적인 인물로 소개했다.[3] 민경배는 '월드비전'의 창립자로서의 피어스의 활동을 집중 조명했다.[4] 그 외의 논문에서는 한국전쟁에서 피어스의 구호 활동을 아주 단편적으로 논의하였다.[5]

본 논문에서는 미국 선교사인 피어스가 한국전쟁을 어떻게 이해하였고 그 이해가 그의 선교 및 구호 활동과 어떻게 연결되는지를 검토하여 세 가지 점을 중심으로 논의한다. 첫째, 피어스의 반공주의에 어떤 의미가 있는

---

2 밥 피어스의 생애와 한국에서의 초기 활동에 대하여 다음 문헌을 보라. David P. King, God's Internationalists: *World Vision and the Age of Evangelical Humanitarianism* (University of Pennsylvania Press, 2019), 21-91; 민경배,『월드비전 한국 50년 운동사, 1950-2000』, 서울: 월드비전, 2001, 113-124; 이은선, "6·25전쟁과 미국 복음주의와 한국 교회",『영산신학저널』 44, 2018, 203-207.

3 이은선, "6·25 전쟁과 미국 복음주의와 한국 교회", 199-237.

4 민경배,『월드비전 한국 50년 운동사, 1950-2000』.

5 예를 들어 다음 문헌을 보라. 김은수, "해방 이후 한국 교회 사회봉사선교의 역사적 성찰", 선교신학33, 2013, 77-103; 이승준, "한경직 목사와 한국전쟁," 한국기독교와 역사 15, 2001, 9-42.

지 논의한다. 피어스를 상대적으로 자세히 다룬 이은선은 피어스의 활동과 사상을 '반공 사상'과 연결하여 논의하였다.[6] 그러나 반공 사상에 대한 그의 논의는 아주 제한적이다. 반공 사상이 지니는 의미는 깊고 다양한데 이에 대해 심도 있는 논의가 이루어지지 않았다. 둘째, 한국전쟁과 함께 시작된 월드비전의 구호 사업이 갖는지니는 정치적이고 이데올로기적인 의미를 검토한다. 셋째, 한국전쟁과 관련하여 미국 출신 선교사인 피어스의 미국에 대한 자기의식은 어떠하였는지 검토한다.

1. 한국전쟁과 피어스의 반공주의

1) 피어스의 반공주의

초기 피어스의 선교 사역은 동아시아 지역에 집중되었는데, 그의 월드비전 활동은 냉전의 격전지를 따라가고 있었다. 그가 선교 활동을 시작한 중국은 내전으로 온 대륙이 전화의 참화 속으로 빨려 들어가고 있었다. 제2차 세계대전이 종료된 직후 국민당과 공산당은 전쟁에 돌입하였고, 공산당의 우세한 전세로 인해 피어스가 시작한 선교 사업은 후퇴할 수밖에 없었다.[7] 중국에서 공산주의 정권이 세워진 후, 그의 선교 사역은 한국으로 이동하였다. 1950년 전후 한국은 세계적인 차원으로 전개된 냉전의 화약고였다. 한국전쟁기 한국에서의 피어스의 활동은 그의 월드비전이 복음주의 구호 기관으로 자리매김하는 데 전환점이 되었다. 한국전쟁 이후 그의 사역의 주요

---

6   이은선, "6・25 전쟁과 미국 복음주의와 한국 교회", 201.

7   King, *God's Internationalists*, 32-42.

무대는 베트남을 중심으로 한 인도차이나 지역이었다. 한국전쟁 이후 이 지역의 공산주의 세력은 날로 확대되었다. 이로 인해 이곳에서 피어스의 사역은 더욱 중요해졌다.[8] 그러나 베트남전쟁은 전 지구적으로 냉전 갈등의 시대에서 데탕트의 시대로 넘어가는 분수령이 되었고, 이후에 월드비전의 활동에도 많은 변화가 이루어지게 되었다.

피어스가 쓴 『밝혀지지 않은 한국 이야기』라는 책에서 그는 기독교인들이 한국전쟁에서 고난당하고 탄압받고 고문당하고 희생당한 일들을 자세히 기술하였다. 이 책을 출판한 존데반 출판사는 이 책에 대한 소개에서 이 점을 분명히 하였다. 이 소개에서 중세 시대 종교재판의 공포와 참혹함이 한국에서 반복되고 있다고 묘사하며, 한국인들 그리고 한국 기독교인들이 고난 받는 이유는 바로 공산주의 때문이라는 점을 명확히 밝혔다.[9]

피어스의 반공주의적 관점은 그가 제작에 참여한 월드비전의 선전, 홍보용 영화에 시각적으로나 언어적으로 아주 잘 표현되어 있다.[10] 한국을 배경으로 해서 1952년에 제작한 영화 〈불꽃〉은 「요한복음」 말씀을 인용하면서 공산주의 세력을 '어둠'의 세력이라고 묘사했다.[11] 한국 기독교인인 김창화

8　같은 책, 114-118.

9　Bob Pierce and Ken Anderson, *The Untold Korea Story* (Grand Rapids: Zondervan Pub. House, 1951), 안쪽 표지.

10　피어스의 월드비전은 영화제작을 통하여 그들의 선교사역을 미국인에게 알리고 지원을 호소하였다. 이 영화에 피어스는 제작자로 또 연기자로 때로는 진행자로 참여하면서 그의 기독교 사상을 잘 표현해 주고 있다. 피어스는 영화와 라디오 등 대중매체를 통해 기부금 모금을 위해 활용하였을 뿐 아니라 반공주의 선전물로 활용하였다. 월드비전 영화에 대한 자세한 분석으로는 John Robert Hamilton, *An Historical Study of Bob Pierce and World Vision's Development of Evangelical Social Action Film* (Ph.D. diss. University of South California, 1980)을 보라. 다음 문헌도 참조하라. 민경배, 『월드비전 한국 50년 운동사, 1950-2000』, 138-139.

11　Hamilton, *An Historical Study of Bob Pierce and World Vision's Development of Evangelical Social Action Film*, 67-70.

의 순교를 소재로 1954년에 만든 영화 〈휴가 중인 죽은 자들〉은 '공산주의의 독성'을 경계하면서, 한국에서 공산주의와 기독교 사이의 '투쟁'이 '점증'하고 있다는 점을 강조했다.[12]

1953년에 월드비전이 제작한 영화 〈몰려드는 폭풍우〉는 한국, 일본, 인도의 선교 현황을 설명했다. 각 나라마다 선교에 '위협'이 되는 요인들을 언급했는데, 일본에서는 민족주의이고, 인도에서는 종교적 호전성이며, 한국에서는 바로 공산주의라고 언급했다.[13] 피어스에게 한국의 공산주의 세력은 바로 기독교 선교를 방해하고 위협하는 세력이었다.

2) 복음주의, 정교분리, 그리고 반공주의

피어스는 신학적으로 근본주의자는 아니지만 복음주의적이며 보수적인 기독교의 입장을 견지했다.[14] 미국의 보수적이고 복음적인 기독교 입장에서 교회가 정치에 참여하는 것에 대하여는 아주 조심스럽고 비판적이었다. '정치적' 관여는 복음의 순수성을 해치는 것으로 받아들여졌기 때문이다. 미국이나 한국에서 정교분리라는 원칙은 헌법적 가치이면서 동시에 많은 기독교인들에게는 중요한 신앙적 원칙이다. 분명 반공주의는 공산주의에 반대하는 정치 이데올로기이다. 그러나 복음주의자를 포함한 대부분의 기독교인들은 공산주의에 반대하는 기독교 운동을 전통적인 정교분리라는 원칙에 위배되는 문제로 바라보지 않았다. 대다수의 기독교인들은 반공주

---

12 같은 책, 81-3.
13 같은 책, 80.
14 King, *God's Internationalists*, 59-66.

의를 정치적인 문제에 우선하는 신앙의 문제로 받아들였다.

피어스는 공산주의 운동과 사상이 영적인 차원과 종교적 요소를 지니고 있다고 보았다.[15] 한국전쟁 중인 1951년 한국을 방문했을 때 피어스는 공산주의 운동을 '지옥의 광신적인 복음주의'[16]라고 불렀다. 피어스는 공산주의가 기독교에 대응하는 거짓된 종교의 성격이 있다고 본 것이다.

1957년 월드비전이 제작한 〈적색 역병〉이라는 영화에서는 공산주의 사상을, 사람들을 죽음의 병으로 전염시키는 '적색 역병'[17]이라고 했다. 피어스에게 이 '적색 역병'인 공산주의는 정치 이데올로기이고 혁명 사상일 뿐 아니라 무신론 사상[18]이었다. 이 점은 기독교적 입장에서 가장 중요한 부분이 되었다. 이 무신론 정치 이데올로기는 반기독교적인 성격을 지닌다고 받아들여졌다. 이 무신론 이데올로기는 하나님의 존재를 부인할 뿐 아니라 하나님을 경배하는 종교의 자유를 위협하는 적그리스도 세력이었다. 그래서 피어스는 영화 〈적색 역병〉에서 공산주의를 '지옥에서 알을 까고 나온 무신론적 종교'[19]라고 명명하였다.

영화 〈적색 역병〉은 불교인, 힌두교인, 신도를 믿는 이들, 또는 다른 종교의 신자들은 누구나 공산주의자가 될 수 있다고 경고했다. 왜냐하면 이런 종교들의 가르침에는 신자들이 공산주의를 받아들이는 것을 금지하는 어

---

15 반공주의가 갖는 종교적 차원에 대한 분석으로는 다음 문헌을 보라. William Inboden, *Religion and American Foreign Policy, 1945-1960: The soul of containment* (Cambridge University Press, 2010).

16 Pierce, *The Untold Korea Story*, 51.

17 Hamilton, *An Historical Study of Bob Pierce and World Vision's Development of Evangelical Social Action Film*, 96.

18 예를 들어 Pierce, *The Untold Korea Story*, 52을 보라.

19 Hamilton, An Historical Study of Bob Pierce and World Vision's Development of Evangelical Social Action Film, 97.

떤 가르침도 없기 때문이다. 공산주의를 막아 낼 수 있는 유일한 종교는 기독교라고 이 영화는 주장했다. 진정한 기독교인은 본질적으로 무신론 철학에 설복당하지 않기 때문이다. 그러므로 공산주의를 막아 내기 위해서라도 기독교는 세계 곳곳에 전파되어야 한다고 강조했다.[20] 이러한 기독교의 반공주의적 입장은 1950년대 피어스의 선교 활동의 핵심적 위치를 차지했다.

피어스는 이러한 기독교의 반공주의적 관점이 '정치를 교회로 가지고 들어오는 것처럼 들릴 것'이라는 점을 인정했다.[21] 그러나 공산주의가 적그리스도이고 '지옥에서 알을 까고 나온 무신론적 종교'라면 이것은 정치의 문제가 아니라 신앙의 문제가 된다. 정치와 종교를 분리해야 한다는 미국 수정헌법 제1조를 위배하는 것이 아니다. 그에게 반공주의는 하나님 신앙을 지키는 신앙인의 사명이고, 기독교 국가인 미국을 수호하는 애국의 길인 것이고, 종교의 자유를 지키는 자유주의의 길이고, 한국인들을 마귀의 손길에서 구원하는 선교의 사명인 것이다.

피어스는 기독교 신앙이 무신론적 그리스도 사상을 대적하고 극복하고 격퇴하는 참된 힘이라는 점을 강조하면서, 한국전쟁에서 대한민국은 이것을 잘 증명했다고 평가했다.[22] 피어스는 한국의 기독교인들은 신앙심이 돈독할 뿐 아니라, 그들이 비록 경제적으로 가난하지만 다른 아시아 나라에 선교사를 보낼 정도로 신앙적으로 헌신적이라고 평가했다. 그는 이러한 기독교의 힘이 공산주의의 침략을 막아 내었다고 보았다. 피어스는 기독교가 실패한 곳에서는 공산주의의 위협이 점증하고, 기독교 신앙의 뿌리가 깊이

---

20 같은 책, 96.
21 같은 책, 97.
22 같은 책, 99.

내린 곳에서는 공산주의를 격퇴하는 힘을 갖게 된다고 결론을 내렸다.[23]

피어스는 한국인들과의 만남을 통해 공산주의를 물리치는 힘으로서의 기독교의 역할을 여러 번 강조했다. 1951년 전쟁 중에 기록한 글에서 피어스는 기독교의 반공주의적 의미를 이승만이 자기에게 한 말을 통해 이렇게 설명했다. "공산주의가 대한민국을 파괴할 수 없었던 이유는 … 한국 국민들에게 있던 영적인 열정의 격렬한 용솟음 때문입니다."[24] 피어스는 자신이 1949년에 경험한 공산화된 중국과 달리 1951년도의 한국이 공산주의에 저항할 수 있었던 원천은 수만의 기독교 학생들에 있다고 보았다. 그는 이들을 '복음의 소금'[25]이라고 부르면서, 이들은 공산주의를 반대하는 사상과 조직으로서의 기독교의 역할에서 핵심을 담당하고 있다고 보았다. 그는 또한 한반도에서 공산주의 운동이 지배하는 지역은 '무시무시한 영적인 진공' 상태에 있다고 그는 진단하면서, '생동감 있고, 영적이며, 뿌리 깊은 조직체'인 한국 교회가 이러한 어둠의 세력을 물리쳐 내고 있다고 여러 차례 강조하였다.[26]

또 피어스는 한국 학교에서 교장으로 일하고 있는 한 한국인의 이야기를 소개했다. 그 한국인 교장은 나이가 많은 사람들은 공산주의가 무엇인지 잘 알기 때문에 공산주의 선전에 넘어가지 않지만, 젊은이들은 공산주의에 쉽게 넘어간다고 걱정스러워했다. 그 이유는 공산주의 사상이 젊은이들의 마음을 현혹하기 때문이라고 분석했다. 피어스는, 공산주의 운동에서 이 젊은이들의 흔들리는 마음을 잡아 줄 수 있는 것은 오직 기독교뿐이라고 주장한 교장의 증언을 소개했다. 이 교장은 자신은 기독교인이 아니지만 기독교가

23 같은 책, 100.
24 Pierce, *The Untold Korea Story*, 5.
25 같은 책, 6.
26 같은 책, 7, 57.

공산주의를 막아 내는 데 아주 효과적이고 강력하다는 점을 인정했다.[27] 이러한 전언을 통하여 피어스는 한국에서 기독교 복음이 공산주의를 막아 내고 젊은이들의 마음을 거짓된 가르침으로부터 지켜 내는 핵심적 가르침이라고 강조했다.

피어스와 그의 월드비전 선교 사업은 이러한 기독교의 반공주의적 태도를 기반으로 하고 있었기 때문에 공산주의에 대한 긍정적인 태도를 보인다거나 그들과 타협한다는 것은 절대 있을 수 없었다. 그러므로 그는 선택을 강조했다. 우리가 신앙인으로서 하나님과 악마 사이에서 올바른 선택을 해야 하는 것처럼 자유민주주의와 공산주의 사이에서 올바른 선택을 해야 한다는 것이다.[28] 그는 공산주의와의 관계에서 제삼의 길이나 중립적인 태도란 있을 수 없다고 강조하였다. 이러한 관점을 통하여 공산주의는 악마의 길이고 자유민주주의는 하나님이 원하는 길이라는 시각을 명확히 하였다. 피어스에게 반공주의는 정치와 종교를 복음주의적 방식으로 연결하는 접착제와 같은 것이었다.

3) 반공주의와 봉쇄정책

한국전쟁 중인 1951년 한국을 방문하고 쓴 책에서 피어스는 한국에서 공산주의에 맞서는 것의 국제정치적 의미를 인식하고 강조하였다. 그는 한국전쟁이 일어난 한반도가 '현재 세계 역사'에서 중요한 의미가 있는 곳임을

---

27 같은 책, 30.
28 Hamilton, *An Historical Study of Bob Pierce and World Vision's Development of Evangelical Social Action Film*, 83.

분명히 했다.[29] 피어스는 조지 케넌(George F. Kennan)이 개념화한 미국의 봉쇄(containment)[30]정책의 아이디어를 한국에 적용하면서 한국이 반공주의 노선에서 전략적으로 중요한 곳이라고 강조했다. 그는 1951년 1·4후퇴 이후 부산 방어의 중요성을 다음과 같이 강조하였다. "평양으로부터 크렘린까지 부산은 좌절의 상징이 되었다. 부산 때문에 모택동은 신경성 위장염을 안고 침실에 들어간다는 전언이 있다. 부산 때문에 대만을 침공하려던 봄의 계획은 실현되지 못했다. 인도차이나에 대한 압박도 약화되었다. 홍콩은 좀 더 편안하게 숨 쉴 수 있게 되었다. 군대가 티벳 국경을 무자비하게 넘어오지는 못하고 있다."[31] 부산 즉 한국은 전 아시아의 공산주의를 막아 내는 희망이고 보루였다. 피어스는 한국을 공산주의를 봉쇄하는 전략적 요충지로 보았다. 이러한 점 때문에 한국에서 기독교의 역할은 한국뿐 아니라 미국과 세계를 위해서도 중요한 것이었고, 이로 인해 한국에서 피어스의 선교와 구제 사역은 더욱 중요해졌다.

월드비전의 〈적색 역병〉이라는 영화에서 피어스는 공산주의 위협의 도미노 현상에 대한 우려를 표했다. 중국이 공산화되고, 북한이 공산화된 이후, 일본이나 인도, 그리고 아프리카의 여러 나라들도 공산화될 수 있다고 우려를 표했다. 피어스는 일본의 전통 종교인 불교나 신도는 일본인들이 공

---

29 Pierce, *The Untold Korea Story*, 5.

30 봉쇄정책은 냉전의 대립이 핵전쟁까지 가지 않는 선에서 공산주의 세력의 확산을 저지하는 전략이다. 브루스 커밍스는 한반도에서 미국의 봉쇄(containment)전략은 격퇴(rollback) 전략과의 "지속적인 변증법"을 통해 형성되었다고 분석한다. 이에 대한 논의로는 다음 문헌을 보라. Bruce Cumings, *The Origins of the KoreaWar: The Roaring of the Cataract, 1947-1950*, (New Jersey: Princeton University Press, 1990), 35-121; 브루스 커밍스 (나지원 번역), "냉전의 중심, 한국," 아시아리뷰, 2016, 5(2), 185-210. 인용 185.

31 Pierce, *The Untold Korea Story*, 35.

산주의 사상을 막아 내는 데 무력하다고 보았다. 피어스는 인도의 민족주의적 주장 뒤에 공산주의의 '붉은 전략'이 숨어 있다고 분석하면서, 공산주의자들은 인도의 경제적인 어려움을 이용하여 정부를 전복하려 한다고 주장했다. 피어스는 아프리카 곳곳에서도 공산주의가 확산되고 있다고 보면서, 공산주의자들은 자금력을 이용하여 혁명을 추동질하고 있다고 분석했다.[32] 피어스는 도미노가 넘어지듯이 공산주의가 확산되는 것을 막아 내는 유일한 길은 기독교의 전파에 있다고 믿었다. 그는 기독교의 전파와 기독교 기관을 통한 여러 구제 활동은 공산주의를 봉쇄하는 데 효과적이며 또한 필수적이라고 보았다.[33] 이러한 인식 속에서 그의 선교 구제 사역은 강력한 반공주의적 성격을 띠게 되었고, 또한 '자유세계'를 지키는 사명의 의미도 지니게 되었다.

4) 미국의 기독교 반공주의

기독교와 미국의 가치를 연결하는 피어스의 반공주의는 그가 기독교 선교사이기 때문에 견지하는 정치적 입장만은 아니었다. 그의 기독교적 반공주의는 1950년대 미국인들 사이에 광범위하고 뿌리 깊게 형성된 반공주의적 견해를 동아시아 선교지에서 잘 표현한 것이었다.[34] 한국전쟁 시기 미국

---

32 Hamilton, *An Historical Study of Bob Pierce and World Vision's Development of Evangelical Social Action Film*, 98.

33 윌리엄 인보덴William Inboden은 트루만의 봉쇄정책은 종교적이고 영적인 차원을 가진다고 설명한다. Inboden, *Religion and American Foreign Policy*, 105-56 참조.

34 반공주의에 대한 당시의 미국 분위기에 대한 논의로는 다음 문헌을 참조. Richard Gid Powers, *Not Without Honor: The History of American Anticommunism* (Yale University Press, 1998).

트루먼 대통령의 반공주의는 아주 명백한 것이었다. 그는 피어스처럼 기독교가 반공주의 노선의 최전선에 서야 한다는 점을 1951년 4월 뉴욕가 장로교회(New York Avenue Presbyterian Church)에 참석한 기독교 청중들에게 행한 연설에서 다음과 같이 역설했다. "지금 세계에서 우리를 겁박하는 위협은 '영적인 가치'에 완전히 반대됩니다. 국제 공산주의 운동은 맹렬하고 끔찍한 광신주의에 기반을 두고 있습니다. 그것은 하나님의 존재를 부인하고 가능한 곳이면 어디에서나 하나님에 대한 경배를 박멸하려고 합니다. … 하나님은 우리를 창조하셨고, 위대한 목적을 위하여 현재 우리가 가진 권위와 힘의 위치로 우리를 인도하셨습니다."[35] 트루먼은 기독교와 미국인의 삶은 방식은 깊이 연결되어 발전해 왔다고 보면서, 공산주의는 기독교 국가인 미국에 적대적인 세력이라고 천명했다. 공산주의는 기독교에 기반을 둔 미국의 가치를 파괴하는 무신론적 혁명 이데올로기라는 인식 속에서 기독교의 지원이 반공주의 노선에서 필수적이라고 트루먼은 기독교 청중들에게 역설하였다.

트루먼에 이어서 한국전쟁을 마무리하는 역할을 담당한 아이젠하워 대통령도 비슷한 시각을 견지하고 있었다. 그는 대통령 후보 시절인 1952년 대통령 선거 중에 행한 연설에서 그는 다음과 같이 주장했다. "공산주의에 대항하는 우리의 전투가 하나님을 반대하는 것과 전능자에 대한 믿음 사이의 싸움이 아니라면 도대체 무엇이란 말입니까. 공산주의자들은 이것을 알고 있습니다. 그들은 그들의 체제로부터 하나님을 제거해야 합니다. 하나님

---

35 *Public Papers of the Presidents: Harry S. Truman, 1951* (Washington: United States Government Printing Office 1965), 210-213. Inboden, *Religion and American Foreign Policy*, 1 에서 재인용.

이 들어오면, 공산주의는 나가야 합니다."[36]

　트루먼이나 아이젠하워 같은 대통령뿐 아니라 미국의 정치 사회 지도자들 대부분은 이러한 기독교 반공주의 관점을 견지하고 있었다.[37] 피어스는 선교 현장에서 이들의 기독교 반공주의를 실현했다. 이러한 기독교적 반공주의가 가장 잘 적용된 곳이 바로 한국전쟁이 일어난 한반도였다.

2. 한국전쟁과 월드비전 구호 사업

　1950년 밤 피어스는 선교 지역에서 구호와 자선 활동을 하기 위해 월드비전을 세웠다. 월드비전이 발전하는 데 한국에서의 활동은 아주 중요했다.[38] 피어스의 구호 사업에 대하여 한국 사회의 평가는 아주 높았다. 1961년 연세대학교가 피어스에게 명예법학박사 학위를 수여하면서 다음과 같이 그의 구제 활동의 공적을 인정했다.

　　로버트 윌라드 피어스 씨는 세계 기독교선명회[39] 회장으로서 세계 인류의 영원한 행복을 위하여 모든 것을 아끼지 않고 그 자신을 교계에 바친 가장 위대한 정신적 지도자 의 한 사람으로, 세계 각지를 순방하며 수많은 사람에

36　Inboden, *Religion and American Foreign Policy*, 259.

37　이에 대한 깊은 논의로는 Inboden, *Religion and American Foreign Policy*을 참조.

38　지난 70여년간 월드비전은 작은 해외선교 단체에서 세계에서 가장 큰 기독교 인도주의 기관으로 성장하였다. 월드비전의 형성과 한국전쟁 이후 한국에서의 활동에 대하여는 다음 문헌을 참조. King, *God's Internationalists*, 43-66; 민경배, 『월드비전 한국 50년 운동사, 1950-2000』, 113-230.

39　월드비전의 한국지부의 초기 명칭은 '한국선명회'였다. 이 명칭은 1991년에 '월드비전 한국'으로 변경되었다.

게 빛을 얻게 하고 하나님의 뜻을 전도하였으며, 특히 우리나라의 수많은 고아들의 곤경을 가슴 아프게 여겨 고아를 돕는 데 전력을 바쳐 왔고, 또한 한국선명회 특수피부진료소를 설립하여 의료·연구·교육기관 등의 후원에 심혈을 다하고 있으며, 계속하여 김포 아동병원을 설립 중에 있어 의지할 곳 없는 고아들에게 따뜻한 손길로 희망을 얻게 하는 등 일생을 선교와 사 회사 업에 몸 바치고 있는 로버트 윌라드 피어스 씨에게 명예법학박사 학위를 수여코자함.[40]

피어스의 월드비전은 창립 초기부터 기아, 질병, 가난, 위생 등 인도주의적 이슈에 지대한 관심을 가져 왔다.[41] 피어스는 한국전쟁으로 인하여 가난과 절망의 위기에 빠진 한국인들에게 구호 활동을 하면서 복음을 전파하였다. 1953년에 제작한 영화 〈몰려드는 폭풍우〉는 월드비전의 한국에서의 구호활동을 소개했다. 이 영상은 한국전쟁 이후 기아와 가난의 고통 속에 있는 한국의 상황을 보여주면서 미국 기독교인들이 그들을 도와야 할 책임이 있다고 강조했다. 피어스는 미국 기독교인들에게 한국처럼 경제적으로 어려운 나라를 돕기 위해서는 "연민을 가지는 것만으로는 충분하지 않고, '행함이 없는 믿음은 죽은 믿음'이라는 「야고보서」의 말씀을 마음에 새겨 경제적인 도움을 줄 수 있도록 재정적인 기부를 해야 한다고 호소했다.[42] 또한 이 영화는 시각·청각 장애인들을 돌보는 대구의 한 복지 기관을 소개하면서, 이들을 먹이고 입히고 돌보는 데 한 달에 10달러 정도가 필요하다고 소

---

40 민경배, 『월드비전 한국 50년 운동사, 1950-2000』, 228.

41 예를 들어 1958년에 선언된 '월드비전 기본적인 목적들'을 보라. Hamilton, *An Historical Study of Bob Pierce and World Vision's Development of Evangelical Social Action Film*, 432.

42 같은 책, 78-79.

개했다. 이 영상에서 피어스는 "한국이 고통의 무게를 홀로 짊어져서는 안 된다. 그리스도의 사랑은 우리 '미국 기독교인들이' 그들을 돕기를 바라고 있음에 틀림없다."라고 말하면서 미국인들의 결단을 촉구했다.[43]

월드비전이 제작한 영화들은 한국전쟁이 휴전으로 마무리된 지 10년이 지난 후에도 전쟁으로 인한 상흔을 강조했다. 1964년 월드비전이 제작한 영화 〈지극히 작은 자들〉은 전쟁고아 문제를 다루면서 이들을 도움의 손길이 필요한 '지극히 작은 자들'이라고 불렀다. 특히 이 영화는 한국전쟁에서 터진 폭탄 때문에 불구가 된 원성보라는 전쟁고아를 자세히 소개하면서, 월드비전이 한국전쟁으로 인해 신체적 불구가 된 아이들을 포함해 만육천 명의 한국 고아들을 돌보고 있음을 밝혔다. 한 고아원을 소개하면서 피어스는 "월드비전은 이 아이들이 그리스도를 주님으로 받아들이는 친밀한 지식을 갖추고 또한 그분의 윤리를 알게 되기를 바란다."[44]라며 그의 소망을 전했다.

피어스는 한국전쟁 이후 기아와 가난 속에 고통받는 한국인들의 불쌍한 상황을 보고하면서 이렇게 고백했다. "가장 큰 비극은 고통이 아니라 아무런 목적도 없는 고통입니다. … 사람들을 도와주는 것이 일시적인 도움밖에 안 되더라도 도와줄 가치가 있습니다. 그들을 도움으로써 우리는 절망 가운데서도 이길 수 있는 예수님의 사랑을 나타낸다고 믿고 있습니다. 그렇기 때문에 아마도 나는 나의 일을 계속하는 것 같습니다."[45] 물질적 필요가 충족되지 못한 '고통'을 감소시키고 인간의 물질적, 신체적 필요를 채워 주는 것을 피어스는 선교 사역에서 중요하게 생각하였다.

---

43 같은 책, 78.
44 같은 책, 143-146.
45 리차드 게만, 『나의 마음을 깨뜨리라: 밥 피얼스 박사와 선명회 이야기』, 서울: 보이스사, 1978, 156.

피어스는 복음 전도와 구제의 관계에서 복음 전도를 중심으로 하는 전통적인 복음주의적 사고와는 거리를 두고 있었다. 그는 영적인 필요를 위해서는 물질적 필요를 채워 주는 것이 중요하다고 생각하였다. 이런 점에서 월드비전은 다른 선교 구호 기관에 비해서 인도주의적 지향성이 아주 강했다.[46] 그러나 이 인도주의적 지향성, 특히 1950년대의 그러한 지향성은 반공주의를 제외하고 설명하는 것은 불가능하다. 가난한 자를 돕고, 병든 자, 고아를 돕는 월드비전의 인도주의는 철저히 이데올로기적 성격을 지닌다. 월드비전의 인도주의는 공산주의에 대응하는 성격이 강했다.

제2차 세계대전 이후 공산주의 운동은 많은 사람들에게 호응을 이끌어 냈는데 가장 큰 이유는 바로 경제적 이해관계를 중시하는 그 이데올로기적 성격 때문이었다. 이러한 점은 한국 전쟁기에도 나타났다. 김동춘은 이를 잘 설명하였다. 그는 한국전쟁이 발발하자 두 집단의 반응이 달랐다고 분석했다. 한 집단은 한국전쟁 발발 때문에 '가장 크게 놀란' 사람들이다. 이들은 '인민군 치하가 되면 목숨을 부지하기 어려운' 사람들이었다. 이들은 기독교인들을 포함하여 '군, 경찰, 공무원 등 국가기구의 구성원들과 월남자, … 지주, 자본가, 부일 협력자 등 남한의 지배층 일반'이었다.[47] 그러나 모든 한국인들이 한국전쟁이 일어난 이후 공산주의 세력의 확산에 대하여 부정적

---

46 피어스의 선교와 국제원조 활동은 미국의 복음주의 전통이 이차세계대전 이후 어떠한 변화를 겪고 있는지를 보여주는 좋은 예가 된다. 복음주의가 사회정치 문제에 어떻게 반응해야 하는지를 잘 보여준다. 이 사회정치 문제에는 반공주의, 베트남 전쟁을 중심으로 한 논쟁, 원조와 같은 인도주의적 관심 등이 포함된다. 여기서 핵심적인 주제는 복음전도와 사회경제적 프로그램과의 관계이다. 이 둘 사이의 관계를 어떻게 볼 것인가에 따라 여러가지 입장이 나누어 진다. 피어스와 월드비전은 근본주의와 거리를 두면서 '신복음주의'적 입장을 견지하였다. 이 '신복음주의'는 복음선교에서 사회활동의 역할을 강조하는 입장이다. 이에 대한 논의로 다음 문헌을 참고. King, *God's Internationalists*, 62-91.

47 김동춘, 『전쟁과 사회: 우리에게 한국전쟁은 무엇이었나?』, 서울: 돌베개, 2016, 199.

으로 반응한 것은 아니었다. 앞의 집단과 달리 북한의 인민군이 38선을 넘어 남하하여도 별로 놀라지 않거나 오히려 기대감을 가지고 있는 가진 사람들이 있었다. 그들은 북한 정권이 들어선다고 하더라도 '자신의 삶이 별로 달라지지 않을 것이며 심지어 토지개혁 등 북한에서 흘러온 소문대로 더 좋아질 수도 있다고 생각했기 때문'에 그러한 반응을 보인 것이다. 이러한 입장을 견지한 사람들은 경제적 이해관계를 중심으로 이데올로기를 이해하면서 공산 정권에 대해 기대를 품고 있었다.

제2차 세계대전은 히틀러 독일이나 천황제 일제와 같은 파시즘 세력에 맞서서 자본주의 세력을 대표하는 미국과 공산주의 세력을 대표하는 소련이 연합 전선을 구축하여 극복한 전쟁이었다. 제2차 세계대전이 끝난 이후 세계는 두 개의 블록으로 급속도로 재편되고 있었다. 이 세력 재편의 핵심적 요소는 경제활동을 어떻게 이해하느냐였다. 공산주의적으로 이해할 것인지 자본주의적으로 이해할 것인지의 문제였다. 종전 이후 제국주의 세력으로부터 독립한 신생국가들의 다수의 민중들에게 절실한 것은 정치적 자유보다는 민생의 보장, 경제적 기본권의 보장, 토지개혁 등이었다. 즉 경제적 기본권을 정치적 기본권보다 중요하게 여겼고, 이러한 관점에서 민주주의를 이해하는 경향이 강하였다. 이런 점에서 공산주의적 경제체제를 지향하는 인민민주주의는 정치적 자유권을 기본으로 하는 자유민주주의에 비해 나름의 강한 이데올로기적 호소력이 있었다. 한국전쟁은 이러한 경제체제 선택에 대한 갈등이라는 측면이 있었다. 이러한 때에 기독교 세력의 구호 사업은 아주 중요한 이데올로기적 효과가 있었다. 자유민주주의 세력은 경제적 기본권, 경제적 생존권을 보장해 준다는 이미지를 전파하는 데 중요한 역할을 하게 되었다

피어스의 월드비전은 인간의 삶에서 물적 토대의 중요성을 아주 잘 이해

하고 있었다. 그래서 그는 자선사업과 복음 전도를 함께 진행해야 한다고 주장했다. 이것은 단지 복음 전도의 효율성만을 의미하지는 않는다. 여기에는 동시에 이데올로기적 차원이 있다. 이 점은 1958년도에 발표한 5개의 월드비전의 목적 다섯 가지 중 첫 번째에 잘 명시되어 있다. 이 첫 번째 목적은 '선교적 도전'이라고 이름이 붙어 있는데, 미국의 교회는 '세계 도처의 세속주의와 물질주의가 대표하는 악의 힘에 대항하는 불굴의 공세에 관여'해야 한다고 천명했다. 여기서 말하는 '세속주의'와 '물질주의'는 물론 자본주의 사회에 있는 세속주의와 물질주의이기도 하지만, 동시에 무신론 사상이며 유물론 사상인 공산주의를 강하게 암시한 것이다. 이 선언문은 세속주의적이고 물질주의적인 공산주의 사상에 맞서는 미국 교회는 '물질적으로나 영적으로 축복된' 교회라고 밝혔다. 이러한 선언을 통하여 월드비전은 세속적이고 물질적인 공산주의 사상이라는 '악의 힘'에 대항하고 그들을 격퇴하기 위해서 가난한 이들을 돕는 것이 필수적이라고 보았다. 이러한 첫 번째 목적은 네 번째로 제시된 목적인 '사회복지 서비스', 즉 고아, 과부와 가난한 자들을 돕는 구제 활동의 방향을 설정한 것이다.[48]

공산주의 운동이 세계적으로 퍼져 가면서, 가난과 불평등의 문제는 공산주의 운동이 자라게 되는 숙주라는 인식이 피어스와 같은 기독교인들에게 퍼져 갔다. 이런 점에서 월드비전 같은 기독교 구호단체들은 인간의 기본적 물질적 필요에 대한 관심이라는 인도주의적 측면과 함께 공산주의 운동을 억제한다는 점에서 구제 활동이 중요하다고 인식하였다. 미국 정부도 구호

---

48 1958년에 선언된 '월드비전 기본적인 목적들'에 대하여는 다음 문헌을 참고. Hamilton, *An Historical Study of Bob Pierce and World Vision's Development of Evangelical Social Action Film*, 432. 다음 문헌도 보라. King, God's Internationalists, 79.

단체의 이러한 인식과 동일한 관점을 취하면서, 인도주의적 구호단체에 재정적으로 지원하는 것을 중요하게 여겼다. 제2차 세계대전 때는 이러한 원조 프로그램이 냉전 때만큼 중요하지 않았다. 냉전이 시작되면서 이러한 원조 프로그램은 공산주의를 막아 내는 데 중요한 프로그램으로 인식되었다. 이러한 이유로 월드비전을 포함한 기독교 구호단체들의 예산에서 미국 정부의 지원이 중요한 부분을 차지하게 되었다.[49]

국제 관계를 현실주의라는 관점에서 보는 케넌은, 국가가 개입하는 구호·자선 활동은 개인 차원의 자선 활동과 성격이 전혀 다르다는 점을 지적했다. 그는 국가가 관여하는 자선 활동에는 국익이 개입하고 국가의 이데올로기가 우선순위와 방향을 정한다고 지적했다.[50] 국가의 재정이 투입될 때는 희생적이고 이타적인 차원만으로 자선 정책을 이행할 수 없다는 것이다. 이러한 지적은 미국 정부의 지원을 받는 월드비전 같은 기독교 자선단체에도 적용할 수 있다. 월드비전의 인도주의는 미국의 국익과 연계되어 있고, 반공주의와 미국의 패권주의라는 이데올로기의 영향을 강하게 받고 있는 것이다.

대한민국 정부도 바로 이러한 이데올로기 관점에서 월드비전의 구호 사업을 높이 평가했다. 한국 정부는 1958년 10월 피어스의 사회사업 공로를 인정하여 그에게 대통령 표창장을 수여하였다. 이승만 대통령은 표창문에서 그와 월드비전 인도주의의 '인간애'와 '박애 정신'을 높이 평가했고, 무엇보다도 그가 한국전쟁과 그 이후 "공산주의의 음흉한 공격에 맞서 대결할

---

49 이에 대한 논의로는 다음을 보라. King, God's Internationalists, 79-81, 130, 136-137.

50 George Kennan, "Foreign Policy and Christian Conscience," *The Atlantic, May* 1959, https://www.theatlantic.com/magazine/archive/1959/05/foreign-policy-and-christian-conscience/304685/

힘과 도덕적 이상을 제고시켜 주었다."는 점을 높게 평가하였다.[51] 이승만 정부는 피어스의 구제 활동의 인도주의가 공산주의 사상을 격퇴하는 데 효과적이었다고 인정한 것이다.

3. 한국전쟁과 피어스의 미국에 대한 자기 인식

월드비전(World Vision)이란 말의 뜻은 '세계를 바라본다'라는 의미이다.[52] 월드비전 국제본부에서도 이 점을 명확히 하였다. "월드비전은 하나의 이상입니다. 세계 전역을 아우르는 선교의 한 개념입니다. 월드비전은 세계를 들여다보는 것, 새롭게 보는 것, 세계를 다만 인종과 문화가 다른 여러 형편에서 살아가는 다양한 인간들의 집합체 같은 것으로 보지 않고, 육신적으로나 사회적으로나 정신적으로나 도움이 꼭 필요한 수없는 사람들이 살고 있는 곳으로 보는 것, 바로 그것입니다. 월드비전은 세계를 이 도움의 눈으로 바라보는 것을 의미합니다."[53] 세계를 바라보아야 한다는 관점을 강조하면서 월드비전은 미국인들에게 다음과 같이 요구했다. "미국이여, 세계를 새로운 눈길로 보십시오.[54] 도움을 주어야 하는 사람들의 눈으로 보십시오." 그러나 월드비전은 '도움을 주어야 하는' 관점만으로 세상을 보지 않았다. 1950년대 월드비전은 특히 반공주의라는 렌즈를 통해 세계를 보고 있었다.

---

51 민경배, 『월드비전 한국 50년 운동사, 1950-2000』, 226-7. 다음 문헌도 참조. King, *God's Internationalists*, 90-91.
52 이런 점은 한경직 목사도 잘 지적하고 있다. 한경직, "창설자 밥 피어스 목사와 나" 한국선명회, 『한국선명회 40년 발자취』, 서울: 사회복지법인 한국선명회, 1993, 15.
53 민경배, 『월드비전 한국 50년 운동사, 1950-2000』, 118.
54 같은 책, 118.

이 반공주의는 바로 미국 주도의 국제질서를 의미하였다. 즉 1950년대 월드비전은 미국 주도의 국제 질서를 냉전이라는 시각으로 이해하고 해석하고 분석하였다. 피어스와 월드비전은 미국적 가치관을 지니고 미국의 시각으로 세계를 바라보고 있었다.

피어스의 미국에 대한 인식은 그의 선교 활동을 이해하는 데 아주 중요하다. 피어스는 미국을 무엇보다도 기독교 국가로 인식했다. 피어스는 미국이 '기독교 국가'로서의 정체성을 지녀야 한다고 강조하면서 다음과 같이 말하였다. "내가 기도하는 것은, 우리가 기독교 국가로서 계속해서 우리 앞에 비전, 곧 주님의 뜻과 역사가 온 세계를 통하여 이루어지는 그런 비전을 보존하고 있어야 한다는 것입니다."[55] 피어스는, 기독교 국가로서 미국은 세계에 대하여 사명을 가지고 있는데, 그 사명은 기독교 선교의 사명이라고 보았다. 앞에서 논의한 것처럼, 냉전적 대립이 격화되던 시기에 이 기독교 선교의 사명에는 반공주의적 입장과 활동이 필수적이었다.

월드비전이 제작한 〈적색 역병〉이라는 영화에서 피어스는 기독교의 신앙으로 공산주의를 이겨 낸 좋은 예가 바로 한국이라고 지적하면서 이 한국의 기독교 신앙을 가능하게 한 원천이 바로 미국 선교사라고 강조했다. 그러므로 미국인은 세계에 더욱 선교사를 더욱 많이 보내야 하고 미국 신앙인들은 이 선교사를 지원하기 위해서 재정적 기부를 아끼지 말아야 한다고 그는 권

---

55 Bob Pierce, *Going with God* (Portland: World Vision Inc., 1954), 1. 민경배, 『월드비전 한국 50년 운동사, 1950-2000』, 127에서 재인용. 기독교 국가인 미국으로서의 자의식은 대부분의 미국인들에게 넓게 공유되고 있었다. 1961년 연세대학교가 피어스에게 명예법학박사 학위를 수여할 때, 미국 대리대사인 마샬 그린 M. Green은 "월드비전은 가장 빛나는 기독교적 가치 곧 다른 사람의 필요에 대한 깊은 연민과 나눔과 책임감의 원천이라 말할 수 있습니다. 이것이야 말로 미국인의 삶에 깊이 뿌리 박고 있는 가치라고 할 수 있습니다"고 평가하였다. 민경배, 『월드비전 한국 50년 운동사, 1950-2000』, 229.

면했다.[56] 이러한 선교 활동은 공산주의를 봉쇄하는 역할을 하기 때문이다.

피어스는 기독교인으로서 미국인들은 세계 삶의 진보적 발전에 기여한다고 강조했다. 영화 〈적색 역병〉에서 피어스는 아프리카의 근대 병원이나 문화적으로 진보된 발전은 '서구인들'이 가져온 것이라기보다는 기독교적인 삶의 결과물이라고 강조했다. 피어스는 문화적 진보와 기독교 신앙은 함께 가는 것이라는 점을 강조했는데,[57] 이것이 바로 기독교 국가인 미국의 모습인 것이다. 자본주의적이고 자유주의적인 삶의 중심에 기독교가 있다고 그는 인식했다. 이것은 자본주의와 개신교를 연결하는 막스 베버적 관점이다.[58] 피어스는 영화 〈몰려드는 폭풍우〉에서 기독교가 들어오면 가난과 같은 경제문제를 포함하여 여러 가지 사회문제를 해결할 수 있다고 주장했다. 기독교가 전파되면 미국과 같이 부강하고 부유한 나라가 될 수 있다고 생각했다. 그는 기독교 선교를 받고 있는 나라 사람들이 미국인의 부유한 삶을 부러워하는데 이것은 기독교적 뿌리를 가진다고 주장했다.[59]

기독교 국가인 미국에서 정치적 가치의 핵심은 자유이다. 이 자유라는 정치 이념은 미국이 기독교 국가로서의 정체성을 지니게 하는 핵심적 이념이다. 이러한 맥락 속에서 미국은 '자유세계'의 지도국이라는 자기 인식을 하게 되었다.[60] 피어스를 비롯한 미국인들은 자신의 나라가 '자유세계'를 이끄

---

56 Hamilton, *An Historical Study of Bob Pierce and World Vision's Development of Evangelical Social Action Film*, 99-100.

57 같은 책, 99.

58 베버의 이러한 관점은 다음 글에서 잘 논의하고 있다. Max Weber, *The Protestant Ethic and the Spirit of Capitalism*, trans. Talcott Parsons (London; Boston: Unwin Hyman, 1989)

59 Hamilton, *An Historical Study of Bob Pierce and World Vision's Development of Evangelical Social Action Film*, 75.

60 예를 들어 아이젠하워 대통령은 기독교 목회자들에게 "종교에 대한 이러한 공통의 존중을 통하여 자유 세계를 일치시키는데" 자신에게 힘을 실어 달라고 요청한다. Inboden, *Religion and*

는 지도국임을 분명히 하였다. 이러한 인식은, 미국은 자유세계를 지키고 자유세계를 인도해야 한다는 신적인 소명의식으로 연결되었다.[61] 피어스에게 이러한 점을 그의 반공주의적 관점 속에서 명백하게 표현했다. 한반도에서 전쟁을 목격하면서, 피어스는 공산주의자들을 '폭군의 강도들'이라고 부르고, 맥아더가 이끄는 미군과 유엔군은 '자유의 군인들'이라고 불렀다. 피어스에게 미국은 바로 '자유세계'의 수호자였던 것이다.

피어스는 개인주의를 미국적 가치의 중요한 부분으로 인식했다. 1964년 월드비전이 제작한 영화 〈지극히 작은 자들〉에서 한국전쟁으로 불구가 된 아이를 돕는 사회복지 프로그램을 소개하면서 피어스는 한 아이를 돕는 것이 기독교적 가치이면서 동시에 미국의 '개인주의적 가치'라고 강조했다. 이 개인을 존중하는 개인주의적 가치는 바로 '기독교 윤리의 한 부분'이라고 주장했다.[62] 기독교는 개인의 삶에 진실된 관심을 갖는 종교이고, '개인의 존엄과 가치를 존중'하는 종교이다.[63] 피어스는 이러한 개인주의를 통하여 미국의 자유주의와 기독교를 연결하였다. 이러한 개인주의를 바탕으로 하는 자유주의에 가장 큰 적대 세력은 공산주의이다. 피어스는 공산주의는 인간의 개성을 '착취하고 퇴화'[64]시키는 이데올로기라고 비판했다. 공산주의는 기독교에 위협이 될 뿐 아니라 자유와 개인주의라는 미국적 가치에도 아주 중대한 도전이었다.[65] 피어스는 공산주의 사상과 운동을 '비미국적(un-American)'

American Foreign Policy, 101.

61 Inboden, Religion and American Foreign Policy, 106.

62 Hamilton, An Historical Study of Bob Pierce and World Vision's Development of Evangelical Social Action Film, 144.

63 같은 책, 108.

64 같은 책, 108.

65 King, God's Internationalists, 48-56.

사상과 행위라고 보았다. 이러한 미국에 대한 피어스의 자기인식은 그가 한국전쟁과 그 이후 한국에서 선교 활동을 하는 데 원동력이 되었다.

나가는 글

제2차 세계대전 이후 보수주의 진영의 선교는 날로 확대되었다. 냉전 기간 동안 보수적인 선교사들은 자신을 복음의 전도자로 인식하였을 뿐 아니라 미국적 가치와 제도의 전도자로 자임하였다. 여기서 미국적 가치는 정치적으로는 자유민주주의이고, 경제적으로는 시장 중심의 자본주의이며, 국제정치적인 관점에서는 공산주의를 막아 내는 반공주의이다. 피어스와 같은 미국 선교사들은 미국이 냉전 체제에서 '자유세계'의 지도자로 세상을 '구원'해야 한다는 미국식 메시아주의를 강하게 견지하고 있었다. 반공주의는 신학적 판단이면서 동시에 미국적 가치와 질서를 대변해 주는 정치 이데올로기였다. 이들은 공산주의에 반대하는 데 대안적인 질서·가치·체제를 미국이 실현한다고 믿었고, 기독교는 이 미국적 가치와 제도에 중심적 역할을 한다고 인식하였다.

반공주의는 절대적 개념이 아니다. 미국이 공산주의를 항상 반대하고 적대시한 것은 아니다. 비록 반공주의가 미국 정서에 강하게 배어 있었지만, 미국은 공산주의 세력과 제2차 세계대전 중에 연합 전선을 구축하였다. 히틀러의 나치 정권과 일제와의 전쟁에서 승리하기 위해 미국은 소련과 손을 잡았다. 흔히 말하는 '자유 세력'이 기독교인들이 부르는 '악마의 세력'과 손을 잡은 것이다.[66] 이때에는 사회·정치·국제정치 영역에서 반공주의가

---

66 Powers, *Not Without Honor*, 155-189.

전면에 등장하지 않았다. 반공주의가 전면에 등장한 역사적 전환점은 제2차 세계대전 직후이다. 물론 1917년 러시아혁명 직후 '적색공포(Red Scares)'가 사회를 휩쓸었지만 세계적 차원의 반공주의는 제2차 세계대전 이후 시작되었다.[67] 제2차 세계대전 이후 세계 질서는 미국 주도의 자본주의 블록과 소련 주도의 사회주의 블록으로 양분화되었다. 이러한 흐름 속에서 한반도는 분단되었고 결국 1950년 한국전쟁이 발발하여 이데올로기의 갈등이 정점에 이르게 되었다. 한국전쟁기의 반공주의의 특징 중 하나는 기독교의 역할이 두드러진다는 점이다. 이러한 기독교 반공주의의 최전선에서 활약한 미국인 선교사가 바로 피어스이다.

피어스의 반공주의는 한편으로 신앙 운동이었지만 또 한편으로는 이데올로기 전쟁이었고 애국주의의 한 표현이었다. 반공주의는 미국의 외교정책에서 핵심적인 것이었고, 미국의 패권주의를 위해 필수적이었으며, 미국적 가치를 지키고 세계화하는 데 긴요하였다. 이것이 잘 표현된 곳이 한국전쟁이다. 한국전쟁을 통하여 기독교 반공주의는 선악 이분법적 관점을 뿌리내리게 하였고, 한반도에 사는 이들의 마음과 감정 그리고 정신을 분열시켰다.

그러나 1950년대 말부터 이러한 관점에 변화가 생기기 시작했다. 1950년대 후반부터 냉전적이고 반공주의적인 이데올로기를 비판하는 목소리가 점증했다. 봉쇄라는 개념을 만들어 내어 냉전 체제를 형성하는 데 기여한 케넌은 1959년 기독교인들에게 한 연설에서 반공주의적 선악 구도에 대하여 다음과 같이 경고했다.

---

67 러시아 혁명 이후 미국에서의 적색 공포에 대하여는 Powers, *Not Without Honor*, 17-42 참조.

이러한 모든 고려를 통하여 나는 다음과 같이 생각하게 된다. 기독교적 가치가 종종 미국이 소련의 권력과 충돌하게 되는 이슈들에 관여하게 될 때, 우리는 우리가 원하는 모든 것이 자동적으로 하나님의 목적을 반영하고, 러시아인들이 원하는 모든 것이 악마의 목적을 반영한다고 결론을 내릴 수 없다는 것이다. 그 작동하는 형태는 복잡하고, 명료하지 않고, 불안정하다. … 우리는 이 냉전에는 … 갈등의 영역이 있을 수 있다는 가능성을 인정해야만 하고, 신께서 우리 '기독교인들이' 틀렸다고 판단할 만한 다른 영역이 있을 수 있다는 점을 인정해야만 한다.[68]

미국사회에서 반공주의적 관점이 약화되기 시작한 것은 베트남전쟁이 절정에 이른 시기부터였다. 반공주의 전쟁으로 시작한 베트남전쟁은 반공주의적 패러다임과 반공주의 이데올로기를 비판하는 계기가 되었다.

베트남전쟁의 논란은 세속적인 신좌파에서 주도했지만, 미국의 주류 기독교 지도자들도 이러한 비판에 가세하였다.[69] 1960년대 말경 베트남전쟁에 대한 회의가 복음주의자들 사이에 확산되었다.[70] 베트남전쟁에서 미군의 비인도적 민간인 학살에 대한 비판, 베트남전쟁은 단순히 베트남의 내전일 뿐이고 미국의 참전은 미국의 제국주의적 모습만 강화시킬 것이라는 비

---

68 Kennan, "Foreign Policy and Christian Conscience, " *The Atlantic*, https://www.theatlantic.com/magazine/archive/1959/05/foreign-policy-and-christian-conscience/304685/

69 예를 들어 흑인 민권 운동의 탁월한 지도자인 마틴 루터 킹 Martin Luther King Jr. 목사는 1967년부터 베트남전 반대 평화운동에 적극적으로 참여하였다. 1967년 4월 4일 그의 유명한 연설인 "침묵을 깰 때" A Time to Break Silence라는 연설에서, 그는 미국의 베트남 전쟁 참전을 강하게 비판하였다. Martin Luther King Jr. and James Melvin Washington, *A Testament of Hope: The Essential Writings and Speeches of Martin Luther King, Jr* (New York: HarperCollins, 1991), 231-244.

70 King, *God's Internationalists*, 127-132.

판, 미국 국내에서의 징병제 반대 시위 확산 등이 겹쳐지면서 베트남전쟁 반대는 사회 곳곳으로 퍼져 나갔다.

베트남전쟁을 둘러싼 논란은 피어스가 세운 월드비전의 방향성에도 근본적인 문제 제기를 하는 전기가 되었다. 이 논란은 월드비전을 새로운 방향으로 인도하였다.[71] 이러한 국제 질서의 변화 와중에 월드비전의 리더십도 변화를 맞이하게 되었다. 피어스가 월드비전 회장에서 사임하고 1969년 월터 무니햄(Walter Stanley Mooneyham)이 새로운 회장이 되었다.[72] 이러한 상황 속에서 국제 월드비전은 복음주의적 선교 및 구호 단체에서 인도주의적 구호 기관으로 변모해 갔다. 이러한 변모와 함께 반공주의적 관점은 확연히 약화되었다.

1990년대에 한국 월드비전에도 커다란 변화가 있었다. 북쪽에 사는 사람들을 적대적으로 보게 하던 시각인 반공주의적 관점에 변화가 생기기 시작한 것이다. 가장 큰 이유는 1990년대에 들어서서 남북 간의 관계가 거대한 전환을 맞이하였기 때문이다. 1991년 8월 남북한이 유엔에 동시 가입한 사건이 분수령이 되었다. 이것은 남북한 모두 국제사회의 주권국가로 인정받고 어느 정도 남북한이 서로를 국가로 인정한 역사적 사건이었다. 이러한 변화 속에서 기독교계의 북한에 대한 인식도 커다란 변화를 맞이하게 되었다. 월드비전도 예외가 아니었다. 월드비전은 북한 사업을 본격적으로 논의하기 시작했다. 이 시기는 북한의 '고난의 행군기'와 겹치는 시기였다. 북한은 흉년, 자연재해, 기아 등으로 고통을 받고 있었다. 월드비전은 이에 대하여 적극적으로 대응하기 시작했다. 1994년의 글에서 월드비전은 다음과 같

---

71 같은 책, 114-118.
72 같은 책, 122.

이 언급했다.

> 우리는 한 민족, 북한 돕기 위한 사랑의 하루 금식! 전쟁의 상처 속에서 거리
> 를 헤매던 가난한 고아와 과부들을 돕기 위해 우리나라에서 시작된 선명회는
> 이제 전쟁으로 분단된 또 하나의 나라 북한에게도 사랑의 손길을 펼칠 예정
> 입니다. … 분단 40년을 넘기며 남한과의 급격한 경제 수준 차이를 보이고 있
> 는 북한의 현 상황은 1인당 GNP가 약 1천 달러로 남한의 1/6수준이며, 심각
> 한 경제 침체와 식량 부족, 의료 시설의 낙후로 인한 영양실조, 후진국 병이
> 라고 할 수 있는 결핵이나 간장 질환을 겪고 있는 국민이 많은 실정입니다.[73]

북한에 대한 인식이 변화하고 있었다. 북한에 사는 사람들을 그리스도에
적대적인 '붉은 용'[74]의 세력으로 보기보다는 우리가 함께 더불어 살아야 할
동포라는 인식이 강해지고 있었다. 월드비전의 북한 동포 돕기 사업은 동포
애와 인도주의 정신을 바탕으로 진행되고 있었다. 그러나 이러한 접근에 대
하여 당시의 보수 정부나 언론들은 아주 비판적인 시각을 감추지 않았다.
예를 들어 1994년과 1995년 사이에 국제 월드비전이 북한 식량 돕기 운동
을 전개하고 있을 때, 이에 대하여 그 당시의 보수 정부와 언론들은 '군량미
로 전환' 가능성 등을 언급하면서 월드비전의 인도주의적 접근에 대하여 비
판적이었다.[75] 이것은 월드비전의 인도주의적 접근이 한국전쟁 시기 반공

---

73 "우리는 한민족," 宣明, 1994, 2월호, 8.
74 한경직 목사는 한국 월드비전 설립과 성장에 지도적 역할을 하였다. 그는 공산주의 세력을 "붉은
  용"으로 묘사하면서 기독교인은 절대 그들과 타협할 수 없다고 하는 기독교 반공주의적 입장을
  강하게 견지하였다. 한경직, "그리스도인과 반공", 새가정 10.3,1963, 10-11 참조.
75 이에 대한 논의로는 민경배, 『월드비전 한국 50년 운동사, 1950-2000』 492-495을 보라.

주의에 의해 견인된 인도주의와는 다른 차원을 보이고 있있다는 것을 잘 드러내 주는 중요한 사건이었다. 한국 월드비전이 반공주의에서 벗어나 좀 더 이념에 중립적인 인도주의를 향해 나아가기 시작한 것이다.

피어스는 한국전쟁 중 거제도 포로수용소에 수감된 인민군 포로들에게 설교를 하였다. 이 방문 중에 「예레미야서」 8장 21절의 말씀에 은혜를 받고 깨달은 생각을 삶의 모토로 삼았다. 그 모토는 "하나님의 마음을 아프게 하는 일로 나의 마음도 아프게 하옵소서."[76]이다. 이러한 모토 속에 그의 한국 전쟁과 그 이후 그의 한국 활동이 이루어지게 되었다. 그러나 그는 반공주의 이념에 사로잡혀서 왜 한반도에 분단이 이루어질 수밖에 없었는지, 왜 그 분단이 이데올로기 전쟁으로 귀결될 수밖에 없었는지 그 원인을 제대로 보지 못하였다. 한반도에서 가장 '하나님의 마음을 아프게' 한 것은 무엇이 었을까? 그것은 냉전이라는 국제 질서에 의해 빚어진 한반도의 분단이고, 이념에 매몰되어 동포를 처참하게 학살한 전쟁이고, 휴전 이후에도 서로를 철천지원수로 미워한 증오가 아니었을까?

---

76 Franklin Graham, *Bob Pierce: This One Thing I Do* (Nashville: W Pub Group, 1983), 77. 이 모토는 리차드 게만이 피어스에 대한 기록인 『나의 마음을 깨뜨리라: 밥 피얼스 박사와 선명회 이야기』 책 제목의 일부분이다.

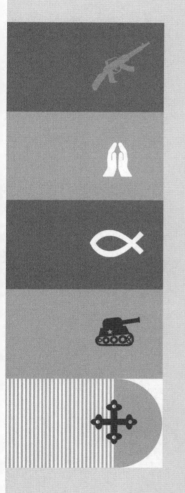

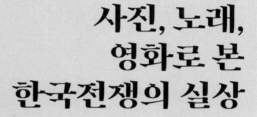

제3부

사진, 노래,
영화로 본
한국전쟁의 실상

한국전쟁, 사진으로 본
집단기억의 '관점'

심은록 리좀-심은록 미술연구소 소장

기독교를 비롯한 종교는 철학이나 예술 등 타 분야가 하지 못하는 '에로스적 (삶의 충동) 기대'를 제공해 주는 중심적인 역할을 해 왔다. 종교만이 가능한 그 역할을 다시금 수행해야 한다. 모더니즘과 포스트모더니즘, 기의와 기표, 요구와 욕망 사이에서 '바닷가 모래사장에 그려 놓은 얼굴처럼 사라진 인간' 이 다시 한 번 '기억, 직관, 기대'가 함께하는 건강한 현존재로 부활하기를 기대한다.

그리고 만약 내게 기동대 지휘를 맡긴다면,

나겔이나 헤프너처럼 나 역시 대량 검거를 해서,

구덩이를 파게 하고 유죄 선고를 받은 자들을 줄 서게 한 후,

"발사!" 하고 소리쳤을까?

그럼, 물론이지. 어렸을 때부터,

나는 절대와 한계를 극복하는 것에 사로잡혀 있었거든.

- 조나단 리텔, 『선한 여신들』[1]

　4차 산업혁명 시대로 접어들면서, 인류가 그 어느때보다 빠른 속도로 많은 것을 공유하게 되면서 공감의 폭이 커졌다고 여겼다. 그러나 Covid-19를 겪으며, 각국의 특성에 따라 천차만별로 다른 조치와 행동들, '마스크'라는 단순한 오브제의 착용에도 격하게 다른 반응을 보이고, 아시아인 인종차별 등 여전히 뛰어넘을 수 없는 높은 차이의 벽에 부딪혔다. 하지만, 처음으로 전 세계가 함께 동일한 고통을 체험하며 형성되는 공통된 '기억(집단기억)' 덕분에 '코로나發 정체성'을 갖게 되고, 또한 환경문제에 대해서도 좀 더 적극적인 반성을 '기대'하게 된다.

　이렇게 21세기는 Covid-19로 시작되어, 미래가 지금까지와는 다른 예상

1　Jonathan Littell, *Les Bienveillantes*, éd. Gallimard, 2006, p. 95.

할 수 없는 방향으로 흘러갈 것이라고 한다. Covid-19를 겪으며, 한국전쟁의 '기억'과 이와 함께해야 할 평화통일이라는 '기대'는 얼마나 다를지, 또한 시공간적 구성 조건에서 오는 차이는 어떻게 극복할 수 있는지에 대해 의문이 든다. 우선은 그 첫걸음으로 집단기억이 어떻게 구성되고, 어떻게 '신화화'(롤랑 바르트)되는지를 살펴보고자 한다. 집단기억은 동전의 양면처럼, 긍정적 부정적 기능이 있다. 자신의 고유한 기억의 집적과 지속을 통해 개인의 정체성을 구성하는 것처럼, '집단기억'을 통해 '집단 정체성'이 형성된다. 집단기억 때문에 '내'가 '우리'가 되기도 하지만, 그 기억에 저항하는 과정에서 '우리'에게서 '내'가 소외될 때도 있으며, '위험한 민족주의', '타자'의 문제도 발생한다. 이 글은 사진 자료를 통해, 시공간에 따라, 한국전쟁에 대한 서로 다른 관점의 차이를 비교하며, 우리가 망각하고 있는 것을 되찾는 동시에, 유엔 참전국들이 왜 다른 관점을 구성하게 되었는지에 대해 분석하고자 한다. 그리하여 비록 같은 사건에 대해 다른 집단기억을 가지고 있어 상충될지라도, 이러한 차이를 인지한다면, 대화의 장을 구축하는 데 좀 더 용이해지리라 기대한다. 이 글은 아우구스티누스(Aurelius Augustinus, 354-430)의 시간론의 핵심인 '기억 · 직관 · 기대'를 근본 틀로 삼아, 한국전쟁의 '기억', 이에 대한 직관(감각적 특히 예술적 직관 · 영적 직관), 평화통일에 대한 '기대'를 다루고자 하며, '기대'를 통해, 오늘날 예술과 기독교의 역할도 찾아보고자 한다.

1. 전쟁 사진: '스펙터클'로부터…

아이스킬로스(Aeschylos, B.C.525-B.C.456)는 '전쟁의 첫 번째 희생자는 진실'이라고 했다. 그의 말처럼, 호메로스의 『일리아스』와 『오디세이아』는 서구 최초로 기록된 전쟁인 트로이전쟁을 노래하지만, 신화와 역사가 뒤섞이고, 사실과 허구의 경계가 무색한 고대 그리스의 스펙터클이었다. 이는 현대에도 마찬가지로, '스펙터클'한 요소가 없으면, 관심을 끌지 못하고 잊혀진 전쟁이 된다. 한국전쟁과 관련된 사진을 분석하고 그 기억에 대해 논하기 전에, 먼저 세계 최초의 전쟁 사진이 어떻게 만들어졌고, 인류 최대 비극인 전쟁이 어떻게 스펙터클화 되었는지 간략히 살펴본다.

[사진1] 로저 펜튼의 크림전쟁 사진들 중 하나로, 세계 최초로 전쟁 상황을 찍음

최초 전쟁 사진의 스펙터클화. 최초의 종군기자인《타임스(The Times)》의 윌리엄 러셀(William Russell)이 크림전쟁(1853-1856)에서 무능력한 영국 군부의 현실을 그대로 알리면서, 정부에 대한 신뢰가 추락하고 전쟁을 멈추라는 국민들의 압박이 커졌다. 영국 정부는 이러한 여론을 바꾸기 위해, 로저 펜튼(Roger Fenton)을 공식 사진가로 파견했다. [사진1]은 로저 펜튼이 촬영한 최초 전쟁 사진 중의 하나이다. 사진 속의 군인들은 와인을 마시거나, 시가를 피우는 등 여유로운 광경으로, 마치 피크닉을 하는 것처럼 보인다. 이처럼,

그의 사진 대부분은 전쟁의 참혹한 광경을 피해서 찍은 것들이다. 그는 전장에서 1년여 동안 360여 개 원판 사진을 찍은 최초의 종군 사진기자인 동시에, 사진 정보 조작을 범한 첫 작가가 되었다. 이렇게 처음부터 전쟁 사진들은 여러 목적하에 철저하게 통제된다.

[사진2] 로버트 카파, 〈어느 인민전선파 병사의 죽음(Spanish Lpyalist at the Instant of Death)〉, 1936.

스펙터클에 반대하는 스펙터클. [사진1]과 같은 스펙터클화에 반대하여, "세상을 있는 그대로 기록한다."라는 모토를 가지고 20세기 포토저널리즘을 대표하는 매그넘 포토스(Magnum Photos)가 창립되었고, 그 설립자 가운데 한 명이 로버트 카파(Robert Capa, 1913-1954)였다. 사실을 정확하게 전달하는 것을 중요하게 여긴 그를 언급할 때, 가장 먼저 떠오르는 작업 중의 하나가 [사진2] 〈어느 인민전선파 병사의 죽음〉이다. 이 사진은 라이프지 창간호에 게재된 것으로, 1936년 스페인 내전 당시 코르도바 전선에서 한 민병대원의 전사 장면을 순간 포착하여 찍었다. 적을 향해 돌진하던 병사가 머리에 총을 맞고 쓰러지는 장면이 극적으로 촬영되었다. 이 사진을 진짜 카파가 찍었는지, 이러한 절명의 순간을 노리고 연출한 것은 아닌지에 대한 의문이 여전히 남아 있다.

비디오게임 같은 걸프전. 백악관이 걸프전(1990.8.2-1991.2.28) 발발을 발표하기도 전에, CNN은 이미 바그다드의 폭격을 생중계로 방송했다. CNN 방송기자 피터 아네트(Peter Arnett)는 미국 언론 소속임에도 불구하고, 적국의 수도인 바그다드에서 이라크 정부의 발표를 비롯한 전쟁 피해 상황을 생생하게 보도했다. 수전 손택(Susan Sontag, 1933-2004)은 '대중은 전쟁 소식을 너무나 접하고 싶어 하고, 대중매체는 이러한 요구를 만족시킨다'[2]고 했다. 전쟁 기사·사진·영상이 더욱더 자주 게재되는 것은, 그만큼 소비자의 요구가 커졌다는 이야기다. 또한, 질 들뢰즈(Gilles Deleuze, 1925-1995)가 말한 것처럼, '자본주의에 의해 유도된 욕망'이 더해진 것일 수도 있다. 미국 폭격기가 이라크를 폭격하는 이미지가 전 세계에 실시간 방영되고, 일반 시청자들은 전쟁 영화나 게임을 보듯 전쟁을 '관람'하고 '소비'하기에, 걸프전은 '비디오게임 전쟁'이라고도 불렀다. CNN의 걸프전쟁 이미지가 실제 전쟁과 너무나 다르기에, 장 보드리야르(Jean Baudrillard, 1929-2007)는 "걸프전은 일어나지 않았다."(*La Guerre du Golfe n'a pas eu lieu*, éditions Galilée, 1991)고 했다.

이처럼 전쟁 사진은 전쟁을 무대로 올리고, 무대 데코레이션(피크닉 분위기·와인·시가 등)까지 갖춘 일종의 스펙터클이었다. 이로 인해 포토저널리즘에 많은 반성을 불러왔고, 급기야 매그넘과 같이 "사실만을 찍자."는 모토까지 있었지만, 로버트 카파의 대표작([사진2]) 역시 스펙터클이라는 의문이 풀리지 않았다. 걸프전의 경우는 실시간 동영상으로 가감 없이 전 세계에 방영되었지만, 비디오게임과 같은 전쟁 이미지는 실제의 전쟁과 너무나 달랐다. 사진을 찍는 자체가 이미 촬영자의 관점이 개입되고, 특정한 시간

---

2   Susan Sontag, *Devant la douleur des autres [Regarding the pain of others]*, trad. de l'anglais par Fabienne Durand-Bogaert, Paris : C. Bourgois, 2003, p.56.

과 공간을 선정해 한 부분만을 찍기 때문이다. 비록 같은 시공간에서 찍은 사진일지라도, 어느 진영, 어느 관점에서 사진을 찍는지에 따라(과거), 어떤 조건에서 관람자가 사진을 보는지에 따라(현재), 기대하는 것이 무엇인지에 따라(미래), 사진의 의미와 해석이 달라진다. 수전 손택은 "사람들은 경험한다는 것을 바라본다는 것으로 자꾸 축소하려 한다."[3]라고 말하며, 카메라는 경험을 축소하고 역사를 스펙터클로 바꾼다고 비판했다. 더욱이, 대부분의 관점은 서구 쪽 진영에서 구성된 것으로, 반대쪽 진영에서 사람들이 직접 겪는 전쟁의 실재는 묻혀진다. 같은 전쟁임에도 그 관점이 상반되거나 다를 수 있기에, 한국전쟁을 포함하여, 우리는 그 어떤 전쟁의 실재에도 다가갈 수 없을지도 모른다. 라캉(Jacques Lacan, 1901-1981)이 언급한 대로, 우리는 실재계에 도달할 수 없다. 도달할 수 없지만, 존재하지 않거나 발생하지 않았다는 것은 아니다. 오히려 이 실재는 우리의 상상계과 상징계에 지대한 영향을 미친다. 한국전쟁 역시 서구에서 잊혀진 전쟁이 되어 가고 있다. 한국전쟁은 한반도에서 치러진 국제전 양상이었기에, 그 망각의 퍼즐을 맞추는 것은 쉽지 않다. 더욱이 우리에게는 한국전쟁기억의 피날레(기대)이자, 미래 기억의 소급인 '통일'의 문제가 있고, 이 역시 국제적인 협력이 필요하기에, 서로 다른 관점을 읽어야 할 과제가 있다.

---

3   Susan Sontag, *Sur la photographie* [On photography] traduit de l'anglais par Philippe Blanchard avec la collaboration de l'auteur, (Oeuvres complètes / Susan Sontag) [Paris] : C. Bourgois, DL 2008, p.44.

2. 요구와 욕망으로 재구성되는 집단기억

[사진3]

[사진3]을 보며 우리는 무엇을 보고, 어떤 해석을 할 수 있을까? 북한군 탱크가 서울에서 질주하고, 수 명의 군인들이 도로 위를 걷고 있는 한국전 상황이다. 이 한 장의 사진은 북한과 남한, 그리고 각 국가의 입장에 따라 다르게 해석된다. 우리는 이 사진을 보면 즉각적으로 북한의 남침과 서울 함락을 떠올린다. 여기서 그친다면, 아무런 사유 없이, 우리에게 주입된 지배기억을 읊조리는 것일 뿐이다. 이 사진 뒤에는 어떤 이데올로기가 구성되어 있을까?

롤랑 바르트(Roland Barthes, 1915-1980)는, 프랑스 잡지《파리-마치》의 표지 사진에서, 프랑스 군복을 입은 한 흑인 병사가 프랑스 국기에(국기는 화면 밖에 있음) 경례하고 있는 모습을 분석했다.[4] 이 이미지가, '위대하고 포용적인 프랑스에서 모든 군인이 인종차별 없이 평등하게 복무하는 것'으로 읽힌다면, 그 독자는 '신화' 속에 사는 것이라고 바르트는 지적했다. '신화'란 자

---

4 Roland Barthes, "Le mythe aujourd'hui" in *Mythologies*, Éditions du Seuil, Paris, 1957.

연스럽게 제시되고, 역사적으로 구체성을 지닌, 이데올로기적 시각의 표현이다. 〈경례하는 흑인 병사〉 사진은 알제리 독립전쟁 시기에 찍혔는데, 아프리카 출신의 병사가 프랑스에 충성을 하는 것처럼 알제리도 프랑스에 충성해야 하고, 따라서 독립전쟁은 잘못된 것이라는 이데올로기가 신화 뒤에 감춰져 있다. 이러한 '신화'에 반성 없는 확고한 믿음이 더해지면, 이 신화는 또 다른 '역사'가 된다.[5]

[표 1][6]

언어 Langue	{	1. 기표 signifiant	2. 기의 signifié	
신화 MYTHE	{	3. 기호 Signe I. 기표 SIGNIFIANT		II. 기의 SIGNIFIE
		III. 기호 SIGNE		

〈경례하는 흑인 병사〉 사진에 바르트의 [표1]을 대입해 본다면, 아래와 같다.

1. 기표: '경례하는 흑인' 사진.

2. 기의: "흑인은 너무도 당당한 인물이며, 그는 윤택하게 보이며, 충분히 노련하며, 자연 발생적이고, 순결하고, 의심할 여지없이 명백한 이미지.[7]

3. 기호, I 기표: 프랑스 군에 복무하는 흑인 병사.

II. 기의: 프랑스 국기 아래서 인종차별 없이 누구나 평등(신화).

5 *Ibid.*, p.216.

6 *Ibid.*, p.222.

7 *Ibid.*, p.224.

롤랑 바르트는 오늘날의 "신화는 파롤(parole)"이라고 말하는데, 좀 더 정확히는 '역사에 의해 선택된 파롤'이다. 그는 "파롤은 문자나 다양한 표상의 양식으로 존재하며, 쓰인 담론뿐만 아니라 사진·영화·기사·스포츠·쇼·광고 등과 같은 모든 것이 신화적 파롤의 지지자가 될 수 있다."고 적는다. 권력과 지식의 담론에 따라, 기호가 재생산되며, 이에 따라 신화도 '이중적 체계'가 된다. 중요한 것은 '신화'의 의미 작용을 파악하고 해독하기 위해서는 기표 속에서 기호의 2차 의미가 만들어 내는 이데올로기 작용을 간파해야 한다.[8]

이제 다시 [사진3]을 보자. 이 사진이 '요구'하는 해석은 무엇일까? 동명대 김형곤 교수에 의하면, 일반적으로 '서울 시내에 나타난 북한군의 행진 혹은 탱크를 보여주는 것([사진3]을 꼭 집어 일컫는 것이 아니라, 이와 비슷한 사진들을 말함)'은 우선, 북한군의 '남침'을 의미한다. 그리고 그 뒤에는 '반공 이념을 시각화'한다고 말한다. 반면에, 이 사진에는 여러 캡션이 있는데, 그 중 하나는 2013년 '6·25 발발 63주년'을 맞아, 중국 베이징 주재 북한 대사관이 대외 선전판에 붙인 것이다. 이에 따르면, 이 사진은 북한 인민군이 6·25전쟁 현장에서 촬영했다. 캡션을 보면 다음과 같다. "땅크 부대와 함께 서울 시내로 돌입하는 인민군 군인들. 인민군 군인들은 전쟁 개시 3일 만에 적들의 수도인 서울을 해방하고 한 달 남짓한 기간에 남반부 지역의 90% 이상과 인구의 92% 이상을 해방하였다." 한국이나 캐나다에서도 이 사진이 게재되곤 하는데, 〈무제〉라든가, 아니면 단순히 북한군의 남침을 설명하기 위해서 사용된다. 또한 라디오프리유럽(RadioFreeEurope)과 라디오리버티(RadioLiberty)에서 2020년 한국전쟁 70주년을 맞아 '잊혀진 전쟁'이라는 타

---

8 *Ibid.*, p.216.

이틀(2020.6.21. 방영, 라디오 홈페이지에서 사진 관람 가능)로 여러 장의 한국전 사진이 게재되었는데, 그 중의 하나가 [사진3]이며, 다음과 같은 캡션이 달려 있다. "소련제 전차의 지원을 받은 북한군이, 침공한 지 며칠 뒤 1950년 6월 서울을 거쳐 진격한다." 이 사진은 북한군이 무력 침략을 했기에, 한국의 평화, 더 나아가 세계 평화와 자유를 수호하기 위해 미국 및 유엔 참전국의 유엔군 파견이 정

[사진4] 막스 데스퍼, 〈파괴된 대동강 철교를 건너는 피난민〉, 1950.12.4, AP 소장.

당한 것임을 말한다. 같은 사진을 가지고도, 이처럼 다른 해석이 가능하며, 상이한 신화가 만들어진다.

　남한에서 반공 이미지를 위해 자주 사용된 또 다른 주제의 사진은 '피난민'이었다. 1951년 퓰리처상을 받은 막스 데스퍼(Max Desfor, 1913-2018)가 찍은 [사진4] 〈파괴된 대동강 철교를 건너는 피난민〉은 한국과 서구에서 한국전쟁과 관련하여 가장 많이 보여지는 사진 중의 하나다. 국군과 유엔군이 북진하던 중 중국이 개입하자 평양을 포기하고 중국군의 남하를 막기 위해 대동강 철교를 폭파했다. 사진 속에서는, 철골에 손바닥이 붙을 것 같은 얼음장 같은 날씨에 피난민들이 개미떼처럼 철교에 달라붙어, 파괴된 다리 위로 목숨을 걸고 아슬아슬하게 건너고 있다. 남한에서는 사진 속의 피난민들이 자유를 찾아 목숨 걸고 남하한다며, '자유'를 강조했다. 반면에, 미국 및 유엔 참전국의 국민들에게는 이 사진이 한국의 끔찍한 전쟁의 참상을 보여주며, 유엔군 파견의 정당성을 알렸다. 공식기억에 사용되는 사진마다 각

나라는 자신들의 신화를 만들어 낸다. 이제 우리는 이 신화들을 살펴볼 것이며, 미국·소련·중국·북한이 어떤 내용의 신화를 만들어 내는지, 그리고 남한은 정권 유형에 따라 어떻게 기표 속에서 기호의 2차 의미를 생산하는지 살펴볼 것이다.

1) 참전 국가의 서로 다른 집단기억들

세계의 시선이 한국전쟁을 겪는 한반도로 쏠리면서, 270여 명의 전 세계 종군기자들이 모여들어 취재 경쟁을 했다. 그동안은 서구 기자들과 한국 보도기자들의 사진이 주로 알려져 왔으나, 이제 중국과 소련에서도 한국전쟁 사진과 관련 자료들이 서서히 공개되고 있다. 이 덕분에, 당시 국가 간의 긴장과 관계 등 중요한 사실이 계속 드러나고 있으나 여전히 명료하지 않은 부분이 많다. 전쟁과 같은 집단기억은 일반적으로 '지배기억(dominant memory)'과 이에 저항하는 '대항기억(counter memory)'으로 나뉘는데, 이러한 기억이 교과서나 국립전쟁기념관 등에 사용되면, '공식기억(official memory)'이 된다. 정권이 바뀌면 대항기억이 지배기억이 되기도 한다. 특히, 역사 교과서는 학생들이 비판 능력이 생기기도 전에 습득하기에, 정권이 자신들의 이데올로기를 주입하는 공적인 도구로 이용하기도 한다. 참전국들의 경우에도 각 나라마다 교과서에서 한국전쟁을 다르게 묘사한다. 여기서는 6·25전쟁에 참전한 16개국을 모두 비교할 수 없기에, 북한·중국·러시아·미국의 교과서를 중심으로 살펴본다.

북한의 관점. 북한의 모든 교과서에는 6·25전쟁이 특별히 중요하게 언급되며, 공통적인 강조점은 다음과 같다.

미제와 리승만 괴뢰도당은 조국의 평화적 통일을 실현하기 위한 공화적정부의 합리적인 방안들을 거부하고 1950년 6월 25일 드디어 공화국 북반부에 대한 무력침공을 개시하여 조선인민을 반대하는 침략 전쟁을 일으켰다. 이날 이른 새벽 38도선 일대에 집중 전개하고 있던 남조선 괴뢰군은 미리 준비된 침략 전쟁 도발계획에 따라 미제침략군 고문단 놈들의 직접적 지휘 밑에 38도선 전역에 걸쳐 북반부에 대한 불의의 무력침공을 감행하였다.[9]

이처럼, 북한 교과서는 6 · 25전쟁이 북침이라는 것과, 북한이 미 제국주의의 세계 전쟁 도발 책동을 저지시켜 세계 평화에 이바지했다며, 전쟁을 긍정적으로 평가한다. 현재 휴전 상태임에도 불구하고, 북한은 전쟁에서 승리한 것을 기념하며 '전승기념관(조국해방전쟁승리기념관)'을 건축했다. 또한 미국이 북진하면서 무고한 북한 주민들을 희생시킨 '신천 학살 사건'을 추모하는 '신천박물관'도 건립하여 공식기억을 더욱 강화하고 있다. 그러나 이 사건은 미국 국립문서기록관리청의 24사단 19연대의 전쟁 일지와 관련 자료를 통해 허구임이 밝혀졌다. 북한에서는 어렸을 때부터 교과서와 다양한 교육을 통해, 남한의 북침을 불변의 확고한 공식기억으로 각인시킨다. 따라서, 대다수의 탈북자들도 남한에 정착한 후에도 한동안 북한의 남침을 믿지 않는다. 신천 학살 사건도 그들에게는 자연스럽게 제시되는 역사적으로 구체성을 지닌 신화이다.

여하튼, 북한의 피해는 상당히 컸는데, 브루스 커밍스(Bruce Cumings)는, 미국이 이를 고의적으로 감췄다고 다음과 같이말한다. "북한의 22개 주요

9   서상문, "남북한, 미국, 중국, 러시아, 일본 초중고 역사교과서의 6.25전쟁 기술내용 분석과 전쟁기념관의 6.25전쟁 전시방향", in <전쟁과 유물>, 2009.

도시 중 18개 도시는 최소한 50%가 흔적도 없이 사라지는 등 북한의 도시와 마을이 40~90%까지 파괴된 것으로 추산[10]되며, 당시 "국방부 검열관들이 그 폭격으로 인한 끔찍한 현실을 미국 국민이 모르도록 감추었기 때문에 미국 공군의 북한 폭격은 일반에게 알려지지 않았다."[11]

중국의 관점. 전체 참전국 중 중국은 131만 명에 달하는 최대 사상자를 냈다. 중국은 이러한 피해의 직접적 원인인 남북한을 비난하지 않고, 이 모든 피해의 원인을 미국으로 보고 반미 적대감을 강하게 표출한다. 마치 중국과 미국이 한국땅만 빌려 교전한 것처럼, 남한의 존재감이 없다. 그래서 중국은 '한국전쟁'을 '항미원조전쟁'이라고 일컬으며, 고등학교 교과서에 아래와 같이 서술한다.

1950년 6월, 조선 내전(內戰)이 폭발했다. 미국은 조선 내정 간섭을 위해 출병했다. 미국군 위주로 구성된 소위 연합국군(聯合國軍)은 38선을 넘어 전쟁의 불길을 중국 압록강변까지 태웠다. 미국의 전투기는 중국 영토를 침입하여 중국 동북 국경 지역에 폭탄을 투하했고, (미국) 군함은 타이완해협으로 왔다. 미국의 침략 활동은 중국의 안전을 엄중히 위협하는 것이었다. 조선민주주의인민공화국(북한)은 중국 정부에 출병(出兵) 원조를 요청해 왔다. (…) 중조군민의 용감한 전투로 인해서 1953년 7월 미국은 어쩔 수 없이 휴전협정에 사인했고, 중국인민지원군은 본국으로 돌아갔다. 항미 전쟁의 승리는 미국의 군대가 가진 '미국 불패(不敗)'라는 승리의 신화를 깬 것과 더불어 이는 중

---

10 브루스 커밍스, 『브루스 커밍스의 한국전쟁』, 조행복 역, 현실문화, 2017.
11 "브루스 커밍스, 한국전쟁을 말하다", 중앙일보, 2013.08.31일자.

화인민공화국의 국제 위상을 높여 준 사건이며, 중국의 경제 발전과 사회혁명을 부흥시키는 데, 안전한 발판을 구축하는 계기가 됐다.[12]

중국 교과서에서 눈에 띄는 첫 번째 항목은 '내전'이다. 김광동 박사는, 내전에는 제3자가 개입하지 않아야 한다는 것을 전제하고 6·25전쟁을 내전으로 규정하면, 유엔군이나 제3의 국가가 참전한 것은 내전 국가에 간섭한 것이며, 따라서 "제3자의 침략 행위"로 간주된다고 보았다.[13] 그러나 중국은 북한이 원조를 요청했고, 미국 전투기가 중국 영토를 침입했기 때문에, 중국의 안전을 위해 전쟁에 참여했으므로 자신들의 참전을 정당한 것으로 여긴다. 미국《뉴욕타임스》는, "대부분의 중국인은 제2차 세계대전이 미국의 승리로 끝났다는 사실을 알지 못하며, 학생들은 중국이 한 번도 침략적 전쟁을 일으킨 적이 없고 자기방어를 위한 전쟁만 해 왔다고 믿으면서 고등학교 역사 교육을 마친다."[14]고 지적한 바 있다. 하지만, 최근 발행된 중국의 고등학교 교과서에는 "조선인민군은 신속히 서울을 점령하고 남쪽으로 밀고 내려갔다."처럼, 북한이 남침한 것을 시사하는 표현이 실리면서 조금씩 변화가 보이고 있다.

러시아 관점. 러시아의 고등학교 과정에 해당되는 9학년 교과서에서는 한

---

12 과정교재연구소, 『보통고등학교 표준 역사 교과서, 중국근현대사』, 인민교육출판사, ['6·25전쟁'], 128, "중국 교과서에 실린 '6·25전쟁' 왜곡, "미국이 한반도 내정 간섭을 위해 出兵했다", 《월간조선》 2020.7월호에서 재인용.
13 "中역사교과서, 한국전쟁 어떻게 가르치나", 〈바른중국뉴스 시사중국〉, 2013.06.25일자에서 재인용.
14 같은 책.

국전쟁을 다음과 같이 묘사한다.

> '자본주의와 공산주의' 두 체제의 충돌은 1950년대 한국전쟁이었다. 그 전쟁
> 은 결국 냉전이 실제 전쟁으로 발전할 수 있음을 보여주었다. 그 당시 미국
> 측 군사령부는 핵폭탄의 사용 가능성도 언급했지만 소련 측에서도 역시 핵
> 으로 답할 것을 우려해 실현되지는 않았다. 여러 가지 상황을 고려한 소련
> 측은 북한에 군사 기술력을 지원했다.[15]

러시아 교과서에는 '냉전', 즉 미국 자본주의와 소련 공산주의 두 체제의
충돌이 한반도에서 발생한 것으로 묘사되어 있다. 반면에, 전쟁의 원인·
주체·배경 등은 고의적으로 흐리면서 제3자적 입장을 고수한다. 김일성이
개전 의지를 보이고, 스탈린과 중국이 도왔다는 것이 6·25 관련 '전통적 정
통 이론(Traditional Orthodox Theory)'이다. 스탈린이 김일성의 간청을 여러 번
거절했다가 수락한 외부적 조건이나 정황은 잘 알려져 있으나, 그가 전쟁을
허가한 직접적인 이유나 소련이 전쟁으로 얻는 이익에 대해서는 아직 알 수
없다. 이에 대해, 서방 전문가들은 한편으로는, 위의 교과서에서 언급한 것
처럼, 미국이 한반도를 거쳐 만주를 침략할 경우 중·소가 동맹하여 싸운다
면, 미국 세력이 약화되어 미소 냉전에서 소련이 승리할 것이라고 판단했기
때문이라고 한다. 또 다른 한편으로는, 북한에서의 소련의 지배력과 중국과
의 관계를 유지하기 위해서였다고 말한다. 여러 정황으로 볼 때, 소련이 북
한과의 관계보다, 오히려 미국이나 중국과의 관계에 더 신경을 쓰는 듯이

---

15 서상문, "남북한, 미국, 중국, 러시아, 일본 초중고 역사교과서의 6.25전쟁 기술내용 분석과 전쟁
기념관의 6.25전쟁 전시방향", in <전쟁과 유물>, 2009.에서 재인용.

보인다. 마찬가지로, A.V 토르쿠노프 (Anatory Vasilievich Torkunov, 1950-현재)의 저서 『한국전쟁의 진실과 수수께끼』[16]에서도, 소련 · 중국 · 북한 간의 긴밀한 관계 속에서 전쟁이 일어났다며, 한국전쟁의 국제적 성격을 강조했다.

또한, 브루스 커밍스의 『한국전쟁의 기원(The Origins of the Korean War, 1981)』의 영향을 받은 '수정주의 이론(Revisionist Theory)'에 의하면, 한국에서는 좌익과 우익 · 부르주아와 프롤레타리아 사이의 무력 충돌이 빈번했으며, 대구 10.1 사건 · 여수 · 순천사건 · 제주 4.3 사건 · 38선 지역에서의 수많은 분쟁들을 볼 때, 전쟁은 1945년 이전에 이미 진행되고 있었다는 것이다. 한반도 상황이 북한군의 남침을 유도했기에(전쟁의 '기원'), 1950년 6월 25일 북한군이 먼저 발포했다는 사실(전쟁의 '시작')은 덜 중요하다는 입장이다.[17]

스탈린이 전쟁을 시작했다고 하는 다음과 같은 유럽의 교과서가 있다.

> 최근 한 진술에 의하면 한반도 충돌에서 결정적인 역할은 스탈린이 하였다고 한다. 스탈린이 김일성에게 전쟁을 시작하라고 강요한 것으로 보인다. 많은 지지를 얻고 있는 이 논의는 '평화로운 기수(즉, 스탈린)'의 확실한 만족을 얻기 위하여, 그리고 개인의 염원을 이루기 위해서 김일성이 솔선한 것이라고 한다. 〈폴란드 교과서〉[18]

언제나 전쟁을 선동한 것에 조심하고 있던 소련은 군대를 파견하지 않고 군

---

16 A.V 토르쿠노프, 『한국전쟁의 진실과 수수께끼』, 구종서 역, 에디터, 2003.

17 "브루스 커밍스, 한국전쟁을 말하다", 중앙일보, 2013.08.31일자.

18 Antoni Czubiński 외, Historia powzechna 1939-1997, Wydawnictwo Naukowe UAM, 2004, p.244, 정재윤 (한국학중앙연구원) "유럽 사회과 교과서에 나타난 한국전쟁", 2.

수 물자를 보냈다. 〈덴마크 교과서〉[19]

　미국의 관점. 전 세계 종군기자들이 한국전쟁을 취재하면서 경쟁한 결과, 1951년 7명의 기자들이 한국전쟁으로 퓰리처상을 수상했다. 당시 그렇게 활발한 활약과 지대한 관심에도 불구하고, 한국전쟁은 너무나 빨리 '잊혀진 전쟁'이 되었다. 미국은 1944년 브레튼우즈 협정 이후, 패전국인 일본과 독일 등에도 미국 시장의 문을 개방하여 경제적 이득을 얻게 하면서, 동시에 모든 해상 운송을 보호하는 '세계의 경찰' 역할을 담당했다. 미국이 한국전쟁에 개입할 때, 그들은 다시 한 번 세계 경찰로서의 역할을 수행하며, 전 세계의 자유와 민주를 지키는 '성전(聖戰)'을 수행한다는 입장을 견지했다. '성전'은, 할리우드 영화처럼 반드시 승리를 해야 하는데, 이 전쟁은 '휴전'으로 애매하게 끝나고 말았다. 그래서, 제2차 세계대전 직후, 전쟁에 질린 국민에게 미국 정부는 6·25전쟁을 '치안 활동'이라고 설명하였고, 한국전쟁은 미국에서는 잊혀진 전쟁이 되었다. 그나마, 참전 군인들의 노력 끝에 1999년이 되어서야 공식적으로 '전쟁'이라는 이름이 붙었다.[20]

　이데올로기 구조하의 사진. 김형곤은 발간 주체가 다른 두 대표적인 사진화보집, 『LIFE at War』(서구의 포토저널리스트들이 찍은 사진을 담은 책으로 미국에서 출판)와 『그들이 본 한국전쟁 1』(중국해방군화보사라는 군 사진기록 담당 부서에서 찍은 사진을 담은 책으로 중국에서 출판)을 비교하며, '미국과 중국에서의

19　Paul Harrison, Den Kolde Krig, Hvordan Skete Det ?, Flachs, 2005, p.15. in 정재윤 (한국학중앙연구원) "유럽 사회과 교과서에 나타난 한국전쟁", p.2.에서 재인용.
20　"[한국전쟁60주년] ⑤ 미국, '잊혀진 전쟁'을 알리다", YTN, 2010년 6월 18일자.

한국전쟁에 대한 기억'을 살펴보았다.[21] 이 두 사진집은 '모두 자국의 군인들'을 가장 많이 보여주는데, 미군은 전투 장면이 많고, 중국군은 비전투 중인 경우가 더 많다. 주민이 중심 피사체인 경우, 『LIFE at War』에서는 남한 주민이 압도적으로 많으며, 전쟁으로 고통받고 있는 모습이다. 반면에, 『그들이 본 한국전쟁 1』에서는 중국군을 환영하는 북한 주민들이 주로 등장하며, 사회주의 국가 건설을 위해 모두 협력적이며 평화로운 내러티브가 주도된다.[22] 이미 언급한 것처럼, 『LIFE at War』에서는 남한 주민들의 고통을 보여주며, 미국을 비롯한 유엔 참전국의 국민들에게 유엔군을 파견한 것이 정당한 일이었다고 알려, 그들의 지지를 얻었다. 동시에 미군들의 어려움도 '적당히' 보여주며 반전운동이 일어나는 것을 막았다. 이러한 데자뷔(Déjà-Vu) 현상은 사실 첫 번째 전쟁 사진[사진1]부터 반복되는 현상이다. 미국이 세계 경찰의 역할을 하는 것처럼, 중국도 정의를 실현하는 역할을 자임하는 것으로 각 나라의 '요구'에 따라 신화가 구성된다. 즉, 중국은 북한과 남한의 내전에 미국이 부당하게 개입한 것을 막고, 북한의 원조 요청에 응한 것이며, 또한 미국이 중국도 침략하였기에 중국의 안전을 위해서 전쟁에 참여해야 했으며, 중국 땅이 아닌 한반도에서 전쟁을 했기에 자국의 피해를 최소화 했다는 논리이다. 또한, 미국 자본주의와 비교해서, 공산주의가 우월하며, 중국군은 전쟁에 자원할 정도로 충성스럽고 용맹하다는 신화가 구성되었다.

---

21 김형곤, 「한국전쟁의 공식기억과 전쟁사진」, 서울대학교 언론정보학과 박사논문, 2006, 167.
22 앞의 책, 168.

2) 남한의 시대별 기억의 변화

앞에서 주요 참전 국가들의 교과서를 살펴본 것처럼, 국제간에, 특히 공산국가와 연합군이 바라보는 한국전쟁의 양상은 거의 반대라고 할 정도로 다르다. 이러한 현상은 국내에서도 마찬가지다. 동일한 사건의 같거나 비슷한 텍스트와 사진도 각각 시대적 '요구'에 따라 달리 구성된다. 이를 최대한 간략하게 비교할 수 있도록 아래와 같이 도표화했다.

[표 2] 한국의 교육과정과 공식기억

교육과정[23]/ 중,고교 '한국사' 발행체제	교과서 발행년도	재임기간	일반적 특징	한국전쟁과 공식기억
1차교육과정 (1954-1963)/ 1945-1955 : 국·검정제 수립, 1956-1973 : 검정제 발행	1957, 1963 (2회), 1964, 1965(2회)	이 승 만 (1948-1960) 윤 보 선 (1960~1962) 박 정 희 (1962~1979)	미군정 시대에 만든 교과과정의 전면 개편을 위해, 1954년 '교육과정 시간배당 기준령'을 제정 및 공포. '경험중심교육' 반영으로, 반공교육, 도의교육, 실업교육 실행.	'지배기억'의 구성화 시작 남한은 한반도에서 유일한 합법정부이며, 북한은 불법정부로 간주. '1민족, 1국가, 1정부'를 위해, '자유총선거'와 '북진통일론' 강조.[24]
2차교육과정 (1963-1973)	1967, 1968 (5회), 1969	박 정 희 (1962~1979)	'자주성, 생산성, 유용성' 강조, 지역사회에 맞는 융통성과 신축성 도모. 1968년 '국민 교육헌장'을 학교에 반영.	반공 중심의 지배기억 '반공도덕'이라는 과목 이름처럼, 도덕보다 반공 강조.
3차교육과정 (1973-1981) / 1974-2001 : 국정교과서(단일본) 발행 및 부분 검정화	1974, 1980	박 정 희 (1962~1979) 최 규 하 (1979~1980)	국민정신교육 강화, 지식·기술교육 쇄신과 함께 첨단적인 지식 소개. 국민정신교육 강화를 위해 국사와 도덕 교과가 분리.	유신이념으로 지배기억 강화 1972년 선언된 유신 이념을 정당화하고 뒷받침. 반공 국민 정체성을 형성. 6.25전쟁은 '자유주의 수호전쟁'(1,2차)에서 '조국수호전쟁'(3차)으로 변화.

---

23 '교육과정'의 구분과 일반적인 특징은 'ncic국과교육과정정보센터'(http://ncic.go.kr)에서 인용 및 참조.

24 Cf. 이병도, 『우리나라의 생활(역사)』, 중등용, 백영사, 1950.

4차교육과정 (1981-1987)	1988	전 두 환 (1980~1988)	인간중심교육. 과외금지조 치. 그러나, 각 학교에서는 입시 과목 위주의 교육과 긴 시간 의 자율학습 강요	**지배기억 강화 및 대항기억 통제** 반공주의 강조와 애국심 강 화. '반공정신'을 내세워 대 항기억 통제
5차교육과정 (1987-1992)	1990	노 태 우 (1988~1993)	교과목 및 내용 간의 통폐합 을 시도, 학생들의 선택과목 의 범위확대와 학교의 교육 과정 운영의 자율성, 교육과 정의 지역화 실행을 통해 각 지역 학교의 특성을 살리고 자 시도. 그러나, 중앙집중성 과 획일성 계속 유지됨.	**반공중심 지배기억의 약화** 반공, 냉전 중심의 공식기억 이 축소, 평화통일방안과 남 북교류. 교육목표에 '반공' 언급 안됨, 북한은 '적'에서 '동포, 동반자'로, '공산 독재' 에서 '단독 정권'으로 호칭 변경.
6차교육과정 (1992-2000)	1997	노 태 우 (1988~1993) 김 영 삼 (1993~1998)	21세기 미래상을 위한 교육. 1994년, '학력고사'에서 '대 학수학능력시험'으로 변경, 1996년, '국민학교'에서 '초 등학교'로 명칭 변경.	**냉전기억의 잔존** 한국 정부의 공식 통일방안 인 '민족공동체통일방안' 발 표[25] '6.25전쟁'을 '한국전쟁'으로 표기. 전통적 정통주의(1996)반영
7차교육과정 (2000-)/2002 : 국사에서 근현 대사 분리, 검 정제 발행	2003(4회), 2005	김 대 중 (1998~2003) 노 무 현 (2003~2008)	정보화 세계화에 발맞춘 교 육과정으로, 학생중심교육 실시. 국민공통기본교육기 간 설정 (초등학교 1학년부 터 고등학교 1학년까지 동 일한 교육, 등)	**대항기억 등장** 저자 서술의 자유가 상당 부 분 보장되어, 민간인 학살과 같이 은폐·망각됐던 기억이 교과서에 등장
2010 개정 교 육과정/2010 : 검정체제 일원 화	2012(6종)	이 명 박 (2008~2013)	2010개정 교육과정 『한국 사』 교과서 6종이 검정제를 통해 출간되나, 교과서 통제 는 강화됨.	**대항기억 탄압** 교과서 통제에도 불구하고, 민간인 학살, 포로문제 등 사 적기억과 관련된 성과들이 교과서에 반영

　상기 도표에서 보다시피, 정권에 따라, 한국전쟁과 이와 관련된 공식기억을 구성하는 양상이 달라진다. 국정제·검정제·인정제·자유발행제 등 발행 체제에 따라서 많은 차이가 보이는데, '한국사'의 발행 제도는 정권에 따라 '국정'과 '검인정'을 오갔다. 예를 들어, 유신 때는 국정교과서였으나, 2010년에는 완전한 검정 체제가 되는 등 변동이 있었으며, 이에 따라 근현

---

25 출처: 통일부, https://www.unikorea.go.kr

대사에 대한 해석도 달라졌다.

　제2차 세계대전 이후, 미국과 소련 및 그 동맹국들 사이에 전개된 냉전 (Cold War, 1947-1991)이라는 세계적인 추세로, 미·소가 주축이 된 세계 냉전의 대립 구도는 해방 후 한반도에 그대로 반영되어, 통일정부가 아닌 남북한 각각의 단독 정부가 수립되었다. 한국전쟁 이후에도, 냉전적 이데올로기는 극단적인 양상으로 지속되어 교과서에도 그대로 반영되었다.

　　북한을 점령한 소련은 모든 애국자를 숙청하는 한편 괴뢰정권을 세우고 세계 적화의 야욕을 채우려고 온갖 군비를 쌓고 있었다. … 소련은 1950년 6월 25일 새벽에 북한 괴뢰군으로 하여금 남한을 불법 침입하게 하였다.[26]

　전쟁을 겪은 직후, 1차와 2차 교과서에서, 소련 역할의 중요성이 감소되었으나, 한국전쟁의 원인과 주체를 김일성이라고 하며 '전통적 정통 이론'이 형성되었다. '반공 교육'을 통해, 북한은 '적', 그 정권은 '괴뢰정권'으로 부르게 되었다. 국가가 요구하는 지배기억이 구성되고 확고해진다. 3차, 4차 교육과정에서도 지배기억이 강화되고 대항기억은 통제되었다. 반공주의가 강화되고, 유신 체제로 독재 정권을 수립한 박정희 정부와 쿠데타로 정권을 장악한 전두환 정부는 일제강점기와 한국 전쟁을 이용하여 한국인의 트라우마를 최대한 활용했다. 수많은 민간인이 학살된 제주4·3사건(1947.3.1-1948.4.3)과 여수·순천사건(1948.10.19-10.27)은 '공산주의에 의한 폭동과 반란'으로 취급되었다. 1991년에는 소련이 붕괴되어 냉전이 화해되고, 세계는 포스트 냉전 시대로 접어들었다. 이러한 추세에 발맞추어, 5차 교육과정에

---

26 유홍렬, 『한국사』, 탐구당, 1963, 218~219.

서는, '반공'이라는 말이 교육목표에서 사라지고, 북한을 호칭할 때도 '적'에서 '동포', '동반자'로, '공산 독재'에서 '단독 정권'으로 명칭이 변경되었다. 6차 교육과정에서도 지배기억이 잔존하였고, 7차교육과정에 접어들어서야 역사에서 망각되어 갔던, 5·18민중항쟁, 부마항쟁, 일본 위안부 문제 등 그동안 부당하게 취급되었던 대항기억들이 역사의 지평선 위로 떠올랐다.

교육과정에 따른 사진의 선택. 김형곤은, "1980년대 이전까지 한국전쟁 사진도 북한 공산주의의 세력을 적대시하고, 전쟁의 과정을 충실히 보여주며 … 한국전쟁을 통해 … 새로운 전통을 창조하기 위한 노력을 보여주고 '국민 통합'의 과정에 중요한 역할을 담당했다"고 하였다. 1980년대부터, 북한은 가해자이고 남한은 피해자라고 묘사하기보다는 남북한 주민 모두 북한 공산주의의 피해자라고 했고, 1990년대 들어서는 한국전쟁으로 인한 우리 고통이 북한 공산주의보다 국제적인 냉전 체제 때문이었다고 말한다.[27] 이러한 교육과정의 목표와 공식기억이 변하면서 한국전쟁과 관련된 사진, 그 캡션이나 해석도 바뀌었다. 역사처럼 공식기억도 종결되거나 고착되는 것이 아니라, 여러 가지 여건과 관련하여 태어나고(발견되고), 성장하고(수용, 확고해지고), 사라짐(배제됨)이 반복된다. 더욱이 한 장의 사진을 신화적으로 보지 않기 위해서는, 남한뿐만 아니라, 국제적 관점도 알고 비교 분석을 해야 한다. 브루스 커밍스는 "한국전쟁에 대해서 전쟁 전에 미국 정보기관이 수집한 북한 측 첩보 관련 문서가 아직도 나오지 않았다."[28]고 말한다. 역사가 좀 더 완전하게 서술하기 위해서는 여전히 시간이 필요하다.

---

27 김형곤, 앞의 책, 168.
28 "브루스 커밍스, 한국전쟁을 말하다", 중앙일보, 2013.08.31일자.

3. 누가 내 마음속의 버튼을 누르는가?

'미래의 기억'으로서의 '기대'와 기독교의 반성 - 집단기억의 체계를 정립한 모리스 알박스(Maurice Halbwachs, 1877-1945)는 『신약성서』와 관련하여, 모든 사도가 죽은 후 3세기가 지나서야 공식기억이 확립(정경화 367년, 27권의 『신약성서』 채택)되었다고 말했다. 그사이에 망각의 과정이 포함되고, 정경화 작업과 함께 '선택된 기억'을 제외하고는 삭제되었다.[29] 이는 『구약성서』에서도 마찬가지로, 초기 구두 전승과 문서 전승이 오랜 시간을 거쳐 최종 형태로 정경화되었다. 유대교의 경전 『타나크(Tanakh, Hebrew Bible)』는 제1경전만을 정경으로 인정해 권수는 총 39권이며, 『신약성서』가 배제된다. 기독교에서도, 가톨릭은 『구약성경』의 제1경전과 제2경전(외경) 모두 정경으로 인정하고 『신약성경』을 인정해 권수가 총 73권이다. 개신교는 『구약성경』 가운데 제1경전만을 정경으로 인정하고 『신약성경』을 인정하여 권수가 총 66권이다. 가톨릭에서는 또한 「베드로 복음」과 「이집트 복음」 등과 같은 '위경'이 있어, 교회 가르침에 위배되는 것도 명료하게 밝히고 있다. 성경 권수가 다른 것은 종교 간의 전통·번역 과정·종교개혁·갈등 등의 다양한 요인과 유대교, 가톨릭, 개신교의 다른 요구가 반영된 것이다. 『성서』 내에 있는 상반되거나 다른 관점은 정경화 과정에서 존중되었다. 『성경』 시작과 동시에 창조에 대한 상반된 관점(P문서의 초월성과 J문서의 내재성 등)이 앞뒤로 나란히 배치된 것, 『신약』에서도 예수의 사역을 바라보는 네 개의 관점

---

29 Cf. Maurice Halbwachs, *Les cadres sociaux de la mémoire,* Paris : Les Presses universitaires de France, Nouvelle, 1952. Maurice Halbwachs, *La mémoire collective,* PUF, 1968. Maurice Halbwachs, *La topographie légendaire des évangiles en terre sainte*, PUF, 1971.

(공관복음인 「마태복음」·「마가복음」·「누가복음」과 「요한복음」)이 나란히 배열된 것이 성서의 놀라운 점이다. 그럼에도 불구하고 알박스는 성서를 정경화할 때 배제해 버린 수많은 다른 관점들도 다시 고려해야 한다고 했다. 한국전쟁에 대한 해석이 남한 자체 내에서도 다양한 것과 같은 현상이다. 한국전쟁도 국제적인 시각으로 비교해야 하듯, 복음화 과정에서, 하르낙(Adolf von Harnack, 1851-1930)을 비롯해 많은 신학자들이, 기독교는 바울에 의해 헬레니즘화되었다고 보았다. 반면에, 로버트 루이스 윌켄(Robert Louis Wilken, 1936-현재)은 '헬레니즘의 기독교화'가 이루어진 것으로, 헬라화된 것이 아니라 복음이 들어가서 그리스 지역이 '기독교화된 것'이라고 말했다.[30] 그러나 두 경우가 모두 가능한 것으로, 기독교 입장에서는 복음이 헬라화된 것이고, 헬라 지역 입장에서는 기독교화된 것이다. 한국의 경우에도, 기독교는 한국화되고, 한국은 기독교화되었다. 이처럼 어느 곳에 서서 보느냐에 따라 같은 내용이 달리 재현된다.

'기억'이 현재에 회상하는 과거라면, '기대'는 소급된 미래의 기억이다. 아우구스티누스가 『고백록』(17장)에서 언급한 대로, "영혼은 기대하고 직관하고 기억한다. 그리고 영혼이 기대하는 일은 직관을 거쳐 기억으로 옮겨 간다." 아우구스티누스는 시간이 '이미 아니 있음(iam non esse)'에서 '아직 아니 있음(non dum esse)'으로 흘러간다고 했다. 또한 현재는 '점(點)'과 같이 공간이나 길이를 갖지 않는다. 아우구스티누스에게 이러한 '아니 있음(non esse)'이 '현재의 세 가지 다른 모습'인 '기억·직관·기대'[31]로 존재한다. 물론 여

---

30 로버트 루이스 윌켄, 『초기 기독교 사상의 정신』, 배덕만 역, 복있는사람, 2014, 22 '서문' 중에서

31 Saint Augustin, *Confessions*, texte établi et traduit par Pierre de Labriolle, 2, Livres IX-XIII, Paris : les Belles lettres, 1961, XI, 20, 26.

기서 아우구스티누스의 시간론은 양자역학적 · 물리학적 · 과학적 시간이 아니라, 존재론적 시간 · 영적 양상을 의미한다. 우리의 현존재의 건강함은 기억 · 직관 · 기대가 함께할 때 가능하다. 『신약성서』의 정경화 이전에 집단기억이 확립되어 가는 동안에, 사도들의 '이야기'는, 이를 전해 듣는 자들의 당시 '현재성'에서, 예수에 대한 '기억'과 하나님 나라에 대한 '기대'가 늘 함께했다. 이는 『구약성서』에서도 마찬가지다. 『구약성경』 문헌의 초기 구두 전승과 문서 전승이 오랜 시간을 거쳐 최종 형태로 정경화되었으며, 하나님은 기억(아브라함 · 이삭 등의 하나님)의, 기대(약속 · 새로운 땅 · 메시아)의, 현존재의 하나님이다. 아픈 상처인 한국전쟁의 기억을 교과서나 기념일 · 기념관을 통해 공고히 하는 것은, 상처를 반복하지 말자는 전쟁에 대한 일반적인 교훈과 함께, 한국인들에게는 '평화통일'이라는 기대가 있기 때문이다. 기독교를 포함한 종교의 역할 중 하나는, 이처럼 '기대'를 주는 것이었으나, 안타깝게도 그 설득력과 신뢰가 많이 약화되었다.

'기대'의 두 얼굴과 권력. 현대미술가들 가운데 의식 있는 작가들이 끊임없이 '전쟁'을 상기시키고 있다. 이들은, 기억을 현재화하며, 기대의 두 얼굴 가운데 부정적이고 타나토스적인 면을 재현하여 경고한다. 그 가운데 한 명인 안젤름 키퍼(Anselm Kiefer, 1945-현재)는 독일 국민들 사이에 터부화되고, 땅속 깊이 묻어두고 싶어하는 '전범 국가 독일의 만행'을 다시 파내어 지상으로 끄집어 내는 작업을 계속한다. 철저한 반성을 촉구하는 그의 최초 작업 중의 하나가, 바로 〈점령(Occupations, 1969)〉이라는 사진과 회화 연작이다. 이 작업에서 키퍼는 군복을 입고 스위스, 프랑스, 이탈리아 등 기념이 될 만한 장소에서 히틀러식 경례를 하는 자화상 사진을 의도적으로 연출했다. 이 작업을 한 1969년 여름, "나는 스위스, 프랑스와 이탈리아를 점령했다(j'ai occupé…).”라고 말하며, “나는 파시스트(fasciste)인가?” 자문했다. 그는, “내가 파시스트인지에 대한 질문은 신중한 것으로, 빨리 대답해 버린다면, 너무나 쉬울 수 있다. 누구나 그렇듯이 권위 · 경쟁심 · 우월감 … 이러한 모든 것이 내 성격의 일부이다.”[32]

또 다른 현대미술가, 크리스티앙 볼탕스키(Christian Boltanski, 1944-현재)의 사진 작업 가운데는 평범한 가정들의 단란한 모습이 재현되어 있다(그가 직접 찍은 것이 아니라 사진을 구입하여 설치한 것). 첫눈에는 인자하고 가정을 사랑하는 전형적인 아버지의 모습과, 그를 신뢰하고 존경하는 아내와 아이들의 모습이 담긴 훈훈한 일상이 포착된 사진이다. 그러나, 좀 더 자세히 보면, 관람자를 소름 돋게 하는데, 바로 사진 속의 아버지들이 제2차 세계대전의 독일 장교들이라는 사실 때문이다. 나치 장교들이 가족과 보내는 일상을 찍은 사진을 보면서 관람객들은 혼돈에 빠진다. 1940년대에 찍힌 이 사진들은 볼탕스키가 독일 벼룩시장에서 구입했다. 이러한 그의 작업은 한나 아렌트(Hannah Arendt, 1906-1975)가 묘사한 유대인 대학살의 책임자였던 아돌프 아이히만(Karl Adolf Eichmann, 1906-1962)을 떠오르게 한다. 한나 아렌트에 의하면, 그는 성장 과정도 정상적이었으며, 공무원으로서도 성실했고, 준법정신도 투철한, 우리가 일상생활에서 흔히 만날 수 있는 평범한 사람이었다. 이러한 사람이 어떻게 그런 엄청난 일을 저질렀는지에 대해 아렌트는 자문했고, 그가 '사유하지 않은 죄'를 범했다고 결론을 내렸다.[33] 즉, 그는 사유하지 않고 무조건 조직의 명령에 충실했기에 악(유대인 대학살)을 인식하지 않

---

32 "Anselm Kiefer interrogé par Steven Henry Madoff", *Art News*

33 Hannah Arendt, *Eichmann à Jérusalem. Rapport sur la banalité du mal*, trad. de l'anglais (États-Unis) par Anne Guérin, Gallimard (« Collection Folio histoire n° 32 »), 1991.

고 자행했다고 보았다. '사유하지 않은 죄'는 가장 근본적인 죄이다.

2011년, 볼탕스키의 말라코프 아틀리에를 방문하여, 그의 베니스 비엔날레 프랑스관 설치에 대해 인터뷰[34]를 하던 중, 그는 갑자기 필자를 가리키며, "당신은 나를 죽일 수도 있다."라고 말하고는 잠시 후에 "당신은 내 아틀리에를 나서다가 교통사고로 죽을 수도 있다."라며, 이중 충격을 주었다. 이어서 그는 "악한 사람과 선한 사람이 따로 있는 것이 아니다."라며, "사회구조가 그러하고, 또 당신이 권력을 가지면, 나를 죽일 수도 있다."라고 설명했다. 그는 어렸을 때의 체험을 회상했다. 그의 이웃은 좋은 사람이었는데, 볼탕스키의 "고양이가 그 집에 오줌을 누었기에 죽이지 않으면 고발하겠다."고 했다. 당시 유대인들은 반려동물을 키울 수 없었기에, 고양이를 죽일 수밖에 없었다. 그는 그 자신 역시 "권한을 갖게 된다면, 어린이를 죽이게 될 수도 있다."라고 말했다. 그는 우리 안에 이러한 악을 행하게 조정하고, 이러한 행동을 하도록 내면의 버튼을 누르는 것이 어떤 구조 때문인지 파악하려고 했다. 볼탕스키와 키퍼처럼, 들뢰즈 · 가타리와 미셸 푸코는 『앙티 오이디푸스』(영어판)에서, 우리의 일상적이고 무의식적인 내면에서 나오는 분자화된 파시즘을 좀 더 깊고 명료하게 표현하며 경고했다.[35] 바로 이러한 선상에서, 볼탕스키는 54회 베니스 비엔날레에서 수많은 관람객들로 하여

---

34 필자는, 54회 베니스 비엔날레(2011) 프랑스 국가관 대표작가 크리스티앙 볼탕스키의 말라코프 아틀리에를 방문하고 인터뷰를 가졌으며, 그외에도 파리, 베니스, 등지에서 수회 그와 인터뷰를 했으며, 이 글의 볼탕스키의 인용문은 이 인터뷰에서 발췌되었다.

35 미셸 푸코는 영어판 Anti-oedipus; capitalism and schizophrenia에서, "『앙티 오이디푸스』는 비(非)-파시스트적인 삶의 서문(Introduction à la vie non-fasciste)이라고 할 수 있을 것이다"라고 한 문장으로 정의한다. - Préface de Michel Foucault à la traduction américaine du livre de Gilles Deleuze et Felix Guattari, L'Anti-Oedipe : capitalisme et schizophrénie. Dits et Ecrits tome III texte n° 189 (1ère Edition 1994), p. 133-136.

금 '버튼'를 누르게 하며, 우리 내면의 버튼을 조작하는 주체(혹은 구조)를 외부로 시각화했다.

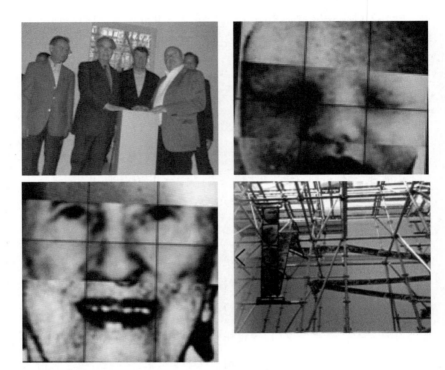

[사진5 (위의 왼쪽)] 54회 베니스 비엔날레(2011) 프랑스 국가관에서, 볼탕스키(앞줄 오른쪽에서 첫 번째)와 미테랑 문화부 장관(앞줄 오른쪽에서 두 번째)이 함께 버튼을 누르고 있다.
[사진6 (위의 오른쪽)]과 [사진7 (아래 왼쪽)] 버튼을 누르면, 사람의 얼굴(운명)이 이상한 조합과 운(Chance)으로 결정된다.
[사진8 (아래 오른쪽)] 미테랑 문화부 장관 뒤로, 문을 통해 보이는 작업은, 우연에 의해 탄생된 아이들이 근대적 구조의 수레바퀴를 도는 듯하다. Courtesy of the artist, photo by Sim Eunlog

[사진5]는 54회 베니스 비엔날레(2011)의 프랑스 국가관에서, 프랑스관 대표 작가였던 볼탕스키와 미테랑 문화부 장관이 함께 하얀 좌대 위에 설치된 버튼을 누르고 있다. 이 버튼을 누르면, 사람의 얼굴[운명]이 [사진6]이나 [사진7]처럼 결정된다. 이 영상 설치 작업은 사진에서 보는 것처럼 이마 · 눈, 코 · 입, 턱의 세 파트로 나뉘어져 버튼을 누름과 동시에 우연에 의해 세 개의 파트가 결정되어 어색한 형태의 얼굴[사진6]이나 기괴한 얼굴[사진7]이 만들어진다. 아래 사진의 미테랑 문화부 장관 뒤로 보이는 설치 작업[사진8]은, 이렇게 탄생된 아이들이 근대적 구조의 수레바퀴를 도는 듯한 끔찍한 광경이다.

사실 우리는 볼탕스키가 재현한 '버튼'을 누르고 있다. 좀 더 정확히는, 우리는 권력 · 사회적 프레임 · 지식의 담론 등이 우리 내면의 단추를 누르는 것을 그대로 방치하고 있다. 전쟁이 일어나도록 내버려 둘 뿐만 아니라, 이를 흥미롭게 소비하고, 불평등과 부조리를 눈감아 준다. 1953년 7월 27일, 판문점에서 휴전협정(armistice, 정식 명칭은 '국제연합군 총사령관을 일방으로 하고 조선인민군 최고사령관 및 중국인민지원군 사령원을 다른 일방으로 하는 한국 군사 정전에 관한 협정')이 서명될 때, 중국군 · 북한군 · 유엔군 사령관만 서명했다. 전쟁 당사자인 남한은 이들이 버튼을 누르는 것을 지켜봐야 했고, 그렇게 한반도는 볼탕스키의 설치 작품처럼 이상한 형태로 얼굴이 형성되었고, 시간이 흐를수록 그 형태는 기괴해지고 있다. 한국의 국제적 위상이 올라가고, 남한의 목소리가 커지기 시작했지만, 여전히 이 버튼의 지척에는 미국과 중국이 남한보다 더 가까이 있다. 그리고 설치구조물에 따라 돌아가는 아이들의 사진처럼, 한국의 통일도 그렇게 국제적 프레임 구조에 따라 흘러

가고 있다.[36] 우선은 이러한 구조를 알아야 하고, 그러기 위해서는 각 나라의 신화 뒤에 숨겨진 '욕망'을 읽을 수 있어야 한다.

디지털 시대의 우리인 '그들'. 우리는 일상에서도 버튼을 누르고 있다. 좀 더 정확히는 우리는 누군가(무엇인가)가 우리 내면의 버튼을 누르도록 내버려 둔다. 구체적인 실례를 든다면, 디지털 시대의 후유증으로 '익명의 단체'라는 공동체가 형성됐다. 우리 중의 다수는 익명성 뒤에 숨어서 악플이라는 '버튼'을 누른다. 여기서 '우리'는, 하이데거(Martin Heidegger, 1889-1976)에 의하면, '그들'이 되어, 잡담 · 애매성 · 호기심을 가지며, 일상성에 매몰되어 산다. 하이데거는 이러한 '우리'를 '그들'이라고 불렀다. 인터넷상의 수많은 익명의 부정적인 댓글은 우리가 아니라, 우리이기를 포기한, 익명성 뒤에 숨은 '그들'이기 때문이다.

알박스는 『기억의 사회적 프레임(Les cadres sociaux de la mémoire)』에서, "사회에서 살아가는 사람들이 사회적 틀 밖에서 가능한 기억이 없다."[37]라고 단호하게 말했다. 그는 언어와 기억과의 관계도 분석했는데, 이에 대한

---

36 볼탕스키의 이 설치 작품이 한국과 직접적으로 관련된 것은 아니다. 하지만, 그는 전쟁(특히, 파시즘), 폭력, 불평등, 등과 사회적이고 사상적인 구조주의적 프레임에 대한 것이기에, 전세계와 관련되고 거기에는 한국의 상황도 포함될 수 있기에 이러한 미술평이 가능하다. 그는 프랑스관에 설치된 이 버튼은 누구나 다 누를 수 있도록 했으며, 베니스에 올 수 없는 사람들을 위해 인터넷 상으로도 가능하도록 했다. 또한 그는 필자가 한국사람이기에 자신을 죽일 수도 있다고 한 것이 아니라(당시 인터뷰한 다양한 국적의 대부분 기자들에게 반복한 말), 평범한 사람이 그러한 끔찍한 일을 할 수 있고, 이는 우리 마음 속의 버튼이 '구조주의적 요구'나 '현대적 욕망'에 의해 지시된다는 의미이다.

37 Maurice Halbwachs, *Les cadres sociaux de la mémoire*, Paris : Félix Alcan, 1925. Collection Les Travaux de l'Année sociologique. [Une édition électronique réalisée à partir du livre de Maurice Halbwachs (1925)], p.72.

좀 더 발전된 이론은 라캉에게서 발견할 수 있다. 4백만 명이 넘는 환자를 상담했던 라캉은 자신의 진료 경험에 근거해, "무의식은 언어처럼 구조화되어 있다."[38]라고 말했다. 언어는 의식뿐만 아니라, 무의식의 구조까지 지배하며, 그래서 라캉은 "인간은 말하는 것이 아니라 말해진다."라고 했다. 볼탕스키 식으로 말하자면, 버튼을 누르는 것이 아니라, 버튼이 눌려지는 것이다. 이러한 프레임과 언어에 갇힌 우리는 '그들'에서 '우리'로 혹은 '나'로 돌아오는 것이 불가능한 것일까? 이는 구조주의자 푸코가 돌변(?)하여, '자기에의 배려'를 말하며 다시 주체로 되돌아오는 고민스런 반복과 차이의 여정이며, 들뢰즈가 프로이트와 라캉에 반대하며, '욕망하는 기계'를 설정하는 것과 같은 유목민의 험난한 길이다. 그리고 이들이 예술에 기웃거리는 이유이기도 하다.

개인의 기억은 개인의 정체성을, 집단기억은 공동체나 국가의 정체성을 부여한다. 우리가 온전하고 건강한 정체성을 갖기 위해서는 '기억'과 동시에 현재성, 그리고 무엇보다 '기대'가 있어야 한다. 너무나 지친 평범성과 일상성에 묻혀, 그리고 유리천장과 같은 사회적 프레임에 갇혀, 미래의 주역인 청년들까지도 '기대'라는 씨를 디지털 토양 위에 뿌린다. 반면에, 일부 성인들은 과거의 기억을 잊고 그들의 정체성을 망각하거나, 혹은 현재를 위한 망상을 기대로 착각하며, 오로지 찰나적인 현재의 순간만을 산다. 그러면서도 동시에 그들은 '죽음'(하이데거)을 생각하지 않고 영원을 산다고 망상한다. 기대에도 긍정적 기대와 부정적 기대가 있다(cf. 들뢰즈의 '욕망'에도 긍정적인 것과 부정적인 것이 있다). 프로이트 식으로 말하면, 에로스와 타나토스로, 우리는 이 두 가지 모두를 지니고 있으며, 그 어떤 것도 우리 내부에서

---

38 Jacques Lacan, "L'étourdit", *Autres écrits*, Seuil,

영원히 추방할 수는 없다. 한나 아렌트, 볼탕스키, 키퍼가 보여준 사례는 타나토스적인 기대이다. 프로이트는, "파괴 욕구이자 죽음의 충동인 타나토스를 억제하려면 에로스를 좀 더 활성화시켜야 한다."[39]고 말했다. 미래의 기억이 될, 삶의 충동과 에너지인 '에로스적인 기대'는 우리가 '그들'이 아니라, '우리'로 다시 살게 하는 원동력이 된다. 전쟁의 기억 또한 미래에 대해 좀 더 밝은 기대를 하지 않는다면, '기억'의 의미는 사라진다. 미래의 기대에 대한 구체적이고 명료한 방향과 에로스적인 삶의 욕망을 제시함으로써, '그들'로 살고 있는 수많은 사람들을 '우리' 혹은 '나'로 되돌려야 한다.

'평범한 악'의 문제화, 좀 더 구체적으로는, '내가 볼탕스키를 죽이지 않기 위해서'는, '파시스트가 되지 않기 위해서'는, 전쟁이나 타인의 고통을 보며 '사유하지 않는 죄'를 피하고, 연민을 가지면 되는 것일까? 망각 속에 얼른 묻어 버리고 싶은 전쟁 기억을 굳이 계속 들춰내며 기념하는 이유는 인간 내면에 숨어 있는 '평범한 악'을 경계하기 위해서이지만, 이를 알고 공감하는 것만으로는 부족하다. 우리는 앞에서 전쟁이 어떻게 스펙터클화되는지를 보았다. 수전 손택은 전쟁만이 아니라, 타인의 고통 역시 스펙터클화되어 간다고 했다. 대중매체를 통해 관람객들은 폭력·고통·불평등 등이 섞인 이미지들에 익숙해지면서, 타인의 고통도 스펙터클화되어 간다. 그녀는 타인의 고통에 대해 연민을 보내는 것으로 자족하는 우리에 대해 다음과 같이 통렬히 비판했다.

고통받고 있는 사람들에게 연민을 느끼는 한, 우리는 우리 자신이 그런 고통을 가져온 원인에 연루되어 있지 않다고 느끼는 것이다. 우리가 보여주는 연

---

39 "Why war? A letter from Freud to Einstein", 출처: https://en.unesco.org/

민은 우리의 무능력함뿐만 아니라 우리의 무고함도 증명해 주는 셈이다.[40]

볼탕스키 역시, 고통받는 자들의 책임이 우리에게 있다고 했다. 그에 의하면, 자본주의적 경제구조하에서, 아프리카나 남아메리카 사람들이 가난한 이유는 그들이 우리보다 열등하기 때문이 아니라, 우리(선진국, 다국적 기업 등)가 이들의 '돈(자원과 노동력)'을 훔쳤기에 때문이라고 말했다. 즉, 우리는 그들의 고통의 원인이므로, 그들을 불쌍히 여기는 것은 마치 가해자가 피해자를 불쌍히 여기는 것과 같이 파렴치한 짓이다. 수전 손택의 말이 이어진다.

> 연민은 어느 정도 뻔뻔한(그렇지 않다면 부적절한) 반응일지도 모른다. 특권을 누리는 우리와 고통을 받는 그들이 똑같은 지도상에 존재하고 있으며 우리의 특권이 (우리의 부가 타인의 궁핍을 수반할 수도 있다는 것을 상상하고 싶어 하지 않는 식으로) 그들의 고통과 연결되어 있을지도 모른다는 사실을 숙고해 보는 것, 그래서 전쟁과 악랄한 정치에 둘러싸인 채 타인에게 연민만 베풀기를 그만두는 것, 바로 이것이야말로 우리의 과제이다.[41]

볼탕스키, 키퍼와 같은 현대 작가들은 그들의 작품을 통해, 스펙터클에 익숙해진 우리를 무감각의 심연에서 끄집어내어, 타인의 고통을 함께 느끼고, 문제를 해결하기 위해 실천하기를 요청한다. 타인의 고통에 연민이 아니라, 우리의 책임을 통감하면서 그들과 공동의 기억을 갖게 되고, 공동의

---

40 수전 손택, 『타인의 고통』 이재원 역, 이후, 2004, 154.
41 같은 책, 154.

정체성을 공유하게 된다. 우리는 사회적 프레임을 극복할 수 있는 희망을 보았는데, 광화문의 촛불들이 모여, 요란스럽게 돌아가는 근대화의 철골 프레임[사진8]을 멈추게 했고, '그들'이 아닌 '우리'가 되어, '구조나 권력'이 아니라 우리 자신이 버튼을 눌렀다. 미래의 찬란한 집단기억이 될 '통일'의 버튼도 다시 한 번 그렇게 힘있게 눌려지기를 소원한다. 또한, 현대의 많은 청년들은 디지털 세계에다 자신의 가상적 기대를 맡기기에, 막상 그들의 현존재의 삶으로부터는 기대가 점점 더 분리되고 있다. 기독교를 비롯한 종교는 철학이나 예술 등 타 분야가 하지 못하는 '에로스적(삶의 충동) 기대'를 제공해 주는 중심적인 역할을 해 왔다. 종교만이 가능한 그 역할을 다시금 수행해야 한다. 모더니즘과 포스트모더니즘, 기의와 기표, 요구와 욕망 사이에서 "바닷가 모래사장에 그려 놓은 얼굴처럼 사라진 인간"(미셸 푸코)이 다시 한 번 '기억, 직관, 기대'가 함께하는 건강한 현존재로 부활하기를 기대한다.

노래로 기억하는
6 · 25한국전쟁

이 정 훈 성실교회 담임목사, 계간 성실문화 발행인 노래에는 힘이 있다. 묻힌 기억, 잊힌 기억을 되살려 내는 기억력이 탁월하다. 험한 기억, 아픈 기억을 어루만져 다스리는 치유력이 대단하다. 노래에 역사가 담기면 그 힘은 배가 되어 산 넘고 물 건너 널리 전파되고 세대를 넘어 두고두고 이어진다. 그렇게 노래는 먼 사람들을 이어 주고 연대하여 새 세상을 꿈꾸게 하는 힘이 있다. 이 글은 노래기행문이다. 6 · 25 이후 70년 내내 그 상처를 다스리며 부른 노래들 가운데서, 내가 여행 현장에서 겪은 몇몇 노래의 감동을 모아 네 편의 기행문으로 정리하였다.

들어가는 글

일제강점기 내내 만신창이가 된 한반도는 8·15광복 직후 그 상처를 추스르기도 전에 연거푸 큰 상처를 입었다. 1948년 제주4·3과 그로 인한 여순사건(여수·순천10·19) 등 연이은 상처들, 그리고 이 상처들이 전혀 치유되지 못한 채로 터진 6·25한국전쟁! 그래서 한반도는 6·25 이후 70년이 지났는데도 여전히 그 상처 때문에 고통받고 있다.

나는 지난해 2019년 1월부터 지금까지 매월 '둥글레음악회'라는 작은 음악회를 열어 우리 안의 이 상처들을 치유하려고, 그 역사를 하나하나 기억하고 직면하면서 노래하고 있다. 특히 그 상처들을 치유하려 애쓴 역사 인물을 찾아서 그분들에 얽힌 노래를 발굴하거나 새로 지어 부르면서, 그 선한 기운으로 내 안의 분노와 상처를 다스리고 있다. 그렇게 제주 지킴이 돌하르방을 닮은 서귀포 경찰서장 문형순을 노래했고,[1] 여순사건의 구례경

---

1 문형순은 평안남도 안주 사람이다. 신흥무관학교를 졸업하고 광복군으로 활약하다가, 광복 후 나 홀로 제주도로 가서 경찰 서장이 되어 4.3 광풍에서 수백 명의 양민들을 살려냈다. 증거도 없이 주민들을 강제 처형하라는 공문에 '부당(不當)함으로 불이행(不履行)'이라는 일곱 글자를 적어 돌려보낸 일화로 유명하다. 그리하여 세상을 떠난 지금도 문형순은, 4.3 유족들과 군경 가족들 사이의 오랜 갈등을 풀어주는 화해자의 역할까지 하고 있다.

찰서장 안종삼을 추모했으며,[2] 그리고 화해의 사도 손양원 목사와[3] 이승만 목사[4]를 노래하였다.

노래에는 힘이 있다. 묻힌 기억, 잊힌 기억을 되살려 내는 기억력이 탁월하다. 험한 기억, 아픈 기억을 어루만져 다스리는 치유력이 대단하다. 노래에 역사가 담기면 그 힘은 배가 되어 산 넘고 물 건너 널리 전파되고 세대를 넘어 두고두고 이어진다. 그렇게 노래는 먼 사람들을 이어 주고 연대하여 새 세상을 꿈꾸게 하는 힘이 있다.

이 글은 노래 기행문이다. 6·25 이후 70년 내내 그 상처를 다스리며 부른 노래들 가운데서, 내가 여행 현장에서 겪은 몇몇 노래의 감동을 모아 네 편

---

2 안종삼은 6.25 발발 직후 구례경찰서장 시절, 보도연맹 구금자를 모두 처형 후 퇴각하라는 상부의 지시에도 불구하고, 좌익인사 가운데서도 특히 적극 가담자로 선별·구금되었던 480명 모두를 목숨 걸고 풀어주었다. 그들을 풀어주면서 그는 이렇게 말하였다고 한다. "여러분, 나는 지금 목숨과 맞바꿔야 할 중대한 결의의 순간에 있습니다. 지금부터 여러분을 모두 방면합니다. 이 조치로 내가 반역으로 몰려 죽을지 모르지만, 혹시 내가 죽으면 나의 혼이 480명 각자의 가슴에 들어가 지킬 것이니 새사람이 되어 주십시오." 그 후 인민군이 구례를 점령했을 때 경찰가족에 대한 보복 희생자가 나오지 않았던 것이 안종삼 서장 때문이었을 것으로 추측한다. (경남도민일보, [고굉무의 음악이야기] '산동애가(山洞哀歌)'를 아시나요? 2016.9.16. 참고)
3 그동안 손양원 목사의 사랑 이야기는 오히려 분단의 상처를 덧나게 하는데 오용되는 경우가 많았다. 나병환자를 섬긴 이야기는 물론이고, 신사참배를 거부한 일제 옥중 배고픔 속에서도 내 먹을 것을 나누며 죄수들을 섬긴 이야기, 두 아들을 죽인 원수를 용서하고 양아들 삼은 이야기 등 손양원 목사 이야기의 핵심은 낮아짐과 사랑, 용서와 화해다. 그럼에도 손 목사와 두 아들, 삼부자 모두 공산주의자에 의해 죽임 당했다는 사실을 부각함으로, 그 정신과 반대로 분단 상처를 덧나게 해온 것이다. 어쩌면 그런 의도가 아님에도, 우리 안의 6.25 트라우마가 그렇게 만드는 것인지도 모른다. 이 더럽고 지독한 상처를 씻어내는 길은 무엇일까? 손양원 목사가 자기가 가진 가장 부드러운 부분인 혀와 입술로 중증나병환자의 발바닥 환부를 핥아내고 피고름을 빨아내셨듯이, 우리도 내 안의 부드러운 마음을 최대한 끌어 모아 노래를 만들고 부르는 것은 어떨까?
4 이승만 목사 이야기는 이 글 끝에서 소개할 것이다.

의 기행문으로 정리하였다. 연천 기행, 백두산-두만강 기행, 하동 기행, 그리고 평택 기행이다.[5] 6 · 25한국전쟁 70주년임에도 여태 전쟁을 끝내지 못한 남북 갈등과 남남 갈등의 부끄러움을 달래며 이 기록을 남긴다. 사사로운 기억이지만 하나하나 정리하면서 거기 얽힌 노래들을 다시 부르니, 내 어수선한 기억이 정리되고, 그렇게 내 몸 한구석에서 여태 아물지 않은 마음의 병도 다스려지는 것이 느껴진다. 부디 너와 나의 이런 묻힌 기억들을 꺼내어 함께 이야기하고 노래하는 일이 많아지길 바란다. 그렇게 분단의 눈물이 화해의 눈물로 변하고 막혔던 것들이 평화로이 통하는, 한반도가 따뜻한 어울림의 도량으로 무럭무럭 자라길 빈다.

1. 연천 기행

1) 연천에 다시 가다

뒤돌아보기도 싫었던 걸까? 군 복무로 1981년 가을부터 1984년 초봄까지 살면서 군대 김장을 하며 무 구덩이를 세 번씩이나 팠던 연천을 나는 단 한 번도 다시 찾은 적이 없었다. 작은 나라에 살면서 그 땅을 지나칠 기회조차 한 번 없었다는 것은 생각할수록 희한한 일이다. 나는 5사단 35연대 연대본부에서 복무하였다. 제대한 지 35년도 더 흘렀지만 그 시절 내가 살았던 대광리와 신망리 기억이 아직 생생하다. 가끔 꿈에도 나타날 만큼.

---

5 계간 『성실문화』에 2019년부터 연재했던 기행문을 수정 · 보완하였다. 『성실문화』는 1995년 봄 창간호를 시작으로 2020년 겨울 현재 통권 105호를 낸, 예배와 전통문화를 공부하는 목회자들의 동인지다.

느닷없이 그런 연천을 다시 방문한 것은 나의 오랜 벗 이응배 선생 덕이다. 내가 자란 동성교회 1년 선배인 이응배 선생은 한동안 자취 생활을 함께할 정도로 절친이었다. 어느 날 그가 연천엘 가자고 했다. 그것도 비무장지대로! 거기에 연천군이 만든 미술관이 있고 거기서 개인전을 하고 있다는 것이다. 왜 하필 연천일까 싶었는데, 그리고 보니 그는 연천에서 태어난 연천 사람이었다. 2019년 8월 6일이었다. 모처럼 서울에서 이응배 선생을 만나 그의 차로 몇몇 지인들과 함께 연천군 중면에 있는 연강갤러리로 향했다. 설레는 마음으로 찾은 연천은 그 긴 세월 동안에도 별 변화 없이 여전히 작은 고을이었다. 비무장지대로 들어가는 어느 부대 통문에서 일일이 다 신분증을 맡기고 자동차 블랙박스도 가리고 비무장지대로 들어섰다. 들어서자마자 만감이 교차한 것은, 왼편으로 구불구불 흐르는 임진강자락 그리고 오른편 숲가에 줄지어 달려 있는 지뢰 표지판 때문이었다.

지뢰 표지판을 보며 내 속의 아픈 기억이 뜨겁게 일어났다. 1982년 말 겨울, 그때 나는 부대의 이런저런 잡일들을 도맡아 하던 중 급기야 '십종반납'이라는 일을 맡아서 하고 있었다. 군대 안에 있는 모든 것은 1종부터 10종까지 번호가 매겨 있었다. 1종은 쌀, 3종은 기름, 이런 식으로 마지막 10종은 병사의 몸이었다. 십종을 반납한다는 것은, 병사의 몸이 군대의 소유이니 병사가 죽으면 시신을 사단병참으로 운반해서 거기서 서류를 처리하고 시신을 염하고 입관하여 유족이 도착할 때까지 하루 이틀 밤새 보초 서며 시신을 지키다가 장례식까지 치르고 귀대하는 일이었다. 내가 상병 시절부터 병장 말년까지 몇 차례 십종반납을 할 정도로 당시 철책선을 지키던 우리 부대에 사망 사고가 여러 차례 있었다. 그 가운데 내가 가장 처음 맡았던 사건이 바로 지뢰 사고, 그것도 말년 병장이 사망한 사고였다. 그는 특별 휴가를 받아 대학 예비고사까지 치르고 귀대한 지 얼마 안 되는, 게다가 전역을 두어 주 남긴, 그야말로 말년 병장이었다. 게다가 비무장지대에 늘 다니는 길로 매복을 나갔다가 여럿이 귀대하던 중에 뒤따라오던 동료가 발목지뢰를 밟은 것이다. 그 파편이 그의 등 수십 곳에 박혔고, 뒷목 어딘가 급소를 쳐서 사망에 이른 것이다. 나는 부대장의 명을 받아 급히 후임병 네댓 명을 인솔하여 현장으로 달려가서 시신을 처리했다. 먼저 시신을 깨끗이 씻고 등에 박힌 파편을 일일이 꺼내면서 하나하나 솜으로 막았다. 그리고 새 내복과 군복으로 갈아입히고 삼베로 절차대로 묶어 염을 하고 입에는 쌀을 넣어 주고 관 뚜껑을 덮어 봉했다. 나는 그 과정 내내 향물로 시신을 씻으며 눈물이 났었나 보다. 곁에 있던 후임병이 내가 참 지성으로 시신을 닦는다는 말을 건넨 기억이 난다. 슬프지 않은 죽음이 어디 있으랴만, 그래도 제대를 코앞에 둔 말년 병장, 그것도 늘 다니던 길에서 동료가 밟은 지뢰 파편에 숨을 거둔 그 죽음이 참 안쓰럽고 슬프고 아팠다. 그래서인지 수십 년 만에, 참 오랜만에 본 지뢰 표지판이 여전히 고통스러웠다. 장차 종전선언을 이루고 남과 북이 평화를 체결한 뒤에도 비무장지대 곳곳에 수없이 박혀 있을 저 지뢰들은 아주 오래 한국전쟁과 분단의 상처로 남을 것이다.

오른편 지뢰 표지판에서 고개를 돌려 왼편 저 아래 유유히 흐르는 임진강을 바라보며 마음을 달래던 중, 문득 이웅배 선생의 한마디에 다시 정신이 번쩍 든다. 땀을 씻으러, 또는 낚시를 하러 저 임진강 물로 내려갔다가는 군인들이 득달같이 달려온다는 것이다. 바로 강물 따라 북측으로부터 흘러내려오는 목함지뢰 때문이다. 아! 이름만 비무장지대지 여전히 보이지 않는 살상 무기가 가득한 땅, 두려움과 미움의 땅… 이 아름다운 자연이 죽음의 땅이었다니! 이런 생각에 마음이 무거웠다. 그래도 마음을 추스르며 내가 좋아하는 북측 노래 '임진강'을 흥얼거렸다. 언젠가 재일 동포사회에서 만든 〈박치기〉라는 영화를 보았을 때 내 가슴을 울렸던 노래다. 그 영화와 이 노래가 좌우 어느 편에 이롭고 해로운지를 떠나서, 임진강은 수천수만 년 남북을 이으며 흘러온 이음의 상징, 휴전선도 막지 못할 강렬한 상징이다. 이 평화롭고 눈물겨운 임진강을 따라 부디 목함지뢰가 내려오는 일만은 그치길 빌며 나지막이 이 노래 '임진강'을 불렀다.

> 1. 임진강 맑은 물은 흘러 흘러내리고, 뭇새들 자유로이 넘나들며 날건만,
>   내 고향 남쪽 땅 가고파도 못 가니, 임진강 흐름아 원한 싣고 흐르느냐
> 2. 강 건너 갈밭에선 갈새만 슬피 울고, 메마른 들판에선 풀뿌리를 캐건만,
>   협동벌 이삭 바다 물결 우에 춤추니, 임진강 흐름을 가르지는 못하리라
>   ['임진강', 박세영 시, 고종한 곡]

연강갤러리에서 본 이응배 선생의 작품 '부드러운 장벽'이 내 마음에 큰 위로가 되었다.[6] 분단과 단절의 상징인 철책선을 순식간에 소통과 나눔의 상징으로 변화시키는 예술가의 상상력에 박수를 보냈다. '부드러운 장벽'을 만지작거리면서 문득 이런 생각이 들었다. 저 지뢰밭은 어떻게 할 수 없을까? 지뢰밭을 산삼밭으로 순식간에 둔갑시키는 도술까지는 아니어도, 저 거친 죽음의 밭, 지뢰밭에 대한 예술가의 한없이 부드러운 상상력! 그것으로 온 세상 지뢰 피해자들을 위로하고 치유할 수 있으리라 기대하는 마음이 솟은 것이다.

---

6 『성실문화』 98호와 99호에 이 작품의 사진과 글을 실었다.

2) 한탄강 유감

이번 연천 여행에서 한 가지 유감스러웠던 것은 돌아오는 길에 아름다운 강 한탄강을 볼 수 없었던 점이다. 한탄강은 군 시절, 종종 트럭에 모래를 실으러 찾았던 강, 좋은 모래가 참 많은 강이다. 일일이 삽으로 모래를 퍼서 트럭에 싣는 일은 고된 노동이었지만, 모처럼 부대 밖으로 외출하여 시원한 바깥바람 쐬며 하는 삽질은 노동이 아니라 낭만이었다.

그런데 그때 나에게 한탄강이라는 이름은 왠지 슬펐다. 원래 한자 뜻이 원망과 탄식을 뜻하는 한탄(恨歎)이 아니라 한탄(漢灘), 즉 큰 여울이라는 뜻인데도, 발음 때문인지, 곳곳에 얽힌 한국전쟁의 기억 때문인지, 그 이름 한탄강에는 슬프고 아픈 느낌이 더 많다. 북측에서 발원하여 연천군 전곡 부근에서 임진강과 합쳐지는 한탄강은 풍광이 매우 빼어난 강이다. 그럼에도 군 시절 모래를 푸던 낭만보다 아픈 느낌이 먼저 드는 까닭은, 아마도 그 노래 '엉겅퀴야' 때문인지도 모른다.

'엉겅퀴야'는 민영 선생이 지은 시에 곡을 붙인 노래다. 민영 선생은 내 부모님뻘 되시는 어른으로 철원 출신의 민족문학작가회의 고문을 지낸 시인이시다. 이 노래를 처음 익힌 뒤 곳곳에서 기회 있을 때마다 가르치며 정이 담뿍 든 뒤에, 나는 민 선생님께 전화드려 이 시에 얽힌 이야기를 들었다. 그 인연으로 오랫동안 선생님께 「성실문화」도 보내 드렸고 선생님께서도 손수 쓰신 아름다운 붓글씨 작품을 고이 접어 선물로 보내 주시곤 했다. 엉겅퀴는 거센 풀이다. 진보랏빛 꽃은 한없이 예뻐도 함부로 건드리기 어렵다. 마치 온몸에 한이 차오른 듯 팽팽하게 이파리까지 가시 돋친 풀이기 때문이다. 시인은 자신의 고향인 철원평야를 배경으로, 6·25한국전쟁 어느 피해자의 고통스런 삶을 엉겅퀴에 비겨 이 시를 지었다.

1. 엉경퀴야 엉경퀴야, 철원평야 엉경퀴야, 난리통에 서방잃고, 홀로사는 엉경퀴야

2. 갈퀴손에 호미잡고, 머리위에 수건쓰고, 콩밭머리 주저앉아, 부르느니 님의이름

3. 엉경퀴야 엉경퀴야, 한탄강변 엉경퀴야, 나를두고 어딜갔소, 쑥국소리 목이메네

['엉경퀴야', 민영 시, 민요연구회 곡, 그리고 고승하 곡]

이 시에 두 사람이 가락을 붙였다. 두 곡 모두 민요연구회와 관련 있는데, 민요연구회는 1980년대 중반에 신경림 선생을 중심으로 모여 팔도의 민요를 수집하고 보급하는 한편, 이 시대의 새로운 민요를 만들고 부르던 단체다. '엉경퀴야'는 전라도 사투리를 닮은 육자배기토리로 지은 가락이 많이 알려졌고, 나도 그 노래를 처음 익히면서 그것이 입에 붙었는데, 정확히 작곡자가 누구인지는 잘 모르겠다. 유장하고 구슬픈 분위기의 노래다. 두 번째 가락은 고승하 선생의 곡이다. 경남 마산에서 음악 활동하시는 고승하 선생은 경상도 사투리를 닮은 메나리토리에 씩씩한 분위기로 곡을 지었다. 두 노래가 각각 귀하고 아름답다. 나는 30년 전 1990년에 미국 뉴욕 한인동포 청년들에게 우리 가락, 우리 춤을 가르치던 시절에도 이 노래 '엉경퀴야'를 가르쳤다. 그러던 어느 날 누군가의 소개로 일본계 미국인 3세라는 어느 영화감독이 나를 찾아왔다. 여럿이 함께 한국전쟁 다큐멘터리를 만들고 있는데 그 영화의 주제가가 필요하다는 것이었다. 그래서 이 노래 '엉경퀴야'를 들려주었더니, 얼른 이 노래를 주제가로 쓰고 싶다며 나더러 불러 달라는 것이었다. 좋은 제안이지만 이 노래는 여자 가수가 부르는 게 더 나을 것이라고 사양했다.

나는 한동안 이런저런 공연 연출 일을 해 왔는데, 한국전쟁과 분단, 그리고 통일을 기원하는 행사를 기획, 연출할 때마다 자주 사용한 노래가 '엉겅퀴야', '타박네야', '홀로아리랑', '통일아리랑' 등이다. '엉겅퀴야'는 전쟁 통에 남편 잃은 여자를, '타박네야'는 전쟁 통에 엄마 잃은 아이를 그린 노래다. '엉겅퀴야'는 신민요이고, '타박네야'는 함경도 구전민요다. 모두 슬픈 역사를 품은 슬픈 노래다. 한탄강은 참 아름다운 강이다. 임진강처럼 휴전선을 넘어 북에서 남으로 흐르면서 한반도가 하나의 땅이라고 우렁우렁 온몸으로 노래하는 강이다. 바라기는 한탄강이 더 이상 한스러움과 탄식의 대명사가 아니라, 원래 그 이름대로 크나큰 여울로, 굽이굽이 기묘하고 아름다운 진면목을 드러내는 날이 어서 오기를 빈다.

3) 칠석날 부른 '직녀에게'

연천에 다녀온 이튿날 새벽부터 추적추적 비가 내렸다. 문득 달력을 보니 칠석(七夕)이었다. 때마침 비무장지대에서 '부드러운 장벽'을 보고 돌아온 다음 날이 칠석이라니, 그것도 칠석우(七夕雨)라니! 정신이 들며 가슴이 설렌다. 이른 새벽부터 감상에 젖기 충분한 일이 아닐 수 없다. 그래서 나는 오랜만에 혼자 흥얼흥얼 '직녀에게'를 불렀다.

우리에게 견우직녀는 언제부턴가 남남북녀의 만남, 즉 남과 북 재회의 상징처럼 되어 버렸다. 무슨 게으름이 그리 커 천벌을 받아 헤어질 수밖에 없었는지 몰라도, 까막까치 같은 말 못하는 날짐승들조차 온몸으로 오작교 다리를 놓아 기어이 헤어진 둘을 하나 되게 만들어 주는 그날, 바로 칠석날에 칠석우를, 견우직녀 재회의 기쁨을 상징하는 칠석우를 보며 '직녀에게'를 부른 것이다. 남남북녀라 했으니, 필시 '직녀에게'는 남쪽의 시인이 북쪽 동포를 그리며 지었을 것이다.

> 이별이 너무 길다 슬픔이 너무 길다, 선 채로 기다리기엔 세월이 너무 길다,
> 말라붙은 은하수 눈물로 녹이고, 가슴과 가슴에 노둣돌을 놓아, 그대 손짓하
> 는 연인아 은하수 건너, 오작교 없어도 노둣돌이 없어도, 가슴 딛고 다시 만
> 날 우리들, 연인아 연인아 이별은 끝나야 한다, 슬픔은 끝나야 한다, 우리는
> 만나야 한다
> ['직녀에게', 문병란 시, 박문옥 곡, 김원중 노래]

내친김에 동영상을 찾아 김원중이 부른 '직녀에게'를 들었다. 때마침 연
천이고, 때마침 칠석에, 그것도 김원중의 '직녀에게'라니! 내가 그날 새벽부
터 감상에 감상을 더할 수밖에 없었던 것은, 끊어질 듯 끊어질 듯 이어지는
연천과의 인연 때문이었다. 나는 김원중과 딱 두 차례 만났다. 두 번째 만난
것은 '기독문화예술운동협의회'에 함께 몸담고 일하던 류형선 선생의 작곡
발표회 공연장이었는데, 그날 공연 전에 무대 뒤에서 준비 중인 류 선생을
찾아갔다가 거기 미리 와 있던 김원중을 만난 것이다. 그날 초대 가수로 왔
던 김원중에게, 내가 당신 처음 만난 게 이십여 년 전 연천이었다고 반갑게
악수를 청했었다. 그렇다. 내가 김원중을 처음 만난 것이 연천 5사단에서
군 복무할 때였다. 그 역시 나와 같은 사단 가까운 부대에서 군 복무 중이었
던 것이다. 사단 군종병들이 한데 모인 자리에서 그가 기타 치며 찬양을 인
도했었다. 그게 얼마나 인상적이었던지 그가 제대 후 가수로 데뷔했을 때
나는 단박에 그를 알아봤다.

비록 휴전선이 가로막아도, 임진강은, 한탄강은 유유히 제 길을 간다. 존
재만으로도 고마운 이 강줄기를 그리다 문득 이런 생각이 든다. 비록 한 해

에 단 하루라도 우리가 오작교를 놓아 이산가족이 북에서 남으로, 남에서 북으로 흐를 수 있기를, 남북 당국의 정치 논리에 따르지 말고, 무조건 일 년에 단 하루 칠석날만이라도 오작교를 놓을 수 있다면 얼마나 좋을까? 거기가 비무장지대라도 좋겠다. 호텔이 아니면 또 어떤가. 시인은 오작교가 없어도, 노둣돌조차 없어도, 가슴을 딛고 마음으로라도 다시 만나야 한다지 않는가. 그 마음 벌써 70년이니, 그러니 이제부터 단 하루라도 임시 다리 오작교를 지을 수 있기를 빈다. 그렇게 이산가족 매년 상봉을 필두로 차차 남북 여러 분야에 오작교가 놓이고, 그 오작교가 일 년에 하루 칠석날만이 아니라 임진강처럼 한탄강처럼 한순간도 멈추지 않고 흐르듯 영구히 놓이면 좋겠다. 그때 우리는 그 노래 '임진강'과 '엉겅퀴야', '직녀에게'를 이어서 더 밝고 사랑스런 노래를 부를 수 있겠지.

2. 백두산에서 두만강까지

1) 백두산에서

1990년대 중반 어느 해에 나는 두레연구원이라는 곳에 참여하고 있었다. 느지막이 교회를 개척하여 한창 힘겹던 시절에 그 연구원 관계자였던 선배의 권유로 장학금에 눈독을 들이고 들어간 터였다. 한두 해 지내보니 돈보다도 매달 모여 귀한 분들의 강의를 듣는 일이 참 좋았다. 『전환시대의 논리』를 지은 저명한 언론인 리영희 선생님을 내가 직접 모시고 모임 장소로 가서 귀한 강의를 들었던 기억이 지금도 생생하다. 두레연구원 활동의 막바지에 연변 두레마을에 가는 행사가 있었는데, 그때 나는 난생처음 백두산 천지에도 오르고 두만강에도 가 보았다. 내 강토 내 동포들을 중국에서 건너다보는 것은 안타까운 일이었다.

백두산 천지에서 가장 먼저 떠오른 노래는 '홀로아리랑'이었다. '홀로아리랑'은 홀로섬 독도를 주인공 삼아 평화통일을 염원하는 노래인데, 아마 3절의 '백두산'이 내 안에서 '꿈틀'했었나 보다.

> 1. 저 멀리 동해바다 외로운 섬, 오늘도 거센 바람 불어오겠지, 조그만 얼굴로 바람맞으니, 독도야 간밤에 잘 잤느냐 (후렴) 아리랑 아리랑 홀로 아리랑, 아리랑 고개를 넘어가 보자, 가다가 힘들면 쉬어 가더라도, 손잡고 가 보자 같이 가 보자.
> 2. 금강산 맑은 물은 동해로 흐르고, 설악산 맑은 물도 동해 가는데, 우리네 마음들은 어디로 가는가, 언제쯤 우리는 하나가 될까? (후렴)
> 3. 백두산 두만강에서 배 타고 떠나라, 한라산 제주에서 배 타고 간다, 가다가 홀로섬에 닻을 내리고, 떠오르는 아침 해를 맞이해 보자. (후렴)
>
> ['홀로아리랑', 한돌 지음]

20년 전인 2000년에 나는 '홀로아리랑'을 지은 한돌 선생과 전화통화를 했다. 그해에 대한기독교서회에서 펴낸 『한국의 그리스도인을 위한 절기예배 이야기』라는 책에 '홀로아리랑' 악보를 실으려고 작가의 허락을 받기 위해서였다. 간단히 내 소개와 책 소개를 하자 흔쾌히 허락함은 물론 '홀로아리랑'을 짓게 된 동기를 자세히 들려주셨고, 그렇게 우리는 꽤 긴 시간 동안 통화했다. 서로 얼굴도 모르는 사이였으나 평화통일에 관하여, 그리고 우리 가락, 우리 문화에 관하여 서로 마음이 통하였던 거다. 그 인연으로 그리고 고마운 마음으로 한동안 한돌 선생께 「성실문화」를 보내 드렸다. 내가 '홀로아리랑'을 좋아하는 까닭은, 가락도 편안하고 노랫말도 아름답기 때문이다. 게다가 작은 돌섬 독도, 그 작고 외로운 섬을 평화통일의 오작교로 삼은 것이 특히 마음에 들었다.

'홀로아리랑'의 1절은 홀로섬 독도, 작은 섬 독도에게 아침 인사를 건넨다. 그런데 일상적인 가벼운 인사로 보이지 않는다. 밤새 거센 바람, 세찬 풍랑에 시달렸을 그 '조그만 얼굴'이 안쓰럽고도 대견하다. 그건 어쩌면 늘 외세의 거센 바람에 시달려 온 한반도, 나라 안팎의 풍랑으로 지금도 계속 덧나고 있는 분단의 상처에 시달리고 있는 허리 잘린 한반도, 그럼에도 그 날이 오기까지 바위처럼 견디고 있는 한반도의 모습과도 같다. 그래서 그 아침 인사는 반갑고도 눈물겹다.

2절은 북과 남에서 오누이처럼 서로 마주 보고 서 있는 금강과 설악, 거기서 솟은 맑은 눈물들이 동해로, 홀로섬이 있는 동해로, 한 방향으로 흐르는 것을 상기하며, 향방 없이 갈라져 마음조차 하나로 모으지 못하고 있는 남과 북의 방황을 한탄한다.

3절은 1, 2절의 고조된 감정을 딛고 매우 씩씩하고 거침없이 노래한다. 그 누구의 눈치도 볼 것 없이, 북단의 백두와 남단의 한라에서 배를 타고 출발한다. 목적지는 역시 홀로섬 독도이고, 거기서 어깨동무하며 동해의 해돋이를 만끽한다. 이 해돋이는 남과 북 '고요한 아침의 나라'의 상징이며 그 나라의 첫 권리이다. 그리고 그 나라의 평화통일을 염원하는 뜨거운 상징이다. 기회가 있을 때마다 '홀로아리랑'을 부르고 가르치는 일을 하던 그 시절 백두산 천지에서 부른 '홀로아리랑'을 다시 불러 본다.

백두산 두만강에서 배 타고 떠나라, 한라산 제주에서 배 타고 간다, 가다가 홀로섬에 닻을 내리고, 떠오르는 아침 해를 맞이해 보자. 아리랑 아리랑 홀로 아리랑, 아리랑 고개를 넘어가 보자, 가다가 힘들면 쉬어 가더라도, 손 잡고 가 보자 같이 가 보자~

2) 두만강에서

백두산을 내려와 두만강으로 갔다. 한반도 지도에서 두만강 줄기 가장 높은 곳 '도문' 어디쯤이었을 것이다. 두만강에 도착하니 문득 노 젓는 뱃사공이 궁금했다. 두만강 하면 가장 먼저 떠오르는 것이 전통 가요 '눈물 젖은 두만강(이하 두만강)'이 아니던가.

> 1. 두만강 푸른 물에 노 젓는 뱃사공, 흘러간 그 옛날에 내 님을 싣고, 떠나간 그대는 어디로 갔소. 그리운 내 님이여, 그리운 내 님이여, 언제나 오려나~.
> 2. 강물도 달밤이면 목메어 우는데, 님 잃은 이 사람도 한숨을 지니, 추억에 목 메인 애달픈 하소. 그리운 내 님이여, 그리운 내 님이여, 언제나 오려나~.
> ['눈물 젖은 두만강', 김용호 작사, 이시우 작곡, 김정구 노래]

'두만강'은 일제강점기인 1938년 처음 발표된 뒤로 1980년대 초까지도 대한민국에서 가장 유명한 노래로 손꼽혔다. 심지어 내가 한창 군 복무 중이던 1982년경 어느 날, 김정구 선생이 경기도 연천 보병 5사단에 초청 가수로 와서 이 노래 '두만강'을 부를 정도였다. '두만강'이 얼마나 인기였는지, 제대 후에 교회에서도 들었다. 교회 할머니들 사이에 '두만강'을 개사한 '요단강'을 부르던 것이 기억난다. "요단강 푸른 물에 노 젓는 베드로, 흘러간 그 옛날에 주님을 모시고, 떠나간 그대는 어디로 갔소, 그리운 주님이여, 그리운 주님이여, 언제나 오려나~." 한창 재미있게 부르다가 마지막 소절 '언제나 오려나'의 음정을 김정구 씨처럼 점점 높여 가며 부르다가 노래 끝에 "마라나타. 주 예수여 오시옵소서."를 외쳤다.

'두만강'이 이렇게 인기 만점의 국민가요였던 까닭은 노랫말이 이산(離散)

의 아픔을 품었기 때문이라고 생각한다. 한반도 어느 가정에나 있을 이산의 상처. 지난 2019년 MBC에서 방영한 독립운동가 약산 김원봉의 의열단 소재 드라마 〈이몽〉에서 이 노래 '두만강'을 부르며 이 노래에 얽힌 사연을 자막으로 소개한 적이 있다. 알고 보니 두만강은 독립운동가 가족의 슬픈 사연이 담긴 노래였다.

「독립투사 문창학(1882-1923)은 밀정의 밀고로 체포되어 1923년 사형당하였다. 이를 모르는 그의 아내 김증손녀는 남편을 찾아 10여 년을 헤매다 두만강 가에 도착하고, 그곳에서 남편이 이미 몇 년 전 사형당하였다는 소식을 듣고 밤새 곡소리를 내며 울었다. '눈물 젖은 두만강'은 같은 여관에 머물던 작곡가 이시우가 옆방에서 들려오는 여자의 곡소리를 듣고 작곡한 노래이다.」

두만강에서 혼자 흥얼흥얼 '두만강'을 읊조리다 보니 자연스레 이산과 망향의 아픔이 배인 '타향살이'가 떠오른다. '타향살이'는 일제에 의해 땅을 빼앗긴 농민들이 땅을 찾아 두만강을 건너 이주하여 살면서 고향과 동무들을 그리는 망향가였다. '두만강'보다 4년 앞선 1934년에 발표한 '타향살이'는 그보다 앞서 1928년에 처음 부른 '황성옛터'와 더불어, 초기 전통 가요가 아리랑을 비롯한 한국 민요 전통에 따른 3박자 계열로 지었음을 보여준다. 그 뒤로 나온 전통 가요는 4박자가 주류였다.

1. 타향살이 몇 해던가 손꼽아 헤어 보니, 고향 떠난 십여 년에 청춘만 늙어.
2. 부평 같은 내 신세가 혼자도 기막혀서, 창문 열고 바라보니 하늘은 저쪽.
3. 고향 앞에 버드나무 올봄도 푸르련만, 호들기를 꺾어 불던 그때는 옛날.
4. 타향이라 정이 들면 내 고향 되는 것을, 가도 그만 와도 그만 언제나 고향~.

['타향살이', 김능인 작사, 손목인 작곡, 고복수 노래]

3) 두만강을 건넌 타박네들

난생처음 내가 두만강에 도착한 그날은 1998년 8월 어느 날이었다. 가물 때는 중국에서 북조선까지 걸어서 건널 만큼 강폭이 좁은 곳이어서 건너편 사람들이 내 눈에 가까이 보였다. 군인인지 민간인인지, 그게 군복인지도 구분하기 힘든 허름한 옷을 입은 이가 타박타박 힘없이 걷는 모습이 보였다. 가만 보니 그런 사람이 한두 명이 아니었다. 모자를 쓴 것으로 보아 군인 같은데, 몸집이 작아서인지 옷이 커서인지 어른처럼 보이지 않았다. 그래서일까? 문득 '타박네'가 떠오른다. 배고파 기운 없이 타박타박 걷는 아이들. 그때는 북에서 '고난의 행군'이라 부르던 북측 인민의 고통이 극에 달하던 시절이었다. 주머니에 먹을 거라도 있으면 몰래 던져 주고 싶었다. 그때 나는 거기서 차마 '타박네'를 부를 수 없었다.

1. 타박 타박 타박네야, 너 어드메 울고 가니. 우리 엄마 무덤가에, 젖 먹으러 찾아간다. 물이 깊어서 못 간단다. 물이 깊으면 헤엄치지. 산이 높아서 못 간단다. 산이 높으면 기어가지~.
(후렴)명태줄라 명태싫다. 가지줄라 가지싫다. 우리 엄마 젖을 다오. 우리 엄마 젖을 다오.
2. 우리 엄마 무덤가에, 기어기어 와서 보니, 빛깔곱고 탐스러운, 개똥참외 열렸길래, 두손으로 따서들고, 정신없이 먹어보니, 우리 엄마 살아생전, 내게 주던 젖맛일세~. (후렴)
['타박네', 구전민요, 서유석 노래]

이 노래는 가수 서유석 씨가 불러 널리 알려졌는데, 함경도 구전민요로 추측한다. 내가 이 노래에 얽힌 이야기를 처음 들은 것은 마산에서 활동하고 있는 음악가 고승하 선생에게서다. 언젠가 서울역에서 만나 그가 지은 '엉겅퀴야'에 대한 이야기를 듣다가 덤으로 얻은 '타박네' 이야기였다. 6·25한국전쟁 전에 태어나신 고승하 선생은 어머니께서 부산에서 고아원 총무로 일하시는 바람에 전쟁고아들 여러 명과 함께 생활하였다고 한다. 1958년경 초등학생 시절 그들에게서 자주 들은 노래가 바로 '타박네'다. 그런데 그때 대부분 함경도 출신이던 그들이 부르는 '타박네'는 지금 우리가 부르는 가락보다 훨씬 단순하고 투박했다고 한다. 그냥 중얼중얼 읊조리는 수준이었다고 한다. 지금 우리가 알고 있는 타박네도 단순한 가락인데, 이보다 더 단순하였다니, 엄마 젖을 못 먹어 배고프고 기운이 없어서 겨우겨우 읊조릴 수밖에 없는 '타박네'였던 걸까? 그리고 타박네라는 이름의 유래도 여러 갈래로 추측한다. 기운 없이 걷는 모습에서 나온 것인지, 아니면 부모 잃고 객지에서 타박받던 설움에서 온 이름인지 알 수 없으나, 아무튼 6·25한국전쟁 뒤로 그 아픔이 배가 된 이름이다.

사실 이 노래 '타박네'가 두만강에서보다 먼저 떠올랐던 것은 그 며칠 전 연변 두레마을에서다. 연변 두레마을에 며칠 머무는 동안 나는 거기 사는 동포 아이들에게 우리 전통 가락을 가르쳐 주는 봉사 활동을 했다. 풍물 장단과 강강술래를 가르쳐 주다가, 문득 연변에 연변아리랑이 있느냐고 물으니 없다고 하여, 그럼 연변아리랑을 여러분이 짓도록 도와주겠다며 여러 아리랑을 가르쳐 주던 중이었다. 그때 한쪽 구석에 야구 모자를 푹 눌러쓴 아이가 있어서 이리 와 같이하자고 불렀는데 오지 않고 그냥 나가 버렸다. 알고 보니 그 아이는 꽃제비 출신 탈북인이었다. 함경도 국경 근처 장마당을 떠돌던 꽃제비 아이가 배가 고파 두만강을 건너 여기까지 흘러들어 왔다는 것이다. 그때 불현듯 '타박네'가 떠올랐으나 차마 부를 수 없었다. '타박네'를 차마 부르지 못한 가슴 아픈 일은 그 뒤에도 몇 차례 더 있었다.

그로부터 10년 정도 흘러 탈북 청소년 학교인 '여명학교' 자원봉사자로 풍물 동아리를 4년간 이끌던 시절에도, 아이들의 탈북 과정 이야기를 들었을 때 가장 먼저 떠오른 노래는 역시 이 노래 '타박네'였다. 대부분 함경도와 양강도 출신 아이들이었으며, 주린 배를 움켜쥐고 엄마 아빠랑 헤어져 온 아이들도 여럿인지라, 도저히 이 노래는 가르쳐 줄 수 없었다. 그 대신 나는, 무슨 상처라도 되는 것처럼 자신의 함경도 사투리를 애써 지우려는 아이들에게 자기 사투리 음성을 꼭 녹음해 두라고 권했다. 그건 상처도 부끄러움도 아닌 너희 유산이고 재산이라고, 나중에 철든 뒤 너희에게 귀한 보배가될 것이라고 장담하면서!

이산의 상처와 굶주림의 상처 가운데 어느 것이 더 아플까? 이건 참 어리석은 질문이다. 더욱이 이산과 굶주림의 상처를 둘 다 안고 살아가는 타박네들에게는 그건 매우 밉살스런 질문이다. 일제강점기 때 고향을 등지고 농토를 찾아 두만강을 건너던 분들, 한국전쟁으로 삼팔선을 건너던 분들, 그리고 고난의 행군 시절 배고파 두만강을 건너던 분들, 이 모든 타박네들이어서 그 상처가 아물어 더 이상 아프지 않기를! 그래서 한껏 '타박네'를 부르고, '두만강'을 부르며 남은 상처마저 치유할 수 있기를 빈다. 그러고 보니 타박네는 작고 외로운 섬, 밤새 거센 바람을 맞으며 버티는 섬, 남북의 오작교 독도를 닮았다. 하루도 통일염원의 끈을 놓지 않고 살아가는 타박네 독도(獨島)!

3. 하동 기행

1) 입영 열차에서

나는 1981년 늦가을에 군에 입대하였다. 어머니께 하직 인사 올리고 서울 집을 떠나 혼자 열차를 타고 본적지 마산으로 갔다. 마산은 작은아버지 댁과 큰고모님 댁이 있어서 어린 시절 방학 때 종종 다니던 고장이라 낯설지 않았다. 하루 묵으며 이발소에서 머리를 밀고 내 아버지의 모교인 회원초등학교 운동장에 모였다가 인솔자를 따라 입영 열차를 탔다. 그런데 입영 열차를 탈 때 풍경이 지금도 눈에 선하다. 빡빡머리 입영자들이 애인들과 헤어지며 눈물을 줄줄 흘린다. 그러다가 내가 탄 칸에서 누군가 묘한 노래를 부른다. 그런데 다들 그 노래를 따라 부른다. 나만 모르고 다들 아는 이 노래의 정체는 과연 무엇일까? 난생처음 타 보는 입영 열차인 데다가 난생처음 듣는 노래요, 난생처음 겪는 그야말로 희한한 떼창이었다.

'울도 담도 없는 집에서, 시집살이 3년 만에~' 이렇게 시작하는 이 노래 제목이 '진주난봉가'라는 것을 알게 된 것은 여러 해 지난 뒤였다. 시집살이 3년 만에야 비로소 만나게 된 그리운 남편이 바람피운다는, 그래서 스스로 목숨 끊는다는, 참 슬프고도 어처구니없는 노랫말이다. 말도 안 되는 이야긴데, 이 옛 노래 '진주난봉가'가 어떻게 입영 열차에서 대중가요보다 더 절절하게 불리게 되었을까? '3년 만에' 제대하고 나 돌아올 때까지 애인이 바람피우지 말고 기다려 주길 바라는 간절한 마음 때문이었을까? 또는 어처구니없는 분단 시대에 형제에게 총을 겨누러 억지로 끌려가는 입영 열차이기 때문이었을까?

울도 담도 없는 집에서, 시집살이 3년 만에, 시어머니 하시는 말씀, 애야 아가 며늘아가, 진주 낭군 오실 터이니, 진주 남강 빨래 가라~ 진주 남강 빨래 가니, 산도 좋고 물도 좋아, 우당탕탕 빨래하는데, 난데없는 말굽 소리~ 고개 들어 힐끗 보니, 하늘 같은 갓을 쓰고, 구름 같은 말을 타고서, 못 본 듯이 지나더라~ 흰 빨래는 희게 빨고, 검은 빨래 검게 빨아, 집이라고 돌아와 보니, 사랑방이 소요하다~ 시어머니 하시는 말씀, 애야 아가 며늘아가, 진주 낭군 오시었으니, 사랑방에 나가 봐라~ 사랑방에 가서 보니, 온갖가지 안주에다, 기생첩을 옆에 끼고서, 권주가를 부르더라~ 이것을 본 며늘아기, 아랫방에 물러 나와, 아홉 가지 약을 먹고서, 목을 매어 죽었더라~ 이 말 들은 진주 낭군, 버선발로 뛰어나와, 내 이럴 줄 왜 몰랐던가, 사랑 사랑 내 사랑아~ 화류객 정은 3년이요, 본댁 정은 100년인데, 내 이럴 줄 왜 몰랐던가, 사랑 사랑 내 사랑아~ 너는 죽어 꽃이 되고, 나는 죽어 나비 되어, 만첩청산 찾아가서는, 천년만년 살고 지고, 어화둥둥 내 사랑아~

['진주난봉가', 진주민요, 중모리장단]

그때는 어처구니없는 군부독재가 저지른 5 · 18 이듬해였다. 광주의 고통이 생생하던 그런 어처구니없는 일투성이 시절이었다. 어처구니없는 사연을 담은 이 노래 '진주난봉가'가 모든 것이 반공 논리로 통제되던 억울하고 처절한 시절 학생운동권에서 애창하던 노래였다는 것을 안 것은 여러 해가 지난 뒤였다. 목숨만이 유일한 무기였던 진주 아기를 목청껏 노래하며 울분을 토하던 그 시절, 특히 1986년 분신(焚身) 정국에서 이 노래가 얼마나 가슴을 찢는 노래였는지… 생각할수록 지금도 마음이 아프다.

2) 마산과 하동 사이

나는 아버지께서 공군 장교 생활을 하시던 10여 년 내내 이사를 다녔다. 내가 부산에서 태어나게 된 것도 그 때문이다. 초등학교 2학년 때 서울로 이사하여 정착했는데, 방학이면 고향처럼 놀러가곤 하던 곳이 내 출생지가 아니라 내 본적지 마산이었다. 청소년 시절 마산에서 사촌 아우와 함께 난생처음 롤라장(롤러스케이트장)에 가 보았고, 그렇게 나는 마산을 고향처럼 여기며 자랐다. 철들어 가면서, 고향이라면 으레 있어야 할 친족들이 마산엔 거의 없음을 깨달았고, 알고 보니 얼굴도 모르는 여러 친족들이 살고 있는 하동이 원래 아버지 고향이라는 사실을 알게 되었다.

우리 가족에게 마산과 하동 사이 거리가 왜 그렇게 멀었는지, 내 아버지의 원래 고향인 하동에 왜 우리 가족은 일절 다닐 기회가 없었는지를 알게 된 것은 내가 혼인할 무렵이었다. 사연인즉 내 아버지의 사촌 형님 때문이었다. 내 아버지보다 열댓 살 많으신 나의 당숙께서 어처구니없는 이유로 돌아가신 슬픈 사연이 있었다. 이왈덕(李曰德)! 오랜 세월 나의 가족, 온 친족들이 쉬쉬하던 내 당숙 어른의 함자다. 하동군 악양면에서 둘째가라면 서러울 인물이셨다고 한다. 인근에서 최고 인텔리셨던 당숙께서는 일제강점기 식민지 폭정 속에서 자연스레 민족의식과 사회주의 사상에 눈뜨셨다. 그리고 그것이 빌미가 되어 광복 후 보도연맹 광풍에 스러지신 것이다. 시신도 찾지 못하였다. 그 뒤로 연좌제가 무서워 내 할아버지와 아버지는 일절 고향에 발길을 끊으셨던 것이다.

내 할아버지께서 고향 하동에 발길을 끊으신 것은, 자랑스러웠던 조카 왈덕의 어처구니없는 사망뿐 아니라 사랑하는 막내딸 정애(貞愛)의 어처구니없는 사망 사건이 더해졌기 때문이었다. 1936년생인 내 막내 고모 정애는 얼굴만 고울 뿐 아니라 마산여중을 수석으로 입학한 재원이었다. 가난한 목수셨던 내 할아버지께서는 바로 얼마 전에 마산상고에 수석으로 입학한 내 아버지 형준 때문에 얼마나 기뻤던지, 많은 돈을 들여 수석 입학 기사가 실린 지역신문을 잔뜩 사서 고향 하동 형제들에게 일일이 소포로 보낼 정도셨다. 그러나 겹경사로 잔뜩 부풀었던 내 할아버지의 행복은 얼마 가지 못했다. 몇 해 뒤 막내딸 정애가 스스로 생을 마감한 것이다. 사연인즉, 일찌감치 뜻이 통하는 동지를 만나 살림을 차렸으나, 가난한 자 차별 없는 공정한 세상을 꿈꾸던 젊고 여린 부부가 그 시절 숨 막히는 현실을 견디지 못한 것이었다. 6·25한국전쟁 뒤 설 자리를 잃은 사회주의자 부부의 안타까운 마지막 자취는, 할아버지께서 무덤도 알리시지 않는 바람에 서서히 가족들에게서 잊히고 말았다.

3) 지리산으로

> 눈보라 몰아치는 저 산하에, 떨리는 비명 소리는 누구의 원한이랴, 죽음의 저 산~ 내 사랑아, 피 끓는 정열을 묻고, 못다 부른 참세상은, 누구의 원한이랴, 침묵의 저 산~ 지리산, 일어서는 저 산 지리산, 반란의 고향~ 푸르른 저 능선 저 깊은 골의, 찢겨진 세월의 자욱, 무엇을 주저하랴, 부활의 저 산~ 솟구치는 대지의 거친 숨소리, 눈부신 조국의 하늘, 무엇을 주저하랴, 투쟁의 저 산 ~ 지리산, 다가오는 저 산, 지리산, 반란의 고향~지리산, 살아오는 저 산, 지리산, 반란의 고향~
>
> ['지리산, 너 지리산이여', 안치환 작사 · 작곡]

어처구니없는 그 고통의 시절을 고스란히 품고 있는 지리산, 안치환이

'반란의 고향'이라고 노래한 지리산은, 마산과 하동 사이가 먼 것만큼이나 나와 거리가 멀었다. 내가 존경하는 누님 고정희 시인이 그토록 사랑했고 그리고 거기서 생을 마감한 산이어서일까…. 매달 정기적으로 전국의 산을 다닐 정도로 산을 좋아했으면서도 나는 내내 지리산만큼은 엄두를 내지 못했다. 고정희가 지리산에서 숨진 뒤 수유리 크리스천아카데미에서 열린 '또하나의 문화'가 주관한 추모식 연출을 내가 맡았다. 가까운 누님들의 부탁도 있었지만 고정희 시인과의 작고 귀한 인연을 생각해서 나는 기꺼이 맡았고, 짧은 기간이지만 정성을 다해 준비하고 진행했다. 그 뒤로도, 안치환이 또 다른 노래 '행여 지리산에 오시려거든'에서 '삼 대째 내리 적선한 사람만 볼 수' 있으리라던 천왕봉 일출을 보기 위해 나는 두 차례나 용기를 내어 지리산 입구까지 갔으나, 도중에 큰비를 만나 번번이 지리산 입구에서 통제당하곤 하였다. 그런 지리산을 산자락이나마 밟아 본 것은 내 당고모님께서 돌아가신 이튿날이었다.

예배당 건축을 준비하던 시절 어느 겨울날, 하동 악양에 사시는 당고모님께서 돌아가셔서 나는 가족 대표로 문상을 갔다. 여태 우리 가족에게 너무 먼 곳이었던 하동, 내 원적지요 원 고향인 하동, 나는 난생처음 그렇게 하동엘 갔다. 열차를 타고 구례구역까지 가서 거기서 마중 나온 차를 탔다. 대부분 처음 만나는 재종형제들, 그리고 난생처음 보는 고향 아저씨 아주머니들의 환대를 받으며 인사를 드렸다. 상여가 나가기까지 시간 여유가 있어서 내 아버지께서 태어나신 마을인 신대리까지 물어물어 걸었다. 당고모님 댁에서 아랫길로 내려가는 중간에 박경리 『토지』의 무대인 평사리 최 참판 댁이 있었다. 그리고 난생처음 밟아 보는 마을 신대리, 내 아버지와 당숙 완덕 아저씨, 그리고 정애 고모가 태어나신 신대리는 겨울 지리산 바람에 웅웅 울어 대는 대나무 숲이 인상적이었다. 출상 시간에 맞추어 다시 당고모님

상가로 돌아오는 길에 지리산의 드넓은 품이 느껴졌다. 완만한 오르막길 저위로 장대하게 펼쳐진 산자락이 마치 엄마의 치맛자락, 엄마의 한없는 품처럼 느껴졌다.

오랜만에 꽃상여를 따랐다. 구성진 상엿소리를 따라 마을을 한 바퀴 돌며 당고모님께서 평생 차 농사 지으시던 높다란 밭 자락에 묻어 드렸다. 상엿소리 때문이었을까…. 문상 일정을 모두 마치고 친족들의 환송을 받으며 지리산 자락 하동을 떠나오는 내내 상엿소리 가락이 내 마음을 떠나지 않고 흥얼흥얼 나지막이 흘러나왔다. 무덤도 없으신 내 당숙 왈덕 아저씨와 정애 고모의 자취 때문인지 내 상엿소리에 눈물이 난다. 종종 혼례식 축가도 하고 장례식 조가도 부르는 나는, 축가는 주로 '사랑가'를, 조가는 상엿소리에 가사를 조금 더하여 부르곤 했는데, 상엿소리는 주로 판소리 심청가 곽씨부인 출상하는 대목의 가락이다.

> 어 허 어 화 넘차, 어이가리 넘 차 너화 넘~ 북망산이 머다더니만, 건너 안산이 북망이로구나, 어 허 어 화 넘차, 어이가리 넘 차 너화 넘~ 황천수가 머다더니만, 앞 냇물이 황천수로구나, 어 허 어 화 넘차, 어이가리 넘 차 너화 넘~ 사람이 세상에 생겨나서, 공수레 공수거라 세상사가 뜬구름일세, 어 허 어 화 넘차, 어이가리 넘 차 너화 넘~
>
> ['상엿소리', 판소리 심청가 중]

저 어처구니없는 죽음들, 내 일가 어른들의 죽음과 6·25한국전쟁 전후로 셀 수 없이 스러져 간 저 지리산의 주검들, 무덤도 없는 그분들을 기억하며 내 상엿소리는 한없는 지리산 자락처럼 굽이굽이 이어졌다. 그렇게 나의 첫 지리산은 상엿소리와 함께 찾아들었다.

4) 다시 마산에서 하동으로

　나는 평균 일 년에 한 차례 할아버지 할머니 산소에 성묘하러 마산엘 간다. 할아버지와 할머니 산소는 마산교도소 근처 송정마을 자그마한 산 중턱에 있는데 마산중앙교회 묘지이다. 주로 혼자 벌초를 하고 기도하고 하산하여 작은아버지 댁에 들러 하룻밤 묵고 귀가하곤 하는데 어느 해였는지 큰고모님과 함께 성묘하러 간 적이 있었다. 마산중앙교회 김유순 권사님! 몇 해 전 백수를 누리고 돌아가신 우리 큰고모는 늘 밝고 명랑하신 성품이 장수의 비결이었다고 나는 확신한다. 내 아버지보다 12살이나 많은 큰고모님은 그날 다리도 불편하신 노구를 이끌고 열심히 나와 함께 산을 오르셨다. 벌초를 마치고 할머니 할아버지의 애창곡, '주 안에 있는 나에게'와 '예수로 나의 구주 삼고'를 부르고 하산했다.

　하산하는 길에 문득 흥얼흥얼 옛 노래를 읊조렸다. 아마 큰고모님 앞에서 노래자랑 하듯 즐겁게 해 드리려고 불렀을 것이다. 그러자 고모님께서 놀라운 말씀을 들려주신다. 내 할아버지께서 하동에서 농부로 사실 때 동네 명창이셨는데, 특히 농부가를 잘 부르셨다며 농부가 가락을 흥얼거리시는 것이다. 할아버지께서 동네 명창이셨다는 것도 귀가 번쩍 뜨이는데 심지어 농부가라니! 그래서 얼른 여쭈었다. 그 농부가는 판소리 춘향가에 나오는 전라도 소리인데 어떻게 경상도 사람이 그 노래를 부르셨는지. 그러자 우문현답을 하신다. 노래에 전라도 경상도가 어디 있느냐고! 아뿔싸! 판소리를 사랑함에도 나는 여태 판소리가 전라도 소리라는 고정관념에 붙들려 있었던 것이다. 내가 아는 박녹주 명창과 박귀희 명창만 해도 경상도 사람이 아니시던가. 그리고 할아버지의 고향 하동 악양은 바로 개울 하나만 건너면 전라도 땅일 만큼 전라도와 이웃사촌이었던 것이다.

두리둥 둥 두리둥 둥 개갱 매갱 매 갱, 어럴 럴 럴 상사뒤여~ 어 여 어 여어 여 루, 상 사 뒤 여~ 여보시오 농부님들 이내 말을 들어 보소, 어 화 농부들 말 들 어요, 전라도라 허는 데는 심산이 비친 곳이라, 저 농부들도 상사소리를 매기 는데, 각기 저정거리고 너부렁 거리네~ 어 여 어 여어 여루, 상 사 뒤 여~

['농부가', 판소리 춘향가 중]

아무리 남북 분단의 시대를 산다지만, 여태 동서를 가로막는 전라도 경상 도 편 가르기에 익숙한 것이 부끄럽다. 노래에 무슨 담이 있고 국경이 있었 나. 오히려 그 담을 무너뜨리는 게 노래의 힘이 아니던가. 내게 귀한 가르침 을 주신 큰고모님께서 하늘 본향으로 돌아가신 뒤 어느 해 성묘를 마치고 나는 밤 버스로 하동으로 향했다. 당고모님 장례식 뒤로 두 번째 하동행이 었다. 화개에 사시는 재종형 용태 형님 댁으로 갔다. 연세는 내 아버지뻘이 신 용태 형님과 형수님의 환대를 받으며 밤 깊은 줄 모르고 형제간의 대화 는 꼬리에 꼬리를 물었고, 이튿날 형님께서는 일부러 나를 데리고 조상님들 모신 악양 선산까지 멀리 데려다 주셨다. 그리고 화개 버스정류장에서 서울 행 고속버스를 기다리는데 그 유명한 노래 '화개장터'가 흥얼흥얼 절로 나왔 다. 경상도와 전라도 편 가르기를 부끄럽게 만드는 그 노래 '화개장터'!

1. 전라도와 경상도를 가로지르는, 섬진강 줄기 따라 화개 장터엔, 아랫마을 하동 사람 윗마을 구례 사람, 닷새마다 어우러져 장을 펼치네, 구경 한번 와 보세요, 보기엔 그냥 시골 장터지만, 있어야 할 건 다 있구요, 없을 건 없답니 다 화개 장터~ 2. 광양에선 삐걱삐걱 나룻배 타고, 산청에선 부릉부릉 버스 를 타고, 사투리 잡담에다 입씨름 흥정이, 오손도손 와자지껄 장을 펼치네, 구경 한번 와 보세요, 오시면 모두모두 이웃사촌, 고운 정 미운 정 주고받는,

전상도 경라도의 화개 장터~~~

['화개 장터', 조영남 작사 · 작곡]

세상의 모든 시인은 노래한다. 남과 북, 동과 서의 막힌 담을 허물고 계급과 계층의 불평등을 모두 허문 공정한 세상을 꿈꾼다. 우리 곁을 떠난 지 30년이 다 되어 가는 시인 고정희, 늘 약자를 사랑하고 지리산을 사랑하던 시인, 공정한 세상을 꿈꾸며 노래하던 지리산 시인 고정희에게 '남남북녀 사랑노래'가 있었다.

우리는 꿈꾸네 한사랑 꿈꾸네, 둘이 살다 하나 되는 큰 세상 꿈꾸네, 기쁨이면 나누고 고통이면 맞들어, 우리는 꿈꾸네 한살림 꿈꾸네~ 우리는 길을 가네 한겨레 길을 가네, 둘이 가다 하나 되는 한민족 길을 가네, 힘든 길은 의지하고 험한 길은 쉬엄쉬엄, 우리는 길을 가네 통일의 길을 가네~

['남남북녀 사랑노래', 고정희]

4. 평택 기행

1) 새벽의 집으로

지난해 8월 낯선 고장 평택엘 갔다. 장빈 목사를 만나기 위해서였다. 한 시절 '기독문화예술운동협의회' 활동을 같이하였고, '예배아리'라는 예배노래 짓는 모임도 함께했던 선배 장빈 목사를 만나러 평택엘 갔다. 언제나 안정된 말투 편안한 목소리로 사람들을 평화롭게 만드는 든든한 선배가 장빈 목사다. 신학자요 목회자며 문화 예술 분야에도 일가를 이룬 보기 드문 교계 지도자 장빈 목사는, 서울 대치동의 든든한 교회에서 목회를 잘 하다가 어느 날 갑자기 낯선 땅 평택에 들어가 나오지 않는 것이었다. 오래전 부친 상을 당하셨을 때 낯선 땅 군산까지 후다닥 혼자 달려가던 그때 그 기분으로, 나는 혼자 전철을 몇 번 갈아타며 송탄역을 향했다.

처음 가는 평택이지만 그 이름이 낯설지 않은 것은, 내가 좋아하는 가수 정태춘의 고향이기 때문이다. 문득 그의 노랫가락이 흥얼흥얼 저절로 흘러 나온다. 신학대학원 시절 서울 봉천5동과 9동 산동네에서 몇 해 동안 혼자 자취할 때 나는 작은 카세트로 밤마다 정태춘의 노래를 들으며 잠들곤 했다. 그 노래 가운데 '애기 2'라는 노래 1절에 그의 고향 도두리가 나온다. 도두리는 평택 팽성읍에 있는 작은 마을이다. 그의 고향 평택 도두리는 '애기 2' 이전 노래인 '애고 도솔천아'에도 나올 만큼 정태춘의 고향 사랑이 지극했기에 그의 노래를 좋아하는 나에게 평택은 가 보지 않고도 낯익은 고을 신비로운 고장이었다.

저 들 밭에 뛰놀던 어린 시절, 생각도 없이 나는 자랐네, 봄 여름 갈 겨울 꿈도 없이 크며, 어린 마음뿐으로 나는 보았네, 도두리 봄 들판 사나운 흙바람, 장다리꽃 피어 있는 학교길 보리밭, 둔포장 취하는 옥수수 막걸리, 밤 깊은 노성리 성황당 돌무덤, 달 밝은 추석날 얼근한 농악대, 궂은 밤 동구 밖 도깨비 씨름터, 배고픈 겨울밤 뒷동네 굿거리, 추위에 갈라진 어머님 손잔등을~ 이 땅이 좁다고 느끼던 시절, 방랑자처럼 나는 떠다녔네, 이리로 저리로 목적지 없이, 고단한 밤 꿈속처럼 나는 보았네, 낙동강 하구의 심란한 갈대숲, 희뿌연 안개가 감추는 다도해, 호남선 지나는 김제벌 까마귀, 뱃놀이 양산도 설레는 강마을, 뻐꾸기 메아리 산골의 오두막, 돌멩이 구르는 험준한 산계곡, 노을빛 뜨거운 서해안 간척지, 내 민족 허리를 자르는 휴전선을~ 주변의 모든 것에 눈뜨던 시절, 진실을 알고자 나는 헤매었네, 귀를 열고, 눈을 똑바로 뜨고, 어설프게나마 나는 듣고 보았네, 서울로 서울로 모이는 군중들, 지식의 시장에 늘어선 젊은이, 예배당 가득히 넘치는 찬미와, 정거장마다엔 떠나는 사람들, 영웅이 부르는 (압제의) 노래와, 젖은 논 벼 베는 농부의 발자욱, 빛바랜 병풍과 무너진 성황당, 내 겨레 고난의 반도 땅 속앓이를~ 얼마 안 있어 이제 내 아이도 낳고, 그에게 해 줄 말은 무언가, 이제까지도 눈에 잘 안 띄고, 귀하고 듣기 어려웠던 얘기들, 아직도 풋풋한 바보네 인심과, 양심을 지키는 가난한 이웃들, 환인의 나라와 비류의 역사, 험난한 역경 속 이어 온 문화를, 총명한 아이들의 해맑은 눈빛과, 당당한 조국의 새로운 미래를, 깨었는 백성의 넘치는 기상과, 한뜻의 노래와 민족의 재통일을~

['얘기2', 정태춘 지음, 정태춘 노래]

정태춘의 노래가 다 그러하듯, 이 노랫말도 역시 구구절절 입에 붙고 마음에 척척 감기는 정성스럽고 아름다운 시다. '얘기'나 '얘기 2'만 그런 게 아니라 그의 모든 노래가 진하고 구성진 이야기투성이다. 그중에서도 특히 '얘기 2'는 우리 땅 냄새가 가득하다. 전주 가락부터 노래 내내 기타와 더불어 향피리·북·꽹과리 같은 전통악기 맛이 진동하고, 판소리가 그러하듯 이야기가 중심인 우리 노래 전통을 잘 살린 노래다. 단순하면서도 자유분방한 가락에다 장단은 딱 단모리 즉 진오방진 장단처럼 들린다. 진오방진 장단은 동서남북 그리고 중앙 이렇게 다섯 방향, 즉 오방(五方)을 다니며 감았다 푸는 달팽이진을 만들 때 치는 매우 빠른 장단인데, 무리를 단단한 공동체로 똘똘 묶어 주면서 신명을 응축하는 상징적인 장단이다. 고향 마을 구석구석 서린 추억에서 시작하여 분단된 내 나라 '내 민족 허리를 자르는 휴전선'의 고통을 넘어 넘어 '민족의 재통일을~' 외치며 마무르는 이 노래의 강렬한 공동체 분위기와 진오방진 장단은 썩 잘 어울린다. 이런 장단을 타며 정태춘은 이 긴 노래 한 구절 한 구절을 꾹꾹 다져 가면서 부른다. 마치 이른 봄 보리밟기하는 것 같다.

'새벽의 집'은 장빈 목사가 만든 공동체다. 정태춘의 고향 마을 도두리와 대추리를 점령한 미군 기지 기지촌에 들어온 필리핀 자매들과 동고동락하는 공동체다. 평택에는 미군들을 위해 영어가 편한 필리핀 여자를 데려오는 사람들, 즉 한류 바람을 타고 한국에서 가수 시켜 준다고 오디션까지 해 가며 꼬드겨 데려온 뒤에 여권을 빼앗고 매매춘을 시키는 그런 악한 사람들도 있지만, 거기서 벗어나려 애쓰는 자매들과 그 아기들에게 희망을 주고 벗이 되어 주는 사람들도 있었다. 바로 '새벽의 집' 사람들이다. 밴드를 만들어 시시때때로 음악회를 열고, 정기적으로 필리핀으로 날아가 자매들의 작은 고향 마을까지 달려가 음악회를 하고 음악캠프를 여는 '새벽의 집' 밴드 역시 참 아름다운 벗들이다.

장빈 목사는 평택에 들어오기 훨씬 전부터 목회하는 내내 교우들과 더불어 '두레방' 운동을 했다. 두레방을 통하여 기지촌 여성들과 동고동락하는 운동을 잔잔하게 펼쳐 왔다. 의정부 두레방은 문혜림 선생이 1986년에 세운 기지촌 여성 지원 단체인데, 문혜림 선생의 남편이 바로 문동환 목사다. 문동환과 문혜림이 1970년대에 서울 어느 귀퉁이에 세운 공동체가 바로 '새벽의 집'이었다. 같은 신앙을 가진 대여섯 가정이 한집에 모여 살면서 초대 교회 공동체 같은 기쁨과 기운을 샘물처럼 길어 올려 시냇물처럼 흐르게 할 꿈을 꾸었던 공동체다. 그 정신을 이은 것이 의정부 두레방이고, 그리고 지금 여기 평택 '새벽의 집'인 것이다.

2) 장빈과 신형원

오랜만에 만난 장빈 목사가 참 반가웠다. 세월의 흔적은 그와 나의 은빛 머리에 가장 먼저 내려앉아 있었다. 장빈 목사는 나에게 늘 든든한 형님 같은 분이다. 오랜만에 찾아온 후배에게 예전처럼 맛있는 밥도 사 주고 '새벽의 집' 동네 여기저기를 구경시켜 주셨다. 말이 동네지 마치 거인족 나라 같은 캠프 험프리와 오산 에어베이스를 둘러보는데 차를 타고 달려도 그 울타리는 한도 끝도 없었다. 평택으로 이사했으면서도 쉬운 영문 표기 때문인지 평택(Pyeongtaek) 대신 여전히 오산(Osan)이라는 이름을 쓰는 오산비행장엔 시도 때도 없이 많은 비행기들이 뜨고 내렸다. 심지어 여객기까지 있었다. 캠프 험프리에 4만 명, 오산비행장에 1만 명이나 산다니 뭐라 할 말이 없다. 그렇게 정태춘이 나고 자란 고향 마을이 어느덧 남의 나라가 되어 있었다. 분단의 진통이 여기 이렇게 또 하나의 큰 상처를 내 버렸다.

장빈 선배와 옛날이야기 하며 기분 전환을 하고 싶었으나, 미군 기지 울타리 따라 둘러보는 내내 우리 표정은 너무 무거웠고 마음도 입도 무거워졌다. 그래서 오래전부터 묵혀 두었던 궁금증을 그날도 꺼내지 못했다. 개똥벌레 가수 신형원에 대한 궁금증이었다. 내가 신형원을 처음 만난 것은 아주 오래전 어느 날 한반도의 평화통일을 기원하는 한국 교회의 희년대회를 위하여 서울 한남동 여선교회관에서 행사를 준비할 때였다. 내가 모아 연습시켜 온 풍물패들이 잠깐 쉬며 7층 온돌방에 누워서 여럿이 함께 뒹굴뒹굴 잡담을 나눌 때, 역시 노련한 선배 신형원은 스스럼없이 함께 눕고 함께 종알종알 어울렸다. 낯선 사람들이 섞여 호흡을 맞출 때 서먹함을 후딱 없애 버리는 데는 역시 누워서 뒹굴거리며 잡담 나누는 것만 한 게 없다. 공동 연출을 맡았던 나는, 유명 가수임에도 개런티 없이 재능기부를 해 주신 것이

고마워서 치하를 하며 평소 궁금했던 것들을 이것저것 물었었다. 그런데 정작 장빈 목사와의 관계를 채 묻지 못하여 그 궁금증을 30년 가까이 여태 품고 있었던 것이다. 그때 신형원은 장빈 목사가 이어 준 초대 손님이었다. 정확한 기억은 아니지만, 고교 시절 함께 노래하는 모임에서 만나 친해진 사이였다는 풍문을 들은 것이 어렴풋할 뿐이다. 신형원은 일찌감치 한반도의 평화통일을 꿈꾸며 노래한, 내가 아는 한 유일한 그리스도인 가수다. 그 노래들 가운데서 가장 밝고 신나는 노래를 꼽으라면 단연 '터'와 '서울에서 평양까지'다.

저 산맥은 말도 없이 오천 년을 살았네, 모진 바람을 다 이기고 이 터를 지켜 왔네, 저 강물은 말도 없이 오천 년을 흘렀네, 온갖 슬픔을 다 이기고 이 터를 지켜 왔네, 설악산을 휘휘 돌아 동해로 접어드니, 아름다운 이 강산은 동방의 하얀 나라, 동해 바다 큰 태양은 우리의 희망이라, 이 내 몸이 태어난 나라 온 누리에 빛나라, 자유와 평화는 우리 모두의 손으로, 역사의 숨소리 그날은 오리라, 그날이 오면은 모두 기뻐하리라, 우리의 숨소리로 이 터를 지켜 나가자 ~ 한라산에 올라서서 백두산을 바라보며, 머나먼 고향을 생각하니 가슴이 뭉클하구나, 백두산의 호랑이야 지금도 살아 있느냐, 살아 있으면 한 번쯤은 어흥 하고 소리쳐 봐라, 얼어붙은 압록강아 한강으로 흘러라, 같이 만나서 큰 바다로 흘러가야 옳지 않겠나, 태극기의 펄럭임과 민족의 커다란 꿈, 통일이여 어서 오너라 모두가 기다리네, 불러라 불러라 우리의 노래를, 그날이 오도록 모두 함께 부르자, 무궁화 꽃내음 삼천리에 퍼져라, 그날은 오리라 그날은 꼭 오리라~

['터', 한돌 지음, 신형원 노래]

장대한 우리 역사와 지리, 아름다운 한반도의 시간과 공간을 매만져 노래에 담는 불세출의 예술가 한돌 선생의 노래다. 구구절절 나라 사랑이 가득 배어 있다. 이 가슴 벅찬 시와 가락을 가장 잘 부를 수 있는 가수가 신형원 말고 또 누가 있을까 싶을 만큼 그의 절창은 어제도 오늘도 한결같이 귀에 쟁쟁하다. 노래는 불러야 맛이지만, 신형원의 '터'는 듣는 것만으로도 내 안에 피가 되고 살이 된다. 노래를 듣노라면 저 산맥과 저 강물 따라 나의 혈맥이 꿈틀꿈틀 진동한다. 그중에서도 특히 '역사의 숨소리', '우리의 숨소리', 그리고 '무궁화 꽃내음' 등은 그 짧은 몇 마디만으로도 잠든 우리의 혼이 깨어날 만큼 아름답고 명징하다.

　　서울에서 평양까지 택시 요금 5만 원, 소련도 가고 달나라도 가고 못 가는 곳 없는데, 광주보다 더 가까운 평양은 왜 못 가, 우리 민족 우리의 땅 평양만 왜 못 가, 경적을 울리며 서울에서 평양까지, 꿈속에라도 신명 나게 달려 볼란다~ 우리의 꿈 우리의 희망 통일만 된다면, 돈 못 벌어도 나는 좋아 이산가족 태우고 갈래, 돌아올 때 빈 차걸랑 울다 죽은 내 형제들, 묵은 편지 원혼이나 거두어 오지, 경적을 울리며 서울에서 평양까지, 꿈속에라도 신명 나게 달려 볼란다~

　　['서울에서 평양까지', 조재형 작사, 윤민석 작곡, 신형원 노래]

　　언제 신형원 씨를 만나면 물어보고 싶은 것이 있다. 이 노래를 어떻게 부르게 되었는지 그 사연이 참 궁금하다. 나는 민요의 맛보다 전통 가요의 매력을 먼저 알았다. 군 생활 시절 전통 가요의 매력에 푹 빠져 내무반 가수로서 3년 내내 트로트를 입에 달고 살았다. 그런 내가 이 노래를 처음 들었을 때 얼마나 빨리 익혀 부르고 싶었는지 모른다. 4박자 트로트 전통 가요풍의 신나는 가락은 물론 노랫말 하나하나가 얼마나 쉽고 생생한지, 금세 입에 붙고 마음에 무르익어 나의 한 시절 내내 흥얼거리던 노래다. 택시 요금은 변했을지 몰라도 평양이 광주보다 더 가까운 것은 변함없고, 세월이 아무리 흘러도 늙을수록 더 생생해지는 게 이산가족의 고향 기억이요, 그래서 세월이 흐를수록 이 노래는 더 생생하고 절절하다. 오랜만에 후렴구 '~ 꿈속에라도 신명 나게 달려 볼란다' 이 구절을 흥얼거리다 보니, 문득 문익환 목사님의 시 '꿈을 비는 마음'이 떠오른다. 그리고 그보다 더 닮은 시 '잠꼬대 아닌 잠꼬대'가 떠오른다.

> … 서울역이나 부산, 광주역에 가서, 평양 가는 기차표를 내놓으라고 주장하는 일이라고 … 평양 가는 표를 팔지 않겠음 그만두라고, 난 걸어서라도 갈 테니까, 임진강을 헤엄쳐서라도 갈 테니까, 그러다가 총에라도 맞아 죽는 날이면, 그야 하는 수 없지, 구름처럼 바람처럼 넋으로 가는 거지
>
> ['잠꼬대 아닌 잠꼬대' 중 일부, 문익환]

3) 장빈과 류형선, 그리고 문익환

오랫동안 기독교장로회에 몸담고 장빈 목사와 누구보다 가까이 지낸 음악가를 꼽으라면 단연 류형선 선생이다. 그 두 사람은, 나와 함께했던 기독문화예술운동협의회 시절 전부터 이미 기독교장로회 노래 모임인 '새 하늘 새 땅'을 만들어 지도목사와 음악감독으로 호흡을 맞추고 있었다. 그들이 살던 충정로 기장선교교육원은 내가 살던 감리교신학대학교에서 가장 가까운 이웃이었다. 그래서 심심하면 마실 다니듯 걸어갔다 오곤 했다. 그렇게 친해지면서 나는 류형선의 부탁으로 새 하늘 새 땅 중창단원들에게 풍물

놀이(사물놀이)와 민요를 가르쳐 주기도 했다.

문동환 목사의 영향을 많이 받은 장빈 목사는 그분의 친형 문익환 목사와
도 가까웠을 것이다. 두 분이 얼마나 깊이 교류했는지는 잘 모르나, 내 기억
에 남아 있는 이 두 분을 이어 주었던 가장 선명한 끈은, 1994년 1월 문 목사
님이 돌아가셨을 때 대학로에서 보았던 노제(路祭)였다. 장빈은 그날 문익
환과 마지막 작별하는 노제의 사회를 보고 있었다. 추운 겨울 한없이 헛헛
한 슬픔에 떨고 있는 먹구름 같은 조객들의 마음을 결연하면서도 차분하게
다스려 주던 그의 목소리가 지금도 사뭇 기억난다.

소문난 작사 작곡가인 류형선에게 수많은 노래가 있고, 불세출의 시인 문
익환에게 많은 시가 있으나, 두 분이 함께 지은 노래 두 곡이 떠오른다. 휴
전선 철조망만큼이나 고통스러운 평택 미군 기지 울타리를 바라보는 이 우
울한 마음을 다독여 주는 노래다.

> 비무장지대로 가자, 비무장지대로 가자, 얼룩진 군복은 벗어라, 여기는 비무
> 장지대라~ 비무장지대로 오라, 비무장지대로 오라, 따발총 계급장 버리고 오
> 라, 비무장지대로~ 팔씨름 샅바씨름, 남정네들 힘겨루기, 널뛰기 그네 타기,
> 너울너울 춤추며~ 너희는 백두산까지, 우리는 한라산까지, 철조망 돌돌돌 밀
> 어라 온누리, 비무장지대로~ 철조망 돌돌돌 밀어라 온누리, 비무장지대로 ~
> ['비무장지대', 문익환 시, 류형선 편사 · 작곡, 김용우 노래]

이 노래 '비무장지대'는 문익환 목사님의 시를 대폭 다듬어 지은 노래다.
분단의 비극을 상징하는 비무장지대의 철조망이 순식간에 변신한다. 분단
의 상징 철조망을 오히려 한반도를 전쟁 청정 지역으로 뒤바꿀 도구로 만들
어 버리는 시인의 상상력이 놀랍다. 분단의 상징인 비무장지대, 전쟁 긴장

의 상징 비무장지대가 시인의 상상력으로 순식간에 평화의 상징으로 변하는 것이다. 비무장지대 철조망을 돌돌돌 말아서 백두산까지 한라산까지 밀어내어 온누리를 비무장지대로 만든다니! 굿거리장단에 맞춘 민요 가수 김용우의 노래가 맛깔스럽고 경쾌하다. 노래 분위기에 썩 잘 어울린다.

> 1. 고마운 사랑아 샘솟아 올라라, 이 가슴 터지며 넘쳐나 흘러라, 새들아 노래 불러라 난 흘러 흘러 적시리, 메마른 이 내 강산을~ 2. 뜨거운 사랑아 치솟아 올라라, 누더기 인생을 불 질러 버려라, 바람아 불어 오너라 난 너울너울 춤추리, 이 언 땅 녹여 내면서~ 3. 사랑은 고마워 사랑은 뜨거워, 쓰리고 아파라 피멍 든 사랑아, 살갗이 찢어지면서 뼈마디 부서지면서, 이 땅 물들인 사랑아~ 이 땅 물들인 사랑아~
>
> ['고마운 사랑아', 문익환 작사, 류형선 작곡, 정태춘 노래]

이 노래 '고마운 사랑아'는 원래 「늦봄 문익환 목사 성가집(통일맞이 7천만 겨레모임)」에 담긴 15개 노래 가운데 하나다. 1982년 겨울 문익환 목사님이 옥중에서 만든 성가인데, 기독교인이라면 누구나 쉽게 부를 수 있도록 익숙한 찬송가 가락들을 빌려서 만들었다. 이 노래의 원래 가락은 개편찬송가 12장(통일찬송가 50장) '영광의 주(큰 영화로우신 주)'였는데, 원래 가사에 류형선이 새로 곡을 붙여 정태춘이 불렀다. 남의 노래 안 부르기로 유명한 정태춘이 불렀다. 그에게 이 노래는 남의 노래가 아니었던 것이다. 매우 격정적인 시를 잔잔한 가락에 얹으니 그 기운이 더 진해지는 건 웬일일까? 정태춘은 한없이 편안하고 잔잔하게 부르는데, 갈수록 잔잔한 시냇물은 뜨거워진다. 분단을 상징하는 저 '메마른 이 내 강산', '이 언 땅'을 물들인 그 사랑은 무엇일까? '살갗이 찢어지면서 뼈마디 부서지면서 이 땅 물들인 사랑'은 과

연 무엇일까? 평택을 다녀오며 문득, 장빈 목사에게서 묻은 냄새, 내 가슴에 물든 '새벽의 집' 향내가 꽤 오래갈 것 같다는 생각이 들었다. 고마운 사람이다. 고마운 사랑이다.

나가는 글

1980년대 중반 한창 옛 노래를 배우러 다니던 시절, 나는 서울 고려대학교 근처 제기동에 사시던 김경복 선생님께 서도소리[7]와 황해도 피리, 그리고 새납을 배웠다. 김경복 선생님은 실향민이셨다. 황해도 해주 출신으로서 서도소리꾼 가운데서도 목소리가 구성지기로 이름난 분이시다. 지금껏 내가 들어 본 서도소리 가운데 김경복 선생님만큼 깊고 구성진 소리는 없었다. 내가 선생님께 여러 서도소리를 배웠으나 그 가운데 가장 아끼는 것이 배따라기다. "이게 우리 토종 소리다."라고 몇 번이고 강조하시던 선생님! 늘 죽음과 가까운 곳에서 일하는 뱃사람들의 애환이 담긴 이 노래는 유달리 김경복 선생님의 깊은 목소리와 잘 어울렸다. 그러고 보니 선생님의 목소리에는 늘 북에 두고 온 가족에 대한 깊은 그리움과 눈물이 배어 있었다.

배따라기와 더불어 내가 김경복 선생님 때문에 좋아하는 또 하나의 노래가 바로 해주아리랑이다. 지난 15년 동안 매달 민들레음악회와 둥글레음악회를 진행하면서, 나는 허리 잘린 한반도의 회복을 꿈꾸며 팔도아리랑을 불러왔다. 자라나는 아이들이 옛 노래, 옛 사람, 옛 강토와 친해지게 하려고 매달 음악회 앞 30분 동안 팔도아리랑을 반복해서 합창한다. 특히 아이들이 북녘 노래와 친해지게 하려고 몇 안 되는 북측 아리랑 중 하나인 해주아리

---

7 평안도와 황해도의 옛 민요를 통틀어 흔히 서도소리라고 한다.

랑을 애써 빠짐없이 부른다. 해주아리랑은 다른 아리랑에 비해 유달리 지역 빛깔이 강하다. 뒷소리에 '얼씨구', '얼~쑤'가 들어 있는 유일한 아리랑이다. '얼~쑤'는 황해도 탈춤인 강령·봉산·은율 탈춤의 전형적인 추임새다.[8]

내가 배따라기를 아껴 듣고 해주아리랑을 자주 불러 널리 전하게 된 것은 해주 사람 김경복 선생님 덕분이다. 우리 선생님의 고향 그리는 마음을 받들어, 잊혀 가는 북녘 노래들을 자꾸 부르며 내 몸과 우리 마음에 새겨 친해지려는 것이다. 분단 이전 오래전부터 입에서 입으로, 가슴에서 가슴으로 이어지던 이 노래가 끊어지지 않게 하려는 것이다. 그리고 조금씩이나마 한반도가 온전한 몸으로 회복되어 가는 과정에 오작교 역할을, 아니 작은 반창고 역할이라도 하고 싶기 때문이다.

끝으로 화해꾼, 화해의 사도 이승만 목사의 시 '거북이처럼'을 다시 불러 본다. 평양에서 목회하시던 아버지 이태석 목사님이 6·25전쟁 중에 죽임 당하신 뒤 곧바로 월남하여 해병대에 입대해서 복수를 벼르던 청년 이승만은, 우여곡절 끝에 미국으로 건너가 목사가 된다. 그렇게 대학에서 교목으로 흑인학생회를 돕던 이승만 목사는 마틴 루터 킹 목사의 영향을 받아 화해의 도를 깨친다.

용서와 화해의 주도권은 피해자에게 있다. 용서만이 이 싸움을 끝낼 수 있다. 용서만이 가해자와 피해자 모두에게 진정한 자유를 줄 수 있다.

그렇게 이승만 목사는 북녘의 아버지 원수들을 마침내 진심으로 용서하고 일생 동안 남과 북의 화해와 평화통일을 위해서 살았다. 그리고 그 열매

---

8 해주아리랑 ; (뒷소리) 아리아리 얼~쑤 아라리요~, 아리랑~ 얼씨구~ 넘어가세~ 1.아리랑~ 고개는~ 웬 고갠가~, 넘어갈 듯~ 넘어올 듯~ 근심이로다~ 2.바람아~ 광풍아~ 불지를 마라~, 추풍에 ~ 락엽이~ 다 떨어진다~ [해주아리랑, 세마치]

가 빨리 보이지 않아도 거북이처럼 끝까지 그 길을 갔다. 그 길을 노래한 이승만 목사의 시 '거북이처럼'이 너무 뜻 깊고 아름다워서, 내가 좋아하는 헐버트 아리랑(옛 문경새재 아리랑) 가락에 얹어 불러 보았다.[9] 6 · 25 분단의 상처를 씻고 한반도가 회복하는 길은 이렇게 가야 하지 않을까? 용서와 화해의 사람 이승만 목사님처럼, 거북이처럼!

'토끼처럼 달리지는 못해도 끝까지 한 걸음씩 가는 거북이처럼, 폭풍을 만나면 머리 다리 숙이고 묵묵히 기다리는 거북이처럼, 다시 일어나 머리 높이 들고 주저 없이 한걸음 내딛는 거북이처럼, 거북이처럼 나는 걸으리, 인내와 믿음으로 나의 길 끝까지

['거북이처럼', 이승만 지음]

---

9 이 노래는 64회 둥글레음악회, 삼일정신 통일정신 〈이승만 목사의 거북이처럼〉(2020년 1월 26일 주일)에서 처음 불렀으며, 그 자세한 내용은 「성실문화」 102호 191-196쪽에 실었다

4.3 돌하르방 문형순

세마치 장단

이정훈 작사(앞소리)
제주도 전통민요 '너영나영'

(앞소리)

1. 평안남 - 도 - 안주 - 에 - 서 - 산을 넘고 - 물 - - 건너
2. 만주벌 - 판 - 말달 - 리 - 던 - 광복군 - - 문 - - 형순
3. 성산포 - 경찰서장 - 되 - 어 - 돌하르방처럼 씩 - 씩하게
4. 부당함으로 - 불이 - 행하여 - 약한 사람들 - 살 - - 리니
   不當　　　不履行

신흥무 - 관 - 학교 - 에 - 서 - 대한독 - 립 - - 만 - 세
산 - 넘 - 고 - 바다 - 건 - 너 - 제주도 - 에 - - 왔네
4 - 3 - - - 광풍 - 에 - 서 - 수백목 - 숨 - - 살렸네
제 - 주 - 도 - 너영나 - 영 - 평화의 - 섬 - 만 - 세

(뒷소리)

너 - 영 - 나 - - 영 - 두리둥실 - - 허 - - 영

낮에낮에나 - 밤 - 에밤에나 - 상 사랑이로 - - 구 나

거북이처럼

이승만 시
중모리장단

헐버트아리랑 가락

(뒷소리)

아 리 랑 - - 아 리 랑 - - 아 라 리 요 - - -

아 리 랑 - - 얼 - - 싸 - 배 - 띄워 - 라 - -

(앞소리)

토 - 끼 - - 처 - 럼 - - 달리지 - 는 - 못 - 해 도
폭 풍 을 - - 만 나 면 - 머 리 다 리 - 숙 - 이 고
다 - 시 - - 일 어 나 - 머리높 - 이 - 들 - - 고
거 북 이 - - 처 - 럼 - - 나 - 는 - 야 - 걸 - 으 리

끝 까 지 - - 한 - 걸 음씩 - 거 북 이 처 럼 - -
묵 묵 히 - - 기 - 다 리 는 - 거 북 이 처 럼 - -
주 저 없 - 이 - 한 - 걸 음 - 거 북 이 처 럼 - -
인 내 와 - - 믿 - 음 으로 - 나 의 길 끝 까 - 지 - - -

한국전쟁을 기억하는 방식의 변화에 관한 연구

: 영화를 중심으로

최 성 수 은현교회 교육목사, 기독교 영화평론가

전쟁의 재발을 방지하기 위해 한국전쟁은 반드시 기억되어야 한다. 관건은 같은 것(통일)을 욕망함으로써 발생하는 불가피한 갈등을 피하고 화해 공동체를 구축하기 위해 새로운 기억 방식을 만드는 것이다. 상처 입은 감정은 부정적인 기억을 형성하고 또 기억에 내재해 있어서 삶에 부정적으로 간섭하기 때문에 건강한 미래를 위해서만이 아니라 건강한 실존을 위해서도 어떻게든 치료되어야 한다. 그렇지 않으면 설령 통일 대한민국을 맞이한다 해도 트라우마를 피할 수 없다.

들어가는 글

한국전쟁[1]은 남과 북 모두의 감정에 깊은 상처를 남긴 사건이기에 상반된 기억의 형태로 한반도 상황을 각인했다.[2][3] 일반적으로 감정은 기억을 선별하며 기억은 그 안에 담긴 감정 때문에 종종 새로운 생각의 발생을 방해한다. 남북의 상반된 기억의 배후에는 적어도 통일이라는 욕망을 공유하면서도 이를 충족할 방법의 차이로 인해 발생한 전쟁에 대한 분노와 두려움 그리고 불안이 있다. 그 연장선에 북핵 문제에 기인하는 한반도의 미래에 대한 두려움이 있다. 남과 북, 보수와 진보, 노년 세대와 젊은 세대는 경험 혹은 기억의 차이로 인해 발생하는 갈등 상황과 집단의식의 분열 때문에 심한 몸살을 앓고 있다. 남북 관계는 차치하고 남한 내에서도 정치적 이념

---

1   1950년 6월 25일에 발발한 전쟁을 일컫는 말은 나라마다 다르다. 세계적으로 통용되는 공식적인 명칭은 없으나 'Korean War'가 대표적이고, 미국은 '한국전쟁', 일본은 '조선전쟁', 중국은 '항미원조전쟁' 혹은 '반미자위전쟁', 북한은 '조국해방전쟁' 혹은 '조선전쟁', 그리고 남한은 '6.25전쟁' 혹은 '한국전쟁' 등으로 부르고 있다. 각각의 이름은 어느 정도 전쟁을 기억하는 방식의 차이를 표현한다.

2   북한의 경우에는 다음을 참고: 김병로, 『북한, 조선으로 다시 읽다』, 서울대학교출판문화원, 2016. 김성보 외, 『사진과 그림으로 보는 북한 현대사』, 웅진지식하우스, 2018.

3   최태육, "화해와 평화를 향한 기독교의 과거사 청산", 「한국기독교역사연구소소식」 91, 2010, 59-71; 윤정란, 『한국전쟁과 기독교』, 한울아카데미, 2015; Bruce Cumings, *The Korean War*: A History, 조행복 옮김, 『브루스 커밍스의 한국전쟁』, 『현실문화』, 2017.

의 차이와 감정의 대립이 극명하다. 한반도의 소통을 가로막고 있는 한국전쟁의 기억과 기억의 차이를 유발하는 상호 적대 감정[4]은 반드시 극복해야 한다. 이미 70년이 지난 한국전쟁은 단지 역사의 한 페이지를 장식할 뿐이지만, 그것에 대한 기억은 마치 블랙홀처럼 작용해 한반도의 과거와 현재는 물론이고 미래까지도 송두리째 흡수할 기세다. 현명한 민족이라면 3년간의 전쟁 역사가 통일 한반도의 역사와 앞으로 전개할 미래까지도 결정하지 않도록 해야 할 것이다. 이에 우리는 적대 감정에 기반을 둔 기억이 우리를 더 나아지게 만드는지 아니면 더 나쁜 상황으로 몰고 가는지를 냉정하게 살펴볼 필요가 있다.

전쟁의 재발을 방지하기 위해 한국전쟁은 반드시 기억되어야 한다. 관건은 같은 것(통일)을 욕망함으로써 발생하는 불가피한 갈등을 피하고 화해 공동체를 구축하기 위해 새로운 기억 방식을 만드는 것이다. 상처 입은 감정은 부정적인 기억을 형성하고 또 기억에 내재해 있어서 삶에 부정적으로 간섭하기 때문에 건강한 미래를 위해서만이 아니라 건강한 실존을 위해서도 어떻게든 치료되어야 한다. 그렇지 않으면 설령 통일 대한민국을 맞이한다 해도 트라우마를 피할 수 없다.

이에 필자는 본 논문에서, 예수 그리스도를 통해 하나님 안에서 약속된 화해가 믿음 안에서 이미 현실이 되었다고 믿는 기독교가[5] 남북 화해의 토대로서 공헌할 수 있는 길을 살펴보려고 한다. 이와 관련해서 먼저 한반도

4　남북의 적대 감정을 좀 더 세분하면, 과거 전쟁으로 인한 분노와 증오, 전쟁 발발에 대한 두려움, 통일 후 발생할 문제에 대한 불안 등이다.

5　칼 바르트는 예수 그리스도 안에서 일어나 화해 사건이 모든 갈등 관계에서도 유효한 가치를 갖는다고 보았다. 다음을 참고: 이상은, "분단의 상황을 넘어선 그리스도의 현실, 칼 바르트 신학의 기여", 『한국조직신학논총』 45, 2016, 85-124.

의 밝은 미래를 위해 기억 방식의 변화에 관한 다음의 질문에 대답하고자
한다. 집단 무의식의 형태로 잠재해 있는 증오와 미움 그리고 불안과 두려
움의 감정을 치유하는 기억 방식의 변화와 화해를 위한 집단의식의 형성은
어떻게 가능한가?[6]

연구 방법과 관련해서 필자는 남북 화해 공동체를 구축하기 위한 여러 가
능성이 직면한 한계를 냉정하게 수용하고 그 대안을 찾을 적절한 방법을 모
색하려 한다. "그때 무엇이 일어났는가?" 하는 질문보다 "그것이 오늘 우리
에게 무엇을 의미하는가?"에 집중하려는 것이다. 이 일에서 무엇보다 기독
교 칭의론과 화해 사상 안에 함의된 가능성에 주목하고자 하는데,[7][8] 그 이
유는 신학적 의미에서 칭의와 화해는 과거의 문제가 인간의 해결 능력안에
있지 않고 오히려 믿음과 순종에 따라 선물로 주어진 결과임을 환기하기 때
문이다.

남북 화해 공동체를 형성하기 위해 필자는 한국전쟁 전후로부터 시작해
서 지금까지도 분출하는 적대적인 감정을 강화하거나 완화하는 영화 곧 한
국전쟁과 분단 상황을 다루는 영화적 재현 방식에 주목하면서 감정을 치유
하고 기억 방식을 변화시킬 수 있는 영화 미학적 가능성에 천착하였다.[9] 그

---

6 문제의식과 관련해서 다음을 참고: 천자현, "전쟁 종료 이후 집단기억이 국가 간 화해에 미치는
   영향", 『국제지역연구』 17-2, 2013, 49-72.

7 칭의는 과거에 대한 하나님의 정당성을 다룬다. 따라서 과거의 사건으로서 한국전쟁에 대한 기
   억은 하나님이 과거를 다루시는 방식에 근거하여 새롭게 조명할 수 있을 것이라 기대한다. 다음
   을 참고: Gerhard Sauter, Rechtfertigung. Art. in: TRE 28(Walter de Gruyter: Berlin/New York,
   1997), p.315-328.

8 Gerhard Sauter, "Versöhnung und Vergebung", in: EvTh 36(1976), 34-52; -, "Versöhnung" als
   Thema der Theologie(Chr. Kaiser/Gütersloher Verlaghaus, 1997), p.7-47.

9 참고: 김경욱, "한국영화에서 한국전쟁이 재현되는 변화과정에 관한 연구-내러티브를 중심으로
   살펴본 사례 분석", 『영화연구』 55, 2013, 7-34; 김형주, "영화 속에 나타난 전쟁의 재현과 의미",

첫째 이유는 한국전쟁을 기억하는 방식으로써 활용되는 영화는 각종 기념식이나 기념관 혹은 박물관이 매개하지 못하는 부분까지도 성취할 수 있다고 생각하기 때문이다. 무엇보다 미학적 기억 매체를 사용하는 화해의 시도는 단순한 사실 전달과 합리적 긍정을 넘어 인간의 내면 깊숙한 곳에 잠재해 있어서 트라우마로 작용하는 감정을 치유할 수 있는 길로 이어진다. 대중문화가 미치는 학습 효과(특히 인지 변화와 감정의 순화를 통한 치료)를 고려할 때, 전후 남북 관계에 대한 기억의 형성과 변화의 과정을 보여주는 영화에서 화해 공동체를 구축할 가능성을 엿볼 수 있었다.

둘째 이유는 영화를 통해서 한국전쟁에 대한 인식의 변화를 추적하는 것이 영화라는 장르가 다른 예술 장르(문학과 미술 등)보다 직접적이어서 다른 장르보다 대중에게 더 쉽게 다가갈 수 있고, 그래서 사회 혹은 시대정신을 읽는 텍스트로 각광을 받기 때문이다. 영화는 그만큼 대중적인 영향력이 세다. 좋은 영화 한 편이 수많은 시간과 노력을 대체할 수도 있다.

그 밖에 영화를 통해 인식의 변화를 살펴보는 셋째 이유는 영화가 본질에서 재현(representation)이라는 방식을 통해 삶을 이야기하는 도구 곧 내러티브이기 때문이다. 영화는 현실에 대한 느낌을 바탕으로 그것을 시청각 매체를 통해 시청각 이미지로 보여주는 예술이기에 현실을 간접적으로 경험하게 할 뿐만 아니라 불가피하게 현실에 대해 해석을 하게 한다. 영화에는 과거의 특정 사건에 대한 현실의 이해가 반영되어 있다. 그러므로 한국전쟁을 직접 혹은 간접적으로 다룬 영화를 시간의 변화에 따라 살펴보면 기억 방식의 변화를 추적할 수 있다.

『한국콘텐츠학회논문지』 12, 2012, 100-109; 정영권, "한국전쟁과 영화, 기억의 정치학", 『씨네포럼』 17, 2013, 9-42.

넷째 이유는 영화가 갖는 속성 중에는 사회성이 있어서 개인의 관점은 물론이고 사회적 관점이 반영되는데, 그럴 수밖에 없는 것이 영화는 대중적 소비를 겨냥하기 때문이다. 영화는 사회적 관점을 반영하는 관객 이미지(관객이 보고 싶어 하는 이미지)를 추구한다. 그러므로 한국전쟁 영화와 분단 영화를 시대에 따라 분석하면 전쟁을 기억하는 방식에서 감독의 관점을 넘어 시대의 관점과 관점의 변화를 읽어 낼 수 있다.

필자는 논문을 통해 남북 평화를 추구하는 과정에서 화해를 위한 노력이 교착상태에 빠진 현실을 인정하고 기독교 신학적인 관점(하나님의 화해와 교회의 화해 사역)에 근거한 남북 화해의 가능성을 영화에 대한 현상적 관찰을 매개로 말하고자 한다.

1. 남북 화해의 현실적 한계에 직면해서 기독교적 화해론은 대안을 제시할 수 있는가?

1) 하나님의 화해와 일반적인 의미의 화해

기독교적 화해 개념과 일반적 화해 개념은 의미상 차이가 있으니 먼저 이 점에 주목해 보자. 일반적으로 화해(Reconciliation, 성경에서는 문맥에 따라 화목 혹은 화평으로 번역되었다)란 그동안 갈등하며 살아왔던 삶의 조건과 환경의 변화를 통해 관계가 회복된 상태 혹은 그에 이르는 전체 과정을 가리켜 말한다. 화해한다는 건 과거에 부정적 관계를 촉발하고 유지케 한 조건을 이겨 내고 미래의 공존과 풍성한 생명을 추구하기 위해 현실에서 타자를 수용하여 관계를 회복한다는 뜻이다. 이것은 양자 모두에게 공통으로 받아들여지는 화해 개념이다. 양자가 서로 갈라지는 건 타자를 수용하는 방법, 곧 화해하는 과정의 차이 때문이다.

하나님의 화해는 보편적인 것으로 예수 그리스도를 통해 또 그 안에서 이미 현실이 되었다(고후 5:18-20). 그러나 이 말이 만인구원론(apokatastasis)이 말하듯이 무차별적으로 화해의 현실을 보장한다는 건 아니다. 하나님의 화해는 약속의 형태로 주어져 있을 뿐이며, 인간이 화해의 현실인 변화된 관계(하나님과 단절에서 하나님과 친밀한 관계로의 변화), 곧 평화 안에 있을 조건은 예수 그리스도를 통해 하나님 안에서 실현된 화해의 약속을 믿음으로 받아들이고 신뢰할 뿐 아니라 이 믿음을 동력으로 혹은 기대 지평으로 삼아타자와의 관계에서 화해를 실천하는 것이다. 일상에서 타자와 화해하는 것은 하나님의 화해를 믿음으로 받아들이는 자에게 보증과 함께 약속으로 주어진 평화를 누리기 위한 필요조건이다.

이에 비해 비기독교적인 의미의 화해는 변화된 삶의 조건에 대해 상호 이해와 동의 그리고 수용의 과정을 거쳐 비로소 현실이 된다. 대체로 잘못을 인정하는 것과 용서가 핵심 변수이다. 상황에 따라 보상 조건이 요구되기도 한다. 만일 적대 관계를 만든 삶의 조건과 관련해서 변화의 이유와 목적이 확실하지 않다면 화해는 힘겨워진다. 예컨대 잘못을 인정하지 않는다든가, 설령 잘못을 시인했어도 상대가 용서하지 않거나 감당하기 어려운 보상을 요구하는 경우다. 이것은 복수 행위가 물질적 보상이나 심리적 보상에 대한 요구로 대체된 것으로서 엄밀히 말해서 보복의 변형이라 말할 수 있다.

이런 개념의 차이는 무엇보다 구체적인 역사(한일 관계, 한국전쟁, 국제적 분쟁 등)와 관련해서 기독교 신학적 화해를 대안으로 제시할 때 문제가 된다. 대한민국은 다양한 이해관계를 용인하는 사회이기 때문이다. 믿음을 바탕으로 무조건 받아들이고 또 소망하면서 구체적인 인간관계에서 삶으로 살아 내야 하는 하나님의 화해와 일정한 조건의 충족을 전제하는 인간의 화해와의 통합이 쉽지 않다. 더군다나 전자는 화해의 주체가 피해자이고, 후자는 가해자가 화해의 주체이다. 양자의 통합은 어떻게 가능한가? 달리 말해서 피해자로서 화해의 주체가 되는 신학적 의미의 화해를 남북 화해 공동체 형성 과정에 적용할 수 있을까?

이은선 교수는 화해를 장기의 프로세스로 이해하고 피해자로서 화해의 주체가 될 가능성을 언급하였는데, 비록 그 근거에 관해 더 상술하지는 않았으나, 본 글이 지향하는 바를 대변한다고 생각하여 인용해 본다.[10]

> … 나는 우리가 가진 모든 것과 얻은 모든 것은 '관계'로부터 나온 것이라고 생각한다. 비록 그 관계가 가해자와 피해자의 그것이라 할지라도 우리가 피해자로서 많은 고통과 희생을 통해서 얻고 깨달은 것이 참으로 우리 삶의 '진실'이 되고, 그것이 다시 우리 삶을 살리고 살찌우는 진정한 '힘'이 된다면, 나는 그 참은 바로 가해자를 위한 것이기도 하다고 생각한다. 바로 그 참을 얻는 데 비록 가해자의 관계였다고 하더라도 그와의 관계가 없었다면 내가 그것을 얻을 수 없었을 것이기 때문이다. 다시 말하면 이것은 바로 '용서'와 '화해'가 시작되는 지점을 일컫는 것이라 생각하는데, 즉 그 가해자가 있음으로 해서 내가 있었고, 그로부터 이와 같은 삶의 인식을 얻었다는 것, 그래서 이제 그도 놓아주고 용서해 주고 화해할 수 있겠다는 용기와 믿음에 대한 인식이 아닐까 생각한다. (중략) 피해자로서, 약자로서의 삶이 바로 그렇기 때문에 계속해서 약자와 피해자로서 살아가야 하는 관계가 아닌 다른 관계, 가해자도 그 용서로부터 다시 자신의 삶도 관계 속에서만 가능하고, 그것이 지속되려면 그 관계가 더 이상 불의로 남아서는 안 되고 더불어 화해하고 용서를

---

10 이은선, 『동북아 평화와 聖·性·誠의 여성신학』, 동연, 2020, 15-16.

구하는 일로 가능해진다는 것을 깨닫는 인식, 이러한 일들이 가능해지도록 염원하고, 또 염원하면서 계속 그와 같은 일을 성찰하고, 밝혀내고, 실행하는 한반도와 동북아 평화 프로세스가 되기를 원하고, 나도 그 한 사람이 되기를 원하는 것이다.

위 인용의 핵심은 피해자의 성숙한 자아 성찰을 바탕으로 화해를 실현하기 위한 용기와 믿음을 강조하는 것이다. 상호 관계를 회복하고 지속하기 위해 화해가 필요하다고 말하고 있지만, 무엇을 기대하며 그것을 실천할 것인지에 대해서는 언급하지 않았다. 이에 비해 성경은 이것을 하나님의 화해와 인간의 화해 사역(선포)을 통해 말했다(고후 5:18-20).

요셉은 피해자로서 자신의 과거를 보지 않았고 또 형제들을 가해자로 간주하지 않았다. 그들에게 보복할 의도는 전혀 없었다. 오히려 현재의 자기 위치와 사명을 바탕으로 생명을 구하기 위한 하나님의 계획을 바라보면서 자신의 과거를 이해했다. 하나님의 생명 구원의 계획을 기대 지평으로 삼음으로써 요셉은 피해자로서 화해를 실천할 수 있었다.

예수 그리스도를 통해 계시한 하나님의 화해는 보이지 않아도 믿음으로 인정하는 사람만이 누릴 수 있는 현실이다. 따라서 하나님의 화해는 모든 화해의 노력 가운데 소망의 대상이며 기대 지평이다. 이러한 믿음의 현실을 인정하지 않는 사회에서 기대가 현실이 되도록 생명력을 부여하는 일이 믿음 곧 믿음의 상상력이며, 타자와의 관계에서 실천을 독려하는 화해의 사역이고, 그리고 구체적인 갈등 국면에서 화해를 실천하는 용기이다. 믿음으로 받아들인 하나님의 화해는 성취가 보장된 약속으로서 일종의 종말론적 지평으로 작용한다. 그래서 우리 안의 잘못된 생각들, 곧 화해를 위한 조건에 지나치게 집착하여 진정한 화해를 요원하게 만드는 것을 포함하여 갈등을 당연시하고 공고히 하려는 생각들이 사실은 이해관계에 이끌리어 왜곡된 집단의식이고 일종의 폭력임을 폭로한다. 이것을 바로잡으려는 의도를 가질 때 화해는 하나의 선교 과정으로 진행되며 화해 사역(선포)과 용기 있는 실천을 통해 마침내 경험 가능한 현실이 된다.

화해의 실재를 경험하기 위해서는, 달리 말해서 화해의 사역이 성공하기 위해서는 먼저 왜곡된 집단의식의 발원지인 갈등 관계를 재정의해야 한다. 갈등 관계의 재정의란 과거를 기억하는 방식을 바꾸어 상대를 인지하는 일에서 변화를 실천하고, 상대에 대한 부정적 감정을 긍정적 감정으로 바꾸며, 더 나아가서 적극적인 관계를 형성함으로써 친밀한 교제를 실행할 수 있는 관계를 새롭게 형성하는 노력을 의미한다.[11]

보상 또는 잘못의 시인을 화해를 위한 절대적 전제로 보는 건—적어도 기독교적 의미에서—진정으로 타자를 수용하는 태도는 아니다. 물론 이것이 현실에서 쉽지 않은 일이라는 건 잘 안다. 그러나 적어도 그리스도인이 하나님의 화해를 남북 관계에서 구현하는 길은 타자를, 그 생명을 보존하고 또 행복을 누릴 권리를 보장하기 위해 무조건 수용하는 것이기 때문에, 문재인 대통령이 75주년 광복절 경축사에서 생명 공동체와 개인의 화해를 언급한 것은 남북 화해 공동체 형성을 위해 특별한 의미가 있다고 생각한다.

---

11 이와 관련해서 필자는 광복절 75주년 경축사에서 문재인 대통령이 언급한 두 가지에 주목하고자 한다. 하나는 상호협력 기반의 '생명공동체'를 언급한 것이며, 다른 하나는 국가 차원의 광복을 넘어 개인 차원의 광복을 진정한 광복으로 언급한 것이다. 남북의 소통이 남북 모두가 살겠다고 하는 일임을 분명히 밝힘으로써 정치적 이념이 달라도 공존을 위해 함께 협력할 이유와 목표를 분명히 밝혔고, 또한 국가 차원의 화해를 말하는 일에서 이해관계의 충돌로 한계에 봉착한 상황에서 개인 차원의 화해를 말할 수 있는 토대를 환기했다고 여겨진다. '생명공동체'는 비록 코로나19 팬데믹 시기에 부합하는 언어 선택이지만, 그동안 갈등 관계를 전제하고 말했던 정치적/이념적 언어 선택보다는 훨씬 더 중립적이며 미래지향적이다.

갈등 관계를 재정의하기 위한 하나의 시도라고 볼 수 있다. 다시 말해서 예수 그리스도를 통해 실현된 하나님의 화해는 남북 관계의 현실에서 화해가 가능한 근거이면서 동시에 지향점이다. 이미 약속으로 주어져 있기에 관건은 이것에 이르는 길을 찾아 용기 있는 첫발을 떼는 것이다. 이를 위해 공존과 행복을 위한 '생명 공동체'는 남북 관계의 재정의를 위한 디딤돌이 될 것이다.

여기에 더해 그동안 남북의 화해를 국가 차원에서만 생각해 왔기 때문에 어려움이 있었다. 그러나 앞서 인용한 이은선 교수의 글에서도 볼 수 있듯이, 화해의 초석은 성숙한 개인의 자기 성찰에 있다. 비록 국가 차원의 외교 관계가 정상화되었다 해도(적어도 관계의 정상화에 비추어 그렇게 보인다고 전제해도) 피해자 개인이 만족하지 못해 여전히 삐걱거리는 한일 관계를 보면 알수 있다. 이런 점은 남북 관계에서도 마찬가지다. 전쟁 세대가 사라진다 해도 문화적 기억의 형태로 피해 의식은 대물림될 것이기에 신학적 의미에서 화해를 추구하면서 성숙한 개인을 양성하고 '화해를 위한 집단의식'을 형성하기 위해 노력하는 것은 매우 중요하다. 하나님의 화해를 실천하는 화해의 과정은 성숙한 자기 성찰을 바탕으로 하는 관계의 재정의가 필요하다. 이 과정은 갈등 관계를 지속하게 한 삶의 조건이 왜 또 무엇을 위해 변해야 하는지 이유와 목적을 정당화하고, 그것을 집단의식으로 내면화하고 구체적으로 실천하며, 또한 그 결과로서 기대되는 새로운 관계로 이끈다.

2) 화해, 적대 감정의 치유, 그리고 기억 방식의 변화

한국전쟁의 아픈 기억을 넘어 생명 공동체를 구축하기 위한 필요조건은 화해이다. 화해의 필요성은 남북 대치 상황과 그리고 특히 남한에서 진보와 보수 진영의 갈등이 잘 말해 주는데, 필자가 보기에 오늘날 남한사회에서 표출되는 북한 이데올로기에 대한 적대 감정은 정치적으로 유리한 입장을 선점하기 위해 활용되는 전략이다. 전략에 따라 기억의 정치를 수정하여 자신의 이해관계를 관철하려 한다. 곧 이미 여러 차례 남북회담과 정상회담을 통해 화해와 평화의 노력을 거쳐 온 상태라 서로에 대한 감정이—개인의 차원에서는 그럴 수 있다 해도 국가적 차원에서는—굳이 적대적일 이유가 없으나 남과 북이 체제를 유지하기 위해 적대적으로 구성된 것이다. 이런 양상은 이미 해방 직후 분단 상황에서 남북이 각각 정부를 수립하려는 의지에서 드러나기 시작했고, 그 욕망은 오늘날까지도 지속되고 있다. 북한은 인민을 결속하고 체제를 유지하기 위해 적대 감정을 구성할 이념을 주입하고, 남한의 갈등 역시 정치적 이익을 위해 의도적으로 구성되곤 한다.[12] 적대 감정에 기반을 둔 갈등은 문화적 기억의 형태로 전수되어 거듭 기억의 왜곡으로 이어지고 있다. 문제는 이것이 남한사회의 통합과 건강한 국가 발전을 저해할 뿐 아니라 설상가상으로 남북 간 화해를 위한 긍정적 집단의식 형성을 교란하여 한반도의 미래를 불투명하게 만드는 요인으로 작용하는 것이다. 달리 말해서 분노와 증오, 두려움과 불안 등으로 얽히고설킨 적대 감정

---

12 물론 북한의 핵무기 개발과 대화 단절로 인해 촉발된 남한 내 두려움은 최근에 북한에 대한 적대 감정을 내려놓지 못하게 만드는 주요인이긴 하다. 그러나 이미 그 이전에도 북한에 대한 적대 감정은 일종의 마그마처럼 지면 아래에서 끓고 있다가 남한의 보수와 진보의 갈등에 촉발하여 분출한다. 핵무기 개발은 기존의 것에 하나 더 추가된 요인일 뿐이다. 이런 갈등의 현실은 특히 자칭 애국주의자이며 보수로 자처하는 사람들의 주장을 통해서도 쉽게 확인된다. 이 갈등이 현재의 남북상황을 보는 정치적 관점의 차이에서 비롯하기도 하지만, 진원지에 해당하는 한국전쟁에 대한 집단 기억(문화적 기억)의 차이와 그리고 기억에 내재해 있는 적대 감정과 깊이 관련해 있다는 건 부정할 수 없는 현실이다. 이로 인해 소위 프레임 전쟁이 일어난다. 선거 때마다 일어나는 북풍이나 정치적으로 막다른 골목에 다다랐을 때 국면 전환을 위해 북한에 대한 적대 감정을 유발하는 사건을 터트리는 식이다.

은 화해를 위한 결단과 실천을 어렵고 힘들게 만든다.

바로 이 지점에서 우선은 다음의 생각이 가능하다. 곧 전쟁으로 인해 고통받는 주체는 남과 북일지라도 실제로 남북의 대치 상황에서 해방되어야 할 대상은 '한국전쟁에 대한 서로 다른 기억'이며 또한 '서로에 대한 적대 감정'이다. 사실 전쟁과 분단 상황을 거치면서 왜곡된 집단의식에서 비롯한 겹겹이 쌓인 적대 감정이 해소되지 않아서 기억의 차이를 극복할 정치적 시도조차 하지 못하고 있다. 만일 기억 방식의 변화와 감정의 치유가 병행되지 않는다면, 설령 어떻게든 한반도 평화와 통일이 이루어진 다음에도 갈등은 지속될 것이다. 다음 세대를 생각한다면 이것이 반드시 극복해야 할 문제라는 건 모두가 동의하고 있으나, 안타깝게도 정치적 이해관계에 매여 기억의 차이를 극복하고 또 적대 감정을 관리할 묘안을 우리는 아직도 찾지 못했다. 오히려 집단의식 형성을 방해하는 갈등과 반목의 감정은 전쟁을 직접적으로 경험하지 않은 세대에게까지 문화적 기억의 형태로 대물림되고 있다.

필자는 현재의 첨예한 갈등을 화해의 국면으로 전환하기 위한 과제는 갈등의 진원지에 해당하는 한국전쟁에 대한 개인 기억과 집단 기억을 치유하는 것과 피해 의식을 유발하는 불안과 두려움에 기반을 둔 적대 감정을 완화하는 것 그리고 화해를 위해 긍정적 집단의식을 형성하는 일에 있다고 보고, 이어지는 글에서 기억과 감정 치유를 매개로 남북의 화해 가능성을 영화 미학적 상상력을 통해 모색해 보려 한다. 이것은 어떻게 가능한가?[13]

---

13 남한과 북한 간 화해의 성격에 관해 언급해 보자. 양자 간 화해는 국가 간 화해인가? 국제정치에서 화해의 문제를 중심으로 연구한 천자현은 국가 간 화해는 한 국가 내 지역과 지역 혹은 집단과 집단 사이의 충돌 이후 전개되는 화해와 다른 형태를 띨 뿐 아니라 화해 과정에서도 차이점이 있다고 주장한다. 천자현, "화해의 국제정치", 『국제정치논총』 제53집 2호, 2013, 7-38, 9. 남북

3) 가해자가 없는 피해자의 기억

상반된 기억이 대치하는 상황에서 망각은 결코 최선의 방책이 아니다. 해결되지 않은 채 매장된 감정은 결단코 죽지 않기 때문이다.[14] 따라서 한국전쟁 70주년 이후를 생각하면서 화해 공동체를 형성하기 위해 우리가 의미 있게 추구할 일은 한국전쟁을 기억하는 종래의 방식을 비판적으로 고찰하고 한반도의 평화와 대한민국의 미래를 위해 새롭게 기억하기를 배우는 일이다. 우리는 한국전쟁을 미로슬라브 볼프(Miroslav Volf, 1956-현재, 크로아티아 출신의 미국 성공회 신학자)가 주장하는 대로 '올바르게 기억하여'[15] 새로운 역사를 만들어 가는 일에 사용할 수 있어야 한다. 이를 위해 기독교가 공헌할 부분은 무엇인가?

한반도 평화 및 화해와 관련된 주제에 대한 선행 연구들은 남북이 화해로

화해의 문제는 전자인가 아니면 후자에 해당하는가? 화해의 개념과 화해의 과정이 다르다 하니 무엇보다 먼저는 이 문제부터 정리해야 할 것이다.

현재 남한과 북한은 1991년 이후로 UN에 각각 가입해 있다. 남한과 북한이 개별국가로서의 자격을 국제적으로 인정받고 있다는 것을 의미한다. 이런 점에서 남한과 북한의 화해는 국가 간 화해로 다뤄져야 할 것이다. 그러나 비록 개별국가로서 가입은 했지만 화해와 관련해 볼 때, 먼저는 내전의 성격을 띤 한국전쟁을 계기로 일어난 갈등을 전제하고 있고, 또한 UN 동시 가입 자체가 궁극적으로 통일을 지향한다는 점에서(이 점은 남북의 가입 연설에 잘 나타나 있다) 남북의 화해는 엄밀히 말해서 국가적 화해와는 다른 메커니즘을 따른다. 각종 국제스포츠에서 단일팀 구성이 가능한 것도 단일 국가로서의 정체성을 인정받기 때문이다. 간단히 말해서 남북의 화해는 국가 간 화해일 수도 있고 아닐 수도 있으며 또한 국내의 화해일 수도 있고 아닐 수도 있는 매우 복합적인 문제이다. 서로 다른 이념 체계로 무장한 분단국의 현실에서 화해의 당사자이며 주체라는 점에선 국가 간 화해의 과정을 따르지만, 전쟁 이전의 반만년 역사를 공유하고, 헌법상 한반도는 한 국가의 영토이며, 또 양국 모두 궁극적으로 한반도 내 통일국가를 지향한다는 점에선 국내적 화해의 길을 간다. 이뿐 아니라 강대국의 이해관계가 한반도에 집약해 있는 현실에서 본다면 남북의 화해 과정은 국제적인 성격을 띤다.

14 Karol K. Truman, *Feelings Alive Buried Never Die*, 신소영 옮김, 『감정인간』, 레디셋고, 2015.

15 Miroslav Volf, *The End of Memory*, 홍종락 옮김, 『기억의 종말』, IVP, 2016, 25.

나아가야 할 것을 주장하며 그 이유와 다양한 화해 개념을 설명하괴[사과와 용서를 전제한 화해, 보상을 전제한 화해, 공동의 미래를 위해 과거를 묻어 두자는 의미의 화해, 회복적 정의(restorative justice)에 따른 화해] 또 화해로 나아가는 길에 어떤 치료 과정을 거치며 또 어떤 문제가 있는지를 고찰하였지만,[16] 서로가 상대를 가해자로 비난하는 상황에서 화해가 어떻게 가능한지는 분명하게 제시하지 않았다. 게다가 피해자로서 화해의 주체가 되기 위해선 용서가 필수적인데, 치료 효과적 측면에서 용서를 다루며 강요하듯이 용서해야 한다고 말하는 경우는 많아도 용서의 과정에서 피해자가 겪는 고통의 과정을 공감하는 관점에서 다루는 경우는 아직 발견하지 못했다.

다시 말해서 한반도에서조차 한국전쟁과 관련해서 기억하는 방식과 국민 정서가 전혀 다른 이 시점에서, 만일 우리가 한반도의 평화를 염두에 둔다면, 무엇보다 먼저 기억의 양태와 기억을 다양하게 채색하는 국민 정서가 달라져야 할 것이다. 서로 자신이 피해자이고 상대가 가해자라고 주장하는 상황에서 화해는 어떻게 가능한가? 기독교 신학은 이 질문에 어떤 대답을 줄 수 있는가?

이은선 교수의 글을 다시 소환하여 말한다면, 새로운 미래를 위해서는 과거 사건의 기억 자체에 매달려 적대적인 감정에 자기를 내맡기는 건 도움이

---

16 다음을 참조: 김학성, "증오와 화해의 국제정치: 한일간 화해의 이론적 탐색", 『국제정치논총』 제51집 1호, 2011, 7-31; 천자현, "화해의 국제정치", 『국제정치논총』 제53호 2집, 2013, 7-38; 김욱성, "남북한 통일과정에서 갈등해결을 위한 용서전략의 타당성-통일교육의 시사점을 중심으로", 『통일전략』 10-1, 2010, 123-153; 선학태, "남북한 갈등해결 메카니즘", 『한국정치학회보』 제32집 2호, 1998, 209-229; 조재관, "국제화해의 진행과 전환추세: 새로운 국제질서의 현실적 특성", 『국제문제』 53호, 1975; 한상진, "동아시아에서 본 응징의 정의, 용서 그리고 딜레마: 화해를 위한 최소주의자의 상호접근방식", 한국학중앙연구원 편, 『2006 문명과 평화』, 분당: 한국학중앙연구원, 2008.

되지 않는다. 칭의론에 따르면 과거는 이미 예수 그리스도를 믿는 믿음을 통해 하나님 안에서 받아들여졌기 때문이다. 그렇다고 과거를 송두리째 묻는 것도 가능하지 않다. 우선은 이미 예수 그리스도를 통해 현실이 된 화해를 인정하고 미래의 평화 공동체를 기대하면서 감정을 치유하고, 또 기억의 방식을 비판적으로 성찰하여 통일 한반도를 지향하면서 창조적인 열매를 맺기 위해 문화적 기억의 방식을 모색할 필요가 있다. 이를 위해 먼저 한국전쟁을 기억하는 관점의 변화를 비판적으로 추적하고 미래의 한반도를 위해 생산적으로 공헌할 관점을 얻는 일은 매우 중요한 과제이다.

감정과 기억의 관계에서 기억을 결정하는 건 감정이다. 곧 좋은 감정은 좋은 기억을 생산하고, 나쁜 감정은 나쁜 기억을 생산한다. 나빴던 일이라도 기분 좋은 기억일 수 있는 건 좋은 감정 때문이다. 좋았던 일이라도 나쁜 기억일 수 있는 건 불쾌한 감정 때문이다. 이에 필자는 한국전쟁의 기억 방식을 변화시키려면 사실에 대한 인지의 변화에 앞서 감정의 치유가 선행해야 한다고 생각한다.[17]

기억 방식의 변화에서 관건은 먼저 상처 입은 감정을 치유하는 것이라는 판단에서 필자는 미래를 앞서 경험하게 하는 일종의 미학적(혹은 예술적) 해결 방안을 생각하였다. 먼저 한국전쟁과 분단 상황을 소재로 다룬 영화들을 매개로 실천된 관점을 살펴보면서, 화해 공동체를 형성하기 위한 길을 제안해 보고자 한다.

---

17 이런 생각은 감정이 만들어지는 과정과 관련한 연구를 접한 후였다. Risa Feldman Barret의 연구에 따르면(『감정은 어떻게 만들어지는가?』, 생각연구소, 2017), 배럿에 따르면, 감정은 자극에 반응하는 특정 모듈의 작용에 따라 형성되는 것이 아니라 자극이 있는 경우에 문화적으로 각인된 뇌의 능동적인 작용을 통해 구성된다.

4) 기억의 치유

기억 방식을 변화시키기 위해 가장 먼저 다루어야 할 문제는 '라쇼몽 효과'다. 이것은 같은 사건에 대해 서로 다른 기억을 말할 때, 곧 주관적 기억을 말할 때 사용된다. 영화 〈라쇼몽〉(구로자와 아키라 감독, 1950)에서 유래한다. 라쇼몽 효과가 일어나는 까닭은 인간에게 자기가 원하는 것만을 기억하려 하고 또한 자신에게 이로운 것만을 주목하여 사건을 재구성하는 경향이 있기 때문이다. 물론 여기에는 주관적 감정이 크게 작용한다.

남북 관계를 각인한 사건인 한국전쟁에 대한 태도를 결정하는 주관적 기억의 관습은 세대에서 세대로 이어지면서 이미 무의식의 수준에까지 깊이 뿌리를 내리고 있어서 극복하기가 쉽지 않다. 그렇다고 올바르게 기억하려는 노력을 포기해서는 안 된다. 이를 위해서는 단지 기억에만 의존하는 태도에서 벗어나 기억 작용에 영향을 미치는 감정을 치유하기 위해 의지를 다져야 한다. 곧 라쇼몽 효과에 매여 있는 주관적 기억 방식을 바꾸기 위해서는 먼저 감정의 왜곡을 바로잡아야 한다.

그러므로 기억의 방식을 변화시키기 위해 다루어야 할 두 번째 문제는 피해자로서의 정체성과 기억이다. 남북 모두 피해자이면서 가해자였다는 것은 역사적으로 확인된 사실이다. 그러함에도 불구하고 남과 북 모두 한국전쟁을 침략 전쟁으로 기억하고 있으며 또한 그로 인한 피해자라는 정체성을 갖고 있다. 양측의 기억은 단순히 전쟁 사실만이 아니라 상처에 대한 격한 감정을 포함한다. 피해자 정체성은 남과 북의 화해를 위한 초석을 놓는 일을 매우 어렵게 하는 요인이며 무엇보다 화해를 위해 서로가 먼저 나서지 못하게 만드는 이유이다. 정치적 입지를 다지기 위해서는 필요할지 모르지만, 남북의 미래 곧 공존과 행복을 추구하는 생명 공동체를 만드는 데는 아무런 도움이 되지 않는다. 문화적 기억을 통해 대물림된 상처 입은 감정은 반드시 치료받아야 한다. 피해자였을 뿐 아니라 또한 서로가 가해자였다는 사실을 서로 인정하고 문제 삼지 않는 것이 관건이다. 피해자 의식을 넘어서도록 도와주는 기억의 방식이 필요하다.

마지막 세 번째 문제는 피해자로서의 기억과 감정이 치료를 통해 어느 정도 완화된다고 해도 기억을 넘어 화해로까지 나아가는 길을 발견하는 건 쉽지 않다는 것이다. 여기에는 매우 복잡한 국제적인 이해관계가 얽혀 있고 또 아직 밝혀지지 않은 과거사 문제들이 잠재해 있다. 이를 위해선 먼저 주체로서의 위치를 재점검할 필요가 있다. 남과 북은 그 누구에 의해 형성되지 않고 또 열강의 이해관계에 좌우되지 않는 주권국가로서 서로의 관계에서 주체이다. 성숙한 자기 성찰을 통해 주체로서 의식이 갖춰져 있을 때 화해 공동체를 만들기 위한 정치적 결단과 실행은 세계사적 맥락에서 큰 의미가 있을 것이다.[18]

---

18 이런 문제들을 생각할 때 요청되는 일은 첫째, 역사를 공부하되 다르게 볼 수 있는 안목을 기르는 일이다. 한국전쟁과 분단의 현실에 대한 재범주화가 필요하다. 기억에 대한 치료는 사실을 직면하면서도 다르게 볼 수 있게 될 때 가능해진다. 역사의 다양성은 기억 주체의 다양성을 반영하고, 그럼으로써 관점의 차이를 인지케 해서 다양성에 대한 사회적 통합성을 높여준다. 이질적인 것들의 공존 가능성이 커진다. 둘째, 전쟁 트라우마로 인한 감정이 다음 세대로 이어지지 않게 하는 것이다. 전쟁에 대한 안 좋은 기억은 감정으로 표출되어 다음 세대로 전이된다. 전쟁이 집단(문화적) 기억의 형태로 남는 건 어쩔 수 없다 해도 왜곡되지는 않아야 하며 또한 전쟁을 경험하지 않은 세대에게 전쟁 세대가 느낀 감정까지도 전해질 필요는 없다. 셋째, 피해자로서의 정체성을 갖고 있으면서 한국전쟁을 기억할 때 화해의 가능성은 있는지를 찾는 것이다. 이와 관련해서는 기독교 신학에서 매우 중요한 단서를 찾을 수 있다. 무엇보다 화해론은 문제해결을 위한 맥락을 형성하는데, 특히 미로슬라브 볼프의 글 『기억의 종말』은 피해자인 당사자의 관점에서 화해의 가능성을 모색한 것으로 현실적인 문제와 관련해서 매우 뛰어난 통찰을 통해 서술되었다. 그러나 그의 글은 피해자와 가해자가 현저히 구분되는 현실에 도움을 줄 수 있지만, 한반도 상황에서처럼 서로가 피해자 정체성을 갖는 경우는 다루지 않아 한계가 있다. 미로슬라브 볼프와의 긴밀한 대화와 비판적인 성찰을 통해 한국전쟁의 피해자로서의 정체성을 갖고 또 그런 입장에서

2. 한국전쟁과 분단 상황을 다룬 영화를 통해 화해 공동체를 상상하기

1) 영화적 상상력 그리고 남북 간 화해를 위한 기대 지평

화해는 그 과정 자체가 힘겨운 일이기 때문에 화해 과정을 추진할 힘을 얻기 위해서는 화해와 더불어 펼쳐지는 세상을 상상하는 노력이 필요하다. 왜냐하면 남북 관계에서 부정적인 감정(미움·증오·불안·두려움)에서 벗어나 긍정적 관계 기반의 세상을 상상할 수 있다면, 적대 감정은 긍정적으로 전환할 뿐 아니라 감정의 치유 역시 자연스레 일어날 것이기 때문이다. 감정이 문화적으로 구성된다는 것도 또 다른 이유이다.[19] 기독교 화해론이 남북 관계에서 기대 지평을 제공한다면, 이에 비해 대중 예술로서 영화는 정치적인 한계 앞에서 정체해 있는 화해의 사역으로서 화해를 위한 집단의식

기억하려는 사람들이 어떻게 화해의 공동체로 나아갈 수 있는지를 탐색하고자 한다. 넷째, 과거를 정당화하려는 노력 곧 의미를 부여하려는 노력이 신학적으로 얼마나 타당한지를 검토하는 것이다. 과거를 해석하여 얻는 의미가 현재의 삶을 방해하고 또 미래를 결정할 정도로 받아들여도 괜찮은지를 비판적으로 살펴보는 것이다. 하나님의 칭의는 인간이 자신의 행동에 구속적 의미를 부여하는 것을 방지한다. 그뿐 아니라 인간이 자신의 과거로 현재와 미래를 규정하지 못하도록 한다. 칭의 신앙의 관점에서 볼 때, 과거 사건으로서 한국전쟁은, 비록 그것이 한국사에서 매우 중요한 의미가 있고 또 종전 선언이라 할 만한 판문점 선언이 발표된 상황인 현재까지도 지대한 영향을 미치는 사건이라 해도, 한반도의 현재와 미래를 규정하도록 허락해서는 안 된다. 그건 단지 올바르게 기억되어야 할 역사일 뿐이다.

19 감정의 발생과 관련해서 크게 두 가지 이론이 있다. 하나는 자극에 반응하여 뇌의 특정 모듈에 의해 성립한다는 설이 있고, 다른 하나는 감정은 문화적으로 구성된다는 설이 있다. 전자는 뇌 신경생리학자의 대부분이 지지하는 이론이지만, 후자는 리사 펠드먼 배럿의 주장이다. Lisa Feldman Barret, How Emotions Are Made?, 최호영 옮김, 『감정은 어떻게 만들어지는가?』, 생각연구소, 2017.

의 형성 곧 문화 형성 능력이 매우 탁월하다. 감정의 카타르시스가 일어난다. 필자가 화해의 현실을 실천하기 위한 기대 지평을 말하면서 영화 미학적 가능성을 언급한 까닭이 바로 여기에 있다.

한국전쟁을 기억하는 방식과 관련해서 살펴볼 영화는 크게 세 부류로 구분된다. 첫째는 한국전쟁 상황을 소재로 다룬 것이고, 둘째는 해방 직후 한국전쟁 전과 휴전 후 분단 상황을 다룬 것이다. 그리고 셋째는 전쟁 상황에서 좌와 우, 인민군과 국군, 공산주의와 자유민주주의 사이에서 갈팡질팡할 수밖에 없었던 민간인이 겪는 고통의 문제를 다룬 영화이다.

남한의 경우 전쟁의 기억 방식은 대북 정책에 의해 크게 좌우되었다. 물론 필자는 대북 정책 입안자가 받은 문화적 기억을 충분히 고려할 수 있다고 생각한다. 개괄적으로 살펴보면 한국전쟁과 분단 상황을 다룬 영화는 크게 1999년 이전과 이후로 구분된다. 그 이전까지 한국전쟁 영화는 대체로 반공이라는 국시에 맞추어 애국심을 고취하고 반공 사상으로 무장하는 목적에 부합해야 했다. 1960년대와 1970년대 말 사이에 전쟁 영화가 가장 많이 제작되었는데, 이는 시기적으로 박정희 독재 정권 시기와 일치한다. 물론 예외가 없지는 않았다. 반공 이념에서 벗어난 프레임으로 영화를 제작한 감독도 있었다.

예컨대 〈피아골〉(이강천 감독, 1955)은 빨치산의 활약을 비인간적이고 잔인하게 재현하긴 했어도 그들의 인간애적 요소를 드러냈다고 하여 반공법 위반으로 상영이 금지되었다가 문제가 되는 장면을 수정한 후에야 상영할 수 있었다.[20] 〈두고 온 산하〉(신봉승 감독, 1962)는 영화 속 공산주의자들의

---

20 김경욱, "한국영화에서 한국전쟁이 재현되는 변화과정에 관한 연구", 『영화연구』(55), 2013, 7-34, 8.

휴머니즘으로 인해 곤욕을 치러야 했다. 〈돌아오지 않는 해병〉(이만희 감독, 1963)에서 전쟁의 참혹한 장면에 이어 전쟁의 무의미함을 성찰한 이만희 감독은 〈7인의 여포로〉(1965)로 체포되었는데 국가보안법 위반 혐의 때문이었다. 북한군 장교가 포로가 된 국군 간호장교 7명을 호송하던 중 중공군의 성폭력에 대항하며 동포애를 보여주는 내용이 들어 있다는 이유에서였다. 선우휘의 동명 소설을 이만희 감독이 원래 내용과 다르게 각색하여 제작한 〈싸리골의 신화〉(1967) 역시 반공 영화의 틀을 넘어서고자 했다. 물론 국군의 패잔병과 북한 인민군을 비교할 때 표현이 편향되어 있긴 해도, 영화는 이념을 떠나 평화를 사랑하고 생명 자체를 존중하는 '참한국인'을 강조함으로써 남북의 대립 관계를 넘어 한국인의 정체성을 회복할 것을 시사했다. 또한 정부의 지원으로 만들어진 이만희 감독의 〈들국화는 피었는데〉(1974)는 반공보다 반전을 겨냥한 표현이 많아 여러 차례 논란과 수정 끝에 개봉될 수 있었다.

이처럼 한편으로는 반공 이념의 프레임에서 벗어난 영화가 제작되었으나, 다른 한편으로 반공 영화를 표방한 다수의 작품에서는 전쟁의 참혹함과 전쟁의 정당성 그리고 인민군의 만행 등이 다루어졌다. 미학적 측면에서 북한은 대체로 타자화된 이미지로 표현되었다.[21] 소위 '반공 영화'[22]는 시

---

21 대표적으로 만화 영화 〈똘이 장군-제3땅굴편〉(김청기, 1978)은 북한사람을 동물로 묘사해 북한에 대한 적개심을 노골적으로 드러냈다.

22 '반공영화'라는 영화의 장르는 오직 한국에서만 발견된다. 김화, 『새로 쓴 한국 영화 전사』, 다인 미디어, 2003, 285에서 저자는 반공영화를 다음과 같이 정의한다. "공산주의 이데올로기 허구성과 비인도적인 북한 공산 체제의 실상을 알리고 고발해서 자유주의 남한 체제의 우월성을 입증하고, 반공 의식 고취와 자유주의 체제 승리에 대한 확신을 심어주는 영화". 주로 제2차 세계대전 이후 미국과 소련의 냉전 체제에 의해 각인된 한반도 상황을 배경으로 한다. 이런 맥락에서 처음으로 제작된 반공영화는 다큐멘터리로 1948년에 제작된 〈여수순천반란사건〉(국방부)이다. 이 영화는 4.3사건 이후 발생한 여순반란사건의 실상을 알리기 위해 제작된 것으로 공산주의자들

기적인 필요에 따라 해방 직후 미국 군정 시기와 이승만 정권기부터 시작했고, 박정희 유신 정권은 1961년 공포된 '반공법'에 근거하여 영화 검열을 더욱 강화했다. 정치적인 의도에 따라 1966년 제5회 대종상 수상 분야에 '우수 반공 영화상'이 신설되면서 본격적으로 반공 영화가 제작되었고, 이런 제작 경향은 1970년대까지 이어졌다. 이 시기의 한국전쟁 영화와 분단 영화는 주로 반공 이념에 따라 제작되었다. 〈빨간 마후라〉(신상옥 감독, 1964)와 〈평양 폭격대〉(신상옥 감독, 1972)가 대표적이다. 이처럼 반공 영화를 통해 재현된 한국전쟁은 부정적 감정으로 대중에게 각인되었고, 이것이 공산 정권을 피해 남하한 기독교인들 사이에서는 반공과 신앙을 동일시하는 왜곡된 집단의식의 형성을 굳히는 계기가 되었다.

한편, 1970년대의 소위 '호스티스 영화'의 붐은 한편으로는 정권의 입맛에 맞는 영화를 제작한 결과이지만, 다른 한편으로는 반공 프레임을 강요하고 또 표현을 억압하는 문화 정책에 맞서 저항하는 하나의 방식이기도 했다. 최인호 원작의 동명 소설 『바보들의 행진』을 영화로 만든 하길종 감독은 〈바보들의 행진〉(1975)을 당시의 시대적 절망감에 빠져 시대와 타협한 영화로 평가했다. 1989년 베를린장벽이 무너진 후 냉전 체제가 사실상 종식되면서 동시에 반공주의를 기반으로 하는 영화 제작의 의지는 꺾였다고 볼 수 있다.

영화에 대한 사전 검열이 사라진 건 김영삼 정부 시기인 1996년이다. 그 이후에는 검열이 사라져 표현이 대단히 자유로워졌다. 김영삼 정부에서 영화계는 무엇보다 영화적 표현에서 반공주의 프레임에서 벗어나는 자유를 누릴 수 있었다. 이것은 분단 시대를 사는 사람들에게 영향을 미쳐 한국전쟁을 기억하는 방식의 변화로 이어졌다.

의 만행을 고발하는 내용을 담고 있다.

김영삼 정부 초기에 개봉된 〈그 섬에 가고 싶다〉(박광수 감독, 1993)는 한국 전쟁 당시 한 섬마을에서 인민군을 가장한 국군이 인민군에게 동조하는 자들을 선동해서 그들로 반동분자를 고발하도록 해 서로 등을 져야 하는 상황을 연출한다. 전통적인 윤리를 빌미로 자기를 섬마을에서 쫓아낸 일에 대해 박덕배(문성근 분)가 분풀이 차원에서 연출한 연극이었지만, 그것은 의도치 않게 빨갱이 색출을 위한 작전이 되어 숱한 마을 사람들을 죄 없이 죽게 한 원인이 되었다. 그 후 박덕배는 섬 밖으로 쫓겨나 살게 되었고, 죽은 후에도 고향 땅에 묻히지 못한 채 결국 바다 위에 떠 있는 배에 난 화재로 인해 불가피하게 화장된다. 전쟁 중 좌우 대립으로 민간인이 겪을 수밖에 없는 비극적 삶을 조명한 수작이다.

1994년에 개봉되어 대종상의 6개 부문에서 수상한 엄종선 감독의 〈만무방〉은 한국전쟁 당시 남편과 아들을 각각 인민군과 국군에 의해 잃은 후 오직 생존을 위해 인공기와 태극기를 번갈아 가며 들어야 했던 한 여인이 겪는 비극적인 삶을 담았다. 무엇보다 전쟁의 참상을 국군과 인민군의 전쟁이 아닌 민간인의 원초적 욕망을 매개로 한 생존경쟁으로 표현한 방식은 매우 주목할 만한 일이었다. 강대국들 사이에서 생존을 위해 갈팡질팡하는 대한민국의 현실을 비유적으로 조명했다고 생각한다. 대한민국이 강대국에 끌려다니듯이 지내면서 비극적인 결말을 현실로 맞닥뜨리지 않으려면 자주적인 남북 간 화해 공동체를 실현하기 위해 노력해야 할 것이다.

김대중 정부가 1998년 영화를 국가의 기간산업으로 인정한 후로 영화 산업이 발달할 수 있는 조건이 갖추어졌는데, 이 시기로부터 시작된 특징은 전쟁 장면을 연출하기보다는 분단 상황의 남북 간 갈등을 다룬 영화들이 다수 제작된 것이다.

2) 분단 영화

분단 상황을 반영하는 영화는 이미 해방 후인 1950년대 이전부터 제작되었다. 공산주의의 학정을 피해 월남한 두 형제가 남한의 국군과 경찰이 되어 반공주의 노선의 선봉에 서서 활약한다는 내용을 담고 있는 〈전우〉(홍개명 감독, 1949)는 미국 공보원(United States Information Service)에 의해 제작되었다. 〈성벽을 뚫고〉(한형모 감독, 1949)는 남북 이념의 대립이 만든 비극을 다루었다. 매부와 처남이 각각 공산주의자와 국군으로 활약하면서 서로를 향해 총을 겨눈다는 내용이다. 〈무너진 삼팔선〉(윤봉춘 감독, 1949)은 공산주의 국가에 억류되어 있다가 본국으로 귀환한 일본인과의 인터뷰를 통해 공산 국가의 만행과 강요된 공산주의 사상으로 무장한 인민들의 참혹한 삶의 단면들을 폭로한 다큐멘터리이다.

해방 후에는 미국공보원에 의해 제작되기도 했는데,[23] 모두 반공 이념을 고취하는 내용이었다. 공산주의에 대항하는 싸움에서 승리하고 자유민주주의 체제의 우월성을 강조하는 것이 주 내용이었다. 분단 상황의 남북 관계를 다루면서 반공 이념에 따른 영화 제작 경향이 급격하게 달라진 시기는 1999년 〈쉬리〉(강제규 감독) 이후이다. 〈쉬리〉는 분단 상황에서 겪는 남북의 갈등을 다루었다. 군사적으로나 이념적으로 서로 대립해도 같은 민족의 인간애로 인해 겪을 수밖에 없는 심적 갈등이 깊이 우러나는 이야기다. 김대중 정부의 시작과 함께 표현이 매우 자유로워졌음을 확연히 느낄 수 있는 영화다. 특히 남과 북에 대한 시각이 기존의 반공 이념에 따르지 않은 것

---

23 홍개명 감독의 〈전우〉(1949)와 〈주검의 상자〉(미국공보원, 1955) 등이 있다. 국방부 정훈국이 제작한 영화는 〈정의의 진격〉(한형모, 1951)이다.

은 파격적이었다. 〈공동경비구역 JSA〉(박찬욱 감독, 2000)는 남북 분단 상황과 그 안에서 살아가는 남북한 국민의 비극적 정서(화해를 원하면서도 국가 이념 때문에 자신의 욕망을 속여야 한다는 의미에서 비극적 정서)를 축소한 듯한 느낌을 준다. 감정적으로나 문화적으로 얼마든지 소통할 수 있는 남과 북의 형제애를 가로막는 것이 사실은 왜곡된 집단의식 곧 이념이라고 폭로했다. 〈실미도〉(강우석 감독, 2003)는 대통령 암살을 목적으로 남파된 간첩들을 소탕한 이후 이에 상응하는 보복 대책으로 김일성 암살을 위해 급조한 특수군 684부대의 실제 사건을 기반으로 제작된 영화인데, 7·4남북공동성명이 발표되면서 이 계획은 휴지조각처럼 버려졌다. 이로 인해 홀대받다가 군에서 자신들을 제거하려 하자 실미도에서 훈련받던 684부대원들은 섬에서 빠져나왔고, 군 당국에 의해 대방동에서 저지당해 탈취한 버스 안에서 모두 자폭했다. 영화는 남북의 대립 관계에서 인간이 소모품으로 희생되는 현실을 볼 수 있게 한 작품이었다.

이와 더불어 분단 상황에서 겪는 남북의 갈등을 그린 영화로는 〈간첩 리철진〉(장진 감독, 1999), 〈의형제〉(장훈 감독, 2010), 〈베를린〉(류승완 감독, 2013), 〈강철비 1〉(양우석 감독, 2017), 〈강철비 2〉(양우석 감독, 2020) 등이 있다. 영화들 역시 과거와 비교해 북에 대한 시각이 편향되어 있지 않으며, 무엇보다 한국전쟁의 기억이 분단 상황에서 어떤 스펙트럼으로 펼쳐지는지를 잘 보여준다. 긴장과 갈등과 대립이 여전히 현저하나 남북 관계의 미래를 위해서 반드시 지양해야 한다는 메시지를 담고 있다.

〈간첩 리철진〉은 남과 북의 이질적 혹은 변형적 이미지에 대한 편견을 깨고 남과 북의 주민을 같은 인간으로 재현했다. 전후 분단 시대에 형성되어 남한의 국민에게 각인된 '간첩'이 주는 괴물 이미지를 대범하게 파괴하였는데, 영화는 간첩도 인민의 굶주림을 해결하기 위해 고군분투하는 소박한 한 인간임을 부각하였다. 〈의형제〉에서는 현실의 삶을 힘겹게 살아 내는 일이 남한이나 북한이나 다를 것이 없다는 메시지와 더불어 형제애를 기반으로 남북 관계에서 겪는 갈등을 해결하기 위해서는 신뢰 회복이 관건이라고 역설했다.

〈베를린〉은 동서독 분단과 통일의 상징인 베를린을 배경으로 하는 영화다. 이곳에서 남북의 갈등과 대립을 다룸으로써 분단 상황의 비극을 더욱더 깊이 느끼게 하려는 의도를 엿볼 수 있다. 이 영화 역시 편향된 시각에서 벗어나려는 의도가 강하게 엿보이며, 특히 남북의 대립 이념에 매인 인간이 자유로운 삶이 보장된 세상에서도 처참한 삶을 살아 내야 할 뿐만 아니라 건강한 인간성을 파괴하는 비극적 측면을 강하게 부각했다.

〈강철비1, 2〉는 대범한 상상력을 동원해 제작된 영화다. 전편에서는 한반도가 북한 내부 세력에 의한 쿠데타로 핵전쟁의 위기에 놓인 상황을 설정했다. 이런 위기 상황을 이름이 같은 남북의 요원이 종결한다는 내용을 담고 있다. 〈강철비 2〉에서는 북한의 내부적 붕괴에 따른 평화적인 비핵화 과정을 이슈로 삼아 이야기했다. 무엇보다 남북의 통일을 가로막는 요인으로 북한의 군부와 외세를 특정하여 보여줌으로써 특히 이야기 내용과 관련해서 대중적 관심을 끌었다. 단순한 남북 관계의 갈등이나 남한 내 이념의 대립이 아니라 북한 내부의 사정을 영화 소재로 삼은 것은 충격적일 정도로 새로운 시도였다. 두 영화는 남과 북 모두에서 자기 이익을 위해 분단 상황을 극단적으로 남용하는 내부 세력과 외부 세력들을 등장시켰다. 상상에 따른 영화라 해도 분단 상황의 비극적 현실을 고스란히 반영했다. 남북 화해의 관건은 각자의 이해관계에 따라 움직이는 정치적 역학 관계에 한반도의 숙명을 맡기지 않고 보통 사람이 주체적인 역할을 발휘하는 데 있다는 것을 강조했다.

분단 영화를 분석하는 일은 분단 상황에서 남과 북이 서로를 바라보는 관점, 특히 남한에서 제작한 영화의 경우에는 남한의 관점을 얻는 데 매우 의미 있는 작업이다. 분단 영화가 표현의 자유에 힘입어 제작되기 시작한 지가 오래되지는 않았지만, 남한의 북한에 대한 시각이 많이 달라졌다는 것을 알 수 있다. 이념의 차이와 분단 상황 때문에 대립과 갈등을 피할 수 없는 현실에서 인간애, 동포애, 형제애 등의 공감적 이미지가 지배적이어서 더욱더 안타까운 느낌을 준다. 이런 이미지를 분단 상황을 공고히 하는 국가 이념과 비교할 때, 그 비극성은 더욱더 커진다. 영화를 통해서 재현된 남북의 긴장과 갈등의 진원지는 한국전쟁에 따른 분열과 대립이다.

3) 한국전쟁 영화

한편, 한국전쟁을 직접적인 배경으로 삼아 제작된 영화로는 한국전쟁 당시부터 꾸준히 제작되었다.[24] 지면 관계상 김영삼 정부 시기와 그 이후에 제작된 영화만을 살펴보면, 〈남부군〉(정지영 감독, 1990), 〈은마는 오지 않는다〉(장길수 감독, 1991), 〈만무방〉(엄종선, 1994), 〈그 섬에 가고 싶다〉(박광수 감독, 1993), 〈태백산맥〉(임권택 감독, 1994), 〈해병 묵시록〉(이병주 감독, 1995) 등이 있다. 〈해병 묵시록〉은 〈돌아오지 않는 해병〉(이만희 감독, 1963)이후 30년 만에 해병의 활약을 다룬 작품이라 많은 화제가 되었다. 전쟁의 막바지에서 북한의 세균전을 막기 위해 적지 깊숙한 곳에 투입되어 성공적으로 활약하고 산화한 해병대를 그린 전형적인 전쟁 영화이다. 〈은마는 오지 않는다〉, 〈만무방〉, 〈그 섬에 가고 싶다〉는 전쟁 중 민간인이 겪는 갈등과 고통

---

24 논문 말미 참고문헌 부분에 소개된 영화 목록을 참고할 것.

을 다루었다. 전쟁 상황에서 양공주로 살아야 하는 여인의 애절한 삶을 표현한 〈은마는 오지 않는다〉는 안정효의 소설 『길쌈』(1987)을 영화화한 것인데 반전은 물론이고 반미 사상을 배경으로 하는 영화다. UN군의 양민 학살과 전통 윤리의 파괴를 다룬 것은 매우 충격적이었다. 이후 2003년까지 한국전쟁을 소재로 한 영화는 제작되지 않았다. 그 밖에 동명의 소설을 원작으로 했고 또 빨치산의 활약을 그린 〈남부군〉(이태 원작 소설)과 〈태백산맥〉(조정래 원작 소설)은 반공주의자들에게 혹독한 비판을 받을 정도로 전쟁에 대한 북한군의 시각과 빨치산의 인간애를 담았다. 그러나 사실 〈남부군〉은 빨치산의 한계와 절망을 그렸고, 〈태백산맥〉은 남북의 싸움이 승자 없는 전쟁이라는 깨달음을 기반으로 한 영화였다. 일각에서는 반공주의 영화라는 평도 만만치 않았다.

그 후 노무현 정부 시절 제작된 〈태극기 휘날리며〉(강제규 감독, 2004)와 〈웰컴 투 동막골〉(박광현 감독, 2005)은 천만 관객을 동원하는 기록을 세웠으며, 그 이후에도 한국전쟁을 소재로 한 영화는 계속 제작되었다. 〈작은 연못〉(이상우 감독, 2010), 〈고지전〉(장훈 감독, 2011), 〈포화 속으로〉(이재한 감독, 2010), 〈오빠 생각〉(이한 감독, 2016), 〈서부전선〉(천성일 감독, 2015), 〈인천상륙작전〉(이재한 감독, 2016), 〈장사리: 잊혀진 영웅들〉(곽경택 감독, 2019) 등이 있다. 이 중에 〈포화 속으로〉와 〈인천상륙작전〉 그리고 〈장사리〉는 한국전쟁에서 그동안 잘 알려지지 않은 전투를 소개하면서 전쟁 영웅에 대한 기억을 새롭게 하려는 영화이다. 〈포화 속으로〉와 〈인천상륙작전〉은 반공 의식을 고취하려는 의도가 전혀 없지 않다는 평이 지배적이다. 문재인 정부 시기에 제작된 〈장사리〉와 비교할 때 그 성격이 많이 다른 영화다. 정부의 대북 정책이 강세로 바뀐 상황에서 어렵게 제작되어 개봉한 〈작은 연못〉에서는 노근리에서 일어난 양민 학살의 진실을 밝히려 했고, 〈오빠 생각〉은 전쟁 속 휴머니즘과 전쟁에 대한 트라우마를 다루었다. 이에 비해 〈태극기 휘날리며〉와 〈고지전〉 그리고 〈서부전선〉은 반전 의식을 일깨우는 영화로 평가된다. 전쟁은 고상한 이념을 실현하기보다는 단순한 생존을 위한 몸부림일 뿐이고 또 가족 이기주의에 근거한 행위임을 부각했기 때문이다.

전쟁 영화는 내러티브와 표현을 통해 전쟁의 기억 방식과 시점의 변화를 볼 수 있게 한다. 볼거리를 위해 여전히 전쟁의 참상을 다루고, 때로는 전쟁의 정당성을 주장하기도 하지만, 가장 현저한 변화는 정권의 교체와 더불어 나타났는데(물론 항상 일치한 건 아니다), 한편으로는 반공 이념에 따른 제작이 복구되기도 했고, 다른 한편으로는 휴머니즘을 바탕으로 생명의 존엄과 전쟁에 대한 회의적 관점을 드러내고 또 전쟁의 비극을 고발하는 의미에서 제작되기도 했다. 특히 전쟁의 무의미함과 트라우마 그리고 양민 학살의 현실을 고발하는 건 반공을 국시로 삼은 때에는 상상조차 하기 힘든 일이었다. 이런 점에서 전쟁에 대한 영화적 기억은 대체로 전쟁 자체보다 전쟁으로 인한 피해를 되새기면서 감정의 치유를 지향하고 또 평화 의식을 고취하는 데 집중하고 있음을 알 수 있다. 전쟁의 아픈 기억을 치유하는 데 크게 일조한다는 사실을 부정하기 쉽지 않다.

4) 화해 공동체, 그리고 두 영화 〈웰컴 투 동막골〉과 〈코리아〉

개인적으로 한국전쟁 영화나 분단 영화와 관련해서 적대 감정을 치유하고 또 남북 관계의 화해를 성찰하기 위해 특별한 의미를 부여하는 영화는 〈웰컴 투 동막골〉과 〈코리아〉(문현성 감독, 2012)를 꼽는다. 〈코리아〉는 비록 영화적 미숙함 때문에 흥행하지는 못했지만, 1991년 세계탁구선수권대회 여자 단체전에서 우승을 차지한 남북 단일 탁구팀의 선전과 그 당시의 국민적 감동을 소환하여 보여주었다. 실화라 해도 영화에 사실을 모두 반영하지는 않았다. 그러나 남북 화해의 기대 지평이 분명하게 제시되었다. 이런 기대에 힘입어 2018년 평창올림픽 아이스하키 단일팀을 급조하여 당시의 영광을 재현하고자 했으나 안타깝게도 좋은 성적을 얻지 못해 단일팀을 구성하는 것으로 만족해야만 했다. 무엇보다 관건은 극적인 갈등 상황에서도 영화적 감동에 고무되어 매우 빠른 시간 안에 단일 선수단을 구성하여 한반도기를 들고 입장했다는 것이다. 이것이 2019년 판문점 선언을 가능하게 한 초석이 되었음을 부정하는 사람은 없을 것이다.

남북의 화해 공동체를 형성하는 데 공헌할 영화로 필자가 〈코리아〉에 주목하는 또 다른 이유는, 정치적 결단으로 성사된 남북 단일팀이 힘을 합쳐 세계 최강 중국팀을 이겼다는 사실 외에 〈코리아〉는 남북이 서로를 무조건 수용하고 믿고 격려하면서 힘을 합치면 어떤 결과를 가져올 수 있는지를 영화적 방식으로 환기하기 때문이다. 남북 화해를 위한 정치적 결단이 얼마나 중요한지를 보여주었고, 또한 남북 협력의 기대 지평을 명확히 제시하였다. 물론 이념에 사로잡힌 정치적 결단이 화해 과정을 진행하는 데 큰 장애물이라는 사실도 확인할 수 있었다. 정치적 결단에 의한 남북 화해 분위기 조성은 2018년 평창동계올림픽에서도 확인할 수 있었다.

〈웰컴 투 동막골〉은 선우휘의 소설 『싸리골 신화』와 비교할 때 비슷한 결을 가지고 있으나, 세부적으로 보면 차이가 현저하다. 소설과 영화는 판타지 형태로 남과 북이 서로 어떤 공동체를 지향해야 할 것인지를 보여주려는 의도를 분명하게 드러낸다. 화해를 위한 기대 지평이라 말할 수 있다. 천만이 넘는 관객 동원에서 확인할 수 있는 영화에 대한 대중의 높은 관심은 남북 화해와 협력에 대한 대중의 열망을 반영한다. '동막골'이라는 가상의 공간은 서로 방향을 잃고 헤매는 남과 북 그리고 연합군이 마음의 안정을 되찾고, 상호 갈등과 대립을 지양하고, 오히려 함께 살아가고 서로 협력하며, 그리고 마을의 안녕을 위해 기꺼이 희생할 마음을 갖게 만드는 곳이다. 마을의 이장이 자기 지도력의 비결을 밝히면서, 다만 마을 사람들을 많이 먹여야 한다고 말한 것은 일상의 평안함이 마을의 핵심 가치임을 시사한다.

일상의 평안함이 지배하는 동막골은 비록 상상의 공간이라 하더라도 오늘날 우리가 주목할 가치가 있다. 그 이유는 바로 이곳은 남북의 대립을 지양하고 오히려 화해와 평화로운 공존이 이루어지고 어떤 희생이 있다 해도 지켜져야 할 공간이기 때문이다. 서로가 잘잘못을 따지지 않고 평안한 생존을 위해 협력하는 곳, 서로가 희생할 때 아름답게 지켜지는 곳, 동막골은 그런 곳이다.

이런 공간을 기대 지평으로 삼으면서 특별히 주목할 캐릭터는 영화 중에서 '꽃 꽂은 여자'(미쳤다는 표현)로 등장하는 여일(강혜정 분)이다. 여일은 박광수 감독의 〈그 섬에 가고 싶다〉에 나오는 순진무구한 옥님(심혜진 분)을 재현한 것은 아닐지 의심이 갈 정도로 많은 점에서 겹치는 캐릭터이다. 영화에서 여일은 숨겨진 마을을 표면으로 드러내고 또 동막골이 어떤 마을인지를 보여주는 역할을 한다. 곧 그녀는 길을 잃은 사람들을 마을로 안내하고, 무기를 장식품으로 여기며, 대립과 갈등을 하나의 놀이로 여긴다. 따뜻한 마음을 가지고 있어 공산주의 이념으로 단단히 무장한 청년의 마음을 사로잡기도 한다. 두려움과 공포로 가득한 순간에도 여일은 인간에 대한 미소를 잃지 않은 까닭에 폭행을 당하고 정신없는 싸움의 현장에서 유탄에 맞아 숨을 거둔다. 여일은 오늘날 이념의 대립을 두려워하지 않고, 오히려 이념을 초월해 평화의 가치를 실현하는 캐릭터다. 대립의 현실 앞에서 기꺼이 눈을 감고 평화를 꿈꾸는 사람을 대변한다. 나는 '여일' 캐릭터를 기꺼이 경직된 남북 관계를 푸는 정치적 지도자 이미지로 표상하고 싶다. 주체적이지 못하고 현실의 이해관계에 이끌려 갈팡질팡하는 선택의 비극적 결말이 어떠할 것인지를 〈만무방〉에서 비유적으로 말하고 있듯이, 주변 열강에 의해 국가의 정체성 상실을 염려할 정도이고, 주체적인 화해의 필요성을 인지하고 있음에도 불구하고 실행에 옮기지도 못하고, 그리고 이념의 갈등과 그로 인한 여론의 분열로 정치적 결단을 끝없이 지연하는 안타까운 현실에서 과감하게 눈을 돌려 미치지 않고는 결단코 행할 수 없는 대담한 정치적 결단을 실행하는 지도자, 곧 미래의 평화 한반도를 위해 우리에게 필요한 건 바로 여일의 캐릭터에서 볼 수 있는 지도자가 아닐까 싶다. 일제강점기와 한국전쟁을 지도자 심판론에 의해 이해하려는 시도가 있는데, 이런 노력에 빗대어 말한다면, 현 대립과 갈등의 상황을 넘어 남북 관계의 화해를 추구하는 '지도자 공헌론'을 말할 수 있을 것이다.

항상 그렇지는 않지만 대체로 정권의 변화에 따라 표현과 주제가 달라지는 전쟁 영화와 분단 영화를 통해 우리는 한국전쟁 그리고 남과 북을 보는 대중의 시각이 어떻게 변했는지를 충분히 확인할 수 있고 또 대중이 남북 관계와 관련해서 무엇을 기대하는지를 어느 정도 예상할 수 있다. 이미 분단 초기부터 남북 혹은 좌우의 대립에서 비롯되는 허무함이 영화를 통해 폭로되었다. 이와 더불어 영화를 통해 암시된 것이 있었는데, 그것은 최소한 남한에서는 분열과 대립을 지양하고 화해와 공존을 원한다는 것이다. 이뿐만 아니라 무엇보다 영화를 통해 재현된 남북 관계의 화해를 향한 열망을 보면서, 전쟁의 기억은, 비록 그것이 현실적으로 정치적 역학 관계에 매여 있지만, 화해를 이루기 위해서는 핵심 지도자의 정치적 결단이 중요한 역할을 하고, 또 서로가 교류하면서 교제를 실천할 때 화해라는 결과를 얻을 수 있다는 것을 알 수 있다.

나가는 글
— 자주적 화해를 위한 믿음의 상상력과 정치적 지도자의 공헌

> 너희는 지나간 일을 기억하려고 하지 말며, 옛일을 생각하지 말아라. 내가
> 이제 새 일을 하려고 한다. 이 일이 이미 드러나고 있는데, 너희가 그것을 알
> 지 못하겠느냐? 내가 광야에 길을 내겠으며, 사막에 강을 내겠다.(표준새번역,
> 사 43:18-19)

화해는 남북이 더 나은 공존을 하기 위한 토대이며 한반도의 밝은 미래를
위해 나아가는 출발점이다. 한국전쟁이라는 과거를 넘어 화해의 길을 걷기
위해 대한민국 국민은 어느 정도 고통을 감당할 각오를 해야 한다. 전쟁 없
이 갑작스럽게 통일을 이룬 동서독이 내적인 통일을 위해 오랜 기간 고통을
겪었던 사례를 생각한다면, 동족상잔의 전쟁을 겪은 남북 관계에서 화해의
과정이 얼마나 험난할 것인지는 명약관화하다. 화해가 누구에게는 상실의
슬픔이 될 것이고, 누구에게는 뼈를 깎는 고통일 것이기 때문이다.

화해는 집단기억 방식의 변화가 선행하고, 왜곡된 집단의식에서 비롯한
감정이 치유되며, 그리고 남북 화해의 기대 지평을 위한 과감한 상상이 펼
쳐질 때 가능하다. 과학적 예측에 기반을 둔 것이든 아니면 미학적 상상력
에 기반을 둔 것이든 한반도의 미래에 대한 상상(단순히 유토피아적인 공상이
아니다)을 통해 우리는 적대 감정을 전환하여 긍정적인 감정을 형성하고 또
전쟁의 기억을 바꿀 수 있다. 그리고 비록 피해자라 할지라도 화해의 주체
로서 화해의 사역을 감당할 힘을 공급받을 수 있다.

2020년 7월 '8·15 민족자주대회 추진위원회' 대표자들은 남북 관계의 파
국적 위기를 자주적 정책 전환으로 풀 것을 선언하였는데, 이는 자주적 화

해를 이루기 위해 매우 의미 있는 일이라고 생각한다. 필자가 보기에 여기서 관건은 적대 감정과 정치적 결단 사이에서 무엇을 우선으로 둘 것인가를 결정하는 것이다. 이미 3.1운동 100주년 기념 관련 논문에서도 밝힌 바 있지만[25], 남북이 주변 국가의 외교적 관계에 지나치게 의존하지 않고 과감한 정치적 결단을 함으로써 자주적 화해와 평화를 선언해야 한다. 이를 위해서는 비록 다수 국민의 정서가 북한에 대해 우호적이지 않더라도, 미학적 상상력을 바탕으로 정치적 결단이 먼저 있고 그 후에 국민 정서를 통합하기 위해 감정을 치유하는 노력을 기울이는 것이 바람직하다고 생각한다.

예컨대, 세계대전 가해국인 독일의 수상 빌리 브란트(Willy Brandt)는 1970년 점령지였던 폴란드를 방문했을 때 무명용사 추모비 앞에서 무릎을 꿇었다. 당시 독일 언론은 "무릎을 꿇은 것은 한 사람이었지만 일어선 것은 독일 전체였다."라고 평했다. 화해의 이미지로 영원히 기억될 것이다. 당시 사민당(SPD) 동방 정책의 맥락에서 이해되는 그의 행위는 향후 독일이 공산주의에 대한 두려움을 극복하고 또 반공주의에서 벗어나는 중요한 발판을 마련했다. 비록 구체적인 인과관계는 성립하지 않지만 독일 통일 이후 좌파 이데올로기가 더는 위협적이지 않다는 인식을 공고히 하는 데에도 크게 공헌하였다. 그러나 당시 빌리 브란트의 이런 행위에 대해서 찬성 여론은 41.5%로 과반이 안 되는 상태였다. 반대는 48%였다. 독일은 국민 여론과 정서에 반하는 빌리 브란트 수상의 정치적 결단 후에 수많은 토론의 과정을 거치며 국민적 공감대를 얻는 노력을 기울였다. 한국전쟁 이후 분단의 시대를 살아가는 우리가 유념해야 할 모범이라고 생각한다. 세계 평화에 공헌할 남북 화해

---

25 최성수, "3.1정신과 한반도 평화-자주적인 평화선언의 실천을 위한 소고", 변선환아키브 편, 『3.1정신과 '以後' 기독교』, 동연, 2019, 81-111.

를 이루기 위한 정치적 결단이 어떤 형태로 나타날 것인지는 오직 기대할 수밖에 없는 일이지만, 무엇보다 주변 강대국을 배제하지 않으면서도 그들에 종속되지 않은 상태에서 상상력을 기반으로 한 큰 결단을 통해 남북 간 자주적 화해 과정을 실행할 것을 제안한다. 대북 관계에 따라 한국전쟁의 기억 방식이 달라진 점을 고려할 때, 대북 관계에서 포용적인 제스처를 취하는 진보 세력뿐만 아니라 무엇보다 보수 세력의 지도자 역할이 기대된다.

끝으로 남북의 자주적인 화해를 이루기 위해 교회가 해야 할 일은 무엇일까? 화해 공동체를 추구하는 일에서 남북 관계를 오직 힘의 논리에만 근거해서 보는 것은 적어도 그리스도인에게는 바람직하지 않다. 왜냐하면 신학적 의미에서 평화는 힘(군사력 · 경제력 · 문화 능력 · 의료 능력 등)의 논리에 따르지 않기 때문이며, 그리고 비록 국제적인 역학 관계에 영향받는 일은 피할 수 없다 해도 남북 관계를 힘의 논리로만 본다면 다른 강대국에 대한 의존도는 더욱더 커질 수밖에 없기 때문이다. 신앙인에게 남북 관계는 화해를 넘어 평화와 통일을 이루기 위한 잠재력을 개발하는 방향에서 조명되어야 한다. 여기에 더해 세계 평화에 크게 공헌할 것이라는 확신을 보여준다면 금상첨화다. 함석헌은 한국전쟁을 심판과 예언의 의미로 보았는데, 그가 말한 예언은 남북의 평화와 통일에 대한 요구는 이미 한국전쟁 안에 내포된 현실이라는 것이다. 세계 평화를 이루기 위한 역할도 충분히 함께 생각할 수 있다. 그러므로 남북 관계는 적대적인 측면을 강조하기보다는 오히려 상호 협력과 공존 그리고 행복을 추구하기 위해 노력하는 것이 바람직하다. 앞으로 감당해야 할 세계사적 과제를 남과 북이 같은 시각으로 바라볼 수 있는 논리를 개발하는 것이 관건이다.

이 일이 가능하기 위해서는 화해의 노력과 함께 상상력을 발휘해야 한다. 교회가, 남북이 서로 어떻게 협력할 수 있는지, 어떻게 공존할 수 있는지, 어떻게 공생하면서 새로운 미래를 개척할 수 있는지를 연구하여 구체적인 방안을 제시해야 한다는 것이다. 교회가 주체가 된다는 건 화해와 평화를 이루기 위한 집단의식을 믿음의 상상력으로 형성한다는 의미이다. 그리스도인은 이미 이루어진 하나님의 화해를 믿음의 상상력으로 실천하며 경험할 수 있다. 이를 위해 화해 사역을 감당하는 교육과 평화를 학습하고 실천할 수 있도록 돕는 교육과 통일을 꿈꾸면서 통일 한반도를 이끌 수 있는 인재를 양성할 수 있는 교육을 해야 한다. 독일의 경우처럼 통일이 갑자기 올 수도 있겠지만, 거기에 이르기까지 동서독 교회가 교류하기 위해 부단히 노력했다는 사실을 기억해야 한다. 독일 통일 과정에서 교회의 역할과 기독교적인 평화를 교육하기 위해 형성된 집단의식을 결코 무시할 수 없다. 영화적 상상력은 남북 관계를 새롭게 정의하고 또 생명 공동체를 형성하는 데 크게 공헌할 것이다.

제4부

분단이념 극복을 위한 교회의 평화적 실천

2020년 한국 개신교인의 한반도 평화와 통일에 관한 인식 연구

신익상 성공회대 조교수

다만, 20대가 다른 연령대와는 다른 독특한 경향을 보인다는 사실에 더 주목할 필요가 있다. 이들의 움직임이야말로 한반도 평화와 통일을 바라보는 개신교 미래의 시선을 발견할 단초가 되기 때문이다. 이들은 다른 연령대와 비교해서 북한과의 평화적 관계 개선이나 통일을 긍정적으로 바라보는 비율이 상대적으로 낮다는 사실, 민족 정서나 경제적 효용성보다는 안보나 국제관계의 관점에서 북한과의 관계를 인식하고 있다는 사실, 통일에 대해 무지와 무관심을 보이는 이들의 비율이 무시할 수 없을 정도로 높다는 사실, 북한과의 협력을 긍정적으로 바라보는 비율이 현저하게 낮다는 사실에 주목해야한다. 이들의 이러한 경향은 단지 개신교 내부만의 문제가 아니라 한국의 20대 전반적인 경향을 시사한다는 점에서 정책적이고 교육적인 참고가 될 사항이라고 판단된다.

들어가는 글

한국전쟁 70주년을 맞은 2020년의 세계는 지금 코로나19라는 동물유래 전염병과 일전을 벌이고 있다. 한반도도 예외는 아니라서 이 전쟁 앞에서 이전에는 중요하게 생각됐던 많은 일이 관심의 뒤안길로 밀려나는 상황이다. 이 전쟁은 사실 인류의 인류 자신과의 투쟁이다. 개발과 성장주의를 필두로 한 인류의 자기 확장은 야생동물의 서식지를 무참히 짓밟으며 지구의 역동적인 조화와 균형을 새로운 차원의 조화와 균형으로 몰아가고 있다. 이 새로운 조화와 균형은 지금의 조화와 균형에 적응해 있는 대부분의 종이 적응할 수 없는 지구를 만들어 낼 것이다. 멸종 위기 명단에는 인류 자신도 빠지지 않는다. 인류의 번영과 확장은 다른 종의 파멸은 물론 자신의 파멸마저 가져올 수 있는 역설적인 상황에서 전개되고 있는 셈이다.

이러한 상황에서 한국전쟁 70주년을 맞아 한반도의 평화와 통일을 말하고자 할 때, 한반도인의 문제의식은 두 가지 시선을 갖게 된다. 휴전선을 앞에 두고 아직 끝나지 않은 한국전쟁을 어떻게 공식적으로 종식하여 반도의 평화를 정착시킬 것인지를 고민하는 시선과 이 문제를 해결하기 위해 선결되어야 할 더 큰 평화 문제로서의 지구적 문제, 곧 생태학적 위기의 문제를 고민하는 시선이다. 이 글은 두 번째 고민의 시선을 맥락적 상황으로 전제하고, 첫 번째 고민의 시선을 견지하는 가운데 전개된다. 본격적인 논의 전에 한반도 평화 정착과 통일 프로세스를 논하는 기존 논의들로부터 얻을 수 있는 참조를 간략하게 정리해 보자. 가장 문제시되는 지점 중 하나는, 한반도 평화 문제에서 남한의 위치는 무엇이냐는 것이다. 혹자는 한반도 문제를 해결하기 위한 주체가 북한과 미국이 되면서 "남한을 종속변수처럼 여기고 행동한다."[1]라고 애타하면서 남한의 진정한 독립, 곧 자립 · 자주 · 자결의 힘이 필요하다고 주장한다. 혹자는 한반도 문제를 미국과 중국의 패권 문제에 위치시켜서 단지 남한의 지위뿐만 아니라 한반도 평화와 비핵화 문제 자체도 이 두 강대국의 패권 경쟁에 영향을 받는 종속변수로 읽는다.[2] 그러나 이 읽기는 이 구도에서 한반도인의 위치가 어디인지에 대한 고민도, 두 강대국의 패권 경쟁이라는 거대한 구조의 부분으로 전락시킨 한반도 평화 프로세스의 주체가 누구인지에 대한 고민도 선명하게 정리하지 않고 넘어감으로써 논의의 구조 안에서 계속해서 삭제된 주어가 끝까지 빠진 공허한 교회 주체의 평화학적 실천 강령들만 늘어놓고 끝난다.[3]

사실, 남한의 애매한 위치는 한반도 비핵화 프로세스와 한반도 평화 프로세스의 이중적 상황이 낳은 딜레마다. 혹자가 말하듯, "한반도 비핵화와 한반도 평화 체제와 한미동맹의 지속은 한국 정부가 동시에 달성할 수 없는 정책 목표, 불가능한 삼위일체 즉 '트릴레마(trilemma)'이다."[4] 한미동맹이라는 전제 속에서 한반도 비핵화는 북한과 미국의 이해관계를 중심으로 진행

---

1 채수일, "독일 통일 30주년과 한반도", 『기독교사상』 730호, 2019.10, 7.

2 고영은, "투키디데스 함정의 국제질서에서 한반도 비핵화와 평화정착 가능성 모색 – Graham Allison의 이론을 중심으로", 『장신논단』 제51권 2호, 2019.06, 164-165. 참조.

3 같은 글, 165-171. 참조.

4 구갑우, "한반도 평화 체제의 역사적, 이론적 쟁점들 – 2019년 북중정상회담에서 북미정상회담으로 –", 『시민과세계』 제34호, 2019.06, 325.

되는 반면, 한반도 평화 체제는 남한과 북한의 교감 속에서 진행된다. 동시에, 한반도 비핵화가 한반도 평화 체제 수립을 위한 선결 조건으로 설정되면 결국 한반도 평화 체제 수립 문제는 한반도 비핵화 문제로 수렴하게 되며, 따라서 한반도 평화 체제 수립에서 현실적으로는 남한의 주체적 지위가 난파할 개연성이 높아진다.

2019년 2월 하노이 2차 북미정상회담 이후의 상황은 이 개연성의 좋은 예다. 이 회담에서는 한반도 비핵화의 정의에 관한 양측의 견해가 불일치하여 합의에 이르는 데 실패했고, 그 결과는 곧장 "한반도 평화 체제라는 의제의 실종"[5]으로 이어졌다. 이 과정에서 "한반도 갈등의 당사자인 한국이 평화 과정을 중재하는 모순적 역할을 감당"[6]했던 상황은 지금도 진행형이다. 이 상황은 지난 2018년 9월 평양 남북정상회담에서 한반도 비핵화 과정의 결정적 진전으로 합의한 '영변 핵시설 폐기'를 하노이회담에서 미국이 "영변 플러스 알파"[7]로 되받아치면서 형성된 것이다. 따라서 비핵화란 무엇을 의미하며, 그 과정에서 북한에 대한 국제적 경제 제재는 어떻게 해제할 것인지에 관한 논의가 진전을 이루지 못하면, 한반도 평화 체제 논의는 한 걸음도 더 진전되기 어려운 상황이다.

이러한 상황에서는 지난 2017년 7월 6일 독일 베를린에서 문재인 대통령이 천명한 '신(新)한반도 평화 비전'이 지닌 내적 모순이 더욱 두드러질 수밖에 없다. 이 '비전'에서 문 대통령은 첫째, 어떤 인위적인 통일이 아닌 오직 평화, 둘째, 북한 체제의 안정 보장을 전제로 한 한반도 비핵화 추구, 셋째,

---

5   같은 글, 329.

6   같은 글.

7   같은 글.

한반도의 항구적 평화 체제 구축, 넷째, 남북의 공동 번영을 위한 경제 협력 추구, 다섯째, 남북 간 비정치적 교류·협력을 정치·군사적 상황과 분리해서 추진 등의 입장을 냈다.[8] 그러나 김진환의 통계적 연구가 결론적으로 제시하듯,

> 현재 남한 사람들은 비핵화 협상 타결을 위해서는 미국의 상응 조치, 남한 당국의 중재·촉진 역할보다는 북한 당국의 책임과 노력이 더 크다고 생각하고 있고, 이러한 생각을 가지고 지켜본 비핵화 협상이 지지부진해지면서 2018년 봄 지녔던 긍정적 대북 의식을 재고하고 있다고 추정할 수 있다.[9]

다시 말해, 한반도 평화 체제 구축의 열쇠를 쥐고 있는 것은 남한이 아니라 북한이라는 인식이 대한민국 국민의 주류 인식이라는 것이다. 아이러니하게도, 이러한 남한 내 인식은 "핵 문제가 남한과 북한 사이의 문제가 아니라 북한과 미국 사이의 문제"[10]라는 북한 정부의 입장과 통하는 바가 있다. 다만, 북한 정부의 입장은 남한 정부의 주체적 입장에 한계가 있다는 것을 비판적으로 부각하는 측면이 있다면, 남한 내 인식은 북한 정부의 책임론을 강조하는 측면이 있다. 어떤 경우도, 한반도 평화 프로세스와 관련한 남한의 주체적 지위 문제는 약화한다.

이러한 상황의 원인을 미국을 비롯한 주변 강대국들의 오만에서 찾는 관

---

8 통일부, 『2018 통일백서』, 통일부, 2018, 14-15; 김진환, "한반도 평화프로세스와 대북의식 변화", 『경제와사회』 제123호, 2019.09, 392-393.에서 재인용.

9 김진환, 같은 글, 407.

10 서보혁, "한반도의 비핵화는 가능한가", 『기독교사상』 705호, 2017.09, 38.

점도 존재한다. 정전 체제하의 안보는 평화 개념보다는 '왜곡된 불안'[11] 개념과 맞닿을 수밖에 없으며, 주변 강대국들은 이것을 기반으로 자신들의 전쟁을 한반도에서 연장하는 한편(그래서 모든 외교는 전쟁의 연장이 된다), "한국인의 운명을 스스로 결정하고 원하는 방향으로 나아가려고 결정할 때 더 강하고 더욱 주체적인 목소리를 내고자 하는 한국인의 의지가 외면당하는 현실"[12]을 조장한다는 것이다.

다른 한편, 남북 관계 문제를 다루는 기독교 내의 목소리는 평화 체제 구축보다는 체제 통일에 초점이 맞춰져 있는 경우가 많다. 그것이 민족 정서에 기반을 둔 것이든, 아니면 체제 이념적 편향에 기인한 것이든 평화 프로세스를 논의할 때조차도 그 프로세스가 체제 통일을 위한 중간 과정에 불과한 것으로 이야기를 진행하는 경우가 많다. 목표와 과정 전체를 양 사회 체제 간의 통합으로 전제하고 진행되는 논의는 이 글에서 앞서 밝힌 국제정치의 역학 관계를 둘러싼 역설과 모순의 상황을 부차적으로 미루어 둔 채 '통일의 당사자인 남북한'[13]을 통일의 명증한 주체로 상정하여 논의하는 경우가 있다. 과연, 한반도에서 통일의 당사자는 통일의 깔끔하고 명증한 주체일 수 있을까?

구본상, 최준영의 논문 「변화하는 한반도 환경하에서의 우리 국민의 통일인식 분석: 현대적 성차, 국가 자부심, 통일효용 인식」(2019)은 통일인식과 한반도의 정치, 경제, 외교적 환경의 변화가 밀접한 관련이 있음을 명확

---

11 David H. Satterwhite, "오만, 겸손, 그리고 희망: 한반도의 평화 및 화해 정착을 위한 근본적 패러다임의 시급한 전환", 『기독교사상』 720호, 2018.12, 95.

12 Satterwhite, 같은 글, 94.

13 전득안, "한반도 통일과 사회통합을 위한 기독교(교회)의 역할 – 체제통일 과정과 통일 이후 사회통합 문제를 중심으로 -", 『종교문화학보』 제16권 제2호, 2019.12, 50.

하게 보여준다. 이 논문은 통일의식에 영향을 미치는 주요 변수로 연령과 성별, 그리고 대한민국에 대한 자부심, 정치적 성향(보수정당에 대한 정당일체감), 대통령의 국정 운영 지지도, 통일의 효용성에 대한 인식을 제시하고, 이들 변수가 한반도 환경의 변화에 따라 어떻게 통일의식에 영향을 미치는지 통계적인 연구를 통해 밝혔다. 이 통계 연구의 결과 중 주목할 부분은 연령과 통일의 효용성에 대한 인식이다. 이 연구는 연령대가 높아질수록 통일이 필요하다고 생각하는 사람의 비율이 커진다는 기본적인 큰 틀에서의 경향을 재확인함과 동시에, 통일이 각 개인에게 효용을 가져다주리라는 기대가 2017년 이후 통일의식에 영향을 끼친다는 결과를 제시하였다.[14]

이 글에서는 이상의 선행 연구 결과들을 바탕으로 다음의 목표를 설정하고자 한다. 첫째, 한국 개신교인의 연령대별 한반도 통일과 평화 체제에 관한 의식의 차이를 통계적으로 확인하고자 한다. 그중에서도 20대를 중심으로 하는 젊은 세대의 한반도 평화와 통일에 관한 의식이 갖는 독특성에 주목할 것이다. 둘째, 한국 개신교인의 한반도 평화와 통일에 관한 의식에 종교적인 요소가 영향을 미치는지, 미친다면 어떤 종교적 요소인지를 통계적으로 확인하고자 한다. 셋째, 코로나19 대유행이라는 상황을 전제로 할 때, 한반도 평화와 통일에 관한 논의가 처한 상황을 어떻게 평가하고 대응할 수 있을지를 검토하고자 한다.

이상의 목표는 한반도 평화와 통일 논의의 주체에 관한 인식을 미래 전망이라는 관점에서 성취하되, 2020년 한국전쟁 70주년을 맞은 현재의 가장 큰 사회적 해결 과제인 코로나19 대유행과 관련된 전망을 전제로 해서 도달하

---

14 구본상, 최준영, "변화하는 한반도 환경하에서의 우리 국민의 통일인식 분석: 현대적 성차, 국가 자부심, 통일효용 인식", 『OUGHTOPIA』 Vol,34 No,1, 2019,05, 69-71. 참조.

고자 한다.

1. 통계조사의 개요

본 연구는 ㈔한국기독교사회문제연구원과 크리스찬아카데미, 그리고 대한기독교서회가 ㈜지앤컴리서치에 의뢰하여 수행한 '2020년 주요 사회 현안에 대한 개신교인 인식 조사'의 설문 결과와 기초 통계 및 통계 분석 자료를 사용한다.[15]

1) 응답자와 응답자 특성

〈표 1〉 응답자의 연령대별, 예배 참석 빈도별, 신앙의 정도별 분포

전체		사례수 (1000)	% (100.0)
연령대	20~29세	(174)	17.4
	30~39세	(204)	20.4
	40~49세	(245)	24.5
	50~59세	(229)	22.9
	60~69세	(148)	14.8
예배 참석 빈도	일주일에 3회 이상	(154)	15.4
	일주일에 1~2회	(492)	49.2
	한 달에 3회 이하	(203)	20.3
	교회 안 나감	(151)	15.1
신앙의 정도	기독교 입문층	(251)	25.1
	그리스도 인지층	(261)	26.1
	그리스도 친밀층	(322)	32.2
	그리스도 중심층	(165)	16.5

---

15 ㈜지앤컴리서치, 『한국 사회 주요 현안에 대한 개신교인 인식조사 결과 보고서』, 2020.08.

본 연구의 설문은 전국 개신교인 1,000명의 20세 이상 69세 이하 응답자를 대상으로 했으며, 개신교인의 성, 연령대, 지역별 인구를 기준으로 비례 할당하여 표본을 추출하였다. 인구통계 변인으로는 성별, 연령대, 지역, 직업, 결혼 여부, 가구 소득, 결혼 여부, 고용 형태, 학력, 월평균 가구 실소득, 자산을, 여기에 더하여 교회 내 직분, 예배 참석 빈도, 출석 교회 교인 수, 신앙생활 기간, 교파, 신앙의 정도를 측정하였다. 그러나 본 연구에서는 이 중 개신교인의 연령대와 예배 참석 빈도, 신앙의 정도를 주요 독립변수로 사용하였다(〈표 1〉 참조).

2) 설문지

설문은 정치 분야(16개 문항), 경제 분야(15개 문항), 생태·환경 분야(14개 문항), 한반도·국제 관계 분야(16개 문항), 젠더·사회취약계층 분야(15개 문항), 교회·신앙관 분야(19개 문항)의 6개 분야로 나누어 총 95개 문항의 질문을 하였다. 이 문항들 가운데 척도로 구성된 문항들은 5점 척도로 응답하도록 하였다.

3) 조사 방법과 자료의 처리

조사 기간은 2020년 7월 21일부터 7월 29일까지였고, 설문 문항은 선다형이나 5점 척도로 구성되었다. 조사 지역은 전국이며, 패널을 활용한 온라인 조사로 진행하였다. 개신교인 1,000명을 대상으로 한 설문의 표본 오차는 95% 신뢰 수준에서 ±3.1%이다.

본 연구에서 사용된 통계분석 방법은 상관계수 분석, 변량분석(ANOVA),

회귀분석이다. 상관계수는 두 변인 간의 상관성 정도를 나타내는 것으로, 상관성이 가장 높은 경우(r=±1.00)와 가장 낮은 경우(r=0.00) 사이에서 통계적 유의미성을 검증한다. 변량분석은 3개 이상의 집단 간 차이를 검정하기 위한 통계적 방법이다. 집단 내 분산 추정치(오차)에 대한 집단 간 분산 추정치(효과)의 비율을 봄으로써 효과가 오차보다 크다면 집단 간 유의미한 차이가 있음을 확인할 수 있다. 본 연구에서는 독립변인이 하나일 때 사용하는 일원배치 분산분석(one way ANOVA)을 사용한다. 회귀분석은 하나나 그 이상의 독립변인의 변화가 하나의 종속변인에 미치는 영향을 검정하는 통계적 방법으로, 본 연구에서는 하나의 독립변인에 대한 종속변인의 관계를 선형적으로 추론하는 단순 선형 회귀분석을 사용한다. 〈변량분석과 분산분석이 같은 말이라고 검색이 되는데, 이 논문에서 두 용어를 혼용하고 있네요 (일원배치 분산분석). 혼용 상태로 유지하는 건지요?〉〈예, 별문제 없습니다. 하지만 가독성 면에서 문제가 된다고 생각하신다면 '분산분석'으로 통일하시면 되겠습니다.〉

2. 결과

1) 기본 통계로 본 한국 개신교인의 한반도 평화와 통일에 관한 인식

(1) 상황 인식: 우리 사회를 위협하는 가장 큰 문제

한반도 평화와 통일의 필요성에 관한 인식은 "통일이 각 개개인에게 효용을 가져다주리라."[16]는 기대감과 연관이 깊다는 연구 결과는, 상황이 개인에

---

16 같은 글.

게 주는 효용의 가치문제가 사람들이 무엇인가를 인식하고 평가하는 데 중요한 요인일 수 있다는 판단을 가능케 한다. 2020년에 개인이 느끼는 효용에 가장 영향이 깊은 변수는 아마도 코로나19 대유행과 이에 따른 제반 사회 여건의 변화일 것이다. 따라서 이에 대한 한국 개신교인의 정서를 읽어낼 필요가 있다. 본 연구에서는 이 문제를 '현재 우리 사회를 위협하는 가장 큰 문제'에 대한 인식을 파악하는 것으로 보고자 했다. 한반도 통일과 평화의 문제가 얼마나 중요한 과제로 인식되고 있는지를 현재의 상황적 문제와 함께 묶어 질문함으로써, 한반도 평화와 통일이 한국의 개신교인 일반에게 인식되는 정도를 상대적으로 평가하고자 하는 것이다.

〈그래프 1〉 우리 사회를 위협하는 가장 큰 문제(Base=전체, N=1000명, %)

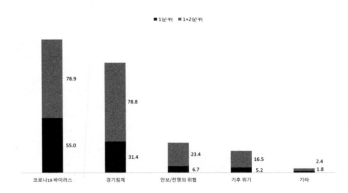

한국 개신교인들은 코로나19(78.9%)와 경기 침체(78.8%)를 우리 사회를 가장 위협하는 문제로 꼽았고, 안보와 전쟁의 위협(23.4%), 기후 위기(16.5%)와 같은 문제들의 위협은 상대적으로 덜 느끼는 것으로 나타났다(〈그래프 1〉 참조). 흥미로운 것은, 코로나19 문제는 기후 위기 문제와 밀접한 관련이 있는 것임에도 불구하고, 이 두 문제를 같은 비중의 문제로 여기지 않는다는

점이다. 이 결과는 "사람들은 장기에 비해 단기에 훨씬 더 큰 우선순위를 부여하며 미래는 폄하한다."[17]라는 심리학적 판단과 연관된 것일지도 모른다. 단기적 문제에 더 중요성과 효용성을 부여하는 이러한 심리적 경향은 눈앞에서 벌어지고 있는 사태인 코로나19 대유행과 그 파급효과로 예상되는 단기적 문제인 경기 침체를 기후 위기뿐만 아니라 안보와 전쟁의 위협까지도 우선순위에서 밀어냈다고 할 수 있다. 이로 미루어 판단컨대, 한반도의 평화와 통일에 관한 개신교인의 인식 논의는 현실에 와닿는 문제로서가 아니라 부차적인 문제로서 인식된다는 점을 상황적 전제로 해서 이 논의를 진행해야 할 필요가 있다.

(2) 한국 개신교인의 한반도 평화에 관한 인식

코로나19 대유행의 상황이나 경제적인 불안의 문제를 가장 큰 문제로 인식하는 상황에서 걱정의 후 순위로 밀려난, 따라서 해결해야 할 문제로서의 중요성이 당장에는 크다고 생각되지는 않는, 전쟁이 없는 평화를 한반도에서 실현하는 것의 필요성을 단독으로 물었을 때는 어떤 결과가 나올까? 그리고 만일 한반도의 평화적 관계 개선이 필요하다고 생각한다면, 그렇게 생각하는 주요 이유는 무엇일까? 그리고 그러한 관계 개선을 이루기 위해 가장 시급한 문제는 무엇이라고 생각할까? 이 세 가지를 한국 개신교인들에게 물었다.

첫 번째 질문, 남북한의 평화적 관계 개선이 얼마나 필요하다고 생각하는지를 물은 결과, '매우 그렇다'는 응답은 35.7%, '약간 그렇다'는 응답은

---

17 조지 마셜/이은경 옮김, 『기후변화의 심리학: 우리는 왜 기후변화를 외면하는가』, 갈마바람, 2018, 101.

34.0%, '별로 그렇지 않다'는 17.5%, '매우 그렇지 않다'는 6.2%로, 그렇다는 의견은 69.7%, 그렇지 않다는 의견은 23.7%가 나왔다(〈그래프 2〉 참조). 10명 중 7명의 개신교인은 남북한의 평화적 관계 개선이 필요하다고 생각하는 것이다. 하지만, 남북 관계 개선의 필요성에 대한 인식은 연령대에 따라 유의미하게 큰 차이를 보이는데, 20~30대는 약 63%가 긍정적으로 응답하였지만, 50대는 80.7%로 이 두 연령대는 약 17%p의 비율 차이를 보인다. 다시 말해, 2020년대 청년층의 남북한 평화 개선 의지는 중장년층과 비교해서 상당히 낮다는 것으로, 이러한 경향이 계속된다면 남북한 평화 개선 의지의 개신교 내 동력이 약화할 가능성을 시사한다.

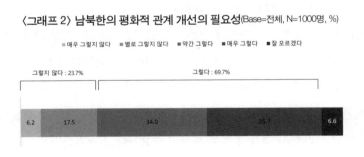

〈그래프 2〉 남북한의 평화적 관계 개선의 필요성(Base=전체, N=1000명, %)

그렇다면, 남북한의 평화적 관계 개선이 필요하다고 생각하는 개신교인들은 무엇 때문에 그렇게 생각하는 것일까? 이들에게 따로 그 이유를 물었다. 그 결과, 가장 많은 사람이 '남한의 안보에 도움이 되기 때문'(37.0%)이라고 응답했다. '남한과 북한은 한민족이기 때문'(29.6%)이라는 민족 정서는 그 뒤를 이었다(〈그래프 3〉 참조). 남한의 안보 효용성이 남한의 경제 효용성(12.2%)보다 3배 이상 높게 나왔다는 점, 더욱이 남한의 경제 효용성은 한반도 평화 체제가 국제적 평화에 기여한다는 인식(17.5%)보다 낮게 나왔다는 사실에 주목할 필요가 있는데, 한국 개신교인 대부분은 북한과의 관계를 경제적 효용성의 차원에서 생각하지 않는다는 것을 명확하게 보여주기 때문이다.

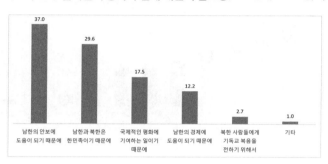

〈그래프 3〉 남북한의 평화적 관계 개선의 필요성(Base=전체, N=1000명, %)

더욱이, 이러한 경향은 20대에서 상당히 두드러지는데, 남한의 경제 효용성을 이유로 꼽은 20대 개신교인은 겨우 7.9%로 다른 연령대들과 현저하게 차이를 보인다. 이뿐만 아니라, 20대의 경우 민족 정서(21.5%)는 전체 평균(29.6%)보다 상당히 낮고, 국제적 평화에의 기여(28.2%)보다 낮게 나타났다는 점에서, 20대는 안보와 국제 관계라는 관점에서 남북한 관계를 인식하는 이들이 더 많고, 민족 이념이나 경제적 이익의 관점에서 인식하는 이들은 다른 연령대와 비교해서 더 적다는 사실이 확인된다.

다른 한편, 설문자 전체에게 '어떤 문제가 남북 관계 개선을 위해 가장 시급하다고 생각하는지'를 시급한 순서대로 3가지 골라달라는 설문에서 1~3순위 응답률 기준으로 '북한 비핵화'가 52.5%로 절반을 차지하였고, 다음으로 '북한의 개방과 개혁' 43.9%, '군사적 긴장 해소' 41.7%, '남북한 경제협력' 35.7%, '평화협정 체결' 29.6%, '남북한 사회 문화 교류' 25.8% 등의 순이었다(〈그래프 4〉 참조).

〈그래프 4〉 남북 관계 개선을 위해 시급한 문제(Base=전체, N=1000명, %)

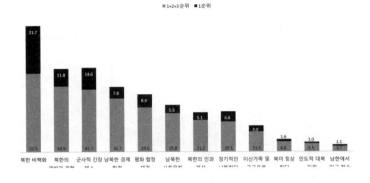

이 설문에서도 20대는 상당히 독특한 보수성을 보였다. '북한 비핵화'(58.7%, 전체 평균은 52.5%), '북한의 인권 개선'(26.7%, 전체 평균은 21.2%)에 대한 요구는 다른 연령대에 비해서 유의미하게 높게 나왔지만, '남북한 경제 협력'(21.9%, 전체 평균은 35.7%), '남북한 사회 문화 교류'(19.9%, 전체 평균은 25.8%)는 다른 연령대에 비해서 현저하게 낮은 응답률을 보였기 때문이다. 많은 20대는 남북 관계가 개선되기 위해서는 북한의 결단과 개선이 더 필요하다고 인식하는 한편, 남북한 간의 교류와 협력은 상대적으로 훨씬 덜 필요하다고 인식하는 것이다.

또 하나 주목할 점은, '북한의 비핵화'에 비해 '북미정상회담'(6.8%)은 별로 시급하게 생각하지 않는다는 점이다. 북한의 비핵화 문제는 북미정상회담의 가장 중요한 의제임에도 불구하고, 한국 개신교인들은 이 둘을 긴밀하게 연결해서 생각하지 않는다는 점에서, 북미정상회담을 통한 북한의 비핵화가 실효성을 거둘 것이라는 생각을 하고 있지 않을 가능성을 엿볼 수 있다.

(3) 한국 개신교인의 남북통일에 관한 인식

한반도 평화 프로세스가 통일 프로세스에서 점점 독립해서 진행되고 있는 상황에서 한국 개신교인의 통일에 관한 인식은 어떨까? 이를 살피기 위해 두 개의 설문 결과를 검토하였다. 하나는 통일이 얼마나 필요하다고 생각하는지를 묻는 설문이었고, 다른 하나는 통일을 어떤 식으로 다루어야 한다고 생각하는지에 대한 좀 더 구체적인 질문을 담은 설문이었다.

통일의 필요성에 관한 설문 결과, 필요하다는 인식이 64.3%, 필요하지 않다는 인식이 28.6%로 필요하다는 인식이 필요하지 않다는 인식보다 2배 넘게 높게 나왔다(〈그래프 5〉 참조). 남북의 평화적 관계 개선 필요성 인식에 비교하면 약간 긍정적 인식이 떨어지나 거의 비슷한 결과다. 이 설문에서도 20, 30대는 긍정적 응답이 가장 낮게 나오고(20대 58.5%, 30대 57.9%) 부정적 응답은 가장 높게 나와서(20대 31.3%, 30대 34.2%) 통일에 대한 부정적 인식이 가장 높은 연령대로 나타났다. 이러한 경향은 통일을 어떤 식으로 다루어야 하는지에 대한 의견에서도 발견된다.

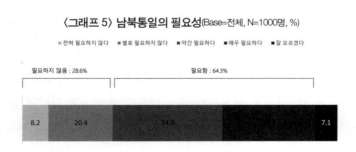

〈그래프 5〉 남북통일의 필요성(Base=전체, N=1000명, %)

■전혀 필요하지 않다 ■별로 필요하지 않다 ■약간 필요하다 ■매우 필요하다 ■잘 모르겠다

필요하지 않음 : 28.6%   필요함 : 64.3%

| 8.2 | 20.4 | 34.8 | | 7.1 |

남북통일에 대한 의견을 물은 질문에서 60.5%에 이르는 대다수는 '통일을 서두르기보다는 여건이 성숙하기를 기다려야 한다'는 의견에 찬성했다. 그다음은 '전쟁을 제외한다면 어떤 방식으로든 빨리 통일이 되는 것이 좋다'

(21.5%), '통일을 하지 않은 현재 그대로가 좋다'(10.5%), '통일에 관한 관심이 별로 없다'(5.4%), '어떤 대가(전쟁을 포함)를 치르더라도 빨리 통일이 되어야 한다'(2.2%) 순으로 나타났다(〈그래프 6〉 참조). 〈그래프 6〉그림에서도 '댓가'를 '대가'로 수정하기 바랍니다.

〈그래프 6〉 남북통일에 대한 의견(Base=전체, N=1000명, %)

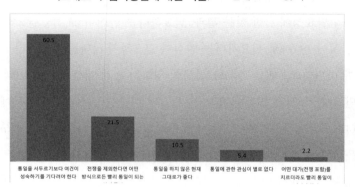

이 설문 결과는 20대와 50대가 서로 확연하게 대비되는 양상을 보였다. '여건이 성숙하기를 기다려야 한다'는 의견이 20대에서는 46.4%, 50대에서는 72.8%로 26%p 이상의 비율상의 차이를 보였다. 반면, 통일을 원하지 않고 현재 그대로가 좋다는 의견과 통일 논의 자체에 관심이 없다는 의견을 합친 비율이 20대에서는 25.5%, 50대는 8.5%로 그 비율에 있어서 3배 이상 차이가 났다. 여기서도 확인되는 것은 20대를 중심으로 한 젊은 층에서 통일에 대한 무관심 혹은 부정적 인식이 상대적으로 크게 나타난다는 사실이다. 더욱이, 이러한 사실과 별도로 대다수 개신교인은 통일을 서둘러 진행할 필요가 없다고 보고 있다는 점 또한 주목해 볼 일이다.

(4) 문재인 정부의 대북 관계 정책에 대한 평가와 전망

한국 개신교인들은 현 정부의 통일과 대북 관련 정책을 어떻게 평가하고 있을까? 또한 남북·북미 관계에서 정부는 어떤 역할을 해야 한다고 생각하고 있을까? 이러한 질문들에 대한 답은 한반도 평화 프로세스를 정책적으로 진행하는 데 중요한 참고 자료가 될 수 있다.

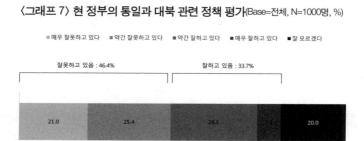

〈그래프 7〉현 정부의 통일과 대북 관련 정책 평가(Base=전체, N=1000명, %)

우선, 현 문재인 정부의 통일과 대북 관련 정책을 어떻게 평가하는지를 물은 설문에서, 한국 개신교인의 46.4%는 부정적 평가를, 33.7%는 긍정적 평가를, 20.0%는 판단 유보를 선택했다(〈그래프 7〉참조). 남북·북미 대화가 모두 멈춰 버린 상황에서 현 정부 정책의 부정적 평가가 긍정적 평가보다 유의미하게 높게 나온 것은 예측 가능한 결과다. 그런데 여기에서도, 20대는 다른 연령대와 비교해서 독특한 행보를 보인다. 우선, 잘 모르겠다고 하여 판단을 유보한 사람의 비율이 32.9%로 현 정부의 통일과 대북 관련 정책에 무지하거나 무관심한 사람의 비율이 압도적으로 높은 것으로 나타났다. 반면, 현 정부의 통일과 대북 관련 정책에 대한 긍정적 평가는 21.9%로 24.2%인 60대보다도 낮게 나타났다.

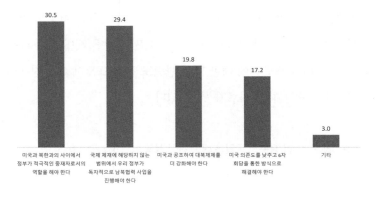

〈그래프 8〉 현 남북 · 북미 관계에서 정부의 역할(Base=전체, N=1000명, %)

30.5
미국과 북한과의 사이에서
정부가 적극적인 중재자로서의
역할을 해야 한다

29.4
국제 제재에 해당하지 않는
범위에서 우리 정부가
독자적으로 남북협력 사업을
진행해야 한다

19.8
미국과 공조하여 대북제재를
더 강화해야 한다

17.2
미국 의존도를 낮추고 6자
회담을 통한 방식으로
해결해야 한다

3.0
기타

남북대화와 북미대화가 모두 중단된 상황에서 대한민국 정부가 어떻게 해야 할지를 물은 설문에서 '북한과 미국과의 사이에서 정부가 적극적인 중재자 역할을 해야 한다'는 응답이 30.5%, '국제 제재에 해당하지 않는 범위에서 우리 정부가 독자적으로 남북 협력 사업을 진행해야 한다'는 응답이 29.4%, '미국과 공조하여 대북 제재를 더 강화해야 한다'는 응답이 19.8%, '미국 의존도를 낮추고 6자 회담을 통한 방식으로 해결해야 한다'는 응답이 17.2% 순으로 나타났다. '중재자 역할'이나 '북한과의 독자적 협력 주체 역할'을 선택한 한국 개신교인의 비율이 분간할 수 없이 대등하게 다수인 가운데, '친미 강화' 입장과 '6자 회담 체제 추진'의 입장 또한 유의수준 내에서 대등한 비율로 각각 비교적 소수인 그룹을 이루고 있다.

이 설문에서도 예외 없이 20대의 여론 추이가 독특하다. '북한과의 독자적 협력 추진'에 대한 동의가 20, 30대 모두에서 평균보다 유의미하게 낮게 나타났지만(20대 18.3%, 30대 23.5%), 20대는 특히 큰 폭으로 낮게 나타났다. 20대의 경우, 여기에서 빠져나간 인원은 '친미 강화'(23.2%)와 '6자 회담 체제 추진'(21.1%)으로 분산하여 들어감으로써 각각의 비율을 높였다. '중재자 역할'에 대한 의견이 다수인 가운데, '친미 강화'와 '6자 회담 체제 추진'이 그다음으로 뒤를 이으며 백중세를 이루고 있다고 할 수 있다. 무엇보다 주목해 볼 것은, 이 설문에서도 20대는 북한과의 협력을 고려하는 사람의 비율이 가장 낮은 것으로 나타났다는 사실이다.

기초 통계는 각 통계 간의 관계성을 확인해야만 그 설득력을 입증하거나 보강하거나 새로운 방향에서 심화할 수 있다. 이러한 필요에 따라 상관계수 분석, 변량분석, 회귀분석을 시행하였다.

2) 상관계수 분석

기초 통계의 결과를 심도 있게 검토하기 위해 시행한 분석 중 상관계수 분석은 '남북의 평화적 관계 개선 필요성' 및 '남북통일의 필요성'과 상관관계가 있는 변수들을 살피는 것을 목표로 한다.

〈표 2〉 **상관관계**(Pearson 상관계수, N=1,000)

	남북통일의 필요성	남북의 평화적 관계 개선 필요성	연령대	예배 출석 빈도	신앙의 정도
남북통일의 필요성		.459 ***			.116 ***
남북의 평화적 관계 개선 필요성	.459 ***				
* P 〈 .05 ** P 〈 .01 *** P 〈 .001					

상관계수 분석 결과, '남북통일의 필요성'과 '남북의 평화적 관계 개선 필요성' 사이에는 비교적 밀접한 상관관계가 있는 것으로 나타났다(r=.459, p〈.001). '남북통일의 필요성'은 '신앙의 정도'와도 어느 정도 상관관계가 있는 것으로 나타났다(r=.116, p〈.001). 하지만, '연령대'나 '예배 출석 빈도'는 남

북의 통일이나 평화적 관계 개선 필요성과 아무런 상관관계가 없으며, 남북의 평화적 관계 개선 필요성은 '신앙의 정도'와도 아무런 상관관계가 없는 것으로 나타났다(〈표 2〉참조).

따라서, 남북통일의 필요성을 강하게 인식하는 사람일수록 남북의 평화적 관계 개선을 바라는 정도도 강해지는 경향이 있다고 할 수 있으며, 또한 스스로 신앙심이 깊다고 생각하는 개신교인일수록 남북통일의 필요성을 더 절감하는 경향이 조금은 커진다고 할 수 있다.

3) 변량분석과 회귀분석

'남북의 평화적 관계 개선 필요성'이 '예배 출석 빈도'나 '신앙의 정도'와 아무런 상관관계도 없다는 상관계수 분석의 결과에 따라 다른 신앙 요인이 이 변인에 영향을 끼치는지를 확인하기 위해 '교회 내 직분'과 '소속 교단'을 독립변인으로, '남북의 평화적 관계 개선 필요성'을 종속변인으로 해서 일원배치 분산분석을 시행하였다.

또한, '남북의 평화적 관계 개선 필요성'을 종속변인으로 하고 '월 가구 소득', '자산 규모' 각각을 독립변인으로 하여 회귀분석을 시행함으로써 이들 독립변인 각각이 '남북의 평화적 관계 개선 필요성'에 대하여 어떤 영향 요인이 되는지를 확인하였다.

(1) '남북의 평화적 관계 개선 필요성'에 관한 일원배치 분산분석(one-way ANOVA)

'남북의 평화적 관계 개선 필요성'을 종속변인으로 하고 '교회 내 직분'과 '소속 교단' 각각을 독립변인으로 하여 일원배치 분산분석을 시행한 결과,

모든 독립변인에 대해서 '남북의 평화적 관계 개선 필요성'의 집단 간 차이가 유의미하게 나타나지 않는 것으로 확인되었다(⟨표 3⟩ 참조).

⟨표 3⟩ '남북의 평화적 관계 개선 필요성'을 종속변인으로 한 분산분석

독립변인		제곱합	df	평균제곱	F	유의확률
교회 내 직분	집단 간	3.304	2	1.652	1.637	.195
	집단 내	1005.351	996	1.009		
	합계	1008.655	998			
소속 교단	집단 간	.759	5	.152	.149	.980
	집단 내	1007.897	993	1.015		
	합계	1008.655	998			

(2) '남북의 평화적 관계 개선 필요성'을 종속변인으로 하는 회귀분석

'남북의 평화적 관계 개선 필요성'을 종속변인으로 하고 '월 가구 소득'과 '자산 규모' 각각을 독립변인으로 하여 시행한 회귀모형 적합도 평가에서 회귀분석의 결과가 유의미하지 않다는 것이 확인되었다(⟨표 4⟩ 참조). 이 결과는 경제적 수준이 남북과의 관계 문제를 판단하는 데 아무런 영향도 끼치지 않는다는 것을 의미한다.

⟨표 4⟩ '남북의 평화적 관계 개선 필요성'을 종속변인으로 하는
회귀모형 적합도 평가(ANOVA) 결과

독립변인		제곱합	df	평균제곱	F	유의확률
월 가구 소득	회귀모형	.727	1	.727	.719	.397
	잔차	1007.929	998	1.010		
	합계	1008.655	999			
자산 규모	집단 간	2.060	1	2.060	2.043	.153
	집단 내	1006.595	998	1.009		
	합계	1008.655	999			

나가는 글

2020년 한국 개신교인 중에는 코로나19 대유행과 이로 인해 발생할/발생하고 있는 경기 침체를 위협적으로 생각하는 이들이 가장 많으며, 이에 비해 안보와 전쟁을 걱정하는 이들은 상당히 적은 것으로 나타났다. 단기적인 문제를 장기적인 문제보다 심각하게 여기는 관성은 인류의 고질적인 습성이긴 하지만, 코로나19 대유행이 기후변화라는 장기적이고도 거대한 규모의 문제와 연동되어 있다는 사실을 인지하고 있는 이들도 많았다는 점에서,[18] 기후변화의 심각성에 관한 한국 개신교인의 이해가 피상적인 단계에 머물고 있다는 진단을 조심스레 할 수 있다. 한반도 평화와 통일에 관한 인식에서도 마찬가지일 수 있다는 추론 또한 가능한데, 코로나19나 경기 침체와 상관없이 한반도의 평화적 관계 개선이나 통일의 필요성을 단독으로 묻는 설문에는 긍정적으로 답한 비율이 상당히 높게 나타났기 때문이다. 한국 개신교인은 한반도의 평화적 관계 개선이나 통일이 필요하긴 하지만, 그렇다고 해서 급하게 서둘러서 해야 한다고 생각하는 사람은 그다지 많지 않다고 할 수 있다. 당장은 건강과 안정적인 경제생활이 더 급선무라고 생각하고 있기 때문이다.

한반도 비핵화 프로세스와 한반도 평화 프로세스의 당사자가 일치하지 않는 측면이 있다는 사실에 대해서도, 한국 개신교인의 대부분은 이러한 현실을 명확하게 인식하고 수용하고 있는 것으로 보인다. 이러한 인식과 수

---

18 지구온난화가 코로나19와 같은 전염병의 증가에 영향을 미친다고 생각하는 개신교인의 비율이 59.3%로, 그렇지 않다고 생각하는 개신교인의 비율 26.7%보다 2배 이상 높은 것으로 나타났다; ㈜지앤컴리서치, 같은 책, 60-61. 참조.

용은 긍정적인 전망보다는 부정적인 전망에 기인한다고 볼 수 있는데, 한국 개신교인의 대다수가 우선 한반도 비핵화 프로세스와 평화 프로세스를 연동하여 인식하면서, 한반도 비핵화 프로세스의 갈등과 답보 상황을 풀어야 할 가장 중요한 책임이 있는 주체적 당사자로 북한 정부를 지목하고 있기 때문이다. 심지어 북미 정상이 만나서 비핵화 문제나 평화협정 문제를 논의하는 것에서 가시적인 결실이 있으리라고 별로 기대하지도 않는다.

한국 정부가 남북·동북아 정책을 수립할 때 참고할 만한 사항은, 현 정부의 대북 정책에서 부정적인 평가가 더 높았음에도, 정부의 정책 기조 자체를 비교적 지지하는 사람의 비율이 가장 높은 편이라는 사실을 어떻게 이해해야 할 것인지에 있다. 한반도의 평화와 통일 프로세스에서 남한의 주체적 역할이 제한적이라는 인식이 남한에게 남은 역할이 중재자이거나, 아니면 국제 관계를 훼손하지 않는 범위에서 소극적인 남북 협력 사업을 진행해야 한다는 생각으로 이어진 것이라고 할 수 있다. 적어도 한국 개신교인은 통일 사업이나 한반도 평화 프로세스가 현재의 삶을 크게 변경하지 않는 범위에서 처리되기를 바라고 있다고 할 수 있다.

한국 개신교인의 종교 생활이 한반도의 평화나 통일 문제에 별다른 영향이나 관계를 보이지 않는다는 점, 오직 통일의 필요성 인식과 신앙의 정도 사이에서만 상관관계가 있다는 점은 주지의 사실이다. 통일의 필요성 인식에 신앙의 정도만이 양의 상관관계를 보이고 있는데, 한국 개신교의 강력한 반공 이념, 그리고 신앙의 정도와 정치적 보수성과의 상관관계를 고려할 때, 신앙이 깊다고 생각하는 개신교인일수록 북한의 체제를 와해하고 남한의 체제로 흡수하는 통일을 떠올리며 통일의 필요성을 인식할 개연성이 더 높다고 할 수 있다.

적어도 한국 개신교인 내부에서는 연령대가 상관관계나 인과관계의 형태로 통일이나 평화와 연관되지 않는다는 사실은 특이한 점이라고 할 수 있다. 다만, 20대가 다른 연령대와는 다른 독특한 경향을 보인다는 사실에 더 주목할 필요가 있다. 이들의 움직임이야말로 한반도 평화와 통일을 바라보는 개신교 미래의 시선을 발견할 단초가 되기 때문이다. 이들은 다른 연령대와 비교해서 북한과의 평화적 관계 개선이나 통일을 긍정적으로 바라보는 비율이 상대적으로 낮다는 사실, 민족 정서나 경제적 효용성보다는 안보나 국제 관계의 관점에서 북한과의 관계를 인식하고 있다는 사실, 통일에 대해 무지와 무관심을 보이는 이들의 비율이 무시할 수 없을 정도로 높다는 사실, 북한과의 협력을 긍정적으로 바라보는 비율이 현저하게 낮다는 사실에 주목해야 한다. 이들의 이러한 경향은 단지 개신교 내부만의 문제가 아니라 한국 20대의 전반적인 경향을 시사한다는 점에서 정책적이고 교육적인 참고가 될 사항이라고 판단된다.

전쟁과 평화를 바라보는
평화교회의 시선과
그 문맥

: 한국전쟁 70주년, 살리는 평화를 말하다

김 복 기 캐나다 메노나이트 교회, , 평화저널 플랜p 발행인 한국전쟁 70주년을 보내면서 우리가 관심을 두어야 할 것은 폭력 그 자체보다, 평화에 대한 새로운 시각을 갖는 일일 것이다. 그러니 이제부터는 내가 살기 위해 상대를 죽이는 전쟁과 폭력이 아니라, 나도 살고 상대를 살리는 '평화'의 무궁무진한 가능성을 모색하도록 하자.

들어가는 글

2020년 6월 25일은 한국전쟁 70주년이 되는 날이었다. 이날, 약 70년 전에 목숨을 잃은 6·25 국군 전사자 유해 147구가 미국 하와이 공항을 떠나 서울 공항에 도착하였다. 북한에서 발굴된 유해는 미군 전사자로 인식되어 하와이로 옮겨졌다가 한국군임이 밝혀져 6·25 70주년에 맞추어 마침내 고국의 품에 안기게 되었다. 147구 중에 신원이 밝혀진 7구는 유가족과 연결되어 극적인 상봉을 맞이했지만, 나머지 전사자 유해는 여전히 70년의 세월을 이산(離散)된 채 보내야 했다. 이들을 맞이한 문재인 대통령은 6·25를 '세계사에서 가장 슬픈 전쟁'으로 묘사하며 '종전', '평화', '번영'을 키워드로 담화를 발표하였다.[1]

매년 이즈음이면, 6·25와 관련된 신문 기사, 미디어 방송, 혹은 다큐멘터리에는 하나의 역사적 사건을 두고 서로 다르게 표현하는 이름들이 등장한다. 아무런 수식어 없이 숫자만 언급한 6·25부터 6·25사변, 6·25동란, 6·25전쟁, 한국전쟁은 물론 조국해방전쟁, 준 세계전쟁 등에 이르기까지 다양한 이해와 표현들이 사용되고 있다.[2] 그 표현이 어떻든지 간에, 듣는 사

---

1   http://www.hani.co.kr/arti/opinion/editorial/951164.html
2   최철영은 1950~1953년에 한반도에서 진행된 무력충돌을 어떻게 부를 것인가 하는 문제가 단

람들은 이 모든 호칭이 1950년 6월 25일에 일어난 하나의 역사적 사건을 지칭한다는 사실을 잘 알고 있다.

그럼에도 불구하고, 전쟁의 기원과 원인에 따라 각 이름의 의미가 무엇인지 정확히 아는 사람은 부르는 호칭에 대해 민감하게 반응하곤 한다. 대표적인 수정주의 학자인 브루스 커밍스는 6·25전쟁을 일제 식민지하의 잔재로 보는 견해를 주장하는 반면, 전통주의자들은 6월 25일 38선에서 누가 먼저 공격을 감행했는지에 초점을 맞추어 설명하고, 내전이자 세계전의 복합적인 성격의 전쟁이라고 규정하는 비수정주의적 내전론을 주장하는 학자들도 있다.[3] 그러나 여전히 휴전 중인, 이 한국전쟁은 '잊혀진 전쟁(Forgotten War)'이라고 불리며 올해로 70주년을 맞이하였다.

30년 전에 작고한 한국의 비폭력 평화운동가, 바보새 함석헌(1901-1989) 선생은 두 세대 전에 이미 『사상계』를 통하여 "6·25싸움의 직접 원인은 38

순히 명칭의 문제가 아니라 법적해석의 문제로 보면서 내전인지 아니면 국제전인지에 대해 논의가 분분하다고 밝혔다. 최철영, "한국전쟁 종전선언의 법적 쟁점과 과제", 『성균관법학』 제30호 제4호, 2018.12, 630. 학자마다 6·25사변, 6·25동란, 한국전쟁, 조국해방전쟁, 준 세계전쟁, 6·25전쟁 등 성격을 달리하는 다양한 이해와 표현을 사용하고 있다. 윤정인은 그의 논문에서 국민 대부분은 '한국전쟁'이라는 용어보다는 6·25, 6·25전쟁 또는 6·25사변이라는 표현을 흔히 사용하여왔고, 헌법재판소도 6·25사변, 6·25전쟁, 한국전쟁을 혼용하여 사용해 왔다고 하였다. 국가 간의 충돌이 아니라 국내문제(내전)라는 점을 강조하는 입장들은 '전쟁'이 아니라 '사변'을 쓴다고 밝혔다. 그러나 6·25라는 표현은 전쟁의 발생 배경과 고유한 전개 과정을 전체적으로 포괄하기에 부족하다고 보아, 1980년대부터 '한국전쟁'이라는 용어가 학계에서 종종 사용되고 있다고 밝히며 그의 논문에서는 '한국전쟁'이라는 용어를 사용하였다. 윤정인, "1953년 정전협정", 『통일법연구』 제3권, 2017.10, 37.

3 한국전쟁의 기원은 여러 학자의 연구주제이기도 하다. 대표적인 논문으로는 이삼성, "한국전쟁과 내전: 세 가지 내전 개념의 구분", 『한국정치학회보』 47(5), 2013.12, 297-319. 김철범, "한국전쟁의 기원에 관한 연구", 『아시아문화』 제6호, 1990.12, 222-225. 박광득, "6·25전쟁의 기원과 원인에 관한 연구", 『통일전략』 10-1, 2010.4, 9-43. 정경환, "6·25전쟁의 기본성격과 그 의미에 관한 연구", 『통일전략』 1, 2010.4, 45-77. 김재천, 안현, "한국전쟁의 발발과 미국 세계 전략의 변화", 『21세기정치학회보』 20(3), 2010.12, 227-247이 있다.

선을 그어놓은 데 있다."[4]라고 했다. '두 번째 세계전쟁을 마치려 하면서 록키산의 독수리와 북빙양의 곰이 그 미끼를 나누려 할 때, 서로 물고 당기다가 할 수 없이 찢어진 금이 이 파리한 염소 같은 우리나라의 허리 동강이인 38선'[5]이라고 했다. 1958년, 〈생각하는 백성이라야 산다〉라는 글에서 그는 "나라를 온통 들어 잿더미, 시체 더미로 만들었던 6·25싸움이 일어난 지 여덟 돌이 되도록 우리는 그 뜻을 깨닫지 못하고 있다."[6]라고 안타까워했다. 그 이후 여덟 돌이 여덟 번이나 다 지나도록 우리는 아직도 그 뜻을 깨닫지 못한 채 휴전의 일상을 살아가고 있다.

지난 70년 동안, 대한민국의 국민은 '우리의 소원을 통일'이라 상정하고, 온갖 가능한 방법을 다 동원하여 통일을 이루고자 노력해 왔다. 갖은 노력에도 불구하고 여전히 남북은 한 핏줄을 이어받은 낯선 이방인으로 살아가고 있다.

한편, 그리스도인으로서 2020년 6월 25일을 보내며, 과연 대한민국은 저 이스라엘 백성들이 유배지에서 보낸 인고의 세월을 상징하는 70년을 이렇게 넘겨도 되는 것일까? 하는 신학적 질문과 더불어 하염없이 흘러가는 세월을 바라만 보고 있다. 무엇보다 여전히 첨예하게 대립하고 있는 남북 간의 신경전, 심리전, 그리고 연결과 끊김을 반복하는 소통 채널은 남북만이 아니라 전 세계의 이목을 들었다 놓기를 반복하고 있다. 한때 환호성을 지르게 했던 판문점 남북정상회담 이후, 한없는 희망을 불어넣어 주었던 개성공단 내의 대화의 창구로 존재했던 남북연락사무소가 2020년 6월 16일 아

---

4 함석헌, 『생각하는 백성이라야 산다 - 6·25 싸움이 주는 역사적 교훈』, 『사상계』 1958년 8월 61호.
5 위의 책.
6 위의 책.

무런 예고도 없이 폭파됨으로써 이제 다시 실낱같은 희망조차 어디에 두어야 할지 모를 정도로 남북 정세가 경직되어 있다.

이럴 때마다 바보새의 외침이 다시금 구구절절이 소환된다. "6·25사변은 아직 우리 목에 씌워져 있는 올가미요 목구멍에 걸려 있는 불덩이다. 어떤 불덩이도 삼켜져 목구멍을 내려가면 되건만 이것은 아직 목구멍에 걸려 있어 우리를 괴롭힌다. 그러므로 밥을 먹을 수 없고, 숨을 쉴 수 없고, 말을 할 수도 없는 것이다."[7]

한국전쟁 70주년에 쓰는 이 글이 편치 않고 매우 어렵게 느껴지는 이유는 글 자체가 어려워서가 아니라, 바보새의 외침이 진작 끝났어야 함에도, 몇십 년 동안 반복되어 한반도의 허리와 숨통을 동시에 틀어쥐고 있기 때문이다. 정전협정을 종전협정으로 갈아 치우려는 염원은 있으나, 한반도 비핵지대를 보장하는 종전선언과 평화선언이 너무 멀게만 느껴진다. 공산주의를 시작한 종주국조차 1990년대에 이미 이데올로기의 종언을 선언하였건만, 이 한반도는 아직도 동토의 나라가 되어 이리 묶여 있고 저리 동여매어 옴짝달싹할 수 없는 형국에 있다. 아무리 평화를 목 놓아 외쳐도 듣는 이 없고, 알아주는 이 없는 듯 시간이 흐르고 있다.

이러한 때에 「전쟁과 평화를 바라보는 평화교회의 시선과 그 문맥에 대하여 - 한국전쟁 70주년, 살리는 평화를 말하다」라는 이 논문을 덧붙인다는 것은 도대체 어떤 의미가 있을까? 주류도 변화시킬 수 없는 평화의 문제를 존재조차 희미한 평화교회에서 외친다고 무엇이 바뀔까? 하는 의문이 들지만, 그래도 여전히 비무장지대의 철책선 위를 자유롭게 날아오르는 작은 철새

---

7   위의 책.

처럼 이제는 '공간 분단, 체제 분단, 심리 분단'이라는 삼중 분단[8]의 상황을 넘어 새로운 평화를 준비해야 할 때라는 생각에 지난 70년을 돌아보며 '죽이는 전쟁이 아닌, 살리는 평화'를 말하고자 한다.

　논의를 전개하기 위해 이 논문은 그리스도교라는 종교적 맥락에서 기존에 진행해 온 역사 속의 전쟁과 평화에 대한 논의를 간략히 살펴보고, 주류 역사 속에서 소외되어 왔던 평화주의자들의 평화이론과 더불어 역사적 평화교회를 소개하고자 한다. 세계사라는 맥락에서 역사적 평화교회에 대한 이해를 도모한 후에, 이와 관련된 그룹들이나 비슷한 정신으로 진행한 평화운동이 대한민국에는 없는지 살펴보고자 한다. 전쟁의 역사 속에서 묻혀 오해를 받거나 도외시 되었던 평화의 역사는 없는지도 살펴보고자 한다. 특히 질곡의 역사 속에 분명히 자리했던 평화운동, 평화그룹, 그리고 평화의 방향성을 살펴보고자 한다.

　이는 그동안 평화를 이야기하면서 전쟁 영웅 만들기에만 열심을 내던 우리의 평화에 대한 시각과 태도에 변화를 주기 위한 것이며, 이전과는 다른 평화 패러다임과 방법을 제시할 필요가 있기 때문이다. 마지막 부분에서는 역사적 평화교회의 시선과 문맥의 흐름을 따라 한국전쟁 70년 이후, 한국에서 마땅히 진행되어야 할 살리는 평화운동이 어떤 모습이어야 하는지를 전망하면서 글을 맺고자 한다. 따라서 글의 순서는 1. 역사 속의 전쟁과 평화 2. 평화주의 이론과 기독교 평화주의 이론 그리고 역사적 평화교회 3. 대한

8　방지원은 "역사교육 시론"에서 한반도에 존재하는 분단을 3중적 분단으로 언급하였다. 우선 1945년 8월 미·소군정의 분할통치로 남북이 공간적으로 분리되었고(공간적 분단), 1948년 8월과 9월 남북한 정권이 '정부'를 수립함으로써 체제와 제도의 분단이 시작되었고(체제의 분단), 1950~1953년의 전쟁을 치르면서 심리적 분단이 형성되었다고 하였다. 방지원, "'우리 안의 분단'을 넘어 평화와 공존을 지향하는 역사교육 시론", 『역사교육논집』 72호, 2019.10, 3-40.

민국에서의 평화운동, 평화그룹 그리고 평화활동가 4. 한국전쟁 70주년과 살리는 평화운동에 대해 말하고자 한다.

평화를 이야기할 때, 사람들은 평화를 전쟁 없는 현상이나 폭력의 부재 상태로 이해한다. 이는 사람들에게 전쟁에 대한 설명은 쉽게 할 수 있지만, 평화가 무엇인지 전달하는 일은 쉽지 않다는 말이기도 하다. 많은 이에게 평화는 모호하고 폭력은 분명하다. 평화의 정의도 자세한 설명도 쉽지 않은 반면, 폭력은 우리 주변에서 쉽게 발견되고 구체적이다.[9]

학자들의 통계를 굳이 들먹이지 않더라도, 사람들의 의식과 무의식의 세계에는 평화보다는 전쟁에 관한 기록과 사건이 더 많이 떠오른다. 우리가 역사교육이라는 핑계로 배운 사건 대부분은 전쟁사에 근접한 역사라고 이해할 수 있다. 일찍이 그리스 철학자 헤라클레이토스(B.C. 544-483)는 '전쟁은 만물의 아버지이며 만물의 왕'이라고 하였고, 인간의 마음과 언어, 본성과 관련한 깊이 있는 연구를 진행한 스티븐 핑커(Steven Pinker, 1943-현재)는 인간이 폭력성과 어떻게 싸워 왔는지를 그의 주저 『우리 본성의 선한 천사』에서 여실히 보여주었다. 스티븐 핑커의 책은 "기나긴 세월이 흐르는 동안 폭력이 어떻게 감소해 왔는지를 보여주면서 어쩌면 현재 우리는 종의 역사상 가장 평화로운 시대를 살고 있을지 모른다."[10]는 사실을 검증하기 위해 폭력의 역사적 감소에 대한 증거를 보여주고자 시도한 역작이다. 그는 '오늘날 이러한 평화를 누리는 까닭을 옛 세대들이 당대의 폭력에 진저리치며 그것을 줄이려고 노력했기 때문'[11]이라고 말하였다. 그러나 이는 그만큼 폭

9 김상덕, "평화는 사람이다", 『평화저널 플랜P』 창간호, 2020.9, 12-19.

10 스티븐 핑커, 김명남 옮김, 『우리 본성의 선한 천사, 인간은 폭력성과 어떻게 싸워 왔는가?』, 사이언스북스, 2014, 13.

11 위의 책, 22.

력의 경향성이 역사에 편만했더라는 반증이자 역설이기도 하다.

실제 전쟁은 평화보다 훨씬 더 일반적인 상황으로, 혹자는 "지난 3,000년 동안 전쟁을 치르지 않은 기간은 268년에 불과하다."[12]라고 보고하기도 했다. 인류 역사에서 전쟁이 끊임없이 되풀이되었다는 설명과 함께 전쟁은 늘 불가피한 현실로 전제되어 왔다. 그만큼 우리는 평화에 관한 담론을 전개하면서, 평화 그 자체에 관한 연구와 사례보다는 전쟁에 대해 더 많은 관심을 보여 온 것이 사실이다. 아닌 게 아니라 평화 관련 논문은 예외 없이 평화를 말하기 전 전쟁을 언급하고 있기도 하다. 그렇다면 과연 역사 속에서 진행되어 온 전쟁과 평화란 무엇일까? 이를 역사 속의 전쟁과 평화의 기록을 통해 살펴보도록 하자.

1. 역사 속의 전쟁과 평화

전쟁이란 어느 한편이 다른 편에게 억지로 힘을 사용하여 항복하도록 만드는 사회적 갈등이다. 전쟁학 체계화의 선구자로 알려진 클라우제비츠(Karl von Clausewitz, 1780-1831)는 그의 책 『전쟁론』에서 전쟁을 "다른 수단에 의한 정치의 연속이라 정의하며 그 목적은 국가의사의 실현에 있고, 주요 수단은 폭력에 의한 전투이며, 목표는 적을 굴복시키는 데 있다."[13]라고 하였다. 전쟁은 인류의 역사만큼 오래되었고 비록 시대에 따라 규모와 양상은 다르지만, 근본적인 원인은 같다고 본다. 기독교 전통에서는 전쟁의 근

---

12 윤형오, 『전쟁론』, 한원, 1994, 248. 박인성, "전쟁의 도덕성, 이라크 전쟁과 연관하여", 『범한철학』 41, 2006.06, 53에서 재인용.

13 황병무, 『전쟁과 평화의 이해』, 오름, 2001, 17.

본 원인을 죄, 즉 신의 뜻에 대한 불복종으로 보는데, 예일대학의 명예교수이자 고대 그리스 연구로 『펠로폰네소스 전쟁사』를 저술한 도널드 케이건(Donald Kagan, 1932-현재)은 전쟁의 원인을 '두려움, 이익 추구, 명예 추구'[14]라고 정리하였다.

인류 역사의 시작부터 대략 중세 시대가 된 주후 375년까지의 고대 전쟁은 민족의 이동에 근거한 약탈 전쟁으로, 달리 표현하자면 왕국이나 제국을 확장하기 위한 싸움이었다. 주로 군주에 의한 전쟁으로 부의 확보, 제국의 확장, 약탈로서 평화와 질서를 붕괴시키는 장군들의 탐욕이 주된 원인이었다.

한편 중세 시대의 전쟁은 십자군 전쟁이 끝나는 대략 1300년까지의 전쟁으로 이 시기의 전쟁을 한마디로 요약하자면 정의로운 전쟁과 십자군 정복 전쟁으로 정리할 수 있다. 근대의 전쟁은 1300년부터 제국주의가 발현한 19세기 후반부까지의 전쟁으로 국가의 통일과 16세기 종교개혁 이후 프로테스탄트와 가톨릭 간의 종교전쟁이라는 특징이 있다. 그 후, 현대 전쟁으로 분류되는 19세기 말부터 20세기까지의 전쟁은 제국주의 전쟁, 국민이 총동원되는 전면전, 나라 대 나라가 싸우는 세계전의 특징이 있다.

고대 시대의 전쟁이 소수 계층의 전문적인 병사들이 수행했다면, 중세 시대의 전쟁은 봉건적이고 군사 귀족들이 수행하였다. 한편 초기 근대 시대는 용병들에 의한 전쟁으로 이때까지는 대부분 일반 사람들이 전쟁에 참여하지 않아도 되는 그런 시기였다. 그러나 18세기 말 무렵 중대한 변화가 일어났는데, 나폴레옹의 등장과 더불어 특정 계층이나 군사 계층의 사람들만이 아닌 전체 국민이 전쟁에 참여하는 새로운 현상이 나타났다. 현대전으로 분

---

14 도널드 케인즈, 김지원 역, 『전쟁과 인간』, 세종연구원, 1998, 11.

류되는 양차 세계대전은 '총체적인' 전쟁으로, 정부가 국가적인 전쟁 산업과 자원을 지휘하면서 전체 국가 인구가 전쟁에 동원되는 시대를 맞이하게 되었다.[15]

한편 역사의 흐름에 따라 전쟁에 대한 종교의 반응과 태도가 어떠했는지 살펴보는 것은 매우 중요하다. 이미 앞서 밝힌 것처럼 기독교 평화에 관해 이야기할 때 빼놓을 수 없는 역서로서 가이 허쉬버거의 『전쟁, 평화, 무저항』과 롤란드 베인톤의 『전쟁, 평화, 기독교』를 언급하지 않을 수 없다.[16] 가이 허쉬버거(Guy F. Hershberger, 1896-1989)[17]는 16세기에 시작된 아나뱁티스트 운동[18]을 20세기에 다시 꽃피우도록 애쓴 인물이자 메노나이트 평화 신학을 우뚝 세운 학자였다. 제2차 세계대전 기간인 1944년에 출간된 『전쟁, 평화, 무저항』은 1953, 1969, 1981년과 그의 사후인 2009년에 한 번 더 개정하여 발행했어야 할 만큼 인류 역사 속의 전쟁과 평화가 어떻게 전개되어 왔는지 잘 정리하였다.

한편, 평화주의자인 부모의 영향을 받았고, 평화교회 중 중요한 그룹인 퀘이커로서 예일대 교회사 교수로 활동한 롤란드 베인턴(Roland H. Bainton, 1894-

---

15 가이 허쉬버거, 최봉기 역, 『전쟁, 평화, 무저항』, 대장간, 2012, 43-55. 롤란드 베인턴, 채수일 역, 『전쟁, 평화, 기독교』, 대한기독교출판사, 1981, 16-36.

16 Roland Bainton, *Christian Attitudes Toward War and Peace – A Historical Survey and Critical Re-evaluation*, Abingdon Press, 1979. 롤란드 베인턴, 채수일 역, 『전쟁, 평화, 기독교』, 대한기독교출판사, 1981.

17 가이 허쉬버거는 식민지 시대 미국에서의 퀘이커 정치를 주제로 박사학위를 받았으며 메노나이트는 물론 그리스도인들에게 성서를 토대로 무저항을 실천하도록 요청한 평화학자이다.

18 아나뱁티스트 운동은 16세기 종교개혁 속에 근원적(radical) 운동으로 분류되는 교회개혁 운동의 한 분파이다. 한국에서는 재세례파, 재세례신앙운동으로 소개되었으나 최근에는 아나뱁티스트 운동으로 부르고 있다. 초창기부터 그리스도를 따르기 위해 제자도, 공동체, 평화라는 핵심가치를 내세웠으며, 메노나이트, 스위스 형제단, 후터라이트, 아미쉬, 브루더호프와 같은 그룹이 아나뱁티스트 운동에 속한다.

1984)은 1979년『전쟁, 평화, 기독교』라는 책을 출간하였다. 이 책 또한, 고대에 나타난 평화 이념부터 20세기의 핵폭탄의 위협에 이르기까지 인류 역사 속에 끊임없이 반복된 전쟁과 평화를 어떻게 이해해야 하는지를 평화주의, 정당한 전쟁, 십자군 운동이라는 세 가지 기본 흐름 속에서 설명하였다.

이 두 책은『구약성서』와『신약성서』의 전쟁과 평화 개념을 살펴보면서 인류 역사 속에서의 전쟁,『구약성서』와『신약성서』가 말하는 전쟁과 평화, 그리고 기독교 평화이론이 지니는 난제들을 다루었다. 또한, 어떻게『구약』이 묘사하는 심판과 진노의 하나님이『신약』의 사랑과 자비의 하나님과 양립할 수 있는가? 왜 하나님은 옛 언약 속에서 전쟁을 허락하셨는가? 정복 전쟁에 드러나 있는 진멸법을 어떻게 이해할 수 있는가? 그리고 국가와 교회라는 정치적 이중 구조를 전체 기독교 역사라는 맥락에서 다루었다.

이에 대한 답변으로서 저자들은 여호와의 전쟁과 왕들의 전쟁으로 구분하였고, 왕정의 출현 이전까지의 전쟁을 여호와의 전쟁으로 설명하였다.[19] 한편 여호와의 전쟁과 구별되는『구약』의 전쟁으로 왕들의 전쟁이 있는데, 이는 왕정 시대 특히 분열 왕국 시대의 왕들이 자기들의 주장과 목적에 따라 시행한 전쟁을 의미한다. 이러한 전쟁은 마치 근대의 이데올로기에 의한 전쟁과 같이 하나님의 뜻과는 상관없이 자기들이 스스로 정당하다고 규정

---

19 롤란드 베인톤, 가이 허쉬버거. 이와 동일한 질문에 대하여 강사문은 여호와의 전쟁과 그 특징을 다음과 같이 분류하였다. 우선 여호와의 전쟁은 첫째 이스라엘 백성의 대적자들이 이스라엘 백성의 적인 동시에 하나님의 적일 때만 해당하고, 둘째, 여호와의 전쟁은 전적으로 하나님에 의해 수행되는 전쟁이어야 했다. 셋째로 여호와의 전쟁은 이스라엘의 생존권 보장을 위한 싸움이어야 했고, 넷째로 하나님 여호와의 명령이 있을 때만 진행된 전쟁이어야 했고, 다섯째로 승리는 물론 패배도 하나님의 역사 운행의 한 방편임을 드러내는 전쟁이어야 했다.
강사문, "전쟁에 대한 성서적 이해",『선교와신학』 26, 2010.08, 21-36. 강사문, "전쟁할 때와 평화할 때",『한국기독교신학논총』 26(1), 2002.10, 27-79.

한 전쟁과 다르지 않다. 아무리 『구약성서』가 야훼를 전사 혹은 전쟁의 하나님으로 묘사한다고 하더라도, 여호와의 전쟁은 늘 공의와 긍휼을 놓치지 않고 있다.

『신약성서』에 나타난 전쟁과 평화의 개념을 다룸에 있어 가이 허쉬버거와 롤란드 베인턴 모두 초기 그리스도인들은 병역에 종사하지 않았고 이러한 평화주의에 대한 태도는 콘스탄티누스 황제가 기독교를 공인하기 전까지 이어졌다고 기록하였다. 그리스도의 산상수훈과 더불어 『신약성서』의 평화주의는 세계 평화를 위한 계획이나 철학보다는 하나님 나라의 원리로서 평화의 정신 그 자체에 더 초점을 맞추고 있다. 특별히 가이 허쉬버거는 『신약성서』를 토대로 무저항의 원리를 적극적으로 주장하였는데, 이는 많은 이들에게 무저항과 비폭력 저항의 근본적인 차이에 대한 질문을 일으키기도 하였다.

특별히 신약시대부터 현대까지 전쟁에 대해 그리스도인들이 보인 세 가지 태도는 평화주의에서 의로운 전쟁으로, 그리고 의로운 전쟁에서 십자군 전쟁으로 변화된 것으로 요약할 수 있다. 예수로부터 콘스탄티누스 시대에 이르기까지 그리스도인들은 박해를 받았을지언정 전쟁에 참여했다는 아무런 증거가 없을 정도로 콘스탄티누스 황제가 기독교를 공인한 313년까지는 문자 그대로 평화주의적 시대였다.[20]

그러나 313년 이후의 교회에는 빠른 속도로 변화가 일어났는데, 아타나시우스(Athanasius, 295-373)는 "전쟁에서 적을 죽이는 것은 합법적이며 칭찬할 만한 가치가 있다."라고 하였고, 주교 암브로시우스(Ambrosius, 340-397)는

---

20 롤란드 베인톤, 『전쟁, 평화, 기독교』, 대한기독교출판사, 1981, 86. 가이 허쉬버거, 『전쟁, 평화, 무저항』, 대장간 2012, 117-123.

"전쟁에서 이교도들을 대항하여 조국을 지키거나 집에서 약자를 보호하는 것, 혹은 도적으로부터 동료를 구하는 것은 아주 의로운 일이다."라고 하였다.[21] 416년에는 황제가 비그리스도인은 군인이 될 자격이 없다고 금지령을 내리게 되었고, 결국 교회는 황제의 교회로 전락하게 되었다.[22] 이 시기를 후기 역사가들은 기독교 제국주의(Christendom)라고 칭하였다.

무엇보다 콘스탄티누스 황제의 즉위와 더불어 시작된 로마 기독교 제국 혹은 기독교적 로마제국은 평화주의의 종말을 가져왔다. 이 시대를 대표하는 기독교의 전쟁 윤리는 처음에 암브로시우스에 의해 형성되었다가 곧 아우구스티누스에 의해 완성된 '정당한 전쟁론'으로 대표된다. 이 아우구스티누스의 정당한 전쟁 개념은 13세기 위대한 가톨릭 신학자였던 토마스 아퀴나스에 의해 더욱 발전되었다.

물론 교회와 국가의 밀접한 관계에서도 『신약성서』의 기준을 지키고자 했던 그리스도인들이 전혀 없지는 않았다. 양심에 의해 세상으로부터 물러난 그리스도인들은 수도원 운동을 일으켜 시간 대부분을 기도와 종교적 수행을 하며 보냈다. 이러한 현상을 근거로 정당한 전쟁론의 조항에 수도사들과 성직자들은 전쟁에 참여하지 않아도 된다는 조항이 생겨났다. 이때부터 성직자들의 윤리와 일반 그리스도인들의 윤리를 구분하는 기준이 생겨났다. 이러한 와중에도 "중세 가톨릭교회와 상관없이 세상과의 타협을 받아들이지 않고 거부한 소규모의 그리스도인들이 있었는데, 이들은 초대교회의 관습을 따라 평등과 형제애를 강조하고, 이중적 도덕 기준을 허용하지 않고 더 높은 도덕 기준을 세워 나갔다. 이들은 기독교 역사에서 소종파로 분류

---

21 가이 허쉬버거, 124.
22 위의 책, 124.

되었는데 몬타니안, 도나티스트, 바울 추종자, 왈덴시안[23] 등이 대표적인 그룹이다".[24] 이러한 평화주의자들의 모습은 16세기 종교개혁 시기에 등장한 아나뱁티스트 운동으로 연결되어 지금에 이르고 있다.

2. 일반적 평화주의 이론과 기독교 평화주의 이론 그리고 역사적 평화교회

인류 역사 속에서 전쟁은 인간에게 너무나 크나큰 슬픔과 고통을 가져다 주기에 철학자들은 전쟁 자체의 옳고 그름에 관심을 갖게 되었다. 그러나 소수의 철학자만이 전쟁과 도덕성에 관심을 가졌을 뿐, 다수의 철학자는 인류 전체가 핵전쟁의 위협을 받기까지 큰 관심을 두지는 않았다.

어찌 되었든 역사를 소급해 올라가면서 인류 역사가 취한 전쟁이라는 행동의 이면에 무엇이 존재하는지를 살펴보는 일은 매우 소중하며, 특별히 그리스도인으로서 우리가 전쟁과 평화에 대해 취해 온 태도가 어떠했는지 살펴보는 것은 매우 의미 있는 일이다. 역사 속에서 평화주의는 전쟁과 도덕성을 중심으로 이루어졌으며 일반적으로 논의되는 평화주의 이론은 ① 전쟁 불가피론 ② 좋은 전쟁이론 ③ 전쟁 부정론으로 정리할 수 있다.[25] 이들의 특징은 다음과 같다.

---

23 도널드 던바, 최정인 옮김, 『신자들의 교회』, 대장간, 2015, 73-89.
24 가이 허쉬버거, 127-128, 롤란드 베인톤, 159-164.
25 김한종, "평화교육과 전쟁사-모순의 완화를 위한 전쟁사 교육의 방향", 『역사교육연구』, 2013.11, 94.

1) 일반적 평화주의 이론

첫째, 전쟁 불가피론

전쟁을 피할 수 없는 역사적 현상으로 간주하는 전쟁 불가피론자들은 전쟁이 자신의 이익을 추구하고자 하는 인간의 본성 때문에 일어난다고 본다.[26] "평화를 위해서는 전쟁을 준비하라(Si vis pacem, para bellum)."라는 로마의 격언이나, '평화란 전쟁과 전쟁 사이에 전쟁을 준비하는 기간'이라고 정의한 뼈아픈 역설은 전쟁 불가피론을 주장하는 사람들의 입장을 잘 대변해 준다. 이들에게 전쟁은 정치적 행위로서 어떤 목적을 달성하는 효과적 수단이며, 결국 평화를 이루고 인간을 구하려면 전쟁이 필요하다는 논리를 개진한다. 이들은 침략 전쟁을 하면서도 전쟁을 합리화하며, 불가피하다 못해 자연스러운 현상으로 정당화한다.[27]

둘째, 좋은 전쟁론

좋은 전쟁론은 전쟁이 어떤 문제를 해결해 줄 수 있다는 것을 전제하므로, 전쟁 불가피론자들 못지않게 특정 목적을 위해 전쟁을 수단으로 사용해도 괜찮다고 여긴다. 정의로운 전쟁이 좋은 전쟁론의 대표적인 유형이다. 그러나 좋은 전쟁론의 문제는 항상 무엇이 좋은 전쟁이며 누가 그 좋고 나쁨을 판단하느냐는 질문을 낳게 한다. 정의로운 전쟁론의 대표적인 학자 마이클 왈저(Michael Walzer, 1935-현재)는 정의롭지 못한 전쟁으로 공격 전쟁, 정복 전쟁, 영향권의 확대와 위성국가를 수립하기 위한 전쟁, 경제적 능력

---

26 김한종, 95.
27 김한종, 96.

을 확장하기 위한 전쟁을 들고 있지만[28] 좋은 전쟁론과 정의로운 전쟁론은 한 번도 그들이 스스로 정한 전쟁의 기준과 규정을 지키지 못하였다.

셋째, 전쟁 부정론

"전쟁 부정론은 모든 전쟁을 나쁜 행위로 규정하는 평화주의자들의 주장이다. 전쟁 부정론자들이 보기에 전쟁은 본질적으로 파괴의 속성이 있다."[29] 그러므로 이들은 모든 전쟁을 범죄행위로 간주한다. "제2차 세계대전 이후 열린 뉘른베르크 재판과 극동국제군사재판(도쿄 재판)에서 '평화에 대한 죄'를 신설한 것"[30]은 이러한 움직임을 드러낸 대표적인 예이다.

이 중에 전쟁 부정론은 기독교 평화주의 이론과 밀접한 연관이 있으며, 전쟁과 살상이 대규모로 전개되었던 19세기 말과 20세기에 발전된 주장이기도 하다. 이는 핵무기를 동반한 전쟁으로 인해 인류 공멸의 위기를 감지한 인간 양심의 소리이기도 하며, 불 보듯이 뻔한 무기 경쟁의 결과에 대한 인류의 마지막 선택으로 제시된 이해이기도 하다. 이제 이러한 철학적 논의를 기독교 평화주의로 옮겨가 보자.

2) 기독교 평화주의 이론

전쟁과 평화에 대한 기독교의 이해는 인류 역사에서 가장 명확한 태도를

---

28 김한종, 96-97.
29 위의 논문, 98.
30 위의 논문, 98.

드러냈던 1세기에서 4세기 초까지의 초기 기독교 평화주의, 4세기 초 로마 황제 콘스탄티누스의 기독교 공인과 이때부터 발전되어 인류 역사는 물론 기독교 역사에 가장 큰 영향력을 끼친 정당한 전쟁론 그리고 정당한 전쟁론을 기반으로 발전된 성전론으로서의 십자군 전쟁으로 이어졌다.

이러한 평화주의에는 갈래가 있는데 대표적으로 폭력 행사는 인간의 존엄성을 해치는 것이기에 허용될 수 없고, 그러기에 어떠한 전쟁에도 참여하기를 거부한다는 인간애적 평화주의(인도적 평화주의, humanistic pacifism), 비폭력이 폭력보다 정치적 사회적으로 효율적이기에 비폭력을 옹호한다는 실용적 평화주의(pragmatic pacifism), 그리스도인은 성경과 예수님이 보여주신 가르침과 삶의 방식을 철저히 따라야 하므로 폭력과 전쟁을 받아들일 수 없다는 기독교 평화주의(Christian pacifism)가 있다.[31]

이 중에 역사적 평화교회는 기독교 평화주의에 뿌리를 두고 발전되어 온 교회 전통이다.

3) 역사적 평화교회

역사적 평화교회는 『신약성서』의 가르침을 따라 그리스도인은 전쟁과 폭력에 참여해서는 안 된다는 입장을 고수해 온 3개 교단 즉 메노나이트, 형제들의 교회, 퀘이커를 지칭하는 용어이다. 퀘이커는 제1차 세계대전(1914.7-1918.11)을 겪고 난 뒤, 전쟁에 대한 그리스도인의 반응으로 평화교회 콘퍼런스를 제안하였는데 1923, 1926, 1927, 1929, 1931년에 걸쳐 지속적인 회합을 가져왔다. 이러한 모임을 통해 평화를 지향하는 교회들은 적극적인 평화

---

31 신원하, 『전쟁과 정치』, 대한기독교서회, 2003, 134-135.

교육과 평화 행동을 하기 위해 연합 운동의 필요성을 느끼게 되었고, 이를 실천에 옮김으로써 '역사적 평화교회 콘퍼런스(Conference of Historic Peace Churches)'가 태동하였다.[32] 이 모임은 미국과 캐나다뿐만 아니라 유럽에서 역사적 평화교회 회의를 개최함으로써 기독교 내에서 분명한 평화의 목소리를 내기 시작하였고, 그 후 '역사적 평화교회'라는 용어가 기독교 평화주의 교회 그룹을 넘어 널리 받아들여지게 되었다.

메노나이트 교회는 16세기 메노 시몬스(Menno Simons, 1496-1561)에 의해 스위스와 네덜란드에서 시작된 아나뱁티스트 운동이며, 친우회로 알려진 퀘이커는 17세기 조지 폭스(George Fox, 1624-1691)에 의해 시작된 운동이다. 그리고 형제교회(Church of the Brethren, 덩커스로도 알려짐)는 1708년 서부 독일 슈바르체나우에서 알렉산더 마크(Alexander Mack, 1679-1735)에 의해 시작된 교회운동이다. 이들은 모두 운동 초기부터 지금까지 초지일관 평화주의를 말해 온 기독교 평화주의자들이다. 이 세 그룹 모두 국가와의 관계에서는 '자유교회'[33]를, 믿음의 방식에서는 '신자들의 교회'[34]를, 신앙의 표현에서는 '고백교회'[35]를, 의사결정의 방식에서는 '회중교회'[36]를 지향해 왔다. 이는 국가와 교회의 관계에서 발현된 '교회의 정체성'이기도 하다.

---

32 Mennonite Encyclopedia, Vol 2. 1995. 5th edition, Herald Press. 표제어 Historic Peace Church.

33 자유교회란 국가교회의 반대되는 개념으로, 종교와 신앙을 선택함에 있어 국가의 개입이나 강요 없이 개인이 신앙을 자유롭게 선택하는 교회를 말한다.

34 신자들의 교회란 예수 그리스도를 믿고, 변화를 받아, 헌신된 삶을 살고자 하는 사람들로 구성된 교회를 말한다.

35 고백교회란 역사 속의 신조(creed)나 전통보다도 신자들의 삶과 정치적 맥락 속에서 예수를 주로 고백하고 따름을 중시하는 교회를 말한다.

36 회중교회란 사제, 목회자, 소수의 리더에 의해 운영되는 (수직적) 교회가 아니라, 모든 회중이 직접 참여하고 운영하는 (수평적) 교회를 말한다.

역사적 평화교회가 추구한 평화를 제대로 이해하려면 처음부터 이들이 이해한 교회와 국가와의 관계는 어떠했으며, 이와 관련하여 이들이 제시한 성경적·역사적·경험적 근거들은 무엇이었는지 살펴볼 필요가 있다. 그러나 지면 관계상, 이 글에서는 그 특징인 ①국가와 교회와의 관계가 독립적이었으며 ②역사적 발전 과정 속에서의 경험과 사건 해석을 그리스도의 가르침과 산상수훈에 근거하였고 ③검(무력)의 사용을 금지하였다는 점만 밝히고 넘어가고자 한다.

특별히 20세기의 양차 대전을 겪으면서 기독교 교회들 내부에서 전쟁 참여에 대한 논의가 자주 제기되었고, 특히 메노나이트 교회 내에서는 전쟁 참여 여부에 관한 논쟁이 끊이지 않았다. 그러다가 제1차 세계대전 시기인 1918년 우라 아실리만이 최초의 메노나이트 양심적 병역 거부자가 되었다. 1920년에는 전쟁과 기근에 대한 반응으로 메노나이트 중앙위원회 (Mennonite Central Committee, MCC)를 결성하여 평화를 위해 전쟁 난민들에게 구호 사역, 임시보호소를 제공하였다. 메노나이트들은 제1, 2차 세계대전 동안 수천 명의 양심적 병역 거부자들이 병역 대체복무에 자원하였다. 이들은 시베리아 벌목, 탄광, 정신병동 등에서 일을 하였고, 교회는 전쟁 세금을 거부하고, 자녀들을 징집에 응하지 않도록 후원하고, 더 나아가 징집을 받은 청년들은 그리스도의 가르침을 따르기 위해 고난을 받고 사형에 처해지기도 했다.[37]

이러한 흐름 속에서 역사적 평화교회(Historic Peace Church)는 더 큰 목소리를 내기 시작하였고 제1, 2차 세계대전 이후에도 한국전쟁, 베트남전쟁, 이라크전쟁을 겪으면서 탄압, 회유, 비난 등 유혹 속에서 평화를 향한 목소

---

37 루디 배르근, 김복기 번역, 『메노나이트 이야기』, KAP 2005, 175-196.

리를 그치지 않았다. 제국주의로 치닫는 세계정세 속에서 이들은 진리를 증언하기 원했고, 군사주의에 동참하지 않음으로써 전쟁을 반대하였고, 비폭력 무저항의 견해를 고수하였다.[38]

이 외에도 평화교회 전통에 속한 퀘이커, 메노나이트, 그리스도의 형제교회는 1986년부터 기독교평화건설팀(Christian Peacemaker Teams)을 창설하여 콜롬비아, 아이티, 이라크, 웨스트 뱅크(요르단강 서안 지구), 동티모르 등 전쟁과 갈등이 있는 여러 나라에서 평화 활동을 진행하고 있다. 20세기 말과 21세기에 들어서 평화교회는 단순히 전쟁 반대에 관한 내용뿐만 아니라, 동서의 갈등을 해결하기 위해 화해를 시도하고, 공동의 협력프로그램을 개발하고 교육 활동을 통해 평화를 일구고 있다.

3. 대한민국에서의 평화운동과 평화그룹

우리가 지금 인류의 보편적 염원이자, 인간의 당연한 권리로 이야기하는 '평화'를 '평화적 사유'나 '평화운동'을 통해 실현하려는 움직임은 19세기 말과 20세기 초에 본격적으로 이루어졌다. 앞에서 언급한 것처럼 인류 역사에서 19세기까지는 전쟁의 제한과 전쟁의 부재가 주요 관심사였던 반면, 그 이후 과학기술과 무기의 발전이 맞물리면서 전쟁의 규모나 살상의 방법도 국제전이나 대량 살상으로 이어져 전면전으로 그 개념이 바뀌었기 때문이다.

그러기에 우리가 평화를 이야기할 때에 전쟁이라는 맥락보다 평화적 사유와 평화운동으로 기억할 만한 운동에는 어떤 것들이 있는지 질문할 필요가 있다. 즉 한국 근대사에 기록된 잘 알려지지 않은 우리만의 평화운동, 자

---

38 코넬리우스 딕, 김복기 옮김, 『열두 사람 이야기』, 대장간, 2012, 174-177.

생적인 평화그룹, 그리고 평화활동가들은 없는지 질문할 필요가 있다.

이 질문은 짧지만, 앞으로 한반도 평화운동을 위해서는 매우 중요한 질문이 될 것이다. 왜냐하면, 이는 우리가 전쟁과 평화에 대한 기본적인 개념의 변화가 이루어진 시대에 살고 있기 때문이며, 이제는 전쟁 영웅이나 국가 차원의 안보를 위해 일하는 제한된 평화나 소극적 평화를 넘어, 세계와 인류의 평화를 위해 일하는 적극적 평화를 추구하는 평화운동, 평화그룹, 평화활동가를 발굴해야 할 필요가 있기 때문이다. 그럼으로써 앞으로는 전쟁에 의한 거짓 평화가 아니라, 폭력이 아닌 진정한 인간 존엄을 이루어 내는 참평화라는 진정한 의미를 찾을 수 있기 때문이다.

이번 장에서는 지난 100여 년간 한반도에서 일어났던 평화운동, 평화그룹, 평화인물들을 살펴봄으로써 한국전쟁 70년 이후, 적극적인 평화운동의 방향성을 제시하고, 평화교육의 좋은 사례와 평화 내러티브로 적극 발전시키고자 한다. 다만 지면 관계상, 이 글에서는 개인으로 활동한 평화인물은 생략하고 1) 평화운동과 2) 평화그룹만을 소개하고자 한다. 또한, 앞으로 우리가 추구해야 할 궁극적인 평화로서 목적만 선한 것이 아니라 방법까지 선한 참 평화로서의 비폭력 평화운동을 이 땅에 자리매김해 나가도록 고민하는 장으로 삼고자 한다.

역사적 순서에 따라 소개하고자 하는 1) 평화운동으로서는 ① 3·1운동 ② 촛불혁명을 간략하게 살펴본 뒤, 2) 평화그룹으로서는 ③ 메노나이트 ④ 퀘이커 ⑤ 여호와의 증인 ⑥ 개척자들 ⑦ 전쟁없는 세상을 살펴볼 것이다.

우리 역사에는 19세기에 정부의 부패와 탐관오리들의 불의에 맞서 일어난 동학농민운동, 일제에 항거한 여러 의병운동, 제주4·3사건, 4·19와 5·18광주민주화운동, 서울의 봄을 비롯하여 1987년 6·29선언을 이끌어 내기까지의 1980년대 민주화운동 등 일일이 다 소환할 수 없을 만큼 많은 운동이 존재한다. 그럼에도 불구하고, 평화운동으로 3·1운동과 촛불혁명만을 언급한 것은 그 방법론에서 이 두 운동이 다른 민주화운동에 비해 비폭력 저항의 방법을 택하였다고 평가되기 때문이다. 우리 사회에 괄목할 만한 변화를 이끌어 내기 위해 처음에는 비폭력의 방법을 선택하다가 후에 폭력 사용으로 노선을 전환한 것은 민주화운동이라 할지라도 이 글에서는 범주에 넣지 않았다. 이런 맥락에서 3·1운동과 촛불혁명을 한국 역사에 분명하게 자리하는 평화운동으로 다루었다.

또한, 평화그룹으로서 많은 그룹을 소개할 수 있겠으나 메노나이트·퀘이커·여호와의 증인·개척자들·전쟁없는 세상을 선택한 것은 이들만이 평화운동을 실천한 그룹이라서가 아니라 한반도에서 일관성 있게 평화의 목적에 부합한 방식으로 평화의 목소리를 내 온 그룹으로 설명할 수 있기 때문이다. 안식일 교회도 부분적으로는 양심적 병역 거부나 평화 신학을 견지하였으나, 1970년대에 들어서면서 이를 포기하여 제외하였다. 이는 대부분의 한국 종교가 '호국' 종교의 성향을 띤다는 점에서 국가적인 차원의 애국과 더 큰 가치인 인류 평화와 인권, 인간의 존엄을 구분하기 위해서다. 평화교회의 시각에서 쓴 이 글에는 포함되어 있지 않으나, 기독교 외에 다른 종교 안에 자리하는 평화그룹을 적극적으로 발굴하고 소개할 필요가 있다.

1) 평화운동

첫째, 3·1운동

인류 역사에서 평화운동을 이야기할 때마다 빼놓지 않고 등장하는 원형에는 사티아그라하로 알려진 간디의 인도 독립운동과 시민 불복종 및 흑인 인권 운동으로 알려진 마틴 루터 킹(Martin Luther King Jr. 1929-1968) 목사의 흑인 해방 운동이 있다. 그러나 시간적으로 3·1운동이 인도에서 본격적으로 사티아그라하가 전개된 것보다 조금 더 앞서 일어났으며, 1960년대에 일어난 미국의 평화운동보다 무려 한 세대 이상 앞선 평화운동임을 알린 문서는 그리 많지 않다.

이러한 점에서 1919년에 전국에서 동시다발적으로 일어난 3·1운동을 평화운동의 시각에서 바라보는 것은 매우 중요한 일이다. 이 글에서는 너무나 잘 알려져 있기에 3·1운동 자체에 대한 추가 설명은 생략하고, 3·1운동이 평화 시위로서 비폭력 투쟁이었다는 점과 앞으로 세계사에 알려야 할 평화운동이었다는 점만 언급하고자 한다.

무엇보다 3·1운동은 민족 저항운동이었음에도 비폭력 저항운동으로서 우리 민족의 평화 메시지를 공유하고 있다는 것을 언급할 필요가 있다. 기독교·천도교·불교 등 당시 대표적인 종교인들이 한마음으로 뭉쳐 독립선언서를 입안하였고, 양반과 농민·여성·상민·천민·군인 등 신분의 경계를 초월하여 민족 전체가 독립운동의 주역이 되었다.[39] 주목할 만한 것은 전체적으로 3·1운동이 평화적 시위로 진행되었다는 점이다. 물론 일부에서 면사무소나 헌병주재소를 습격하는 등 사상자가 발행한 경우가 있었지만, 전체적으로 평화적 만세시위를 통한 비폭력 저항운동이라는 점에서 그 어떤 운동과 비교할 수 없으리만큼 폭넓게 인식되고 있는 민족사적 평화운동이자 세계사적인 평화운동이었다.[40] 안타까운 것은 제국주의의 탄압과 억압에 저항하며 자유와 독립, 평화를 갈망했던 주변 아시아 국가의 민족운

---

39 심옥주, "세계 평화의 관점에서 본 3.1운동의 재인식: 3.1운동과 여성, 평화를 중심으로", 『한국과 국제사회』 제2권 1호, 2018 봄, 47.

40 위의 논문, 50.

동에 큰 자극을 주었음에도 불구하고 3·1운동은 평화운동으로서 제대로 인식되지 못하고 있다는 점이다. 이런 맥락에서 3·1운동을 민족성과 평화 정신에 입각한 운동, 세계 평화 시민운동, 역사적 평화의 관점에서 독립운동의 차원만이 아닌 동양 평화와 세계 평화에 이바지한 의미 있는 운동으로 재해석하여 널리 알릴 필요가 있다.[41]

둘째, 촛불혁명

시대를 훌쩍 뛰어넘어 대한민국의 정치·사회적 변화를 이뤄 낸 사회운동 중 하나가 2016~2017년에 있었던 촛불혁명이다. 최근에 일어난 사건이라서 후세의 평가가 있어야 하겠으나, 이 운동은 이미 세계 여러 나라가 주목한 비폭력 평화시민운동으로 각인되어 있다.[42] 이 논문에서는 촛불혁명에 대해 구체적으로 설명하기보다는 이 운동이 어떤 점에서 평화운동으로 자리하는지에 대한 설명만 간단히 언급하고자 한다.

촛불혁명은 일명 박근혜 퇴진운동으로 대한민국 헌정사에서 탄핵 소추 및 가결이 이루어진 사건이자, 최초로 대통령직에서 파면된 초유의 사건으로 기록되었다. 탄핵이란 '죄상을 들추어 논란하여 꾸짖거나 추궁하는 절차' 혹은 '공직에 있는 사람의 부정이나 비행 따위를 조사하여 그 책임을 추궁하는 과정 혹은 그 절차'이다.[43] 이 운동은 2016년 10월 26일부터 2017년

---

41 위의 논문, 60.

42 하버드 케네디 스쿨에 속한 에리카 체노웨스(Erica Chenoweth)교수의 비폭력 저항운동에 대한 조사연구에 따르면 국민의 3.5% 이상이 비폭력 저항운동에 참여한 사례는 실패한 적이 없다고 한다. 특별히 그녀의 이름을 따서 지어진 "체노웨스의 3.5% 법칙"은 대한민국의 촛불혁명 때 관심의 대상이 되었다. 에리카 체노웨스, 마리아 스티븐, 강미경 옮김. 『비폭력 시민운동은 왜 성공을 거두나』. 두레, 2019.

43 동아참국어사전, 두산동아, 2002.

4월 16일까지 펼쳐진 총 23차 범국민행동에 대해 국회와 헌법재판소가 반응한 사건으로 세계 언론의 주목을 받아 왔다. 2010년부터 일어난 시리아의 봄, 2019년 범죄송환법으로 발화된 홍콩 시위 등 전 세계가 폭력 시위로 점철되고 있을 때에 대한민국의 촛불시위는 질서 정연한 비폭력 시위로 세계 언론으로부터 시민에 의한 촛불혁명(Revolution by Candlelight in South Korea)[44]이라는 이름을 얻기도 했다.

특별히 이 탄핵 소추 사건이 촛불혁명으로 기록된 데에는 이전의 운동과 달리 촛불을 들고 시위에 나서는 등 비폭력 수단을 통해 정권의 변화를 끌어냈다는 데 있다. 알베르트 아인슈타인 연구소의 수석 연구원이자 독재 정권에 맞서는 비폭력 저항을 지지함으로써 현시대에 가장 영향력 있는 사회운동가이자 정치이론가였던 진 샤프(Jean Sharp, 1928-2018)는 『독재에서 민주주의로』라는 책의 부록으로 〈비폭력 행동의 198가지 방법〉을 소개하였다.[45] 흥미로운 점은 촛불혁명에서 사용된 수많은 저항과 운동의 표출 방식이 비폭력 행동의 198가지에 수록된 방식 대부분과 일치한다는 점이다. 이는 인류 역사상 유례를 찾아보기 힘든 무혈혁명이자 평화운동이라 할 수 있다.

이러한 점에서 3·1운동과 촛불혁명은 평화학이라는 관점에서 자랑스러운 평화운동으로 소개해도 조금도 손색이 없을 대한민국의 평화운동이자 세계사적 사건으로 이해하고 지속해서 언급할 필요가 있다.

---

44 https://www.dissentmagazine.org/article/revolution-by-candlelight-how-south-koreans-toppled-a-government
45 진 샤프, 백지은 옮김, 『독재에서 민주주의로』, 현실문화, 2015, 140-152.

2) 평화그룹

평화교회의 관점에서 평화그룹으로 소개할 수 있는 대표적인 교회는 ③ 메노나이트와 ④퀘이커를 들 수 있다. 한국에서 활동한 평화그룹이나 단체는 그 수를 헤아릴 수 없지만, 비폭력 평화주의를 고수해 왔던 그룹으로 ⑤ 여호와의 증인 ⑥개척자들 ⑦전쟁없는 세상을 들 수 있다. 특별히 평화그룹으로 이 다섯을 선택한 이유는 반공, 승공, 멸공을 기치로 하는 대한민국의 정치, 사회, 문화적 토양에서 오롯이 비폭력을 선택해 온 대표적인 그룹이기 때문이다. 여호와의 증인은 가톨릭, 정교회, 개신교 등 기독교의 다른 교파들과 구분되는 기독교 그룹으로 회복주의를 근거로 전쟁에 참여하기를 거부해 왔다. 평화교회에 속해 있지는 않지만, 한국 사회에서는 거의 유일무이하게 양심적 병역 거부를 고수한 그룹으로 평화그룹에 포함했다. 그리고 개척자들은 기독교 운동 단체인 반면, 전쟁없는 세상은 종교와 무관한데도 평화주의가 지향하는 비폭력 저항 원칙에 충실한 평화단체이기에 이 글에 포함했다. 아마도 2010년 이후에 자생적으로 생겨난 여러 평화단체 중 평화그룹에 추가하기에 충분한 그룹들이 꽤 많이 있겠으나, 이 글에서는 위의 다섯 개 평화그룹만 간략하게 소개하고자 한다. 다만 메노나이트, 퀘이커, 여호와의 증인은 교회를 중심으로 한 평화운동이자 전 세계적으로 활동하는 그룹이고, 개척자들과 전쟁없는 세상은 한국에서 자생적으로 생긴 평화단체라는 특징이 있다. 이 다섯 그룹은 현재 한국에서 활동하고 있으며, 비폭력 평화를 핵심 가치와 행동 지침으로 삼고 있어 논의 진행의 근거로 삼았다.

셋째, 메노나이트(1952-1971년 그리고 그 이후)

앞서 평화교회를 소개하면서 간단하게 언급한 메노나이트는 한국에 매우 낯선 교단이다. 2000년대에 들어와서 교회로 소개되었는데, 훨씬 전 6·25가 한창 진행 중일 때, 한국에서 구호 활동을 시작한 역사가 있다. 그 내용은 대략 다음과 같다.

지금으로부터 약 70년 전 한국전쟁이 발발했을 때, 우리의 국토는 총 600만 명의 이산가족과 3백만이 넘는 사상자를 낼 정도로 초토화되었다. 이 전쟁 소식을 듣고 메노나이트는 구호 기관인 메노나이트 중앙위원회(Mennonite Central Committee, 이하 MCC)의 조사단을 한국에 파견하였는데 그것이 1952년의 일이었다.

1952년 MCC가 달다스 보랜을 한국에 파견하였는데, 그는 부산에 있던 민간 협회 본부에서 봉사 단체 연락사무관으로 첫 업무를 시작하였다. 일 년 후인 1953년에는 어니스트 래이버와 데일 위버가 부산으로 건너와 봉사 활동에 동참하였고, 같은 해 MCC는 한국대표부를 대구에 설립하고 본격적인 활동을 시작하였다. 한국전쟁으로 인해 황폐된 삶에 희망을 불어넣어 주기 위해 한국에 온 메노나이트들은 1953년부터 1971년까지 20여 년 동안 총 74명에 이르렀다. 이 기간 동안 MCC가 한국에서 한 활동 가운데 대표적인 활동들은 4가지 정도로 요약할 수 있는데 1) 물자구제사업, 2) 메노나이트 직업학교, 3) 가족/어린이 지원 프로그램, 4) 전쟁 과부들을 위한 재봉 기술 교육 등이 그것이다. 그 밖에도 병원자원봉사, 지역개발봉사, 기독교 어린이 위탁 훈련 교육 등의 다양한 구제, 교육, 지역개발 사업들이 대구와 부산 지역을 중심으로 활발하게 이루어졌다.[46]

---

46 김경중, "메노나이트 중앙위원회 한국 역사", CMBC 학기 논문과제, 1998. KAC 홈페이지에서

1952년부터 1971년까지 메노나이트 중앙위원회(Mennonite Central Committee)가 우리나라에서 전쟁 난민들에게 구호 사역을 펼치고, 임시보호소를 제공하고, 의료 활동을 진행하고, 전쟁미망인들에게 생업 수단을 위해 재봉 기술을 가르치고, 전쟁고아들을 위한 직업훈련학교를 세워 교육을 시행한 것은 단순히 가난한 이들에게 도움을 준다는 차원이 아니라, 평화를 실천하는 이들의 삶의 방식이었다.

결국, 구호 활동과 봉사를 맡은 MCC의 활동은 1970년대 들어 안정되어 가는 한국에서의 활동들을 정리한 뒤, 도움이 좀 더 필요한 나라로 그 활동을 옮기게 되었다. 그리하여 1971년, 20여 년간의 오랜 활동과 수고를 남긴 MCC는 역사의 뒤안길로 사라지게 되었다.

메노나이트가 한국에서 20년이라는 장기간 동안 활동하였음에도 불구하고 교회를 설립하지 않은 데는 여러 이유가 있지만, 무엇보다도 MCC가 선교 기관이 아닌 구호 기관이기 때문이었다. 따라서 1972년 이후의 메노나이트는 메노나이트 직업훈련학교(Mennonite Vocational School) 졸업생을 제외하고는 이렇다 할 공식적인 활동과 기록이 없다.

그러다가 1980년대 말, 버튼 요스트(Burton Yost)라는 메노나이트 교수가 연세대학교에 방문 교수로 오게 되었다. 그는 강의를 들은 학생들과 좋은 관계를 형성해 나갔는데 그중 두 학생이 캐나다 위니펙에서 메노나이트에 관하여 공부를 하게 되었고 이것이 연결 고리가 되어 한국 메노나이트 그룹이 형성되기 시작했다.

한편 한국에서는 이러한 메노나이트의 역사와 더불어 메노나이트에 대

발췌. MCC를 통해 들어온 74명의 활동가 중에 Pax man으로 알려진 남성들은 3년간 병역거부/대체복무로 한국에 와서 봉사한 것으로 알려져 있다.

한 자생적인 모임이 몇몇 도시에 생겨났다. 이는 아나뱁티스트 제자도와 공동체 운동에 관심이 있었던 크리스천 리더들이 보인 관심의 결과였다. 1990년대 초, 성경에서 말하는 교회를 꿈꾸던 모임이 춘천에서 생겨났다. 이들은 정기적으로 모임을 갖게 되면서 참된 교회의 모습을 탐구해 나갔고, 결국 수년간의 기도와 연구 끝에 초대교회의 모습을 닮은 아나뱁티스트 정신을 기반으로 하는 예수촌교회(강원도 춘천시 소재)가 태동하였다.

1990년대 이후에는 공동체에 관심이 있는 형제, 자매들이 세계 곳곳에 있는 아나뱁티스트들이 형성한 공동체들을 방문하기 시작하였다. 이와 함께 후터라이트 공동체, 부르더호프 공동체, 그리고 메노나이트 공동체가 한국 교계에 조금씩 알려지게 되면서 메노나이트를 재조명하고 새로운 평가가 시도되었다. 이렇게 개인적으로 관심을 가진 사람 중 어떤 이들은 적극적으로는 메노나이트 신학교에서 공부하였고, 소극적으로는 기독교 잡지나 각종 매체를 통하여 메노나이트에 대한 이해를 형성해 나가기 시작하였다.

현재 한국 사람들로 형성된 메노나이트 그룹이 존재하는 곳은 캐나다와 미국 그리고 대한민국이다. 2001년 한국아나뱁티스트센터(Korea Anabaptist Center)가 설립되면서, 평화교회로서 정체성을 갖는 교회들이 조금씩 생겨나기 시작했다.

무엇보다 한국아나뱁티스트센터에서 진행한 정의와 평화 관련 프로그램을 특기할 만한데, 이는 현재 한국평화교육훈련원(Korea Peace Institute, KOPI), 아시아평화교육훈련원(Northeast Asia Regional Peacebuilding Institute, NARPI)과 같은 평화 기관이나 프로그램으로 성장하였으며, 학교·교회·기관·지역사회·국가와 국제 관계에 이르는 각종 갈등 문제를 다루며, 평화교육과 평화 활동에 매진하고 있다. 구체적인 프로그램으로서는 갈등 전환과 비폭력이라는 가치를 바탕으로 또래 중재, 교회 내 갈등 해결, 회복적 정의 등의 프로그램을 진행하고 있다. 아울러 2013년부터는 MCC와 듀크 대학의 화해센터(The Center for Reconciliation)가 함께 매년 동북아시아크리스천 화해포럼(Christian Forum for Reconciliation in Northeast Asia)을 개최하고 있다. 이는 전쟁으로 얽힌 일본, 중국, 홍콩, 대만, 한국의 그리스도인들이 모여 화해를 모색하는 국제 평화 교류 프로그램이다.

평화주의 전통에 뿌리를 두고 있는 이러한 메노나이트들의 활동은 교회 내의 운동과 교회 밖의 운동을 하나로 연결할 뿐만 아니라, 복음의 적절성(relevance)과 공공성(gospel in the public square)에 대한 반응이기도 하다.

넷째, 퀘이커

친우회(Friends, The Friends Church) 혹은 종교친우회(The Religious Society of Friends)라고 부르는 퀘이커(Quakers)는 소종파 운동으로 1652년 조지 폭스에 의해 시작되었다. 퀘이커들은 영적 체험에서 나오는 실천적 삶을 중요하게 여기며 평화(Peace), 평등(Equality), 단순성(Simplicity)을 중요하게 여긴다.

특별히 퀘이커들은 평화 영성을 매우 소중하게 여기며, 평화를 사회적 책임 윤리로 강조해 왔다. 이들은 초기부터 어떤 조건과 목적을 위해서도 물리적 폭력을 사용하지 않는다는 평화주의 영성을 지켜 왔다. 초기 퀘이커 평화주의 신앙은 초기 기독교의 평화 신앙과 맥이 닿아 있으며, 전쟁은 크리스천에게 불가능하다는 콘스탄틴 이전의 초기 기독교 평화주의의 입장을 따른다. 평화, 평등, 단순성을 추구하는 이들의 영성은 전쟁 반대 운동과 사회개혁과 연결됐는데, 미국에서의 노예제 폐지를 주도하였고 인간 생명 존중 정신에 입각한 사회 개혁적 평화를 주창하였다. 아나뱁티스트에 의해 영향을 받은 퀘이커 평화 영성의 종교적 근거는 성서, 제자도 신앙, 영적 체험이다. 산상수훈과 더불어 제자도(discipleship) 정신은 실천적인 효율성을

추구하기 위한 것이라기보다는 예수의 평화의 길을 복종하며 따르는 삶에 초점이 맞추어져 있다.[47]

세계의 퀘이커들이 한국에 관심을 두고 첫발을 디딘 것은 메노나이트와 다른 많은 기독교 그룹이 한국에 관심을 갖기 시작한 6·25전쟁 때로 그 맥을 같이하고 있다. 1953년 전쟁의 피난민과 고아를 구호하기 위해 설립된 군산의료원에서 의사로 봉사하기 위해 퀘이커들이 한국에 입국하였다. 그들은 미국친우봉사단(AFSC)과 친우봉사회(FSC)에서 파송된 이들이었다. 이와 비슷한 시기에 한국의 난민을 구조하기 위한 주택사업(Houses for Korea) 팀의 리더로 미국 워싱턴주 시애틀에서 온 친우회원 플로이드 슈모에(Floyd Schmoe)를 비롯한 몇몇 사람들은 '퀘이커라 불리는 특별한 사람들(Peculiar People called Quakers)'로 알려지기 시작했다. 그러다가 1958년 친우봉사단이 철수한 후 친우봉사단에서 함께 일했던 한국인과 서울에 있었던 친우회원들은 국제한국협력단 미국사무국 소속이었던 프라이스(R. Price)와 미첼(A. Mitchell)의 도움으로 한국 모임을 시작했다.[48]

1958년 2월 15일 서울에 있는 미첼의 집에서 한국인을 위한 첫 번째 퀘이커 예배 모임이 이루어진 후, 정기모임이 생겨났고, 1958년 7월 최초의 한국인 퀘이커(이윤구와 차신애)가 생겨났다. 뒤이어 1960년 12월 '종교친우회 서울모임(Seoul Monthly Meeting of the Religious Society of Friends)'이 결성되었고, 1961년에는 세계친우회(FWCC)와 관계를 맺기 시작했고, 이후 50여 년 동안 모임이 계속되었다. 그 이후, 함석헌 선생과 퀘이커의 만남이 이루어져, 함

---

47 정지석, "퀘이커의 영성연구", 『신학연구』 62, 2013.6, 123-129.
48 김항제, "퀘이커의 한국 사회 이식과 그 의미", 『신흥종교연구』 29집, 2013, 41.

석헌의 종교로 더 잘 알려지게 되었다.[49]

쿼이커들은 사회정의 실천, 빈곤 · 문맹 퇴치, 반전운동 등에 적극 참여하여 평화운동을 전개하였다. 현재 한국에서 쿼이커는 내면의 빛 비추기 운동과 비폭력 평화운동의 전통을 따라 사회운동의 길을 모색하고 있다.

다섯째, 여호와의 증인

주류 기독교에서는 인정하려 들지 않지만, 여호와의 증인(Jehovah's Witnesses)은 19세기 미국의 재야 성서학자 찰스 테이즈 러셀(Charles Taze Russell, 1852-1916)을 중심으로 결성된 회복주의 성향의 기독교 단체이다."[50] 한국에는 1912년 여호와의 증인 선교사인 R. R. 홀리스터에 의해 전파되기 시작하였고, 1945년 일제가 패망할 때까지 수십 명의 여호와의 증인 신도가 천황 숭배 거부와 양심에 따른 병역 거부로 옥고를 치렀다. 그중, 유명한 것이 '등대사 사건'으로 독립운동사에 기록된 일제 말기의 주요한 저항 중 하나이다.[51] 한국 기독교가 급성장하기 시작한 1970년대부터 여호와의 증인 신도도 급격히 증가하였으며, 이들은 종교적 신념에 따른 양심적 병역 거부자의 대부분을 차지하는 그룹으로 잘 알려져 있다. 그만큼 여호와의 증인은 한국에서 양심적 병역 거부 허용에 대한 논의가 있을 때마다 거론되었으며, 양심의 자유를 명시한 헌법 19조, 종교의 자유를 명시한 20조 1항, 국방의 의무를 명시한 39조 1항, 그리고 형사처벌이라는 제제를 통해 양심적 병역 거부자에게 양심에 반하는 행동을 강요하는 병역법 88조 1항에 대한 논

---

49 위의 논문, 41-45.
50 여호와의 증인, 『위키피디아』.
51 한홍구, "한홍구의 역사 이야기", 『한겨레21』 2004년 5월 27일, 제511호

의의 당사자가 되어 왔다.

그러나 국방의 의무를 폭넓게 이해한다면, 집총이나 살상 훈련 등의 병역 의무 이행 외에도 다양한 공공의 활동을 통해 국가에 이바지할 방법이 많다. 그러기에 다양한 대체복무나 국방의무를 이행할 가능성을 봉쇄한 채 국가의 권력으로 병역의무 이행만을 강요함으로써 양심에 따라 병역의무를 불이행하겠다고 한 사람들을 예외 없이 형사 처벌하는 것은 헌법의 정신에도 합치하기 힘들고, 헌법상 정당화된다고 보기 어렵다.

이러한 맥락에서 2018년 6월 28일 헌법재판소의 결정이 내려졌다. 핵심 내용은 양심적 병역 거부를 헌법상 기본권인 '양심의 자유'의 실현으로 인정하였다는 점이다. 이후, 정부는 2018년 12월 28일 양심적 병역 거부 대체복무를 도입하기 위해 「대체역의 편입 및 복무 등에 관한 법률 제정(안)」과 「병역법 일부개정법률(안)」(이하 '법률안')을 입법예고하고 의견 제출을 공고했다. 2019년 12월 31일까지 양심적 병역 거부자들을 위한 대체복무제를 도입하라고 결정하였다.

각 나라의 양심적 병역 거부의 기준이 되는 내용은 유엔 인권위원회가 1998년 4월 22일 채택한 77호 결의안으로서 이는 양심적 병역 거부권의 대헌장이라고 할 수 있다. 그 주요 내용은 다음과 같다.

- 양심적 병역 거부권은 종교적 · 도덕적 · 윤리적, 인도주의적 또는 이와 유사한 동기에서 발생하는 심오한 신념 또는 양심에서 유래하는 것으로, 이미 군 복무를 하는 사람도 양심적 병역 거부권이 있다.
- 양심적 병역 거부권을 보장하는 제도가 없는 국가는, 양심적 병역 거부자의 신념에 차별을 하지 않고, 양심적 병역 거부가 특정한 사안에서 타당한지를 결정할 임무를 맡을 독립적이고 공정한 의사결정기관을 마련하여야 한다.

- 징병제를 채택하고 있는 국가에 대하여, 양심적 병역 거부자를 위하여, 양심적 거부의 이유에 부합하는 다양한 형태의 대체복무를 도입하되, 그 대체복무는, 공익적이고 형벌적 성격이 아닌 비전투적(non-combatant) 또는 민간(civilian) 성격이어야 한다.[52]

여호와의 증인은 정부의 규정과 처벌에 상관하지 않고, 오랜 세월 동안, 양심적 병역 거부를 실천해 온 대한민국에서 거의 유일한 그룹이라 할 수 있다. 일부에서는 이들의 병역 거부는 종교적 신념에 의한 것이지 양심에 따른 거부라고 할 수 없다고 평가하기도 하며, 다른 양심적 병역 거부와 연대하는 데 관심을 보이지 않는 점을 들어 평화운동으로서 보기 힘들다는 반론도 없지 않다. 그럼에도 불구하고, 이들의 병역 거부는 성서의 가르침에 근거하고 있을 뿐만 아니라, 다른 사람을 해치지 않기 위해 집총 거부를 하는 것이 종교적인 신념이지 평화운동으로 보기 힘들다고 주장하는 것은 이를 실천하지 않거나, 실천하지 못하는 사람들의 또 다른 편협으로 볼 수밖에 없다. 병역 거부는 종교의 유무를 떠나, 유엔의 결의안과 여러 나라의 병역 대체복무 실행안의 핵심 가치로서 인간의 존엄이라는 차원에서 그리고 평화운동이라는 다양한 각도에서 더 많은 담론을 형성하도록 토론과 연구를 진행할 필요가 있다.

여섯째, 개척자들

개척자들은 1999년 6월, 양평 국수리 계곡에 천막을 치고 시작한 국제 평

---

52 정상규, "양심적 병역거부와 대체복무제에 대한 법적 분석 외국의 입법례 및 대체복무방안에 대한 반대의견", 『인권복지연구』 제20호, 2018, 26에서 재인용. 21-44.

화운동 단체이다. 1993년부터 시작한 국제 평화를 위한 매주 기도회를 통해 평화의 길을 닦아 왔으며, 양평의 공동체에서는 그리스도인으로서 하루 세 번, 아침에 자신을 돌아보며, 점심에는 세계를 위해, 저녁에는 세계 각지에서 일하는 동역자들을 위해 기도하고 있다. 분쟁 현장에서 정의와 평화를 위해, 공동체의 화해와 회복을 위해 꾸준히 기도하는 것이 이들의 주요 과제기도 하다.[53] 이들은 세계의 청소년, 청년들[54]을 대상으로 평화캠프와 평화학교를 열어 평화를 가르친다. 젊은이들에게 군 복무 대신 세계를 위한 봉사를 하도록 권유한다. 동티모르와 같은 분쟁 지역에서 소통이 끊긴 가족들을 위해 메신저 역할을 하기도 하고, 메신저 프로그램으로 영상편지를 주고받은 가족들을 직접 만날 수 있는지 알아봐 주기도 하고 만남을 이끌어 내기도 한다. 인도네시아와 동티모르에서는 전쟁으로 고향을 잃었으나 귀환하고 싶은 사람들과 함께 일하며 귀향을 돕기도 했다. 평화단체로서 긴급 구호 활동을 펼치기도 한다. 2004년 인도네시아 아체에서 발생한 쓰나미, 2005년 파키스탄 카슈미르 지역의 지진, 2010년 아이티 지진과 같은 재난이 발생하였을 때, 긴급 구호에 동참하여 지원 활동을 펼치기도 했다. 이들은 평화도서관을 만들고, 제주도가 더 이상 군사기지가 아닌 평화의 섬이 되도록 강정해군기지 반대 운동을 벌이고, 한 · 중 · 일 국경 지대를 이루는 섬들을 연결하는 공평해(共平海) 항해 프로젝트, 해상훈련 및 평화의 공동체를 이루고자 애쓰고 있다.[55]

　양심적 병역 거부자이자 평화활동가 박정경수와 개척자들의 송강호가

---

53 송강호, "개척자들: 평화의 앞잡이", 『기독교사상』 702, 2017.6, 27-38
54 위의 글, 32.
55 위의 글, 27-38.

함께 쓴 『강정평화서신』[56]에서 이들은 평화라는 가치를 신념으로 바꿔 놓고, 이 신념을 따르는 사람을 감옥에 가두는 현 상황과 진실과 정의를 따르는 사람의 고독에 대해 안타까워했다. 그럼에도 불구하고 이들은 평화의 학교는 이미 현재 진행형이고, 전쟁 준비보다 평화 준비에 더 많은 시간과 재정과 열심을 내야 할 필요가 있다고 했다. 송강호는 "제주가 그리고 강정마을이 평화를 위한 학교가 되어야 한다. 강정마을이 평화공원, 평화의 학습장이 되어야 한다. UN평화대학을 유치하자."는 꿈을 갖고 있다. 아이러니하게도 2012년 옥중에 있었던 송강호는 2020년 12월 현재 8개월째 다시 옥중에서 편지를 쓰고 있다. 'The Frontiers'라는 영어명을 가진 개척자들은 말 그대로 평화를 이루어 내는 개척자들로 살아가고 있으며, 해군기지가 들어서 있는 강정을 생명 평화의 마을로 만들어 달라는 기도를 쉬지 않고 드리고 있다.

일곱째, 전쟁없는 세상

앞서 설명한 개척자들이 기독교 평화 신학에 근거를 두고 있다면, 전쟁없는 세상은 종교의 유무를 떠나 스스로 양심적 병역 거부자의 길을 선택한 사람들이 모여 시작한 평화운동 단체다. 2003년에 출범한 전쟁없는 세상은 모든 전쟁은 인간성에 반하는 범죄라는 신념에 기초해 전쟁과 전쟁을 일으키는 다양한 원인을 제거하기 위해 활동하는 평화주의자·반군사주의자로 구성된 단체로서 "모든 전쟁은 인간성을 파괴하는 범죄일 뿐이며, 전쟁은 하나의 문제를 해결하기 위해서 더 많은 문제를 발생시킨다. 전쟁은 우연히 일어나지 않는다. 전쟁이 일상적인 차별과 착취의 결과물이듯, 평화 역시

---

56 송강호, 박정경수 지음, 『강정평화서신 평화는 가둘 수 없다』, 짓다, 2018.

일상적인 노력의 결과물"[57]로 이해한다.

전쟁없는 세상은 이론에 충실하지만, 그에 앞서 전쟁과 전쟁을 일으키는 다양한 원인을 우리 일상에서, 그리고 사회구조에서 제거하기 위해 노력하는 단체이며 이를 몸소 양심적 병역 거부로 실천한 사람들과 지지자들의 모임이기에 매우 실천적이다. 초창기는 병역 거부 운동과 대체복무제도 도입을 위해 애를 썼다면, 2010년 이후부터는 병역 거부 운동에 대한 그 같은 인식을 넘어서서 전쟁과 전쟁을 일으키는 사회적 구조에 대한 저항에 초점을 둔 운동을 만들고자 노력해 왔다.

위에서 언급한 2018년 6월 28일의 헌법재판소에서 양심적 병역 거부 위헌 결정이 내려지기까지 매년 5월 양심적 병역 거부 캠페인을 펼쳐 왔으며, 동시에 무기 감시 캠페인, 비폭력 프로그램을 단체의 주요 활동으로 삼고 다양한 반전 평화운동으로 활동의 영역을 넓혀 가고 있다. 비폭력 평화운동에 관한 자료 발간(계간지『전쟁없는 세상』, 책, 팸플릿, 번역 등)을 통해 비폭력의 철학을 실천으로 옮기기 위해 끊임없이 노력하고 있다.[58]

이상에서 살펴본 것처럼 우리에게는 한반도에서 비폭력, 무저항, 평화주의를 실천에 옮긴 사례로서 평화운동에 끊임없는 관심을 가질 필요가 있다. 아울러 평화활동가들이 모여 평화 공동체로서 평화단체나 평화그룹을 끊임없이 조직하고 형성해야 하는 과제가 주어져 있다. 어쩌면 여러 숙제 중하나로 평화의 공동체로 거듭나는 일이야말로 한국 교회에 주어진 가장 큰숙제일 수 있겠다. 앞으로도 계속 배우고 발전시켜 나가야 할 과제로서 양

---

57 http://www.withoutwar.org/?page_id=10658 전쟁없는 세상 홈페이지에서 인용.

58 http://www.withoutwar.org/?page_id=10636 전쟁없는 세상, 홈페이지에서 인용.

심적 병역 거부자들에 대한 인식 전환은 물론 독일이나 캐나다 등의 교회가 시행하듯이 사회정의 차원에서 실천 가능한 대체복무 개발을 교회가 앞장서서 준비해 나가는 것도 지역사회와 신앙 공동체로서 감당할 수 있는 일이라 하겠다. 또 다른 한편, 한반도라는 독특한 지정학적 맥락이 있지만, '평화'를 정치적인 이슈나 남북한의 통일에만 저당잡히지 말고, 남북은 물론 남남 갈등을 극복하고 사회정의를 외치기 위해 적극적 평화를 꿈꾸는 평화단체들을 지속해서 발굴할 필요가 있다. 그렇게 하기 위해 우리에게 주어진 숙제로서 평화운동에 대한 기대와 전망을 좀 더 살펴보기로 하자.

4. 한국전쟁 70년 이후 평화운동에 대한 기대와 전망

평화는 인류를 하나로 연결하는 가치이자, 공동 운명체임을 일깨워 주는 가치이다. 그럼에도 불구하고, 평화는 언제나 실행하기 힘든 가치로 인식되어 왔다. 삶의 모든 차원에서 모든 이들이 평화를 염원하지만, 사람들은 어떻게 진정한 평화를 이루어야 할지 어리둥절해하고 있다.

1990년대 공산주의의 몰락과 더불어 이데올로기의 시대가 끝났음에도 불구하고 한반도에는 여전히 그 체제가 남겨 놓은 반목의 감정이 사그라지지 않고 있다. 겉으로는 평화를 외치고 있지만, 여전히 양심적 병역 거부자들이 감옥에 갇혀 있고, 지역 주민의 반대를 무릅쓰고 군사 시설을 건설하고, 반전을 외치거나 군사 시설을 일부라도 훼손하면 중대한 법을 어겼다고 구속하고 판결하여 감옥에 가두는 일이 여전히 진행되고 있다. 평화가 가장 절실한 곳에서 평화가 가장 곡해되고 천대받는 현상이 지속되어 왔다.

무엇보다 100년이 넘도록 전쟁과 폭력에 시달려야 했던 한반도는 그 어느 곳 못지않게 평화가 절실한 곳이다. 그럼에도 불구하고, 평화는 제대로

된 이해와 대접을 받지 못하고 있다. 위에서 평화운동, 평화단체, 평화인물을 통해 살펴본 것처럼 한반도에서 평화를 외치는 일은 위험한 일이요, 목숨을 건 투쟁이었다. 평화는 자동으로 남북한 관계를 떠올리도록 교육되었고, 통일이 먼저냐 평화가 먼저냐 하는 지난한 논쟁을 불러일으켜 왔다. 그래서 양보할 수 없어 평화와 통일을 하나로 묶어서 생각하는 기이한 모습의 평화와 한반도에만 적용되는 독특한 평화론을 만들어 내기도 했다.

그러기에 2020년 한국전쟁 70주년을 보내면서 우리가 관심을 두어야 할 것은 폭력 그 자체보다, 평화에 대한 새로운 시각을 갖는 일일 것이다. 이미 언급한 것처럼 지난 세기는 그 어느 시대보다 폭력에 대해 적극적으로 반응한 시기이다. 이제 이번 장에서는 지난 세기에 변화의 급물살을 탔던 평화이론, 평화사 연구, 평화운동에 관해 간략하게 살펴보고 한국전쟁 70주년 이후 살리는 평화운동의 방향을 모색하며 글을 마치고자 한다.

한국 사회에 평화학의 새 장을 열고 있는 이때, 정주진과 서보혁은 지난 세기부터 현재에 이르는 평화의 흐름을 소개하기 위해 『평화운동』을 출간하였다. 이들은 평화에 관한 개인적 관심과 탐구를 넘어 조직적 연구가 시작된 시기를 1950년 중반으로 보았다. 이전에도 전쟁에 관한 개별적 연구와 심화된 형태의 평화 연구 발전 모델이 있었지만, 평화 연구에 중대한 계기가 된 것은 두 번의 세계대전이었고 개별적으로 평화를 연구하던 학자들이 전문 기관과 프로그램을 중심으로 모여 함께 작업하면서 조직적인 평화 연구를 하기 시작한 시기를 1950년대로 보았다.[59] 특히, 1952년의 전쟁예방연구교류(Research Exchange on the Prevention of War)라는 모임의 결성과 『전쟁예방연구교류지』 발행, 1957년의 『갈등해결저널: 전쟁평화연구계간』 발행,

---

59 서보혁, 정주진, 『평화운동』, 진인진, 2018, 19-23.

미시간 대학의 갈등해결연구센터 설립, 1959년 본격적인 평화 연구 기관으로서 노르웨이 오슬로평화연구소 설립, 1964년 『평화연구저널』 발행, 1970년대의 대학 내 평화학 강좌와 평화 프로그램 개설 등을 통해 괄목할 만한 연구가 이루어졌다.[60]

이 시기부터 전쟁보다 더 크고 포괄적인 개념으로서 '폭력'의 연구가 본격적으로 이루어지기 시작했으며, 이를 통해 전쟁은 폭력의 한 형태일 뿐이며 평화 연구의 목적은 전쟁을 포함한 모든 폭력을 감소시키는 것이라는 생각이 분명해졌다.

폭력의 개념으로 자주 언급되는 것은 노르웨이의 평화학자인 요한 갈퉁(Johan Galtung, 1930-현재)의 견해이다. 갈퉁은 폭력을 직접적 폭력, 구조적 폭력, 문화적 폭력으로 구분하였다. 그는 "직접적 폭력은 물리적 폭력으로 언어나 신체적인 폭력을 의미한다. 직접적 폭력은 인간의 기본적인 생존, 복지, 정체성, 자유의 욕구를 부정한다. 구조적 폭력은 직접적 폭력을 이끌어 내는 사회적 틀로 정책, 법률, 제도적인 시스템을 말한다. 구조적 폭력은 정치적 억압이나 경제적 착취가 주된 양상을 이룬다. 문화적 폭력은 직접적, 구조적 폭력의 배경이 되는 사회 문화적 이데올로기로, 세 가지 폭력 중 가장 근원적인 폭력이다. 문화적 폭력은 직접적, 구조적 폭력을 정당화하는 데 이용된다."라고 했다. 요한 갈퉁에 의하면 "진정한 평화는 직접적 폭력은 물론 구조적 폭력과 문화적 폭력까지 제거해야 이루어진다."[61]

---

60 위의 책, 19-22.
61 요한 갈퉁, 김종일 외 옮김, 『평화적 수단에 의한 평화』, 들녘, 2000, 412-414. 김한종, "평화교육과 전쟁사 – 모순의 완화를 위한 전쟁사 교육의 방향", 『역사교육연구』, 2013.11, 99. 정천구, 평화의 두 가지 개념에 관한 논쟁: 적극적 평화와 소극적 평화, 『서석사회과학논총』 제4집 1호(통권 제7호), 2011, 41.

1960년대 말 갈퉁이 고안한 '구조적 폭력' 개념은 전쟁을 넘어 포괄적인 폭력의 개념 확장에 지대하게 기여했다. 더 나아가 다양한 사회 갈등과 폭력의 관계를 설명해 주었다. 이러한 폭력의 탐구는 직접적 폭력에서 구조적 폭력으로 그리고 다시 문화적 폭력으로 확대되었으며,[62] 담론을 소극적 평화에서 적극적 평화로 옮겨 갈 수 있도록 도와주었다. 여기에서 소극적 평화란 전쟁 부재 상태를 말하며, 적극적인 평화란 인간 사회의 통합을 이루는 상태를 말한다. 현재 '적극적 평화는 문화적 폭력, 즉 사상·철학·예술·과학·언어·전통·담론·특정 기호 등 문화 영역에 속하는 것을 도구로 삼아 가해지는 폭력의 부재'로 연결되며, 환경과 자연의 존중으로까지 확대되어 생태평화로 연결된다.[63]

현재 전 세계와 대한민국의 평화운동은 전쟁 예방, 핵무장 해제, 인간의 안보와 인권, 전쟁 후 사회의 화해, 비폭력 저항, 평화 역량 교육, 공동체 평화 세우기, 갈등 해결과 조정, 평화문화 운동, 지속 가능한 발전 및 지구온난화와 기후변화 등의 주제를 다룬다. 이런 맥락에서 한국의 평화운동은 2000년 전후로 새로운 전환기를 맞이하고 있으며, 거대 담론인 민족 통일, 남북 통일을 중심으로 한 평화를 넘어, 시민들이 일상에서 경험하고 실천하는 평화의 모습으로 인식의 전환이 이루어지고 있다.

한편 이러한 학문적 발전이 이루어지고 새로운 의미의 평화를 모색하는 중에 기독교 내에서도 괄목할 만한 변화가 이루어졌는데, 그것은 1,600년을 넘어 맹위를 떨치던 '정당한 전쟁론'이 폐기되고 '정의로운 평화'가 주창되고 있다는 사실이다.

---

62 서보혁, 정주진, 25.
63 위의 책, 27.

무엇보다 현시점에서 반드시 기억해야 할 것은 시대의 변화와 각 기독교 그룹이 평화 신학의 재정립을 절실히 요청하고 있다는 점이다. 실제로 2016년 4월 11~13일 가톨릭 평화그룹인 팍스 크리스티(Pax Christi International)는 바티칸에서 '비폭력과 정의로운 평화(Nonviolence and Just Peace)'라는 주제로 회의를 개최하였고, 1,600년이 넘는 기간 동안 가톨릭의 평화 입장을 대변해 오던 정당 전쟁 이론 대신 정당한 평화를 선택했다.[64] 이는 정당 전쟁 이론을 발의했던 가톨릭 내부에서 정당한 평화를 주창했다는 점에서 특기할 만하다. 물론 이러한 담론은 가톨릭에서뿐만 아니라 1980년대 그리스도의연합교회(the United Church of Christ)의 입장[65]과 세계교회협의회가 주장하는 정의로운 평화와도 그 맥락을 같이한다.[66] 2013년 10월에 개최된 제10차 WCC부산총회에서 논의하고 채택한 성명서는 정의로운 평화에 대한 에큐메니컬 선언을 재천명하였다는 중요한 의미뿐만 아니라, 구체적인 이정표와 평화교육, 포용의 평화 활동, 성, 토착민 문제 등과 관련한 실천 방안을 언급하였다는 점에서 한국의 기독교 평화운동에 큰 획을 그었다고 평가할

---

64 http://www.paxchristi.net/news/nonviolence-and-just-peace-april-2016.

65 Prism, Introductory issue Fall 1985, p.87-97. 1985년 6월 United Church of Christ 제15차 총회에서 "정의로운 평화교회"가 되어야 한다는 입장을 확인하였다. 평화교회에 대한 발의는 캔사스-오클라호마 총회의 청년 대표자인 로저 맥더글라스에 의해 발의되었으며, 14차 총회에서 평화신학 개발팀Peace Theology Development Team이 결성되었고 "평화건설 peacemaking"이라는 용어를 넘어서 성서의 shalom의 개념을 현대적인 언어로 표현하기 위해 "정당한 평화 just peace"라는 용어를 사용하기 시작했다.

66 세계교회협의회 엮음, 기독교평화센터 옮김, 『정의로운 평화동행』, 대한기독교서회, 2013. Fernando Enns, The International Ecumenical Peace Convocation: towards an ecumenical theology of just peace?, The Ecumenical Review, 63 no 1 Mar 2011, p.44-53. 아나뱁티스트 신학자인 페르난도 엔즈 교수는 에큐메니컬 운동 차원에서 2013년 WCC 부산 대회에서 정의로운 평화 신학을 교회의 정체성 및 자기 이해로 규정하였고 이를 그리스도인들의 영성이자 실천 사항으로 발전시킬 필요성이 있다고 피력하였다.

수 있다.

나가는 글

현재 진행되는 한반도에서의 평화는 이전과는 달리 방향과 이해의 폭이 달라지고 있다. 여전히 현실은 어둡고 암울하지만, 시민이 주체가 되어 평화교육이 이루어지고 있고, 남북 관계와 통일이 평화의 주된 이슈였던 과거의 패턴을 넘어 평화의 담론이 넓고 깊어진다는 특징이 있다.

평화가 관계의 언어로 다차원적인 행보를 시작하였고, 평화단체는 개인의 평화에서부터, 영성을 탐구하는 신과의 평화, 서로의 관계를 재정의하는 이웃과의 평화, 지구온난화와 코로나 바이러스로 인해 환경과 생태와의 평화에 이르기까지 관심의 폭을 넓고 깊게 하고 있다.

앞에서 살펴본 것처럼, 우리에게는 이미 평화운동, 평화그룹의 모델이 존재하고 있다는 것을 새롭게 인식할 필요가 있다. 그리고 관련된 평화운동은 양으로 음으로 기독교 평화주의로부터 큰 영향을 받아 왔음을 상기할 필요가 있다. 특별히 관심을 제대로 받지 못했던 평화교회의 움직임과 활동에 주목할 필요가 있으며, 앞으로는 더더욱 교회가 평화의 문화를 일구는 곳이 되어야 한다.

위에서 간략하게 언급한 예들뿐만 아니라, 역사에 존재했던 평화운동, 평화그룹을 연구할 때 새로운 시각으로 평화를 이해하며, 동시에 모두가 공감하고 생명을 살리는 평화에 대해 더 깊이 연구할 필요가 있다. 평화를 수호한다는 미명 아래 사람을 죽이는 병사를 양성하기에 앞서 사람을 살리는 평화활동가, 평화단체를 더 많이 양성하고 교육하는 데 관심을 돌려야 한다. 아울러 평화교회로서 평화영성의 훈련과 교육을 통해 교회 안팎으로 평화에 관한 문화적 지평을 넓혀 나가야 할 것이다.

결론적으로 이제 평화는 죽이는 전쟁에서 완전히 벗어나, 살리는 평화 즉 생명평화로 표출되어야 한다. 이러한 살리는 평화는 이전에 없던 새로운 전략과 삶의 방식이라는 구체적인 실천의 장으로 우리 모두를 초대한다. 한국전쟁 70주년 이후 살리는 평화는 한국 교회는 물론 우리 모두를 이전에 생각해 보지 못한 방식의 소통과 실천으로 초청한다. 그 살리는 평화는

- 폭력의 언어에서 평화의 언어로
- 한반도에 필요한 통일을 품는 평화의 어법 개발로(반공, 승공, 멸공, 이데올로기, 전쟁 등의 어법에서 '평화 감수성' 혹은 '폭력 감수성'에 민감한 언어와 배제가 아닌 포용의 언어로)
- 거대 담론에서 숨 쉬는 평화 즉 일상에서 경험할 수 있고 나눌 수 있는 전략적 평화 세우기로
- 정의로운 전쟁에서 정의로운 평화로
- 이론에서 행동으로
- 구체적인 전략과 행동으로
- 개발에서 지속 가능한 보호와 상생의 생태 · 환경 운동으로
- 가해자에서 피해자 중심으로
- 안보 프레임에서 평화 프레임으로
- 이분법적 사고에서 통합적 사고로
- 양자택일이 아니라 제3의 길로
- 응보적 정의에서 회복적 정의로
- 문제 해결보다 문제 예방으로
- 폭력 저널리즘에서 평화 저널리즘으로

- 개인의 평화만이 아닌 공적인 가치로서 모두를 위한 평화로 우리를 초청한다.

그렇게 하기 위해서는 평화교회가 인류 역사에 출현하여 전쟁 이야기 속에서 평화 이야기를 꽃피워 냈듯이, 한반도에서도 더 많은 평화운동, 평화단체, 평화교회들이 생겨나 폭력이 아닌 화해와 용서와 평화의 이야기를 꽃피워 내야 한다.

전쟁은 죽이고 평화는 살린다. 전쟁의 이야기는 폭력의 인물을 만들고, 평화 이야기는 용서와 화해와 사랑의 인물을 만들어 낼 것이다. 한국전쟁 70주년을 보내며, 전쟁은 죽이고 평화는 살린다는 너무나 자명한 사실을 재천명함으로써 이제부터 끊임없이 살리는 평화를 말하도록 하자. '(내가 살기 위해 상대를) 죽이는 전쟁과 폭력이 아니라, (나도 살고 상대도) 살리는 평화'의 무궁무진한 가능성을 모색하도록 하자. 생명과 평화의 이야기를 통해 이 아름다운 한반도에 '살리는 평화'를 꿈꾸고 실현해 보자.

한반도 평화 정착을 위한
한국 교회의 기여 가능성
: 독일 통일에 기여한 독일 교회로부터 배우다

최 태 관 감신대 조교수

본 논문에서는 동서독 통일의 핵심적 기반이었던 독일 평신도 운동으로서 평화운동과 그 안에서 교회의 역할과 윤리적 의미를 살피는데, 첫째, 동서독 분단 초기부터 1989년 베를린장벽 붕괴와 1990년의 동서독 통일에 이르기까지 평화운동과 그 안에서 교회의 역할을 살핀다. 둘째, 동서독 통일을 위한 역사적 단초로서 잊힌 동서독 교회의 평화운동의 의미를 살핀다. 셋째, 독일이 통일되는 과정에서 나타난 독일 교회의 역할에 대한 여러 비판을 재고해 보고 숨겨진 기여를 살핀다. 넷째, 한반도 평화 정착을 위한 한국 교회의 기여 가능성을 모색한다. 이와 함께 본 논문은 독일의 흡수통일이 우리에게 현실적 대안이 아니라, 끊임없는 상호 신뢰 구축을 통해 한반도에 평화를 정착시킴으로써 남북한의 평화적 통일에 이르는 것이 우리에게 주어진 현실적 대안임을 주장한다. 그런 의미에서 교회는 평화운동의 전초적인 공적 공동체가 되어야 할 것이다.

들어가는 글

독일이 통일된 지 벌써 30년이나 지났다. 한국전쟁이 끝나고 70년이나 지났는데도 불구하고 한국은 여전히 분단국가로 남아 있고 분단의 끝은 보이지 않는다. 『독일은 어떻게 통일이 되고 한국은 왜 분단이 지속되고 있는가?』를 쓴 이인석은 끊임없는 독일의 대내외적인 역사적 자기반성과 주변 국가들과의 주체적인 신뢰 구축에서 그 이유를 찾았다. 독일과 폴란드의 국경선인 오데르-나이세선은 그 정치적 상징이 되었고 빌리 브란트의 신동방정책은 서독과 동독의 신뢰 관계를 구축하고 베를린장벽이 허물어진 이후 동독 체제를 흡수하는 결정적인 토대가 되었다. 독일의 통일 과정을 통해 남한과 북한 사이의 냉전 체제를 극복할 수 있는 대안과 방법을 찾을 수 있을 것이나, 동서독의 흡수통일이 과연 우리에게 적절한 통일 방식인지는 우리에게 좀 더 숙고하고 생각해 봐야 할 문제와 질문을 던져 준다. 한국 일각의 보수적인 학자들은 독일과 같이 남북한도 체제 우위에 따른 흡수통일을 대안으로 제시한다. 하지만 대한민국 주도의 흡수통일도 하나의 길은 될 수 있지만, 유일한 길이 될 수는 없다. 경제력만을 믿었던 헬무트 콜의 서독 정부는 동독 정부가 붕괴하는 바람에 흡수통일을 할 수 있었지만, 오랜 세월 경제적으로, 정신적으로 그 후유증을 겪어 내고 있기 때문이다. 그러하기에 먼저 한반도의 평화 정착이 가장 중요한 이유로 부각될 수밖에 없다.

2017년 이후 문재인 정부가 끊임없이 남북한 신뢰 구축을 바탕으로 판문점 선언과 남북공동선언을 끌어냈다. 그러나 지금은 남북대화의 길이 막혔고 또다시 남북 대결 구도로 되돌아가고 있는 모양새다. 지난 6월에 일어난 남북공동연락사무소의 일방적 파괴는 남북 단절의 상징적인 사건이라고 볼 수 있다. 이는 남한과 북한, 미국과 북한 사이에 상호 신뢰 관계 형성이 상당히 어려운 길이라는 사실을 나타내며 이와 같은 상황에서 한반도 평화 정착을 위해 한국 교회가 기여해야 할 부분이 무엇인지를 살펴보려고 한다. 일부 교회들은 자본주의 경제체제를 바탕으로 흡수통일을 당연한 길로 여기고 있고 이에 발맞추어 정복적인 선교관을 가지고 통일의 문제를 바라보고 있다. 이런 시각은 한반도 평화를 가져올 수 없고 오히려 상호 불신만을 쌓게 될 뿐이다. 따라서 본 논문에서는 동서독 통일의 핵심적 기반이었던 독일 평신도 운동으로서 평화운동과 그 안에서 교회의 역할과 윤리적 의미를 살피는데, 첫째, 동서독 분단 초기부터 1989년 베를린장벽 붕괴와 1990년의 동서독 통일에 이르기까지 평화운동과 그 안에서 교회의 역할을 살핀다. 둘째, 동서독 통일을 위한 역사적 단초로서 잊힌 동서독 교회의 평화운동의 의미를 살핀다. 셋째, 독일이 통일되는 과정에서 나타난 독일 교회의 역할에 대한 여러 비판을 재고해 보고 숨겨진 기여를 살핀다. 넷째, 한반도 평화 정착을 위한 한국 교회의 기여 가능성을 모색한다. 이와 함께 본 논문은 독일의 흡수통일이 우리에게 현실적 대안이 아니라, 끊임없는 상호 신뢰 구축을 통해 한반도에 평화를 정착시킴으로써 남북한의 평화적 통일에 이르는 것이 우리에게 주어진 현실적 대안임을 주장한다. 그런 의미에서 교회는 평화운동의 전초적인 공적 공동체가 되어야 할 것이다.

1. 냉전 시대의 통일을 위한 동서독 교회운동으로서 '평화운동'

1949년 5월 23일 서독 정부가 출범한 후 같은 해 10월 7일 소련 점령지에서 잠정적인 인민평의회가 세워짐에 따라 40년간의 독일 분단이 시작되었다. 냉전 시대의 서유럽과 동유럽 갈등의 회오리 속에서 점진적으로 동서독이 분단으로 이어졌다. 초대 독일 총리였던 아데나워(Konrad Adenauer, 1876-1967)는 서쪽으로 확장하려는 소련의 확장 정책에 대한 경계와 서독 정부의 안정적인 주권을 확보하기 위해 자연스럽게 미국 · 서유럽과 정치적 · 경제적 · 군사적으로 밀접한 관계를 맺었다.[1] 유럽연합의 의회 가입과 나토 가입, 파리조약 가입 등이 대표적이다. 특히 그는 과거에 잃어버린 영토를 회복함으로써 독일의 통일을 앞당겨야 한다고 생각하고 있었기 때문에 동독과 계속해서 대립했다. 미국과 소련 사이에 형성된 냉전은 자연스럽게 서독과 동독 정부를 빠른 속도로 분열시켰다. 게다가 할슈타인 원칙을 바탕으로 해서 서독 정부는 동독에 대해 유일한 합법 정부이며 독일 국가의 대표성을 지닌다는 것을 중요한 외교 원칙으로 내세웠다. 이는 동독에 대한 서독의 강력한 힘의 우위를 바탕으로 국제 사회에서 동독을 고립시키는 중요한 원칙이 되었다. 동독 정부도 이에 대항해 자유 왕래를 억제하기 시작했고 자유선거나 기본적인 인권과 시민의 권리도 막기 시작했다. 1961년 8월 13일에 세워진 베를린장벽은 두 개의 독일을 종식하는 희망이 사라지는 일이었고 동시에 하나의 주권국가로서의 독일이 사라지는 것을 의미했다. 따라서 동독과 서독은 자연스럽게 단절의 길을 걸어가게 된 것이다. 이와 같은 상황에서 동독 교회와 서독 교회의 분단은 자연스러운 일이었다.

---

1   Robert Grünbaum, *Deutsch Einheit,* (Opladen: Leske Buderich, 2000), 11,

동서독 분열 이전에 독일 교회는 평화통일을 열망하고 있었다. 그들은 폭력적인 방식으로 통일에 이를 수 없다고 생각했기 때문이다. 하지만 동독 정부는 동독 교회들이 서독 교회와 관계하지 못하도록 끊임없이 정치적으로 방해했다.[2] 볼프 크뢰트케(Wolf Krötke, 1938-현재)에 따르면, 동독 교회가 서독 교회에 금전적으로 상당히 의존하고 있었기 때문이다. 게다가 동독 정부가 동독 지역 안에서 교회세(Kirchensteuer)를 금지함으로써(1956) 동독 교회들이 자립할 수 있는 기반을 잃었다. 왜냐하면 동독 교회가 평신도를 바탕으로 교회를 조직할 수 있는 용기와 힘이 없었기 때문이다. 설령 독일 그리스도인들이 자발적이라 할지라도 교회가 그 짐을 홀로 감당할 수 없었다.[3] 결국 동독 정부하에서 동독 교회는 스스로 사라져야 하는 운명에 처했다. 그러나 서독 교회는 동독 교회의 존속을 위해 도왔다. 서독 교회는 '교회의 날' 행사를 통해 국가교회의 차원에서 평화운동을 시작했다. "1949년 평신도 중심의 운동이 된 '교회의 날'은 그리스도인들의 이웃과 사회에 대한 책임을 일깨우고 행동하도록 격려하는 신앙 운동이다."[4] "1951년 7월 11~15일에 베를린에서 열린 교회의 날 행사에서는 분단을 고착화하는 동독과 서독 정부를 향해 독일의 통일을 호소하는 성명을 발표했다."[5] 교회의 날은 독일에서 평화운동의 전조적 역할을 감당했던 평신도 중심의 '개신교 아카데미'와 청년 단체인 '화해조성단'이 생기는 계기가 되었다. 동독 정부가 계속

---

2   "1953년 학교에서의 종교교육이 금지되었고 교회에 적을 둔 청소년과 대학생들은 정기적으로 감시를 받았다. 그들은 학교와 대학의 공개적인 모임에서 답변을 해야했고 야유를 받았다. 동독 지역교회의 주교들은 소련 점령 당국에서 나오는 청소년과 대학생들에 대한 박해를 중지해달라고 요청했다."요한네스 발만, 『종교개혁이후의 독일교회』, 서울: 대한기독교서회, 2006, 346.

3   Wolf Krötke, Die Kirche und friedliche Revolution in der DDR, ZTHK. 87 (1990), p.530.

4   정일웅, 독일교회를 통해 배우는 한국 교회의 통일노력, 서울: 성지, 2015, 103.

5   앞의 책, 104.

해서 서독 교회(EKD)에서 동독 개신교연맹(BEK)을 고립시킴으로써 통일운동을 막았지만, 서독 교회는 동독 지역에 있던 교회들과 연합과 일치를 추구했다.

1969년 베를린장벽이 세워지고 동독과 서독의 분단이 완전히 고착화되어 가는 상황에서 동독 교회와 서독 교회는 동독개신교연맹과 독일국가교회와 분열된 정치적 상황을 고려하게 되었다. 분단 이전까지 서독 교회(EKD)는 지속적으로 일치와 협력을 위해서 애썼다. 예를 들어 "1954년 독일개신교회협의회와 교회위원회는 당시 베를린에 모였던 4개국 외무 장관들의 회의에 독일 교회의 통일 염원을 서술한 청원서를 보냈다."[6] 또한 동독과 서독의 두 개의 정부하에 교회는 하나라고 하는 기본적인 인식을 강조하였다. 이에 반해 동독 정부하에 있던 교회들은 정부의 통제를 받고 있었고 독일 교회가 개최하는 '교회의 날'에 동독 그리스도인들의 참여를 금지시켰다.[7] 그럼에도 불구하고 '교회의 날'은 분단의 위험을 경고하고 동서독 국민을 하나로 묶어 주는 만남과 화해의 역할을 감당했다.[8] 결과적으로 동독 정부가 독립적인 교회 단체(BEK)를 만드는 구실이 되었다. 그 이후 "독일 교회는 동독 교회와 연대하기 위해 노력하기 시작했고 성서의 공동번역 사용, 찬송과, 예배 의식과 전통, 신학 교육의 원칙의 일치, 목사직 상호 승인을 위해 애썼다."[9] 이는 자연스럽게 동독 교회에 대한 경제적 지원으로 이어졌다.

서독의 총리였던 빌리 브란트(Willy Brandt, 1913-1992)는 고착화되어 가는 동서독의 정치적 분단 상황에서 현실적인 정치를 펴 나갔다. 예컨대, "독일

---

6 앞의 책, 100.
7 앞의 책, 102.
8 앞의 책, 106.
9 앞의 책, 110.

이 통일되려면 동서독이 통일 방식과 시기를 가지고 이를 전승 4개국의 동의를 받게 되어 있었다. 한국과 다른 점은 두 가지 다 법적으로 규정되어 있었다. 내적인 측면은 서독기본법 전문과 제23조에 규정되어 있었고, 외적 측면, 즉 유럽의 안보와 평화에 대해서는 1954년 파리조약에 승전국의 권리를 구체적으로 명시해 놓았다."[10] 이와 같은 복잡한 현실에도 불구하고 독일은 이 문제를 해결했다. 한편으로, 브란트는 동서독 체제 공존이라는 현실 인식을 바탕으로 소련이나 동독과 대립을 지양하고 정치 경제적 협력 관계를 모색했다. 그 결과 브란트는 베를린 4개국 협정을 통해 서베를린과 서독 간의 자유 왕래가 가능하게 만들었다.[11] 다른 한편, 그는 두 개의 국가 하나의 국민이라는 원칙을 가지고 동독과 정상회담을 수행했고 동독을 국가로 인정하는 조약(동서독일기본조약)을 맺었다. 더 나아가 동독 주민의 서독 방문 가능성-이산가족의 결합, 우편, 교역, 통과 교통, 동행의 길을 모색했다.[12] 그러나 1975년 브란트 사임 이후 소련과 동독과의 지속적인 대화에도 불구하고 독일은 유럽 안에서 미국과 소련의 군비경쟁의 장소가 되었다.

1970년 이후 서독 교회로부터 독립된 동독 교회는 동독 정부의 감시 속에 있어야 했지만 '사회주의 안의 교회'[13]라는 이념을 수용하고 동독 정부와 공

---

10 이인석, 『독일은 어떻게 통일이 되고 한국은 왜 분단이 지속되는가?』, 서울:도서출판 길, 2019, 413.

11 앞의 책, 121.

12 앞의 책, 135.

13 "동독에서 쉔헤르 주교의 아이제나흐 선언은 '사회주의 속의 교회'라는 말로 여론 조작되었고 절대 교회 측 항의도 없었기 때문에 그러한 표현이 그대로 수용되었다. 1973년 슈베린에서 열린 동독 교회연맹 총회에서 교묘한 왜곡으로사회주의 속의 교회는 국가의 동의를 받은 관용구가 되었고 그 밖의 총회에서도 그러한 어법을 그대로 받아들였다. 쉔헤르의 주교는 실제로 하나님 말씀의 증언과 봉사공동체로서 교회는 동독 사회에서 옆도 아니고 또 이 사회에 반대에 서지 않으면서 자신이 속한 사회에 대해 더 깊은 고려를 해야한다고 주장한 것이었다 1979년 베를린 브란

생을 모색했다. "독일 포츠담에서 열린 동독 교회 연맹총회는 새로운 교회의 정체성을 논의하여 사회주의 사회에서 교회의 증언과 봉사 공동체 서식을 찾아내었다."[14] 초창기 동독 교회는 '사회주의 안의 교회'라는 원칙에 모호한 태도를 취했다고 한다. 동독 정부가 교회의 사회주의화라는 목적을 가지고 수용했지만, 역설적으로 동독 정부에 대한 지속적인 비판과 인권 탄압에 저항하는 운동의 바탕이 되었다. 이와 같은 운동은 냉전 시대에 동독 정부와 소련의 군비 확장을 막는 데 큰 역할을 했다. 사회주의 안의 교회는 동독 정부의 지시에 따라 사회주의적인 방식으로 교회의 정체성을 결정하지 않고, 동독의 사회주의적 상황에서의 평화운동을 의미한다. 동독 교회가 사회주의라는 현실을 인정하게 된 덕이다.

1981년 이후 서독 교회는 독일 함부르크에서 열린 교회의 날 예배에서 평화의 주제를 다루었다. '교회의 날'은 서독의 수도 본에서 열린 대규모 집회의 도화선이 되었다. "미국을 중심으로 하는 나토 회원국인 서유럽이 퍼싱2 미사일과 크루즈 미사일을 배치하려는 일에 반대하는 집회였다."[15] 이 집회는 단순히 동독 정부에 저항하는 집회가 아니라, 유럽의 평화를 지키기 위한 비폭력 저항운동이었다. 서독 국민의 평화통일 의식이 강했기 때문에, 비폭력 저항운동은 서독 전역으로 확대될 수 있었고 자연스럽게 동독 개신교회의 평화운동으로 이어졌다.[16] 평화주간에 동독의 청년들은 평화 시위를 했으며, 이 시위는 1983년 동독과 서독이 평화조약을 맺고 전 유럽에서

덴부르크 총회에서 사회주의 안에서 교회라는 원칙이 완전한 순응과 완전한 거부라는 두 개의 위험에서 벗어나게 한다고 주장했다." 발만, 『종교개혁이후의 독일교회』, 2006, 354-355.

14 발만, 『종교개혁이후의 독일교회』, 2006, 353.

15 정일웅, 독일교회를 통해 배우는 한국 교회의 통일노력, 115.

16 앞의 책, 118.

비핵화를 감행함으로써 평화지대를 만드는 역사적 실마리가 되었다. "동독의 평화운동은 바젤에서 개최된 구라파 교회들의 에큐메니컬 회합과 1990년 서울에서 개최된 정의, 평화, 창조 세계의 보존을 위한 세계성직자회합의 준비가 되었기 때문이다."[17]

　1988년부터 시작된 전환기적 상황에서 동독 시민들은 자연스럽게 정치적으로 저항하기 시작했다. 1989년 동독의 지방선거가 부정선거로 밝혀짐에 따라 베를린 겟세마네 교회에 많은 시민이 모이기 시작했고 자연스럽게 동독 정부에 대한 정치적 저항으로 이어졌으며, 평화운동의 시발점이 된다. 크리트케에 따르면, "불의와 억압에서 고통당하는 사람들을 위해 교회가 나서서 시민들을 대표했다. 동독 교회는 시민들로부터 신뢰를 얻기 시작했다. 왜냐하면 교회는 억압당하는 사람들과 연대했기 때문이다. 평화적 혁명이 정의와 진리로 각인된 공동체를 세우는 일에 중요한 순간이 되었다."[18] '우리는 한민족이다'라는 구호 아래 시민들은 길거리에서 비폭력 저항을 시작했고, 라이프치히 · 드레스덴 · 베를린 교회 안에서 혹은 밖에서 모여 기도회를 했다.[19] 이는 유럽의 평화를 위한 것이었고, 동서독 정부에 대한 비폭력 저항이었다. 물론 동독 교회가 평화운동의 근간이었지만, 엄밀하게 말하면 국가 폭력에 대한 저항과 그에 따른 민주화와 정치적 해방을 갈망하는 시민운동의 결실이었다. 그 결과 동독 교회는 시민들이 기독교인이든 비기독교인이든 상관없이 정치적인 문제에 적극적으로 개입하도록 협력했다. 동독 교회는 교회가 혁명의 주체가 아니라, 평화운동의 장이 되어야 한다는

17　앞의 책, 123.

18　Wolf Krötke, Die Kirche und friedliche Revolution in der DDR, ZTHK. 87 (1990), p.523.

19　앞의 책, 523.

사실에 공감하였기 때문에 다양한 정치적 힘이 공존할 수 있는 평화운동의 장을 만들었다.[20] 결과적으로 교회의 평신도나 시민들이 통일을 이루기 위한 교회의 역할을 만들어 냈으며 교회의 역할은 상당히 제한적이었다. 그런 의미에서 독일의 통일에 이르는 과정에 있어 흡수통일만 부각되는 것은 적합하지 못하다. 베를린장벽은 시민들이 자발적으로 무너뜨린 것이기 때문이다. 렌토르프(Trutz Rendtorff, 1931-2016)에 따르면, "(시민들이) 개인적인 결단에서 길을 찾았고 그 길을 갈 수 있도록 압박하는 사람들이 있었기에 오늘날 우리가 경험할 수 있는 것이 존재하는 것인지 모른다. 새롭게 형성된 개혁 세력과 동독 정부에 저항하는 세력도 아닌, 가족, 개인들이었다."[21] 그래서 렌토르프는 교회를 자유의 지지자, 구체적인 자유의 공간, 자유를 위한 도피처로 이해했다.[22] 교회는 시민들의 자유를 보호하는 최후의 보루였다.

2. 잊힌 동서독 통일을 위한 역사적 단초로서 동서독교회 평화운동의 의미

베를린장벽의 붕괴와 함께 시작된 동독의 평화운동은 흡수통일을 지향하는 서독 정부에 의해 길이 막혔다. 동독 교회는 급하게 동서독 통일을 서두르기보다, 다양한 정치적 인사들과 함께 동독의 민주화를 위한 공론의 장을 모색하기 시작했다. 이 과정에서 동독 그리스도인들은 상호 간 신뢰 회

---

20 앞의 책, 525.

21 Trutz Rendtorff, "Die Revolution der kleinen Leute", *Vielspaltiges*, (Belin: Kohlhammer,1991), p.267.

22 앞의 책, 268.

복을 통해 공동의 입장을 끌어냈다.[23] 하지만 베를린장벽이 붕괴되는 모습을 본 헬무트 콜(Helmut Kohl, 1930-2017) 총리는 신속하게 독일이 통일로 나아가는 길로서 10가지 프로그램을 제시했고, 그에 따라 동독의 주들이 서독 연방에 편입되는 것을 수용하면서 동서독 통일이 앞당겨지게 되었다.[24] 결과적으로 동독 시민들이 논의했던 의제들이 크게 반영되지 못했다. 따라서 동독 시민들은 독일의 흡수통일을 자연스러운 것으로 받아들이게 되었지만 통일 이후 30년의 기나긴 후유증을 낳았다. 그렇다면 우리는 동서독 통일 과정에서 나타난 동서독 교회의 평화운동에서 어떤 의미를 발견할 수 있을까? 동독 교회는 베를린장벽 붕괴 이후 통일에 대해 소극적인 태도를 보였다. 그렇다고 동서독 교회가 동서독 통일에 전혀 기여한 바가 없다고 보아야 할까? 단편적으로 평가한다면, 동독에서 일어난 평화운동의 유의미성이 쉽게 사라질지도 모른다. 동독 교회는 흡수통일이라는 형식의 일방적 통일보다, 점진적인 변화를 통해 시민들의 통일에 대한 견해가 충분히 반영된 시민 주도의 통일을 지향했고, 좀 더 평화적인 방식의 통일을 지향했다. 따라서 동서독 평화운동에서 독일 통일에 대한 기여를 발견해야 할 것이다.

첫째, 분단에도 불구하고 동서독 교회는 나치의 유대인 학살에 적극적으로 저항했던 본회퍼의 비폭력 저항 정신을 이어 갔다. 동독 교회가 1970년대와 1980년대에 동독 정부의 탄압으로부터 교회를 지키기 위해 정치적 타협을 시도했다는 일부 주장은 정당하지 못하다.[25] 사회주의 교회라는 동독

---

23 정일웅, 독일교회를 통해 배우는 한국 교회의 통일노력, 146.

24 앞의 책, 148.

25 슈뢰더에 따르면, "1968년 동독 정부가 기존의 헌법에서 교회의 권리에 대한 항목을 삭제하고 국가와 교회의 통일이라는 명목하에 국가와 교회 사이의 논쟁적인 문제들에 대한 협상파트너로서 인정했다. 이는 베를린 장벽이 설치된 이후에 서독교회와 공동위원회를 구성할 수 없도록

교회의 정치적 표어를 동독 정부와의 정치적 야합으로 생각할 수 있지만, 동독 교회의 평화운동을 역사적으로 살펴본다면 과도한 주장이기 때문이다. 실제로 동서독 교회 각자가 지속적으로 평화운동을 실행했지만, 서독의 흡수통일로 40년간 지속되어 온 그 의미를 상쇄시켜 버렸기 때문이다. 또한 갑작스러운 흡수통일이 동독 교회를 중심으로 형성된 다가올 미래의 통일 담론을 무력화시켰다. 물론 서독 중심의 국가 간 일방적 통일에도 불구하고 동서독 교회는 동등한 입장을 전제하여 교회의 통일을 이루었다는 주장도 있다. "실제로 양 개신교회가 동서독 국가가 평화를 유지하면서도 함께 성장하고 전 유럽의 협조 과정이라는 틀 속에서 하나의 국가로 통일되기를 바란다는 입장의 공동선언문을 로쿰 총회에서 결의하였기 때문이다."[26] 하지만 그와 같은 결의가 곧 독일 민족의 사회적 통일을 의미하지 못하고, 자본주의 체제 중심의 정치적이고 경제적 통합에 머물렀다. 그래서 통일이라는 기쁜 소식에도 불구하고 통일 후 후유증은 계속해서 독일 국민들을 괴롭히는 사회적 · 경제적 · 정치적 기제가 되었다.

동독 교회가 정치적 · 경제적 한계 때문에 통일 과정에 적극적이지 못했던 것은 사실이다. 초창기 동독 교회는 동독 정부의 반교회정책―교회세 폐지 · 청소년 입교식 폐지 · 서독 교회와의 교류 단절―을 통해서 재정적 능력과 교육적 기능을 상실했고, 동독 사회에서 고립되었다. 게다가 동독 정부의 공산주의적 교육정책과 경제정책으로 인해 수많은 교인을 잃어버렸다. 1989년 동독 정부가 붕괴하던 시기에 그리스도인의 숫자는 동독 인구의

하기 위한 정치적인 수단이었다."Richard Schröder, *Die wichtigste Irrtümer über die deutsche Einheit*, (Freiburg in Bresgau, Herder, 2007), p.109.

26 정일웅, 독일교회를 통해 배우는 한국 교회의 통일노력, 154.

20~30%에 지나지 않았고 그 외의 인구 대부분은 공산주의적 유형의 무신론 자였다고 한다. 그러다 보니 "동독 지역의 개신교회가 상당히 기회주의적으로 행동했다는 비판이 있다."[27] 특히 1970년대 사회주의 국가와의 공존을 지향했던 이념인 '사회주의에서의 교회'라는 표어도 동독 정부와 교회가 정치적으로 야합한 결과이고, 교회가 혁명의 모태였다는 말조차도 진실이 아니었다고 하는 오해가 난무했다고 한다.[28] 결국 이와 같은 오해는 동서독의 통일을 이루기 위해 동독 교회가 담당한 공적 역할에 대한 긍정적 평가를 약화시켰다. 예컨대 교회 안에서 평화 · 환경 · 제3세계의 문제들을 다루었던 사람들이 정치적 담론을 만들었고, 교회는 그들에게 활동의 공간을 제공했다. 그들이 정치범으로 수용될 때, 교회는 적극적으로 함께 모여 예배를 드리고 함께 기도했다. 하지만, 슈뢰더(Gerhard Schroder, 1944-현재)는 이와 같은 현상이 서독인들에게 너무 비현실적인 모습으로 그려졌다고 주장했다. 그럼에도 불구하고 교회 역할이 매우 제한적이긴 했지만 평화운동의 맥락에서 보면 전혀 다르게 이해될 수 있다. 물론 동독 정부가 들어선 이후 반교회정책으로 인해 동독 교회의 교인 수가 상당히 줄었고, 실제로 "폴란드의 경우와 달리 동독 교회가 혁명의 모태라고 하기에는 너무나 허약했다."[29] 오히려 정치적으로 주도적이었던 것은 시민이었다. 게다가 독일 교회가 폭력이 아닌, 오직 하나님의 말씀을 통해서 혁명의 문제들을 해결하라고 한 주장이 비판의 중요한 대상이었다. 동독 교회의 평화운동이 현실적으로 비판의 대상이었다. 그러나 동독 교회는 정치적 집단도 아니고, 교회의 공적 역

---

27 Richard Schröder, Die wichtigste Irrtümer über die deutsche Einheit, (Freiburg in Bresgau, Herder, 2007), p.100.

28 앞의 책, 101.

29 앞의 책, 101.

할로서 동독 정부의 폭력적인 태도에 맞서 능동적으로 저항했다. 실제로 교회는 동독 정부를 향해 끊임없이 비판적 태도를 견지하였고, '사회주의에서의 기독교'[30]는 동독 정부에 대한 정치적 타협을 의미하는 것이 아니라, 동독 치하에서 교회의 현실적 역할을 인식한 것이기 때문이다. 통일의 근간에는 독일 전역에 도사리고 있는 미국과 소련의 무력적 충돌을 지양하고 평화 정착을 위한 평화운동이 자리 잡고 있었다. 그래서 동독 교회는 동독 헌법에 자신의 권리에 대해 잘 쓰여 있음에도 불구하고 동독 정부의 과도한 침해에 맞서 자신을 위한 어떠한 고소도 하지 않았다.[31] 하지만 동독 교회는 동독 정부에 대해 반감을 품는 사람들에게 집회의 장소를 제공해 주고 통일운동이라는 명목으로 그들을 위해 기도하고 그들을 섬겼다. 왜냐하면 독일 정부가 그들에게 허가한 것은 예배와 섬김이 유일한 것이었기 때문이다.[32] 적어도 동독 교회는 주도적으로 동독과 서독 사이에 평화를 정착시키는 것을 우선시했을 것이다. 동독 교회가 동독과 서독사이에 평화정착을 지향했듯이, 한반도에서도 한국 교회는 남한 주도의 일방적인 흡수통일을 꿈꾸기보다 한반도의 평화 정착이 우선적인 과제가 되어야 한다. 따라서 한반도 평화 정착을 위해 한국 교회도 평화를 위한 전초기지로서 그 공적 역할을 감당해야 할 것이다. 그러나 코로나 사태 이후 소수의 보수 교회는 폭력을 정당화

---

30 "초창기 사회주의 안에서 교회라는 원칙에 실망한 일반 신도들은 사회주의 속의 기독교라는 개념을 받아들이지 않았고 목사들도 그러한 상투어에 일정한 거리를 두고 자신들과 상관없다고 교회지도부에 밝히기도 하였다. 1980년대 후반 사회주의 속의 기독교라는 관용어는 교회 안에서 점차적으로 비난을 받고 진부하게 되어 교회연맹의장단은 사회주의 속의 기독교를 동독의 교회라는 말로 바꾸었다. 그러나 동독 교회는 세계 평화대회에 제3세계와 연대하는 회원자격으로 참여했고 EKD와 달리 세계교회협의회의 인종차별주의 반대프로그램을 지지했다". 발만, 『종교개혁 이후의 독일교회』, 2006, 356

31 Schröder, *Die wichtigste Irrtümer über die deutsche Einheit*, p.102.

32 앞의 책, 103.

하고 타인의 안전을 해치는 역할을 하고 있다. 그리고 북한에 대한 일방적 정치 행위를 마치 정당한 권리인 것처럼 주장한다. 이와 같은 상황에서 교회는 한반도에 평화를 정착시키기 위한 공적인 역할을 깨달을 수 없고 폭력을 정당화하는 오류를 범할 수밖에 없다.

실제로 독일의 평화운동은 사실상 나치 시대 교회의 정의롭지 못한 태도를 변혁한 결과였다. "독일 교회는 나치 정권의 간섭으로부터 교회를 보호하는 일에 일차적으로 관심했지, 평화운동에는 관심을 두지 못했다."[33] 그러나 동독 교회는 동독 정부에 대항하여 자신을 보호하는 일에 집중한 것이 아니라, 오히려 억압당하는 사람들을 해방하는 일에 관심이 있었고 그들을 섬겼다. 그러므로 동서독 통일에 앞서서 동독 교회에 대해 비판적 시각이 나타난 것은 통일 이후에 동독과 서독 시민들 사이에 불신이 컸던 탓일수도 있다. 즉 동독과 서독이 분단을 극복하는 정치적 조직으로서의 통일을 이루었지만, 독일 국민을 내면적으로 통합하는 사회적 통합이 이루어지지 못했기 때문일 것이다. 실제로 "통일 직전 동독인들은 '우리는 하나의 민족'이라는 정체성을 가지고 있었으나 점차적으로 의심하기 시작했다."[34] 그러다 보니 자연스럽게 서독 시민들은 독일 교회를 의심하기 시작했다. 게다가 통일 이후 독일 경제가 급격하게 회생하기를 기대했던 동독 시민들도 서독과의 경제적 격차에 불만을 느끼기 시작했고, 서독은 자신들의 세금이 통일세라는 명목으로 동독으로 넘어가는 것에 상당한 불만이 있었다. 이는 지극히 경제적인 이유 때문이었다. 서독 정부는 동독을 독일연방에 서둘러 흡수하는 것만을 우선으로 생각했지, 40년간 서로 떨어져 있었던 동독과 서독

---

33 앞의 책, 187.

34 김병연, "독일통일 30주년", 지식의 지평 (28) 2020, 2.

506 | 한국전쟁 70년과 '以後' 교회

사이의 심리적 한계를 극복하는 문제를 심각하게 고민하지 못했다. "동서 교회가, 통일에는 정치적인 측면만이 있는 것이 아니라 민족 간 동질성을 회복하는 측면도 있다는 사실을 잊어버렸다."[35]

둘째, 독일의 평화운동은 동서독이 통일되는 과정에서 일시적으로 가시화된 것이 아니라, 이미 1949년 독일 개신교 안에서 정치적 갈등을 인식하고 서독과 동독 교회가 분단을 넘어 통일에 이르러야 한다는 오랜 공감대에서 출발한 것이었다.[36] 나치 시대에 본회퍼(Dietrich Bonhoeffer, 1906-1945)에게서 시작된 독일의 평화운동은 교회의 공적 책임과 역할을 분명하게 보여준다. 그의 정치적 저항이 성공하지는 못했으나 제2차 세계대전 이후 독일 내의 평화운동에 지대한 영향을 미쳤다. 로이터에 따르면, "본회퍼의 평화운동은 하나님 나라의 세계 내적 실현에 기초하고 있는 세속적 평화주의가 아니라 그리스도인들과 교회가 전쟁에 대항하는 단호하고 확실한 투쟁을 부과한 하나님의 평화 계명이었다."[37] 이처럼 본회퍼 평화 신학이 역사의 순간순간마다 그 생명력을 드러냈다. 게다가 "본회퍼의 평화운동은 에큐메니컬 운동을 통해서 구체화된다. 에큐메니컬 운동이 전력을 다해서 다른 전쟁을 막는 투쟁이어야 한다고 본회퍼가 호소했기 때문이다."[38] 이와 같은 본회퍼의 평화 사상에서 타자를 위한 존재로서 교회는 곧 전쟁을 극복하고 국제적 평화를 구성하는 데에 필요한 기초적 공동체가 되었다. 그는 히틀러에게 저항하기 위해 간디로부터 비폭력 무저항을 배우려고 했고 자연스럽게 군

---

35 정일웅, 독일교회를 통해 배우는 한국 교회의 통일노력, 139.
36 W.후버, H.R. 로이터/ 김윤옥, 손규태 옮김, 『평화윤리』, 서울: 대한기독교서회, 1997, 257-258.
37 앞의 책, 187.
38 앞의 책, 188.

비 증강의 거부로 이어졌다.[39] 이와 같은 본회퍼의 평화운동이 분단 시대 독일에서 자연스럽게 나타났다.

전후 독일에서 독일 개신교회들 사이에 평화 논의가 시작되었다. 그러나 평화에 대한 교회들의 논의는 쉽게 결론에 이르지 못했고 오히려 핵 억제를 위해 전략적 핵무장을 주장하게 되는 상황에 놓이게 되었다. 로이터에 따르면, 분단 초기에 통합된 독일 교회는 정치적 수단으로서 정당 전쟁을 거부했고, 1952년 엘빙에로데 총회에서 전쟁을 위한 병역의 의무에서 개인의 결단을 존중하는 결론을 내렸다.[40] 또한 급박한 분단으로 이행하는 과정에도 불구하고 독일 교회는 전쟁 억제를 기본적인 입장으로 정했다. 그러나 동서독의 분단이 기정사실로 되면서 상황은 급변하였고 동독과 서독 교회의 입장은 현실적인 태도로 전환되었다. 예를 들어 독일의 재무장화와 양심적 병역 문제에 대해 독일 교회는 전향적인 태도를 보였다. "핵전쟁을 포함한 어떠한 전쟁도 중지할 것을 요청했던 1958년 독일 개신교 총회의 선언"[41]과 달리 서독 교회는 전통적인 정당 전쟁론을 수용하면서 핵 억제를 위한 핵무장의 수용과 국가에 대한 병역의무를 부분적으로 승인하는 등 상당히 변절한 태도를 보였다. 이 같은 교회의 미온한 태도는 동독과 서독 사이의 평화를 전쟁으로 유지하는 결과를 낳았다. 이러한 독일 교회의 태도를 몰트만 (Jürgen Moltmann, 1926-현재)은 적극적으로 비판하였다. 그에 따르면, "네덜란드 개혁교회의 성명서(1962, 1978)와 서독 교회(EKD)의 탄원서(1969, 1981)에서 하나님이 원하시는 평화의 왕국을 적극적으로 해석하여 전쟁의 부재만

---

39 앞의 책, 182.
40 앞의 책, 260-261.
41 앞의 책, 261.

이 아니라 고난과 공포, 위협, 불의와 압제가 부재한 적극적인 의미로 해석했다. 어떻게 보면 하나님 자유가 사라지고, 인간에 대한 억압과 압제가 만연한 세계가 이미 평화가 사라진 것으로 해석하였다."[42] 따라서 그는 역사적으로 독일 교회가 원칙적 평화주의와 정당 전쟁설 사이에서 선한 목적을 내세워 전쟁을 정당화했던 현실에서 과도기적 의미의 정당한 독일 재무장을 주장해 온 사실을 비판했다.

그럼에도 불구하고 동서독 교회는 1967년 하노버 대회에서 현실주의적인 변화를 바탕으로 병역 거부자들을 인정하고 무기 없는 봉사나 무기를 가지고 하는 봉사가 모두 평화를 위한 평화봉사라는 생각을 각인시켰다.[43] 이는 극단의 논리로 다른 생각을 하는 배제의 문화에 저항하고 평화를 위한 새로운 담론을 만드는 계기가 되었다. 기본적으로 핵무기 위협에 직면하여 독일 교회는 적극적으로 대량 학살 무기를 거부했고, 독일 국민의 안전을 지켜야 한다는 공적 책임과 전쟁에 대한 저항적 태도를 보였다. 동서독 교회는 동서독 정부와 같은 공적 책임을 지는 공적 집단이었기 때문이다. 그러므로 그들은 교파 간 갈등에도 불구하고 평화운동의 맥을 지속해서 이을 수 있었다. 정치적 한계에도 불구하고 끊임없이 동서독 교회는 평화운동의 지반을 만들고 구체화했다. 이와 같은 주장이 다분히 정치적인 논의였지만 분명한 사실은 독일 교회가 평화를 지키려는 적극적인 의지가 있었고 평화를 위해 봉사해야 한다는 분명한 의지가 있었다는 것이다. 이는 교회가 기본적인 무장 포기를 그리스도인의 평화적 행동 양식으로 이해하면서도 군사적 평화를 확보하기 위해 책임적 태도를 인정한 것이지, 평화운동의 무책

---

42 위르겐 몰트만, 조성노 옮김, 정치신학 정치윤리, 서울: 대한기독교서회, 1992, 256.
43 W.후버, H.R. 로이터/김윤옥, 손규태 옮김, 『평화윤리』, 268.

임을 의미하는 것은 아니다. 따라서 현실적인 교회의 태도가 비판받을 수 있으나, 그 자체가 가진 공적 역할을 부정할 수 없다.

한편, 서독 교회는 양심적 병역 거부와 평화를 위한 군사적 재무장을 주장하는 사람들 사이에 다양한 담론을 형성하고 토론을 통해 통합적으로 평화운동을 위한 길을 마련하게 되었다. "무기가 없어져야 한다고 하는 편에서는 원칙적 평화주의자들과 무기 없는 봉사를 창조적이고 정치적 실천으로 파악하는 사람들 사이의 토론으로 나아갔고 무기를 가져야 한다는 편에서는 자가 평화를 위한 군인이 될 수 있는가 하는 논의가 벌어졌다."[44] 이 과정을 통해 서독 교회는 평화운동의 다양한 가능성을 가지고 평화에 대한 그리스도인의 책임을 각성시킬 수 있었다고 한다. 그러나 몰트만은 이에 대해 철저히 비판적 입장을 취했다. 비무장의 평화를 위해 무장의 평화가 있어야 한다는 주장은 사실상 진정한 평화가 아니라 일시적 평화를 위한 주장이기 때문이다. "하나님은 적의 협박에 협박으로 경악에 위협으로 맞서는 것이 아니라, 적의 고난을 이해하고 우리들의 고유한 위치를 비판적으로 숙고하며 모든 수단을 망라하여 적대 관계를 허무는 일에 힘씀으로써 적을 창조적으로 사랑하도록 규정하셨다. 원수 사랑은 하나님 자녀들의 고차원적인 자유의 표현으로서 나약함이나 굴복과는 다른 것이다."[45]

다른 한편, 동독 교회도 학교의 군사화에 저항했다. 동독 정부는 교회 교

---

44 앞의 책, 268.

45 위르겐 몰트만, 조성노 옮김, 정치신학 정치윤리, 서울: 대한기독교서회, 1992, 262. "비무장의 평화봉사는 보충 봉사가 아니라, 국제적 연대성을 목적으로 삼는다. 1969년 탄원서는 그것이 각 개인을 군복무에 대한 양심의 결단에로 강요하지 않고 오히려 그들을 위해 대신 군문에 들어설 수 있어야 한다. 만약 무장의 평화봉사가 없다면 비무장의 평화봉사는 당장 적의 무기에 패하고 만다는 것이다, 이러한 상보성은 군사적 무장이 단지 핵전쟁을 저지하고 한 다른 평화 체제를 구축하기 위한 시간을 얻기 위해 요구될 때만이 명백해진다. 그러나 이는 환영이 불과한 것이다."

육의 권한을 동독 교회에서 빼앗았고 어린아이들을 사회주의적 인간으로 만들어 가면서 다양한 병역의무를 강조했다. 동독 교회는 이러한 동독 정부에 대해 철저하게 비판적이었고 사회적 평화를 위한 봉사를 주장했다.[46] 이는 사회주의적 국방에 대한 동독 교회의 저항이었고, 평화교육을 통해 동독 시민들이 사회주의적 색깔로 변하는 것을 철저하게 방어하고자 했다는 것을 의미한다. 이와 같은 동독 교회의 태도는 사회주의 교회로서 현실적인 적응책을 쓴다고 하더라도 전쟁의 의무를 제한함으로써 독일 지역의 기본적 평화운동과의 연속적 관계에 있다는 것을 강조하려는 것이었다. 분단에도 불구하고 동독 교회와 서독 교회는 전후 평화 신학의 기반을 지지하고 기본적인 전제들을 포기하지 않았다. 이는 자연스럽게 1980년대 평화를 지향하는 기본 원칙에 따라 동독 교회가 평화를 지향하는 정체성을 포기하지 않았다는 것을 의미한다. 1982년부터 동독 교회에서 평화를 주제로 하는 논쟁을 통해 다양한 담론이 나타났다. 로이터에 따르면, 오히려 서독 교회보다 동독 교회가 평화의 원칙에 대해 적극적이었다고 한다.[47] 동서독 교회는 각기 평화를 위한 문서를 만들었다. 그러나 서독 교회가 여전히 핵무장을 바탕으로 유지되는 평화를 주장했다는 점은 명백히 문제가 있는 지점이다.[48]

1988년 2월부터 정의, 평화, 창조 세계의 보존이라는 이름으로 모든 개신교 교파가 동독 지역에 모여 공동회의를 진행했다.[49] 교파의 차이에도 불구

---

46 W.후버, H.R. 로이터/ 김윤옥, 손규태 옮김, 『평화윤리』, 271.

47 앞의 책, 272.

48 앞의 책, 278. 이에 대해 개혁교회는 핵무기를 통한 평화의 위협에 대해 신앙고백을 통해 대처해하고 철저하게 군축을 주장했다, 앞의 책, 181.

49 Schröder, *Die wichtigste Irrtümer über die deutsche Einheit* (2007), p.115.

하고 독일 내에서 평화를 지향하는 노력은 독일의 통일을 앞당기는 데 크게 이바지했다. 교회가 비폭력 저항이라는 원칙을 철저하게 고수했기 때문이다. 실제로 동독 정부에 대한 저항이 시작되었을 때 "변혁에 대한 신학적 해석이 많은 사람에게 큰 감동을 주었다고 한다. 11월 9일 장벽이 무너졌을 때 시편 126편이 인용되었다. '여호와께서 시온의 포로를 돌리실 때 우리가 꿈꾸는 것 같았도다.' 베를린장벽의 붕괴는 실로 꿈같은 일이었고 꿈같은 기적은 하나님이 하시는 일임을 그들이 확신했다."[50]

3. 통일 과정에서 독일 교회의 역할에 대한 비판적 재고

독일이 통일되는 과정에서 독일 교회는 어떠한 태도를 보였을까? 제2차 세계대전 이후 독일은 근본적으로 민주화의 길에 서 있었다. 그러나 종전 이후 동서독 분단은 독일 민족의 의사가 아닌 미국을 중심으로 하는 서유럽 국가들과 소련의 일방적인 정치적 결정의 결과였다. 그럼에도 불구하고 동서독 교회는 지속해서 평화운동의 맥을 유지했고 동독의 민주화를 위해 애썼다. 그 결과 다양한 정치적 세력들이 동독의 민주화를 위한 논의를 시작했고 다양한 논의를 발전시켰다. 그러나 베를린장벽이 무너진 다음 해인 1990년 10월 3일에 독일이 통일되는 과정에서 동서독 시민들이 통일 과제를 인식했지만, 통일에 대한 두려움과 기대가 나타나면서 평화운동에 균열이 생기기 시작했다. 게다가 서독 정부의 주도적인 흡수통일에 따른 경제적 환상이 통일 담론을 급격하게 약화시켰다. 결과적으로 평화운동이 보인 모습과 다르게 동독 교회가 보여준 소극적 태도를 비판하는 시각이 대두되는

---

50 김은수, 「독일 통일과 교회의 역할」, 『인문과학연구』, 142,

빌미가 되었다. 동독 교회를 비판하는 사람들은 동서독 통일에서 동서독 교회가 추구해 온 평화운동의 기여를 배제한다. 동독의 평화운동이 직접 통일에 이바지한 바가 없었기 때문이다.

못치만(Klaus Motschmann)에 따르면, "동독 평화운동의 우선적인 목적은 동독의 혁명이었고 무엇보다 여행이나 정보의 자유를 위한 혁명이었다. 따라서 사회주의적인 집단 시스템이나 동독 정부의 청산이 아니었다. 이와 같은 입장에서 동독은 평화운동을 통해 통일로 나아가는 것이 아니라, 오히려 분단을 고착화하는 정치적 퇴보였다."[51] 게다가 동독 교회의 감독들조차도 자본주의 국가인 서독과의 통합에 대해서 큰 관심이 없었다. "1989년 11월 15일에 스톨페는 그라이프스발트 대학의 연설에서 동서독 정부들은 독일 민족의 두 개 국가가 지닌 특징을 1970년 이래로 유럽의 평화 과정에서 확고하게 세웠어야 했다고 주장했다. 게다가 동독의 알려진 신학자들조차도 통일을 반대했다고 한다."[52] 또한 "마그데부르크의 감독 뎀케는 독일 민족이 기억할 만한 날 오전에 열린 예배에 참석하지 않았고 모스크바 사고르스크 수도원에서 열린 모임에 참석했다고 한다."[53] 이와 같은 사실은 자칫 동독 교회가 통일을 위한 공적 기능에 적극적이지 않았고 동서독 사이에 내적 변화를 일으키지 못했다는 비판을 유발할 수 있다. 그러나 렌토르프는 급격한 정치적 변화로서 통일에 관한 동서독 교회의 인식 차이를 그 이유로 설명했다.[54] 동독의 기대와 달리 로쿰 선언은 통일을 위해 상당히 의도된 정치

---

51 Klaus Motschmann, "Die Stellung der evangelichen Kirchen zur deutschen Einheit", Zehn Jahre deutsche Einheit, (Berlin: Drucker &Humblot, 2000), p.143.

52 앞의 책, 143.

53 앞의 책, 144.

54 Trutz Rendtorff, "Die Angst vor der Einheit", *Vielspatiges*, (Stuttgart: Kohlhammer, 1991), p.275.

적 선언이었다. 로쿰 회의에서 동독 교회는 통일 방안을 성급하게 결정하기보다 점진적으로 논의하기를 원했기 때문이다. 동독 교회는 사회주의 안의 기독교라는 기본적인 정치적 노선에도 불구하고 동독의 정치적 민주화를 추구했고 이를 위해 다양한 정치적 세력과 연대했다. 동독의 민주화를 위한 원탁회의는 그 대표적인 예이다. 이는 동독 교회 스스로가 서독 주도의 흡수통일을 반대하고 있었다는 것을 의미한다. 따라서 동독 교회가 통일에 이바지하지 않았다는 식의 평가는 정당하지 못하다고 볼 수 있다. 자칫 사회주의 이후 기독교의 문제는 서독 교회에 정치적 일방성을 부여하는 일이 될 수 있기 때문이다.

동독은 오랜 세월 교회세의 폐지와 과도한 사회주의적인 정책으로 인해 통일을 주체적으로 감당할 능력이 없었다. 또한 "헌법과 권력의 완전한 적합성과 일당 지배를 강조하는 국가 형태로서 사회주의는 사실상 민주주의에 모순되고 교회는 단지 국가적으로 승인된 관용의 집단에 불과하므로 사실상 국가사회주의 종말과 동독의 종말은 일치한다. 이와 같은 국가에 교회가 의존할 수 없다."[55] 그러므로 렌토르프는 동서독 통일과 같은 정치적인 문제에 앞서 동독의 민주화가 선행되어야 하므로 통일 문제를 동독 교회의 해방 이후의 문제로 인식했다. 정치적 다원주의 속에서 사회주의는 독일 민주주의 체계 안에서 다른 정당과 같은 정당한 정치적 권리를 가지고 있어서 동독 교회가 더는 사회주의에 있을 수 없고, 서독 교회와 같이 독일 사회에서 동등한 정치적 권리를 가진다. 따라서 동서독 통일의 기여에 대한 여부

"동독에서 일어난 평화혁명과 그 혁명을 규정하는 힘이 독일통일을 일으킬 수 있었다…. 하지만 1990년 1월 17일에 열린 로쿰회의에서 동서독 교회의 일치에 진술했으나 논란이 있었고 그 후 그들의 의사와 상관없이 동독 총리는 독일의 통일에 대한 구상을 진술했다."

55 Trutz Rendtorff, "Die Angst vor der Einheit", *Vielspatiges*, (Stuttgart: Kohlhammer, 1991), p.277.

는 더는 정치적인 측면에서 평가될 수 없고 오히려 양자가 함께 풀어야 할 새로운 정치적 과제로서 민주화에 달린 것이다. 동독 교회와 서독 교회가 독일의 정치적 통일에 외형적으로 이바지했는지를 평가하기보다, 내부적인 통일에 이르기 위해 어떠한 이바지를 할 수 있었고 또 독일 민주주의에 자율적으로 이바지할 가능성이 있는지를 평가해야 하지 않을까 생각한다. 이미 렌토르프는 지속해서 다음과 같이 통일 이후의 과제와 가능성을 밝혔다. "로쿰 선언을 따르는 교회들이 서로에게 새롭게 다가가고 그들의 계약에 상응하는 형태를 반복해서 함께 발견하게 된다면 분명한 미래에 대한 분명한 시각과 함께 그 일이 일어나야 한다. 오늘날 우리가 그의 증인인 새로운 발전들은 새로운 기회와 가능성을 가지고 있다."[56] 동서독 교회가 급하게 정치적 통일에 이르기보다, 정치적 차원을 넘어 점진적으로 국가의 기본 원리로서 민주주의를 현실화하기 위해 최선의 교회 역할이 무엇인지 질문해야 한다. 이 과정에서 우리는 동독 교회와 서독 교회의 연합을 보아야 한다. 독일의 통일은 분리된 교회에 부정적이든 긍정적이든 분단 이후의 새로운 미래를 제시하고 있었기 때문이다. 그런 의미에서 동독 교회의 목회자들은 급변하고 있는 정치적 이슈에 따라 움직이지 않고 현실적인 민주화에 관해 실질적으로 고민했다.

예를 들어, "평화혁명의 출발점이 된 라이프치히의 니콜라이 교회의 목회자는 10월 3일, 독일 통일의 날에 공식적인 침묵의 날로 선언했다(zum Tag des Öffentlichen Schweigens). 실제로 동독 교회의 교회 지도층은 의심과 망설임 사이에 있었고 또한 독일의 통일을 거절했기 때문이다. 그들은 동독에서의 민주주의에 대해서는 긍정하지만, 서독과의 통합은 분명히 반대(Nein)'라

---

56 앞의 책, 279.

고 표시했다. 10월 3일에 일어난 일은 동독 지역에서 자유 혁명을 탈취하는 일이었기 때문이다."[57] 물론 이와 같은 태도에 대해 정치적 평가는 갈리고 있다. 한편에서, FDP(Freie Demokratische Partei) 소속의 젊은 정치인은 교회가 함께하지 않는 것이 옳다고 주장하기도 했다. 이와 같은 상황은 교회의 특수한 정치적 상황에서 비롯된 것으로 보아야 한다. 다른 한편, 급진적인 가톨릭 공개포럼은 교회가 단독으로 결정해서는 안 되고 그리스도인들 다수의 의견을 경청해야 한다고 주장했다.[58] 결국 베를린에서 특정한 교회의 개입 없는 에큐메니컬 예배가 열렸고, 교회를 중심으로 형성된 논의는 독일 안에서 민주주의의 새로운 가능성을 모색하는 기폭제가 되었다. 독일의 민주주의는 통일을 위해 시민들이 자율적으로 판단하고 결단하는 민족적 협력이었다. 따라서 평화운동에 나타난 동독 교회의 기본적인 생각은 정치적 갈등과 상호 위협에서 벗어나 시민들이 자유로운 의사를 결정하고 평화의 주체로서 서는 것을 의미한다.

비카르트 목사의 증언에 따르면, 당시 동독 교회의 상황을 좀 더 분명히 알 수 있다. "교회는 시민 단체나 새로 형성된 경제 세력들과 마찬가지로 독일 통일에 있어서 자신의 요구를 관철하는 데 어려움을 겪었습니다. 정치적인 이유로 인해 특히 소비에트식 체제의 불안감이 높아지면서 연방 정부는 통일을 서두르게 되었습니다. (이와 달리) 동독 개신교 연맹은 1989년 가을 시민 단체들의 요구, 이를테면 언론의 자유와 집회의 자유를 자신들의 사명으로 받아들였습니다. 그들은 1989년 12월에 모든 정치 세력을 원탁에 소집

---

57 Trutz Rendtorff, "Die Glocken", *Vielspatiges*, (Stuttgart: Kohlhammer, 1991), p.288.
58 앞의 책, 288.

했고 첫 자유선거를 제안했습니다."[59] 이와 같은 정치적 연대는 동독 정부에 대한 정치적 저항이 독일 통일에 앞서 동독 내 민주주의를 확립하는 것임을 분명히 했다.[60] 실제로 동독에서는 국가 중심으로 벌어지고 있는 폭력에서 시민의 안전을 지키고 모든 사회문제를 다루기 위해 다양한 정치 세력들이 함께 모여 정치적 토론을 개최하고 다양한 소통을 통해 새로운 통일 담론을 만들고자 했다. 그들은 서독 주도의 일방적인 흡수통일이 아니라 대화와 협력을 통한 통일을 추구했다. 통일 주체가 더는 국가나 교회가 아니라, 동서독 시민들이었다.

그러나 서독 주도의 흡수통일은 동서독 시민 사이에 새로운 갈등을 일으켰다. 서독이 통일을 주도하는 과정에서 동독의 점진적 개혁에서 흡수통일로 방향이 바뀌었기 때문이다. 서독의 경제적 풍요가 사람들의 마음을 자극하면서 통일에 대한 의견이 분산된 것이다.[61] "1990년 3월 18일에 열린 동독의 자유 선거에서 신속한 통일 공약을 내세운 진영이 승리를 거두었다. 기민연(CDU) 중심의 선거 연합이 압도적으로 승리를 거두었다."[62] 통일에 대

---

59 슈테판 비카르트, "베를린 장벽 붕괴직전의 반정부세력들과 교회의 통합에 대한 관점", 통일연구 제 7권 2호. 2003,

60 "동독의 저항 세력은 스탈린주의 독재의 억압에 맞서 인격과 양심의 자유를 지키려는 대학과 연구소 의학자, 문화계의 작가와 예술가, 교회의 목사와 신자 세 부류로 이루어져 있었다. 이들은 '국가안전부 Stasi'의 철저한 감시와 통제하에 놓여있던 동독 사회에서 유일한 공식적 은거지였던 교회를 공동의 거점으로 삼아, 정치토론 모임을 열고 때로는 전단과 소책자를 만들어 민중들에게 배포하는 방식으로 사통당 정권에 대한 저항운동을 전개하였다. 하지만 이들의 주된 목표는 사회주의 자체에 대한 반대가 아니라, 여행의 자유와 표현의 자유 등 인간의 기본권을 요구하는 인권운동과 침략전쟁에 반대하는 평화운동을 통해, 사회주의 이념의 참된 실현을 요구하는 데 있었다." 안성찬, "독일통일의 사례를 통해본 한반도 통일의 과제", 독일언어문학 73집, 2019, 54.

61 앞의 책, 56.

62 앞의 책, 57. "그후 동독의 재야 세력은 분화되어 자신의 길을 갔다고 한다. 시민운동단체는 서독 기존 정당에 편입되었고 변혁기에 동독평화혁명의 주역들은 시민운동, 민권운동이라는 이름으

한 책임은 민중에서 정치가들의 손으로 넘어갔다. 기나긴 통일 과정을 생략한 지극히 현실적인 과정이었다. "노이에스 포룸을 이끈 옌스 라이히와 베르벨 볼라, 연합좌파의 창립발기인 토마스 클라인, 동독의 평화의 성지로 불리는 라이프치히 교회의 크리스티안 퓌러 목사, 동독 평화운동의 중심지인 비텐베르크 교회의 프리드리히 쇼를렘머 목사는 독일의 내적 통합을 이루는 데 이바지했다."[63] 그럼에도 불구하고, 동독의 지식인들은 통일 후유증의 원인을 서독 민주주의에 대한 낭만적인 환상에서 찾았다. 급격히 불어닥친 경제적 풍요 때문에 동독인들의 삶의 질은 급격히 악화되었고 굴욕감을 경험하게 되었기 때문이다. 그러나 동독과 서독 국민들은 그 한계를 극복하였고, 다양한 문제점에도 불구하고 동독의 경제적 성장과 다양한 도시 인프라의 확충을 통해 급격한 성장을 이루었다. 통일 이후 30년이 지난 지금 독일은 모든 외적인 통일뿐만 아니라 내면적 통일을 이루었다고 한다. 대한민국으로서는 너무도 부러운 일이 아닐 수 없다. 2015년 독일의 대통령 가우크는 "통일 25주년 기념사에서 25년간의 통일 과정을 살피면서 평화적인 방식으로 외적 통일을 성취하고 급속한 통일로 인한 경제적 정신적 후유증을 극복하는 길고 어려운 과정을 거쳐 내적 통일까지 이루어 냈다고 선언했다."[64] 하지만 이와 같은 과정에는 상당히 주의 깊게 보아야 할 사실이 있다. 독일의 역사적 현실을 바라볼 때, 상당수 많은 이들이 남북한 통일 과정에서 체제 우위를 바탕으로 하는 '흡수통일'을 유일한 길로 이해한다는 사실이다. 실제로 안성찬이 지적한 바와 같이, 상당수 한국인은 평화 시민운동가

　　로 역사에 남았다." 앞의 책, 58.

63 앞의 책, 58.

64 앞의 책, 50.

들과 민중들의 노력을 간과할 수 있다."[65] 동서독 교회가 동독 지역의 민주화를 바탕으로 독일과 다른 유럽 지역에도 평화 정착을 시도했다는 사실은 독일 통일 이면에 가려져 있는 잊힐 수 없는 역사적 결실이다.

4. 한반도 평화 정착을 위한 한국 교회의 현실적 과제

지금까지 독일 통일에 이바지한 동서독 교회의 평화운동과 그 의미를 살펴보았다. 대한민국도 광복 후 75주년이 지난 지금까지의 역사를 살펴볼 때 끔찍할 정도로 비극적인 역사를 지나왔다. 피해 당사국이 국민의 의지와 상관없이 연합국 의사에 따라 분단되는 역사를 경험했고 동족상잔의 비극을 겪었다. 그 후에도 끝나지 않은 민족 간 대립의 역사가 지금까지 이어지고 있다. 북한이 3대째 세습 통치를 이어 오고 있는 반면에, 대한민국은 지금껏 민주화의 길을 걸어왔다. 하지만 한국 교회는 그동안 한반도 평화를 위해서 무엇을 해 왔는가? 한국 교회는 정치적 이념 논리에 따라 분열되는 모습을 보여 왔다. 반공 기독교는 끊임없이 정치적 세력과 결탁하여 반공주의적 논리를 재생산했지만, 한국 사회에서 민주화를 주도해 온 교회들은 북한 교회와 소통의 길을 만들어 왔다.[66] 예를 들어, 1988년 11월 23일과 25일 사이에 스위스 글리온에서 남북 교회가 만나 한반도의 평화와 통일을 위한 중요한

---

65 앞의 책, 51.

66 북한에서 교회는 동독 교회와 같이 사회주의 안에서 그 생명을 이어왔다고 한다. 북한 교회사에 따르면, "1959년 북한에서 1959년 반종교 지침서가 나왔고 김일성이 미노베와의 대화에서 북한에 종교가 없음을 선포했으나 1974년 남북 공동선언 이후에 북한 기독교연맹이 평양신학원을 개원했다고 한다. 이는 북한교회가 조금씩 국가종교가되면서 북한 안에서의 현실적인 태도를 유지해왔음을 의미한다고 한다. 실제로 북한교회는 세계교회협의회에 가입신청까지 했다고 한다." 『북한교회사』, 651.

원칙에 합의했다. 이는 한국기독교교회협의회가 민족 통일을 위해서 제시했던 근본 원칙이 반영된 결과이다. 그 원칙에 따르면, "1972년 남북 간 공동성명에 나타난 1) 자주 2) 평화 3) 사상·제도를 초월한 민족적 대단결의 3대 정신이 기본 원칙이 되어야 한다고 믿는다. […] 이와 같은 기본적인 통일 원칙은 인간의 자유와 존엄을 보장하는 것이어야 하며 민족 구성원의 민주적 참여를 보장해야 한다."[67] 이 원칙에 따라, 글리온 회의에서 남북 교회는 한반도 통일 주체를 남북 민중으로 선언했고 남북 간 군사 대결을 지양하고 군축을 통한 긴장 완화와 평화통일에 합의했다.[68] 한반도 전체가 민주화되는 일이 곧 한반도에 평화를 정착하고 한반도의 통일을 앞당기는 일이라는 뜻이다. 1994년 5월까지 계속해서 남북 교회는 민족 대단결에 기초해 한반도에서 핵전쟁의 가능성을 해소하고 자발적으로 평화를 정착시킴으로써 통일의 길을 앞당기기 위해 공동선언을 만들었다. 또한 그들은 통일 기도회, 연합 예배, 상호 간 선교유적지 방문을 통해 남북통일을 위한 대화의 길을 모색했다. 최근의 비핵화와 종전선언과 같은 정치적인 문제를 해결하기 위해 남북 교회 대화를 감행한 것이며, 남북한 교회가 독일의 흡수통일이 아닌 상호 대화와 소통을 통한 통일의 길을 모색한 것이다.

2000년 이후 6·15남북공동선언에서 남북한은 통일의 원칙과 통일 방안과 교류 협력에 합의했고 이를 통해 민간 교류를 확대했다. 그 후 2007년 노무현 대통령과 김정일 위원장 사이의 회담에서 군사적 긴장 완화를 통한 종전선언과 한반도 평화 정착, 경제협력 사업과 다양한 분야의 교류 확대에

---

67 한국기독교교회협의회 통일위원회 편, 『남북교회의 만남과 평화통일신학』, 서울: 한국기독교사회문제연구원, 23.
68 앞의 책, 29.

합의했다.[69] 그사이에 북한 복음화를 목적으로 하는 통일을 지향하는 선교 운동 단체들이 나타나기 시작했다. 하지만 선교 운동의 목적이 북한을 복음화하는 일이지, 한반도에서의 평화 정착과 군축과 같은 실제적인 것은 아니었다. 아마도 교회들이 서독 중심의 흡수통일을 지극히 당연한 것으로만 여긴 결과일 것이다. 김흥수에 따르면, "한국 기독교는 연방제나 국가연합과 같은 통일 방안 논의를 불편하게 생각했다고 한다.[70] 이와 관련해 한국 교회는 통일 기도회, 통일일꾼 교육, 탈북자 선교와 통일 정책 연구와 같은 일을 수행했다.[71] 이와 같은 한국 교회의 사역의 목적은 한반도 평화 정착과 남북한 군축을 통해 한반도 통일로 나아가려는 데 있을 것이다. 그럼에도 불구하고, 최근 확대되고 있는 반북한 정서가 상당히 우려스럽다. 게다가 보수 계열 학자들의 흡수통일 주장은 남북한을 심각한 대결 구도로 몰아가고 있다. 예컨대, 한 보수 진영 학자는 자본의 힘의 우위로 이룬 성과라는 점을 강조했다. 그에 따르면, 브란트의 통일 정책 상당 부분이 독일 통일에 기여했음에도 불구하고 동독의 민주화가 늦어지는 결과를 가져왔다고 한다. 물론 현실적으로 독일의 흡수통일이 통일의 시간을 많이 앞당긴 것일 수 있으나, 갑작스러운 정치적 현실의 변화에 시행착오가 따랐다는 사실을 부정할 수 없다. 베를린장벽의 붕괴가, 동독 정부가 붕괴된 역사적이고 상징적인 사건인 것은 분명하지만, 동독 교회와 동독 시민들의 헌신이 있었다는 사실 또한 명백하다. 동독의 서독 연방의 가입이나 공산 정권의 붕괴는 그러한 헌신에서 비롯된 결정적인 통일의 계기였기 때문이다.

---

69 김흥수, 「남북한 정부의 통일정책과 한국 교회통일운동의 관계」, 『선교와신학』 35, 2015, 83-115. 107-107.
70 앞의 논문. 109.
71 앞의 논문, 110.

『독일은 어떻게 통일되고 한국은 왜 분단이 지속되고 있는가?』의 저자 이 인석은 독일의 통일 과정을 고찰하면서 통일을 달성할 수 있었던 계기는 체제 경쟁이 아닌, 동독과의 현실적인 접촉에 있었다고 보았다. 서독 정부 가 동독 붕괴에 따라 흡수통일을 이루었지만, 그 기반에는 끊임없이 두 국 가 두 국민을 주장해 온 동독 정부와의 소통이 있었기 때문이다. 이인석이 지적하는 근본적인 남북 분단의 원인은 남한과 북한이 상대방을 주권국가 로 인정하지 않는 체제 우월적인 태도이다. "북한이 베트남과 같이 공산주 의 혁명을 통한 체제 전복의 길을 주장했다면, 남한은 독일과 같이 자본주 의 경제체제를 바탕으로 하는 흡수통일을 주장해 왔다. 또한 그는 종식되 지 않고 지속되는 한국전쟁을 분단 상황의 근본 원인이라고 생각했다."[72] 이 와 같은 배경에는 남한과 북한이 실제로 종전선언과 한반도 군축을 통한 통 일이나 상호 변혁을 통한 화해의 길이 아니라, 상대방의 체제를 부정하려는 심각한 대립이 존재한다. 실제로 이인석은 대표적인 예로 평화통일이란 말 을 제시했다. "남한과 북한의 공통점은 평화통일이라는 말이다. 그러나 말 은 하나이지만 그 뜻은 서로 다르다. 북에서 말하는 평화는 주한 미군의 철 수이고 통일은 적화통일을 의미한다. 반대로 한국에서는 흡수통일을 의미 할 때가 많다."[73] 남과 북이 이와 같은 동상이몽의 태도를 유지하는 한 남북 통일은 요원할 수밖에 없다. 최근 한반도에서 일어난 남북공동연락사무소 의 폭파는 사실상 대한민국 정부가 여전히 흡수통일을 주장하고 있다고 믿 는 불신에 따른 북한의 도발이라고 할 수 있다. 안정되고 부강한 대한민국 을 만들어 북한 주민이 선망하게 만드는 것이 통일 정책의 핵심이라고 믿는

---

72 이인석,『독일은 어떻게 통일되고 한국은 왜 분단이 지속되고 있는가?』, 412.
73 앞의 책, 412.

한 남과 북의 대립을 지양할 수 없다. 한반도의 종전선언과 평화협정은 장차 통일 한국으로 나아가는 길이 될 것이다. 그러므로 우리는 통일신학 선배들의 조언에 귀를 기울여야 한다.

예컨대 한국 교회는 반공 기독교와 분단신학을 극복해야 한다고 주장한 박순경 교수의 말을 귀담을 필요가 있다. 그에 따르면, "반공 기독교는 미국을 비롯한 자본주의 서양의 세계 지배 세력과 유착한 서양 기독교 선교의 유산이며 우리 민족 분단의 종교적 이데올로기다."[74] 사실상 반공 기독교에서 주장하는 한반도 통일은 자본주의로 무장한 한국 기독교가 공산주의를 배격하고 그곳에 서구 기독교를 심음으로써 가시화되는 흡수통일이다. 박순경은 이와 같은 기독교를 반통일 세력으로 규정했다. 이는 흡수통일에 관한 생각이 자본주의의 병폐에서 비롯되었고, 남한이 흡수통일을 감당할 수 없으며, 북한은 흡수통일을 생각하지 않는다는 동상이몽에서 비롯된 것이기 때문이다. 서구 기독교의 팽창적 선교와 자본주의 결합에서 비롯된 북한 선교를 통해 한국 교회의 자본주의적 이데올로기를 강화하고 통일의 상호 주체로서 북한에서 살아가고 있는 한민족을 인정하지 않는 오류를 범하게 되는 것이다. "남북이 두루뭉수리로 어울리고 북에 교회들이나 세우고 북을 남한 기독교의 형식으로 기독교화하는 욕망을 내포하고 있다. 민족 화해와 선교는 자본주의적 기독교의 팽창일 뿐이다."[75] 이처럼 자본주의적 사고에서 비롯된 흡수통일에 대한 한국 교회의 인식이 변화하지 않는 한, 반공 기독교는 한반도 평화 정착에 걸림돌이 될 것이다. 따라서 박순경이 주장한 민족복음화의 의미를 되새겨 볼 필요가 있다. "민족에의 실천을 통하여 정

---

74 박순경, 통일신학의 여정, 118.
75 앞의 책, 119

의로운 사회를 실현하고 계급주의적 모순을 극복하고 민중의 삶의 권리와 평등한 사회를 실현하는 것이다."[76] 민족복음화를 바탕으로 하는 한반도 통일은 갑작스럽게 찾아오는 것이 아니라, 끊임없는 자아 성찰과 비판을 통해서 구체화되는 것이다. 따라서 박순경에 따르면, 한국 교회는 북한 교회가 주체적으로 에큐메니컬 운동에 서고 민족적 자존성과 민족적 자유를 성취하도록 도와야 한다.[77] 에큐메니컬 신학운동의 목적은 단순히 민족의 복음화가 아니라, 궁극적 주체로서 하나님 나라의 회복을 지향하는 통일운동이기 때문이다. 더 나아가, 한국은 "미·일과 같은 군사주의와 자본주의 세력들을 민족 자주적으로 견지하면서 세계의 지배-피지배 구조의 극복과 평등한 세계 경제 질서의 확립 즉 점진적인 민족 혁명과 세계 혁명을 지향해야 할 것이다."[78] 박순경이 주장하는 바는 남북의 평화 공존 혹은 체제 국가연합을 바탕으로 하는 연방제 통일이다. 따라서 한국 교회는 더는 북한을 악마시하고 정죄하는 태도를 지양하고 화해와 협력으로 나아가도록 노력해야 할 것이다.

나가는 글

최근에 유엔총회의 연설에서 문재인 대통령이 종전선언에 대한 견해를 밝힌 이후에 한반도에서 남과 북의 새로운 움직임이 포착되고 있었다. 그러나 서해상 공무원 피살 사건 이후 한반도에는 새로운 긴장 관계가 형성되고

---

76 앞의 책, 123.
77 앞의 책, 23.
78 앞의 책, 133.

있다. 물론 한국 정부가 대화를 전제로 하는 공동 조사를 제안했지만 아직 북한이 응답하지 않았다. 그사이 한국 안에서는 북한을 경계하는 움직임이 확산되고 있다. 그러나 분명한 사실은 한반도에 평화가 정착되지 않고는 남북 간 화해와 통일이 불가능하다는 것이다. 최근에 필자는 철원에 다녀왔는데 그곳에서 평화학교를 운영하시는 한 목사님을 만나 그곳의 상황에 대해 들을 수 있었다. 필자는 계속되는 긴장 상황에도 불구하고 한반도에 평화를 정착시키기 위한 종교적이고 신학적인 다양한 시도들에 관해 들었다. 가장 커다란 변수는 탈북민 중심으로 확산하고 있는 풍선 날리기였다. "풍선 날리기는 휴전선 가까이에서 사는 평범한 주민들의 안전을 위협하고, 북한 주민을 위해서 하는 일이라는 주장과 달리 돈벌이로 전락하고 말았다."는 주장은 남북 관계의 회복과 한반도 안에서의 평화 정착이 얼마나 어려운 길인가를 분명히 보여준다.[79] "탈북 단체가 북한을 비난하는 전단을 계속 보낸다면 남북 평화는 불가능하게 될 것이다."라는 경고를 한국 교회는 경청해야 한다. 철원에 있는 학저수지에서 오랜만에 평화롭게 노니는 학들을 보면서 평화의 진정한 의미를 생각해 보았다. 독일이 통일되면서 유럽에 평화가 깃들었듯이, 한반도 평화 정착을 통해 이 땅에 남북 간의 화해와 통일, 더 나아가 아시아를 비롯하여 유럽까지 연결되는 이 역사적인 사건들이 일어나기를 기대해 본다.

---

79 철원평화통신

제5부

한국전쟁의 미래적 과제 - 신학적 문명비판 과제로서의 통일

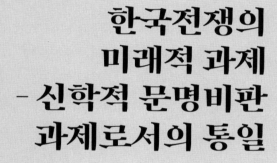

이념환원주의를 넘어
진실의 길로
: 종교영성신학적 수행을 향하여

최 대 광　공덕감리교회 담임목사, 감신대 객원교수이 논문은 이런 이분법적 세계관의 기원을 밝혀내고, 이를 '이념환원주의'로 명명할 것이다. 이런 이념환원주의는 도시에서부터 농촌에 이르기까지, 학교에서, 교회에서, 일터에서, 친교적 관계에도 광범위하게 퍼져 있는데, 그 이유는 직접적 행위로서의 전쟁이 원인이기보다 전쟁 이후 구성된 전쟁 이야기에 원인이 있기 때문이다. 이념환원주의는 진실을 삼키는 블랙홀이며, 증오와 분노를 생산하는 공장이기도 하다. 바로 이념환원주의 때문에 역사의 진실이 왜곡되고, 기독교의 핵심인 사랑과 생명, 평화도 거추장스러운 것들이 되고 만다.

들어가는 글

'빨갱이'라는 말이 어느 순간부터 교회 안에서 일상적 용어가 되어 버렸다. 전쟁을 경험하지 못하였으며, 신학을 공부한 필자와 같은 사람이 들었을 때, 이것은 단지 사탄이나 마귀를 이념화한 것이라고 생각했다. 그러나 한국 교회가 연관된 한국전쟁의 학살 사건들을 접했을 때, '빨갱이'라는 말이 담지하고 있는 폭력성은 어마어마하다는 것을 알게 됐다. 빨갱이는 죽여야 한다는 저주의 폭언이며 그 안에 내재하고 있는 감정은 전쟁과 보복에 대한 트라우마다. 이를 좀 더 넓혀 보면, 얼마 전까지만 하더라도 야당의 대통령 후보는 '빨갱이'이며 지금도 극우 편에는 현 대통령과 여당도 빨갱이다. 노조원인 공장 노동자도 빨갱이며, 벽촌에서 농민회에 가입한 농민도 빨갱이고, 빨갱이의 자식도 빨갱이며, 그 부모 할아버지도 빨갱이다. 김태형은 이를 '분단 트라우마'라고 했는데, 이는 극심한 공포증이며, 그 주범들은 '외세, 극우보수, 일그러진 종교적 맹신자들'이라고 했다.[1] 이 분단 트라우마는 한국전쟁의 직접적 전쟁 경험을 가진 사람들이 이후에 권력에 의해 재편된 전쟁에 대한 규정과 그 이야기를 통해 '적'에 대한 증오와 공포감을 재구성하여 영속화한 것이다.

---

1   김태형, 『트라우마 한국 사회』, 서울: 서해문집, 2017, 260.

그런데 여기서 '재구성'이란, 전쟁 이후에 권력에 의해 생겨난 것이다. 남한에 살고 있는 모든 사람들이 북한군이나 중공군에게 학살당하는 것을 목격한 것은 아니다. 그런 장면을 목격한 사람은 지극히 일부이며, 반대로 미군이나 국군에게 학살된 사람들도 있는데, 후자를 목격한 사람의 경우 이를 발설할 수 없어 숨겨야 했다. 곧 전쟁 '이후'에 구성된 전쟁에 대한 이야기는 김태형이 말했듯, 외세, 극우보수, 일그러진 종교적 혹은 기독교 맹신자들에 의한 장기 집권이 한국전쟁의 이야기를 독점했다. 한국 기독교인의 다수는 북에서 내려온 기독교인들이었고, 이들이 가진 반공주의적 이야기는 교회 내 북한에 대한 적대감의 원형이었던 것이다. 이렇게 구성된 한국전쟁의 스토리는 커다랗게 두 가지의 이분법적 세계관을 구성하여 왔고 지금도 그렇다. 곧 내 편 아니면 적이다. 적은 공산주의자이니 빨갱이다. 한국전쟁의 진실을 밝히려는 노력을 해도, 한국 사회의 주류에 대해 비판을 해도, 남북의 화해를 희망하여 평화를 열망해도 모두 다 '빨갱이'다. 왜냐하면 이것이 내 편을 강화하는 데 유리한 이야기가 아니기 때문이다. 내 편에 유리하면 좋은 것이고, 반대로 유리하지 못하면 나쁜 것이며 나쁜 것은 빨갱이가 원인이다. 독재자도 내 편이니 좋은 사람이고, 민주 인사는 내 편 독재를 불편하게 하니 빨갱이다.

이 논문은 이런 이분법적 세계관의 기원을 밝혀내고, 이를 '이념환원주의'로 명명할 것이다. 이런 이념환원주의는 도시에서부터 농촌에 이르기까지, 학교에서, 교회에서, 일터에서, 친교적 관계에도 광범위하게 퍼져 있는데, 그 이유는 직접적 행위로서의 전쟁이 원인이기보다 전쟁 이후 구성된 전쟁 이야기에 원인이 있기 때문이다. 이념환원주의는 진실을 삼키는 블랙홀이며, 증오와 분노를 생산하는 공장이기도 하다. 바로 이념환원주의 때문에 역사의 진실이 왜곡되고, 기독교의 핵심인 사랑과 생명, 평화도 거추장스러운 것들이 되고 만다.

이 논문은 이념환원주의를 통해 생산된 반공 트라우마에 의해 한국 내에 형성된 한국전쟁의 이야기가 아닌, 이에서 자유로운 그 반대편 이야기를 통해 학살의 역사를 되짚어 볼 것이다. 곧 가해자가 '빨갱이'가 아니라 국군과 극우인 경우다. 임철우의 소설을 박광수 감독이 영화화한 『그 섬에 가고 싶다』를 통해 나주 경찰부대의 학살을 소개할 것이고, 황석영의 『손님』을 통해 기독교인과 미군이 자행했다고 알려진 황해도 신천의 학살 사건을 추적해 볼 것이다. 또한, 이들이 샤머니즘을 통해 남북의 이념적 차이를 화해하려 시도한 것을 다시 성찰하면서, 한국 내 지배 담론인 이념환원주의를 극복하는 길을 종교영성신학적으로 재구성해 볼 것이다. 종교신학이란 이웃 종교를 기독교 신학으로 재구성하는 하나의 전위신학인데, 여기서 '종교영성신학'이라고 칭한 이유는, 수행을 지향하는 영성신학에 이웃 종교의 체험과 수행 방식 그리고 철학과 신학을 받아들여 이를 전위신학적으로 재구성한 하나의 시도이기 때문이다. 곧 한국전쟁을 통해 생산된 이념환원주의를 극복하는 것은 영성수행이며, 그것도 한국의 역사와 연관이 없는 서구의 영성신학이 아닌, 한국의 영성신학이 되는 길은 '종교영성신학'이 되어야 하기 때문이다.

글을 쓰는 나의 유일한 목적은 '진실'을 추구하는 오직 그것에서 시작하고 그것에서 그친다. 진실은 한 사람의 소유물일 수 없고 이웃과 나누어야 하는 까닭에 그것을 위해서는 글을 써야 했다. 글을 쓰는 것은 '우상'에 도전하는 행위다. 그것은 언제나 어디서나 고통을 무릅써야 했다…. 그러나 그 괴로움 없이 인간의 해방과 행복, 사회의 진보와 영광은 있을 수 없다.[2]

---

2   리영희, 『우상과 이성』, 서울: 한길사, 2006, 19-20.

1. 우리 시대의 영성: 진실로 가는 길

리영희는 말년에 임헌영과 대담한 책 『대화』에서 자신은 종교가 없다고 말했다. 그는 종교의 위치에 신화를 대입하고, 그 반대편에 '이성'을 대입하면서, 종교의 신화적 세계관에 대해 분명한 반대의 입장을 취했다. "하나님(하느님)이라는 신이 만물을 창조했다거나, 자기가 만든 남자의 늑골을 하나 빼서 여자를 만들었다거나, 에덴동산의 남녀와 사과와 뱀 따위의 성경 기록이라든가, 선인과 악인을 가려서 하나님 나라 천당이나 지옥으로 보낸다는 따위의 이야기도 나의 이성과는 무관한 일이야."[3] 이성과 신화 혹은 위에서 언급한 진실과 우상이 그가 구성한 '현대적' 세계관이다. 그러나 그 역시도 "누구나가 노력해서 내세와 다름없는 현세에서 '깨달음'의 경지에 이를 수 있다는 가르침에 공감"[4]한다고 하며, "그리스도의 은총을 입고 싶어 하는 '예수의 제자'이고자 하는 마음은 평생을 두고 변함이 없다."[5]라고 말했다. 특히 리영희는 '자유로운 삶을 누릴 때까지 자신에게 영향을 끼친 것은 『금강경』[6]이라고 했다. 테리 이글턴(Terry Eagleton, 1943-현재)이 『만들어진 신』의 저자 도킨스(Clinton Richard Dawkins, 1941-현재)가 이해한 기독교는 사실 기독교 근본주의일 뿐이라고 비판했던 것과 같이, 다수의 '합리적' 무신론자들은 기독교인을 문자주의자이며 근본주의자라고 이해하며, 이들은 그 반대편에 이성을 가져다 놓곤 한다. 또한 리영희는 "유일신과 절대자와 초자연적 불가사의의 권능을 전제로 하고, 선악을 준별하여 징벌을 교화의 방법

---

3 리영희, 임헌영, 『대화』, 서울: 한길사, 2010, 505.
4 같은 책.
5 같은 책.
6 같은 책, 504

으로 설정한 기독교에서는 부처로부터 받은 자애로움의 감흥 같은 것을 느낄 수 없다."[7]라고 말했다. 즉 리영희는 기독교의 신화적 세계관과 유일신주의의 폭력적 세계관을 그의 이성으로는 도저히 받아들일 수 없다는 것이다. 왜냐하면 이는 그가 대결하였던 신화요 우상이기 때문이다.

물론 지금은 이 '우상'과 '신화'가 리영희가 활동했던 시대와는 완전히 다른 방식으로 전개되고 있다. 박정희와 전두환의 언론통제의 시대와는 달리, 켄 윌버(Ken Wilber, 1949-현재)가 지적했듯, '진실이 없는 진실' 혹은 '탈진실'의 시대이며[8] 한국 사회는 돈 안 되는 진실보다 돈 되는 허위를 더 좋아하는 시대이기 때문이다. 그런데 미국에서는 '돈'에 의해서 '진실'이 언제든지 왜곡되기도 하지만, 우리나라의 경우, '반공 이데올로기'가 진실과 '사실'을 은폐하는 강력한 힘으로 작용한다. 이에 대해 김동춘(1959-현재)은 다음과 같이 말하고 있다.

겉으로는 모든 남한 사람들이 "6 · 25와 같은 동족상잔의 비극이 다시 일어나서는 안 된다."라고 말한다. 그러나 1999년 서해교전 당시 확인된 것처럼

---

7 같은 책, 507.

8 켄 윌버, 『진실 없는 진실의 시대』 서울: 김영사, 2017. 이 책에서 켄윌버는 트럼프의 당선이 "붕괴된 녹색단계" 때문이라고 말하고 있다. 녹색이란 "다양한 발달 모델에서 다원론적, 탈근대적, 상대주의적, 개인주의적 다문화적 등으로 알려진 인간성장과 발달의 기본단계" Ibid.45 라고 말하고 있다. 그러나, 이것이 붕괴된 것은 이 역시 다원론적, 탈근대적, 상대주의적, 다문화적인 포스트모던적 맥락주의가 권위주의를 가지고 곧 절대를 인정하지 않는 포스트모던적 맥락주의의 엘리티즘에 반기를 든 백인 서민층 곧 "고등학교만 졸업했거나 그 이하의 학력을 지닌 백인들의 70퍼센트가 트럼프에게 표를 던졌다" Ibid.115. 면서, "그들은… 모든 문화적 엘리트에 분개했다. 그리고 그들은 앙갚음하고 싶어했다" Ibid.119. 포스트모던적 맥락주의는 자기애의 나르시시즘을 제외하고는 모든 것을 부수고 싶어하는 경향이 있으며, 그 이전의 의식단계를 무시하거나 비난한데' 대한 반발이 트럼프의 당선을 가지고 왔다고 말하고 있다. 곧 트럼프가 사용한 가짜뉴스를 통해 백인 서민층 유권자들은 통쾌함을 느꼈다는 것이다.

남북한 사이에 긴장이 발생하기만 하면 한국의 주류 언론과 지식인들은 이성을 잃는다. 설사 군사적 충돌이 상호 파멸의 비극을 가져올지라도, 긴장이 고조되면 "북한을 응징해야 한다."는 호전적인 주장이 시민사회를 압도한다.[9]

매 선거 때마다 정치인의 사상을 검증하려는 시도가 있고, 한참 전의 사건이 끊임없이 현실로 소환된다. 특히, "임수경 전 더불어민주당 국회의원의 1989년도 밀입북 관련 기밀문서 공개 여부를 다투는 행정소송 첫 재판이 진행되는 가운데 … 원고인 보수 성향 변호사 단체 '한반도 인권과 통일을 위한 변호사 모임(한변) 측은 언론에 알려진 임 전 의원과 관련된 외교문서를 모두 공개하라는 입장으로 나섰지만, 외교부 측은 첫 재판에서 '구체적으로 어떤 정보를 원하는지 특정해 달라.'는 주장으로 맞섰다."[10] 다가올 서울 시장 선거에 임종석 전 의원도 하마평에 오르고 있는 시점에서, 1989년도 그가 전대협 의장이었던 시절의 사건까지 들고나와, 외교부까지 의심하고 있다.

언론들은 얼마 전 북한 NLL 지역에서 공무원이 북한 함정에 의해서 피살된 사건을 북한의 잔인함에 대한 적개심으로 색을 입혀 아주 과격한 기사 제목으로 시민들의 시선을 끌고 있기도 하다. '북한 피격 공무원 월북 증거 모두 부실'[11], '하나씩 뒤집혀 가는 피살 공무원 월북 근거'[12], '안병길, 피

---

9 김동춘, 『전쟁과 사회』, 서울: 돌베개, 2013, 67.
10 한국경제 "임수경 밀입북 기밀재판 '국민은 뭘 알고 싶은가'", 《서울경제》, 10월 4일.
11 《서울신문》, 10월 10일.
12 《한국경제》, 10월 10일.

격 공무원 월북 근거인 해경 실험 설득력 떨어져"[13]. 언론의 분석은 정치인들이나 시민 단체의 의견과 찬반의 주장으로 시민들의 토론을 유도하는 것이 아니라, 이들 제목에서 보듯 일방적으로 국가주의를 내세우거나 우파의 편을 들면서 기사를 작성했는데 이 중 눈에 띄는 것은《한국경제신문》의 기사다. '하나씩 뒤집혀 가는 피살 공무원 월북근거'라는 제목은 '유족과 야권'이 '여권이 책임을 회피하기 위해 A씨에게 월북자 프레임을 씌워'[14] 그 틀 안에서 기사를 작성한 것이다.《세계일보》는 사설에서 아예 '공무원 피살 진상 안개 속인데 또 종전선언 타령인가'[15]라고 했다. 종전선언이나 평화협정과 같은 화해는 현실을 무시하는 '타령'이라는 것이다. 김동춘의 주장과 같이, 북한과 갈등이 생기기만 하면 언론은 이성을 잃고 달려들며, 무엇이 '진실'인가를 따져 묻기 전에 한국 사회를 양분하고, 특히 국가주의자와 우파의 적개심과 선동에 집중하는 것을 볼 수 있다. 김동춘은 이와 같은 언론의 문화 현상 안에는 "적이 먼저 도발했으니 우리만 당할 수는 없다."[16]라는 담론이 숨어 있다고 했다. 곧, 한국전쟁을 북한이 시작했으니, 우리도 당할 수만은 없고, 그래서 응징해도 된다는 보복 심리가 숨겨져 있다는 것이다.

한국 사회에서 이런 '비정상적'인 현상이 '정상적'으로 표현되고 있는 이유는, 김동춘이 칼 슈미트(Carl Schmitt, 1888-1985)의 말을 인용하며 지적했듯, "행위로서의 전쟁은 종료되었으나 '상태로서의 전쟁'은 끝나지 않은 것"[17] 때문이다. 법적으로도 휴전 상태이니, 총칼을 든 전쟁은 일시 중단됐으나,

---

13 《연합뉴스》, 10월 10일.
14 《한국경제》, 같은 글.
15 《세계일보, 10월 8일 사설.
16 김동춘, 같은 글.
17 같은 책, 72.

전쟁의 상태에 있기 때문이다. 이렇기 때문에 남북 간의 마찰이나 갈등에는 '진실'이 은폐되고, 증오와 선동은 계속된다. 자연 상태의 인간의 모습은 '만인에 대한 만인의 투쟁'이라면서 리바이어던과 같은 절대적 국가의 출현을 정당화한 토마스 홉스(Thomas Hobbes, 1588~1679)의 생각을 이어받아, 국가는 이 '투쟁'을 종식시키기 위해서 '희생양'을 만들어, 곧 만인이 비난하는 대상을 설정하여 자연 상태의 인간을 '문명 상태'로 만든다는 르네 지라르(Rene Girard, 1923-2015)의 주장과 같이, 북한이나 북한과의 평화를 주장하는 세력들은 '희생양'이 되어 꽤 오랜 시간 동안 한국 사회를 결집시키는 수단이 되어 왔다. 김동춘은 "전쟁이 비참한 것임은 누구나 공감하는 바이지만, '왜 그러한 비참함이 초래되었는가?' 하는 논리적 해석의 과정이 기성의 권력 구조와 지배 담론의 틀 안에서 이루어지기 때문"[18]에 그러한 현상이 지속되는 것이라고 했다. 그러니까, 한국 사회의 지배 담론은 '상태로서의 전쟁'을 생산하며 강화해 왔던 것이며, 행위로서의 전쟁에서 나온 철학인 적과 나를 단순하게 가르는 아타(我他) 이분법은 '상태로서의 전쟁'을 통해 이념 환원주의로 변형됐던 것이다. 이념환원주의에 의하면, 자신의 '이념'과 배치되는 주장이나 의견이 나오면 '저편'의 것이 되고, 자신이'알고 있던' 사실과 배치되는 사실 나아가 진실이 나와도 '저편'의 이야기가 된다. 곧 '사실'은 이념적으로 은폐되며, 적을 이롭게 하는 거짓이 되는 것이다. 이에 대해 좀 더 선명하게 이해하기 위해서는 전광훈이라는 인물이 살펴볼 필요가 있다.

지난 2020년 8월 15일 전광훈 목사(이하 전광훈)가 대표로 있는 '대한민국바로세우기국민운동운동본부'(대국본)와 26개 극우 시민 단체가 주도한 8·15광화문집회(8·15 문재인 독재정권 국민저항운동)은 코로나19로 인해 집

---

18 같은 책, 79.

회가 불가능했던 토요일 태극기집회의 '금욕'이 폭발한 현장이었다. 이들은 코로나19를 음모론으로 돌리며, 현 정권이 주사파 공산주의 정권이며 국가를 북한에 갖다 바치려는 의도를 숨기고 있다고 웅변하면서, 약 5시간의 집회를 지속하다 해체하였다. 대국본의 홈페이지에서 대표인 전광훈은 다음과 같이 인사말을 했다.

> 대한민국이 크게 흔들리고 있습니다! OECD 국가 중 자살률 1위, 이혼율 2위, 청소년 흡연흡연율 세계 2위 (여고생은 1위) … 무당 70만, 어린이 유괴 1년에 8천 건, 세계 제일의 강성 노조들로 인해 한국 사회는 몰락의 수렁에 빠져 가고 있습니다. 그뿐 아니라 한동안 이 민족의 희망이었던 교회가 1년에 20만이 줄어들고 있으며 종북주의 좌파 반미주의자들이 일어나 6·25를 북침이라 하고, 주한 미군을 침략군이라 하며 대한민국은 없었어야 될 나라라고 가르치고 있습니다. 그들로 인하여 현역군인 70만 명이 김정일 부자에게 충성 맹세를 하는가 하면, 한국 교회를 범죄 집단으로 몰아가고 있으며, 기독교를 개독교라 하고, 목사를 먹사라고 하며, 교회를 공격한 댓글이 3천만 건에 이르고 있습니다.[19]

전광훈의 주장을 살펴보면, 행위로서의 전쟁에서 출현한 아타 이분법이 상태로서의 전쟁에서는 이념환원주의로 변환되는 것을 쉽게 알 수 있다. 본인이 유리하게 취사선택한 통계를 이용하면서, 한국 사회를 부정하는 이유는 '종북주의 좌파 반미주의자'가 정권을 차지하고 있기 때문이다. 문재인 정부 안에 대단히 다양한 사람과 다양한 생각을 가진 사람이 있음에도 불구

---

19 http://npst.sarangjeil.com/main/sub.html?mstrCode=1

하고 이들은 그저 한 덩어리로 '종북주의 좌파 반미주의자'일 뿐이다. '아타 이분법'의 변형인 '이념환원주의'가 그의 세계관이기 때문이다. 물론 전광훈이 한국 교회를 대표한다고 할 수 없지만, 한술 더 떠 종교 기자 출신인 주진우는 전광훈과의 인터뷰에서 전광훈 스스로 자신은 '온건파'라고 하는 대답을 얻어 내기도 했다. "적어도 교계에서 가장 지각이 있는 목사 중 하나가 전광훈 목사입니다. 다른 대형 교회는 더 심각해요."라고 말하면서 "전광훈 목사는 치어리더이며 진짜 선수는 따로 있다."[20]라고 했다. 이 선수들은 대형 교회 목사들이라는 것이다. 이름을 밝히지 않았지만, 대형 교회 목사 중 어떤 이는 "청와대에 불을 질러야 한다."[21]라고까지 말했다는 것이다. 그런데 이렇게 주장하는 저들은 행위로의 전쟁을 경험하고 그 잔혹함을 직접 두 눈으로 본 사람들일까? 그렇지 않다. 전광훈은 1956년생이다. 그는 행위로서의 전쟁을 경험한 사람이 아니라 상태로서의 전쟁 곧 한국전쟁에 대한 지배 담론에 포섭되어 이념환원주의를 재생산하고 있는 것이다. 이념환원주의에 의해 그는 현 정부와 진보 세력을 한 묶음으로 '종북주의 좌파 반미주의자'로 못박고 이들을 '무당과 범죄를 방치하고 있는 집단'으로 묘사했다. 무당과 범죄 역시 교회와 일상의 반대편이니 이들 역시 빨갱이다. 현 정권은 이들을 통해 우리 편인 '우파'를 무너뜨리려 하고 있기 때문이다. 이념환원주의의 눈으로, 현 정권에서 무슨 행위나 무슨 말을 하건 이는 다 빨갱이의 술수일 뿐이며, 이를 받아들이는 것은 저들에게 속아 넘어가는 것이고, 북한을 증오하듯, 현 정권과 그지지 세력도 '타도'해야 하는 '적'일 뿐이다.

'상태적 전쟁'의 시대 '아타 이분법'의 전쟁 논리가 '이념환원주의'로 변형

---

20 https://www.youtube.com/watch?v=OzWfe5TX2I8
21 같은 책.

된 한국의 사회에서 과연 한국전쟁의 진실이 설 땅이 있을까? 그렇다면 만일 상태로서의 전쟁이 종전선언으로 사라진다면, 일순간에 이념환원주의는 사라질까? 그렇지 않을 것이다. 이미 문화와 사유와 심리를 장악한 이념환원주의와 이에 종속된 트라우마는 상당 기간 계속될 것이기 때문이다. 특별히 한국 교회에는 북한의 서북 교회와 황해도 신천의 대학살 가해자들이 포함되어 있는데, 기독교의 교리상으로 교회의 안과 밖을 나누고, 신의 영역과 인간의 영역, 하나님의 영역과 사탄의 영역을 구분하려는 경향이 있기 때문에, 우리 주변을 지배하고 있는 이념환원주의와 같은 리듬을 타기 쉽다는 약점이 있다.

그렇다면, 우리 사회 안에 내재한 이 전쟁의 흔적을 극복하기 위해서는 종전선언과 함께 사유와 심리에 내재된 이념환원주의와 이에 내재된 트라우마를 극복하는 과정이 필요한 것이다. 이를 위해 한국의 이념적 대립을 두고 화해를 고민했던 두 작품을 소개하면서, 이 작품에서 고려한 이념환원주의의 극복에 대해 성찰할 것이다. 첫째, 국군에 의한 학살 이야기를 소재로 화해를 이야기한 임철우의 『곡두 운동회』를 그의 다른 작품 『그 섬에 가고 싶다』와 결합하여 영화화한 박광수 감독의 영화 〈그 섬에 가고 싶다〉와, 둘째, 황석영의 『손님』을 통해 이들이 어떤 형식으로 이념환원주의를 극복해 가는지 파악해 볼 것이다. 이 작품들은 모두 샤머니즘을 화해의 도구로 제시하였다. 황석영의 『손님』은 황해도 지노귀굿의 12마당으로 황해도 신천 지역에서 있었던 학살을 증언했으며, 박광수의 『그 섬에 가고 싶다』는 전라도 지역의 '씻김굿'을 통해 이념적 대립이 해소되는 것을 그려냈다. 이로써, 이념환원주의를 넘어 진실을 찾아가는 과정에 한국의 토착영성의 역할을 소개하고, 이를 종교영성신학으로 재구성해 볼 것이다.

2. 진실로 가는 길: 화해

1) 박광수: 그 섬에 가고 싶다

〈그 섬에 가고 싶다〉는 1993년 박광수 감독과 당시 이창동 조감독이 임철우의 동명 소설을 영화화한 것이다. 영화는 임철우의 『그 섬에 가고 싶다』와 그의 또 다른 단편소설 『곡두 운동회』를 합하여 하나의 시나리오로 완성한 것이다. 영화나 소설에서 같이 담지하고 있는 내용은 임철우가 소설 『그 섬에 가고 싶다』에서 쓴 "모든 인간은 별이다."라는 글이다

> 모든 인간은 별이다. 이젠 모두들 까맣게 잊어버리고 있지만, 그래서 아무도 믿으려 하지 않고 누구 하나 기억해 내려고조차 하지 않지만, 그래도 그건 여전히 진실이다. 한때 우리는 모두가 별이었다. 저마다 꼭 자기 몫만큼의 크기와 밝기와 아름다움을 지닌 채, 해 저문 하늘녘 어디쯤엔가에서, 꼭 자기만의 별자리에서 자기만의 이름으로 빛나던, 우리 모두가 누구나 다 그렇게 영롱한 별이었다.

> 그러나 한때 별이었던 사람은 우리들만이 아니다. 이 땅을 찾아와 살다가 이미 오래전에 죽어 우리들의 지구를 떠나 버린 사람들, 그리고 머잖아 태어날 사람들, 혹은 아직 차례를 기다리며 아득히 먼 미래의 정거장에서 눈을 두리번거리며 앉아 있을 수많은 미지의 얼굴들—그들도 모두가 별이다.[22]

---

22 임철우, 『그섬에 가고싶다』, 서울: 살림, 2003(34쇄), 15.

별은 과거와 현재를 잇고 있는데, 이 이음이라는 것은 현재 우리가 별을 보며 과거에 살다 간 사람의 모습을 보고 있기 때문이기도 하다. 별은 지금 현재 우리와 관계하기도 하지만, 또한 서로 연결된 별자리를 만들어 서로가 연결되기도 한다. 소설은 과거의 인물들을 소개하면서 '별이 된' 이들의 추억을 결합하고 있는 것이다.

그런데 영화는 이 별이 된 이들의 추억을 소환하는 따뜻한 내용이 아니다. 별이 된 이유는 영화에 내재해 있는 학살 사건 때문이다. 이에 대한 내용은 『곡두 운동회』에 나온다. 1950년 7월 28일 금요일 새벽 4시에서 12시까지 곡두리의 운동회가 열리는 날 일어난 사건에 대한 소설이다. 서울에서 돌아온 약방 집 둘째 아들은 좌익 사상을 가진지닌 동네 최고의 인텔리다. 전쟁이 시작되자 그는 경찰에 잡혀 심문을 당하고 풀려나면서 이런 이야기를 듣게 된다. "자 어서 집으로 돌아가거라. 넌 운이 엄청 좋은 거야 이 빨갱이 놈아."[23] 그러나 곡두 운동회가 열리던 7월 28일 새벽 군에서 약방 집 둘째 아들을 잡아가서는, 그들과 협조하여 마을에 있는 공산주의자들을 색출하게 했다.

"게양대 뒤쪽 현관 위에는 큼지막한 광목 플래카드에 '해방군 환영'이라고 붉은 글씨로 커다랗게 쓰여 있었는데, 급조해 놓은 탓인지 몹시 조악하고 서투르게 보였다. … 학교 운동장 한가운데 ㅁㅁㅁ모양으로 둘러쳐 놓은 새끼줄이었다."[24] 소설에서는 이날 인민군이 들어와 일장 연설을 한다. "전쟁은 곧 끝날 것이오. 놈들은 곧 항복할 것이며 모든 영토는 우리 해방군의 손에 완전히 들어오게 될 것입니다. 이제부터 우리 모두는 이 땅에 해방 낙원

---

23 임철우, 「곡두운동회」 『아버지의 땅』 중, 2018, 20.
24 같은 책, 37.

을 건설해야 할 영광스럽고 중대한 시점에 와 있소. …"[25] 이들은 마을의 소금 장수, 대장장이, 구두 수선공을 앞세운 50여 명의 패거리에게 사람들을 분류하게 하였다. 이들은 먼저 분류된 노인네들 중에서 사람들을 추려 내었는데 '읍장, 면장, 경찰관, 우체국장, 소방서장 등등 관리들을 아들로 두고 있는 사람들이거나 과거에 이런저런 감투를 써 본 경력이 있는 사람들, 혹은 재산이 많아서 인심을 잃은 이들'[26]이었다. 그리고 소설에는 목사가 나오는데, 겉으로는 '경건'한 삶을 사는 조용한 인물이고, 반동으로 분류된 그의 엉덩이를 소금 장수가 걷어차자, "주여 저들을 용서 하소서."[27]라고 기도하는 착한 사람이다.

분류가 다 끝나자, 창고 뒤쪽에서 약방 집 둘째 아들이 밧줄에 묶여 나왔고, 인민군에 협조했던 소금 장수는 "아이쿠 속았구나!" 하면서 바닥에 주저앉았고, 대장장이는 서 있는 채로 바지에다 오줌을 누고 말았다.

> 허허허헛, 자아, 이제야 모두 끝났나 봅니다. 허헛, 본의 아니게도 죄 없는 여러분들이 십년 감수하셨겠소이다. 우리 몇 사람은 사실 처음부터 빤히 다 알고 있었지만 일부러 모르는 척했었지요. 우리인들 달리 어쩌겠습니까? 허허허. 이렇게 해야만 숨어 있는 불순분자들을 하나하나 남김없이 깡그리, 그것도 제 발로 스스로 걸어 나오게 만들 수 있다고들 하니 말입니다. … 이 거야말로 기막힌 아이디어 아닙니까? 힘 하나 안 들이고 놈들을 모조리 잡아들일 수 있게 된 것입니다.[28]

---

25 같은 책, 41.
26 같은 책, 42-43.
27 같은 책, 48.
28 같은 책, 59.

인민군 편에 있었던 사람들은 순식간에 적군이 되어 죽을 운명에 처해졌다. 그리고 "주여 용서 하소서." 라고 금방까지 기도했던 목사는 너무 충격을 받은 탓인지 즉석에서 기도문의 내용을 수정하여 "주여 악을 능멸하시고 의인을 구원하시옵는 아버지시여, 감사하옵니다. 감사하옵니다."라고 중얼거렸다. 그러다가 다른 사람들과 똑같이 "만세 만세 만만세!"를 목청껏 외쳐대기 시작했다.[29]

영화에서는 약방 집 둘째 아들의 몫을 넙도댁의 남편 문덕배가 맡았다. 남편이 옆 섬에 사는 젊은 여인과 바람이 난 데다, 딸 반임이까지 죽자 정신과 몸이 피폐해진 넙도댁은 결국 죽음을 맞이한다. 그러나 넙도댁이 죽은 지 며칠도 되지 않아 덕배는 마을에 젊은 여인을 데리고 들어왔다. 그런 덕배를 마을에서 멍석말이를 하고 쫓아내자, 그는 마을에 '좌익'들이 있다 하여 군인들을 데리고 들어온 것이다. 그리고 '좌익'을 분류하는 내용은 소설 『곡두 운동회』와 같다.

영화 〈그 섬에 가고 싶다〉의 시나리오는 이창동과 임철우 그리고 박광수가 각색하였다. 영화감독 한옥희는 그 출판된 이 시나리오의 내용을 호평하면서도 이 내용이 객관적이지 못하다며 다음과 같이 비판했다.

그러나 이 작품의 주요 배역은 안성기와 문성근이 각기 아버지와 아들로서 1인 2역을 맡아 관객들에게 혼란스러운 인상을 주었고, 섬 사람들을 갈라서게 만든 근본 원인인 국군의 프락치 색출을 위한 인민군 복장의 인민재판 설정 등이 6 · 25를 겪은 기성세대들에게는 설득력이 없고, 객관적이지 못하다. 또한, 진지하고 무게 있는 주제를 끄집어내는 데 성공한 전반부와는 달리 후반

---

29 같은 책, 61.

부에서 긴장감을 장난처럼 처리하여 극적 감흥을 얻어내기 힘들었던 점이
지적된다.[30]

한옥희는 한국전쟁을 거친 기성세대로 이와 같은 '장난거리' 학살은 없었
다고 '확신'하면서 영화를 평가했는데, 이 사건은 실제로 일어났던 일이다.
나주 경찰서 경찰관들이 주축이 되어 결성한 1백여 명 규모의 임시 부대인
'나주 부대'가 일으킨 학살 사건이 바로 〈그 섬에 가고 싶다〉의 배경이다.

이들(나주 부대)은 전남 강진, 해남, 완도, 진도 등지로 후퇴하면서 이상한 짓
을 저질렀다. 나주 부대는 7월 하순께 전남 해창군 남창에서 완도 경찰서에
전화를 걸어 완도중학교 교사가 전화를 받자, "우리는 인민군이다. 완도로
간다."라고 밝혔다. 완도에서는 '인민군환영준비위원회'가 구성돼 시가지 환
영 대회까지 준비했다. 나주 부대는 인민군으로 위장해 그 환영대회에 참석
한 후 그 자리에서 '인민군 만세'를 외치는 사람들을 사살했다.
이 같은 '함정 학살'은 해남과 완도 지역의 여러 곳에서 계속 자행되었다. 이
들의 위장술은 탁월했다. 인민군 복장을 하는 것으로도 모자라 마을에 들어
설 땐 오랏줄로 묶은 우익 인사들을 앞장세웠기 때문에 주민들은 그들을 인
민군으로 믿지 않을 수 없었다.
나주 부대의 일부는 마을을 돌며 좌익 색출 작업을 벌이기도 했다. 인민군
행세를 하면서 사람들에게 "공산당을 좋아하느냐?" 하고 묻고는, 좋아한다고
하면 그 자리에서 사살하는 식이었다. 이들은 완도군 일대의 섬까지 일일이

---

30 이창동, 임철우, 박광수 각색, 『그 섬에 가고 싶다』, 서울: 커뮤니케이션 북스, 2012, 150-151.

찾아다니면서 학살을 저질렀다.[31]

나주 부대의 학살 사건은 한옥희가 6 · 25를 겪은 기성세대에게 설득력이 없다 했지만, 실제로 일어났다. 다시 말해서, 한국전쟁을 겪은 세대의 '기억'이라는 것은 대단히 주관적이라는 것이며, 또한 그 심리적 충격과 트라우마는 이후 대한민국을 지배한 권력 집단에 의해 억압되거나 윤색되거나, 재구성됐다는 것을 알 수 있다. 아니 학살 현장을 직접 눈으로 보고 또렷이 기억한다 해도, "역대 군부 정권은 진실을 밝혀 달라는 유족들을 빨갱이로 몰아 감옥에 집어넣었고, 미국은 모든 관련 자료를 파기하거나 공개하지 않고 참전 군인들이나 경찰들을 회유하여 입을 다물게 했다."[32] 곧 이들의 '담론'이 표면으로 떠오르는 것을 억압했고, 한국전쟁에서 남한은 철저한 피해자로만 인식됐다는 것이다.

그렇다면 한국전쟁의 학살 피해자 가족은 여전히 피해자로 살아왔다는 것인데, 영화와 소설에서 다룬 그 남은 가족들은 바로 '그 섬'에서 살고 있는 남은 사람들인 것이다. 그리고 영화는 '장난과 같은' 학살의 과정이 실제로 일어났다는 것을 상기하면서, 학살 피해자 유족들의 한을 기리며, '별'과 현재 존재하는 사람들을 매개하는데, 그 중간에 샤먼을 설정했다. 곧 임철우의 『곡두 운동회』에서 대단히 무기력한 인물로 묘사되고 '살았다'라고 하는 검증된 사람들 사이에 묻어 가는 그냥 착한 인물이 아니라, 과거와 현재를 화해시키는 인물로 묘사한 것이다.

---

31 강준만, 김환표, 『희생양과 죄의식』, 서울: 개마고원, 2004, 55-56; 김호균, 「해남, 완도의 '나주 부대' 양민학살사건」, 『월간 말』 1993년 8월, 140-144 재인용.

32 김동춘, 『이것은 기억과의 전쟁이다』, 서울: 사계절, 2013, 43.

영화와 소설 모두에서 등장하는 무당 '업순'은 그가 내림굿을 받을 때, 시아버지의 신이 들려 자신의 몸이 배 이상 되며 평상시에 자신을 자주 구타하였던 폭력적 남편을 때리는 장면이 나온다. 이러지도 저러지도 못하고 얻어맞는 덕배를 향해 동네 사람들은 말한다. "잘한다, 업순네! 처라! 옳지! 더, 더 세게 쳐! 더, 더…."[33]

영화에서 덕배가 죽은 이후 그 '섬'에 묻히려 하지만, 마을 사람들은 덕배의 시신을 실은 배가 들어오는 것을 막는다. 그렇지만 영화의 엔딩신은 업순댁이 덕배의 관이 실린 배를 향해 이야기하는 장면으로 시작된다. "재구아부지, 짐승도 죽을 때는 지가 난 고향 땅에 대가리를 두고 죽는다는디, 한 많은 고향 땅에 죽어서라도 묻히고 싶어 하는 당신 맴을 어찌 짐작을 못 하겄소. 더구나 당신 자식, 그 불쌍한 반임이도 여그 묻혀 있으니께…. 허지마는 아직도 당신이 이 낙월섬에 건너오기에는 쌓인 원한과 업보가 얼마누 깊은갑소이. 이 업보를 어쩌면 좋겠소? 이 한을 어쩌면 좋겠소? 사람들 가슴에 이렇게 미움이 가득 차고 원한이 서려 있응게, 이 노릇을 어쩌믄 좋것소? 대답 좀 해 보시요 이?"[34]

그리고 업순이의 무가와 춤을 뒷배경으로 덕배를 실은 배는 섬으로 올라오고, 하늘에는 한국전쟁 당시 희생자와 또한 가해자 아닌 가해자가 되어 목숨을 건진 사람들 그리고 아이들도 같이 춤을 추는 모습이 보인다. 하늘의 별이 되어 무당의 춤과 함께 화해하는 모습을 그린 것이다.

별이란 '초월'의 영역이지만, 모든 사람은 그 '초월' 볼 수 있다. 하지만 볼 수 있어도, 하나가 될 수는 없다. 마치 북한을 지도에서 볼 수 있고, 휴전선

33 임철우, 같은 책, 165.
34 이창동, 같은 책, 139-141.

앞에 가면 볼 수 있어도, 하나가 될 수 없는 영역에 놓여 있는 것과 같다. 그런데 이렇게 볼 수 있어도 만나지 못하는 '초월'이나 '저편'과의 매개는 무녀가 담당하며, 아니 '담당했으면 좋겠으며' 화해의 중재자는 『곡두 운동회』에서 보듯, '목사'가 아닌 것이다. 샤머니즘을 통한 화해와 기독교에 대한 비판은 황석영의 『손님』의 구성에서도 찾아볼 수 있다.

2) 황석영: 『손님』

임철우와 박광수 그리고 이창동이 합작한 『그 섬에 가고 싶다』가 나주 특별부대의 학살 사건을 소설로 표현하고 영화로 만든 것이라면, 황석영의 『손님』은 신천 학살 사건을 소설화한 것이다. 신천의 학살 사건 당시 나이가 어렸던 류요섭은 목사가 됐고, 소설의 전개 중 죽은 그의 형 류요한은 장로다. 미국에 이민 간 형의 마지막이 다가오자 동생 요섭은 형에게 말한다. "형님, 하나님께 용서해 달라구 기도를 드리세요. 그러면 죽은 이들두 편히 눈을 감을 겁니다."[35] 그러자 형 요한은 이렇게 말한다.

"내가 왜 용서를 빌어? 우린 십자군이 됐다. 빨갱이들은 루시퍼의 새끼들이야. 사탄의 무리들이다. 나는 미가엘 천사와 한편이구 놈들은 계시록의 짐승들이다. 지금이라두 우리 주께서 명하시면 나는 마귀들과 싸운다." "형님, 성령의 싸움과 인간들끼리 세상에서의 싸움은 다른 겁니다." "허튼소리 마라. 그때 성령이 우리에게 임했어." 전화기를 내동댕이치듯 내려놓는 소리가 나

---

35 황석영, 『손님』, 서울: 창비, 2014, 22.

고 전화가 끊어졌다.[36]

이들의 대화에 나오는 이야기는 신천에서 기독교인들이 자행한 대규모의 학살 사건 이야기다. 이 학살 사건을 두고 북한에서는 미군이 자행한 학살 사건이라고 주장하고, 남한에서는 미군의 개입은 없었다고 주장하면서 맞서고 있는데, 이에 관한 정확한 연구와 통계는 나와 있지 않다.

소설에서는 망자가 되어 동생 요섭에게 온 형 요한의 말을 통해 좌우 대립의 시작을 다음과 같이 기록하였다.

해방이 되고 몇 달 동안은 그저 모두들 정신이 없었다. 건국준비회를 만든다고 읍내로 해주로 평양으로 나다녔는데 이북 다섯 도에서 제일 먼저 움직인 것이 우리 기독교인들이다. 그런데 공산당에서 인민위원회로 명칭을 바꾸면서 말썽이 생기기 시작했지. 내가 그때 스물한 살이다. 나는 기독청년회에 들어가 있었다. 그러니 당연히 나중에 민주당이 되었지. 해주에서 우측이 도민위원회본부를 습격해서 세 명을 죽이고 시가전이 벌어진 게 해방되고 겨우 한 달 만이야. 그다음에는 좌측의 보안대가 치안을 장악했거든. 알려진 친일파는 진작에 사라졌지만 가을이 되면서부터 건준에 참가했던 지주들이나 사업가들 그리고 교계의 많은 장로들이 벌써 삼팔선을 넘어 월남하기 시작했거든.[37]

건준 이후, 당의 결성 정황을 설명하면서, 공산당과 민주당의 대립은 사

---

36 같은 책.
37 같은 책, 119.

실 공산당과 기독교의 대립이라는 사실을 보여주었으며, "해방 이듬해 삼일절 때 이북 연합노회에서는 새해가 되자마자 전국 각 노회에서 지시를 내려 우리 기독교인들 주동으로 일어났던 삼일절을 교회 중심으로 치르기로 해왔지 … 남한에서도 한독당이나 반공청년단에서 사람이 오가면서 전국에서 일어나기로 계획을 했다."[38]라고 말한다. 이러다가 좌파 청년들과 대립이 시작되고, "평양 역전에서 인민위원회 측이 개최한 기념식이 열리던 중에 누군가 던진 수류탄이 단상으로 날아들었다. 경비를 서고 있던 소련군 장교가 수류탄을 잡아 되던지려다가 터져서 말이 날아갔지 … 소련군 사령관은 며칠 후 자기 집이 폭파당하는 일을 겪었어. 또 보름이 못 돼서 인민위원회 측에서 조직한 어용 기독교도연맹의 강량욱 목사네 집에 폭탄이 날아들어서 그의 맏아들이 희생되었지. … 이건 모두 기독 청년들이 거사한 일이야. 물론 남에서도 한독당이며 반공 청년들이 들어와 함께 거사를 했지. 저들이 마르크스의 자본론을 들이댄다면 우리에게는 성경이 있었다." [39]

해방 이후, 공산당의 반대편에 기독교에 소속된 지주들을 중심으로 민주당이 조직되면서 정치적 테러가 반복됐던 것이며, 이후 북한을 장악한 김일성이 토지개혁을 단행함으로써 공산당과 민주당 혹은 기독교도들은 돌아오지 못하는 강을 건너게 된 것이다.

황석영은 신천의 대학살 사건을, 이런 갈등 과정에서 토지를 강탈당했다고 분노하던 기독교인들이 인천상륙작전이 시작되어 국방군과 미군이 북진하고 있다는 소식을 전해 듣고 벌인 사건으로 풀어 나가고 있으나, 북한에서는 이 사건을 미국이 저지른 학살 사건으로 본다. 이에 관해 아직 확신

---

38 같은 책, 120.
39 같은 책, 123.

할 수 있는 증거와 증언이 나오지 않았고 단지 그럴 수도 있다는 추측만이 있으나, 북한의 신천박물관을 참관했던 최재영 목사(NK Vision 2020 대표)는 이렇게 썼다.

신천 학살 피해자인 그녀는 사건 당시 7살이었는데 지금은 이미 70대 중반으로 접어든 할머니가 되었다. 학살 사건 당시 미군에게 양팔을 잃은 상태로 지금껏 살아왔다는 그녀는 한숨과 함께 떨리는 음성과 증오심에 가득 찬 증언을 내뿜었다. 그 증언의 진위 여부를 떠나 차마 분노의 눈물 없이는 자리에 서 있을 수 없을 정도였다.

"미군이 우리 마을에 들어왔을 때 우리 식구들은 무서워서 죽은 듯이 숨어 있었어요. 워낙 눈 뜨고 볼 수 없는 참혹한 피바람이 불었기에 숨소리도 못 내고 사흘 동안 꼼짝없이 숨어 지냈습니다. 사흘이 되자 우리 식구들이 배가 고파 너무 허기지니까 어머니가 나더러 '어른들은 위험할 수 있으니(애들은 좀 안전할 수 있으니) 네가 몰래 나가서 먹을 양식 좀 구해 오너라.' 하고라고 말씀하셔서 저는 먹을 것을 찾기 위해 살금살금 밖으로 나갔습니다."

"아무리 그래도 위험한 상황인데 어떻게 아이를 내보낼 수 있나요?"

"저는 조심스럽게 남의 집 부엌에 들어가 간신히 먹을 것을 구해 다시 오두막으로 가고 있었는데 어느 순간 눈앞에 미군들이 나타난 겁니다. 저는 미군을 발견하고는 엉겁결에 놀라서 도망을 쳤지 뭡니까. 정신없이 달리는데 벌써 미군들은 등 뒤에 바짝 쫓아왔고 저는 너무 놀라서 계속 도망치려 했습니다. 미군들은 영어로 멈추라고 지껄이는 듯 고함을 쳤으나 알아들을 수가 없었어요."

"혹시 그 당시에도 헬로우, 스탑처럼 기본적인 영어는 알고 있던 시절이 아니었나요? 혹시 멈췄더라면 괜찮지 않았을까요?"

"너무 당황하고 무서워서 아무 소리도 귀에 들리지 않았고 전 그때 영어를 처음 들어 봤습니다. 저는 이를 악물고 식구들이 숨어 있던 오두막까지 단숨에 달려와서는 문을 열려고 오른팔을 올렸지요. 그 순간 미군이 총을 쏴서 내 한쪽 팔을 박살내고 말았습니다. 그러자 저는 저도 모르게 다시 왼쪽 팔로 문을 움켜잡았는데, 그 미군 놈이 다시 내제 왼팔을 쐈습니다." [40]

최재영 목사는 당시 신천에 들어갔던 미군의 지휘관은 항간에 알려져 있던 해리슨 '중위'가 아니라 리슨 장군이며, 이는 신천 박물관에 그의 신분증이 붙어 있는 것으로 이를 확인했다.

'해리슨의 신분을 확증하는 근거 자료'라는 설명서와 함께 번역한 내용을 보면 '이 증명서의 소지자는 민주 자유 한국의 통일을 위한 군사 첩보 활동에 종사하고 있음—미류군소장 해리슨 디 매든—'이라고 적혀 있었다. 신분증 앞면은 카드 고유번호 '70120'가 스탬프로 찍혀 있었고 카드의 네 모서리에는 태극기와 성조기가 각각 그려져 있었으며 카드 내용은 영어 대문자로 "THE BEARER OF THIS CARD IS ENGAGED IN SUPPORT OF ARMED FORCES INTELLIGENCE ACTIVITIES FOR THE UNIFICATION OF A DEMOCRATIC FREE KOREA. —HARRISON D. MADDON—MAJ. GENERAL" 이라고 기록되어 있었고 해리슨의 풀 네임 위에는 그의 친필로 된 서명이 있었다. [41]

---

40 최재영, 『신천 박물관 참관기』 https://ojakyonews.tistory.com/81 [오작교뉴스], 2015년 6월 3일.
41 최재영, 같은 책.

그리고 그가 내렸다는 학살명령문은 다음과 같이 걸려 있었다.

'1950년 10월 17일 해리슨 놈의 〈명령〉'

"나의 명령은 곧 법이다. 이를 위반하는 자는 무조건 총살한다. 공산주의의
위협으로부터 북한을 구원하기 위하여 공산도배를 진멸시켜야 한다. 로동당
원, 국가기관 복무자는 물론 그들의 가족까지 모조리 체포 처단하며 일체 그
동정자들도 공산주의자들과 동일하게 처단하라."

'Harrison order(10/17/1950)'

"My order is the law. Outlaws will be shot to death. Destroy all red bandits
to free the north Korea from the communist threat. Hunt and kill all the
communist party. Remember civil servants and their families. Kill their
sympathizers too" [42]

북한 측의 피해자와 해리슨 중위가 아닌 소장의 명령이 있었다면, 적어도
북한에서 말하는 직접 학살은 아니라 해도, 미군의 개입에 대해서 '저쪽' 주
장이니 귀담아들을 필요 없다는 주장은 설득력이 떨어진다. 황석영은 『손
님』의 끝 '작가의 말'에서 동일한 곳을 방문하면서 다음과 같이 썼다.

신천에는 미군의 양민 학살을 고발하는 '미제 학살 기념 박물관'이 있었고 나
는 당연히 그곳으로 안내되었다. 그러나 '또다른 진상'이 있지 않을까 하며
의심하는 버릇은 작가로서의 천성이기도 했다.

---

42 같은 책.

나중에 뉴욕에 체류하면서 류 아무개 목사를 만나 그의 소년 시절의 목격담을 듣고서야 의문이 풀려 갔다. 그뿐 아니라 로스앤젤레스에서는 독실한 기독교인이신 친구의 모친에게서 우연히 전쟁 당시의 황해도 사건을사건의 전말을 자세히 들을 수 있었다. 나는 자료와 목격담을 모아 나가다가 귀국해서 투옥되면서 작업을 중단했지만 나중에 생각해 보니 훨씬 다행이었다. 옥방에서 나의 구성이 좀 더 무르익을 때까지 이러저러한 형식들을 적용해 볼 수 있었다. 이 작품에 그려진 사실은 '우리 내부에서 저질러진 일'이었으므로 북이나 남의 어떤 부류들이 매우 싫어할 내용일지도 모른다. [43]

그가 인터뷰한 바에 따르면, 신천의 학살은 우리 '내부'에서 있었던 일이니 북이나 남에서도 싫어할 내용이다. 그러나 마르크시즘과 기독교와의 대립은 우리들 자체의 일이라기보다는 외부에서 들어온 역병에 의해 만들어진 것이다. 황석영은 "전통 시대 계급적 유산이 남도에 비해 희박했던 북선 지방은 이 두 가지 관념을 '개화'로 열렬히 받아들였던 셈이다. 이를테면 하나의 뿌리를 가진 두 개의 가지였다. 천연두를 서병(西病)으로 파악하고 이를 막아 내고자 했던 중세의 조선 민중들은 '마마' 또는 '손님'이라 부르면서 '손님굿'이라는 무속의 한 형태를 만들어 낸 것에 착안해서 나는 이들 기독교와 마르크스주의를 '손님'으로 규정했다." [44]

황석영도 최재영 목사처럼 같은 장소를 방문했지만, 그는 이것이 미군에 의해서 자행됐다고 보지 않고, 기독교와 마르크스 사상이라는 '역병' 때문에 발생한 대립이며, 실제 그 사이에서 조선의 민중이 학살당했다는 것이다.

---

43 황석영, 같은 책, 261.
44 같은 책, 261-2.

황석영의 『손님』에서 가해자는 주로 김일성의 토지개혁에 반대하다 구월산으로 숨어든 '통일청년단'이었고, 교회에 다녔지만 토지개혁에 찬성했던 '기독교연맹'의 소속원들은 피해자였다.

> 지휘 부서가 따로 없고 더구나 늘 만나면서 적개심을 참고 지내던 청년들은 읍내의 골목과 집 마당에서 살육을 시작했다.
>
> "어. 이 새끼 달아났구만."
>
> "식구덜 다 나오라."
>
> "에미나이 새끼덜언 두구 갔다."
>
> "것들두 빨갱이야. 빨갱인 거저 씨를 말려야 해."
>
> 가족들이 마당으로 몰려나오고 그들은 처음 가져 본 소총의 노리쇠를 일제히 철커덕 장전시키고는 잠깐 망설인다. 그리고 방아쇠를 당겨 본다. 자기가 쏘는 총소리는 맷가지로 마루 판자를 때리는 듯한 메마른 소리가 날 뿐이다. 별로 울부짖지도 못하고 어둠 속에서 사람이 퍽퍽 쓰러진다. 사람을 몇 명 쏘아 죽이고 나서 그들은 신처럼 전능함을 느낀다. 다음 장소에서는 망설임이 없다.
>
> "이런 것들언 총알이 아까와." [45]

이들은 미군이 인천에 상륙했다는 소식을 라디오로 듣고 산에서 내려와 이와 같은 학살을 저질렀다는 것이다. "미군은 아직 해주에 입성도 하지 않았고 그맘때에 겨우 문산을 지나 임진강을 건널 즈음이었다. 다만 특수 임무를 받은 반공계 청년들이 분대 조직을 이루어 해안으로 침투하는 정도였

---

45 같은 책, 198.

다."[46]

2002년 4월에 방영된 MBC의 〈지금은 말할 수 있다〉에서 신천 지역에서 임무를 수행했다는 스콧 젠킨스(Scott Jenkins)가 "미 참전군은 한국 민간인을 죽이는 것은 피할 수 없었다고 한다(U.S Army vet says killing Korean civilians unavoidable)."라고 지역 신문과 인터뷰한 기사를 보도했다. 한국 기자와의 인터뷰에서, "(미군을 환영하는 인파에서) 한 무리의 사람들 중 어떤 사람이 우리에게 총격을 가했어요. 어느 날 보니까 우리 중대의 160여 명 중에서 남은 사람이 4명밖에 없더군요. 대단한 총격전이었어요." 최재영 목사는 "1950년 7~9월 3개월간 작성된 문건들을 보면 피난민을 향해 총격을 가하라는 명령문들은 더 많이 발견할 수 있었다. … '피난민이 8명 이상 눈에 띄면 적군으로 간주해서 공격하라.'라는 내용의 문서도 있었다."[47]라면서 "미군은 정체를 알 수 없는 민간인들 앞에서는 스스로를 보호해야 했고 그러한 위험 요소는 제거돼야 마땅했기에 그런 전투 지침을 받은 상태에서 3대대원들은 신천 땅에 투입된 것이다."[48]라고 말했다.

그 학살 장소가 신천이든 아니든, 미군에 의한 민간인 학살이 있었고, 황석영이 채집한 증언과는 달리 미군이 개입한 흔적은 분명히 있었다고 볼 수 있다. 이에 관한 연구와 자료는 남북한이 좀 더 자유로운 학술 교류를 함으로써 밝혀질 것이다. 그런데 황석영의 소설에서도 그려 내고 있듯, 학살의 가해자는 거의 다 구월산에 숨어들었던 기독교 지주들과 그 가족이며 살해된 피해자 수는 약 35,000명이다. 남북 간이나 좌우익의 대립에 의한 불행

---

46 같은 책, 199.
47 최재영, 같은 책.
48 같은 책.

한 사건이기보다는, 땅을 빼앗긴 우익들에 의한 보복성 학살이 그 주류였다고 할 수 있다.

그런데 영화 〈그 섬에 가고 싶다〉가 샤머니즘을 얼개로 해서 가해자와 피해자의 화해를 시도했듯, 황석영 역시 기독교와 마르크시즘이라는 손님 곧 '마마'가 싸움을 일으켜 특히 기독교인들을 중심으로 학살을 자행했으니, 이에 대한 화해로 피해자의 입을 통해 혹은 꿈속의 귀신을 통해 들려지는 말은 "조선의 하나님을 믿어라."였다. 황석영은 소설 『손님』을 지노귀굿의 12마당에 각 장을 배분하여 써 내려갔다. "지노귀굿은 지방에 따라서 진오귀, 오구, 지노귀 등으로 불린다. 아직도 한반도에 남아 있는 전쟁의 상흔과 냉전의 유령들을 이 한판 굿으로 잠재우고 화해와 상생의 새 세기를 시작하자는 것이 작자의 본뜻이기도 하다."[49]라고 말했다.

3. 진실을 향한 화해: 씻김굿과 지노귀굿을 통한 화해

씻김굿과 지노귀굿에 들어가기에 앞서, 샤머니즘에의 정의를 명확히 해야 할 필요가 있겠다. 샤머니즘의 거장이라 할 수 있는 엘리아데(Mircea Eliade, 1907-1986)는 샤머니즘을 '고대 엑스터시의 기술(archaic technic of ecstasy)'[50]이라고 정의했는데, 이 엑스터시의 기술을 "샤먼은 유체이탈이 되어 하늘로 올라가거나 지하 세계로 내려가는 트랜스의 기술자로 한다."[51]라

---

49 황석영, 같은 책, 262.

50 M. Eliade, Shamanism: Archain Technique of Ecstasy, (Bellingen foundation, New York, N.Y., 1964), xix.

51 같은 책, 5.

고 하였다. 또한 그는 "샤먼은 신들린 사람들과 다르다."[52]라고 하였다. 엘리아데에게 엑스터시는 트랜스(trance) 곧 입신(入神)이며 샤먼은 그 기술자고, 신들린 사람을 샤먼과 혼동하는데 그는 아니라고 한 것이다. 트랜스를 샤머니즘의 엑스터시의 기술이라고 하면서, 나아가 그는 신이 들리는 형태를 원형적 샤머니즘의 초월 체험으로 규정하지 않았다. 엘리아데를 비판한 네덜란드의 민속학자 홀프크란쯔(Ake Hultkrantz 1920-2010)는 좀 더 광의의 정의를 내렸다. 곧 "샤먼은 영적 세계와 접촉하며[53], 인간 집단과 영적 존재 사이의 중개자[54]이며, 수호신인 몸주신으로부터 영감을 얻는다."[55]라고 하면서, "이런 엑스터시는 가벼운 트랜스와 거의 기억을 잃는 깊은 트랜스 즉 완전한 무의식 상태에 가까운 것[56]이 있으나 이 둘은 혼합된 경향이 있고[57], 강신이 없으면 샤머니즘이 아니다."[58]라고까지 하였다.

엘리아데는 샤먼의 입무 과정에서 발생하는 죽음의 상징을 보면서, 고등종교에 해당하는 죽음과 부활(기독교) 혹은 수행과 깨달음(불교)의 원형을 샤머니즘에서 찾으려고 했으며, 샤먼이라는 존재를 사제나 신앙인의 모습으로 파악하려고 했다. 그러나 만일 이런 식의 구조라면, 우리나라의 무속에서 나타난 굿을 설명할 수 없을 것이다. 곧 망자와의 대면을 통한 화해는 엘리아데적 구조에서는 발생할 수 없기 때문이다. 그래서 한국 무속을 홀프

---

52 같은 책, 46.
53 A 홀크트란쯔, 「샤머니즘의 생태학적・현상학적 측면」, V.디오세지, M 호팔외, 『시베리아의 샤머니즘』 최길성 옮김, 서울: 민음사, 1988, 37.
54 같은 책, 39.
55 같은 책, 43.
56 같은 책, 45.
57 같은 책.
58 같은 책, 48.

크란쯔의 샤먼 정의를 전제로 이해할 것이며, 아래 샤먼과 무녀를 혼재해서 사용하도록 하겠다.

황석영의 소설과 박광수의 영화 모두 한국전쟁에서 '학살'의 장면을 담았다. 그리고 이들의 글과 영화는 이념환원주의에서 발설되지 못하고 눌려 있는 '진실'이다. 행위로서의 전쟁 시절, 이념환원주의는 반대편에 대한 학살을 정당화하고 있는 것이다. 이 정당화에 대해 문제를 제기하는 '진실'에 가해자의 불편함과 피해자의 억눌림을 화해시킬 수 있는 단초로 샤머니즘을 사용하고 있는 것이다. 특히 〈그 섬에 가고 싶다〉의 업순네는 신이 들린 모습으로 춤을 추며 이렇게 노래한다.

> 이승에 사는 무지한 인생들아,
> 너그들이 어찌 아느냐, 부모 자식새끼 버리고
> 죽어서 구천을 떠도는 심정을 너그들이 어찌 아느냐.
> 저승이 멀고 먼 구만리 길인 줄로만 알았더니
> 눈을 뜨면 이승이고 눈을 감으면 저승인 것을 너그들이
> 어이 알겠느냐. 이승과 저승이 니 마음 속에 있는 거를
> 너그들이 어찌 알겠느냐. [59]

저승과 이승이 마음속에 있다. 눈으로 별을 보면 저승이고 눈으로 현실을 보면 현재 우리 자신의 모습이듯, 이승과 저승은 무녀의 중재에 의해 소통되는 것이며 이런 시각으로 볼 때, 학살은 숨겨지지 않는다고 영화는 지적했다. 그러나 영화의 끝은 하늘에 떠 있는 별 속에서 피해자와 가해자가 같

---

59 이창동 외, 같은 책, 145.

이 춤을 추고, 이 춤은 지상의 무녀의 춤과 하나가 된다. 그리고 한국전쟁의 학살 사건을 일으켰던 덕배의 관을 들여오는 소리가 들린다. 무속의 의례를 통해 '화해'를 기대하는 것이다.

박광수의 영화 〈그 섬에 가고 싶다〉의 배경은 남도이고, 황석영의 『손님』의 배경은 황해도 신천이다. 전라남도 지역은 세습무 지역이며 망자와의 일체가 이루어지지는 굿의 형태는 씻김굿이다. 반면에 황해도의 굿은 황석영이 밝혔듯이, 지노귀굿이다. 이 두 굿은 12마당으로 구성된다. 씻김굿의 경우 12마당 중 1~5마당이 전반부, 6~11마당이 중반부, 마지막 12마당이 종반부다. 전반부는 '산 사람들의 복락과 축원'[60]으로 구성되어 있으며, 중반부는 '망자의 저승 천도 기원'[61]이다. 〈그 섬에 가고 싶다〉는 가상적 장소이나 그 배경이 남도라는 것을 가정한다면, 영화에서 무당이 부르는 강신 현상의 공수(무당이 神이 내려 신의 소리를 내는 일. 무당이 죽은 사람의 넋이 하는 말이라고 전하는 말.)는 사실 존재하지 않는 것이다. 이경엽은 세습무 지역 씻김굿에 공수가 존재하지 않는 이유를 다음과 같이 기술했다.

> 강신무굿이라면 망자의 목소리나 신의 목소리를 통하여 심리적 만족감을 표시하거나 이승과의 절연을 드러냈을 것이다. 직접 자신의 목소리로 말을 할 수 있으므로 굿의 결과를 다른 행위에 기대지 않고서도 말할 수 있는 것이다. 그러나 씻김굿의 경우 무녀는 사제자일 뿐 신이나 망자의 입장에서 직접적인 말로 과정이나 결과를 말할 수 없다. 할 수 있는 것은 정형화된 제의적 행위일 뿐이다. 즉 무가의 의례적 연행을 통해서 넋을 들어 올리고, 이에 따

---

60 이경엽, 『씻김굿』 서울: 민속원, 2009, 92.
61 같은 책, 94.

라 망자가 이승과 절연한다는 사실을 가시화할 수 있는 것이다. [62]

강신무는 공수하여 망자 곧 신의 목소리를 직접 전하나, 세습무가 주류인 남도에서는 이를 '상징적'으로 표현한다. 그러나 여전히 '상징'으로도 신의 내재는 지속된다. 씻김굿과 같이 망자의 몸을 상징하는 도구를 물로 씻어내는 '씻김'이란 '망자의 넋을 깨끗이 씻기 위한 정화의례로 이러한 과정을 통과함으로써 망자는 저승에 들어갈 수 있는 새로운 존재로 전환[63]되는 것이다. 저 너머의 세상에 들어가야 이곳에서 사람들을 괴롭히지 않기에, 의례는 무녀와 참여자들을 중심으로 망자를 달래 보내는 기능인 것이다. 그래서 제일 끝에 무명베를 사용하여 길을 닦는데, 역시 상징적으로 무녀가 "망자의 넋을 담은 넋당석을 질베 위로 조금씩 움직이면서 길을 닦는 무가를 부른다."[64] 이것이 강신무 지역에서는 무녀의 몸에 망자가 임하여 그가 스스로 무명베를 찢고 저승으로 가는 과정을 시연하는 것이다.

『손님』의 배경이 되는 황해도의 지노귀굿은 강신무 지역인데, 제3마당인 '사자'로부터 시작한다. 바로 이 마당부터 무녀와 귀신의 접신이 이루어진다. 사자의 장면에서는 "무섭게 보이도록 만든 벙거지를 쓰고 손에 쇠고랑을 상징하는 종이띠를 두르고 붉은 치마 흰 저고리 위에 남철릭을 덧입은 무녀는 방 한가운데서 오른손에는 방울을, 왼손에는 서낭기 두 개를 함께 든 채로 팔을 벌리고 서서 신을 바랜다."[65] 무섭게 생긴 무녀가 망자를 상징하고, "망자의 방 앞에서 칼을 흔들며 춤을 추다가 다시 대문 밖으로 뛰어나

---

62 같은 책, 110.
63 같은 책, 114.
64 같은 책.
65 김인회 글, 김수남 사진, 『황해도 지노귀굿』 서울: 열화당, 1993, 105-106.

간다. 이런 연극적 행동을 반복하다가 … 망자의 방 안에 벌렁 누우며 가사 상태가 된다. 이 순간을 망자가 처음 죽은 것으로 간주하고 가족들이 곡을 한다. … 서서히 깨어난 무녀는 망자의 역할을 하면서 가족들을 만나 십여 분 동안 함께 운다."[66] 이윽고 집안의 사람들이 대나무를 잡고 4번째 마당인, 망자의 혼을 부르는 대내림을 하는데, "무녀들은 망자의 마음에 어떤 한이 맺혀 있고 무엇이 섭섭하기에 넋이 대에 내리지 않는지를 여러 가지 이유를 열거해 가며 번갈아 묻는다."[67] 대가 떨리며, 혼이 임하고 무녀에게 내린 망자는 무녀를 통해 상하로 뛰는 춤을 추다가 망자 넋두리를 하면서 운다. "말 한마디두 못 하구 죽어서 … 아이구, 가심이야, … 아이구 아이구…." 가족들과 무녀들은 손을 비벼 가며 위로하는 대답을 한다. 위아래로 뛰는 춤을 추면서 앉는 동작을 함께한 후 방바닥에 주저앉는다."[68] 이런 위로를 통해 다섯 번째 마당 '맑은 혼 맞기'가 되어 "가족들은 맑은 혼이 되어 가족을 찾아오는 망자를 맞아들이는 것이다."[69]

지노귀굿에서 맑은 혼이 되는 이유는 무녀의 춤과 이승의 가족들이 손을 비비고 '들어 주는' 동작을 통해 안타까운 일들이나 한이 해소되기 때문이다. 그리고 '맑은 혼' 마당을 통해 '굿의 분위기는 정상을 되찾게'[70] 되어 망자와 가족들은 정상적인 대화를 나누게 된다. 황석영의 『손님』에서는 '맑은 혼'의 장에서 '화해 전에 따져 보기'로 잡았다. 그는 이 소설에서 '신천 학살'의 발단이 무엇이었는지를 '귀신'이 되어 그를 찾아온 늙은 요한 형과 중년

---

66 같은 책.
67 같은 책.
68 같은 책, 108.
69 같은 책.
70 같은 책.

의 순남이 아저씨를 통해 밝힌다. 순남은 신천 학살 때 요한에게 죽은 같은 교회 출신의 기독교연맹원이다. 곧 토지개혁을 통한 농지 재분배를 찬성했던 사람이다.

> 어떻게… 이젠 두 분이 사이좋게 떠나려구 그러는 거요?
> 한복 수의를 입은 요한 형의 헛것이 고개를 끄덕였다.
> 그래, 그전에 옛말이나 한번 따져 보자구 해서 왔다.
> 목까지 단추를 잠근 인민복 차림의 순남이 아저씨는 눈을 가늘게 뜨고 웃으면서 말했다.
> 떠나구 보니 벨루 끔쩍하디 않두만. 공평하게 얘기해 봐야 되디 않가서. 한이 없이 가야 떠돌디 않구.[71]

황석영은 해방 이후 좌우익의 대립이 기독교도가 중심이었던 건국준비위원회가 인민위원회로 바뀌고 두 손님 곧 기독교와 마르크시즘이 해방 이후 주도권을 잡기 위해 대결하면서 시작됐다고 말했다. 이는 민주당에 가입한 기독교인인 형 요한의 '귀신'을 통해 '진실'을 드러내 보이려 하고 있는데, 한을 풀어 맑은 혼이 되어야 진실을 말할 수 있다고 본 것이다. 지노귀굿에서는 망자와의 만남을 통한 귀신에 대한 위로가 있어야 '맑은 혼'이 되어 진실을 말할 수 있다고 본 것을 각색한 것이다.

황석영의 『손님』의 지노귀굿 마지막 마당은 '뒤풀이'인데 그 일부는 다음과 같다.

---

71 황석영, 같은 책, 119.

총 맞구 칼 맞구 몽둥이 맞구 가던 귀신

비행기 폭격을 맞구 가던 귀신

불에 타서 일그러지구 재가 된 귀신에

마차에 기차에 추럭에 땡크에 치여 죽던 귀신

염병 땀병 흑사병 호열자 장질부사

폐병에 가던 귀신 마마에 가던 귀신

왼갖 잡색 객사귀 원귀야

오늘 많이 먹구 걸게 먹구

모두 먹구 나가서라…

인정 받구 노자 받구 좋은 데루 천도를 허소사.[72]

치성으로 먹구 나서서 천도하소서. 지노귀굿과 씻김굿의 결론적 기능은
망자를 '보내는' 것이다. 산 자의 세상과 망자의 세상은 눈으로 보이듯 가깝
지만 서로 다르고, 이들이 이승에 있으면 귀신이 되기에, 지노귀굿의 경우
맑은 혼이 되어 망자의 세상으로 떠나가야 하는 것이다. 샤머니즘적 세계관
에서는 이들이 지상에 있을 경우, 사람의 몸에 달라붙어 병을 만들어 내니,
병이란 지상을 떠나지 못하고 한으로 인간의 세상을 떠도는 귀신의 작용이
기도 하면서 또한 소통 방식인 것이다. 굿이란, 이들을 망자의 세상으로 '보
내는' 일이다. 황석영의 소설에서 '보내는' 일을 뒷풀이 혹은 '상문풀이'[73]라
하는데, 김인회가 채집한 굿에서는 "다 받아 가요, 잘 받아 가요, 밥을 먹고

---

72 같은 책, 258-9.
73 김인회, 같은 책, 112.

가네, 술을 먹고 가네."[74]라고 하면서 '간다.' 곧 본래의 위치에 가가서 이승과 저승이 제자리를 잡는 것이다.

치유는 홀프크란쯔가 위에서 샤먼을 강신적 존재로 정의한 데로, 강신을 통한 트랜스 상태에서 삶과 죽음을 하나로 통합하는 무속의 의식을 통해 이루어지는 것임을 알 수 있는 것이다.

1) 진실을 향해 가는 종교영성신학적 제언 : 창조영성의 자비를 중심으로

서론에서 밝혔듯이, 종교영성신학이란 '수행을 지향하는 영성신학에 이웃 종교의 체험과 수행 방식 그리고 철학과 신학을 받아들여 역시 전위신학적으로 재구성하는 것'이다

종교심리학자 이부영은 샤머니즘의 귀신을 콤플렉스라고 하면서, 이에 대한 치유의 과정을 다음과 같이 설명했다. "무의식을 탐구하고 스스로 마음속을 깊이 살펴보며 응어리 진 것들, 콤플렉스(complex)를 하나씩 받아들이고 소화시켜 나가는 자기 인식의 과정을 샤먼들은 명칭을 달리하여 혼과의 대화, 혹은 혼이 되어 대화하는 작업으로 진행한다."[75] 굿에서 표현하려고 하는 이승과 저승의 경계는 의식과 무의식을 나누는 경계이며, 무녀는 춤과 음악을 통한 열광주의로 이 둘의 나눔을 해소하면서, 무의식에 잠재된 콤플렉스를 의식으로 꺼내 오는 것이라 하겠다. 앞서 엘리아데와 홀프크란쯔의 광범위한 정의에 의하면, 이 의식 무의식의 관문에 서 있는 중재자는 샤먼이며, 그는 최후 마당인 '풀이'를 통해 귀신의 천도 혹은 무의식에 내

---

74 같은 책.

75 이부영, 『한국 샤머니즘과 분석심리학』, 서울: 한길사, 2012, 29.

재되어 있는 콤플렉스 혹은 귀신을 의식으로 꺼내 가족들과 만나게 하여 치유하는 것이다. 이런 심리학적 그리고 종교학적 눈으로 지노귀굿과 씻김굿을 보면, 드러난 의식 혹은 개체 의식이란 파편화가 치유되는 방식은 샤먼의 중재에 의한 무의식의 '전체' 세계의 '현재화' 혹은 '의식화'를 통해서 이루어지는 것을 볼 수 있다. 이렇게 보면, 『그 섬에 가고 싶다』와 『손님』에서 왜 샤머니즘을 치유의 방식으로 선택했는지를 알 수 있을 것이다. 이것은 의식의 개체성에서 불가능한 갈등을 전체성을 통해 해소하려 한 것임을 알수 있다. 곧 파편화된 이원론적 개체는 피상적 갈등 속에 있지만, 각각의 개체들은 무의식적 전체 의식이 개체로 드러난 것뿐이다. 곧 불성 혹은 신(神) 안에서는 각각의 개체가 본디 '하나'라는 것이다. 미국의 영성신학자 매튜 폭스(Matthew Fox, 1940-현재)에 의하면 파편화된 개체가 아닌 전체의 마음을 회복하는 것은 자비심(compassion)을 통해서다. 매튜 폭스는 이 자비심의 세계관을 상호 의존(interdependence)이라고 하였다.

> 자비는 주체와 객체의 이분법적 관계가 아닌 평등을 필요로 한다. 영성적 인간들은 '자비심'이라는 말을 우리의 언어에서 구원해야 한다. 물론, 이 구원은 자비심과 그 실천을 이해하는 데서 출발한다. 자비를 이해하는 열쇠는 상호 의존의 의식 안으로 들어가 각 의식을 동질적으로 보는 것이다. 자비가 영적 여정의 충만한 표현이 된 창조영성적 신비가들은 상호 의존이라는 것이 모든 관계의 기초라고 주장한다. [76]

폭스가 말하는 상호 의존의 영역이란, 위에서 말한 무의식 또는 개체들의

---

76 Matthew Fox, *Original Blessing,* (Nework: Jeremy Tarcher/Putnam, 2000, p.279.

본체인 전체 의식이다. 기독교 신학적으로는 하나님의 영역이다. 곧 한국의 언론과 종교 특히 기독교를 구성하는 대중적 의식의 기반인 상태로서의 전쟁에서 파생된 '이념환원주의'는 파편화된 의식이 상호 갈등하거나 부딪히다 보니 나타난 것이다. 이보다 더 들어가, 자비심의 마음은, 나와 너의 이분법을 넘어 전체로 들어가 하나임을 확인하는 것이다. 황석영의 소설에서도 귀신이 되어 나타난 형 요한과 순남이 아저씨는 이 전체를 하나로 통합하는 자비심 혹은 사랑을 가로막는 '콤플렉스'다.

폭스는 나아가 이 상호 의존을 주장하는 현대 물리학자들의 이름을 소개하면서, 개체를 넘어선 전체 안에서의 상호 의존은 인간의 심리적 영역뿐만이 아닌 우주의 존재 방식이라는 것을 소개했다. 특히 토마스 베리(Thomas Berry, 1914-2009)는 "백인들이 각 개인과 사회의 움직임을 서로 분리시켜 이해한 것으로 토착민들과 창조를 이해했다."[77]라고 하면서 특히 서구 백인의 문명권 안에 있는 파편화된 개체 의식을 비판하고, 오히려 원시 부족 안에 존재하는 상호 의존의 전체 의식적 세계관을 칭송한다. "인디언들에게는 모든 동물이 각각의 부족과 연결되어 있다. 모든 부족은 독특한 힘을 가지고 있지만, 이들은 행위와 의례에서 서로 연결되어 있다."[78]라고 말했다.

폭스는 기본적으로 이 상호 의존적 '연관'을 화해의 단초로 보았다. 그의 글을 읽어 보자:보자.

두 사람이 같은 방에 앉아 있으면, 30분 안에 서로의 수증기를 소통한다. 이것이 상호 의존이다. 깊은 숨을 쉬는 것은 예수께서 십자가 위에서 쉬는 그

---

77 Ibid.
78 Ibid.

숨과 소통하는 것이라고 과학자인 브라이언 스윔(Brian Swimme, 1950-현재)은 말했다. 이것이 상호 의존이다. 지구의 일 평방 마일의 흙에는 다른 평방 마일의 흙의 입자가 다 들어 있다고 생물학자인 존 스톨러는 말했다. 이것이 상호 의존이다. 신비주의자들과 과학자들은 인간이 새로운 형태의 의식과 새로운 형태의 상호 의존 의식을 가져야 하는데, 모두는 서로 연결되어 있고 의존한다는 것이다. [79]

폭스가 지칭하는 상호 의존의 영역은 우리가 지닌 이념환원주의보다 더 이전, 곧 피상적 '차이'보다 심층의 혹은 무의식적 '상호 의존'의 영역을 보는 눈을 여는 것이 곧 '자비심'이라는 것을 의미한다.

토마스 베리는 자연에 압도되는 신생대의 시기에서 벗어나 인간이 모든 생태계와 연결되어 있어 인간이 지구를 파괴하거나 재생할 수 있는 세대를 '생태대'라고 말했다. 지금은 '신생대에서 생태대로 옮겨 가고 있다는 사실'[80]과 인간과 생태계가 상호 교류하고 있음을 파악해야 인류의 생존과 미래가 열린다는 말이다. 곧 상호 의존적 자비심이란 내적 치유와 우주적 치유의 길을 여는 단초이며, 인간은 신 혹은 불성 혹은 무의식적 전체를 떠나서는 피상적 갈등만을 일으키고, 특히 우리나라의 경우 이념환원주의가 국민들의 집단 무의식 안에 콤플렉스로 혹은 귀신으로 자리 잡아 오늘날과 같은 갈등을 일으키고 있는 것이다.

북한과 북한 땅, 다른 사람들과 이들의 호흡, 이념적인 파동이 만들어 내는 생각과 말보다 더 깊은 곳에 상호 의존성이 존재함을 믿고, 안에서 피상

---

79 Ibid, 280.
80 토마스 베리, 토마스 클락, 김준우 옮김, 『신생대를 넘어 생태대로』, 서울: 에코조익, 2006.

적 개체 의식과 이를 통해 나타난 이념환원주의를 '풀이'하여야 하는데, 이를 극복할 자비의 길로 가기 위해서는 전제가 있다. 이는 이념환원주의에 붙들린 혹은 빙의된 자신을 찾아내야 한다는 것이다. 곧 자기 안에 있는 내재해 있는 콤플렉스를 인정하는 것이다. 이를 찾아내기 위해서 기독교의 영성은 자신의 내면을 돌아보는 관상기도(觀想祈禱)를 해 왔다. 기독교는 인간이 육과 혼과 영으로 구성된 존재라고 본다. 곧 육은 감각이고, 혼은 마음 혹은 생각이며, 영은 이 감각과 생각의 흐름을 파악하는 무정념의 지성이다. 동방교회의 독수자(獨修者) 에바그리우스(Evagrius Ponticus 345-399)는 육체의 감각과 마음의 생각들의 혼란을 제어하는 것에 관해 다음과 같이 말했다.

> 마귀들이 선동하는 생각들은 우리의 내면에서 감각적인 대상들에 대한 개념을 만들어 내며, 이러한 개념들이 새겨진 지성은 내면에 이러한 대상들의 형태를 지닙니다. 따라서 지성은 자신에게 제시된 대상을 인식함으로써 어떤 마귀가 접근하고 있는지 압니다. 예를 들어 나를 모욕하거나 나에게 해를 끼친 사람의 얼굴이 생각나는 것은 큰 증오의 마귀가 나에게 다가오고 있기 때문입니다. 물질적인 것이나 존경과 관련된 증오가 떠오른다면 그것과 관련된 마귀가 나를 괴롭히고 있다는 것이 분명합니다. [81]

에바그리우스는 감각 곧 육체와 개념 곧 생각의 움직임을 바라보고, 지성 곧 정신 혹은 영혼을 마귀와 분리해 냈다. 분리되어 육체적 감각과 마음의

---

81 성산의 성 니코디모스, 코린트의 성 마카리오스, 엄성욱 옮김, 『필로칼리애』, 서울: 은성, 2001, 47.

570 | 한국전쟁 70년과 '以後' 교회

생각이 지성의 '무정념'[82]으로 결합되어 창조의 본래적 선함인 '하나님의 형상'으로 회귀하는 것이다. 그렇다면, 지성의 영역인 영이 마음의 개념 혹은 생각과 육체의 정욕을 보면서 극복하는 상위적 관조인데, 이 지성이 마음의 개념과 욕망에 '결합'되어 있다는 것을 또한 누군가가 보고 있다. 즉 내가 생각을 하는 것을 지성이 알아채는데, 이 알아채는 것을 알아채는 더 높은 의식이 있는 것이다. 그렇다면 알아채는 것을 알아채는 더 상위의 '눈'은 무엇인가? 바로 이 눈이 신적 영광에 참여하는 신화된(deification) 의식이라 할 수 있을 것이다. 결국 무정념이란 이 신화된 영역 혹은 '하나님의 형상'으로 돌아가는 것이며, 바로 이것이 인간 본연의 인간, 하나님과 하나된 인간인 것이다. 바로 이 '관상'이 콤플렉스에 의해 구성된 마음의 생각과 개념 그리고 이것이 몸의 감각과 연결된 몸과 정신의 상처를 보며 꺼내고 치유할 수 있는 것이다.

어떤 방향이 되든, 영성의 길이란, 정신과 감각의 혼탁, 혹은 에바그리우스는 '마귀'라고 표현했지만, 불교에서는 특히 유식불교에서는 정신과 감각이라 할 수 있는 식(識)이 경(境)되는 외계 사물과 만나 그 과정에서 생겨나는 '집착'이라는 욕망을 파악한다. 불교에서는 에바그리우스식의 무정념 혹은 공(空)의 상태로 머물며 바로 이것이 모든 사물이 여여(如如)하게 인연되어 드러나는 삶과 이 우주의 현상을 집착 없이 바라보면서 이들 모두를 품어 안는 자비심을 지고의 마음이라 평한다. 자비심은 집착 없는 마음에서 나오는 본연적 인간과 우주의 선한 마음이다. 이렇게 보면, 표면적 파편성과 분열을 심층 안에 있는 콤플렉스 혹은 귀신을 의식으로 꺼내어 해소하려는 굿과 내면의 콤플렉스를 곧 집착으로 파악하며 이를 내려놓고 있는 그대

---

82 같은 책, 57.

로의 본연의 마음을 내는 불교의 명상은 기독교의 관상기도를 더 깊게 해줄 수 있는 좋은 친구이며, 이를 통해 종교영성신학을 더더욱 풍부하게 할수 있는 것이기도 하다.

이렇게 보면, 진실을 가로막는 이념환원주의를 해체하는 것은 무속에서는 의례의 연속이며, 기독교에서는 하나의 영성적 길인 것이다. 앞서 밝혔듯, 리영희는 종교의 신화성을 거부하고 이성을 지지하며, 특히 그는 불교의 『금강경』의 영향을 많이 받았다고 밝혔다. 『금강경』은 사상 곧 아상(我相)·인상(人相)·중생상(衆生相)·수자상(壽者相)을 여의고 무상정등각(無上正等覺)에 이르러, 응무소주이생기심(應無所住而生其心)의 마음을 낸다는 것이 중심 주제다. 곧 대상에 의해 떠오른, 기표에 의해 기의로 둔갑한 상(相)을 넘어서 본래 있는 그대로 집착 없이 보는 마음 혹은 무정념(에바그리우스)을 내는 것이 금강경의 중심 주제다. 있는 그대로 집착 없이 마음을 내는 마음은 여래의 마음이며, 이 사상과 실천을 통해 리영희는 '진실'을 대하려고 했던 것이다. 리영희가 '진실'의 궁극성을 제시하며 『금강경』과 기독교 일부를 통합하여 삶의 영성(spirituality of life)으로 살아갔다면, 진실로 향하기 위해서는 이념환원론이라는 습관화된 시각을 넘어서려는 하나의 수행적 삶이 필요한 것이라 하겠다. 진실은 역사에서 일어난 객관적이며 과학적인 '참'의 영역이기도 하지만, 이를 가로막는 아타(我他) 이분법(행위로서의 전쟁의 부산물)의 변형인 이념환원주의 상태로서의 전쟁의 부산물의 습관화된 망령을 제거해야 진실을 맞이할 수 있기 때문이다.

이 땅의 진실은 피상적 자아의 파편성과 이로 인해 발생한 전쟁과 이념환원주의가 내 내면에서 발생하는 갈등과 콤플렉스 혹은 '귀신'을 관상기도를 통해 알아차리고, 이를 비워 내는 수행의 길이다. 그렇다면 교회 안에서 반복적으로 생산되는 이념환원주의는 콤플렉스나 '귀신'의 부정적 에너지를 신적(神的) 에너지로 포장한 거짓 영성인 것이며, 이를 치유하기 위해서도, 진실과 '진리'를 향한 수행적 영성이 필요한 것이라 하겠다.

나가는 글

필자도 개인적으로 교회 안에서 '빨갱이'라는 소리를 많이 들었던 사람 중 하나다. 무슨 조직 활동을 했던 것도 아니고, 마르크스에 관해서 말한 것도 아니고, 북한을 칭송한 것도 아니었다. 단지 보편적인 교회의 문화나 보편 적인 설교 패턴인 예화 중심적 설교 방식을 따르지 않았기 때문이기도 하 며, 현대의 신학자들을 소개하거나, 가끔씩 이웃 종교의 이야기를 들려주었 던 것 때문이기도 하다. 그런데 그런 것이 마음이 안 드셨는지 빨갱이라는 소리를 하는 분들이 계셨다. 그때는 그냥 그런가 싶었는데, 특히 신천의 학 살 사건을 조사하는 과정에서 갑자기 소름이 끼쳤다. '빨갱이'는 살의가 섞 여 있는 말이기 때문이었다. 이념환원주의라는 이분법적 세계관은 너무나 도 다양한 생각과 위치와 성향을 단순이 이편 아니면 저편으로 환원한다. 반공 목사인 고 김홍도는 2011년 12월 24일, 크리스마스 이브에 전면 광고 형식으로 주요 일간지에 '종북, 반미, 좌파들의 사대(四大) 원수'라고 했고, 변선환 교수를 출교시키기 전 주의 설교 제목은 '자유주의 신학은 사탄의 가장 큰 도구'라고 했다. 그를 지배하고 있는 것도 이념환원주의다. 세상은 딱 내 편과 저편밖에 없다. 그래서 공산주의나 자유주의나 다 빨갱이일 뿐 이다. 감리교회에서 가장 큰 교회를 담임했던 그 자신만의 문제가 아니다. 그 입장에 동의하는 사람들이 그만큼 많았다는 소리이니, 이념환원주의를 지지하는 사람이 적지 않다고 볼 수 있다.

이 글에서 이념환원주의를 극복하는 것을 영적 수행이라고 했다. 이념환원주의 안에서 세계를 보고 있는 사람들에게 영성수행을 제안할 수 없 겠지만, 이들과 싸우다 같은 이분법으로 빠지게 될까 두렵기도 하다. 니체 (Friedrich Wilhelm Nietzsche, 1844-1900)가 『선악을 넘어서』에서 말했듯, 괴물 과 싸우다 보니 괴물이 되는[83] 우려가 일어나니, 자기 자신의 내면을 살피고 그 마음의 흐름을 간파하고, 이로 인해 마주치게 되는 콤플렉스를 드러내 기도하는 방식은 지금 우리에게 대단히 필요한 것이다. 교회의 보편적인 기 도는 자신이 바라던 것을 들어 달라고 하는, 곧 왕이나 재판관에게 간청하 는 형태였다. 내면을 바라보며 자신을 살피는 과정을 생략하고, 자신의 상 황과 마음에서 떠오르는 욕망이 주체가 되어, 하나님께 들어 달라 기도하는 것은, 결국 자기 욕망을 확대하는 수단이 되어 버렸다. 이를 극복하기 위해 서 동방교회의 관상기도와 불교의 수행 방식을 통해 자비심을 강화시키는 영성적 길을 제시하였다. 이념환원주의가 극복되어야 진실이 우리의 삶에 더 가깝게 자리할 것이고, 종교영성신학적 노력은 이웃 종교와 리영희 교수 와 같은 무신론적 영성가들과 함께 더 나은 평화의 세상을 만들어 낼 것이 라고 믿는다.

---

83 감신대의 채플에서 변선환교수께서 니체의 말을 인용하면서 "거룩 살해자"라 설교하셨던 기억 만 있을 뿐이다.

탈이데올로기적/보편적 추모를 통한 남북 평화의 길 모색*
: 전사자를 희생자로도 추모할 수 있는가?

이 성 호　연세대 한국기독교문화연구소 연구교수

남북이 한국전쟁 이후의 평화시대를 열려면...전사자들이 이데올로기에 의해 당파적으로 규정되는 것이 아니라 희생자로도 기억될 필요가 있다. 나아가 그들의 존재와 삶 자체로 기억되는 것을 통해서 그들의 이야기를 현재 우리가 듣고 추모해줄 때 한국전쟁에 대한 기억은 갈등과 증오로부터 애도와 용서로 나아갈 수 있는 밑거름이 될 수 있을 것이다.

들어가는 글

1950년에 한국전쟁이 시작되고 나서 어느새 70년이 흘렀다. 그러나 한국 전쟁은 과거의 역사가 역사일 뿐 아니라 현재에도 한반도에서 진행되고 있다. 물론 휴전 상태이기 때문에 실질적 전쟁은 없지만 전쟁이 종식된 것이 아니기 때문이다. 2018년 4월 27일 남북정상회담이 최초로 판문점에서 이루어지고 두 달 후 6월 12일에 역사상 처음으로 북미정상회담이 싱가포르에서 열렸다. 이때만 해도 전쟁이 종식되고 진정한 평화 체제로 남북이 나아갈 수 있다는 희망이 보였다. 그러나 2019년 2월, 베트남 하노이에서 열린 2차 북미정상회담이 결렬된 이후 남북 관계도 다시 경색되고 말았다.[1] 지난 수십 년간 남북한 사이에 화해 국면과 경색 국면이 시계추처럼 반복되었다. 그래서인지 이제 일부 국민들 사이에서 북한과의 통일에 대한 꿈을

---

* 본 논문은 필자 논문 "전사자를 희생자로도 추모할 수 있는가? - 한국전쟁의 탈식민적 이해의 관점과 전사자 추모에 대한 신학적 반성", 『한국기독교신학논총』, 2020년(통권 제118호), 181-213 쪽을 수정, 보완한 것임을 밝힌다.

1 2020년 6월 16일 북한이 남북소통 창구 목적으로 2018년 정상회담 후에 신축했던 남북공동연락사무소를 합의 없이 폭파시키는 사건이 일어났다. 물론 남한 정부도 북한과 했던 약속을 철저히 지키지 못한 부분 있어 북한에게 빌미를 제공한 면도 있다. 정상회담 이후 휴전선을 두고 남북에 상호비방 및 체제선전을 하는 방송과 선전물 유포를 상호간에 중지하기로 결정했으나 일부 보수단체 및 탈북자단체들이 비방 선전물을 민통선 근처에서 하늘과 바다를 통해 북한에 보내온 것을 정부에서 법적으로 제재 및 금지 등의 통제를 수행하지 못했기 때문이다.

접고 독립된 국가로 각자도생하자는 주장들이 나오고 있다. 하지만 남북한 사이에 전쟁이 종식되지 않은 채 살아가는 이 불안한 상황을 언제까지 가져 갈 것인가? 실용적인 측면에서 보더라도 휴전 상태를 유지하는 것이 군사 적, 경제적으로 우리에게 이득 될 것이 없다. 그러므로 한국전쟁 70주년이 되는 이 시기에 한반도의 평화 시대를 꿈꾸고 구체적 그림을 그리는 일에 한국 그리스도인들이 책임감을 가지고 동참할 필요가 있다.

2018년 9월 남한과 북한의 군사 당국이 9·19군사합의를 통해 한국전쟁 의 격전지였던 비무장지대에서 숨진 희생자들의 유해를 공동으로 발굴하 자는 역사적 합의를 이끌어 냈다. 안타깝게도 현재 남북 관계가 다시 경색 국면에 있는 상태라 유해 발굴은 공동으로 이루어지지 않고 남한 군 당국이 단독으로 진행하고 있다. 그럼에도 불구하고 DMZ가 참혹했던 한국전쟁의 상징에서 평화를 상징하는 공간이 되기 위해서 유해 발굴은 반드시 이루어 야 하는 기초 과제이다.

본 논문은 도진순의 "남북한의 경계 허물기―산, 바다, 죽은 자"[2]라는 논 문에서 영감을 얻어 시작되었다. 도진순의 논문에서 DMZ 평화공원을 제안 하면서 논문의 마지막 부분에서 한국전쟁의 전사자를 어떻게 추모해야 할 지에 대한 질문을 제기했다. 남한 지역에서 발굴된 중공군의 유해들은 그동 안 '파주 적군묘'라는 곳에 묻혀 있었는데 2014년에 중국으로 이관되면서 그 전사자들의 유해는 '항미원조지원군 열사능원'에 묻히게 되었다. 그 전사자 들은 같은 사람이지만 어느 편에서 보는가에 따라 '적군'이 되기도 하고 '열 사'가 되기도 하는 것이다. DMZ가 평화공원이 되려면 그리고 남북이 한국

---

2   도진순, "남북한의 경계 허물기-산, 바다, 죽은 자," 신한대학교 탈분단경계연구소 엮음, 『경계에
    서 분단을 다시 보다』, 서울: 율력, 2018, 169-193.

전쟁 이후의 평화 시대를 열려면 이러한 부분도 새롭게 규정되어야 할 것이다. 그러려면 전사자들이 이데올로기에 의해 당파적으로만 규정되는 것이 아니라 희생자로도 기억될 필요가 있다. 나아가 그들의 존재와 삶 자체로 기억되는 것을 통해서 그들의 이야기를 현재 우리가 듣고 추모해 줄 때 한국전쟁의 기억은 갈등과 증오로부터 애도와 용서로 나아갈 수 있는 밑거름이 될 수 있을 것이다.

그러므로 필자는 본 글의 본문 첫 번째 절에서 한국전쟁에 대한 학문적 논의를 핵심적으로 검토하고 한국전쟁의 근본 구조를 강대국들의 제국주의적 쟁투의 관점에서 파악해 보고자 한다. 두 번째 절에서는 전사자들에 대한 추모가 식민주의, 국가주의와 같은 이데올로기에 포섭되어 진정한 추모가 이루어지지 않는 현실을 보여줄 것이다. 세 번째 절에서는 참전 군인들의 고통을 살펴보면서 전사자를 희생자로 볼 수 있는지를 탐구할 것이다. 마지막 절에서는 이데올로기가 아니라 삶의 시각에서 편을 가르지 않고 한국전쟁의 희생자들을 기억하는 일을 신학적으로 풀어 보려고 한다. 인류 역사에서 죽은 자에 대한 추모와 기억 그리고 그것을 통해 공동체를 세워 가는 역할을 종교와 신학이 해 왔다. 그러므로 한국전쟁과 그로 인한 희생자를 기억하는 일 그리고 그것을 평화의 에너지로 바꾸어 내는 일에 기독교 신학의 역할이 있을 거라 기대한다.

1. 한국전쟁 이해의 흐름과 탈식민주의적 관점

1) 한국전쟁의 발발과 성격: 네 가지 입장의 핵심

2018년 4월 남북정상회담 당시에 발표한 판문점 선언 가운데 남한과 북한이 먼저 종전선언을 실행하고 평화협정 체결을 위한 단계로 나아간다는 조항(3절 3항)이 등장한다.[3] 이후 대한민국 정부는 남북 관계의 경색 국면인 현재까지 종전선언을 북한에 지속적으로 제안하고 있다. 이를 통해 남과 북이 영구적 평화 체제로 나아가기 위해서 반드시 제거해야 하는 장애물은 바로 70년 전에 발생한 한국전쟁이라는 사실을 알 수 있다. 이런 맥락에서 한국전쟁의 분명한 인식과 이해는 평화 체제 구상을 지향하는 본 논문의 논의에 기본적인 출발점이 될 것이다. 다만, 본 논문의 목적은 한국전쟁의 기원과 성격을 학술적으로 규명하는 데에 있지 않기에 이와 관련하여 그동안에 학계에서 진행되어 온 논의를 핵심적으로 언급하고 필자의 의견을 제시할 것이다.

1960년대부터 본격화된 한국전쟁에 관한 연구는 상당 기간 동안 한국전쟁의 기원 문제의 논쟁으로 점철되었다. 다시 말해 한국전쟁을 시작한 주체가 누구인가 하는 논쟁이었다. 이 이슈에 관한 입장들은 크게 네 가지로 분류될 수 있다. 첫 번째 입장은 한국전쟁 연구의 초기를 주도했던 전통주의 시각이다. 전통주의 입장은 당시 소련의 승인 아래에 북한이 남한을 침공하였으며 소련의 주도적 역할을 강조한다. 반면에 두 번째 입장인 수정주의 시각은 전통주의와 반대로 미국이 자본주의 체제를 동북아 지역에 확장시키려한 '제국주의 정책'을 지적하면서 미국이 한국전쟁의 일차적 원인을

---

3 "남과 북은 정전협정체결 65년이 되는 올해에 종전을 선언하고 정전협정을 평화협정으로 전환하며 항구적이고 공고한 평화 체제 구축을 위한 남·북·미 3자 또는 남·북·미·중 4자 회담 개최를 적극 추진해 나가기로 하였다." '4.27 판문점 선언 전문,' https://100.daum.net/encyclopedia/view/47XXXXXd1543 이 문구에 따르면 2018년 종전 선언의 실행을 추진한다고 결의하였는데 2020년 현재에는 직통선을 비롯한 대화의 통로마저 끊어져 있어 매우 안타까운 상황이다.

제공했다고 주장한다.[4] 여기서 전통주의와 수정주의 사이에 벌어진 논쟁이, 미국과 소련 사이의 냉전과 갈등이 최고조에 달했던 시기 그리고 전쟁 이후 남한과 북한 사이에 체제 경쟁과 갈등이 치열했던 시기에 진행되었다는 점에 주목할 필요가 있다. 동시에 남한의 경우 반공주의를, 북한의 경우 반미주의를 국가 이데올로기로 삼아 사상 검증, 자아비판이라는 폭력을 일상화시킨 시대라는 점도 당연히 고려되어야 하겠다. 이런 맥락에서 전통주의와 수정주의의 주장은 전쟁 발발의 책임을 상대 진영에 전가함으로써 자신의 체제에 정당성을 부여하려는 의도를 가지고 있다고 여겨진다. 세 번째 입장은 후기정통주의라 부르며 남한을 해방시킨다는 명목 아래 소련과 중국을 설득하여 지원을 약속받은 김일성이 한국전쟁을 일으켰다고 주장한다. 이 입장은 "북한의 '군사적 급진주의'나 권력 투쟁 문제"를 부각시킨다.[5] 마지막 네 번째 입장은 후기수정주의라 불리는 시각이며 한국전쟁이 일제 식민지 시대로부터 이어져 온 남한 내부의 모순에서 비롯되었다고 본다. 대표적인 후기수정주의자 브루스 커밍스(Bruce Cumings, 1943-현재)에 따르면, 해방 이후 한반도에는 일제 식민지 시대에 심화된 계급 갈등 및 친일 세력과 항일 세력 사이의 갈등이 극에 달해 있었다. 사회적 갈등은 미소 신탁통치를 거치면서 좌파와 우파 사이의 이데올로기 갈등으로 변모하였다. 만주에서 인

---

4 이완범, "한국전쟁의 국제적 기원-세계적 냉전의 동북아 침투-", 한국전쟁연구회 편, 『탈냉전시대 한국전쟁의 재조명』, 서울: 백산서당, 2000, 119-121. 이완범에 해석에 따르면, 대표적 수정주의자들인 콜코 부부(Gabriel and Joyce Kolko)는 해방정국에서 미국과 소련군의 철수가 남북 분쟁을 촉발시키고 한국전쟁으로 이어졌다고 주장한다. 더 나아가 그들은 미국의 전면적 참전을 위해 북한의 침공시 이승만이 고의적으로 퇴각했으며 이 모든 일들이 미국의 영향 아래 이루어졌다고 본다. 그러나 이완범은 이러한 주장이 『흐루시초프 회고록』과 같은 공산권의 자료들을 참고하지 않은 오류적 주장이라 비판한다.

5 김동철, "한국전쟁 제국주의가 한반도에서 충돌하다", 「마르크스 21」 21, 2018, 154.

민해방군으로 항일 전투를 치른 김일성이 소련의 지원을 받아 해방 후 북한의 지도자로 등극한 이후 일제 청산과 공산화 정책을 시행하자 북한 지역에 있던 친일 세력, 지주 세력, 기독교 세력들이 38선을 넘어 월남하였다. 여기에는 해방 이후 미국이 남한을 신탁통치하면서 친일 세력(경찰 및 관료 조직)을 적극 활용하였고 이승만 정권도 이러한 전통을 그대로 이어받은 맥락이 존재한다는 사실이 유인으로 작용했다. 미국의 영향력 아래 반일보다는 반공을 강조하면서 친일 세력은 반공주의자로 변모하였고 북쪽에서 월남한 세력은 남한사회의 주류로 자리 잡았다. 이런 맥락에서 커밍스는 한국전쟁의 성격을 '내전'으로 규정했다.[6] 왜냐하면 해방 이후 한국전쟁 전까지 남한 내에서 벌어진 여수·순천사건이나 4·3사건과 같은 좌우파 사이의 극심한 충돌과 끔찍한 학살 그리고 38선을 두고 남한군과 북한군이 벌인 끊임없는 교전들을 '내전'이라는 개념을 통해 더 잘 이해할 수 있기 때문이다.

2) 내전론의 공헌점과 약점: 커밍스의 논의를 중심으로

이와 같이 한국전쟁의 기원과 성격을 바라보는 네 가지 다른 입장은 다시 미국, 소련 혹은 중국이라는 강대국들 사이의 갈등이라는 외부적 요인을 주장하는 입장(전통주의와 수정주의)과 남한과 북한의 내부 갈등 및 남북한 사이의 갈등으로 인한 내전이라는 내부적 요인을 강조하는 입장(후기전통주의와 후기수정주의)으로 나눌 수 있다. 특별히, 이 가운데 커밍스의 시각은 몇 가지 점에서 한국전쟁 담론에 공헌을 하고 있다. 첫째, 한국전쟁을 국제전

6　브루스 커밍스, 『브루스 커밍스의 한국전쟁: 전쟁의 기억과 분단의 미래』, 조행복 옮김, 서울: 현실문화연구, 2017, 110.

이라는 외적 요인으로만 바라볼 경우에 한국전쟁 전후 그리고 한국전쟁이 진행되는 동안 일어났던 세부적인 사건들을 놓칠 수 있는데, 내전이라는 인식틀은 내부의 갈등 구조를 세밀하게 바라볼 수 있도록 돕는다. 둘째, 한반도가 강대국들의 전쟁터로 사용되었다는 외인론적 시각은 자칫 남한과 북한을 한반도 전쟁의 수동적 참여자로 전락시킬 위험성을 가진 반면에 내인론적 시각은 남한과 북한 당국이 전쟁의 적극적 참여자였음을 드러낸다. 예를 들어, 당시 남한의 이승만 대통령은 북한을 무력으로 점령해야 한다는 북진론자였다. 실제로 휴전 협상 당시 이승만이 북진을 계속 주장하면서 휴전 협상을 거부하였기 때문에 남한은 정전협정의 대상이 될 수 없게 되었다. 북한의 김일성 또한 '1949년 3월 스탈린과의 면담과 1949년 8월과 1950년 1월 슈티코프(Terenti Fomitch Stykov, 1907-1964)와의 면담 기록이 보여주는 것처럼 … 분단국가 성립 이후 언제나 남침을' 원하였다.[7] 한국전쟁 전에 발생한 여수·순천사건, 4·3사건이라는 양민 학살의 비극,[8] 한국전쟁 당시 북한군이 다시 북쪽으로 후퇴하면서 남한 지역에서 자행한 전쟁 포로 처형, 우익 단체 및 양민 학살,[9] 유엔군과 북으로 진격했던 남한군이 공산당에 협력했다는 죄목을 이유로 북한 지역의 주민들에게 행한 잔학 행위와 1·4 후퇴 당시 북한 양민 학살 행위[10] 등 일련의 사건들은 남한인과 북한인 모두 자신의 진영에 적극적으로 충성하고 상대 진영을 극단적으로 증오하며 위해에 가담한 역사적 배경과 그 이유를 밝혀 준다. 셋째, 커밍스의 시각은 한

---

7 김영호, "한국전쟁 연구의 향후 과제와 전망," 『탈냉전시대 한국전쟁의 재조명』, 서울: 백산서당, 2000, 94.
8 브루스 커밍스, 『브루스 커밍스의 한국전쟁: 전쟁의 기억과 분단의 미래』, 2017, 180-201.
9 앞의 책, 256-262.
10 앞의 책, 262-272.

국전쟁이 일제강점기와 완전히 분리된 시대적 사건이 아니라 친일파와 반일파 사이의 반목이 우파와 좌파의 반목으로 연결됨으로써 두 시기가 내적으로 연결되어 있는 사건임을 드러낸다. 마지막으로, 커밍스의 내전론에 대한 동의 여부와 상관없이, 커밍스의 시각은 한국전쟁을 누가 먼저 시작했는지의 논쟁이 불필요하다는 점을 깨닫게 해 준다.

하지만 내전론의 이와 같은 공헌점들에도 불구하고 내전론이 지니는 결정적 약점이 존재한다. 한국전쟁을 내전의 관점에서 환원할 때 한국전쟁 전후에 한반도 주변을 둘러싸고 벌어졌던 국제적 역학 관계와 갈등을 간과하거나 지나치게 약화시킬 위험에 빠질 수 있다. 일제 식민지 시대부터 한반도 내부와 외부에서 독립운동의 그룹들이 크게 좌파와 우파로 나뉘어 민족해방을 위해 경쟁했던 것은 사실이다. 그러나 만약 1945년 8월 이후 한반도의 북쪽 지역에 소련군이 남쪽 지역에 미군이 진출하지 않았고, 1945년 12월 모스크바 3상회의를 통해 신탁통치가 결정되지 않았더라면, 남북이 분단되어 양쪽에 독립된 정부가 세워지지 않았을지도 모른다. 좌우파 사이에 갈등과 충돌이 존재했을 수 있지만 전쟁으로까지 비화되지 않았을 수 있다. 역사에 가정이라는 것은 존재하지 않는다지만, 이는 역설적으로 해방 정국에서 미국과 소련 등 강대국들이 얼마나 강력한 영향력을 발휘하는 요인이었으며 추후에 벌어진 한국전쟁의 배경과 전개 과정에서 빼놓을 수 없는 존재들이었다는 것을 보여준다. 모스크바 3상회의에서 빠른 시기 안에 통일 임시정부를 수립하도록 결정하고, 이를 위한 구체적인 방안마련과 추진을 미소공동위원회를 통하여 한다는 합의가 이루어졌다. 그러나 추후에 미국과 소련은 급격한 냉전 관계가 되어 대결하기 시작했고 결국 미소공동위원회는 결렬되고 말았다.[11] 이에 남북이 각기 분리된 독립 정부를 세우게 된다. 여기서 남한에 이승만 정권이 들어서는 데는 미국의 힘이 결정적이었으며, 소련의 힘이 없었다면 북한에 김일성 정권이 들어설 수 없었다는 사실을 기억할 필요가 있다. 그래서 신수정주의자인 존 메릴(John Merrill)은 커밍스와 달리 "내인론"과 "외인론"을 상호 균형 있게 또는 보완하여 이해해야한다고 주장했다.[12] 이외에도 일본의 나가이 요노스케는 '국제적 내전'이라는 용어로 한국전쟁을 규정했고, 제임스 매트레이(James I. Matray)는 전쟁 발발의 직접적인 원인을 내부에서 찾으면서도 "국제적 요인"이 근원에 존재한다고 주장하는 등 다수의 학자들이 한국전쟁의 국제적 환경을 강조했다.[13] 이완범 또한 이러한 시각에 동조하면서 "외인과 내인은 논의를 편하게 하게위해 분간해서 보는 것일 뿐 실제로는 서로 유기적으로 결부된 것이다."라고 주장했다.[14]

3) 한국전쟁을 탈식민주의 시각으로 바라보기: 탈이데올로기를 향하여

필자 또한 한국전쟁을 바라볼 때 국제적 요인과 국내적 요인을 동시에 균형 있게 바라보아야 한다는 입장에 기본적으로 동의한다. 하지만 여기서 필

---

11 이완범, "한국전쟁의 국제적 기원-세계적 냉전의 동북아 침투-", 2000, 128-131.

12 John Merrill, Korea: *The Peninsula Origins of the War* (Newark, Delaware: University of Delaware Press, 1989), p. 54, 이완범, "한국전쟁의 국제적 기원 –세계적 냉전의 동북아 침투-", 2000, 122에서 재인용

13 이완범, "한국전쟁의 국제적 기원 –세계적 냉전의 동북아 침투-", 2000, 123.

14 앞의 논문, 119. 이완범이 차별화하고 있는 부분은 국제적 요인에서 미소간의 대결에만 주목하는 것이 아니라 국제적 역학관계를 중국과 일본에까지 확장하고 있는 것이다.

자는 한국전쟁의 국제적 요인을 탈식민주의 비평[15]의 시각으로 읽고자 한다. 그 이유는 한국전쟁의 근본적 구조가 근대 시대와 20세기 전반기까지 세계의 정치, 경제의 패러다임이었던 열강들의 제국주의 경쟁이 동북아시아로 확장된 것이라 판단하기 때문이다. 흔히 한국전쟁은 미국과 소련의 냉전이 열전으로 비화된 것이라 말한다. 또, 한국전쟁은 미국이 주도하는 자유주의(혹은 자본주의) 진영의 최전방에 있는 남한과 공산주의 진영의 최전방에 있는 북한 사이에 벌어진 전쟁이기 때문에 한국전쟁이 자유주의와 공산주의가 실질적 전쟁을 통해 수행한 이데올로기 전쟁으로 평가되기도 한다. 그러나 한국전쟁을 둘러싼 미국, 소련, 중국, 일본 등 강대국들의 관계를 한국전쟁 이전과 이후까지 포함해서 살펴보면 과연 냉전의 대리전 또는 이데올로기 전쟁으로 규정할 수 있을지 의문이다. 그러한 의문을 가지게 하는 몇 가지 사례들을 살펴보자.

첫째, 제2차 세계대전 당시에 미국과 소련은 연합군의 일원으로서 동맹국 관계에 있었다. 심지어 미국이 일본과의 태평양전쟁을 종식시키기 위해 소련의 참전을 지속적으로 요구하기도 했다. 한국전쟁이 이데올로기 갈등이 첨예화되어 발생한 것이라면, 1917년 볼셰비키 혁명이 일어난 후 30년이 넘는 세월 동안 자유주의 진영과 공산주의 진영 간에 갈등과 충돌이 벌써 존재했어야 한다. 그렇지 않다는 사실이 이데올로기 전쟁이라는 가설을 약하게 만든다.

---

15 탈식민주의 비평가 박종성은 "탈식민주의란 억압과 착취를 낳는 지배 이데올로기를 해체 혹은 전복"시키려는 노력이라고 정의했고 문화비평가 스티븐 모튼은 탈식민주의를 "문학, 문화 해석, 사유방식에 온존하는 식민주의 유산에 도전"하는 비평방법이라고 규정했다. 박종성, 『탈식민주의에 대한 성찰』, 파주: 살림출판사, 2006, 7; 스티븐 모튼, 『스피박 넘기』 이윤경 옮김, 서울: 앨피, 2005, 11.

둘째, 중국의 공산화 과정과 공산화된 이후에도 중국과 소련의 관계는 복잡했다. 소련은 기본적으로 중국이 강대국이 되는 것을 원하지 않았기 때문에 중국의 국공 내전 당시에 스탈린은 공식적으로 국민당 정부를 승인하면서 비공식적으로는 공산당을 지원하는 "양면 전략"을 구사하였다.[16] 이는 곤차로프(I.A. Goncharov, 1812-1891)와 같은 학자들이 훗날 "중소 분쟁의 원인"으로 지목하기도 했다.[17] 중국이 한국전쟁에 참전한 이유도 단순하지 않다. 중국의 전쟁 참여 이유를 다양한 측면에서 분석한 박두복에 따르면, 중국에 대한 스탈린(Joseph Stalin, 1879-1953)의 불신을 간파한 마오쩌둥(毛澤東, 1893-1976)은 물질적, 군사적 지원이 절실했던 시기에 스탈린의 신뢰를 얻는 동시에 한반도와 이어진 만주 지역의 세력권을 확보하기 위해 한국전쟁 개입을 감행하였다.[18]

셋째, 미국과 일본의 관계도 자국의 이익에 따라 매우 가변적이었다. 1905년 미국과 일본은 극비리에 맺은 가쓰라-태프트 밀약을 통해 미국의 필리핀 식민 통치와 일본의 조선 식민 통치를 상호 양해한 사실은 양국이 철저히 제국주의 논리에 따라 움직였음을 보여준다. 태평양전쟁 전까지 일본의 식민 통치를 정당화시켜 주었던 미국이었기에 미국이 한반도를 식민 통치에서 해방시켜 준다는 보편 윤리적 대의를 위해 일본을 패망시키고 남한 지역에 진군했다는 전통적 인식은 순진하다 하겠다. 이는 한국전쟁 당시 미국과 일본의 관계가 어떻게 급변했는지를 살펴봐도 알 수 있다. 미국은 태평양전쟁을 통해 패전국이 된 일본을 '농경 국가'로 전락시킬 계획을 갖고

---

16 이완범, "한국전쟁의 국제적 기원 –세계적 냉전의 동북아 침투–", 2000, 134.

17 앞의 논문, 136.

18 박두복, "중국의 한국전쟁 개입원인-개입결정의 피동적, 능동적 측면-", 한국전쟁연구회 편, 『탈냉전시대 한국전쟁의 재조명』, 서울: 백산서당, 2000, 151, 166.

있었으나, 1947년 이후 소련과의 냉전이 첨예화되기 시작하였고 중국이 공산화될 조짐을 보이자 일본을 '아시아의 공장'이라는 전략적 기지로 삼고 일본을 향한 강화 정책을 펴게 되었다.[19] 탈냉전 시대로 접어든 지 수십 년이 지난 현재까지도 미국과 일본의 동맹 관계가 공고하다는 사실은 동북아의 국제 정세의 본질이 지역 패권을 두고 벌이는 경쟁이라는 점을 보여준다.

넷째, 소련과 마찬가지로 미국 또한 한국전쟁 전후로 중국을 견제해 왔다. 미국은 일본군과 싸우는 국공합작을 지원하면서도 "국민당에 원조를 한정시키는 2중적 작전"을 펼쳐 중국 내부의 분열을 꾀하였으며, 중국의 공산화 이후 "중국고립화정책"을 채택하였다.[20] 현재의 시점에서도 미국과 중국의 관계는 이중적 측면을 띤다. '세계의 공장'으로 변모한 중국은 지난 몇십 년간 엄청난 성장을 이루며 세계 자본주의 체제의 한 축을 형성했고 초강대국으로 거듭났다. 이제 미국과 중국은 경제적으로 서로에게 필수 불가결한 존재가 되었다. 그러면서도 사드 문제, 관세 문제 등으로 서로가 충돌하는 가장 주된 이유는 역시 정치 경제적 패권 경쟁에 있다고 여겨진다.

마지막으로 해방 이후 한반도의 신탁 통치 결정 과정에서 영국의 입장을 눈여겨볼 필요가 있다. 독일 패망 이후 1945년 7월에 열린 포츠담회담에서 연합국들은 일본의 무조건적인 항복을 요구하였고, 일본의 항복 이후 식민국 처리 문제 등을 논하였다. 여기서 영국 등의 식민지 보유국들은 자신들의 식민지(예를 들어, 인도)를 빠른 시일 내에 잃어버릴 것을 우려했고, 영국과 미국은 한국이 바로 독립할 능력이 없다고 평가하여 한국의 해방 이후

---

19 이완범, "한국전쟁의 국제적 기원 ―세계적 냉전의 동북아 침투―", 2000, 138-139.
20 앞의 논문, 137-138.

신탁 통치 필요성을 제기하였다는 사실을 주목해보아야 한다.[21] 열강들이 여전히 과거의 제국주의 기득권을 유지하고 싶어 했고, 식민지국 사람들을 열등하게 바라보는 식민주의적 인식론 또는 오리엔탈리즘에 사로잡혀 있었다고 할 수 있다.

그러므로 이와 같이 한국전쟁을 둘러싼 강대국들의 복잡한 관계를 보여주는 사례들은 한국전쟁의 기본적 성격이 이데올로기의 정당성을 놓고 벌인 이념 전쟁이 아니라 제2차 세계대전 이후 동북아시아 패권을 차지하려는 열강들의 갈등 속에서 발생한 전쟁이라는 것을 보여준다.[22] 강대국들의 이익 앞에서 평범한 한국인들의 주체와 권리는 완전히 무시되었다. 예를 들어, 해방 직후 미국이 제안하고 소련이 합의한 38선은 남북 분단을 고착화하는 데 결정적이었는데, 이는 38선 주변의 자연 지형과 문화 지형을 전혀 고려하지 않은 군사 편의적 결정이었다. 아프리카 대륙 내 국가들의 경계선들이 유난히 직선인 현상은 탈식민주의의 단골 비평 소재이다. 왜냐하면 아프리카의 국경선들은 지형과 민족을 고려하지 않은 채 90% 이상 서구 제국주의 국가들에 의해 분할되었기 때문이다. 위도로 그은 한반도의 38선과 아프리카의 직선 국경선 사이에 무슨 큰 차이가 있겠는가? 이런 맥락에서 냉전은 근대 제국주의 시대와 분리된 새로운 시대가 아니라 새로운 방식의 제국주의이라고 말할 수 있다.[23] 김동철 또한 탈식민주의가 아닌 마르크스주

---

21 오민석, 『세계현대사』, 서울: 서울대학교출판문화원, 2014, 560.

22 남한과 북한 사이의 내전적 성격 또한 민중의 안전과 생존권, 경제권 등은 안중에 없이 제국들의 등에 업혀 한반도 패권경쟁을 통해 자신(을 둘러싼 권력 그룹)의 이익만 추구했던 남북한 지도자들의 소(小)제국주의라고 해석할 수 있다.

23 '식민주의'와 '제국주의'는 일상적 상황뿐만 아니라 학계에서도 확실한 구분 없이 동의어처럼 사용된다. 그러나 엄밀히 말하면 구분되는 지점이 존재한다. 식민주의의 영어 단어인 colonialism의 어원은 "농부(farmer)"를 의미하는 라틴어 "colonus"에서 유래했고 제국주의의 영어 단어인

의 관점에서 한국전쟁을 해석함에도 불구하고 "한국전쟁을 미국과 소련 두 제국주의 국가 사이의 경쟁이라는 맥락 속에서 보는 것이 중요"하며 "남과 북 사이 충돌의 근본 동력은 두 제국주의 국가 사이의 경쟁적 쟁투"라고 주장했다.[24]

이데올로기 갈등의 틀에서 한국전쟁을 겪고, 그 이후에도 체제 수호 목적으로 이념 교육을 강하게 받아 온 남한인과 북한인들에게 이데올로기는 실제적 영향력을 지닌 것이며 누군가는 그 이념에 목숨을 걸기도 한다. 그러나 위에서 살펴본 바대로 이데올로기의 최정상에 위치한 국가기관들과 인물들은 정작 이데올로기가 표명하는 이상향의 껍데기 안에서 제국주의적 이익을 추구해 왔다. 남과 북이 평화 체제로 가기 위해서는 한국전쟁이라는 비극과 그 이후의 대결을 정당화하기 위해 포장했던 이데올로기라는 불필요한 포장지를 거두어 내야 한다. 그리고 한국전쟁 당시처럼 한반도 주변의 강대국들이 여전히 한반도의 평화를 마뜩해하지 않으며 자신들의 이익을 위해 움직이는 현실을 직시하고 이를 극복하기 위해 노력해 나가야 할 것이다.

---

imperialism의 어원은 "명령하다(to command)"를 의미하는 라틴어 "imperium"에서 유래했다. 어원적 의미에서 유추해 볼 수 있듯이 식민주의는 식민지역에 정복자들의 이주를 동반하면서 영향력을 발휘하는 것인 반면에 제국주의는 식민지에로의 이주 혹은 식민지 존재 여부와 별개로 지배지역에 정치, 경제적 영향력을 발휘는 행위를 가리킨다. 탈식민주의 비평가들은 물리적 식민 시대가 끝난 이후에도 식민시대 지배국가 및 권력자들이 자신들의 정치, 경제, 사상의 영향력을 구식민지 국가와 민족들에게 지속적으로 발휘하는 현상을 '신식민주의(neo-colonialism)'라고 명명하고 그 비판 대상을 주로 1980년대말 이후 글로벌화된 사회에서 막강한 영향력을 발휘하는 세계자본주의로 삼는다. 필자는 여기서 언급한 식민주의와 제국주의의 구분에 의거하여 냉전이 영토적 식민지를 소유하지는 않았기에 새로운 형태의 제국주의라고 규정하였다.

24 김동철, "한국전쟁 제국주의가 한반도에서 충돌하다", 2018, 158, 160.

2. 전사자와 이데올로기

앞의 단락에서 한국전쟁에 관한 기존 입장들의 핵심 내용을 비판적으로 검토하였다. 이를 통해 한국전쟁은 자본주의와 공산주의 사이의 이데올로기 대결로 포장된 제국주의적 동북아시아 패권 다툼의 기본 구도 속에서 벌어진 국제전이자 동족간의 전쟁으로 정리되었다. 지금까지는 한국전쟁 당시에 동북아시아의 국제적 역학 관계까지 살펴보는 등 큰 그림에서 한국전쟁을 이해하려 했다면, 이제 본 논문이 초점을 맞추려는 주제로 시각을 좁혀서 한국전쟁의 비극을 아래로부터 이해해 보고자 한다. 좁혀진 주제는 한국전쟁의 군인 전사자와 (국가) 이데올로기와의 관계이다.

한국전쟁은 그 이전의 현대 전쟁들에 비해 3년이라는 비교적 짧은 기간에도 불구하고 수많은 사상자가 발생했다. 그 숫자는 남북한 양쪽을 합쳐 무려 400만 명에 달한다. 그중에 민간인이 최소한 200만 명인데 민간인 사상자의 경우 제2차 세계대전보다 많았다고 알려져 있다.[25] 군인 사상자는 국군과 유엔군을 합쳐서 77만 명을 넘는다. 그 가운데 사망자는 국군의 경우 약 13만 7천 명에 달하며 유엔군은 약 4만 명이다.[26] 한편, 북한군 사상자는 약 52만 명으로 추정되며, 중국군의 경우 전사자만 무려 90만 명에 달한다.[27] 이러한 전사자들 가운데 한국군의 일부 유해가 수습되어 국립현충원에 안장되었으나 그 숫자는 29,325위에 불과하다. 한국전쟁에서 실종과 포로의 통계로 잡힌 국군의 숫자 약 3만 명을 전사자로 추정한다면 약 16만 명

---

25 브루스 커밍스, 『브루스 커밍스의 한국전쟁: 전쟁의 기억과 분단의 미래』, 2017, 71.

26 국방부, 『2010 국방백서』, 서울: 국방부, 2011, 5-6, 주경배외 2인, "활동이론에 근거한 6.25 전쟁 전사자 유해발굴 연동체계 분석", 「한국군사」 1, 2017, 223에서 재인용.

27 커밍스, 『브루스 커밍스의 한국전쟁: 전쟁의 기억과 분단의 미래』, 2017, 71.

에 달하는 국군 전사자 가운데 13만 명 이상의 시신을 찾지 못해 현충원에 위패만 모셔 놓았다. 다행스럽게도 2000년에 시작한 한국전쟁 전사자 유해 발굴 사업에 의해 2013년 현재까지 7,000여 유해를 발굴하였지만 아직도 갈 길이 멀다.[28]

보통 죽은 사람을 추모할 때 망자에 대한 그리운 감정과 더불어 망자가 죽기 전까지 걸어왔던 삶의 발자취를 기억하며 망자가 살아 있는 사람들에게 남긴 정신적 유산을 되새기게 된다. 그런데 전사자의 경우에 망자의 삶의 과정과 배경에 상관없이 추모의 내용은 단 하나다. 국가를 지키기 위해 죽기를 각오하고 싸운 전사자의 용기와 숭고한 정신을 기리는 것이다. 전사자 개인의 삶은 사라지고 오직 국가만 남는 것이다. 따라서 '죽은 자는 말이 없다'라는 옛말이 전사자에게는 더욱 극적인 진리가 된다. 국가 이데올로기와 전사자 사이의 밀접한 관계는 잠시 뒤에 다루기로 하고 여기서는 식민주의 내지는 인종주의 앞에서 전사자의 사후 처리에서 발생하는 불평등을 다룬 연구를 잠시 살펴보도록 하자.

1) 전사자와 식민주의

문화이론가 미셸 바렛(Michèle Barrett, 1949-현재)은 그녀의 논문, "참전 서발턴들: 제1차 세계대전의 식민지 군대와 제국전쟁묘지위원회의 정치"[29]

---

28 국방부, 『2010 국방백서』, 2011, 6, 주경배 외 2인, "활동이론에 근거한 6.25 전쟁 전사자 유해 발굴 연동체계 분석", 2017, 223에서 재인용.

29 미셸 바렛, "참전 서발턴들: 제1차 세계대전의 식민지 군대와 제국전쟁묘지위원회의 정치," 로절린드 C. 모리스 엮음, 『서발턴은 말할 수 있는가?: 서발턴 개념의 역사에 관한 성찰들』, 태혜숙 옮김, 서울: 그린비, 2013, 264-298.

를 통해 탈식민주의 이론의 주요 연구가인 가야트리 스피박(Gayatri Spivak, 1942-현재)의 서발턴 연구(하위 주체 연구, subaltern studies)를 제국주의들의 전쟁터에서 전사한 서발턴들에게 확장시켰다. 스피박은 "서발턴은 말할 수 있는가?"라는 그녀의 논문에서 "하위 주체로서의 여성들은 항상 침묵한다"[30]라는 도발적 진술을 통해 영국의 식민지였던 인도의 여성이 영국의 오리엔탈리즘과 인도 남성의 가부장제라는 이중 굴레 속에서 주체로서 외쳤던 말이 들리지 않는다고 폭로했다. 바렛은 스피박이 지적한 바로 이러한 서발턴의 강요된 침묵을 제1차 세계대전 중 영국군으로 참여했던 식민지 출신 전사자들에게서 찾았다. 제1차 세계대전 당시 영국은 '제국전쟁묘지위원회(Imperial War Graves Commission)'를 통해 다음과 같은 전사자 추모에 관한 몇 가지 원칙들을 세웠다.[31]

- 전사자 한 분 한 분의 이름을 묘지나 기념비에 새겨 추모해야 한다.
- 묘비나 기념비는 영구적이어야 한다.
- 묘비는 똑같은 형태라야 한다.
- 군인의 계급 또는 민간인의 서열, 그리고 인종 또는 교리에 따른 차별이 있어서는 안 된다.

그런데 바렛은 외견상 충실하게 지켜지는 것으로 보이는 이 원칙이 식민지 부대원들에게 차별적으로 적용되었다는 증거들을 곳곳에서 찾아냈다.

---

30 Gayatri C. Spivak, "Can the Subaltern Speak?," *Marxism and the Interpretation of Culture*, eds. Cary Nelson and Lawrence Grossberg (London: Macmillan Education Ltd.: 1988), p.295.

31 미셸 바렛, "참전 서발턴들: 제1차 세계대전의 식민지 군대와 제국전쟁묘지위원회의 정치", 2013, 266.

바렛에 따르면 전사자 추모의 평등 원칙은 주로 유럽 내에서만 지켜졌다. "과대-명목주의(hyper-nominalism)"라 불릴 정도로 전사자와 실종자들의 수 많은 이름을 기념비에 일일이 새겨 넣었던 관행은 아프리카 전장의 토착민 전사자들의 추모 공간에서는 지켜지지 않았다.[32] 같은 식민지 군대의 전사 자들이 추모의 장소에 따라 다른 대우를 받았다. 유럽 내 전선 중 하나였던 누브샤펠의 기념비에는 대영제국의 인도인 군대에 속했던 약 5천 명의 전 사자 이름이 각각 기록되었던 반면에 메소포타미아 전선에서 전사한 3만 5 천 명의 인도인 군인들은 바스라 기념비에서 차별적으로 거명되었다. "기념 비에 영국인과 인도인 장교의 이름만 등재되고, 토착민 하사관과 사병은 소 속 연대의 이름 밑에 전체 수만 기입"되었으며, 이러한 정책은 "나이지리아 연대와 서아프리카 국경 수비대의 사병들에게도 적용되었다."[33] 바렛은 이 외에도 전사자를 추모하면서 식민주의적 이데올로기에 의해 자행된 다른 많은 불평등한 사례들을 분석한 뒤에, 다음과 같이 결론을 내렸다. "식민지 서발턴 부대는 평등하게 추모되지 않았고 … 이렇게 해서 서발턴을 더욱 침 묵시키는 일이 발생한다. 이 생명들이 추모되지 않을 뿐만 아니라, 배제의 행위들 자체가 지워진 것이다."[34]

2) 전사자와 국가 이데올로기: 시민 종교의 관점

위에서 살펴본 것처럼 전사자에 대한 추모가 식민주의라는 이데올로기

---

32 앞의 논문, 268.
33 앞의 논문, 271.
34 앞의 논문, 298.

적 편견으로 인해 불평등한 구조에 놓여 왔다는 사실을 알 수 있다. 피지배 민족이었던 전사자들은 삶에서는 물론 죽음 이후에도 억압과 차별을 받는다. 이는 분명코 전사자들을 잃은 유가족들의 슬픔을 배가시킬 것이다. 추모의 공간이 차별과 배제를 통해 지배를 구조화하는 식민주의(혹은 제국주의)를 강화하게 된다. 지배자와 피지배자가 추모의 공간을 통해 용서하고 화해할 수 있는 기회를 놓치게 된 것이다.

이제 한국전쟁의 전사자 문제로 돌아와 보자. 영국의 식민지 군인들 추모와는 성격이 다르지만 한국전쟁의 전사자 추모 공간 역시 이데올로기로 얽혀 있어 진정한 추모를 방해한다. 여기서 이러한 인식을 가능토록 하기 위해 우리는 근대사회와 현대사회를 시민종교라는 키워드로 읽어 내는 종교사회학자 강인철의 관점에 귀를 기울일 필요가 있다. 강인철은 전사자 추모를 근대 이후의 시민종교를 가능케 하는 하나의 요소로서 일종의 "전사자 숭배"라고 규정했다.[35] 사실, 인간의 사회가 형성된 고대 시대 이래로 어떤 공동체이든 외적과 싸우다 전사한 자를 진지하게 추모하며 존경하였다. 때로 추모의 대상은 영웅화, 신화화를 통해 영적인 대상으로 거듭나고 숭배의 대상으로 변모하기도 했다. 종교사회학적 관점에서 바라보면 오늘날의 전사자 추모 또한 전통 사회와 비슷하게 전사자를 국가의 영웅으로 세우는 서사 구조를 가진다. 하지만 강인철에 따르면 전사자 추모에서 근대 국민국가가 전통 사회와 다른 점은 전사자에 대한 의례에 국가가 개입하고 주도한다는 데에 있다.[36] 또 다른 중요한 차이는 추모의 대상에 대한 민주화 경향을 가진다는 점이다. 무명용사를 추모하는 행위가 그 대표적 예이다. 여기에는

---

35 강인철, 『전쟁과 희생: 한국의 전사자 숭배』, 고양: 역사비평사, 2019, 43-45.
36 앞의 책, 39.

한편으로 계급 타파라는 긍정적 의미도 있지만 다른 한편으로 보면 모병제와 같은 국민군대 제도가 등장한 이후 대규모 군인들이 필요한 상황 속에서 희생에 대한 이데올로기화로 국가주의에 종속시켜 자발적으로 전쟁에 참여하도록 유도한 것이라고 해석할 수 있다.[37]

강인철은 또한 전사자 추모의 의례에서 종교의 영향력을 찾아내면서 국가 추도식은 형식적 측면에서 종교 의례에서 상당 부분을 차용하였다고 분석했다. 예를 들어, 한국의 전사자 추모의식에 일부 중요한 순서들을 종교 지도자들이 담당하였다. 홍미로운 점은 의례 순서에서 일제강점기에는 불교와 신도의 승려들이, 1955년까지는 불교 승려들이, 그리고 1955년 이후에는 기독교 성직자들이 주도적 역할을 했다는 것이다. 여기에는 한국전쟁 중 연합군의 기독교식 추모의례를 많이 접하고 관찰했던 것이 배경으로 작용했고, 실제로 이는 군목의 기도 순서 등장과 분향 순서의 약화 또는 생략에 영향을 미쳤다.[38] 이와 같이 추모의례에 대한 종교의 영향은 추모의례 자체가 시민종교의 한 증거라고 강인철은 판단했다.

한편, 근대국가의 전사자 추모는 무명 전사자까지 기리면서 형식적으로는 평등주의를 추구하고 보편적 추모를 지향하지만, 곳곳에서 배제와 차별이 나타나고 이를 통해 억압의 기제들을 작동시키는 측면들이 발견된다. 이러한 지적은 위에서 언급한 바렛의 비판과 상통하는 부분이 있다. 강인철은 한국 현대사에서 벌어진 비극적 전쟁과 전투들에서 발생한 전사자와 희생자 추모를 국가가 얼마나 차별적으로 다루었는지를 여실히 보여주었다. 한편에서는 국가의 이데올로기를 강화하기 위해 영웅화 작업에 열중했다.

---

37 앞의 책, 39-40, 47.
38 앞의 책, 159-161.

한국전쟁에서 육탄 10용사가 대표적인 사례이다. 육탄 10용사의 영웅화는 "가족 계보 이데올로기"를 통해 이순신 장군과 같은 민족 영웅의 계보로의 편입으로 이어졌다.[39] 그러나 다른 한편에서는 국가가 전쟁을 어떻게 규정하는지에 따라 차별이 이어졌다. 한국전쟁의 희생자를 중심으로 강조했지, 독립군 전사자나 태평양전쟁 희생자와 유가족에게는 무관심하였다. 주로 한국전쟁 희생자만이 국가적 추모에서 강조되어 왔다. 또한 한국전쟁 희생자에게도 신분에 따라 차별이 존재하였다. 군인 중심으로 추모가 이루어졌고, 민간인 희생자의 추모와 보상에는 사회적 에너지를 크게 쏟지 않았다.[40] 강인철은 이를 "시민종교의 통합과 배제의 동시성"이라고 표현했다. 더 나아가 국가가 주도하는 추모에서는 차별을 넘어 배제와 억압의 대상들이 존재한다. 대표적인 사례가 4·3사건과 여수·순천사건의 희생자들과 북한군과 같은 적군들이다. 심지어 죽음 앞에서는 모두가 평등하다는 말과 달리 적군의 죽음은 나쁜 죽음으로 치부된다. 나쁜 죽음이라는 개념은 사실 전통사회에서부터 존재했기에 현대사회가 그 전통을 이어받은 것이라고도 할 수 있다. 그러나 전통사회에서는 나쁜 죽음의 대상이 원혼으로 남아 세상을 떠돌고 이승의 사람들을 괴롭힐 것이라는 믿음이 있었기 때문에 그 원혼을 달래려는 생각들과 종교적 의례들이 존재했다. 반면에 현대사회에서는 원혼에 관한 토속적 믿음은 탈각되어 버리고, 나쁜 죽음을 국가를 유지하는 이데올로기의 잣대에서 판단한다. 더 나아가 현대사회는 나쁜 죽음의 대상

---

39 앞의 책, 54, 6.25 참전 장교이자 전쟁사학자인 박경석 장군은 최근 언론 기고를 통해 육탄 10용사 영웅담이 한국전쟁의 신화화 작업에서 날조되었다고 주장한다.
    정희상, "일제 앞잡이가 영웅 되면 대한민국이 뭐가 되겠나," 시사인, 2020년 7월 9일자, https://www.sisain.co.kr/news/articleView.html?idxno=42354, (2020년 7월 27일에 접속).
40 강인철, 『전쟁과 희생: 한국의 전사자 숭배』, 2019, 132-134, 147-148.

자를 국가적 시스템에 의해 차별하고 배제시킨다.

3. 참전 군인을 희생자로 바라볼 수 있는가?

군인 정신이라 할 때 '안 되는 것도 되게 하라'라는 방식으로 이해되는 경우가 많다. 이처럼 군인은 애국심과 군인으로서의 소명감으로 가득 차 있고 정신력이 투철하여 두려움도 없고 모든 것을 가능하게 하는 존재, 그래서 전투에서 두려운 감정 없이 기계와 같이 움직일 수 있는 존재로 여겨지곤 한다. 물론, 공적 직업으로서의 소명감이 필요하며 강한 정신력은 전투에서 군인의 생존과 전투력 발휘에 절대적 요소라는 사실을 부인할 수 없다. 그럼에도 우리가 잊지 말아야 할 것은 군인도 사람이라는 사실이다. 그들도 평범한 사람들처럼 감정이 있고, 공적 업무와 개인적 일상 사이에서 갈등하며, 육체적·정신적 한계를 지닌 사람들이다. 또, 목숨을 내놓고 싸워야 하는 전투를 위해 훈련받는 군인들이지만 죽음 앞에서 두려운 것은 그들도 마찬가지이다. 그렇게 때문에 위에서 언급한 전사자 추모는 국가 이데올로기에 의해 군인이라는 개인의 이야기, 아픔, 고통, 두려움을 은폐하는 문제점을 가지고 있다. 이 글에서 필자는 진영에 관계없이 군인 전사자들을 보편적으로 추모하기 위해서 전사자를 전쟁의 희생자로도 바라볼 수 있는지를 탐구하고 있다. 그래서 필자는 이 소단원에서 한국전쟁에 참전한 군인들의 참전 동기, 참전 과정, 그리고 전쟁 전후로 겪은 고통을 살펴보면서 서발턴 군인들의 은폐된 목소리를 듣고자 한다. 그리고 이를 통해 그들을 희생자로 볼 수 있는 가능성을 찾으려 한다.

1) 조국의 수호와 정복의 열망 사이에서

흔히, 군인들이 조국을 위한 숭고한 정신으로 무장하여 참전한다고 생각한다. 이러한 통상적 생각은 맞는 경우도 있지만 반드시 그런 것은 아니다. 독일 언론인이자 세계 군인의 역사를 탐구한 슈나이더(Wolf Schneider, 1925-현재)는 '조국을 위해'라는 명분의 다른 측면을 폭로했다. 제1차 세계대전 당시에 유럽 전체에는 전쟁에 대한 열광적인 분위기가 존재했다. 지원병이 넘쳐 났고 전쟁에 나가는 군인들을 향해 시민들의 열렬한 환송이 이어졌다. 전쟁을 두려움과 냉철한 감정이 아닌 열광적 감정으로 맞이했던 이유는, 각 나라들이 서로 적으로 대치해야 함에도 모두 자기 진영이 재빠른 승리를 거둘 것이라고 섣부르게 예견하면서 정복의 환상을 품고 있었기 때문이다. 슈나이더는 이를 "조국에 대한 열광"이 아니라 "정복에 대한 열광", 즉 "노획물과 복수, 승리에 대한 열광"이라고 불러야 한다고 주장했다.[41]

이러한 슈나이더의 분석은 위에서 필자가 규정한 한국전쟁의 성격과 일맥상통한다. 냉전 이데올로기의 수호를 명분으로 삼은 강대국들은 한반도를 둘러싼 제국주의적 전략을 전개하여 남북 간의 분열과 갈등을 구조화했다. 거기에 편승한 남북한 지도자들의 정복주의는 결국 한국전쟁이라는 민족적 비극을 양산하고 만 것이다. 슈나이더가 묘사했듯 제1차 세계대전이 시작될 때 그 누구도 전쟁이 세계적 전쟁으로 확산되고, 수백만 명이 희생될 것이며, 수년간 지속되리라고는 예상하지 못했을 것이다. 한국전에도 비슷한 측면이 존재하는 것처럼 보인다. 김일성과 스탈린이 전쟁을 속전속결로 끝낼 수 있다고 판단하지 않았다면 한국전쟁은 발생하지 않았을 것이다.

---

41 볼프 슈나이더, 『군인』, 박종대 옮김, 파주: 열린책들, 2015, 225-227.

또, 북한군이 상당한 전력과 전투력을 보유한 것을 냉철하게 판단했다면 이승만이 끊임없이 무력에 의한 북진 통일을 외치지 않았을 것이고, 중국군이 개입하여 기나긴 진지전이 이어질 것이라 예상했다면 연합군이 무리하게 압록강까지 진격하지 못했을지도 모른다. 이처럼 정복욕은 쉽게 자기 과신과 상대편 폄하로 이어져 합리적 판단을 가로막는다. 그러나 잘못된 판단의 대가는 너무나 가혹했다. 일선의 많은 장병들은 조국과 자유민주주의를 수호하겠다는 마음으로 또는 남한을 해방시키겠다는 신념으로 전쟁에 참가하였을 것이다. 그러나 슈나이더가 제시한 관점에서 바라보면 한국전쟁의 군인들은 이데올로기로 포장된 정복욕에 희생되었다고 말할 수 있을 것이다.

2) 한국전쟁의 강제적 군인 되기

앞에서 살펴본 대로 전사자 추모는 국가를 위해 헌신하다 목숨을 잃은 군인들을 기억하고 이를 통해 애국심을 고취하며 국가 이데올로기를 유지하고 사회를 통합하는 기능을 한다. 이를 위해 전사자 추모의례는 전사자에 대한 존경을 넘어 전사자 숭배의 형식을 통해 시민종교로서 기능한다고 비판적으로 분석되었다. 이러한 전사자 추모의 문법이 작동하려면 전사자의 자발적인 전쟁 참여가 전제되어야 할 것이다.

그러나 한국전쟁에서 군인 모집의 과정을 살펴보면 자발적 참여와 거리가 먼 실상이 존재한다. 이는 남한과 북한 모두 마찬가지이다. 사실 전쟁 참여의 자발적 동기는 당사자가 아니면 잘 알기 힘든 영역이기에 한국전쟁 참전 군인들이 남긴 수기나 회고록을 통해 살펴보는 것이 실체적 진실에 접근하는 데 용이한 방법 가운데 하나라고 할 수 있다. 이에 여기서는 몇몇 참전자들의 수기를 통해 한국전쟁에 참전하게 된 정황을 살펴보고자 한다.

첫 번째로 살펴볼 참전 경험은, 재미 화가 오세희가 한국전쟁 당시 직접 겪은 포로 수용기를 적은 『한국전쟁 포로의 고발수기: 65 포로수용소』[42]를 통해 알 수 있다. 이 고발 수기에는 자신의 의지와 상관없이 한국전쟁에 참여했다가 포로가 되어 갖가지 고초를 겪은 눈물겨운 이야기가 담겨 있다. 오세희는 전쟁 전에는 서울대학교를 다니던 평범한 대학생이었다. 개인적 병환 때문에 고향인 경북 의성군 지역에 내려와 있다가 한국전쟁이 시작되었고 얼마 지나지 않아 인민군이 고향까지 밀고 내려온 것이다. 교육자였던 아버지는 아들을 숨겨 두려 했지만 여의치 않았고 결국 그는 인민의용군[43]에 가입하지 않으면 반동분자가 될 것이라는 협박과 강요로 어쩔 수 없이 인민의용군에 지원하게 되었다. 얼마 후 인민의용군이 다른 지역으로 이동하던 도중에 그는 도망치게 되었다. 하지만 오세희는 이동 중에 연신 다른 인민군들을 만났고 그때마다 살기 위해 빨치산으로 자기 신분을 속이는 등 기지를 발휘해 목숨은 부지했지만 고향에 돌아가는 것은 실패하고 결국 포로로 잡혀 포로수용소에 갇히게 되었다고 토로했다.[44]

이처럼 오세희는 강제적으로 인민의용군에 지원하게 되었을 뿐 아니라 인민군으로 전투도 하지 않았는데도 북한군으로 취급받고 전쟁 포로로 끌려갔던 기구한 삶을 겪은 셈이다. 하지만 그의 수기를 읽어 보면 오세희는 자의로 인민군에 들어간 것이 아니고 공산주의자도 아니라는 사실을 그 누구에게도 공식적으로 인정받지 못했다. 그가 미국으로 이민을 갔고 50년 동

---

42 오세희, 『한국전쟁 포로의 고발수기: 65 포로수용소』, 대구: 만인사, 2000.
43 "한국전쟁기 인민의용군은 일반적으로 북한이 남한을 점령했을 때, 그 지역에서 강제 또는 자원의 형식으로 동원된 병력을 말한다." 윤성준, "한국전쟁기 북한의 점령정책과 조선인민의용군의 동원 : 미군 포로심문보고서를 중심으로", 「한국근현대사연구」 89, 2019, 174.
44 오세희, 앞의 책, 11-66.

안 본인의 이야기를 풀어내지 못했던 점만 보아도 한국전쟁 이후의 냉전 체제와 반공주의적 사회 분위기 속에서 마음고생이 많았을 것이라 짐작할 수 있다.

한편, 이 수기에는 오세희 외에도 다른 많은 사람들이 강제적으로 인민의용군에 끌려간 것으로 판단되는 정황이 나온다. 예를 들어, 오세희가 도망가던 중 충북 제천에서 만난 인민군 부상병은 알고 보니 같은 고향 사람이었고 그와 마찬가지로 인민의용군으로 강제 징집되었던 사람이었음을 알게 되었다는 이야기가 나온다.[45]

두 번째로 살펴볼 참전 경험은, 부창옥이 국군 학도병으로 참전하여 겪은 이야기를 적은 『한국전쟁 수첩: 어느 학도병의 참전 일기』[46]를 통해 확인할 수 있다. 책의 마지막 부분에 실린 지은이와의 대화에서 부창옥은 자신의 진정한 참전 동기를 털어놓았다. 17세의 어린 나이에 입대했는데 한국전쟁 당시 의무적으로 군대에 갔어야 했는지를 묻는 질문에 그는 다음과 같이 답변했다. "의무는 아니었지만 숙명이라고 생각했어요. 큰 물줄기를 거스를 수는 없는 것이니까. 무언의 압력을 이기 어려웠습니다. 당시 군 입대를 기피한 자들은 '백조일손'[47]의 희생자가 되기도 했지요. 당시에는 군에 입대

---

45 앞의 책, 40-41.

46 부창옥, 『한국전쟁 수첩: 어느 학도병의 참전일기』, 고양: 동문통책방, 2012.

47 "한국전쟁이 발발한 후 군에 자원입대하지 않은 자들은 사상이 좋지 않다는 이유로 예비검속 대상이 되었습니다. 당시 제주도에서는 1천 2백여 명이 검거되었는데, 이들을 몇 개의 창고에 집단 수용했다가 밤중에 군대가 이백 명이 넘는 이들을 끌어내어 재판도 없이 몰살해 버린 일이 있었어요. 그 중에는 선생들도 있었고요. 세월이 흐른 뒤 그 사건의 유족들이 유골을 수습하려 했지만 대부분 형체를 구분하기가 어려웠어요. 유족들은 시신들을 한 데 모아 대강의 뼈를 맞추고는 공동묘역에 안장했고, 이때 '백 할아버지의 한 자손'이라는 뜻으로 '백조일손지묘'라는 묘비를 세웠지요. 조상은 백 명이지만 자손들은 한날한시에 죽어 뼈가 엉키게 되었으니 한 자손이라는 뜻이지요." 앞의 책, 173-174.

한 사람들은 탈이 없었지만, 입대를 기피한 사람들은 예비검속의 대상이 되던 시절이었습니다."[48] 이러한 부창옥의 증언은 강제적 또는 반강제적 군인 모집의 행태가 북한의 인민군뿐만 아니라 남한의 국군에도 해당되는 일이었다는 것을 보여준다. 특별히, 그동안 한국전쟁에서 학도병의 존재는 어린 나이에도 국가를 위해 헌신한 작은 영웅으로 묘사되었던 반면에, 정작 이러한 학도병의 수기는 사회적 분위기에 눌려 혹은 목숨까지 위협했던 당시의 폭력적인 사상 검증을 피하기 위해 군대에 입대하여 전쟁에 참가했던 잔인한 현실을 폭로한 것이다.

이러한 참전자의 개인적 수기에 등장하는 참전 과정은 연구자들의 객관적 연구에 의해서도 사실로 밝혀지고 있다. 윤성준은 "한국전쟁기 북한의 점령 정책과 조선인민의용군의 동원"이라는 논문에서 한국전쟁 당시 인민의용군의 동원 과정과 운영 현황을 상세히 밝혔다. 논문에 따르면 "북한은 서울을 점령한 후 조선인민의용군본부를 설치한 뒤 이를 8월에 군사위원회 군사동원국으로 개편"하였는데, 이는 북한이 전쟁 현지에서 군사를 동원하는 제도를 미리 준비했다는 사실을 말해 준다.[49] 7월 이후에는 대규모 군중 집회나 학교나 직장에서 집회를 유도하여 군인들을 동원하는 방식을 택하여 수천 명을 인민의용군에 입대시키는 성과를 보이기도 했다. 그러나 남자들이 집회에 나오지 않자 8월부터는 "가택이나 가두수색을 통해 강제성을 띤 인민의용군 동원을 시작했다"라고 논문은 밝혔다.[50]

한편, 손경호는 인천 지구 학도의용군 활동에 대한 그의 연구에서 남한

---

48 앞의 책, 173.
49 윤성준, "한국전쟁기 북한의 점령정책과 조선인민의용군의 동원: 미군 포로심문보고서를 중심으로", 181.
50 앞의 논문, 183-185.

정부는 "학생들이 학도호국단만을 통하여 학생활동을 하도록 하였고, 1949년 8월 6일 공포된 병역법에서는 전국의 중등학생 이상 대학생은 전원 의무적으로 학도호국단에 편성되도록 하였다"라고 밝혔는데,[51] 이는 남한 정부가 한국전쟁 전에 이미 학생들을 전쟁에 동원할 수 있는 제도를 마련했다는 사실을 보여준다. 이러한 (반)강제적 학생 동원 시스템은 "상이군인들의 한국전쟁 기억"이라는 이임하의 논문에 나오는 증언들과 연결된다. 논문을 위해 구술에 참여했던 한국전쟁 상이군인들은 "대동청년단과 학도호국단에 소속되었다는 이유만으로 전쟁 초기의 혼란한 상황에 휩쓸려 병사가" 되었던 사실을 증언했고, 학도호국단 간부 출신 대학생은 자신의 입대 과정을 "무슨 지원 제도도 아니고 영장 제도도 아니고 그냥 끌어갔다"라고 표현했다.[52] 이임하는 한국전쟁 당시 "길거리, 도시 지역, 피난민촌 등에서 이루어진 검문, 검색에 의한 강제징집은 중대 또는 연대 단위로 무분별하게 이루어졌다"는 사실을 지적하면서 당시의 군 입대와 참전 과정의 강제성이 일반적이었다고 결론내리고 있다.[53] 위와 같은 증언들과 연구들을 살펴볼 때, 한국전쟁 당시 군인들은 남한과 북한을 가리지 않고 많은 경우에 강제징집이 되었다고 할 수 있다. 이처럼 한국전쟁에 참전한 군인들은 그 출발부터 희생자의 성격을 지니고 있었던 것이다.

---

51 손경호, "6.25 전쟁기 인천지구 학도의용군의 조직과 활동," 「군사」 87, 2013, 33. 한편, 손경호는 학도의용군들이 전쟁에 자발적 참여를 했던 주체들이라 전제하고 연구를 하고 있다. 그러나 이는 본 논문에서 다룬 다른 학도의용군의 증언과 한국전쟁 참전자 연구들과는 배치되고 있다.

52 이임하, "상이군인들의 한국전쟁 기억", 「수선사학회」 27, 2007, 199-200.

53 앞의 논문, 200.

3) 고통과 죽음의 일상화

"군인은 다른 어떤 인간 집단보다 타인에게 더 많은 고통을 가할 뿐 아니라 그 자신이 크나큰 고통을 겪는 사람이기도 하다"라는 슈나이더의 말은 의미심장하다. 역사 속에서 군인들이 전쟁의 현장에서 겪은 고통의 종류는 헤아릴 수 없이 많고 고통의 강도도 상상을 초월한다. 포탄으로 인해 타들어 가는 열기, 팔다리가 잘리는 고통 등 전투로 인한 직접적 고통 외에도 갈증, 배고픔, 추위, 배설물, 전염병, 벌레, 질병 등의 간접적인 고통으로 수백만 명이 목숨을 잃었다.[54]

이임하는 상이군인들이 한국전쟁에서 경험한 고통의 기억을 "죽음의 일상화"로 규정했다.[55] 이임하가 연구한 참전 수기들에 나온 고통의 기억들은 다양하다. "그 기억은 목마름, 구둣발, 무서움으로 집약"되고 급하게 징집되어 전투 방법에 대해서도 무지했던 참전자들은 "심리적 두려움과 무서움에 대면해야 했다."

이러한 고통의 기억들은 전쟁 후에도 참전자들을 심각한 정신적 후유증에 시달리게 하기도 한다. "한국전쟁 참전 재향군인의 심리적 특성"이라는 연구 논문에 따르면, 이제 노인이 된 참전 군인들은 다른 일반 노인 집단과 비교하여 "문제 해결 과정과 대처 방식"의 효율성이 낮고, "내재된 경계성, 분노, 적개심"이 더 높으며 소외지표, 우울증 지표, 과잉경계지표가 모두 높은 것으로 나타났다.[56]

---

54 볼프 슈나이더, 『군인』, 397-401.
55 이임하, "상이군인들의 한국전쟁 기억," 207-209.
56 김태열, 장문선, "한국전쟁 참전 재향군인의 심리적 특성", 『인문학논총』 14(2), 2009, 211-213.

특별히, 아래에 인용하는 한 참전자의 충격적인 증언은 "죽음의 일상화"를 적나라하게 보여준다.

> (고지를 점령해 올라가 보니까) 인민군대가 많이 죽었더라고, 그래서 우리가 이제 흙으로 묻어주고, 흙을 얼굴에다 덮어주고 그러면 그 (위를) 막 밟고 다녔어요. 그런데 나중에 한 일주일 있으니까 그게 부패가 되고 몸이 이렇게 볼 터라고. 그러니까 같이 인민군대 죽은 옆에서 우리가 호를 파고 둘이 있었으니까.[57]

그런데 필자는 이 증언을 보면서 국군들이 전사한 인민군들을 땅에 묻어주고 얼굴을 흙으로 덮어 주었던 인도적 행위가 어쩌면 희생자로서 군인을 추모하는 모습이었지 않나 생각하게 되었다. 내가 살기 위해 죽일 수밖에 없었던 적군이지만, 그의 죽음 앞에서는 미워할 수만은 없는 감정이 참전자의 고백에서 느껴졌다. 그래서 주검에 대한 예의를 전쟁의 포화에서도 갖춘 것은 아닐까? 전투를 벌이고 난 후에도 적군을 추모하는 이러한 행위는 앞에서 묘사했던 국가 이데올로기로 분칠되어 있는 전사자 추모의 틀로 설명할 수 없다. 그 참전자는 비록 적군이라도 같은 군인으로서 겪었을 육체적, 정신적 고통을 절실히 공감했기에 인민군의 죽음이 아닌 한 인간의 죽음 앞에 머리를 숙인 것이지 않을까? 어떤 군인의 죽음 앞에서 그 전사자를 적군이든 아군이든 군인으로서가 아니라 소중한 개인의 죽음으로 바라볼 때, 그리고 인간의 욕심 때문에 벌어진 전쟁이라는 비극의 희생자로 바라볼 때 보편적 추모의 길이 열릴 것이라 생각한다. 더불어 이러한 보편적 추모의 가

---

57 앞의 논문, 209.

능성이 남과 북이 평화 체제로 나아가는 작은 밑거름이 되기를 바래본다.

4. 그리스도교 신앙의 역할

이제 그리스도교 신앙이 한국전쟁에서 안타깝게 목숨을 잃은 남과 북의 전사자들을 진정 추모하고 이를 통해 남과 북이 대결을 종식하고 평화로 나아가는 길에 어떤 건설적인 역할을 할 수 있는지 몇 가지 논해 보고자 한다.

1) 탈이데올로기와 그리스도교 신앙

최근 광화문을 방문하게 되면 수십 명에서 수백 명, 때로는 수천 명의 나이 지긋한 어르신들 위주로 모인 분들이 태극기, 미국 성조기, 때로는 이스라엘 국기까지 들고 행진하는 모습을 종종 보게 된다. 그들이 행진하는 이유는 극우보수의 정치적 목소리를 내기 위해서다. 2020년 7월 25일에도 '일파만파애국가 총연합', '국민저항운동본부', '태극기혁명국민운동본부' 등 보수 단체 등이 주도하여 수천 명이 광화문과 서초동 일대에서 대규모 집회를 진행하였다.[58] 코로나 감염병이 확산되는 가운데 벌인 집회에 대해 방역 당국과 시민들이 우려의 목소리를 내었음에도 집회를 진행한 것은 그들 주장의 정당성 여부를 떠나 자신들의 주장을 대중에게 전파하는 것에 대한 절박성을 보여준 것이라고 할 수 있다. 이러한 단체들의 집회 참여자들은 주로 극우보수의 상징적 인물로 여기는 박근혜 전 대통령 탄핵 철회와 조기 석방

---

[58] 서혜림, "코로나로 잠잠하다가…을지로·서초대로 등 대규모 주말집회 재개," 뉴스 1, 2020년 7월 25일자, https://www.news1.kr/articles/?4006821, (2020년 7월 30일에 접속)

등의 구체적 목소리를 내고 있다. 하지만 이러한 극우보수 그룹들이 추구하는 기본적 이념 가운데 반공주의와 친미주의를 빼놓을 수 없다. 이 그룹에 속한 구성원들이 대체로 연령대가 높아 한국전쟁의 부정적 기억이 공산주의와 북한에 대한 증오와 배척의 감정으로 이어진 배경도 극우보수가 반공주의 이념을 지속할 수 있는 동력이라 생각된다. 그런데 소위 태극기 집회를 주도하는 세력 가운데 일부 근본주의적 혹은 보수 기독교인들이 항상 함께해 왔다. 여기서 핵심 역할을 한 인물이 바로 한국기독교총연합회(한기총) 대표였던 전광훈 목사라는 점이 이를 증명한다. 물론, 한기총이 예전만큼 한국 개신교계를 대표하지 못하고 있을 뿐만 아니라 전광훈 목사의 비상식적 발언과 개인 비리로 인해, 전광훈 목사의 행보에 64%가 넘는 개신교인들이 매우 비판적이라는 사실을 한국기독사회문제연구원에서 수행한 2019년 개신교인의 인식 조사 통계에서 확인할 수 있다. 그러나 동일한 통계조사는 사회적 이슈들(동성애, 난민 문제 등)에 대해서는 개신교인들이 비개신교인들과 비교하여 보수적 태도를 보인다는 사실을 보여준다.[59] 사실, 태극기 부대에 속한 극우 개신교인들뿐만 아니라 개신교의 주류 세력이 한국전쟁 이후 반공주의를 적극 지지해 왔다고 할 수 있다.

그러나 기독교 성서와 신학의 관점에서 보면 그리스도인들이 신앙하는 하나님은 이데올로기와 결코 동일시될 수 없다. 모세가 히브리인들을 이집트의 노예 상태로부터 해방시키고 출애굽을 이끌라고 하나님의 명을 받는 장면이 나오는 본문에서 성서는 여호와 하나님을 "나는 스스로 있는 자니라."

---

59 이종범, "전광훈 목사 퇴장에도 보수 기독교는 변할 수 없다," 오마이뉴스, 2020년 6월 5일자, http://www.ohmynews.com/NWS_Web/View/at_pg.aspx?CNTN_CD=A000264. 628&CMPT_CD=P0001&utm_campaign=daum_news&utm_source=daum&utm_medium=daumnews. (2020년 7월 30일에 접속)

(출 3:14)라고 선언한다. 그리고 이러한 신 존재 진술은 출애굽 이후 시내산에서 받은 십계명의 "너를 위하여 새긴 우상을 만들지 말라"(출 20:4)라는 두 번째 계명으로 구체화된다. 여기서 우상을 굳이 문자적으로 신을 나타내는 조각상으로 한정해서 이해할 필요는 없다. 여호와 하나님을 대신하는 그 어떤 것도 우상이 될 수 있다. 여기에는 개인의 신념이나 사회 구성원을 통제하는 이데올로기도 포함될 수 있다. 이런 맥락에서 기독교 신학에서는 하나님을 항상 세상의 그 어떤 대상과도 동일시할 수 없는 초월자로 이해해왔다.

굵직한 현대 신학자들만 살펴봐도 신의 초월성에 관한 다양한 신학적 사례들을 찾을 수 있다. 20세기 신학의 포문을 열었던 칼 바르트(Karl Barth, 1886-1968)는 선배 신학자들이 자유주의 가치와 예수를 동일시했고, 그러한 기반 위에서 독일 민족의 우월론과 국가사회주의를 지지했던 것을 단호히 거부했다. 바르트가 전적 타자로서의 하나님이라는 개념을 통해 신의 초월성을 강조한 것이 이를 위한 신학적 배경이다.[60]

바르트가 이해하는 신과 세계의 관계가 지나치게 이원론적이라고 비판한 신학자 볼프하르트 판넨베르크(Wolfhart Pannenberg, 1928-2014)도 "종말론적 하나님 나라의 완성 전까지 하나님은 아직 하나님"이 아니라는 담대한 진술을 통해 신의 초월성을 담보하고 세계 내 유형적, 무형적 존재들을 상대화시켰다.[61]

한편, 한국적 신학의 대표적 사상가라고 할 수 있는 유영모는 "없이 계신 하느님"을 즉, 'A=not A'라는 모순을 끌어안은 동양적 사고를 통해 신의 초

---

60 스텐리 그렌츠 · 로저 올슨, 『20세기 신학』, 신재구 옮김, 서울: 한국기독학생회출판부, 1997, 101-102.

61 Wolfhart Pannenberg, *Systematic Theology 1,* trans. Geoffrey W. Bromiley, 3 vols., vol. 1 (Grand Rapids, Mich.: Eerdmans, 1991), p.55.

월성을 논했다. 『없이 계신 하느님, 덜 없는 인간』에서 이정배는 "없이 계신"이라는 술어를 "텅 비어 있지만 가득 차 있는 진여(眞如) 세계를 보는" 견성(見性)이며 "견성은 현상(상대)계를 넘어선 절대의 차원, 곧 공(空)과 무(無) 일의 실재를 일컫는다"라고 설명했다.[62] 이러한 절대 공과 절대 무라는 동양 형이상학 관점에서의 하나님 이해를 바탕으로 유영모는 오히려 현실 유교를 "없이 계신 분과의 관계를 망각하고 가시적 대상인 임금과 조상에 대한 충성과 섬김으로 변질"되었다고 비판하였다.[63] 이러한 맥락에서 상대적이고 가시적인 이데올로기는 유영모 신학의 관점에서도 철저히 비판될 것이다. 하지만 유영모 방식의 신의 초월성 이해는 바르트와 같은 '전적 타자성'과는 다르다. 이정배에 따르면 다석 유영모는 '없이 계신 하느님'을 인간 안에서, 유영모식 표현으로 하면 "인간의 속알(얼)"에서 찾는다. 그런데 궁극적 의미에서 "'없이 계신 이'가 인간의 깊은 바탈[本然之性]이지만 인간의 욕망이 그것을 가로막고 있기 때문에 "참나가 되기 위해 지난한 수행이 필요"한 것이다.[64] 이러한 해석은 탈이데올로기적 신앙을 위해 다음과 같은 장점이 있다. 이데올로기는 인간의 욕망과 얽혀 있기 때문에 나라는 존재와 동떨어진 '전적 타자'로서의 신에 대한 믿음만으로는 이데올로기를 벗어나기 힘들다. 오히려 유영모의 표현대로 '없이 계신 하느님'이며 익숙한 언어로 얘기하면 성령을 내 안에서 발견하기 위해 끊임없이 반성하는 수행을 통해 탈이데올로기를 이루어 갈 수 있는 것이다.

한국전쟁과 분단된 한반도의 갈등을 둘러싼 자유주의(자본주의)와 공산주

---

62 이정배, 『없이 계신 하느님, 덜 없는 인간』, 서울: 도서출판 모시는사람들, 2009, 180-181.
63 앞의 책, 120.
64 앞의 책, 182-183.

의는 남한사회와 북한사회의 특수한 역사적, 사회적 상황 속에서 정착되었고 사회를 유지, 발전시키는 데에 활용되어 왔다. 그러나 기독교 신앙 및 신학의 관점에서 둘 중의 어떤 이데올로기도 절대화될 수 없다. 그러므로 신학을 통한 이데올로기의 상대화는 위에서 분석한 한국전쟁의 탈식민적 이해에도 도움이 될 것이다. 냉전 시대가 종식된 현시대에 반공주의를 절대적으로 수호할 하등의 신앙적, 신학적 이유가 없다. 오히려, 그리스도인들은 이제 이데올로기 수호자로 자신을 포장하여 한반도를 지배하고 동북아 패권을 가지려 했고, 지금도 가지려 하는 제국주의적 강대국들을 신의 초월성 관점에서 비판할 수 있어야 한다. 이데올로기를 상대화시키는 기독교적 관점은 한국전쟁의 전사자들을 진영에 상관없이 보다 객관적으로 바라볼 수 있게 할 것이다.

2) 전사자/희생자로 불러 보기

성서는 이름을 짓는 행위를 중요하게 여긴다. 창세기 2장의 창조 이야기에서 하나님께서 각종 동물들을 사람에게 데리고 가서 그들을 "부르라고" 명하시고 사람이 부른 것이 그 동물들의 이름이 되었다(창 2:19). 이름을 짓는 행위에 대한 성서적 이해를 위해 우리는 구약학자 클라우스 베스터만(Claus Westermann, 1909-2000)의 해석을 참고할 필요가 있다. 베스터만은 창세기 2장에서 인간이 동물들에게 이름을 짓는 행위가 그 동물들을 지배하는 권한을 부여받은 것을 의미한다는 전통적 해석을 비판하면서, 인간의 세계에 "그 동물들을 위치시키는" 행위라고 이해했다.[65] 필자 또한 베스터만과

---

65 Claus Westermann, *Genesis 1-11 : A Continental Commentary*, trans. John Scullion

같이 이름 부르기가 정복적 행위라는 해석에 비판적이다. 그런데 이름 부르기가 인간이 세상을 이해하기 위해 질서를 부여하는 자연스러운 행위이며 일종의 '이성적 절차'라는 베스터만의 해석에 동감하면서도 필자는 여기서 베스터만도 서구의 인식론을 벗어나지 못했다고 생각한다.

필자는 창세기 2장 19절을 읽을 때 김춘수의 시, 〈꽃〉의 처음 두 구절, "내가 그의 이름을 불러 주기 전에는 그는 다만 하나의 몸짓에 지나지 않았다. 내가 그의 이름을 불러 주었을 때, 그는 나에게로 와서 꽃이 되었다."[66]를 떠올리게 된다. 이름을 부르기 전에 동식물은 주변의 흐릿한 배경일 뿐이다. 그러나 이름을 부르려면 그 동물이나 식물에 대해서 생각해야 하고 그 대상이 나의 인지 체계 속에 들어오는 것이다. 인간의 입장에서 보면 타자는 이름을 부를 때 나에게 의미 있는 존재가 된다. 이는 대상의 이름을 지어 주는 순간 그 대상은 단순히 나라는 주체와 분리된 채 인식론적으로 포착하는 대상에 그치는 것이 아니다. 오히려, 존재론적 해석학자인 한스 게오르그 가다머(Hans Georg Gadamer, 1900-2002)가 해석의 특징을 "지평 융합"이라고 제시하였듯이,[67] 대상의 존재 지평과 이름을 부르는 존재의 지평이 만나 융합하는 관계의 장을 형성하게 되는 것이다. 이런 '존재론적 이름 짓기'라는 맥락에서, 성서에는 중요한 사건이 발생했을 때 그 사건에 참여한 사람의 이름을 바꾸는 이야기들이 등장한다는 사실을 발견하게 된다. 아브람은 당시 하나님의 백성을 표징했던 할례를 받고 나서 민족(큰 무리)의 아버지라는 뜻을 가진 아브라함이라는 이름을 하나님으로부터 받았다. 아브라함의

(Minneapolis, MN: Fortress Press, 1994), p.228.

66 김춘수, 『꽃: 지식을만드는지식 육필시집』, 지식을만드는지식, 2012, 28.

67 Hans-Georg Gadamer, Joel Weinsheimer, and Donald G. Marshall, *Truth and Method*, 2nd, rev. ed. Continuum Impacts, London; New York: Continuum, 2004, p.305.

손자 야곱 또한 압복강 강가에서 형 이삭을 만나는 것이 두려워 밤새 하나님의 천사를 붙들고 있었던 믿음을 인정받아 하나님께서는 '하나님과 겨루어 이긴 자'라는 뜻을 가진 이스라엘이라는 새로운 이름을 지어 주셨다. 신약성서에서도 비슷한 사건이 반복된다. 예를 들어, 본래 시몬이었던 예수의 첫 번째 제자 베드로는 마태복음 16장 16절에서 예수를 그리스도로 고백한 뒤에 예수로부터 반석을 의미하는 베드로라는 새 이름을 받게 되었다(마 16:18).

이와 같이 기독교적 관점에서 볼 때 대상에 대한 명칭을 붙이는 일은 그 대상을 향한 인식론적 이해뿐 아니라 대상의 존재론적 함의까지 포함하는 매우 중요한 행위이다. 다시 말해 이름을 붙이는 자와 이름을 얻는 자 사이에서 일어나는 존재론적 사건이라 하겠다. 그런 의미에서 이름을 붙이는 일에는 신중을 기해야 하는 것이다. 이제 본 논문의 초점인 한국전쟁에서 목숨을 잃은 군인의 문제로 돌아와 보자. 그들은 그 어떤 것보다 소중한 자신의 생명을 끔찍한 전쟁의 현장에서 잃었다. 그러나 군인들이 민간인과 다른 것은 일반 시민들을 위해 자신의 생명을 걸고 전쟁을 수행하다 목숨을 잃었다는 것이다. 이런 점에서 군인들의 희생정신과 봉사정신을 존경하고 추모해야 함은 마땅하다 하겠다.

그럼에도 불구하고 필자는 통상적으로 전쟁에서 사망한 군인들을 전사자로 명칭을 제한하는 방식에 의문을 제기하고 싶다. 전사자라는 명칭에는 전쟁 중에 발생한 군인 사망자와 민간인 사망자를 철저히 분리시키고자 하는 의도가 담겨 있다. 민간인 사망자는 보통 희생자라고 부르는 반면에 군인 사망자는 희생자라고 잘 부르지 않는 것도 이러한 점을 보여준다. 본 논문의 세 번째 절에서 살펴본 것처럼 한국전쟁의 추모 행사에서 대부분의 추모 대상자로 전사자를 부각시켰다. 민간인 희생자는 망각의 대상이 되고 만다. 나아가 추모 행사에서 엿볼 수 있는 종교적 형식의 의례는 전사자를 존경의 대상을 넘어 신화화, 숭배화 한다. 이러면 남는 것은 체제 이데올로기밖에 없다. 근대국가는 전사자 추모의례를 통해 국가 이데올로기 또는 국가가 표방하는 이념을 절대화하였다. 남한과 북한도 이러한 흐름에서 예외가아니었고 이러한 이데올로기를 거부한 순간 공동체의 배신자로 낙인을 찍는 일들을 지속하였다.[68] 숭배의 대상이 있으면 증오의 대상이 존재하기 마련이다. 이처럼 근대국가에서 전사자 추모의례는 숭배와 증오라는 양가적모순적 감성을 배태한 제도이다. 이러한 제도를 통해 국민들은 애국심을 고취하기도 하지만 반대로 타국에 대해 적개심을 키우기도 한다. 특별히 필자는 여기서 이에 대한 신학적 이유로 숭배의 대상이 무한한 존재나 세계가아니라는 점을 지적하고 싶다. 숭배의 대상이 모든 것을 포괄할 수 없는 유한자인 경우에 그 유한자가 포함하지 못하는 대상이나 이념(개념)은 배제와증오의 대상이 된다. 한국전쟁의 전사자가 그 체제의 숭배적 추모의 대상이되는 순간 그 전사자를 죽인 상대는 증오의 대상이 되는 것이다. 이는 양쪽진영에 마찬가지로 적용될 것이다. 현재의 전사자 추모 프레임에 머무는 한남한의 추모의 대상은 북한에서 증오의 대상이 되며, 북한의 추모 대상은남한에서 증오의 대상이 된다.

그러므로 필자는 여기서 한국전쟁의 군인 사망자에 대한 명칭에 전사자외에 희생자라는 명칭이 추가되어야 한다고 주장한다.[69] 여기서 희생자라

---

68 한국전쟁 이후, 체제 이데올로기 틀을 비판하는 사람들을 남한은 소위 '빨갱이', '좌익분자'라고 불렀으며, 북한은 '반동분자', '미제국주의자'라고 규정하며 사회적 낙인이라는 폭력을 자행해왔다.
69 연구시작 단계에서는 전사자라를 희생자라는 명칭으로 대체하는 것에 대해 고려하였다. 그런데연구가 진행되어가면서 희생자라는 명칭도 한국전쟁 군인들의 정체성 전체를 포괄하기 어렵다는 것을 깨달았다. 그들 가운데는 이념을 신봉하고 그것을 지키기 위해 자발적으로 참전한 군인

는 용어는 전쟁 중 발생한 군인 사망자들이 제국주의적 세력 대결의 희생자라는 의미로 이해되어야 한다. 다르게 말하면 희생자라는 명칭이 전쟁 중 벌인 포로에 대한 반인도적 행위, 민간인 학살 등의 중대한 전쟁범죄를 묵인하자는 의미는 결코 아니다. 앞에서 살펴본 대로 한국전쟁은 민간인, 아군, 적군의 구분 없이 또 남한 지역과 북한 지역 가릴 것 없이 한반도 전체가 참혹한 피해를 입은 전면전이었다. 사실 평화의 관점에서 볼 때 전쟁 자체는 반평화적이고 반생명적이기에 전쟁이라는 공간에 들어와 있는 순간 누구나 경중은 다르다 해도 평화를 훼손한 잘못에 대한 책임이 있는 법이다. 그러나 한국전쟁과 같이 전면전이면서 장기간에 진행되는 전쟁에서는 총체적이고 시스템적인 폭력들이 무차별적으로 자행되기에 군인들이라고 해서 희생자라고 보지 말란 법은 없다. 특별히, 위에서 언급한 서발턴의 연구 개념에서 서발턴이라는 용어 자체가 하급 장교를 가리킨다는 점과 한국전쟁 상황을 비교하여 보면 군인 자체가 자신의 말을 내뱉을 수도 없는 서발턴이라는 사실이 드러난다. 상부와 상관의 명령이 절대시되는 군대라는 조직에서 하급 장교와 사병들은 명령이 가져올 물리적 파괴력과 피해를 생각할 겨를도 없이 그 명령을 수행하는 경우가 많다. 그러다 전쟁의 참상을 몸소 겪고 나면 참전 병사들은 전쟁 후 트라우마를 겪는다.

희생자라는 명칭이 참전 군인들, 특히 사망한 군인들에게 추가되어 사용된다면 향후 남북한이 평화 관계로 나아가는 길에 공헌할 수 있는 몇 가지 긍정적인 측면이 있다. 첫째, 한국전쟁의 정당성 논쟁에서 벗어나는 효과를

도 존재하기 때문이다. 그래서 전사자/희생자라는 다소 모순되어 보이지만 참전군인들의 이중적 정체성을 드러내는 용어를 사용하자는 뜻에서 희생자라는 명칭을 추가한다는 표현을 여기서 사용하였다.

얻을 수 있다. 앞에서 살펴본 대로 체제 경쟁 때문에 한국전쟁에 관한 학술 논의는 한국전쟁의 기원, 즉 '누가 전쟁을 일으켰고 누구에게 전쟁의 책임이 있는가?'의 논쟁으로 주로 점철되었다. 그러나 군인을 희생자로 보는 관점은 한국전쟁이 제국주의적 쟁탈전이라는 새로운 전제 위에서 이해될 수 있고, 이는 전쟁의 책임자 규명과 정당성의 논쟁이 불필요하다는 사실을 깨닫게 해 준다. 둘째, 전쟁의 '보편적 희생자' 관점에서 군인 사망자들을 본다면 보편적 추모의 길도 열릴 수 있다. 추모-증오의 이항 대립 구도를 해체하고 추모와 애도가 함께 이루어지는 방법을 모색할 수 있다. 희생자라는 관점으로 보면 북한군 묘지도 다르게 읽힐 수 있다.

예를 들어, 파주 적군묘에 있는 이름 모를 북한군 묘지의 주인공을 바라보며 증오의 감정이 올라오지 않을 수 있다. 오히려 제국주의적 쟁탈전인 줄도 모른 채 자신의 싸움이 가족과 이웃을 지킬 수 있으리라는 기대를 품고 참전했다가 젊은 나이에 허망하게 목숨을 잃은 한 젊음이라는 생각에 안타까운 마음을 가질 수 있다. 이와 같이 명칭 추가가 의미의 전환을 가져올 수 있으며 군인 희생자가 남기고 간 존재 잔여를 더욱 담을 수 있다. 이러한 노력이 성서가 말하는 존재를 담은 이름 짓기에 가까운 것이라고 생각한다. 예수가 십자가 위에서 고통 가운데 내뱉은 말씀을 기억해 보자. 예수는 로마 군인들을 향해 "아버지 저들을 사하여 주옵소서. 자기들이 하는 것을 알지 못함이니이다."(눅 23:34)라고 했다. 예수의 눈에는 그 군인들도 일개 병사들로서 로마 제국의 제국주의적 강압 통치의 희생자들로 보인 것이며 그래서 그들에 대한 측은지심의 마음이 그 고통 가운데서도 발동한 것이다. 예수를 따르는 우리 그리스도인들은 그러한 측은지심과 안타까워하는 마음으로 북한 동포를 바라볼 필요가 있다.

3) 희생자의 삶의 이야기를 듣기―한국 그리스도교의 향후 과제

마지막으로 한국전쟁 군인 전사자/희생자들을 진정으로 추모하기 위해서 반드시 필요한 과정을 언급하고자 한다. 위에서 살펴본 대로 기존의 전사자 묘비는 자기 진영의 이데올로기를 강화하고 체제의 정통성을 강조하는 데에 주로 활용된다. 그러다 보니 전사자 묘비에서 전사자들의 삶을 분리해 내버린다. 전사자를 추모하는 수많은 묘비들, 심지어는 해당 전투의 전사자의 이름들을 새겨 넣기 위해 세운 거대한 묘비들도 존재하지만, 그러한 추모의 공간에서 그들의 삶 자체의 흔적들을 볼 수 있는가? 현충일과 같은 기념일에 전사자들의 전쟁 이전에 살았던 삶을 추모한 적이 있는가? 그러한 노력을 해 보았는가? 전사자들을 희생자들로도 보기 시작하면 이러한 질문들이 마음속에서부터 올라오게 될 것이다.

몇 년 전 일어난 세월호 사건에서 많은 희생자들의 안타까운 죽음을 추모하고 안전한 사회를 만들겠다는 사회적 의지가 모여 4·16기억저장소가 경기도 안산에 건립되었다. 이 장소에는 희생자들의 사고 전 모습과 삶의 흔적들이 곳곳에 담겨 있어 희생자들의 삶 전체를 기억하고 추모할 수 있도록 설계된 것으로 보인다. 그러나 전사자 추모의 장소는 어떠한가? 국가 기념식에서는 나라를 지킨 영웅의 의미를 강조하다 보니 전사자의 유가족조차 전사자를 가족의 일원으로 기억하여 추모하지 못한다.

탈식민주의 철학자 스피박이 "서발턴은 말할 수 있는가?"에서 강조하고자 했던 것 중의 하나는 제국주의와 가부장제의 이중 굴레 속에서 자신의 목소리를 낼 권리조차 빼앗겼던 현실을 타파하기 위해서는 어려운 과정[70]

---

[70] 스피박은 인도의 서발턴 학자들조차 서발턴의 목소리를 대변해준다 하면서 실은 그들 자신의

이지만 인도 여성의 이야기를 있는 그대로 듣는 일이었다. 이미 목숨을 잃은 한국전쟁 참전 군인들의 목소리를 직접 들을 수는 없다. 하지만, 그들에게도 연인이나 가족들과 사랑을 나누었던 소중한 일상의 이야기들, 그들의 개인의 역사들이 있을 것이다. 참전 군인 사망자들을 전사자/희생자 관점에서 바라본다면 그들의 일상의 삶 자체에 주목할 수 있을 것이다. 여기에서는 지면 관계 때문에 참전군인들 삶의 기록 일부만 드러낼 수 있었다. 하지만 전사자/희생자들의 평범하지만 소중했던 일상의 삶을 기억하는 일이 그들을 진정 추모하는 길이 될 수 있으며 그들의 목소리를 간접적으로 들을 수 있는 방법이 될 것이다. 한국전쟁을 전후로 한 사람들의 삶의 이야기를 찾아내는 일을 한국 그리스도인들이 나서서 섬겨주기를 바란다.

나가는 글

한국전쟁 70주년을 맞이하여 남북과 동북아 지역의 평화의 시대로 나아가기 위한 패러다임 전환이 요청된다. 본 논문은 이를 위해 두 가지 주장을 펼쳤다. 첫째, 한국전쟁은 국외적인 요인과 국내적인 요인에서 보아야 하지만 본질적으로 강대국들의 제국주의적 전략의 충돌이라는 근본적 틀을 놓쳐서는 안 된다. 둘째, 한국전쟁에 대한 이러한 탈이데올로기적 이해를 바탕으로 한국전쟁의 군인 사망자를 전사자로만 추모하기보다는 희생자라는 개념과 함께 그들의 삶의 이야기를 발굴하여 들을 때 그들을 진정으로 추모

관념과 주장으로 인도 여성들의 이야기를 왜곡하며 그들이 더욱 말할 수 없게 만든다고 비판하였다. 자신의 이데올로기를 내려놓고 다른 이의 이야기를 듣는 일이 그 만큼 어렵다는 점을 스피박은 보여준다.

할 수 있다. 다시 말해, 영웅의 전쟁 이야기를 지양하고 희생자의 인생 이야기로 전환될 필요가 있다는 것이다.

특별히, 본 논문은 한국전쟁의 탈이데올로기화, 전사자/희생자로의 변환, 삶의 이야기 듣기는 각각 신의 초월성에 대한 기독교적 신앙, 존재론적 이름 짓기라는 기독교 성서와 신학에 의해 지지될 수 있음을 보여주었다. 평범한 사람들이라면 가족의 안전과 행복을 소망한다. 이러한 소망이 실현되려면 평화가 기초가 되어야 한다. 이는 군인들이라 해서 다르지 않을 것이다. 남한과 북한의 평화적 관계가 이루어질 세계에서는 한국전쟁이 벌어지기 전 남북한 군인들의 삶과 꿈을 함께 기억하고 추모하는 일이 필요하다. 이를 위해 한국의 그리스도인들이 남한의 군인들뿐만 아니라 북한의 군인들도 전사자/희생자라는 새로운 명칭으로 바라보며 보편적 추모의 길을 개척하는 데 섬김의 역할을 감당하게 되기를 소망한다.

북한 선교의 새 가능성*
: 북한이탈주민 정체성의 선교신학적 고찰

홍 정 호 신반포감리교회 담임목사, 연세대 겸임교수

남북한 평화와 공동 번영의 시대에는 냉전/분단 체제에서 형성된 북한 선교 담론의 해체와 재구성이 요청된다. 본고는 이를 '선교(宣敎)에서 선교(先交)로, 계몽에서 사귐으로'라는 주장으로 요약했다. 북한 선교는 '북한'이라는 타자의 무한성을 특정한 재현의 맥락 속으로 환원시키는 정체성 폭력의 종교적 실천이 아니며, 서구식 근대화의 앞선 경험을 특권으로 삼아 계몽의 주체로 서겠다는 '선교(宣敎)'적 다짐의 지속도 아니다. 선교는, 가르침을 베푸는 행위가 아니라, 이웃과 앞서 만나[先] 사귀는 일[交]이다.

들어가는 글

통일부 통계자료에 따르면, 2020년 9월 말 입국자를 기준으로 한 북한이탈주민의 총합은 33,718명이다.[1] 2001년 이전 입국자의 합계가 1,043명이었다는 사실에 비교하면, 지난 20여 년 동안 남한에 입국한 북한이탈주민의 수가 대략 30배 넘게 증가했다는 사실을 알 수 있다. 북한이탈주민의 탈북 요인도 그만큼 다양해졌다는 분석이다. 1990년대까지는 주로 정치적 요인에 의한 탈북이 주된 원인이었다면, 경제난 이후로는 생계형 탈북부터, 더 나은 삶을 위한 경제 이주, 교육이나 문화적 선호도에 따른 이주까지 탈북의 유형도 다양해지고 있다고 한다.[2] 한국 교회가 열망하는 북한 선교의 길이 열리기에 앞서 이미 3만 명이 넘는 북한이탈주민들이 다양한 이유로 분단의 경계를 넘어 우리 사회의 일원이 되어 있는 것이다.

---

* 이 글은 일본에서 발행된 졸고를 필자의 다른 발표원고 일부로 보완하여 새롭게 쓴 글입니다. 洪 禎晧, "平和體制以降の宣教のパラダイム轉換," 翻訳 イ·サンフン「キリスト教文化」通卷12号 (2018.12), 48-54.

1 https://www.unikorea.go.kr/unikorea/business/statistics/ (2020년 11월 29일 접속). '북한이탈주민'이란 군사분계선 이북지역(이하 "북한"이라 한다)에 주소, 직계가족, 배우자, 직장 등을 두고 있는 사람으로서 북한을 벗어난 후 외국 국적을 취득하지 아니한 사람'으로 정의된다. (북한이탈 주민의 보호 및 정착지원에 관한 법률 제2조 제1항)

2 김성경, "북한 출신자와 '사회 만들기': 호혜성과 환대의 가능성," 「문화와 정치」 제5권 1호, 2018, 44.

그러나 북한이탈주민은 여전히 한국 사회에서 '타자'로 존재한다. 이들은 정치적 목적에 국한되지 않는 다양한 이유로 고향을 떠난 '이주민'인 동시에, 분단의 아픔이 지속되는 체제하에서 '적국'으로부터 온 이들이라는 이중적 정체성을 지니고 있다. 그렇기에 북한이탈주민은 남북 관계의 변화 양상에 따라 불의한 체제의 고발자로 호명되기도 하고, 비가시적 존재로 취급당하기도 하는 등 '재현의 정치(politics of representation)'의 대상이자 정체성 폭력의 희생자로 존재한다. 남한사회에서 이들에 대한 호칭이 과거 '월남귀순용사'에서부터 '탈북난민', '탈북자', '새터민', '북한이주민', '북한 출신 주민', '북한 출신자', 그리고 법적 용어인 '북한이탈주민' 등으로 다양하게 변화해왔다는 사실은, 이들 타자로서의 북한이탈주민의 '정체성'을 규정하는 데 있어 한국 사회가 혼란을 겪고 있는 현실을 방증한다.

본 논문은 한국 사회에서 타자로 존재하는 북한이탈주민의 정체성에 대한 선교신학적 고찰을 통하여 북한 선교의 새 가능성을 모색해 보는 것이다. 북한이탈주민은 모든 '타자'인 존재와 마찬가지로, 그들을 호명하는 주체의 의지로 환원될 수 없는 '타자성'을 지닌 존재이다. 선교는 이들을 특정한 재현의 맥락으로 호명해 내기 위한 정체성 폭력의 도구가 아니며, 냉전 분단 체제의 지속을 정당화하기 위한 종교적 언술 체계도 아니다. 선교는 그리스도의 사랑 안에서 타자와의 앞선(先) 사귐(交)에 나서는 실천이다. 북한 선교는 북한이탈주민의 타자성을 긍정하고, 타자로서의 존재와 더불어 복음적 평화를 이루려는 목적에서 수행되어야 한다.

남북한 평화와 공동 번영의 시대를 준비하며 한국 교회의 선교와 선교신학은 새로운 담론을 마련해야 한다. 특히 분단과 대립의 시대를 지나는 동안 형성된 북한에 대한 적대적 인식을 청산하고, 그들을 평화와 공동 번영의 동반자로 인정하는 '한국 교회의 북한 선교 담론'의 변화가 필요하다. 평화 체제 이후를 모색하는 선교신학의 과제는, 타자화의 대상으로서의 '북한'과 타자화의 장치로서의 '선교'의 결합을 해체하는 작업이 되어야 함과 동시에, 지금까지 근대성의 맥락에서 이해되어 온 '선교'에 대한 이해를 해체/재구성하여 타자 중심적으로 재구성하는 신학적 작업이 되어야 한다. 이하에서는 북한이탈주민 정체성을 둘러싼 한국 교회의 북한 선교 담론 비판을 통해 북한 선교의 새 가능성을 모색하고, 이를 '선교(宣敎)에서 선교(先交)로의 전환'[3]이라는 주장으로 요약 제시하고자 한다.

1. 난민과 주민과 국민의 경계선에 있는 북한이탈주민

타자로서의 북한이탈주민의 정체성이 혼란을 일으키는 원인 가운데 하나는 이들이 헌법상 대한민국 국민이라는 데 있다. 외국인의 경우에는 난민법의 적용을 받아 난민 신청과 심사를 통해 한국에 정착하지만, 대한민국 국민의 지위를 지니는 북한이탈주민의 경우에는 난민법이 아닌 '북한이탈주민의 보호 및 정착지원에 관한 법률(약칭 북한이탈주민법, 법률 제16223호)의 적용을 받아 난민과는 비교할 수 없는 지원 관리 체계 아래 들어가게 된다. 이들이 북한을 떠나 제3국에 도착하면 자신이 원하는 나라에 신변 보호를 요청하고, 난민 신청을 통해 난민 지위를 얻을 수 있는데도, 남한행을 선호하는 이유 가운데 하나이다.[4] 다시 말해 한국에 들어온 북한이탈주민들은 제3국이 아닌 대한민국을 '선택'해 입국한 이들이다.

---

3 다음을 참고하라. 홍정호, "탈근대/탈식민 시대의 선교신학: 타자를 위한 신학에서 타자의 신학으로," 변선환아키브 편, 『종교개혁 500년, '以後' 신학』, 모시는사람들, 2017, 458-477.

4 유엔난민기구(UNHCR)의 '2019년 국제 동향 보고서'에 따르면, 2018년 말 기준 전 세계에서 난민자격으로 살고 있는 북한이탈주민의 수는 762명으로 집계되고 있다.

실상 북한이탈주민은 현대적 의미의 난민 개념에 부합하는 이들임에도 불구하고, 분단국이라는 특수한 상황 하에서 난민이 아닌 주민의 지위로 대한민국 입국 과정에 들어가게 된다. 현대적 의미의 난민 개념은 국제연합(UN)의 1951년 '난민의 지위에 관한 협약'(Convention Relating to the Status of Refugees, 이하 난민협약)과 1967년 '난민 지위에 관한 의정서(Protocol Relating to the Status of Refugees, 이하 난민의정서)' 등에 근거한다. 유엔난민기구(UNHCR)는 난민(refugee)을 이주민(migrant)과 구분하여 "인종, 종교, 국적, 특정 사회집단의 구성원 신분, 또는 정치적 의견으로 인해 박해를 받을 우려가 있는 자로, 출신국의 보호를 받을 수 없거나 돌아갈 수 없어 '국제적인 보호'를 필요로 하는 사람"으로 정의했다. 한국은 1992년 12월에 난민협약과 난민의정서에 가입하였고, 1993년에 「출입국관리법」에 난민 관련 조항을 신설하였으며, 2012년 「난민법」을 제정하여 이듬해인 2013년 7월 시행에 들어갔다.

한국의 「난민법」은 난민협약과 난민의정서 등에서 규정한 난민의 지위와 처우에 관한 사항에 근거하여 난민을 '인종, 종교, 국적, 특정 사회집단의 구성원인 신분 또는 정치적 견해를 이유로 박해를 받을 수 있다고 인정할 충분한 근거가 있는 공포로 인하여 국적국의 보호를 받을 수 없거나 보호받기를 원하지 아니하는 외국인 또는 그러한 공포로 인하여 대한민국에 입국하기 전에 거주한 국가로 돌아갈 수 없거나 돌아가기를 원하지 아니하는 무국적자인 외국인[5]으로 정의하였다. 난민법의 시행으로 한국은 난민 협약상 규정된 난민의 지위와 권리를 보장할 수 있는 난민 인정 제도의 기반을 마련하게 되었다. 유엔난민기구 한국대표부의 설명에 따르면, 아시아에서 최

---

5 「난민법」(법률 제11298호) 제2조 1항.

초로 법제화된 이 난민법의 시행으로 인해 "공항 또는 항구에서 입국이 허가되기 전에 '나는 돌아가면 박해를 받는 난민입니다.'라고 하며 대한민국의 비호를 구하는 난민들의 주장에 대해 간단히 심사 후, 그 결과에 따라 입국을 허가하고 정식 난민 심사의 기회를 부여"[6]할 수 있는 제도적 발판이 마련되었다.

유럽연합(EU) 국가들의 경우 1997년 발효된 '더블린 조약(Dublin Regulation)'에 따라 난민들이 첫 유입국에서만 자격 심사를 받을 수 있도록 제한함으로써 난민 문제를 인접 국가에 떠넘기는 방식으로 소극적으로 대처해 왔다. 그러나 2015년 8월 독일의 앙겔라 메르켈(Angela Merkel) 총리는 유럽연합 국가들이 인구, 경제력, 실업률 등에 맞춰 난민을 분산 수용함으로써 공동으로 대처해 나가자는 내용의 '난민 쿼터제'를 주장하면서 더블린 조약에 얽매이지 않는 무조건 수용의 입장을 발표했다. 이에 따라 시리아, 아프가니스탄, 터키 등지에 머무는 많은 난민들이 독일행을 목표로 유럽 진입을 시도하였고, 특히 헝가리를 통해 독일로 가려는 이들이 급증하면서 8월 25일 하루 만에 2,500명 이상의 난민이 헝가리 남쪽 국경으로 밀려드는 일대 혼란이 초래되기도 했다.[7] 이러한 상황이 지속되자 유럽은 시리아 난민들을 막기 위해 국경 통제를 강화하기 시작했고, 독일에서도 메르켈의 지지율이 급락하면서 '난민 쿼터제'에 대해 강력한 반대의 목소리들이 확산되었다. 결국, 독일 내 반이민 정서가 확산되고 극우주의자들의 정치적 입지가 강화되는 등 수세에 몰린 메르켈은 더블린 조약의 재적용을 천명했고, 무조건 수

---

6   유엔난민기구 한국대표부, 「2016년도 공항에서의 난민신청 실태조사 보고서」, 2016, 3.
7   이신화, "시리아 난민사태: 인도적 위기의 안보적 접근과 분열된 정치적 대응", 「한국과 국제정치」제32호, 2016, 90.

용 입장을 밝힌 지 1년여 만에 난민 문제에서의 자신의 미흡함을 공식 인정[8] 하며 기존 입장에서 한 걸음 후퇴해야 했다.

북한이탈주민은 난민이 아니다. 그들은 헌법상 국민의 지위를 누리고, 입국과 정착 단계에서 난민과 다른 과정을 거친다. 그러나 이들 북한이탈주민은 남한 출신 국민들과는 다른, 보이지 않는 배제와 차별을 겪는다. 서울대 통일평화연구원이 발표한 '2018 통일의식조사'의 '탈북자에 대한 태도와 국민정체성' 조사 결과에 따르면, '남북 관계의 진전과 그에 따른 통일 인식의 긍정적 변화에도 불구하고 탈북자에 대한 사회적 거리는 가까워지지 않고 오히려 멀어지는 경향성을 유지하고[9] 있다는 점을 확인할 수 있다. 북한이탈주민들이 헌법상 국민의 지위를 누리고 있음에도 불구하고, 남한 출신의 국민들과 동등한 지위를 누리는 국민으로 바라보는 시각이 여전히 존재하는 것이다. 그러나 같은 기관인 서울대 통일평화연구원이 이듬해 발표한 '2019 통일의식 조사'에서는 "북한이탈주민에 대한 남한 국민들의 인식이 점차 개선되고 있음을 볼 수 있다."[10]라는 결론이 도출되었다. 이러한 조사 결과 차이에서 볼 수 있듯이, 북한이탈주민에 대한 남한사회의 인식은 고정적이지 않으며, 남북 관계의 변화 양상에 따라, 남북한의 정치적·경제적·사회적 관계의 변화에 따라 지속적으로 변화하는 중에 있다. 이들은 법적으로 대한민국 국민의 지위를 부여받았음에도 불구하고, 남한사회의 일원으로 자리매김하기 위한 인정 투쟁의 과정에 놓여 있다. 북한이탈주민의 '정체성'에 대한 호명이 중요한 이유이다.

8   연합뉴스, "선거 패배 메르켈, 난민대응 미흡 첫 인정…"反난민은 안 돼"" (2016. 9. 20.)
9   정동준 외, 『2018 통일의식조사』, 서울대학교 통일평화연구원, 2019, 169.
10 김학재 외, 『2019 통일의식조사』, 서울대학교 통일평화연구원, 2020, 220.

대한민국의 '평범한' 국민으로서의 지위와 권리를 보장받기 위한 북한이탈주민들의 인정 투쟁은 입국 과정에서부터 진행된다. 김성경에 따르면, "이들을 심문/관리/교육하는 시스템 전반은 이들의 이념을 확인하고, 향후 북한과 접촉할 가능성 등을 관리하며, 이들이 북한에서 배운 사상을 버리고 남한의 이념과 사상을 받아들이도록 교육한다."[11] 북한이탈주민의 입국 과정에서 주목할 점은, 이러한 일련의 과정이 북한 '국민'에서 남한 '국민'으로의 전환 과정이 아닌, 북한 '주민'에서 남한 '국민'으로의 전환 과정이라는 데 있다. 대한민국 헌법의 영토 조항은 군사분계선 이북 지역을 '국가'로 인정하지 않기 때문에 이들은 북한의 '국민'이 될 수 없고, 단지 북한 지역에 거주했던 주민(住民)으로 인정될 뿐이다. 헌법상 존재하지 않는 국가의 국민을 인정할 길이 없기 때문이다. 그렇기에 이들은 북한 '주민'에서 남한 '국민'으로의 전환 과정에서 자신들이 태어나 생활했던 모국의 정체성을 부정당할 뿐만 아니라, 남한사회에 정착하는 조건으로 일종의 전향을 요청받는다.

이러한 '주민'에서 '국민'으로의 전환되는 과정에서 북한이탈주민들은 일종의 '인정 투쟁'에 참여하게 된다. 홍용표와 모춘흥에 따르면, 북한이탈주민들은 '북한 체제를 버리고 진정으로 전향했는지를 증명해야 하며, 이러한 과정을 경험하면서 탈북민들은 북한을 부정해야 한국 사회의 정착의 당위성과 필요성이 좀 더 확고해진다는 것을 직감적으로 간파'하게 되며, "한국 사회에서 생활하면서도 '잠재적 간첩'으로 의심받는 경향이 적지 않기 때문에 의도적으로 '반북'을 내세우며 존재성을 확보"[12]하려는 등 남한 '국민'으

---

11 김성경, 앞의 논문, 46-47.
12 홍용표 · 모춘흥, "탈북민에 대한 '환대' 가능성 탐색," 「통일인문학」 제78집, 2019, 317.

로서 자신을 드러내고 증명하기 위해 인정 투쟁을 벌이게 된다.[13] 이 과정에서 이들 북한이탈주민들은 북한과 남한 모두에 속하는 동시에 어디에도 완벽히 소속될 수 없는 경계인의 정체성을 지니게 된다.

북한이탈주민들은 「난민법」에 따라 그 정체성이 규정될 수 있는 이들이지만, 북한을 대한민국 영토의 일부로 보는 분단국의 특수한 상황에 따라 난민이 아닌 주민으로 인정받은 이들이다. 그러나 북한이탈주민들이 대한민국 국민으로 인정받기 위해서는 혹독한 자기 증명 과정이 전제된다. 적어도 난민들에게는 모국의 정체성을 부정하고, 모국에서 받은 교육과 문화 전반에 대한 재의식화가 정착의 조건으로 요구되지는 않기 때문이다. 반면, 대한민국 헌법상 존재하지 않는 나라로부터 이주해 온 북한이탈주민들은, '주민'에서 '국민'으로 자리매김해 나가는 과정에서 철저한 자기 검열과 인정 투쟁의 과정을 요청받는다. 그러므로 북한이탈주민의 존재론적 위치는 난민과 주민과 국민 사이 경계선에 걸쳐 있으며, 어떤 단일한 정체성도 이들의 존재론적 위치를 표상할 수 없다.

2. 타자로서의 북한이탈주민

북한이탈주민은 난민과 주민과 국민 사이의 존재들이기에, 북한이탈주민을 북한 선교의 매개로 활용하려는 한국 교회의 북한선교론에는 신중하고 세심한 접근이 요청된다. 이들을 특정한 '재현의 정치'의 맥락에서 하나의 단일한 정체성으로 규정하려는 시도는, 분단의 경계에 놓인 이들을 억압하

---

13 신난희, "남한사회 탈북단체의 활동과 인정의 정치: 국내외 정치적 맥락을 중심으로", 「비교문화연구」 제21집 2호, 2015, 329-356.

고 도구화하는 또 다른 계기가 될 수 있기 때문이다. 국내에 거주하는 북한 이탈주민들을 북한 선교의 관문으로 활용하려는 시도가 지닌 근본적인 문제점은, 북한 선교 담론 속 '북한'과 '북한사람'의 재현성을 문제 삼지 않는다는 데 있다. 다시 말해, 북한선교 담론 속 등장하는 '북한'과 '북한 사람'은 타자로서의 타자성이 소거된 존재로, '우리'의 이해로 환원된 존재로 '이해'되고 있다는 데 근본적인 문제가 있다. 타자의 존재는 주체의 '이해'의 범주를 초월하기 때문이다. 예컨대 남북 간 왕래가 극히 제한적인 상황에서 북한 선교 담론 속에 등장하는 북한의 주민들은 경제적으로는 헐벗고 굶주린 상태에서 도움을 기다리는 이들로, 정치적으로는 세습 독재 정권하에서 자유를 억압당한 채 구원을 바라는 수동적 존재로 교회 대중의 인식 속에 각인되어 있다. 비록 이러한 인식이 북한의 현실과 전혀 무관한 것은 아니라 할지라도, '북한'과 '북한 사람'이 지닌 타자로서의 무한성을 분단 체제하에서 형성된 정체성의 특정한 재현 맥락 안에 고착시키는 이러한 방식의 이해는, 타자에 대한 무례함이자 '문화적 폭력'(J. Galtung)의 한 양태라는 사실이 지적되어야 한다.

특히 교회가 경제적으로 어려운 처지에 있는 북한이탈주민들의 인정 투쟁 욕망을 교묘히 자극하여, 대북 압박을 위한 정치적 도구로 활용하거나, 냉전 시대의 잔재인 반공 교육의 도구로 활용하려는 등의 시도는 중단되어야 한다. 교회가 전할 복음은 원수까지도 사랑하라는 예수 그리스도의 십자가 사랑의 복음이다. 교회는 타인에 대한 적대를 가르치고, 증오를 부추기며, 세속의 정치 이념을 종교적으로 정당화해 주는 기관이 아님에도 불구하고, 분단 체제하에서 교회는 적대와 혐오를 부추기고, 이를 신앙적으로 정당화하는 체제의 단말기와도 같은 역할을 수행해 왔다. 이러한 역기능의 연장에서 북한이탈주민들은 일부 극우 개신교 세력에 의해 일종의 '투사'로 호명되며, 분단 체제하 자유 이념의 수호자일 뿐만 아니라, '하나님 나라'를 선포하는 예언자적 존재로 표상되는 '재현의 정치'의 도구가 된다.

"정체성이란 단 한 번에 완전한 형태로 주어지지 않는다."[14]라는 아민 말루프(Amin Maalouf, 1949-현재)의 지적처럼 북한이탈주민들의 정체성을 특정한 재현의 맥락 안에서 고착화하려는 시도는 이들을 향한 또 다른 형태의 정체성 폭력이라는 사실에 대한 자각이 필요해 보인다. 예컨대 어떤 이가 '난민'으로 호명되는 순간 그는 정체성 폭력의 희생자가 된다. 난민은 출입국 관리의 '정상적' 운영을 위해 국가가 마련해 놓은 제도의 바깥에서 유입되는 이들로서 입국과 동시에 정상성(正常性)을 결여한 예외 상태(state of emergency)에 놓인 존재들이기 때문이다. 그들은 자기의 언어와 가족과 친구를 떠나 '타인에 의해, 나아가 사회적 합의에 의해 귀속성의 박탈이 자명하게 받아들여진 자, 곧 존재하지만 비존재로 취급되는 자'[15]로 '우리'에게 온 이들이다. 앞서 언급한 것처럼, 북한이탈주민들은 난민에게도 요구되지 않는 자기 존재의 부정을 남한사회 정착의 조건으로 암묵적으로 강요당한 이들이다. 이런 아픔을 지닌 이들을 두고, 교회가 다시금 자기 부정과 인정 투쟁을 강요해서는 안 된다. 교회의 역할은 여러 이유로 고향(북한)을 떠난 이들의 아픔을 보듬고, 그들의 친구가 되어 주는 데 있다.

교회가 진정한 의미의 선교(先交), 즉 '타자와의 앞선 사귐'에 나서기 위해서는, 이들 북한이탈주민들의 정체성을 특정한 재현의 맥락에 가두기보다 이들의 타자로서의 정체성에 먼저 주목할 필요가 있다. 교회는 이들이 분단 체제하에서 '적국'으로부터 온 존재이고, 헌법상 존재하지 않는 나라로부터

---

14 아민 말루프/ 박창호 옮김, 『사람 잡는 정체성』, 이론과 실천, 2006, 34,
15 김진호, "민중신학과 '비참의 현상학', 『21세기 민중신학』, 삼인, 2014, 336.

이주해 온 '주민'이며, 대한민국에 귀속된 지위와 권리를 인정받는 '국민'이라는 정체성 사이에서 특정한 하나의 정체성을 선택하기보다, 이들의 타자로서의 존재론적 위치를 긍정하고, 타자로서 북한이탈주민을 대하려는 시도에 더 많은 노력을 기울여야 한다. 블랑(Guillaume Le Blanc, 1962-현재)의 지적처럼 '타자는 아랍인일 수도, 흑인일 수도, 동성애자일 수도, 실업자일 수도 있는 자'이며, '정체성의 자격을 부여하는 틀들에 기입되지 않는 존재'이다.[16] 타자로서의 존재가 지닌 정체성은, 단 한 번에 완전한 형태로 주어지는 것이 아니며, 끊임없는 생성과 소멸의 과정 그 자체이다. 그렇기에 북한이탈주민의 정체성을 난민과 주민과 국민 사이 어딘가에 특정하려는 시도보다 우선해야 하는 것은, 이들의 타자로서의 존재론적 위치를 긍정하고, 다른 이름으로 호명될 가능성을 '무한으로' 열어 두어야 한다는 것이다. 다시 말해 교회는 이들을 '북한'을 '이탈'한 '주민'과는 다른 존재로, 혹은 존재와 다른 이름으로(E. Levinas, 1906-1995) 호명하는 가능성의 장소가 되어야지, 이미 덧씌워진 사회적 정체성을 확대/재생산하는 장소가 되어서는 안 된다.

그렇다면, 북한이탈주민을 타자로서 인정한다는 것은 무엇을 의미하는가? 그것은 이들의 다른 존재 가능성을 긍정하는 것이다. '북한' '이탈' '주민'이라는 개별적 정체성에 한정되지 않는, '내'가 될 수 있는 모든 존재의 가능성을 지닌 '타자'로 그들을 대면하는 것이다. 타자는 '내'가 아니며, '나'로 환원될 수 없는 무한성을 지닌 존재이다. 이러한 타자를 대면한다는 것은, 재현된 정체성의 일부를 수용하는 것과는 다른 차원의 관계성을 요청한다. 이들 북한이탈주민은, 비록 그들을 '북한-이탈-주민'으로 호명하는 존재론적 체계 속에서 특정한 정체성을 지닌 존재로 재현되지만, 선교(先敎)는 '타자

---

16 기욤 르 블랑/ 박영옥 옮김, 『안과 밖: 외국인의 조건』, 글항아리, 2014, 12.

와의 앞선 사귐'을 통해 이러한 존재론적 질서를 타파하고, 타자로서의 북한이탈주민의 존재를 긍정하는 해방적 실천으로 나아가는 길을 마련한다.

3. 계몽 이후의 북한 선교

북한이탈주민 정체성의 타자화 맥락과 더불어 북한 선교를 어렵게 만드는 또 다른 요인은 '선교'에 대한 서구 신학의 고정적 인식이다. 한국 교회의 북한 선교 담론 속에는 '선교'에 대한 시대/장소 편향적 이해가 전제되어 있다. 그것은 근대 유럽이 주축이 되어 형성해 온 계몽주의적 근대성에 대한 긍정적 인식에 기반을 둔 근대적 선교관이다. 근대 선교는 타자를 위한 주체의 계몽주의적 실천으로 집약된다.[17] 계몽은 미성숙한 상태로부터 벗어나는 것(칸트)을 의미하는 동시에 그렇게 '벗어난' 혹은 '벗어났다는 자의식으로 충만한' 존재의 우월성을 전제로 한다. 미션(mission)의 한국어 번역어가 '선교(宣敎)', 즉 '가르침을 베푼다'는 뜻으로 풀이되는 것은 우연이 아니다.

계몽주의적 관념에 입각한 선교는 주체의 우월한 입장에서 타자를 위해 가르침을 베푸는 활동을 '헌신'과 '봉사'의 이름으로 찬양해 온 반면, 계몽주의적 실천 안에 각인된 주체의 자기중심성이 불러일으키는 폭력에 대한 성찰을 간과해 왔다. 그러나 유럽의 '근대성'은 라틴아메리카와 아프리카의 '식민성'과 대칭을 이룬다(E. Dussel). 근대 계몽주의적 이성의 발전은, 타자에 대한 '이성적' 억압의 과정과 맥락을 같이하며, '합리성'의 발전 역시, 타

---

17 근대 계몽주의 선교론에 대한 비판은 방연상의 다음 연구들을 참고하라. 방연상, "탈 근대적 선교신학의 주체를 향하여", 「신학연구」 제63집, 2013, 253-279; idem, "현대 신학 담론에 대한 '트리컨티넨탈리즘'의 도전", 「신학사상」 제163집, 2013, 209-242; idem, "포스트 모던 시대에서의 선교학의 역할", 「신학논단」 제35집, 2004, 287-302.

자에 대한 주체의 지배를 '합리적으로' 정당화하려는 시도들과 더불어 발전해 왔다. 이렇듯 근대성을 긍정하려면 식민성에 대한 반성과 성찰은 불가피한 것임에도 불구하고, 한국 교회의 선교는 유럽 중심의 근대 계몽주의적 실천의 양상을 크게 벗어나지 못했다.[18] 실천의 영역에서 선교는 계몽과 동일시되고 있으며, 계몽적 주체의 폭력성에 관한 반성은 '부수적' 효과에 불과한 것으로 여겨지는 경향이 있다. 그것은 아마도 한국이 지난 반세기 동안 이룬 급속한 경제발전과 세계 교회사에 유례없는 단기 급성장에 따른 자부심 때문일지도 모른다. 단기간에 서구적 근대화를 성공적으로 이룩했다는 '신화'를 공유하는 한국 교회는, 그것을 가능하도록 만든 사회적 조건들– 식민주의, 반공주의, 독재주의, 발전지상주의–에 대한 성찰을 무화(無化)시킴으로써 계몽을 선교 실천의 최우선적 과제로 설정하였다.

그렇다면, 한국 교회의 선교는 어떻게 계몽주의적 실천의 한계를 벗어날 수 있을 것인가? 계몽 이후의 선교적 실천을 모색하는 데 우치다 다쓰루(內田樹, 1950-현재)의 이른바 수업론(修業論)은 시사점이 있어 보인다. 일본의 '종합 지성인'이라고 말할 수 있는 다쓰루는, 2011년 고베시에 있는 자신의 집 1층에 개풍관(凱風館)이라는 합기도장을 열어 150여 명의 문하생과 함께 무도와 철학을 연마하고, 제자들과 더불어 공동체를 이루어 생활하기도 한 독특한 이력의 인물이다. 그는 또한 일본에 레비나스를 소개한 연구자이기도 하다. "선교가 계몽이 아니라면, 선교란 무엇인가?" 하는 질문에 답하기 위해 그의 수업론 일부를 인용해 보고자 한다. 그는 이렇게 말했다.

---

18 개신교 선교와 계몽주의의 관계성에 대한 비판적 고찰은 다음 논문들을 참고하라. 이만형, "'평양대부흥'의 선교학적 재해석: '반성적 선교학'을 위한 복음주의와 계몽주의의 상관관계 연구", 연세대학교 대학원 박사학위 청구논문, 2015; 한상현, "미래의 선교모델로서 기독교 인도주의적 구호 개발 단체의 선교 신학적 이론 연구", 연세대학교 대학원 박사학위 청구논문, 2019.

'수업(修業)'이라는 말은 '자신이 앞으로 무엇을 배울지 좀처럼 이해할 수 없는 시점에, 무엇을 가르쳐 줄지 좀처럼 알 수 없는 사람 밑에서, 무언지 알 수 없는 것을 배우는' 이상한 구조를 가집니다. 이것을 '개방적이고 역동적'이라 받아들이는지, 아니면 '불합리하고 비논리적'이라 받아들이는지로 사람은 '수업하는 사람'과 그렇지 않은 사람으로 갈리지요.[19]

그가 말하는 '수업'은 주로 무도(武道)와 관련된 일련의 탐색과 실천을 포괄한다. 여기에서 무도는 스포츠와 대비되는 학습과 실천의 양식을 뜻한다. 스포츠가 목적 형성이 가능하고, 객관적 수치로 계측이 가능한 (근대적) 실천의 체계라면, 무도는 배우고 익힌 후에야 비로소 그 의미를 체감하게 되는 '사후적(事後的)'이고 '회고적(回顧的)'인 성격을 지닌 실천이라는 점에서 차이가 있다. 그렇기 때문에 무도 수업에서는 어떤 목표를 미리 설정하는 것 자체가 불가능하다. 수업을 통해 이전에는 미처 알지 못했던 자기 몸의 특정한 기능과 역할을 (스스로) 발견하게 된 후에야 자신이 '무엇을 해냈는지' 알게 되기 때문이다. 따라서 '무엇을 언제까지 어떻게 해 내겠다'는 목표 설정 자체가 무도의 세계에서는 불가능한 목표가 된다.

이것은 근대 과학적 방법론을 총체적으로 적용한 스포츠가 신체의 움직임을 특정한 방식으로 규격화하여 승부를 겨루는 체계로 정형화해 온 방식과 대조된다. 스포츠는 신체의 작동 방식을 표준화된 규율에 따라 분할하여 재배치하고, 공정한 원칙에 따라 경쟁하도록 함으로써 승부를 위해 자기의 몸과 정신을 특정한 방식으로 단련하도록 계도(啓導)하는 서양 근대정신의 문화적 장치다. 그러므로 스포츠 활동을 익힌다는 것은, 단지 특정한 종목

---

19 우치다 타츠루/ 박재현 옮김, 『배움은 어리석을수록 좋다』, 서울: 샘터, 2015, 6.

에 대한 신체 활동의 기술을 학습한다는 것 이상을 의미한다. 그것은 신체가 그러한 방식으로 작동되도록 통제하는 어떠한 규율 체계를 습득한다는 걸 의미한다. 즉, 자유로운 신체 활동을 엄격한 규칙에 따른 특정한 조건들에 종속시킴으로써 육체가 지닌 충동과 욕망을 조율하고, 근대적 생산 방식에 적합한 신체로 주체를 재탄생시키는 문화적 장치로서 스포츠가 활용되는 것이다. 그렇기에 스포츠로 대변되는 신체의 작동 방식은 계몽주의적 근대성의 체계에 적합한 정신을 구현해 낸다. 반면에 다쓰루가 말하는 무도는 그러한 규격화된 신체의 움직임이 불가능한 지점에서 시작되는 공부의 새로운 길이다.

계몽주의 이후의 선교적 실천을 모색하는 데 다쓰루의 수업론/무도론을 참고하는 이유는, 레비나스에게서 영감을 얻은 그의 관점이, 근대 선교론을 타자 중심적으로 재구성하는 데 있어 참조점을 제공하기 때문이다. 계몽 이후의 선교는, 자신이 무엇을 행해야 할지 타자를 만나기 전에는 미처 다 알 수 없다는 존재론적 무지(無知)를 긍정한다. 표준화된 체계를 바탕으로 타자의 대응을 예측하고, 타자를 통제 가능한 관리 체계 아래 두려는 근대적 주체의 욕망이 지속되는 한 진정한 의미의 선교(先交), 즉 타자와의 앞선 사귐은 기대할 수 없다. 선교적 주체의 자기 완결성 혹은 자기 완결적 주체의 신화를 벗어나 타자와의 역동적 관계 안에서 자기의 할 말/일을 함께 구성해 나가는 존재라야, 비로소 선생이 될 수 있는 것이다. 다시 말해 계몽의 교사(敎師)이기를 포기한 존재, 타자와 만나기 전에는 무엇을 가르치고 배워야 할지 미처 알 수 없는 존재라야 '수업'을 하는 '선생', 즉 '복음'을 전하는 '선교사'가 될 수 있다. 북한선교론의 재구성은, '북한'에 대해, 그리고 '선교'에 대해 지금까지 내가 알고 있었던, 혹은 안다고 믿었던 모든 종류의 앎이 철회되는 자리로부터만 새롭게 출발할 수 있다.

나가는 글— 선교(宣敎)에서 선교(先交)로, 계몽에서 사귐으로

남북한 평화와 공동 번영의 시대에는 냉전/분단 체제에서 형성된 북한 선교 담론의 해체와 재구성이 요청된다. 본고는 이를 '선교(宣敎)에서 선교(先交)로, 계몽에서 사귐으로'라는 주장으로 요약했다. 북한 선교는 '북한'이라는 타자의 무한성을 특정한 재현의 맥락 속으로 환원시키는 정체성 폭력의 종교적 실천이 아니며, 서구식 근대화의 앞선 경험을 특권으로 삼아 계몽의 주체로 서겠다는 '선교(宣敎)'적 다짐의 지속도 아니다. 선교는, 가르침을 베푸는 행위가 아니라, 이웃과 앞서 만나[先] 사귀는 일[交]이다. 타자인 이웃과의 앞선 사귐에 나선다는 것은 결코 낭만적인 일이 아니다. 그것은 타자가 지닌 타자성의 무게를 감내해야 하는 일이기 때문이다. 예수께서 앞서 만나시고 위로하신 이들, 즉 그분이 '선교(先交)'하신 이들은 그 사회에서 설 자리를 잃어버린 사람들이었다. 그와의 친분을 과시할 수 없는 이들, 그와 가깝다는 소문이 자기를 정죄할 명분이 될 위험한 이웃들과의 앞선 사귐이 예수의 '선교' 현장이었다는 사실을 새삼 기억할 필요가 있다. 선교는 담을 허물고 경계를 넘어 이웃과 만나는 실천이므로 우리 시대의 북한 선교는 반공주의와 분단 체제의 담을 허무는 해방적 실천이 되어야 한다. 그것은 계몽적 주체의 우월성을 전제로 한 지배 행위가 아니라, '자기'의 변화를 전제로 한 상호 변화와 성숙에 이르는 길이 되어야 할 것이다. 선교는 교회의 사명이자 존재 이유이다. 남북한 평화와 공동 번영의 시대를 맞아 주체 중심의 선교(宣敎)를 타자와의 선교(先交)로 변화시켜 나가는 것이 우리 시대 복음의 증언을 맡은 이들에게 주어진 임무다. 북한이탈주민은 이 선교를 가능하도록 만드는 타자로 우리 곁에 이미 와 있다.

한국전쟁 발단(원인) 논쟁에서 본 통일과 그 신학적 함의*

: 통일신학은 뭇 통일 담론과 어디서 다른가?

이 정 배   감신대 은퇴교수, 현장아카데미 원장 필자는 민족 분단 상황을 '샴쌍둥이'로 비유했다. 즉 머리는 둘이되 몸이 하나인 상태로 태어난 아기의 모습으로 민족 모순을 묘사한 것이다. 이 땅의 분단과 통일의 양면을 이 모습으로 그려 낸 것에 찬사를 보낸다. 각기 화해(통약) 불가능한 정치체제를 지녔으나 역사적 운명 공동체인 탓에 분리될 수 없는 한반도가 바로 '샴쌍둥이' 모습이겠다. 여기서 핵심은 마주하는 상대가 외부적 타자가 아니라 자신의 비체적(abjective) 일부란 사실이다. '비체'란 주체와 인접하나 그와 동화될 수 없는 존재를 뜻한다. 각자는 자신들 몸의 절반만을 통제할 수 있다. 양자 간 분리는 곧 죽음으로 귀결될 것이다. 그렇기에 비체(非體)화는 일시적일 뿐 언젠가는 하나의 실체가 될 수밖에 없다. 상호 조율과 적응 과정을 통해서 말이다. 재통합을 위해 개체(독립)성은 감소되어야 옳다. 상호 간 차이에 의해 자신들의 정체성을 규정했던 과거와 단절해야 가능한 일이다. 따라서 한쪽의 변화는 다른 쪽의 변화를 만들어 낼 수 있다. 남이 변하면 북도 달라질 수 있다는 말이겠다.

들어가는 글

2018년에 있었던 4 · 27 판문점 소식을 접한 영국 거주 한 교포의 이야기이다. 남북 정상이 분단의 선을 오가며 함께 손잡은 모습을 봤던 그녀는 이 소식을 주변 이웃들에게 알렸고 기쁨을 나눴다. 집으로 영국 사람들을 초대해서 작은 축제를 행할 만큼 달라진 한국이 좋았다. 긴 세월 외지에서 남/북 어느 쪽 사람인지 질문 받고 살았으나 이제는 그럴 필요가 없는 조국이 될 것이라 믿은 것이다. 이를 공감한 고등학교 다니는 딸 또한 다음 글을 새긴 졸업기념 티셔츠를 만들어 입고 다녔다. "머지않아 사라질 질문, *North or South*".?"[1]

지난해 기독교 내부에서 관련된 두 책이 출판되었다. 이미 널리 알려진 내용들이었으나 책자로 엮어진 것은 이번이 처음이다. 접한 순서로 말하자

---

* 이 논문은 2020년 1월 말, 코로나 사태가 확산되기 이전에 완료되었다. 감리교 세계감리교 대회 (8월)를 앞두고 이 땅의 통일논의를 세계 교회에게 알릴 목적으로 감리교 선교 국으로부터 의뢰받아 작성된 것이다. 불행히도 코로나사태로 모임이 취소되어 발표할 기회를 얻지 못했다.

1　이항규, '코끼리를 이야기할 시간-먼 곳에서 느끼는 남북정상회담', 『창작과 비평』,180(2018 여름), 263-273.

면 고인이 되신 김흥호의 저서 『계시의 한국』[2]과 구순을 목전에 둔 서광선의 『기차길 나그네길 평화의길』[3]이 그것이다. 이 두 책은 나름 통일을 위한 염원을 담았다. 하지만 그 방식은 양자가 전혀 달랐다. 김흥호는 북쪽 공산주의의 멸망을 신적 계시로 여겼고, 서광선은 원수 사랑의 길을 제시했다. 물론 두 방식 모두 구체적이지 않다. 하지만 결과는 전혀 다를 것이다. 사실 이들은 누구보다 공통점이 많은 분들이었다. 이들은 북에서 내려왔고 신학을 공부했으며 선친이 북에서 목사로 활동했고 희생당한 아픈 경험을 갖고 있다. 70년을 맞는 한국전쟁의 가장 큰 피해자들일 것이다. 같은 대학에서 얼굴을 맞대며 긴 세월 함께 가르치기도 했다. 그럼에도 '사라질 질문'에 대한 이들의 답은 크게 달랐다. 이분들의 생각 차가 한국 사회와 교회에서 반복, 확대, 재생산되고 있기에 걱정이다. 4·27선언으로 크게 흔들렸던 분단 체제가 다시 역사의 전면에 드러나는 추세가 된 것이다. 저마다 자기 방식으로 통일을 말했지만 말할수록 남남 갈등이 깊어지는 이 역설을 기독교와 오늘의 교회가 해결할 수 있을지 모르겠다. 오늘 우리가 통일신학을 말하는 것도 이런 절실함의 한 표현이겠다. 그래서 묻는다. 왜, 어떻게 그리고 무엇을?

이를 위해 필자는 특별히 감리교적 시각을 요청받았다. 하지만 교파 색을 드러낼 만큼 협소하게 접근할 생각은 추호도 없다. 분단 70년 세월을 살면서 감리교단은 상대적으로 통일 주제에 대한 역사적 책임에 소홀했다.[4] 크

---

2 김흥호, 『계시의 한국-자유, 독립, 통일』, 사색인 서고문집, 2019.
3 서광선, 『기차 길, 나그네 길, 평화의 길』, 한울, 2019.
4 그럼에도 감리교 통일운동이 없지 않았음을 다음 글이 밝혀주었다. 하희정, "기독교통일운동과 감리교회가 걸어온 길", 제 1차 감리교 평화통일 정책 심포지엄자료집, 2020년 1월 14일, 5-24. 하지만 여기에 재미 감리교 통일운동가들, 예컨대 정기열, 한호석 같은 이들의 족적이 언급되지 못했다.

게 반성할 일이다. 본래 감리교 정신은 1천 년간 나눠진 동/서방 기독교 전통의 창조적 종합에서 비롯했다. 상이한 두 전통을 결합시켜 기독교 전통을 재창조한 것이다. 신학자들은 이를 성령의 역사로 여겼다. 이후 종교개혁자(루터)의 칭의 신학과 경건주의 전통(중생)을 연결시켜 원죄 교리를 넘어 '기독자의 완전'을 강조했으며, 이를 근거로 감리교회는 가톨릭 (자연)신학 전통과도 일치를 일궈냈다. 아우구스티누스의 은총론과 펠라기우스(Pelagius, 354?~420?)의 자유의지론을 통섭시킨 감리교적 에토스가 그 배경이었다. 달리 보면 이것은 감리교 신학이 영국의 경험론에 근거한 결과이기도 했다. 대륙의 연역적 진리보다 '경험적 사실(bottom up experience)'을 소중히 여긴 탓에 감리교 신학은 항시 개방적이었다. 도그마에 갇히지 않았고 이를 경험적으로 재구성하는 것을 신학의 골자로 여긴 것이다. 자신이 세운 감리교(제도)보다 그 정신을 더욱 소중히 여겼던 창시자 웨슬리(John Wesley, 1703-1791)의 가르침 때문이었다. 이렇듯 감리교 신학은 성령론과 경험론 그리고 세계개방성에 기초하여 포괄적인 지평을 지녔다. 그렇기에 150년 역사를 지닌 한국 개신교 역사 속에서, 물론 소수였지만 감리교는 사회주의를 수용했고 토착화론을 전개했으며 기독교의 원형에 이르고자 뭇 도그마와 싸울 수 있었다. 그렇기에 탈(脫)민족, 탈(脫)근대 시대에 이르렀으나 감리교 신학은 '민족' 개념을 버리지 않았다. 민중과 여성을 포함한 열린 민족주의 시각을 갖고 3·1정신을 생산하고 주도했던 기억 때문이다. 그렇기에 한국전쟁이 초래한 정신적 트라우마 때문에 분단 망령이 영토를 넘어 의식까지 지배하는 현실에서 향후 이를 치유하고 회복하는 역할이 가능할지를 묻고자 한다. 과연 감리교 신학은 한반도의 평화와 통일을 위한 '통일신학'을 정초할 수 있겠는가? 이를 위해 우선 1919년 이후 촛불혁명을 거쳐 4·27판문점선언에 이르기까지 한반도에서 일어났던 우리 역사를 세밀하게 살펴보는 일이 우선 중요할 것이다. '예수가 답이라면 우리들 문제가 무엇인지'를 먼저 물어야 하듯이 '사라질 질문'을 위해서, 나아가 '통일신학'을 위해서 우리들 역사에 대한 정확한 사실(현실) 공부가 필요할 수밖에 없다. 이런 방식 자체가 감리교적으로 통일신학을 논하는 첩경이겠다. 이 작업을 위해 도올 김용옥이 최근 통일에 무감각해진 청년들을 깨우기 위해 유시민과 함께 썼던 책 『통일, 청춘을 말하다』[5]의 관점이 도움 되었음을 밝힌다.

몸 글로 들어가기 전에 본고의 전개 방식을 언급해야겠다. 우선 첫 장에서 한국전쟁 70주년을 맞는 2020년 시점에서 전쟁 발단 원인에 대한 학계 논쟁을 살펴볼 것이다. 주지하듯 한국전쟁이 야기한 분단 체제는 한국 사회와 교회 모두에게 난제이자 트라우마가 되었다. 본 사안의 극복 없이 이 땅은 정상 국가는 물론 독립국가라 말할 수 없을 것이다. 외세의 원심력 탓에 국가 주권이 여러 면에서 한정된 탓이다. 한국전쟁의 성격을 냉전 담론, 즉 북(北)이 시작한 이념적 내전이라 여기는 이들이 많다. 이후 미중(美中) 간의 국제전으로 확전되었지만 말이다. 반(反)공을 국시로 한 국가권력이 이를 부각시켰고 사상적으로 주입시킨 결과일 것이다. 하지만 전쟁 원인을 친일/항일의 구조에서 보는 시각도 있다. 해방 이후 전범국이란 오명을 벗게 해 준 미국이 일본을 앞세워 남(南)을 통치했던 까닭이다. 심지어 패전을 앞둔 상황에서 일본의 간계로 38선이 그어졌다는 사실이 경악스럽다.[6] 어느 한쪽 견해가 전리(全理)일 수 없겠으나 '자주성'을 잃은 오늘의 시각에서 후자의 시각으로 한국전쟁을 살필 이유도 충분하다. 이를 위해 첫 장에

---

5 김용옥, 『유시민과 도올, 통일, 청춘을 말하다』, 통나무, 2019.
6 「시사저널」, 2020년 1월 18일(1580호) 참조.

서는 한국전쟁을 바라보는 세 개의 다른 시각들--브루스 커밍스(美),[7] 한국의 박명림[8] 그리고 와다 하루키(日)[9]--를 상호 논쟁시켜 새로운 관점을 얻고자 한다. 이어 두 번째 장에서는 앞선 잠정적 결론을 3·1정신의 차원에서 재론할 것이다. 제국을 무너뜨리고 국민주권을 소환한 100년 전의 3·1정신으로 한국전쟁의 상흔을 치유하고 회복시킬 목적에서이다. 사회주의, 민족주의 그리고 기독교성을 아우르며 '새 하늘과 새 땅', 개벽을 선언했던 선혈들의 자주적 독립 의지 속에서 세계사적 동시성을 엿보고자 함이다. 민족의 구심력과 외세의 원심력을 창조적으로 수렴시킨 지혜가 이 속에 담겨 있다는 것을 누구도 부정치 못할 것이다. 이런 3·1정신이 누적되어 4·19혁명을 낳았고 촛불혁명으로 이어졌으며 이 결과가 4·27판문점선언에 까지 닿았다고 판단한다. 따라서 앞선 수차례의 남북선언과 변별된 4·27선언의 핵심을 분석, 강조할 필요가 있겠다. 이를 기념하는 민(民) 주도의 1주기 행사, 30만이 참여한 'DMZ 민+평화 손잡기'[10] 행사가 열렸던 것도 주목할 일이다. 여하튼 본 장에서는 4·27선언에 이르는 3·1정신의 누적적 성취에 초점을 둘 것이다. 다음 3장에서는 4·27선언을 실현시킬 통일 담론들을 소개하고 토론할 것이다. 작금에 이르러 통일보다는 평화 체제에 무게중심을 두는 분위기가 지배적이다. 물론 통일을 목적하나 그 방식 차(差)가 너무 커 수렴 불가능한 탓에 소위 양국체제론[11]까지 언급되었다. 노태우 정

7   부르스 커밍스, 『한국전쟁- 전쟁의 기억과 분단의 미래』, 조행복 역, 현실문학, 2010.

8   박명림, 『한국 1950 전쟁과 평화』, 나남신서, 2003.

9   와다 하루끼, 『한국전쟁』, 서동만 역, 창비, 2009.

10 이에 대한 한글, 영문 백서가 출판되었다. 『DMZ 평화 인간 띠 운동 본부, 4.27 DMZ 민(民)+ 평화 손잡기 백서- 꽃피는 봄 날 DMZ로 소풍가자』, 종이 디자인, 2019.

11 김상준, 『코리아 양국체제-촛불을 평화적 혁명으로 완성하는 길』, 아카넷, 2019.

권 이래로 UN 동시 가입국이 되었으니 남북이 각기 두 나라가 되자는 말이 겠다. 이 과정에서 불거진 백낙청을 중심한 '창비 그룹'과의 '양국체제론' 논쟁을 살피는 일이 중요하다. 하지만 상호 비판적인 두 집단에게 분단의 죄성 논의가 결핍되었다는 것은 유감이다. 이어지는 4장에서는 위 논쟁들과 연속선상에서 몇몇 주요한 개신교 신학들의 통일 담론을 소개하여 참여시켰다. '88선언(민족의 통일과 평화에 대한 한국 기독교회 선언)'을 주도한 이삼열의 『평화 체제를 향하여』와 기독교 윤리학자 손규태의 『한반도의 그리스도교 평화윤리』[12]가 그것이다. 그럼에도 평화 체제(이념)에만 관심하며 민족과 통일을 후순위로 여기는 이들 논의의 한계를 적시하는 것이 본 장의 주안점이 되겠다. 단지 민족주의자의 시각에서가 아니라 신학적 차원에서 이런 주장을 펼칠 생각이다. 그렇기에 마지막 5장에서는 이념의 문제로서만이 아니라 '민족'을 앞세워 통일 논의를 발전시키고자 한다. 극단적 민족주의자들 경우처럼 민족을 본질(원초)적으로 접근하여 민족을 이해하는 것도 문제겠으나, 이를 서구 근대성의 산물로 여겨 허구적 개념이라 폄하하는 탈(脫)근대주의 시각도 옳은 것만이 아닐 것이다. '원초적 유대(성)'를 지닌 민족 개념[13]을 긍정하는 것이 향후 평화와 통일을 함께 논의하는 데 도움이 될 수 있다. 제 이념을 아울렀던 3·1정신을 강조한 것도 이런 맥락과 유관하다. 지속 가능한 생태문명을 위해서도 민족 개념은 반드시 필요하다. 생명의 다양성은 문화(민족)의 다양성과 맞물려 있기 때문이다. 이런 시각에서 필자는 본 장을 통해 '민족'을 화두로 삼은 두 여성 신학자, 박순경과 이은선의

---

12 이삼렬, 『평화 체제를 향하여』, 동연 2018. 손규태, 『한반도의 그리스도 평화윤리』, 동연, 2018.
13 앤서니 D, 스미스, 『민족의 인종적 기원』, 그린비, 2018. 참조

시각[14]을 드러낼 것이며 이를 김용옥의 통일 담론과 연결시켜 평가할 것이다. 주지하듯 지금껏 희년 사상에 근거한 통일신학 논의가 없지 않았다. 하지만 필자에게 주어진 '감리교적 입장'이란 한정사를 생각하며 조금은 달리 구성할 생각이다. 우선 필자는 기존 교회의 틀을 넘어 하늘나라(메시아)의 시각에서 '통일 담론'을 논할 것이다. 여기서 핵심은 '실현된 종말' 대신 '메시아적 미래'이다. 기독교의 배타(절대)성을 벗겨 내려는 것이다.[15] 하느님 미래를 위해서 어떤 종교의 이념들도 함께 참여(공헌)할 수 있다는 뜻이겠다. 그럼에도 "하늘나라가 임했다."는 선언을 민족의 실존(신앙)적 고백으로 수용할 수밖에 없을 것이다. 지속적 난관에도 불구하고—현실은 그때와 달라졌으나—4·27선언 전후 이 땅에 드리운 평화 기운을 메시아적 미래의 징조라 보는 까닭이다. 한국전쟁의 종언을 뜻하는 '통일'은 제국주의의 끝이자 이념 논쟁의 마침이며 3·1정신의 실현일 것이다. 여기서 1990년 서울에서 개최된 JPIC 신학을 소환시켰다. 분단의 결과물이자 세계사적 악의 집적(集積)으로서 JPIC 주제—분배의 불균형, 핵무기 과다 보유, 창조 질서 파괴를 풀어내는 것을 분단 체제의 종식이라 믿고 싶다. 이것이 통일신학의 과제이자 관건이고 마침일 것이다. 끝으로 유대주의와 갈라섰으나 자기 동족 유대인과 바울 간의 불이(不二)적 관계(롬9:1-5) 또한 주목할 주제이다.[16] 이방인을 향(위)한 그리스도인이 되었으나 유대 민족과의 동질성을 토로하며 양자

---

14 이은선의 박순경에 관한 다음 논문을 참조하라. 두 여성 신학자의 같음과 다름을 볼 수 있다. 이은선, "한국 여성신학자 박순경 통일신학의 세계 문명사적 함의와 聖/性/誠", 한국 여성신학회 하계 학술세미나(감신대) 2019년 6월 8일

15 로즈마리 류터, 『신앙과 형제살인- 반유대주의의 신학적 뿌리』, 장춘식 역, 기독교서회, 2018, 342 이하 내용 참조.

16 여기서 필자는 머리는 하나지만 몸은 둘인 '샴쌍둥이'를 떠올려 본다. 신한대학교 탈 분단 경계문화 연구원 편, 『경계에서 분단을 다시보다』, 울력, 2018.

를 회통하는 바울 사상에서 통일신학의 새 길을 기대할 수 있을 것이다. 이렇듯 민족 담론에 기초한 통일신학이 항차 이념(계급)의 문제도 해결할 수 있다는 것이 필자의 확신이다.

1. 한국전쟁의 발단과 기원의 논쟁(사)
─목하 통일 논의의 새(?) 시각을 위하여

지난 정권까지 우리는 '북한 붕괴설' 또는 '통일 대박론'에 영혼을 빼앗기며 살아왔다. 이 점에서 한 재미 역사학자는 북맹(北盲)란 말로 경종을 울렸다.[17] 이런 표현들은 북에 대한 무지의 결과일 것이다. 아마도 친일 극복 없이 반공을 넘어 승공을 국시(國是)로 삼았던 지난 역사의 결과라 하겠다. 노태우, 김대중, 노무현 시절은 조금 달랐으나 이들 역시 분단 체제를 친일/반일 프레임을 갖고 설명하는 데 많이 부족했다. 남북 간 갈등과 대립을 오로지 이념 차(差)로 환원시켜 이해했을 뿐이다. 이는 틀린 말은 아니겠으나 충분할 수 없었다. 친일 세력들이 자유주의 이념의 신봉자가 되었기 때문이다. 문재인 정권에 이르러 사회주의란 말이 용인되고 회자되기 시작했으나 반공 기독교(인)의 공격에서 자유롭지 않다. 70년 역사가 된 한국전쟁의 부정적 경험이 북에서 온 기독교인들 중심으로 남한사회에 깊게 뿌리 내린 탓이다. 주지하듯 영락교회, 서북청년단 그리고 제주4·3사건 등이 반공 이념의 기독교적 상징 체였다.[18] 사실 한국전쟁은 해방(1945년) 후 갈라진 땅을

---

17 박한식, 강국진, 『선(線)을 넘어 생각 한다』, 부키, 2018.
18 윤정란, 『한국전쟁과 기독교』, 한울, 2015, 217 이하 내용 참조.

남북이 서로 한 번씩 넘나들며 점령할 기회를 주었다.[19] 이 과정에서 남에 의해 희생된 북쪽 사람들 수가 그 반대의 경우에 견주어 결코 적지 않았다. 남쪽의 희생자들 상당수는 사실 남쪽 이승만 정부에게 책임을 물어야 옳다. 갑작스럽게 서울을 포기하는 바람에 부역자가 된 사람들 다수가 수복 이후 우익들 손에 처형된 까닭이다. 피난 온 기독교인들 중 토지를 몰수당한 지주계급이 많았다는 사실도 반공 기독교가 될 수밖에 없는 한 이유였다. 제2차 세계대전보다 더 많은 희생자를 낸 한국전쟁의 비참함은 남북에게 역지사지(易地思之)할 여력을 주지 못했다. 남북은 각기 자기 경험의 절대화로 상대를 외부화, 타자화시켜 닫힌 체제로서 독재정치의 풍토를 조성했고 분단체제를 고착화시킨 것이다. '북맹(北盲)'이란 말로 표현되듯이 외부를 폐쇄시키면 서로 이질적 집단이 될 수밖에 없다. 이런 정황에서 경제적 우위를 점한 남쪽의 경우 한국전쟁을 바라보는 북의 시각을 청취할 필요가 있다. 신(神)이 인간 되어 인간을 구원했듯이 남과 북 모두 자기 밖 타자에 개방될 때 스스로를 달리 만들 수 있는 여지가 생길 것이다.[20] 이것을 종교적으로 구원이라 할 것인바, 이런 역지사지의 용기는 성육신의 신비를 빼닮았다. 이런 관점을 갖고 이하 내용에서 한국전쟁의 발단과 기원을 살필 것이다.

우선 한국전쟁에서 북침이냐 남침이냐 하는 논쟁은 더 이상 무의미하다. 1950년 6월 25일 당일 북의 남침이 사실일지라도 황해도 옹진반도를 중심한 크고 작은 전쟁이 이전부터 수차례 있어 왔다. 한마디로 남침과 북침이 이 시점을 전후하여 공존하던 상황이었다. 당시 이승만 정권도 김일성의 남

---

19 박명림, 앞의 책, 4장, 5장 내용.
20 이진경, 『외부, 사유의 정치학』, 그린비, 2017.

침 이상으로 북침을 열망하고 있었다.[21] 중국혁명에서 모택동의 공산주의
가 승리하자 미 · 소의 관심이 유럽 지역에서 한반도로 옮겨 와 냉전 체제를
주도했다. 일제의 계략대로 한반도 내 38선이 냉전 체제의 최전선이 된 것
이다. 미국으로선 한반도마저 공산주의 세력에게 내줄 수 없었을 것이다.
이른 철수 탓에 소련이 한국전쟁에서 적극적 역할을 못하지 못한 것은 한반
도를 위해 큰 다행이었다.[22] 물론 전쟁을 최종 승인한 것은 스탈린이었으나
소련으로선 중국을 앞세울 수밖에 없었다. 공산혁명 이후 힘든 상황이었지
만 모택동은 수많은 조선인들이 중국 공산당에 가입하여 일제에 맞서 싸운
역사를 기억하여 전쟁에 참여하기로 결정했다.[23] 일본과의 전쟁에서 승리
해야 민족 독립의 길이 열릴 것이라 믿고 함께 싸웠던 조선인들에 대한 일
종의 보은(報恩) 차원에서였다. 중국군이 개입하게 되자 당시 미국은 북쪽
에 핵무기를 투하할 계획까지 갖고 있었다.[24] 앞서 일본 경우를 학습했던 터
라 많은 사람들이 온갖 희생을 감내하며 남으로 피난(避難)을 떠났고 이로써
민족을 대이동시켰다. 전쟁 발발 3일 만에 38선 이남의 국토를 거지반 내준
것도 미국의 전쟁 참여를 의도한 이승만의 작전이었다는 설(說) 또한 한국
전쟁이 내전(內戰) 곧 제한전쟁(limited war) 이상임을 보여주었다.[25] 이 점에

---

21 브루스 커밍스, 앞의 책, 36.
22 당시 소련은 공군기를 지원하여 전쟁 후방을 지원하는 수준이었다. 그것도 자기 국적을 지워 중
　국기로 변장시킨 상태로 말이다.
23 브루스 커밍스, 앞의 책, 59.
24 그 때 미국은 소련이 핵무기를 개발하지 못했다고 판단했었다. 하지만 소련은 핵무기 개발을 완
　성한 상태에서 미국을 속이고 있었다는 것이 중론이다. 여하튼 트루먼 대통령이 원폭 투하에 서
　명까지 했었다는 기록이 있다.
25 브루스 커밍스 앞의 책, 108. 한국 전쟁은 내전일 뿐 아니라 상반되는 두 세계체제, 자본주의와
　사회주의라는 정치, 경제적 두 체제간의 전쟁, 곧 세계대전이었다. 박명림, 앞의 책, 76-77 참조
　와다 하루끼, 앞의 책, 서론 참조, 156-7. 이점에서 하루끼는 한국전쟁을 중미전쟁이라 칭한다.

서 한국전쟁을 세계사의 질곡을 걸머진 민족 고난이라 여긴 함석헌의 혜안에 공감할 수 있다. 사실 해방 후 분단은 패전국 일본에서 이뤄질 일이었다. 38선 분단이 없었더라면 이후 한국전쟁도 없었을 것이다.[26] 본래 이런 분단은 패망을 예견한 일본이 자신들의 항복 전술로 (1943년부터) 향후 미국 영향력을 제한키 위해 소련과 손잡고 도모한 결과였다.[27] 분할을 결정한 얄타회담은 이런 간계의 결과였다. 이후 일본은 소련과 이별하고 미국과 재 결탁했던 바, 이는 한반도 분할을 애당초 일본이 유도했음을 적시한다. 이후 미국의 도움으로 전범국 지위를 벗었고 한국전쟁 덕분에 경제적 도약까지 이루었으니 이들의 이중 태도가 간사하고 역겹다. 이보다 훨씬 앞서 가스라-태프트 밀약 당시 미국이 일본에 막대한 합방 비용을 지원했다는 것도 역사적 사실로 밝혀졌으니 한반도에 대한 미·일 밀착 관계의 역사는 모질고도 길다. 그 모진 역사가 과거는 물론 작금의 상황, 그리고 한반도의 미래를 거듭 위험에 처하게 만들고 있다.[28]

바로 이 지점에서 필자는 한국전쟁 기원에 관한 논쟁을 다시 시작하고 싶다. 앞서 우리는 남쪽의 외부(밖)이자 타자인 북에 열린 자세를 요구했다. 남쪽의 구원, 곧 우리들 내부의 변화를 위해서이다. 지금껏 말한 내전, 국제전의 시각은 모두 한국전쟁을 이념의 문제, 체제 간 갈등 차원에서 본 것이다. 북한 공산 체제 확산을 목적한 전쟁이라 여겼고 냉전의 산물, 곧 자본주

---

26 이 점에서 커밍스는 미소에 의한 38선 분할이 한국전쟁의 초대장이라고 말했다. 브루스 커밍스, 앞의 책, 107.

27 「시사저널」 1576호(2019.12.28)에 실린 재미 일본사학자 고시로 유키코 교수의 논문 "범태평양 인종주의와 미국의 일본 점령" 논문을 참조할 것.

28 최근 볼턴의 자서전에서 밝혀진 바이지만 성사단계에 이르렀던 북/미간 정전선언을 일본 아베정권이 방해했다.

의와 시회주의 이념 체제 간의 투쟁의 결과물로 이해한 것이다. 물론 이 점을 부인할 수 없을 것이지만 이것만을 전리(全理)라 말할 수는 없을 것이다. 주지하듯 친일 척결의 문제가 남은 탓이다. 해방 후 북은 친일파를 척결했으나 미 군정 체제하에서 남쪽은 친일파를 앞세웠고 정부 수립 이후 이들이 대세를 이루었다. 일본의 군사적 전략 가치를 높게 평가한 탓에 미국이 일본 편이 된 결과였다. 전범의 수장인 "천황"을 폐위시키지 않고 그대로 둔 미국의 결정이 그 실상이자 방증이다. 북의 입장에선 이 점이 걱정스러웠을 것이다. 일본으로부터 독립했으나 미국과 결탁한 일본이 다시 한반도를 넘보는 상황을 초래한 까닭이다. 미국의 공공연한 지원 하에 평화헌법을 폐기시켜 전쟁할 수 있는 '보통 국가'가 되는 것이 시종일관 일본의 염원이었다. 그렇기에 오늘의 '아베'는 지금만이 아니라 과거부터 존재해 왔다. 미국을 앞세워 자신의 과거를 재현하려는 일본, 그 일본과 짝하여 북을 정복하려는[29] 이승만 정권을 당시 북으로서는 납득할 수 없었을 것이다. 바로 이 지점을 브루스 커밍스가 옳게 포착하여 지적했다. 한국전쟁의 기원과 발단에 대해 기존 통설을 뒤집고 친일/반일의 관점에서 재서술한 것이다. 이후 본 논쟁은 한국과 일본에서 확대 재생산되었고 그 결과로 박명림과 와다 하루키 등의 명저들을 세상에 출현시켰다. 이하 내용에서는 이들 간의 논쟁을 소개하되 브루스 커밍스의 시각에서 살피겠다. 서론에서 언급했듯이 3·1정신을 토대로 남북이 하나가 되는 길과 통일 논의의 온전한 지평을 찾기 위해서이다. 남북이 하나가 되기 위해서는 이념과 체제 그 이상으로 3·1정신에서 드러난 민족의 열린 꿈과 상상력이 중요한 까닭이다. 남남 갈등을 풀 수 있는 실마리도 여기서 찾을 수도 있겠다.

---

29 한국 전쟁 당시 일체 전쟁 무기가 일본서 생산 된 것을 기억할 일이다.

한국전쟁은 '끝나지 않은 전쟁'이자 '잊혀진 전쟁'이다. 평화(종전) 체제를 이루지 못한 채 휴전 상태에 머물러 있고 북쪽 점령을 실패한 탓에 잊고 싶은 전쟁이 된 것이다. 이런 한국전쟁을 보는 브루스 커밍스의 시각은 다음 몇 가지 점에서 독특하다. 본 전쟁을 내전(內戰)으로 규정했으나 1930년대로 그 기원을 소급시킨 까닭이다. 누차 언급했듯이 일본이 세운 만주국을 위해 부역한 조선인과 항일운동에 참여한 조선인간의 투쟁을 한국전쟁의 발단 원인으로 본 것이다.[30] 해방 후 북쪽은 항일 유격대의 전통을 이어받았고 남쪽은 일본 부역자들의 세상을 만들었기에, 북의 입장에선 한국전쟁을 일종의 독립·해방 전쟁으로 규정했을 수 있다. 이 경우 내전으로서의 한국전쟁은 일차적으로 좌우 이념 논쟁을 빗겨나 있고 국제전으로의 확장 역시 훨씬 나중의 문제가 된다. 이렇듯 1930년경 생겨난 친일/반일 입장 차의 확대·재생산이 한국전쟁의 기원이란 것이 커밍스의 일관된 생각이었다. 당시 일본 식민주의 사상을 체현한 경제인들[31] 중에는 한국, 일본 그리고 만주의 유기적 통일론을 주장한 이도 있었다. 이어서 커밍스는 한국을 중국과 다른 독자적 문명권으로 인정했기에 이 땅을 둘로 나눈 전쟁의 죄과를 지적했다. 식민지 근대화론을 터무니없다 여길 정도로 한국 민족의 가능성을 높게 평가한 것이다. 한국전쟁으로 인해 친일 부역자들의 흔적이 사라진 것을 불행이라 여겼다.[32] 마지막으로 한국전쟁 탓에 정작 미국은 군산복합 체제 국가로 발전했고 냉전 체제를 더욱 공고히 했다고 평가했다. 세계적 차원

---

30 브루스 커밍스, 앞의 책, 10-11, 82-83. 당시 이 지역에서 일본과 싸웠던 조선인들 다수는 중국 공산당에 가입한 상태였다. 이 지역 소속 중국 공산당원의 7-80%가 조선인들이었다.

31 박흥식이 대표적인 경우라 할 것이다. 만주국을 세운 기시노브스키가 현재 일본 수상 아베의 조부라는 것도 기억하면 좋을 것이다. 그는 전쟁 후 1급 전범이 되었다.

32 브루스 커밍스, 앞의 책, 36-37.

의 이념 대립(냉전)을 역으로(시차적으로) 한국전쟁의 결과로 본 것이다. 이와 함께 부언할 것은 앞서 말했듯 커밍스에게 북침/남침의 구별이 무의미했다는 사실이다. 한국전쟁 이전에 수없는 국지전이 발생했고 남쪽 역시 북을 점령코자(이승만의 승공 의식) 했으며 미국 또한 전쟁을 예감하고 준비한 상황이었기 때문이다.

이런 입장에 대해 한국전쟁 연구가 박명림은 비판적이었다. 커밍스를 수정주의자라 여기며 그의 논지를 조목조목 반박했다. 우선 저자는 커밍스와는 반대로 북에 의한 남침을 당연시했고, 한국전쟁을 오로지 냉전 담론의 산물로 보았다. 전쟁의 발발 그 순간부터 국제화되었다는 것이다. 서울/동경/워싱턴과 평양/북경/모스크바 양대 이념 집단들 간의 싸움이라 했다.[33] 이승만 스스로도 이 전쟁을 자유 진영과 공산 진영 간의 세계적 대립으로 몰아갔다고 주장했다. 아울러 국내적으로는 한국 현대사의 모든 것을 흡입한 블랙홀이라 여겼다.[34] 이 과정에서 식민주의 잔재마저 청산되어 소멸되었을 것이다. 여하튼 민족의 분단선과 세계 냉전의 분계선이 처음부터 함께 존재했다는 것이 박명림의 시종일관된 확신이었다. 저자는 한국전쟁, 즉 남침의 이유를 북쪽에서 행했던 탈(脫)식민 급진 혁명의 영토적 확대로 이해했다. 북의 통치를 받았던 짧은 기간 동안(6·25로부터 9·28까지)의 급진적(사회주의) 경험 탓에 남쪽 사람들에게 반공 의식이 강화되었고 지금껏 그 폐해가 지속되고 있다는 것이다.[35] 그는 또한 혈통, 언어, 문화, 인종이 같은 한 민족을 졸지에 무력화시킨 이념의 힘을 인정했다. 단일민족을 하나의 허

---

33 박명림, 앞의 책, 74-75.
34 박명림, 앞의 책, 23.
35 박명림, 앞의 책 196.

구적 관념으로 만든 이념의 실상을 사실적으로 적시한 것이다. 그 또한 커밍스가 언급했듯이 민족을 인종주의로 여겨 멸시하고 하대한 이념의 폐해를 모르지 않았다.[36] 이런 바탕에서 남과 북의 수많은 인민들이 미군에게 학살당했기 때문이다. 이로써 한국전쟁은 전후 체제 회복의 걸림돌인 남남 갈등을 초래했다. 국제 관계, 남북 관계 그리고 남의 내부가 필연적으로 상호 엮어진 결과이다.[37] 분단 체제론에 기생했던 70년 역사가 이렇듯 존속되었다. 그러나 이에 대한 박명림의 해결책은 의외로 종교(기독교)적이다.[38] 종교가 이념을 극복해야 한다는 충고를 반복했고 그것이 한국전쟁을 극복하는 길인 것을 강변했다. 하지만 이 역시 이념 갈등을 앞세워 한국전이 내전이었다는 것을 강변한 결과이겠다. 민족 담론을 허구로 여길 만큼 냉전 이념을 한국전쟁의 원인이자 기원으로 본 탓이다. 하지만 종교가 제 이념을 초월해야겠으나 때론 민족 개념과 함께 갈 수도 있고 가야 한다는 것[39]을 오늘의 역사가 보여준다.

와다 하루키(和田春樹, 1938-현재)의 『한국전쟁』은 러시아 자료를 섭렵했고 당시 일본의 입장을 드러냈기에 의미가 깊다. 앞선 두 관점을 숙지한 상황에서 썼던 책이라 균형 감각도 엿볼 수 있다.[40] 브루스 커밍스의 견해를 수

---

36 박명림, 앞의 책, 296. 브루스 커밍스, 앞의 책, 131. 당시 미군은 한국인 민간인을 '이름 없는 찌꺼기들' 혹은 '아메리칸 인디언 종족' 부류라고 천하게 여겼다. 차상철, 『해방 전후 미국의 한반도 정책』, 지식산업사, 1991, 125.

37 박명림, 앞의 책, 784-785.

38 박명림, 앞의 책, 789-790.

39 이후 더 서술하겠으나 여기서 협소한 민족주의를 뜻하지 않는다. 이념이 해체된 후 종교가 민족(국가)의 근간을 이룬 실상을 베를린 장벽 붕괴 이래로 경험하고 있다. 물론 그 폐해도 있겠지만 긍정적 요소도 찾을 수 있다. '유럽 통합'체제가 본래 종교(기독교)적 이념의 세속적 표현인 것도 생각할 일이다. 신학자 에른스트 트뢸치의 '문화통합'(Kultursynthese)이념에서 비롯했다.

40 이것은 와다 하루끼의 제자로서 그의 책 『한국전쟁』을 번역한 한국인 제자 서동만의 평가이기도

용하면서 비판하는 형식을 취한 것이 이 책의 특징이다. 브루스처럼 그 역시 한국전쟁을 식민지로부터의 해방이라는 시각에서 독해했다. 동시에 하루키는 해방전쟁을 미소 분할에 의한 분단 체제와의 연관 속에서도 파악하였다. 해방전쟁과 이념 전쟁을 구조적으로 연관 지은 것이다. 무엇보다 내전이 미 · 중(중 · 미) 간 전쟁으로 확전된 것이라 보았다. 식민지 해방전쟁이 이념 전쟁으로 발전되었다는 의미이다. 이로써 저자는 한국전쟁을 이념적 침략 전쟁(남침)으로만 보는 박명림과 달랐고 북쪽의 선제공격을 부정하지 않았기에 커밍스를 비판할 수 있었다. 한국전쟁이란 만주 항일 투쟁에 기원한 것으로서 공산주의적 민족주의와 비공산주의적 민족주의 간의 분열의 산물이란 것이다.[41] 전자는 일제와 맞섰던 중국 공산당과 사상적으로 엮여 있고, 후자는 일본을 비호하는 미국 우호적 체제와 무관할 수 없다. 동일한 민족이 사상으로 갈려진 것은 '독립'에 대한 이해 차(差)에서 비롯한 것이다. 해방전쟁이 이념 전쟁으로 비화되어 확전될 수밖에 없는 이유도 여기에 있다. 모스크바 3상회의(1945)에서 신탁통치 안이 가결된 이후 이 두 세력 간의 갈등은 봉합될 수 없는 지경에 이르렀다. 일찍 단절을 선언한 북쪽이 먼저 정부를 수립했고 이어 남쪽 역시 공산세력을 축출한 가운데 독자적 국가를 세웠다. 이 과정에서 남쪽 곳곳에서 내전이 벌어졌던 바, 제주4 · 3사건이 그 구체적 사례일 것이다. 3 · 1절 기념행사에서 제주사건(내전)이 발발했기에 그 뜻하는 바가 크다.[42] 결국 하루키는 한국전쟁을 이렇듯 축적된 갈등의 산물로 여겼다. 동시에 그는 세계대전의 조짐도 부정하지 않았다. 비

하다. 본 책 후기를 보라. 와다 하루끼, 앞의 책, 417.

41 와다 하루끼, 앞의 책, 342-343.

42 제주 4.3 사건 진상규명 및 희생자 명예회복위원회, 『제주 4.3사건 진상조사 보고서』, 2003.

록 한국 내부의 전쟁이었으나 미국을 비롯한 중국, 일본의 역할 역시 컸다고 본 탓이다. 중국 대륙의 공산화를 목도한 상황에서 일본은 이승만의 전쟁 요구에 응했고 한국전쟁을 자국의 경제 부흥의 호기로 여겼기에 미국을 적극 도왔던 반면,[43] 중국의 경우 한국전쟁을 자국의 항일 전쟁과 혁명전쟁의 연장으로 여겼다는 것이다. 중국 내전의 연장선상에서 한국전쟁을 이해한 하루키의 생각이 흥미롭다.[44] 중국 입장에서 미국은 한국의 자주성을 빼앗을 뿐 아니라 노동자들의 국제적 연대를 해치는 방해꾼이었던 탓이다. 하지만 이 책은 한국전쟁에 미친 일본의 역할과 영향에 대한 논의를 많이 누락시켰다.[45] 일본 내 양심 있는 지성인이라 일컬어졌기에 일본 정부에 대해 치열한 비판을 가할 것으로 기대했으나 부응하지 못했다고 판단된다.

앞서 보았듯이 박명림은 한국전쟁을 미국 동아시아 정책 변화의 차원에서 국제전으로 규정했다.[46] 이념 차(差)에 근거한 미소 간 대립, 그 최전선인 한반도에서 미국은 군사적 우위 전략을 취할 수밖에 없었고 그것이 한국전쟁을 야기시켰다고 본 것이다. 이에 비해 커밍스는 한국전쟁의 국제전 성격을 상대적으로 덜 강조했다. 계급 갈등에 근거한 내전의 성격을 오히려 앞세운 것이다. 본래 동서 이념 전쟁이 아니란 것이다. 나아가 이것이 항일운

---

43 와다 하루끼, 앞의 책, 344.
44 와다 하루끼, 앞의 책, 39.
45 일본 공산당의 역할에는 많은 지면을 할애했으나 정작 일본 정부의 입장은 간과했다. 와다 하루끼, 앞의 책, 107-142 참조.
46 미 군부와 외무성간의 갈등에서 외무성(국무부)의 판단이 승리한 결과이다. 군부는 조선반도에서 철군을 원했다고 한다. 임혁백, 『비동시성과 동시성: 한국 근대 정치의 다중적 시간』, 고려대학교 출판문화원 2016, 7장(243-282) 참조.

동에 뿌리를 두었다고 여겼기에 수정주의자라는 비판도 감내해야 했다.[47] 나아가 한국전쟁이 미국 안보에 도움 되는 일본 수호 전쟁이었다고까지 여겼다. 그렇기에 커밍스는 전쟁 발단에 미국 정부와 이승만의 책임을 오히려 크게 보았다.[48] 형평성을 잃었다는 평가[49]를 받아 커밍스의 책은 한동안 남쪽에서 금서가 되었으나 '외부(北)'를 달리 보게 했고 '내부'를 변화시켰다. 그가 이 책을 햇볕정책을 폈던 고 김대중 대통령에게 헌사한 것은 결코 우연이 아닐 것이다. 사실 한국전쟁의 기원과 발단에 대한 논의는 더 많은 지면과 정교한 토론이 필요하다. 앞서 전제했듯이 필자는 여기서 커밍스의 시각을 선호했다. 다른 학자들 의견을 경시해서가 아니라 역지사지의 마음 때문이었다. 한국전쟁을 바라보는 북의 시각을 배워 아는 것이 민족의 미래에 도움될 것이라 판단한 것이다. 한국전쟁으로 '민족'(주의)은 파괴되고 반공(反共)이 그 자리를 대신했다. 반공을 국시로 건설된 근대화가 한반도를 이념 투쟁의 장(場)으로 만들어 놓은 것이다. 개발독재로 이룬 경제성장은 단일 '민족'을 희생시킨 대가였다. 친일과 반공이 동전의 양면이 되어 해방 이후를 지배했다. 따라서 필자가 커밍스의 시각을 존중한 것은 오로지 '민족'을 복원하기 위해서이다.[50] 이를 위해 제 이념(종교 · 계급)을 품되 넘어섰던 3 · 1정신과 맞닥뜨려야 옳다. 그 속에 북이 원하는 자주성은 물론 평화와 세계주의가 담긴 까닭이다. 이제 한국전쟁의 폐해를 3 · 1정신의 시각에서 치유할 때가 되었다. 이에 필자는 민족정신을 일깨운 3 · 1정신을 살피되 촛불혁명과 4 · 27판문점선언에 이르기까지 누적된 그 사상적 흐름을 적시할

---

47 임혁백, 위의 책, 295-299.

48 임혁백, 위의 책, 280-281.

49 임혁백, 위의 책, 250-251.

50 임혁백, 위의 책, 299-301, 브루스 커밍스, 앞의 책, 32.

것이다. 한국전쟁으로 야기된 반공주의의 극복, 민족의 복원 그리고 세계사적 책임을 논하기 위해서이다.

2. 3·1정신과 그 누적적 전통
—촛불혁명과 4·27판문점선언에 이르기까지

한국전쟁 이후 70년의 역사가 흐른 2020년을 살고 있다. 많은 시간을 흘려보냈으나 그 폐해는 아직까지 치유되지 않았다. 민족을 파괴했고 반공주의 국가를 세웠으며 식민지적 자본주의 체제를 일구었던 까닭이다. 지독한 전쟁 경험 탓에 우리 역사는 언제나 그때에 머물러 있다. 국가보안법이 여전히 살아 있고 종북/좌빨 이데올로기로 사상의 자유를 묶어 놓기 일쑤이다. 그렇기에 새로운 미래가 좀처럼 열리지 못했다. 상대 부정을 자기의 존립 근거로 삼는 반공, 분단 체제가 남쪽마저 분열(남남 갈등)시켰던 탓이다. 이로써 한국전쟁은 한반도에서 아직도 진행 중이다. 한국전쟁을 과거와 미래의 연결 고리라 말할 수밖에 없는 이유이겠다.[51] 소설 『광장』[52]은 남북이 추구했던 이념 모두에 좌절하여 삶을 포기한 젊은이(이명훈)의 삶을 그렸다. 소설 『탐루』[53]는 지리적 경계를 무시한 채 남북을 오가며 평화 체제를 원했던 역사적(실존하는) 인물 김낙중의 일대기를 소개했다. 이념적 존재가 되려 했으나 결국 그의 희생자가 된 사람들의 이야기였다. 한국전쟁 이후 이 땅의 사람들 대다수는 소설의 인물처럼 그렇게 살아왔다. 이제 우리에겐 다

---

51 박명림, 앞의 책, 41-50.
52 최인훈, 『광장』, 민음사, 1976.
53 김선중, 『탐루』, 한울, 2005.

른 이야기가 필요하다. 이념을 초월할 수 있는 사상적 얼개가 절실한 시점이 된 것이다. 주지하듯 2019년은 3·1선언 100주년을 맞는 해였다. 남북이 공유할 수 있는 사실적 역사 공간으로서 3·1선언만한 것이 없다. 일체 이념을 통섭시켜 전혀 다른 미래를 선포했기 때문이다. 그것은 '새 하늘과 새 땅'(기독교)의 현실이었고 '개벽'(천도교)으로 불려졌다.[54] 공히 이 지점에 함께 서서 3·1정신을 냉철히 인식하여 보편(세계)성을 구할 때 남북의 미래는 한국전쟁의 족쇄로부터 자유로울 수 있을 것이다. 필자가 한국전쟁을 이념(체제) 간 투쟁 이전에 우선 민족 간의 내전으로 보았던 커밍스의 입장에 동조한 것도 이런 연유에서였다. 한국전쟁의 극복이란 좁게는 분단 체제를 단(斷)하는 것이자 민족을 복원하는 것이며, 나아가 이데올로기의 종언이고 제국주의를 폐하는 일이 되어야 할 것이다. 이를 위해 제국을 민국(民國)으로 바꾼 3·1정신은 이념으로 나뉜 이 땅에 그 하나 됨을 위한 총체적인 혁명 기운을 선사할 것이다.[55]

100년 전 3·1선언은 근대를 열어젖혀 민족의식을 전환시켰다. 민(民) 주도의 공화국을 선포했기에 한국 근대의 출발점을 알리는 역사적 사건이 된 것이다. 1945년 이래 좌우 갈등 탓에 그 뜻이 확장될 수 없었지만 최근 촛불 혁명으로 재현의 단초를 가늠하게 되었으니 다행이다. 비록 북의 경우 만주 항일 투쟁에 무게중심을 두었으나 3·1정신은 남북 차(差)를 횡단하는 보편적 사건임에 틀림없다. 3·1정신은 피압박 식민지 국가에서 발현된 자주성(독립)의 선언이었다. 서구 제국주의가 용틀임하는 시점에서 민족의 자주를

---

54 조성환, '개벽종교의 평화사상- 삼일 독립선언서에 나타난 개벽사상을 중심으로', 「동아시아의 평화와 종교-3.1 독립운동 100주년 기념 국제학술대회」, 2018, 11,23, 서강대학교 발표논문
55 임형택, "3.1운동, 한국 근현대에서 묻는다", 『창비』 183(2019 봄), 36. 이하 내용은 본고를 창조적으로 재서술하는 방식으로 기술되었다.

말한 이 정신은 중국, 인도를 비롯한 아시아 각국에도 큰 영향을 미쳤다. 더욱이 비폭력적 평화운동으로 전개되었기에 서구는 물론 탈아입구(脫亞入口)를 꿈꾸던 일본에게 수치심을 안긴 사건이 되었다. 이 점에서 우리는 3·1정신의 혁명적 성격을 논할 수밖에 없다. 안으로는 제국을 민국으로 변화시켰고 밖에서 유입된 좌우 대립을 품고 넘어섰던 까닭이다.[56] 후자의 경우는 3·1정신에 입각한 상해 임정의 출현을 통해서 입증될 수 있다. 러시아혁명을 경험한 연해주 이민자(이동녕)들의 사회주의 이념을 임정이 수용했던 까닭이다. 이후 민족주의와 사회주의는 비판과 견제의 지난한 과정을 겪으며 일정 부분 동화되어 갔다.[57] 익히 알려진 대로 신간회(1927)는 일본이 조작한 105인 사건을 통해 사멸되기까지 기독교와 좌우 이념을 아우르며 활동했던 독립 단체였다. 이런 신간회의 방향성을 목하 사람들이 '좌편향'되었다 하겠으나 당시 이것은 '중간 길'로 일컬어졌다.[58] 이 경우, '중간 길' 그것의 참된 의미는 모르겠으나 험난한 길일 수밖에 없었을 것이다. 아마도 민(民)에 기초하여 사회주의 이념과 민족 이념을 통섭한 민주공화국을 염두에 두고 활동했을 것이라 추측한다. 이처럼 3·1정신은 우리 역사를 질적으로 혁명코자 했다. 새 하늘과 새 땅, 곧 개벽이 이를 뜻하는 말이겠다. 하지만 한국전쟁 때문에 분단 체제가 생겼고 이것이 역사의 기운을 억압하여 민족의 미래를 망가뜨렸다. 그렇기에 작금의 좌우 이념 대립은 3·1정신의 배반

---

56 임형택, 위의 글, 24-34 참조.

57 여기서 임형택은 임꺽정의 저자 홍명희와 삼균주의를 펼친 조소앙을 예로 들었다. 전자는 좌파에 방점을 둔 민족주의자로서 후자는 민족주의 색채를 강하게 지닌 좌파 사상가라 칭했다. 위의 글, 29.

58 이 말은 신간회를 제안했던 벽초 홍명희의 지론이었다. 홍명희, '신간회의 사명', 『현대평론』 1927년 1월호를 보라.

이자 동시에 갚아야 할 채무가 되었다.[59] 이 빚을 갚는 것이 곧 우리의 미래를 여는 일이다. 다행히도 3·1정신은 역사의 고비마다 누적되어 4·19를 거쳐 촛불혁명으로 재점화되었고 그 힘이 4·27판문점선언을 낳았으니 목하 어려운 현실임에도 하늘에 크게 감사한다. 본 선언에 근거하여 남북 간 평화공존을 모색하되 궁극적으로 '개벽(신천지)'이란 말에 합당한 새로운 국가 체제를 꿈꿔 이룰 일이다. 다시금 신간회 출범 시 언급된 '중간 길'이 무엇인지 그 실상을 고뇌해야 옳다. 그럴수록 3·1선언에 담긴 민족정신(혼)을 깨쳐 아는 일이 중요할 것이다. 이는 마지막 장에서 다룰 내용이 되겠다.

여기서 3·1정신의 세계사적 의미를 좀 더 언급하는 것이 좋겠다. 그래야 촛불혁명과의 연결 고리가 더 잘 해명될 수 있겠기에 말이다. 앞서 말했듯 이 자주성, 평화, 세계주의를 표방한 3·1정신은 아시아 각국에 영향을 미쳤다. 일본에 강제 합병된 지 10년도 되지 않아 민 주도의 거국적 저항운동을 일으킨 것은 세계사적으로 유례가 없다. 그래서 학자들은 1919년을 인류의 신기원이자 해방의 원년으로 보고자 했다.[60] 주지하듯 당시 민족자결론(월슨)이 널리 회자되었으나 이를 신뢰하는 풍토가 아니었다. 실제로 이것은 열강이 지배했던 식민지 국가들을 다른 열강이 지배하지 못하도록 기존 지배국을 이롭게 하는 것이었을 뿐이다. 이런 상황에서 독립을 위한 저항적 주체가 생긴 것은 참으로 놀라운 일이었다.[61] 3·1선언의 주체가 된 이들이 바로 종교(인)들이었다.[62] 국가 없는 식민지 현실에서 종교가 민족을 대변한 결과였다. 당시로서는 이천만 인구 중 300만 교도를 지닌 천도교가 앞장설

59 임형택, 앞의 글, 35.
60 백영서, '연동하는 동아시아와 3.1운동', 『창비』 183(2019 봄), 41
61 백영서, 위의 글, 43
62 3.1운동 백주년 종교개혁연대, 『3.1 운동 백주년과 한국종교개혁』, 모시는사람들, 2019 참조.

수밖에 없었을 것이다. 서학(西學)에 대해 주체적 자각이 생겼고 농민혁명을 주도한 경험이 있었기에 이들은 자신들의 물적 토대, 정신적 이상을 아낌없이 쏟아 부었다. 따라서 독립을 '청원'키로 했던 당시 기독교에 견줄 때 천도교는 처음부터 자주적 독립을 강하게 '선언'할 수 있었다. 선언서에 담긴 '신천지의 도래'란 말은 바로 이런 현실을 언표한 것이겠다. 이처럼 주체적 저항의 뿌리가 당대 종교에 기초했으나[63] 의병(지식인), 동학(농민)에까지 이르렀고 일체 계급, 성차, 좌우 이념을 아울렀다는 사실은 3 · 1정신이 근대를 극복하기 위한 세계사적 촉매가 되었음을 방증한다.[64] 이것이 제국(諸國) 대신 민국(民國)을 출현시켰고 민(民)이 주체인 공화주의를 헌법(정치)의 기초로 삼게 하였다. 그러나 이것은 제도를 넘어선 종교적 열망의 표출이기도 했다. '하늘'을 본 사람만이 꿈꿀 수 있는 세상이었다. 그렇기에 역사를 '기미(己未) 이전과 이후로 나눠도 좋을 만큼 시기 구분의 기준점이 되었다.[65] 부정된 민족(주체)성을 맘껏 긍정했고 서구 세계와도 사상적 소통을 이루었으며 이후 국가들이 이룰 대안 문명을 제시한 까닭이다. 하지만 앞서 말했듯이 한국전쟁으로 민족을 분단시켰기에 3 · 1정신에 진 빚이 참으로 크고 많다. 그럼에도 3 · 1정신은 결코 실패했거나 소멸되지 않았다. 지난 100년 역사 속에 누적적으로 쌓였고 순간순간 그 미완의 꽃망울을 터뜨렸던 것이다. 그렇기에 3 · 1정신의 적공 없이는 4 · 19혁명, 5 · 18항쟁 그리고 근자의

---

63 사실 종교 차(差)를 넘어 함께 뜻을 합친 것도 당시로선 예사롭지 않다. 서구서 유입된 기독교의 힘이 당시로서 크지 않았기에 가능했을 수도 있겠다. 여하튼 당시 기독교가 민족주의를 표방한 것은 부정할 수 없을 것이다. 남강 이승훈 같은 기독교계 큰 지도자들의 영향 탓일 수도 있다. 기독교 대한 감리회 서울연회 본부, 『3.1운동, 그날의 기록』, 도서출판 탁사 1998 참조.
64 백영서, 앞의 글, 45 저자는 3.1 운동이 중국 5.4 혁명(공산당혁명)과 변별된 점을 여기서 찾았다.
65 백영서, 앞의 글, 49.

촛불혁명 또한 설명할 수 없다.[66] 이 점에서 3·1정신을 매순간 역사를 소환하는 우리 식(式) '진리 사건(A. 바디우)'이라 말해도 좋겠다.[67] 실패했던 과거를 거듭 구원하고 있기 때문이다.[68] 이로써 항차 세계와 공조했던 3·1정신은 민족 분단을 야기한 이데올로기뿐 아니라 이 시대의 제국인 '자본주의 체제'마저 넘는 (대안적)문명 비판의 동력이 될 것이다. 3·1정신이 목하 우리들에게 이전[舊] 세계와 단절하는 '전(全) 지구적 자각',[69] 곧 평화를 사건으로 요청하고 있으니 말이다. 이런 혁명적 인식이 촛불혁명에서 잘 드러났고 그것이 4·27판문점선언에서 획기적으로 표현되었다는 것이 중론이다. 이하 내용에서는 이들의 상관성을 살펴볼 것이다. 주지하듯 촛불혁명은 한국 시민에게 '에버트' 인권상(償)을 안길 만큼 세계를 놀라게 했다. 무혈로 정권을 바꿨고 나라 근간을 바로 세운 결과였다. 사람[民]을 버린 국가[70]와 법을 조롱한 정부에 대한 항거, 그것이 촛불혁명의 도화선이었고 3·1정신을 소환한 계기가 되었다. 하여 촛불혁명을 민(民)의 주권, 자주성의 공적 선언으로서 3·1정신의 재표출로 여기는 이들이 많다. 촛불혁명은 아마도 북의 민(民)에게도 큰 충격이었을 것이다. 국가권력의 무능과 범죄를 꾸짖는 촛불 민심이 무섭게 각인되지 않았겠는가? 북이 4·27판문점선언에 마음을 열었던 것도 이와 무관치 않을 듯싶다. 우선 촛불혁명은 국민과 헌법의 이름으로 반공 수구 세력을 권좌에서 내쳤고 옥조이던 분단 이념을 적폐로 규정했으니 말이다. 국민주권(민주공화제)을 해방 후 최초로 반공/반북 이념에 앞

---

66 이것은 특별히 『창비』를 이끌었던 백낙청 교수의 지론이다. 백영서, 위의 글, 51.

67 이남주, '3.1운동, 촛불혁명 그리고 진리사건', 『창비』, 183(2019 봄), 68.

68 이정배, '촛불혁명과 인간혁명', 「씨올의 소리」, 255(2018 5,6월), 46-53.

69 백영서, 앞의 글, 52 참조.

70 이 점에서 촛불혁명에 미친 세월호 사건의 영향을 말할 수 있을 것이다.

선 가치로 만든 것이다.[71] 향후 남북 관계의 전환, 한반도 평화 프로세스 또한 이 역량으로 이룰 과제가 되었다. 그럴수록 촛불혁명의 종지(宗志)를 굳게 잡고 문명의 대전환을 위한 긴 호흡, 큰 판단력이 필요하다. 주변국들의 방해와 야당의 공세에도 불구하고 대통령 신년사에서 역설한 '운전자론'이 그래서 중요하다. 북미 관계의 불통을 남북 경협으로 풀겠고, 김정은 답방을 재추진하겠다고 했다. 아무리 악재가 생겨도 인내하며 이 길을 가겠다는 것이 문재인 대통령의 의지이다. 이렇듯 촛불혁명은 민족 구심력을 위해 북의 체제를 사유 지평 안으로 견인했고 더욱 가열차게 그리해야 할 것이다. 하지만 혁명은 현재 삶에 대한 불만과 요구를 단숨에 해결할 수는 없다. 조국 사건 이후 전광훈 사태에서 보듯 오히려 반공의 역풍을 맞아 혁명 의지 자체를 거세당할 수도 있었다.[72] 현 정권하에서 작은 비리라도 터지면 과거 체제로의 복귀가 순식간의 이루어질 것이다. 사실 촛불혁명은 세계적으로 극우 포퓰리즘 세력들이 득세하는 중에 이 땅에서 발생한 예외적 사건이었다.[73] 그로써 촛불민주화가 난공불락의 성(城) 같은 70년 분단 체제와 맞서는 상황이 되었다. 이는 세계 질서를 재편하는 일로서 우선 미·중·일 모두가 원치 않을 것이다. 핵무기와 체제 보장을 맞바꾸려는 북 또한 설득하기가 쉽지 않다. 그럼에도 촛불혁명은 이 길로 정부를 나서게 했다. 4·27 판문점선언은 바로 그 실상이다. 향후 분단 체제를 극복하고 남북 관계를 재정립하는 일이 남과 북의 이익을 넘어 문명(세계)사적 의미를 지닌 것도 그 이유다. 기후 붕괴 시대를 마주했기에 근대를 극복하고 자본주의 체제

---

71 이남주, 앞의 글, 70.

72 김상준, 앞의 책, 174.

73 백낙청, '촛불혁명이라는 화두', 《한겨레신문》 2019.12.30.

이후를 상상하는 일과 무관할 수 없다. 아울러 동족 5~6백만 명을 살해한 비극적인 한국전쟁 속에 담겨진 깊은 뜻을 찾을 일이다. 몽양(夢陽)이 독립 (스스로 섬)을 민족의 주체(구심)적 각성과 외교(원심)력만 아니라 하늘 뜻에 서 구했듯이 말이다.[74] 이는 모두 국민주권이 헌법대로 지켜질 때 비로소 가 능할 수 있을 것이다.

필자는 "역사는 처음이 있어 마지막이 있지 않고 마지막 있어 처음이 있 다."는 함석헌의 말을 좋아한다. 그렇기에 4 · 27판문점선언이 친일의 청산 이자 분단 역사의 끝이 되길 간절히 소망한다. 3 · 1정신을 누적한 촛불민주 화, 그것이 낳은 4 · 27선언이 새 역사의 첫걸음이 될 것을 말이다. 이런 열 망으로 4 · 27선언 1주기(2019)를 맞아 DMZ 500킬로미터를 민(民)이 손잡고 인간 띠를 만들었다. 70년 냉전의 상징이었던 판문점 그곳이 남북 정상이 오갔고 미국 대통령 트럼프가 넘나든 공간 곧 화해와 소통의 장(場)이 되었 기 때문이다. 무엇보다 주체적으로 평화를 만드는 능력을 세계에 알리는 사 건이기도 했다.[75] 한반도가 오랜만에 한 몸 유기체로 살아 움직이는 듯싶었 다. 이런 차원에서 한 북한 전문가의 분석을 기초로 4 · 27선언이 지닌 전대 미문 적 특성을 살펴보겠다.[76]

본 선언서의 가장 큰 특징은 그 첫 의제가 앞선 선언과 달리 '한반도 비핵 화'가 아니라 '남북 관계의 획기적 개선'이란 점에 있다. 비핵화를 후순위로

---

74 당시 몽양의 말 그대로를 옮겨본다. "한국의 독립운동은 세계의 대세요, 신의 뜻이며 한 민족의 각성이다." 몽양은 이 말을 일본 의회에서 선포했다. 여기서 핵심은 신의 뜻을 원심력과 구심력 사이에 위치시켰다는 사실이다. 변선환 아키브 편, 『3.1 정신과 '以後' 기독교』, 모시는사람들 2019, 116. 이 책에 실린 이정배의 글 "몽양 여운형의 좌우합작론 속의 토착적 기독교성-독립과 해방 그리고 통일여정에 이르기까지의 사상적 여정"(115-148)을 보라.
75 이은선, "4;27 판문점 선언의 의의", 「씨올의 소리」, 256(2018, 7-8), 27-28.
76 이정철, "흔들리는 판문점 그리고 평화로의 병진, 『창비』180(2018 여름), 249-262 참조.

놓은 것에 대한 비판도 컸으나 남북의 자주성(당사자주의)과 상호 실용적 소통을 우선시한 것은 대단한 진척이다. 원심력에 대해 구심력(자주성)의 강화를 우선시했던 까닭이다. 이로써 남측 주장인 선(先)비핵화론과 북의 입장인 선(先)평화 체제론 간의 우선 다툼이 사라질 수 있었다. 최초로 양자 병진(竝進)론을 공식화시켜 냈던 것이다.[77] 하지만 명분(선비핵화)이 후퇴했기에 실제로 미국으로선 더 큰 부담(평화 체제 보장)을 느낄 수밖에 없었다. 외교적 진정성을 보여야 할 책무가 발생한 탓이다. 이는 향후 북미대화를 위해 되돌릴 수 없는 길잡이가 될 것이다. 또한 본 선언서는 비핵화의 수준과 목표를 '완전'이란 단어를 사용하여 해체 의지를 표명했다. 북쪽에 현존하는 핵시설 일체가 이 말 속에 포함되었다.[78] 패전국에나 요청할 수 있는 일방적 'CVID(complete, verifiable, irreversible dismantlement, 완전하고 검증 가능하며 돌이킬 수 없는 비핵화)' 대신 '완전'이란 말에 상호 동의한 것이다. 그렇기에 상기 학자는 이를 북한의 양보이자 한반도의 위기 임계점을 되돌린 사건이라 평가했다.[79] 본 선언서 말미에 이런 북(北)의 조치를 존중하며 남북이 각기 자기 역할과 책임을 다할 것이란 규정을 삽입했다. 핵미사일 발사 중단(북)을 선언하되 한미군사훈련 자체는 양해한다는 북의 전향적 입장이 그 단적인 예(例)일 것이다. 양자 모두를 동시에 중단하라는 중국의 '쌍(雙)잠정중단' 안을 진일보시켰고 이를 불법과 합법의 교환이라 여겼던 미국 측 안을 무력

---

77 이정철, 위의 글, 251.

78 이정철, 위의 글, 252, 이 선언 속에 평화적 핵시설의 해체까지도 포함된다. 대신 미국은 기존 약속대로 비핵화 대가로 핵발전소(경수로)를 지어주면 될 것이다.

79 이정철, 위의 글, 252. 하지만 이은선은 '완전'이란 단어 속에 함의된 북에 대한 불신, 남성주의 시각을 적시했다. '완전'이란 대화와 협력 그리고 신뢰의 과정(process)속에서 나올 수 있는 말일 뿐 식체적 상태로 접근할 수 없다는 것이다. 타당성 있는 지적이라 생각한다. 하지만 'CVID'와 변별된 '완전'을 말했기에 이은서의 비판을 감내할 수 있을 것이라 생각된다. 이은선, 앞의 글, 34-35

화시킨 것이다.[80] 주지하듯 이런 합의 탓에 싱가포르 북미대화가 열릴 수 있었다.[81] 북측의 이런 조치에 견줄 때 남 또한 상응하는 노력을 하는 것이 옳다. 무엇보다 그것은 한반도에서 미 핵전략자산을 철수시키는 일이 될 것이다.[82] 안타깝지만 한국전쟁의 부정적 기억과 미국의 동아시아 전략이 상호 맞물리며 한반도 비핵화는 난제가 되었고 북의 신뢰를 잃는 결과를 낳았다. 남이 북의 진정성을 믿지 못하듯이 북 또한 남의 자주성을 의심하고 나선 것이다. 하지만 비핵화와 평화 체제의 병행은 본래 미국도 원했으며[83] 중국의 제안과도 흡사하고 한국 정부 역시 동의한 것임을 재확인할 필요가 있다. 이를 어깃장 놓고 파괴시키는 나라가 평화 체제를 반대하는 악의 축(軸)이 될 것이다. 설령 그 나라가 남쪽이든 미국이든 말이다. 그럴수록 3·1정신의 누적적 경험이 남북 간 신뢰 구축을 통해 공동 안보의 길로 나아가도록 민족을 추동할 것을 믿는다. 몽양(夢陽)의 말대로 민족이 각성하고 미국 포함 아시아 4국 외교를 살려 내면 하늘이 우리를 도울 것이다. 대북 억제를 위한 협소한 한미동맹의 시대는 지나갔다. 70년 지속된 '안보 담론'을 평화와 통일 담론'으로 전환시키는 것이 급선무가 되었다. 한반도 비핵화를 통해 남북은 물론 주변국들의 군사력 과잉을 억지시켜 동북아 평화 체제를 이루어야 할 시점인 것이다. 그렇기에 3·1정신에 잇댄 4·27판문점선언은 끊어진 허리를 잇고 곧추세워 한 몸 공동체를 이루라는 『성서』의 본뜻과도 여

---

80 이정철, 위의 글, 283.

81 이제 막 출간된 볼턴의 회고록이 이와 다른 증언을 하고 있으나 그 역시 의심할 여지가 많다. 좀 더 두고 평가할 일이다.

82 이정철, 위의 글, 254.

83 저자는 미국이 몇 년 전 이 안을 박근혜 정부에게 전달했으나 당시 정부가 사력을 다해 반대했다는 내용을 인용문을 통해 밝혔다. 《중앙일보》(2016년 2월 26일)에 실린 '빅터 최'의 기사 "대북 외교의 판이 바뀌고 있다"-를 보라.

실히 합치될 수밖에 없다. 이런 연유로 4·27선언 1주기를 맞아 인간띠 잇기 현장에서 선포했던 '평화선언문'[84]을 소개하며 본 장을 마감한다.

오늘 우리는 70년 세월 동안 민족과 국토를 나눈 슬픈 역사의 현장, DMZ를 마주하고 있다. 잘린 허리 탓에 아직도 '스스로 서[獨立]'지 못한 나라가 되었으니 안타깝고 원통하다. 분단 체제에 안주했던 정치 세력들로 인해 이 땅, 남북의 민초들이 당한 고통이 그 얼마였던가? 허나 자주와 평화를 내걸고 이 땅 독립을 선포했고 민(民) 주도의 새 정부를 세웠던 100년 전 그날을 기억하며 그 뜻을 다시 부활시킬 것이다. 4·27판문점선언 1주기를 맞아 민(民)의 염원이 표출했다. 죽음과 전쟁의 땅 DMZ를 평화와 생명의 새 땅으로 만들기 위함이다. 이 마음 하나로 우리는 지금껏 낯설었던 이웃들 손을 힘껏 잡았다. 언젠가 한라에서 백두까지 남북의 손을 함께 잡을 날을 기약하면서 말이다. 먼저 우리는 DMZ를 비롯한 이 땅 전역에서 전쟁의 희생양이 된 뭇 영혼의 넋을 위로하고 사죄했다. 앞선 비극을 이곳서 재현하지 않겠다고 다짐한 것이다. 무언(無言)으로 외치는 이들 영혼의 소리를, DMZ 곳곳을 생명과 평화의 공간으로 만들라는 하늘 뜻으로 받을 것이다. 분단 70년 지난한 삶을 통해 평화가 우리들 민(民)의 몫이란 것을 학습했다. 그럴수록 주변국들에 휘둘리지 않을 우리들 자주성이 어느 때보다 필요하다. 우리가 지켜 회복한 평화가 세상을 이롭게 할 것이기에 더욱 그렇다. 70년 분단의 고통이 세계 진보를 위한 밑거름이자 자산이 될 것을 의심치 않는다. 그렇기에 세계는 우리를 믿고 끊어진 허리를 잇는 일에 협조할 일이다. 분단 체제가 평화 체제로 전환되면 이곳은 의당 핵 없는 공간이 되지 않겠는가!

---

84 DMZ 평화인간 띠잇기 운동본부, 앞의 책, 68-69. 이 선언문을 필자가 썼던 이유로 글을 옮기면서 다소 표현을 달리 한 부분이 있음을 밝힌다.

민족을 가르는 장벽을 허물고 이 땅을 자유케 하라. 이곳 DMZ를 평화와 생명의 보고(寶庫), 전쟁 없는 미래의 배움터로 만들 것이다. 70년을 각기 다른 체제로 살았으나 창조적으로 수렴되는 민족의 미래, 세계가 놀랄 이 땅의 평화를 펼쳐 낼 것이다. 이제 DMZ를 눈앞에 두고 우리 현실을 다시 생각한다. 과거에 얽매여 미래를 옳게 희망하지 못할 경우 3 · 1정신이 바랐던 독립국가, 민주공화국은 우리 것이 될 수 없다. 자신들 잘못을 덮고 기득권을 유지하기 위해 민(民)을 추동하는 거짓 세력에 저항할 것이다. 남남 갈등이야말로 세계 평화를 해치는 적폐이기에 민(民)의 각성으로 청산할 것을 선언한다. 종교, 이념, 성별, 신분 차를 넘어 함께 손잡는 4 · 27 인간 띠 잇기 행사가 사람을 편 가르는 일체 분단 체제를 불사를 단초가 될 것이다. 우리 모두 이 땅의 평화가 '세계의 대세이자, 하늘 뜻이며 민족의 염원'인 것을 세계를 향해 외치자. 우리들 일상이 남북 정상이 오갔던 2018년 4 · 27 그날의 그 모습처럼 되기를 바라면서 '우리가 한 몸'인 것을 소리쳐 보자. 이 땅의 평화가 세상의 평화 될 것을 믿으며 이를 분단 70년 고통을 겪은 남북 민(民)의 이름으로 힘껏 선포한다.

3. 촛불혁명과 4 · 27판문점선언의 실현 방식들에 대한 논쟁
―'남북연합'과 '양국체제론'의 토론을 중심으로

주지하듯 한국전쟁이 가져온 반공 이데올로기 탓에 민족(개념)은 파괴되었고 두 개의 전혀 다른 이념을 내세운 분단국가가 되었다. 한마디로 '결손 국가'가 된 것이다. 70년 역사가 흐르면서 소통할 수 없는 언어가 생겼고 핏줄의 인연도 옅어지고 사라져 가장 먼 나라로 인식되고 있다. "초대교회로 돌아가자."는 말이 교회의 상투어가 되었듯이 '분단 극복'이나 '하나의 민족'

이란 말도 남북 정치인들에게 그런 뜻 이상일 수 없는 것 같다. 오히려 분단 체제가 각기 정치적 입지를 확보하는 수단이 되었을 뿐이다. 물론 4·27판 문점선언 이전에도 분단 체제를 흔들어 보려는 노력이 없지 않았다. 7·4 공동성명서(1972)를 비롯하여 6·15선언(2000)이 대표적인 경우이다.[85] 하지 만 전자는 독재정권 유지의 발판이 되었고 후자는 바뀐 정권이 도루묵을 만 들어 버렸다. 그렇기에 4·27판문점선언 또한 그런 운명에 처하지 않기를 소망할 뿐이다. 촛불혁명으로 구심력이 생겼고 3·1정신을 '진리 사건'으로 소환했기에 다를 수 있기를 소망한다. 민족 자주성을 해치는 분단을 3·1정 신의 채무로 느껴[感] 아는[知] 이들이 많아졌기 때문이다. 하지만 현실은 수 구 세력들의 공세와 촛불혁명에 대한 섣부른 확신 탓에 우리들 내부에 틈새 를 만들었다. 반공 이념 신봉자들이 4·27선언 무효를 강변하기에 이르렀 고, 촛불 세력이 세대 갈등으로 분열되는 조짐을 드러냈다. 한편에서는 주 한 미군이 철수할 때가 되었다고 말하며,[86] 다른 쪽에서는 성조기를 들고 광 화문 광장을 소란케 한다. 그럴수록 틈새를 메우려는 소위 '깨[悟]시민', '생 각하는 백성(씨올)'이 필요하다. 촛불혁명을 지속적인 화두(話頭)로 삼자는 제안(백낙청)을 경청해야 할 이유가 여기에 있다.[87] 정전협정을 평화 체제로 전환하기 위해 먼저 남남 갈등을 가능한 한 작게 만들 목적에서이다. 해방 후 좌우합작안(몽양)이 세(勢)를 얻었다면 민족의 미래도 달라질 수 있었다

---

85 이외에도 노태우 정권 시절(1992)의 남북관계 발전과 평화번영을 위한 협정, 노무현 정권(2007) 에서의 남북관계 개선을 도모하는 협정이 있었다. 노태우 정권은 남북한 동시 UN가입을 승인했 고 노무현의 경우 김대중의 햇볕 정책을 낳은 6.15 선언의 기조를 이은 것이라 할 수 있다. 여기 서 주목 할 것은 88년 올림픽 분위기에 편승하여 남북관계를 풀어보려는 노력을 김대중과 경쟁 관계에 있던 김영삼이 대통령 후보시절 중앙정보부를 이용하여 방해를 놓았다는 사실이다.

86 김경재, "평화협정체결과 주한미군 철수의 때가 찼다", 「씨올의 소리」. 265(2020,1,2), 8-14.

87 각주 72번 참조.

는 역사적 반성도 되새김질하면 좋겠다. 사실 '공정(세대 갈등)'의 문제와 이념 갈등, 남북문제는 서로 얽혀 있다. 더 큰 실마리를 풀 때 다른 것도 함께 해결될 여지가 크고 많다. 남북문제가 한국전쟁 70년을 맞는 2020년, 다시 핵심 의제가 되어야 할 이유가 여기에 있지 않겠는가?

한국전쟁은 민족을 파괴시켜 그 복원을 불가능하게 만들 만큼 반공 이념을 남쪽에 이식시켰다. 탈(脫)이념을 통해 민족[88]을 '경제 공동체'로 재통합시킨 유럽과 달리 한반도는 오히려 동북아의 평화를 위협하는 이념 대결의 전쟁터가 된 것이다. 동족 간 전쟁 경험이 한반도를 독일과 다른 공간으로 만들었다. 필자가 한국전쟁의 기원과 발단을 친일/항일의 틀에서 보았고 3·1정신으로 해원(解冤)시켜 상생을 도모한 것도 결국 이념을 해체시킬 목적에서였다. 기독교 역시 1919년 기미년의 기독교로 되돌아갈 때 "민족"의 미래에 나름 역할이 있을 것이다. 서론에서 언급했듯 이하 내용에서 필자는 일차적으로 분단 체제의 해체, 즉 한반도 평화(통일) 체제를 위한 두 담론을 3·1정신과 4·27선언의 시각에서 논쟁적으로 소개하고 이후 한국 개신교 내부에서 생성된 통일 담론과의 관계성을 살필 생각이다. 우선 『창비』를 중심한 백낙청 계보의 '흔들리는 분단체제론(남북연합)'과 김상준의 '한 민족 두 국가설(양국체제론)'을 상호 비판적으로 성찰할 것이다. 통일을 끝까지 붙들려는 전자, 평화 체제를 앞세우며 이를 비판하는 후자를 이해하되 재(再)비판하는 것이 필자의 첫 과제이며 이 결과를 기존 개신교 통일 담론(신학)과 견주어 보며 결론 장에 담을 내용을 추론할 것이다. 본 과정에서 필자가 지

---

88 이 경우 '민족'은 탈(脫)민족적 민족의 차원에서 이해될 개념이다. 비록 유럽 단일 체제를 이뤘으나 그 속에서 민족 개념이 여전히 유효한 까닭이다. 이정배, 『한국 신학의 두 과제-탈민족적 민족, 탈기독교적 기독교』, 도서출판 한들 2010 참조.

속적으로 관심하는 주제는 '민족'이다. 비록 '-Post(脫)민족' 시대에 이르렀지만 '민족'에 대한 새 이해를 토대로 한반도 통일 논의(신학)를 위한 전거(典據)로 적극 활용할 생각이다.

여기서 논쟁의 핵심은 지금껏 서로의 통일 열망이 오히려 독재 체제를 강화시켰다는 역사적 모순이다.[89] 분단 체제를 비판할수록 통일이 난제(難題)가 되는 모순이 지난 70년 역사에서 반복되었다. 남북이 저마다 '당위'로서 통일을 주창했지만 UN 동시 가입(1992)을 이루었으면서도 상호 국가 체제를 인정치 않은 것이 그 원인이자 화근이었다. 그렇기에 통일 논의에 앞서 한민족 두 나라의 공존, 소위 양국 체제를 인정하는 것이 분단 체제 극복의 첩경이라는 의견이 제시되었다.[90] 이럴 기회가 몇 차례 있었으나–노태우 정권과 1987년 체제에서[91]–북한 붕괴론, 북핵 위기론 그리고 통일 대박론(흡수통일) 망상으로 기회를 놓쳤지만 이제 촛불혁명과 4·27선언으로 양국체제론을 과감히 실현시켜야 한다는 것이다. 촛불혁명을 통해 남쪽이 자신감을 얻었듯이 북 또한 핵무기 완성으로 국가의 자주성을 강조할 수 있는 상황이 되었기 때문이다.[92] 미국 중심의 일극(一極) 체제가 문명권의 공존 체제 형식으로 바뀐 것도 때가 이르렀다는 방증일 수 있다. 물론 4·27선언 이래로 적대 청산 프로세스에 불안을 느낀 일본의 방해가 도를 넘어섰고, 남쪽의 친일·반공 세력들의 이념 공세 또한 강해졌다. 본래 반공(승공)주의를 자

---

89 김상준, 앞의 책, 7-9. 45 이하 내용 참조. 일차적으로 본 책의 내용을 요약 발췌한 것이다. 본 저
　자의 시각에서 논지를 전개하되 백낙청의 시각으로 비판적으로 재 서술 하겠다. 여기서 저자가
　말하는 악순환의 도표를 소개한다. "분단부정의 당위-남북 적대의 심화- 분단 독재체재의 강화-
　분단 독재체재에 대한 비판 강화-분단 부정의 당위성 강화."
90 김상준, 앞의 책, 9. 33.
91 김상준, 앞의 책, 10-11.
92 김상준, 앞의 책, 11.

신의 정체성[93]으로 삼은 남쪽의 기독교 또한 자신(복음)을 이념으로 축소시켜 이에 동조하고 있는 현실이다. 그럼에도 촛불혁명과 4·27선언은 종래의 악순환을 끊을 수 있는 확고한 기반을 만들었다. 북을 독자 국가로 인정할 수밖에 없는 상황이 초래한 것이다. 앞으로도 뭇 반발이 예상되나 '때가 이르렀다'고 믿고 밀고 나갈 시기가 되었다. 남북7·4선언 이후 고려연방제를 주장했던 북 역시 오래전에 단일국가로서의 통일을 포기한 것도 고려할 사안이다. 여하튼 분단 이념은 남북이 실제로 독립국가로 인정될 때 비로소 그 생명을 마칠 수 있을 뿐이다. 제재와 압박 대신 협력과 공존의 가치로 서로 살 길을 평화적으로 찾아야 하겠으니 말이다. 여기서 통일은 훨씬 이후의 문제가 된다. 평화적 공존이 우선이며 그 방식은 양국 체제뿐이라 역설했다. 사실 한국전쟁 이면에서 우리는 '하나의 민족이 결코 두 나라가 될 수 없다'는 생각을 엿볼 수 있다.[94] 서로 자기 식대로 하나의 나라를 만들기 위해 싸웠던 까닭이다. 이로써 남쪽은 반(승)공 의식을, 북은 적화통일을 각기 국시(國是)로 삼게 되었다. 양국체제론의 시각에서 볼 때 이런 식(式)의 통일 논의는 독재를 강화시키는 빌미이자 원인일 수밖에 없다. '하나'의 민족 혹은 "하나'의 국가란 말이 앞설 경우 정작 통일은 실종되고 분단 체제의 고착화로 귀결된다는 것이다. 따라서 양국체제론은 촛불혁명의 힘으로 상호 주권과 영토를 인정하라고 거듭 주장한다. 한마디로 남북은 결코 하나[一]가 아니라 둘[二]이란 것이다.

말했듯이 『코리아 양국체제』란 책은 지금껏 분단 체제를 흔들며 통일 담론을 주도했던 백낙청의 생각에 대한 반론에 기초했다. 여기에는 기존 통일

---

93 윤정란, 앞의 책, 3장(115-164)과 6장(259-298) 참고.
94 김상준, 앞의 글, 42.

담론들 모두가 실상 체제 전환(평화)의 방해꾼이었다는 비판이 깔려 있다. 본래 백낙청의 기본 입장은 '남북연합'이었다.[95] 물론 그 역시 자신의 '남북연합'이 촛불혁명에 부응하는 것이라 말했다. 하지만 양국 체제의 시각에서 보면 이것은 '하나'를 지향하는 강박의 표현으로 보였다. 이에 대한 판단은 후술하겠고 우선 "남북연합'에 관한 간략한 이해가 필요하겠다. 중재자론에 힘입어 몇 차례 회담한 결과 아직 낮은 단계이지만 '남북연합'[96]이란 제도를 논할 때가 되었다는 것이 백낙청의 생각이다. 이것은 주변국들과는 무관하게 북에 대한 적대가 곧 남에 대한 침공으로 여겨질 수 있는 현실에서 상호 안전장치를 마련하기 위한 초보적 단계라 할 것이다.[97] 당장 통일국가를 이룰 수 없는 상황에서 전쟁을 억지하기 위한 현실적인 방책인 셈이다. 이를 최종 목표로 삼을 수는 없겠지만 그렇다고 다음 단계로의 진척을 서둘 필요도 없을 것이다. '남북연합'의 단계와 수준을 조금씩 높여 가면 될 일이라 했다. 이 과정에서 북은 남의 경제체제를 추종할 이유가 없다. 전쟁 억지, 곧 평화 체제하에서 남북은 각기 자기 식의 경제발전을 도모하면 그뿐이다. 기후 붕괴를 초래한 남한 식 자본주의 체제를 북에 이식시킬 이유가 없다. 이에 준하는 정치적 장치가 필요할 것인바, '남북연합'이 이룰 과제라 할 것이다. 그러나 '남북연합'은 통일 자체를 배제한 평화공존을 말하지 않는다.[98] 통일과 평화를 이분법적 잣대로 가르며 전자 없는 후자만 말하는 것을 무모하다 여겼다. 통일(하나) 집념을 버려야 평화가 솟구칠 수 있다는 이런 주장

---

95 백낙청, "어떤 남북 연합을 만들 것인가?", 『창비』, 181(2018 가을), 17-34.

96 백낙청, 앞의 글, 19.

97 백낙청, 앞의 글, 21.

98 백낙청, 앞의 글, 25.

은 사실 '양국 체제' 논쟁 이전부터 존재했었다.[99] 아직 '양국 체제'란 말을 사용치 않았을 뿐 실상 양분법을 공유했던 것이다. 그러나 '남북연합'은 이 점을 용인할 수 없었고 이를 4·27판문점선언(정신)과 어긋날 뿐 아니라 무책임하다고 평가했다.[100] 물론 양국체제론을 통해 종북 몰이가 다소 줄어드는 효과를 볼 수도 있을 것이다. 그렇다고 북을 타자화(외부화)시키는 고질병이 쉽게 치유될 리 없다. 역으로 통일 배제는 현 노동당규(북)나 헌법(남) 자체를 부정하는 일로서 분단 체제를 넘어 항구적 분단을 초래할 수도 있을 것이다. 개별 국가로서 남북이 오히려 주변국에 휘둘려 경쟁의 희생양 될 개연성 또한 클 것이다. 물론 백낙청 역시도 기존 민족주의에 기초한 단일 국민국가를 강제하지 않았다. 단지 자의적으로 만든 양분성이 벗겨질 때 어떤 식이든지 통일을 위한 새 길이 열릴 수 있다고 확신했던 것이다

하지만 김상준은 4·27판문점선언이 '양국체제론'을 지향한다고 피력했다. 두 정상의 종전선언이 남북의 법 그 자체를 바꿀 수 있는 기회라고 본 것이다.[101] 북이 원하는 것도 실은 통일이 아니라 생존(체제) 보장이라고 생각했다. 그렇기에 '하나(통일)'에로의 열망과 그것이 초래한 악순환을 촛불혁명의 힘으로 끊어 내자고 한 것이다. 오히려 백낙청이 원하는 진정한 '남북연합'은 양국 체제로부터 비롯할 수 있다고 믿었다.[102] 상호 독립국가로 인정하지 않는 한 '남북연합' 역시 그 실현이 어렵다는 것이다. '양국 체제'

---

99 최장집, 박명림을 비롯한 고려대 학파들이 먼저 이 점을 강조해왔다. 평화를 통일을 위한 수단이나 과정이 아니라 목표 그 자체라 본 것이다. "백낙청-최장집 한반도 평화 체제 논쟁", 「프레시안」, 2018 7.16. 박명림, "패러다임 대 전환: 통일에서 평화로(1)", 《중앙일보》, 2018, 7.18. 백낙청, "촛불의 새 세상 만들기와 남북관계", 『창비』 175(2017 봄), 29.

100 백낙청, 앞의 글, 26.

101 김상준, 앞의 책, 213.

102 김상준, 앞의 책, 222.

의 시각에서 이것은 오히려 '분단 체제'를 상정한 개념일 뿐이었다. 북을 국가로 인정하지 않는 보수 강경론과 결국 구조적으로 같아진다는 것이다.[103] 남북을 정상 국가들의 관계가 아니라 지금껏 그랬듯이 예외적인 특수 관계로 보았기 때문이다. 시종일관 남북이 '둘이 아닌 하나의 체제'라는 사실로서 말이다.[104] 현재로선 두 체제이지만 본래 하나였고 최종적으로 하나가 되어야 한다는 논리가 여전히 살아 있다. 여기에는 같은 민족이 두 국가를 이룬 탓에 외국과 같을 수 없다는 전제가 있다. 남북이 애당초 '통일'을 지향하는 두 국가라는 뜻이겠다. 이처럼 '하나(통일)'를 강조하면서 분단 체제가 허물어질 수 있다는 논리적 신념을 존속시켰다. 하지만 분단 체제의 장기화로 비정상적인 체제가 도래했고 이를 삶의 조건으로 수용한 비정상의 정상화가 우리의 일상이 되었다.[105] 70년간 지속된 이런 일상과의 단절은 남북 어느 쪽에도 결코 쉽지 않다. 그렇기에 '양국 체제' 주창자들은 분단 체제의 극복을 통한 '남북연합'을 연목구어이자 사상누각이라 봤다보았다. 오히려 남북연합이 분단 체제를 지속시키는 자기모순에 빠질 수 있다고 염려했다. 이에 더해 어떤 형태로든 남북 현존 체제(국가)의 붕괴를 통해 이룰 수 있는 통일(하나)은 환상일 뿐인 것을 역설했다.[106] 남북 체제(이념) 모두가 '거짓'이라는 냉전적 사고가 더 이상 유효한 시대가 아니기 때문이다. '하나'의 진짜(참)는 탈현대 시대 속에서 찾을 수도 없고 존재하지도 않는다. 이 점에서

---

103 김상준, 앞의 책, 155-156.

104 김상준, 앞의 책, 236-237, 263.

105 여기서 김상준은 백낙청이 분단체제를 부정했음에도 그것이 오히려 전쟁을 억제시켜 상대적으로 안정된 행복한 국가를 이루게 했다고 긍정하는 그의 자기모순을 적시한다. 김상준, 앞의 책, 241.

106 김상준, 앞의 책, 245.

'남북연합'은 냉전(분단)적 사유에 기초한 퇴물로 여겨졌고 '양국 체제'를 그 가치 실현을 위한 담론으로 재차 부상시켰다. '양국 체제'의 입장에서 백낙청의 '국가연합'은 물론물론이고 북의 '연방제' 또한 통일로 직행하는 계기를 차단하고 부정하는 방해물로 간주한 것이다.

이상에서 '남북연합'과 '양국 체제'의 두 담론 간의 입장 차를 가능한 약술하여 소개했다. 본 장을 마무리하며 이들 논쟁에 대한 필자의 평가를 덧붙여야 하겠다. 이와 연결시킬 기존 개신교 통일 담론 서술은 별도 장에서 다루어질 것이다.[107] 우선 이들 모두 촛불혁명과 4·27선언을 바르게 잇고자 애쓴다는 점에서 공통적이다. 더욱 이 정신이 3·1운동(혁명)에까지 소급되기에 더더욱 중요하다. 저마다 70년 한국전쟁의 영향사(史), 곧 분단 체제로부터의 탈피를 목적했고 그로써 '스스로 서'는 길을 찾고자 했다. 3·1정신이 제국이 아니라 민국을 선포했듯이 4·27선언 또한 종전협정을 평화협정으로 바꿀 책무가 큰 탓이다. 내전으로 시작된 한국전쟁이 확전이 된 탓에 민족의 힘만으로 통일을 이룰 수 없는 것이 애석하나 70년간 지속된 분단 체제는 뜻을 모아 종식시켜야만 할 것이다. 이 과정에서 분단체제론에 기초한 '남북연합'과 남북을 두 국가로 보자는 '양국체제론'이 맞서게 되었다. 짧게 재정리하자면 전자는 후자에게서 남북 간 영구 분단의 위험과 주변 강대국들로 인한 주권 침해의 여지를 보았다. 서로 다른 두 이념 국가가 공식화될 경우 한반도는 주변국들에 의해 더 큰 휘둘림을 당할 여지가 커질 수도 있겠다. 한반도 내의 역학 관계가 실종되고 이념에 따른 개별 국가로서 자주성이 축소될 수 있는 까닭이다. 상호 UN 가입국이라 해도 '하나이면서 둘'

---

107 이로써 본래 4장으로 구성된 논문이 5장으로 늘어나게 되었다. 본 장의 내용이 길어진 결과이다. 본 글 서문 후반부에 실린 전개방식을 참조하라.

이라는 특수 관계에 방점을 찍는 이유가 여기에 있다. 그럴수록 이를 부정하는 양국 체제를, 현실을 무시한 무책임한 처사라고 비판했다. 반면 후자는 전자를 분단 체제를 강화하는 자기모순적 담론이라고 일갈했다. 지속(궁극)적으로 일국(一國)을 전제했기에 오히려 분단을 고착화시킬 수 있다는 것이다. 분단이 일상화된 현실에서 통일은 아주 먼 미래의 일이거나 이룰 수 없는 과제라는 인식도 배제하지 않았다. 하지만 '남북연합'에도 수많은 높낮이의 과정과 단계가 있다는 합리적 사실조차 주목하지 않았다. '양국 체제'만이 '남북연합'의(을 위한) 필요충분조건인 것을 오로지 강변했다.

이상의 논의는 한국전쟁 70년을 맞는 2020년 곳곳에서 회자되는 중이다. 초기에는 학계에서 학파들 간의 논쟁이었으나 『코리아 양국체제』의 출간으로 대중에게까지 그 토론을 확산시켰다. 저마다 일리(一理) 있기에 이런 담론 투쟁으로 '깨시민'의 양산을 기대할 수 있겠다. 모든 토론이 그렇듯이 양편을 모두 지지할 수는 없을 것이다. 어느 한편에 서서 논쟁을 바라보고 지지하되 이 과정에서 자기 입장을 보완하면 될 일이다. 여기서 필자는 일단 '남북연합'을 기독교(신학)적 관점에서 지지할 생각이다. 통일보다 평화를 앞세우는 의견이 대세인 상황에서 3·1정신을 소환하고 싶은 것이다. 우선 평화와 통일을 나누는 시각에 이의를 제기한다. 양자를 '동시적 비동시성'으로 사유할 필요가 있다. 평화 체제가 곧 통일로 가는 길인 까닭이다. 분단 이전 상태로 되돌리는 것을 통일로 볼 이유는 없다. 그럴수록 새로운 대안 체제가 논의되어야 옳다. 서로를 인정하는 '양국 체제'도 옳겠으나 서로를 버려 얻을 새로운 체제로서의 통일 논의[108] 또한 중단될 수 없는 소중한 작

---

108 예컨대 남북 중립화 방안이 이에 해당될 것이다. 기독교 내부에서는 소수 단체들을 통해 중립

업이다. 통일 구상 없이 평화 체제를 논하는 것은 한반도의 미래를 축소시킬 수밖에 없다. 이렇듯 선후를 나누어 우선성을 강변할 때 분단 70년과의 온전한 해원 역시 어려울 것이다. 내전의 확대로 세계사적 죄악들이 한반도에 집적된 까닭이다. 이런 이유로 한국전쟁의 고난은 '양국 체제'로 청산되기 어렵다. 세계 체제 모순[109]과 얽인 고리를 풀어 낼 과제가 분단을 극복하는 것과 결코 무관치 않은 까닭이다. 전범 국가인 일본 대신 겪어야 했던 분단의 고통이었기에 그 뜻 역시 물어 찾아야만 한다. '양국체제론'은 이런 지적들을 '이념의 과잉화'[110]라며 역비판했다. 하지만 필자는 이런 비판을 '이념(상상력)의 단순화'란 말로 재(再)반박하고 싶다. 결국 '양국체제론'은 현실적이란 이유로 상대적 '쉬운 길'을 택한 듯 보인다. 종교와 계급, 이념 차(差)까지 아울렀던 3·1정신과 결을 크게 달리한 것이다. 하지만 촛불혁명과 4·27선언은 우리에게 더 큰 상상력을 실험하라 명한다. 역사적 공간이었던 만주(滿洲)도 우리들 의식에서 놓치지 말아야 할 것이다. 그곳이 단순한 지리적 공간이 아니라 남북 모두에게 소중한 정신적 원류인 까닭이다. 이 점에서 '양국체제론'의 또 다른 허약성, 민족 개념의 부재를 지적해야겠다. 양국체제론은 근대 서구적 국가 개념에 충실한 나머지 민족 개념을 처음부터 고려치 않았다. 이 담론 속에서 국가는 언제나 민(民)보다 가치론적으로 앞섰고 우선적 개념이었다. 본 담론은 한국전쟁의 발단과 기원이 친일/항일의 틀과 무관치 않았고 민족 분단 역시 이에 뿌리를 두었으며 친일 잔재

국 통일안을 토론하고 있다.

109 여기서 세계체제 라 함은 세계지배를 위한 천민자본주의, 기후위기, 제국적 군산 문화 복합체 그리고 뭇 전쟁을 위한 조직 일체를 적시한다. 백낙청, 『창비』, 181(2018. 가을), 30-33, 김상준, 앞의 책, 251-252.

110 김상준, 앞의 책, 251

를 청산하지 못한 남쪽 현실을 온전히 반영할 수 없었다. 이 점을 염두에 둔 채로 필자는 다음 장에서 평화와 통일을 동시적 비동시성[不二]으로 보았으며 민족 개념을 중시했던 기독교 신학자들의 통일 논의를 살펴볼 것이다.

4. 개신교 신학(자)의 통일 담론들
―통일신학의 전거로서 '민족'의 재발견

4·27판문점선언 이후 기독교 차원에서 새롭게 쓰여진 통일 관련 논문이 아직까지 눈에 띄지 않는다. 이런 차에 한국전쟁 70년 시점에서 NCCK가 민족 희년을 다시 선포한 것은 시의적절한 일이었다.[111] 그럼에도 이전에 발표된 몇몇 통일 담론들이 다시 엮어지면서 토론에 열기를 주고 있으니 다행스럽다. 쓰인 시점은 4·27선언 훨씬 이전이었지만 이삼열, 손규태와 같은--비록 감리교에 뿌리를 두지 않았으나--기독교 학자들의 책들이 앞선 주제였던 '남북연합'과 '양국체제론'의 토론에 신학적으로 참여할 근거를 제공한 것이다. 이는 민족 분단에 관한 신학적 논의가 오래되었고 고민이 깊었음을 방증한다. 신학의 속성상 더 본질적이며 당위(가치)적인 것을 추구했던 결과일 것이다. 사실 신학자들은 군부독재 시절 '민족의 통일과 평화에 대한 한국 기독교 선언', 소위 '88선언'을 통해 통일의 염원을 세상에 펼쳤다. 필자는 한 글에서 이를 기초한 9명의 신학자들을 3·1선언 대표자 반열로 격상시킬 것을 주장했다.[112] 1995년을 1차 통일 희년의 해로 선포한 것도 본 선

---

111 1995년 해방 50년을 맞쭈 시점에서도 기독교는 희년의 해를 선포했었다. 분단 상태로 맞았던 해방을 진정한 독립이라 여기지 않았던 까닭이다. 한국 전쟁 70년을 맞는 올해를 다시 희년으로 선포한 이유도 여기에 있다.

112 이정배 외, 『3.1 정신과 한반도 평화』, NCCK 북시리즈 12, 동연 출판사 2018, 304-316. 본 선

언에 따른 후속 조치였다. 위 두 학자의 통일 서적들도 이런 정신에 기초하여 서술된 것이다. '88선언자 중 한 사람이었던 기독교 철학자 이삼열은 평화와 통일을 분리시키는 시각에 강한 이의를 제기했고, 윤리학자 손규태는 간과된 민족의 문제를 통일 논의를 위해 복원(復權)시켰다. 통일을 이념 너머의 민족 문제로 소환한 것이다. 이 책 출판 후 곧 유명을 달리했으니 그의 책은 유작(遺作)이 되어 민족 자주의 평화통일을 호소했다. 비록 쓰인 시점의 선후가 바뀌었으나 이들의 논지는 '양국체제론'과 '남북연합'에서 불거진 갈등에 대한 신학적 답이자 견해였다. 평화와 통일이 비동시적 동시적[不二] 과제라는 것과 통일 담론에서 민족이 계급, 이념 그리고 경제 이상으로 중요하다는 이들의 신학적 판단이 참으로 귀(貴)하고 중(重)하다. 필자 역시 이들의 견해를 힘껏 수용하여 펼쳐 낼 생각이다. 본래 이 내용을 지난 장과 연결 짓고자 했으나 논의가 길어져 이처럼 별도(4장)로 다루게 되었다. 그렇지만 이 장 내용을 가능한 한 짧게 정리하고 마지막 결론 장에서 골자이자 핵심인 통일신학에 긴 지면을 할애할 생각이다.

이삼열은 『평화 체제를 향하여』에서 '88선언'의 의미를 분단 체제보다 통일 우선의 원칙을 갖고 5가지의 실천 과제를 제시한 데서 찾았다.[113] 통일은 민족 스스로 이룬다는 '자주의 원칙', 폭력이 아니라 평화로 이룬다는 '평화의 원칙', 민족 동질성에 근거한 '신뢰와 교류 우선의 원칙', 각 주체들의 '민주적 참여의 원칙' 그리고 체제보다 민(民)을 우선하는 '인도주의 우선 원칙'

언 기초자는 다음 9분이다. 오재식, 이삼렬, 서광선, 김용복, 민영진, 홍근수, 강문구, 김창락, 노정선.

113 이삼열, 앞의 책, 90-98, 137-154. 이하 내용은 필자가 정리한 본 책의 내용을 근거로 재정리한 것이다. 이정배, 『세상 밖에서 세상을 걱정하다-이정배의 수도원 독서』, 신앙과 지성사, 2019, 101-111 참조.

이 그것이다. 1995년을 통일 희년(禧年)으로 선포한 것도 이 다섯 원칙에 기초해서였다.[114] 희년 선포가 하느님의 일방적 행위(명령)였듯이 '통일'을 신학적 당위, 곧 '하느님 뜻'으로 여긴 것이다. 이처럼 신학자들은 통일 자체를 목표로 여겼다. '분단(체제)을 민족의 원죄'라고 믿은 결과였다. 그럴수록 통일은 민족의 구원일 수밖에 없었다. 기독교가 민족에게 줄 선물(복음)이 된 것이다. 기독교가 이 땅에 존재할 이유도 여기서 찾았다. 바로 이것이 '88선언' 이후 곳곳–스위스, 일본 등–에서 모였던 남북 기독교 대표자들의 공통 인식이자 고백이었다.[115] '통일'을 당위, 곧 신의 뜻으로 믿었기에 남북 지도자들은 오로지 통일의 방식만을 논의했다. 함께 사는 '공생적 통일', 닮아 가는 '수렴적 통일', 한 체제를 고집하지 않는 '창조적 통일' 등이 바로 그것이다.[116] 여기서는 흡수통일이나 통일 대박이란 말 자체가 어불성설이다. 남과 북을 양국 체제로 인정하려는 발상 자체도 없다. 통일이 곧 평화였으니 말이다. 그렇기에 남북은 '하나의 민족교회'를 상상할 수 있었다. 공생, 수렴, 창조란 말을 곱씹어 볼 필요가 있을 것이다. 여기서 함께 사는 것(공생)이 우선이 된다. 어느 편이 다른 쪽을 압도할 수 없다는 말이다. 수렴은 다름을 전제로 한 개념이다. 다르지만 서로 닮아 갈 여지가 있다는 말뜻을 담았다. 다른 것 자체를 기정사실(절대)화하지 않겠다는 것이다. 이것은 창조란 말과 자연스레 연계된다. 수렴 과정에서 새로운 체제(창조)를 기대하겠다는 것이다. 상호 간 차이를 새 체제를 위한 토대라 믿은 까닭이다. 이 점에서 기독교 통일 논의는 '양국체제론'보다 '남북연합' 쪽에 근접한다. '다름'

---

114 이삼열, 앞의 책, 175-200.

115 이삼열, 앞의 책, 98-104.

116 이삼열, 앞의 책, 71-97, 이정배, 위의 책, 105.

자체보다 과정적 수렴을 중시했고 창조로서의 새 체제(통일)를 명확히 언표했던 때문이다. 기독교계의 이런 변화를 저자는 1980년 5·18광주혁명의 교훈에서 찾았다. 외세가 개입된 분단 체제하에서 평화가 희생될 수밖에 없음을 자각한 것이다. 그래서 정부 주도의 선(先)민주(경제) 후(後)통일의 당시 기저를 뒤엎고 통일을 앞세울 수 있었다.[117] 저자는 이것을 '88선언'의 열매로서 통일 담론을 위한 기독교(신학)의 가장 큰 공헌으로 여겼다. 하지만 이 과정에서 반대급부도 생겨났다. '양국체제론'이 염려했듯이 기독교계 또한 통일 논의로 분열된 것이다. 선(先)통일의 진보적 생각이 보수 기독교인들의 반공 의식을 집약시키는 계기로 작동했다. 그럴수록 저자는 사회 철학적 배경을 갖고서 통일을 위한 기독교 역할을 더욱 강조했다. 이런 갈등을 더한층 극복할 과제로서 수용한 것이다. 평신도 철학자였으나 그는 신학자 이상으로 다음 장의 주제가 될 통일신학 정립을 호소했고 스스로를 채근했다.[118] 그에게 있어 통일신학은 (외세로부터의) 민족 해방의 신학이자 동시에 기독교 본질을 드러내는 화해의 신학이었다. 그렇기에 인류 화합을 위해 신(神)이 인간이 되었듯이 남북 민족을 결합시키는 성육신 신비가 한반도에서 재현되길 소망했다. 이는 저자에게 통일이 정치, 경제, 외교적 차원 그 이상이었음을 적시한다. 신(神)과의 화해 없이 민족 해방(구원)에 이를 수 없다고 확신한 것이다. 그럴수록 분단에 대한 철저한 죄책고백을 자신이 속한 남쪽의 기독교인(교회)들에게 역설했다. 그들에게 오히려 자신들의 반공 의식을 회개하라 명한 것이다. 저자가 보안법 철폐를 비롯하여 군비축소를 누구보다 강력하게 주장한 것도 이런 이유에서다. 남북 간 상호 주체성(신뢰성)

---

117 이삼열, 앞의 책, 313-332.
118 이삼열, 앞의 책, 158-160, 201 이하 내용.

의 확산이야말로 성육신의 토양이라 믿었다. 신(神)과의 화해(통일)가 인간과의 화해(평화)와 동시적 사건이었음을 보여준 것이다. 이를 은총과 자유의지의 통섭이라고 말해도 좋겠다. 독일 교회의 경우가 이를 정확히 예시한다.[119] 당시 독일 주변국들은 통독 조건으로 숱한 전쟁 때문에 빼앗긴 자신들 땅의 반환을 요청했다. 통일된 독일의 미래가 두려웠던 것이다. 영토 반환에 대한 찬반으로 독일 내부에서 갈등이 커질 수밖에 없었다. 우리 식으로 남남 갈등이 극에 이른 상황이었다. 당시 교회는 빼앗은 땅 일체를 돌려주고 통일을 이루자는 의견을 피력했다. 정부는 이 제안을 따랐고 주변국을 안심시켰다. 통독 과정 속에 있었던 독일 교회의 이런 역할이 한국 교회에 절실히 필요한 시점이라 생각한다. 통일보다 앞선 가치는 없을 것이다. 통일이 곧 평화였으니 말이다.

이처럼 이삼열은 '통일'을 우선시했다. 정확히는 이것을 평화와 동시적 사건으로 이해한 것이다. 그에게 평화는 항시 통일 지향적 평화여야만 했다. 이로써 그는 사회과학자들에 대한 기독교(신학)적 소임을 다한 것이다. 이제 민족에 대한 이야기로 방향을 틀어야 할 시점이다. 기독교 윤리학자 손규태의 통일 담론을 말할 차례가 된 것이다.[120] 말했듯이 손규태는 민족 개념을 통일 논의를 위해 다시 불러냈다. 이것은 다수 신학자들이 민족 개념을 도외시한 것과 크게 변별된다. 민중신학자였으나 그가 한국 신학자 중 유독 김재준과 변선환을 주목한 것도 민족 개념의 선호와 무관치 않을 것이다.[121] 사실 북쪽 학자들과 자주 만나 통일을 논했던 이삼열에게도 민족은

---

119 이삼열, 앞의 책, 447이하 내용.
120 손규태, 앞의 책, 표지 글. 부제가 본 책의 성격을 잘 드러내 준다. '기독교 사회윤리를 전공한 필자의 눈으로 본 통일과 평화에 대하여'가 그것이다. 역시 여기에도 통일이 앞서 언급되었다.
121 손규태, 『한국 개신교의 신학적, 교회적 실존』, 대한기독교서회 2014. 참조

중요했다. 그 역시 민족의식을 분단 극복의 주체로 보았기 때문이다.[122] 그러나 그의 민족 개념은 북쪽 학자들의 견해를 존중하는 차원에서 서술된 것이었고 이하에서 다룰 손규태는 '민족' 그 자체를 신학화시켰다. 민족신학으로서 통일신학을 펼친 박순경을 중요하게 다룰 만큼 말이다. 충분하게 전개되지 못했으나 마지막 장에서 다룰 논지와 연결되기에 필자에게 중요한 글감이 되었다.

본회퍼(Dietrich Bonhoeffer, 1906-1945)를 전공한 윤리학자 손규태에게 통일은 기독교적 평화의 다른 말이었다. 이때 평화는 정의를 동반한 개념이었고 정의란 빼앗긴 권리를 되찾는 일로서 한반도에서 통일과 등치된다.[123] 더구나 남북 분단이 동북아 평화를 위협하는 상황에서 통일이 평화의 선(先)조건이 된 것이다. 하지만 본회퍼의 말대로 그는 '궁극적인 것'과 '궁극 이전의 것'을 혼동치 않았다. 앞의 것이 하느님 나라의 평화라면 후자는 한반도 통일의 현실을 적시했다. 차원은 달랐지만 양자의 관계는 나눌 수 없을 만큼 밀접했다. 궁극 이전을 통해 궁극에 이를 수 있는 까닭이다. 이렇듯 통일이 하느님 나라와 상응하기에 손규태는 평화를 단지 안보와 동일시하며 미국 군사력에 의존하는 보수 신앙인을 반(反)그리스도적이라 일컬었다.[124] 따라서 북쪽 핵이 두려운 만큼 남쪽에 배치된 미국 핵 또한 폐기시키라고 말했다.[125] 핵 그 자체가 반(反)신학적, 반(反)기독교적 속성을 지녔기 때문이다. 하지만 보수 기독교인들에게 반공은 안보의 다른 이름이자 복음이었기

---

122 이삼열, 앞의 책, 227-234. 이삼열은 이런 민족의식이 문화적 정체성, 정치적 자주성 그리고 내부적 공복성(Common welfare)으로 구성된다고 보았다. 이점에서 주체사상과의 대화도 인정했다.

123 손규태, 『한반도의 그리스도교 평화윤리』, 83.

124 손규태, 위의 책, 84-85.

125 손규태, 위의 책, 136-137.

에 공산주의(北)를 언제나 멸절(정복) 대상으로 삼았다. 선악(善惡) 이분법적인 기독교 이념이 이를 거듭 추동했고 그 실상이 지금 전광훈 류(類)의 교회 집단에서 잘 드러나고 있다. 이 와중에서 절대 군사력을 앞세운 미(美) 제국주의는 마치 기독교의 속성처럼 그렇게 자신에게 귀속(歸屬)만을 원하고 있다. 이로써 우리는 정치, 군사적 주권을 예속 당했고 더더욱 정신적인 식민지로 전락해 버렸다.[126] 그럴수록 손규태는 남(南)의 비(非)자주적, 비(非)민족적 행태를 비판했다. 민족 모순과 계급 모순의 중첩 상황을 꿰뚫어 보았으나 후자를 전자보다 앞세울 수는 없다고 여겼다.[127] 따라서 계급 모순에 치중하여 '민족 자주성'을 간과한 민중신학과도 일정 거리를 두었다. 이들에겐 민중만이 실재였던 까닭이다.[128] 이들에게 민족은 과거 지향적 개념으로서 개인을 부정하는 쇼비니즘으로 평가절하 되었다. 하지만 손규태는 민중과 민족을 연결시키는 여성 통일신학자 박순경을 주목했다. 그 역시 박순경이 그랬듯이 민중(계급) 우선성을 비판한 것이다. 오히려 민족과 민중을 상호 분리되거나 서로 해소될 수 없는 개념으로 보았다. 오히려 이하 내용처럼 민중을 곧 민족이라 여겼다. "민중은 좁은 의미에서는 민족의 일부분을 지칭하나 넓은 의미에서 그것은 민족이다. 민족과 민중을 연결해서 말하는 이유는 한 민족사 전체가 민중 현실의 자각에서부터 새롭게 창출되어야 하기 때문이다."[129] 민족사를 민중 현실의 자각에서 보았기에 이 둘은 결코

---

126 손규태, 위의 책, 98-104.

127 손규태, 위의 책, 160.

128 손규태, 위의 책, 160-161. 안병무, 『민중 신학 이야기』, 한국 신학연구소 1987, 37-38. 서남동 또한 이스라엘에게는 본래 민족적 기원이 없다고 보았다. 하지만 필자는 이 의견에 동의하지 않는다. 마지막 결론 장에서 반론을 제기하겠다.

129 손규태, 위의 책, 161. 박순경, "민족통일과 여성신학의 과제", 「기독교사상」 1988년 8월, 120.

분리될 수 없는 개념이었다. 단지 외세에 의한 피압박 상황 탓에 민족을 정치적 주체로 삼을 필요가 있었을 뿐이다. 여기서 손규태는 민족 모순의 극복, 즉 민족 자주화를 통일을 위한 우선적 주제로 여겼던 감리교 여성 신학자 박순경을 지지했다. 그럼에도 박순경의 '민족' 개념 속에는 손규태가 숙고치 못한 종교(문화)적 차원이 담겼다. 박순경이 민중신학 이상으로 토착화 신학 사조를 비판했으나 그의 민족신학은 한반도의 종교(문화)사를 떠나서는 생각될 수 없었고 그녀의 통일신학 역시 '오래된 미래'처럼 옛것이지만 이 시점에서도 여전히 새로운 이유이다. 평생 감리교와 관계 맺지 않았으나 분명 감리교적 유산일 것이다. 바로 이 점을 여성 토착화 신학자 이은선이 밝혔고 그로써 박순경의 통일신학의 시공간적 지평을 넓혀 주었다. 결론 장에서 좀 더 세밀하게 밝힐 내용으로 남겨 둔다.

5. 민족과 세계 분단의 극복을 위한 민족신학으로서의 통일신학
—메시아적 미래의 시각에서

지금껏 긴 지면을 메웠으나 정작 '민족'과 '통일'이라는 두 개념을 건져 냈을 뿐이다. 너무나 당연한 두 단어이지만 항상 오해를 불러일으켰고 논점이 다양했기에 쉽게 가져다 쓸 수는 없었다. 본 장을 시작하기 전, 이 두 개념에 관한 필자의 시각을 재차 정리해 두어야 할 것 같다. 본 장에서 다룰 통일신학을 논하기 위해서도 필요한 작업이겠다. 앞서 필자는 한국전쟁의 기원을 1930년대까지 소급했다. 항일/친일로 양분된 민족 경험이 한국전쟁의 내적 원인일 수 있다는 견해를 따른 것이다. 이런 한국전쟁 때문에 오천 년간 지속된 민족이 영구 분단될 위기에 처했다. 국제전(이념 전쟁)으로 확대된 탓에 지금껏 간과되었으나 민족 파괴를 초래한 한국전쟁을 동서 이념에 앞서 '친일/항일 구조'에서 찾는 것이 작금의 현실에서 유효하다. 3·1선언 이후 백 년의 세월이 지났음에도 핵무기를 빌미 삼아 통일을 부정하는 친일 세력들이 항존 하고 있는 까닭이다. 그렇기에 우리는 한국전쟁을 한반도 역사 이래 최대 비극이라 일컫는다. 따라서 민족 해체의 비극을 극복하고 치유하는 것이 오늘 이 땅에 사는 민족의 최대 과제가 되었다. 여기서 필자는 민족이 친일/항일의 대립 이전 그리고 일체 이념을 초극하여 선포된 3·1선언에 주목했다. 자주성, 평화 그리고 세계주의를 표방한 3·1정신으로부터 작금의 지리적, 정신적 분단을 치유코자 한 것이다. 3·1정신이 제국을 '민국(民國)'으로 바꿨듯이 그렇게 분단 체제를 종식시켜 새 미래를 열 수 있는 토대라 생각했다. 실제로 기독교 세력과 민족주의자 그리고 사회주의 이념이 힘을 합쳐 신간회(新幹會)를 조직하여 일(日) 제국과 맞섰던 것은 3·1정신의 DNA가 우리 속에서 작동된 결과였을 것이다. 이후 숱한 단계를 거쳐 3·1정신이 촛불혁명으로 재(再)표출되었다는 것을 우리는 확신한다.[130] 민(民)의 힘으로 새 정부를 세웠고 3·1정신의 꿈을 다시 상상할 수 있게 되었다. 원심력이 여전히 족쇄였으나 남북이 가야 할 새 길을 4·27판문점선언을 통해 열어젖힌 것이다. 앞서 필자는 본 선언이 이전과 다른 점을 세밀히 적시했다. 자주성과 평화 그리고 세계주의를 담았던 3·1정신의 새 버전이라 여긴 것이다. 말했듯이 본 선언 1주기를 기념하며 DMZ 인근에서 50만의 민(民)이 함께 손잡은 것은 대단한 일이었다. 4·27선언으로 민(民) 속에 담긴 3·1정신의 DNA가 재활성화된 결과였다. 외세의 방해 탓에 남북이 함께 손잡는 일이 힘겹겠으나 '민(民)'의 각성(깨침)은 이후 통일 여정에 큰 자산이 될 것이다.

---

130 백낙청 외, 『백년의 약속』, 2019, 창비.

촛불혁명과 4·27정신을 소환한 두 개의 통일 담론이 서로 논쟁 중인 것을 지난 장에서 살펴보았다. 저마다 분단 체제의 극복을 말했으나 그 방식은 달랐다. 주지하듯 분단 체제는 남북을 아우르는 상위 체제이다. 분단 체제에 기생하며 적대적 의존관계로 존속했던 것이 지난 70년 역사였다. 안보가 우선하는 국가 폭력의 시대를 살아왔고, 기독교 역시 분단(반공)신학[131]으로 이에 크게 일조했다. 남북연합(백낙청)과 양국 체제(김상준) 모두는 실상 분단 체제와의 싸움이었다. 이보다 이른 시기에 있었던 기독교계 '88선언'처럼 말이다. 하지만 전자는 통일을 목적했고 후자는 두 국가론을 지향했다. 나중 것이 통일을 말할수록 분단 체제가 강화되곤 했던 현실적 모순을 극복하는 방책일 수도 있다. 통일보다 평화가 우선이며 통일 또한 평화를 위해 존재해야 하기 때문이다. 하지만 양국체제론은 평화를 내세워 이념의 공존과 경제적 실리를 중시했기에 한국전쟁으로 야기된 민족 해체를 아프게 고민하지 못했다. '민족'이야말로 한국전쟁을 거쳐 3·1정신으로 소급될 핵심 개념이자 가치임에도 말이다. 이 점에서 양국체제론은 탈(脫)민족주의적 시각의 산물일 것이다. 민족을 임의적, 허구적 개념이라 본 탓에 양국 체제가 쉽게 발설된 것이리라. 아울러 '양국체제론' 속에 통일열망(지향성)이 담기지 못한 것도 지적될 사안이다. 필자가 백낙청의 입장을 기독교적으로 수용했던 것은 다음 몇 가지 이유에서였다. 무엇보다 분단 체제를 세계 체제와의 연계 속에서 보았기 때문이다. 그것은 남북 상위 체제로서뿐 아니라 세계의 현실이기도 했다. 한반도 내의 분단을 극복하는 것이 세계사적 과제라

---

131 이계준 엮음, 『현대 선교신학:한국적 성찰』, 전망사 1994, 458-459. 분단신학이란 개념을 가장 활발하게 사용한 학자는 노정선이다. 이 책에 실린 노정선의 글 "남북통일과 선교"를 참조하라. 노정선, 『지속가능한 평화와 통일전략』, 한울, 2016, 이 책 4장, 5장 그리고 9장 참조.

는 뜻이다. 이로써 세계시민들과의 연대를 맺을 수 있을 뿐 아니라 '고난에 도 뜻이 있다'는 민족 수난사 또한 적극 해명될 수 있을 것이다. 아울러 그의 '분단체제론'은 지리적, 정치 경제적인 물적 토대에서뿐 아니라 인간의 정신 적 영역에서도 유효한 개념이었다. 인문학자로서 정신적 분단이 초래할 위 험성에 대한 성찰을 깊게 했다. "물질이 개벽하니 정신을 개벽하자."라는 자 신이 귀의한 원불교의 영향력일 수 있을 것 같다. 마지막으로 '남북연합론' 은 민족에 의한 통일을 백사천난(百死千難)의 과정을 통해서도 이룰 과제라 고 여겼다. 높낮이가 다른 '남북연합'의 각 단계가 궁극적으로 통일을 지향 하고 목적해야 한다고 믿은 것이다. 주지하듯 두 신학자, 이삼열과 손규태 가 필자의 이런 생각을 적극 지지해 주었다. '88선언'을 통해 분단 체제의 적 폐를 고발하며 '선(先)통일'을 말했고 통일을 위해 '민족' 개념의 중요성을 역 설했던 까닭이다. 평생 경계인으로 살았던 재독 철학자 송두율의 "민족은 사라지지 않는다."라는 말도 기억할 필요가 있겠다.[132] 이제 한국전쟁 70년 을 맞는 시점에서 민족을 해체하고 붕괴시킨 지난 역사–실패한 역사–를 구 원할 기독교적 답을 말할 지면에 이르렀다. 앞선 통일 담론들과 토론 속에 서 분단신학 대신 통일신학이란 말이 널리 회자되었으니 그 구체성을 드러 내야 할 것이다. 이제 다시 묻는다. 기독교 통일신학, 과연 그것이 무엇이며 어떻게 해야 하는 것일까?

먼저 5장의 제목부터 설명해야 될 듯싶다. 필자는 본고의 결론으로서 '민 족과 세계 분단의 극복을 위한 민족신학으로서의 통일신학–메시아적 미 래의 시각에서'란 제목을 내걸었다. 여기서 민족과 세계 분단이란 말은 분 단 체제가 한반도 내 현실이지만 그 현상이 세계적 공간에서 확대 재생산되

---

132 송두율, 『민족은 사라지지 않는다』, 한겨레신문사, 2000 참조.

며 단지 물적 토대만이 아니라 정신적 차원까지 해당되는 개념이라는 사실을 적시한다. 또한 통일신학이 한반도의 통일뿐 아니라 세계 체제의 변화까지 목적하는, 한마디로 '실패한 과거 자체'를 구원하는 신학인 것을 강조할 생각이다. 통일을 궁극(하느님 나라) 이(직)전의 상태로 보고자 한 것이다. 민족신학이란 말 역시 '한국적인 것이 세계적'이란 차원에서 긍정성을 함의한다. 박순경의 신학적 작업을 염두에 둔 발상일 것이다. 여기서 중요한 것은 '메시아적 미래'라는 말이다. 기독교적 구원을 미정고(未定稿)로 봤다는 의미이겠다. JPIC의 주창자 폰 봐이젝커가 말했듯 '기독교 구원이 아직 실현되지 못한 상태'라라는 것이다.[133] 지금껏 기독교는 실현된 종말(그리스도 사건)을 통해 자신의 절대화를 강변했다. 그로써 유대교 신학의 핵심인 '미래'를 빼앗고 그들과 갈등했으며 결국 분리되었다.[134] 반유대주의의 신학적 뿌리가 되었고 이웃 종교를 하대(下待)하고 부정하는 결과를 초래했다. 하지만 본 장에서 필자는 기독교 구원의 미래적 차원에 방점을 찍을 것이다. 기독교의 자기 정체성을 확대시킬 목적에서다. 기독교의 부활을 유대교 출애굽의 재현으로 볼 여지도 있어야 할 것이다.[135] 이 과정에서 한반도 내 뭇 종교가 통일 여정에서 파트너가 될 수 있고 되어야 함을 강조할 것이다. 앞선 책에서 이삼열은 다음 세 차원에서 포괄적인 통일신학을 요청했다.[136] 정치 문제만이 아니라 성서(선교)적 과제로서 통일, 기독교와 마르크시즘을 비롯한 여타

---

133 JPIC를 발의한 공로로 스위스 비젤 대학에서 명예 신학박사 학위를 받는 자리에서 폰 봐이젝커가 했던 말이다. 분배문제의 불균형, 핵무기의 과다보유 그리고 생태계의 붕괴의 현실을 기독교정신이 아직 실현되지 못한 반증으로 여긴 것이다. 칼 F. 폰 봐이젝커, 『시간이 촉박하다』, 이정배 역, 기독교서회, 1988 참조.

134 로즈마리 류터, 앞의 책, 342-348.

135 로즈마리 류터, 앞의 책, 355-356.

136 이삼열, 앞의 책, 160-161.

이념들(종교들)과의 대화와 성찰로서의 통일 그리고 평화와 통일 관계의 역사(신학)적 조명 등을 통일신학의 요체로 삼았다. 필자는 이와 연계시켜 통일신학의 세 차원을 다음처럼 달리 언표하겠다. 통일신학의 성서적 측면, 한국적 측면 그리고 생명(문명사적)적 측면이 그것이다. 이것은 한반도에 유입된 초기 개신교의 선한 뜻을 재구성한 것이다.[137] 따라서 앞선 논의를 근거로 통일신학을 성서(복음)적이고, 한국적이며 생명적인 차원에서 서술코자 한다. 종래와 작금의 분단신학이 비성서적이고 비한국적이며 반생명적인 것을 적시하면서 말이다.

1) 통일신학의 성서(신학)적 토대―복음의 정치신학적 함의

기독교 윤리학자 손규태는 자주적 통일을 위한 신학(성서)적 근거로 다음 세 개념을 예시했다. 회개와 화해 그리고 새로운 인간이 그것이다.[138] 독일의 흡수통일, 물론 베트남의 적화통일 그리고 난민(難民)을 양산 중인 예멘의 통일과 변별된 평화통일을 위한 신학적, 성서적 근거를 제시한 것이다. 회개는 삶의 방향을 하느님 나라에 맞추어 재정위하는 것이고 화해는 원수 된 것을 품는 일이며 그로써 민족 자체가 새롭게 되는 것을 그리스도 안의 존재(Sein in christo), 곧 구원받은 새[新] 피조물의 실존이라 했다. 공생애를 시작한 예수가 외친 것이 회개였고 이 땅에 오선오신(성육신) 이유 자체가 신(神)/인(人) 간의 화해를 위해서였으며 이 사실을 수용하여 새 삶을 사

---

137 '복음적', '한국적', '생명적'이란 말은 최태용이 시작한 복음교회(단)의 표제어였다. 하지만 필자는 감리교의 사회신경 속에서도 이런 세 차원을 찾을 수 있다고 보았다.

138 손규태, 앞의 책, 198-211 본래 손규태는 화해와 원수사랑 그리고 새로운 인간(새 피조물)을 적시했으나 필자는 화해와 사랑의 동질성 탓에 둘을 하나로 묶고 대신 회개를 말했다.

는 것이 구원이기에 본 성서적 근거들은 통일신학의 정립을 온전히 도울 수 있다. 더구나 다르다는 이유로 파당(분파)를 만들어 적대하는 일을 『성서』가 이단(異端)으로 규정했던 것을 기억할 일이다.[139] 이는 종래의 분단신학이 곧 이단적이었음을 반증하는바, 회개란 이로부터의 돌이킴이라 말해도 좋겠다. 교리와 이념을 비롯한 이해관계(지연, 학연) 등으로 나눠진 목하 기독교 존재 양식을 벗는 것 자체가 회개의 첩경이자 본질일 것이다. 이하에서 필자는 이상의 세 근거를 갖고 로마서를 풀어내어 통일신학의 전거(全擧)로 삼고자 한다. 이로써 분단신학이 아니라 통일신학이 무엇보다 복음적인 이유를 제시할 것이다. 성서신학자 M. 보그와 J. 크로산의 저서에서 배운 바 컸음을 밝힌다.[140]

주지하듯 「로마서」는 일체의 생득적 특권을 부정하는 언사로 시작했다. 그것이 이념이든 종교이든 그리고 유대인의 자랑거리 율법이든 일체를 무효화시켰다. 그것들이 존재했으나 세상이 한 치도 나아지지 못했던 까닭이다. 하느님의 의로움(義)을 드러내지 못했기에 의로운 자는 세상천지에 없다는 것이 바울서신의 첫 언사이다. 마치 예수가 임박한 하느님 나라를 전하며 회개를 요청했던 것과 맥락이 같다. 이처럼 「로마서」는 철저한 자기부정을 요구했다. 하느님의 의(義)가 새롭게 나타났음을 믿으라 하면서 말이다. 하느님 의(義)는 십자가, 곧 예수 죽음의 케리그마(kerygma)일 것이다. 신심(信心)의 표현으로 예수는 하느님과 세상, 세상과 세상의 화해를 위해 죽기까지 충성했다. 이 사실을 믿고 사는 이가 바로 새 피조물이자 그리

---

139 이신, 『슐리얼리즘과 영의 신학』, 동연, 2011, 328-340 참조. 이신에 따르면 성서에 이단(異端)이란 말이 14번 나오는데 4번을 제외하곤 모두 당파, 파벌, 분당의 의미로 쓰였다고 했다.

140 M. 보그 & J. 도미 크로산, 『첫 번째 바울의 복음』, 김준우 역, 한국 기독교연구소, 2010. 이하 내용은 이 책을 나름대로 풀어 재정리한 것이다

스도 안의 존재일 것이다. 「로마서」에 가장 많이 나오는 단어가 바로 '엔 크리스토(En Christo)'이다. 그러나 이것은 단지 종교적 언사만이 아니었다. 구체적인 역사적 삶의 현장에서 이룰 과제의 다른 표현이기도 했다. 아는 대로 바울은 제국 로마와 맞설 목적으로 교회 공동체를 일군 사도였다. 교회를 통해 당시 제국을 정신적으로 능가하고 싶었던 것이다. 예나 지금이나 제국은 분리하여 통치하는 일에 익숙했다. 하지만 바울의 공동체는 달랐다. 하느님 의(義)로서 나뉜 것들을 통합하는 것이 존재 이유였던 것이다. 모든 피조물이 탄식하는 것은 본래 하나이어야 할 이들이 나뉘어 있는 까닭이다.(롬 8:1-8)[141] 그렇기에 이방인 사도였으나 바울은 이방인과 유대인 모두가 되기를 원했다. 이는 우리가 하느님의 아들들, 곧 그리스도 안의 존재들로 재탄생될 때 가능하다. 유대인 역시 율법이란 특권을 포기해야만 했다. 이는 북의 경우 주체사상을 포기하는 일만큼 어려웠을 것이다. 하지만 바울은 제국 로마와 변별된 새로운 방식의 세계를 상상했다. 당시로서는 이방인과 유대인의 통일은 공히 코스모폴리탄적 차원과 의미를 지녔다. 이렇듯 전 피조물로 일컬어지는 세계 차원의 통일을 전제로 바울은 유대인과 기독교인들이 하나가 되기를 열망했다.[142] 『성서』는 자기 동족 유대인을 향한 바울의 처절한 연민을 가감 없이 전했다.(롬9:1-5) 정작 자신이 그리스도에게서 끊어질지라도 동족인 유대인과 하나가 되고 싶다는 절규를 말이다. 당시 유대인과 기독교인들은 지금 기독교인과 사회주의자의 관계 이상으로 적대적이었다. 유대인 회당을 불살랐고 혹은 빼앗아 자신들 교회로 탈바꿈시키기도 했다. 그럼에도 이들 간 화해를 실현시키는 것이 그리스도 안의 존

---

141 M.보그 & J. 크로산, 위의 책, 237-238.
142 M.보그 & J. 크로산, 위의 책, 238-244.

재가 감당할 몫이었다. 이런 열매 없이 구원을 말할 수 없다는 수행적 진리 (performative truth)를 성령이 요구하고 있다. 마지막 하위의 단계로 바울은 자기 공동체 내부를 들여다보았다. 이방인으로서 기독교인이 된 자들과 유대인으로서 복음에 접한 자들이 갈등했고 부유한 자(강한 기독교인)들과 가난한 자들(약한 기독교인)이 다투는 상황을 목도한 것이다.[143] 제국 로마와 다른 공동체를 위해 바울은 다르지만 서로를 받아들일 것(롬15:7)을 누차 권고했다. 두렵고 떨리는 마음으로 자기 구원을 이루라 한 것이다. 외부적 평화만큼이나 내부적 평화의 소중함을 강변했다. 나뉘고 분열하는 밖(로마)의 풍조를 본받지 말고 한마음이 될 것(롬12:16)을 거듭 가르쳐 지키게 한 것이다. 이렇듯 좁은 하위의 차원에서 하나가 될 때 상위, 세계적 차원까지 구원의 영향력이 미칠 수 있다고 믿으면서 말이다. 이상에서 우리는 앞서 논의한 통일 담론의 신학화의 단서를 포착할 수 있겠다. 우선 새롭게 나타난 하느님의 의(義), 그 한국적 실상을 3·1정신이자 촛불혁명이라 생각해 보고 싶다. 앞서 본 대로 궁극과 궁극 이전의 변별을 갖고서 말이다. 그럴 경우 하느님 의(義)가 남북 이념은 물론 일체 분단을 극복하는 종교적 '에토스'인 것을 적극 수용해야 옳다. 성령의 시대, 수행적 진리가 우선하는 현실에서 기독교는 이유 불문하고 자기 안팎을 하나로 만들어 자기 구원을 증명할 책임이 있다. 분단 체제가 안에서부터 밖으로, 하위에서 상위로, 지역에서 세계로까지 얽혀 있다는 사실도 『성서』가 보여주었다. 이는 한반도의 분단이 전 세계는 물론 심지어 우주 자연 생태계의 고통과 유관하다는 것을 적시한다. 이 땅과 민족 고통의 세계사적 의미도 이런 차원에서 밝혀질 수 있을 것이다. 분단 탓에 피조물도 바울도 그리고 교회 공동체도 고통 중에 신음하

---

143 M.보그&J.크로산, 위의 책, 244-249.

고 있는 것을 감지(感知)할 일이다. 이런 연유로 필자는 통일 전망을 후퇴시킨 '양국체제론'을 단차원적 해결책으로 여겼고 그 상상력의 빈곤을 비판했던 것이다.

이어서 필자는 바울의 첫 번째 서신 중 하나인 「고린도전서」 속 한 본문(고전9:19-23)을 택해 상호 이질적인 것을 소통시켜 화해하는 방식, 곧 수행적 진리의 성서적 차원을 설명했다. 「로마서」가 지향한 통일신학의 실천 방식이라 말해도 좋을 듯싶다. '그리스도 안의 존재'는 '그리스도인의 자유'란 말로 바꿔 말해도 잘못이 없다. 자유가 바로 구원의 본질이자 실상인 까닭이다. 이 경우 자유는 곧 주체성일 것이나 독아(獨我)적 주체성을 뜻하지 않고 상호(서로) 주체성을 적시한다. 3·1정신이 말하듯 '자주'가 평화와 세계성과 불이(不二)적 관계에 있다는 의미겠다.

나는 어느 누구에게도 얽매이지 않은 자유로운 몸이지만 많은 사람을 얻으려고 스스로 모든 이의 종이 되었습니다. 유대 사람에게는 유대 사람을 얻으려고 유대 사람처럼 되었습니다. 율법 아래 있는 사람들에게는 내가 율법 아래 있지 않으면서도 율법 아래 있는 사람들을 얻으려고 율법 아래 있는 사람같이 되었습니다. 율법이 없이 사는 사람들에게는 내가 하느님의 율법 없이 사는 사람이 아니라 그리스도 율법 안에 사는 사람이지만 율법 없이 사는 사람을 얻으려고 율법 없이 사는 사람같이 되었습니다. 믿음이 약한 사람들에게는 약한 사람들을 얻으려고 약한 사람이 되었습니다. 나는 모든 종류의 사람에게 모든 것이 다 되었습니다. 그것은 내가 어떻게 해서든지 그들 가운데서 몇 사람이라도 구원하려는 것입니다. 나는 복음을 위하여 이 모든 일을 하고 있습니다. 그것은 내가 복음의 복에 동참하기 위함입니다.

바로 이것이 일체 분단(체제)을 극복하려는 바울의 실천 전략이었다. 분리하여 지배하는 제국 로마와 달리 애당초 이질적인 존재조차 하나 되는 새로운 제국과 교회 공동체를 상상한 결과였다. 이를 위해 바울은 복음의 힘으로 일체 실체론적 사유를 거부했다. 교리도 뛰어넘었고 신분, 이념, 종교 일체를 초극했던 것이다. 하나 될 목적으로 언제든 상대의 자리로 자신을 내몰았다. 필자는 이것을 역지사지(易地思之)의 신비, 곧 예수 성육신의 재현이라 생각한다. 프랑스 철학자 A. 바디우는 바울의 이런 태도를 일컬어 '차이를 가로지르는 보편적 진리'[144]라 칭송했고 이것이 우리 시대에 사건화되기를 바랐다. 이를 차용하여 앞선 장에서 '3·1정신의 사건화'란 말도 언급하였다. 진리가 탈각된 탈(脫)현대 시대, 진리 자체가 실종된 탈(脫)진리 시대에 이런 바울에게서 인류를 구원하는 보편 진리를 보았던 것이다. 인종, 이념, 종교로 나뉜 사람들을 하나로 엮어 줄 매듭, 그것이 이 시대가 요구하는 진리일 것이다. 그에게는 이것이 곧 부활이기도 했다. 필자는 고린도서 본문에서 불교의 즉비(卽非) 논리를 찾아 읽었다. 자신을 부정하는 방식으로 모두와 같아질 수 있었기 때문이다. 바로 이것이 자유한 자의 모습이고 자신의 구원 실상이자 세상을 구원하는 방식이다. 이런 현실을 만들어 내는 것이 성령이 우리와 함께한다는 증거이겠다. 필자는 이런 사건을 감리교 역사 속에서 찾을 수 있었다. 주지하듯 일제에 맞서면서 민족주의와 사회주의 그리고 기독교가 갈등한 적이 있었다. 기독교가 점차 교리를 화석화시켜 우익적 모습을 띠었을 때 그 틀을 깨고 나온 사람들이 유독 감리교 목사들이었다. 사회주의자가 된 손정도, 김창준 그리고 전덕기가 바로 그들이다.[145] 서로가 반목, 대립할 때 이들은 기독교인이면서 사회주의자로서 민

---

144 알랑 바디유, 『사도바울』, 현성환 역, 새물결, 2008.

145 안세진, "한국 기독교 사회주의의 형성과 분류", 「통일이후 신학연구」, 4, 2012. 감신대 한반도 통일신학연구소, 218-226, 어덕주, 『손정도, 자유와 평화의 꿈』, 밀알북스, 2020, 김흥수, 『손정도, 애국적 생애』, 한국 기독 문화연구원, 2020 참조.

족을 구하고자 했다. 이들 속에 민족주의와 사회주의 그리고 기독교가 함께 용해되고 통섭(通涉)되어 있었던 까닭이다. 하여 이들 삶의 궤적을 바울의 실존과 중첩시키는 것이 결코 무리가 아닐 듯싶다. 바울이 복음을 위해서 '모두에게 모두처럼' 되었듯이 이들 역시 민족 독립을 위해 사회주의자도 될 수 있었다. 대의(大義)가 같다면 방법론상 차이는 얼마든지 품고 넘어설 수 있어야 했던 것이다.[146] 이들을 일컬어 3·1정신을 사건화시킨 사람들이라 말해도 좋겠다. 이런 사건은 오로지 성령의 역사일 뿐이다. 이질적인 것을 수용[包]하고 소통[擴]시켜 하나(진리)의 길로 이끄는 것을 『성서』(요16:13)는 지금껏 성령의 역할이라 가르쳐 왔다.

2) 통일신학의 한국적 토대─민족(종교)사의 재발견

사실 감리교는 '토착화' 신학의 길을 개척했다. 사회주의와 만났을 뿐 아니라 이웃 종교들과도 만났던 것이다. 그렇기에 감리교는 이념 이상으로 민족의 문제와 우리들 종교사에서 하늘 뜻을 찾고자 했다. 탁사 최병헌이 그 출발이었고 윤성범, 변선환으로 그 종지(宗旨)가 이어졌다. 그럴수록 한국전쟁이 민족을 파괴시켰고 결손 국가로서 70년 이상을 그렇게 지내온 것에 여타 교단과 달리 반응해야 옳다. 사회과학적 통일 담론들 혹은 민중신학이 이념과 계급적 분단에 무게중심을 두었다면 토착화 신학은 민족 분단과 힘써 마주할 일이다. 앞서 본 대로 신학자들 중에서 평화통일을 위해 민족의 중요성을 강조했으니 다행스럽다. 이 땅에 들어온 기독교가 한국적이길 바

---

146 특별히 월북한 김창준의 경우 이런 확신이 지대했다. 사회주의 자체가 목적이 아니었고 사회주의가 일굴 가치가 중요했기에 이질적인 이념을 품을 수가 있었다. 안세진, 위의 글, 222.

랐다면 그것은 필히 민족신학 나아가 통일신학이어야 할 것이다. 그 핵심에 민족(통일)신학자 박순경이 있었다. 향후 통일신학이 기존 통일 담론과 달라질 여지도 이로부터 비롯할 일이다. 하지만 목하 탈(脫)민족주의 시조가 대세이다. 세계화 과정에서 민족이 잊혀진 탓이다. 젊은이들 역시 민족이란 대의(大意)보다 계급 차별에 훨씬 민감하다. 통일 자체에 무관심한 비율이 다른 연령층에 비해 높은 것도 사실이다. 이에 반론을 제시하는 의미 깊은 책 한 권이 출판되었다. 청년들과 통일의 당위를 논하는 도올 김용옥의 책 『통일, 청춘을 말하다』가 그것이다.[147] 기성세대로부터 보고 배운 것 없기에 무관심할 뿐 제대로 가르쳐 알게 하면 누구보다 통일에 앞장 설 층이 바로 청년인 것을 강변했다. 따라서 도올은 위 책에서 무엇보다 민족의 역량에 무게를 실었다. 삼국을 통일했던 원효의 통일 비전(一心二門)을 멋지게 설명했고 남북 민족사에서 동학의 중요성을 역설한 것이다.[148] 원효로부터 동학, 천도교 속에 흐르는 현묘지도(玄妙之道)를 민족의 공통 기저라 여겼다.[149] 현실(역사)적으로 동학은 그 시작 이래로 남북의 공통분모로 존재했다.[150] 이 점에서 3·1정신을 동학의 '개벽(開闢) 선언'이라 보는 시각에 동의할 여지가 많다.[151] 그럼에도 동학 천도교 역시 원효를 거쳐 더 근원적인

---

147 이 책의 아쉬운 점은 노무현 재단 유시민 이사장과의 대담 내용을 풀어 정리한 것이기에 노무현 대통령의 '10.4선언'에만 초점을 맞췄다는 사실이다. 물론 본 선언도 중요하겠으나 진일보된 '4.27선언'을 다뤘으면 더 좋았을 것이란 생각이다. 도올 김용옥, 앞의 책, 116-121.

148 도올 김용옥, 앞의 책, 173-178,

149 도올 김용옥, 앞의 책, 191.

150 도올 김용옥, 앞의 책, 189-190. 그럼에도 도올은 근본에 있어 동학 역시도 유교적 가치관을 떠나서 말할 수는 없다고 했다. 무엇보다 유교적 자본주의와 유교적 수령주의 체제에서 효(孝)를 중시하는 차원에서 그렇게 말할 수 있겠다.

151 조성환/이병한, 『개벽파 선언』, 모시는사람들, 2019, 151-162.

민족종교사에 이르러야 온전히 설명될 수 있을 것이다.[152] 도올 또한 한반도의 통일을 고조선 문명의 재건 차원에서 생각하고 있으니 말이다.[153] 그래서 민족은 사라지지 않는다는 말이 여전히 유효하다. 이 점에서 필자는 민족주의/탈(脫)민족의주의의 논쟁을 명쾌하게 정리할 필요를 느낀다.[154] 그 바탕에서 박순경의 민족(통일)신학을 살펴 의미화해야 할 것이다.

민족/탈(脫)민족 논쟁은 민족을 근대의 산물, 곧 허구적 상상의 공동체[155]로 보는지 여부에 있다. 지금껏 탈(脫)민족주의는 이를 긍정했고 민족주의의 경우는 부정했다. 하지만 『민족의 인종적 기원』에서 저자 스미스는 인종적 민족주의라는 개념으로 양자 간 대립을 넘어섰다. 역사를 경과하며 사라진 근대 이전의 인종도 있었지만 그것이 근대적 민족으로 부활한 경우도 많았던 까닭이다. 앞의 입장에서는 탈(脫)민족 담론이 옳지만 후자의 경우라면 민족주의 시각도 정당하다. 한반도의 입장은 이 점에서 후자에 속한다고 볼 수 있겠다. 그렇기에 저자는 원초(본질)주의 시각과 함께 구성주의 입장도 비판하였고 대신 민족의 인종적 배경을 강조했다.[156] 민족 속에 원초적 유대(공동체성)가 존재한다는 것이다. 그 표현 양식이 거의 항구적인 민족 신화는 이런 공동체성을 드러내는 기억물이라 했다. 이처럼 저자는 근대 민족 형성에서 '인종적 민족'의 근원성을 강조했다. 한반도의 경우 일제

---

152 이찬구, 『천부경과 동학』, 모시는사람들, 2007.

153 도올 김용옥, 앞의 책, 186.

154 이하 내용은 런던대학교 정경대학 교수인 앤서니 D, 스미스 교수의 『민족의 인종적 기원』, 그린비, 2018을 정리하여 재서술한 것이다. 필자의 『세상 밖에서 세상을 걱정하다-이정배의 수도원 독서』, 139-151 참조.

155 베네딕트 앤더슨, 『상상의 공동체-민족주의 기원과 전파에 대한 성찰』, 윤정숙 역, 나남, 2002. 이에 대한 토론을 한국철학자대회에서 시도했다. 한국철학회편, 『탈민족주의 시대의 민족담론』, 16회 한국철학자 대회, 서강대학교, 2003, 10.10.

156 앤서니 D. 스미스, 위의 책, 31-55 참조.

에 의해 이런 역사가 부정당했을 뿐 결코 부재하지 않았다.[157] 하지만 민족 정체성은 돌덩이처럼 불변적 동일성을 고집할 수 없다. 역사 속 제(諸) 요소와 통섭되어 확대 재생산되어 온 까닭이다. 여기서 중요한 것이 단연코 기원 신화와 관련된 종교이겠다. 민족에게 특별한 상상력을 부여했기에 여타 공동체와 변별력을 만들 수 있었다. 이런 인종적 민족의 영향력이 근대까지 이르렀고 지금도 작동 중이라는 것이 저자의 확신이다. 신화(종교)와 역사적 기억이 민족의 변별력을 추동했다는 것이다. 오히려 인종적 민족이 지녔던 종교적 시각들, 공통된 기원과 신화로 인해 통일된 기억을 만들고 민족국가를 세울 수 있었다고 강변했다.[158] 따라서 허구로서의 민족이란 말은 결코 가당치 않다. 자기 정체성을 망각하여 주변 문화에 흡수되어 해체된 경우도 적지 않았을 것이다. 오히려 그렇기에 비록 주변국이 되었으나 인종을 토대로 민족을 유지시킨 한반도의 역사는 결코 가볍지 않다. 우리의 '민족' 개념이 이처럼 종교적 토대를 바탕으로 근대 이전에 발아(發芽)했으며 근대적 차원으로 발전되었다. 문화적 과거가 오히려 근대 민족주의의 튼튼한 발판이 된 것이다. 그렇기에 과거, 근대 이전의 역사는 보존되어 재구성될 가치가 충분히 있다. 운명 공동체 의식의 보고(寶庫)인 까닭이다. '민족의 계보학'이란 말도 이런 맥락에서 강조되었다. 하지만 기독교가 이 땅의 신화-상징체계를 홀(박)대하고 있으니 걱정이다. 향후 기독교는 한반도 신화 체계와 역사적 기억을 옳게 해석하고 의미 화하여 남북연합과 통일에 일조해야 옳다. 이것이 기독교가 한국적이길 바랐던 선혈들의 본뜻이었고, 토착화 신학이 출현한 이유도 여기에 있을 것이다. 민족 신학으로서 통일을 말한 박

---

157 한국철학회편, 위의 책, 이곳에 실린 이삼열의 글(29-39)와 송두율의 글(57-63) 참조.
158 앤서니 D, 스미스, 위의 책, 323-362.

순경의 중요성 또한 여기서 찾을 일이다. 사족(蛇足) 한마디를 덧붙이자면 탈(脫)근대, 탈(脫)민족 시대라 하나 아직 국가를 이루지 못한 채 인종적 민족으로 머무르는 쿠르드족의 입장에서도 탈(脫)민족주의를 수용할 수 없을 것이란 사실이다.

　주지하듯 박순경은 숱한 세월 동안 공들여 연구했던 서구 신학과 단절하고 민족(종교)사로 연구 방향을 돌렸다. 한국전쟁을 경험한 한반도의 문제를 우리 식대로 해결해야 한다는 각성 탓이 컸다. 분단 체제하에서 좌우합작론을 주창한 몽양 여운형을 추종했던 청년 시절의 경험도 한몫했을 것이다. 이 과정을 역시 감리교 배경의 이은선 교수가 비판적으로 재구성했고 재의미 화했다. 원초(元草) 박순경의 생각을 한국적으로 더욱 밀고 나간 것이다.[159] 이은선은 박순경 통일신학을 한마디로 '통전적'이라 정의했다. 민족사와 사회주의(마르크스 사상) 그리고 기독교 구원사(출애굽)를―나중에는 여성신학까지―연계시켰던 까닭이다.[160] 민족(통일)신학 속에 토착화 신학과 민중 신학이 합류된 것도 밝혀냈다.[161] 이것은 한국 역사 전체를 하느님의 구원(속)사 지평으로 보았던 결과였다. 우선 일제하 항일운동과 한국전쟁 이후의 분단 체제 그리고 반공을 국시로 하는 남(南)의 현실 모두를 신적 구속의 지평에서 살폈다.[162] 이런 역사를 지닌 한민족이 신학의 주제이자 주

---

159 여기서 필자는 박순경을 재조명한 이은선교수의 논문을 재정리하는 선에서 그의 통일신학을 조명해 나갈 것이다. 박순경에 대한 1차 자료들은 이은선의 글에서 간접 인용한 것임을 밝힌다. 특별히 본 장에서 두 학자간의 차이점에 더욱 주목할 생각이다. 원초(元草)에 대한 이은선의 비판이 본 장 마지막에서 다룰 통일신학의 생명적, 세계사적 차원과 더 잘 연계된다는 판단 때문이다. 이은선, "한국 여성 신학자 박순경 통일신학의 세계문명사적 함의와 聖.性.誠 의 여성신학, 37-64.

160 이은선, 위의 글, 37-38.

161 이은선, 위의 글, 38-39.

162 박순경의 이런 삶의 흔적을 담은 책으로 『통일신학의 고통과 승리』, 한울, 1992가 있다.

체라 믿은 것이다.[163] 특별히 박순경은 민족주체성이 항일운동에서 표출되었음을 강조했다. 나아가 박순경은 민족신학의 이름으로 한(韓)민족 시원(始原) 이야기에 지극한 관심을 보였다. 특별히 『구약성서』 배경이 된 수메르 문명을 동이족(東夷族)의 지류로 보았다는 점에서 신학의 주체로서 민족의 중요성을 표출시켰다.[164] 당시 동이족의 지경(地境)이 만주에까지 이르렀던 사실에 주목할 일이다. 한민족 원류성에 대한 민족주의적 해석을 과감히 수용한 결과였다. 이 과정에서 단군신화를 삼위일체의 흔적으로 보았던 기존 (보수적) 토착화 입장(윤성범)을 전도(顚倒)시킨 파격성도 보였다. 이런 역전을 일컬어 이은선은 서구 독점적인 창조 설화의 위상을 뒤흔든 획기적 사건이라 칭(稱)했다.[165] 하지만 이와 동시에 칼 바르트 신학의 영향사로 인해 박순경은 동이족의 경우 신적 초월(타자)성이 부재했음을 적시했다. 하느님과 세계 간의 본질적 이원성이 결여된 탓에 세계 내 악(惡)의 해결(심판) 능력이 부족했다고 본 것이다.[166] 이런 반립(反立)에도 박순경의 근본 뜻은 성서적 계약(출애굽)신앙과 민족 간의 불이(不二)성을 강조했고 그 토대에서 민족 신학을 입론(立論)코자 했다.[167] 그로써 반공 기독교와 단절하고 분단 해체를 위한 통일신학의 길을 열어젖힌 것이다. 1980년대 마르크스 사상을 접한 이후 그의 민족 신학은 통일신학의 이름으로 더욱 본격화되었다. 분단 요인에 관한 분석도 점차 깊어졌다. 분단을 일제는 물론 미국 제국주의적

---

163 이은선, 앞의 글, 40. 이점에서 박순경 역시 『천부경』을 비롯한 『환단고기』, 『삼일신고』 등의 옛 서적을 대단히 중시했다. 바르트적 신학의 추종자로서 놀라운 전회라 할 것이다.

164 이은선, 앞의 글, 41 박순경, 『통일신학의 여정』, 한울 ,1992, 40.

165 이은선, 앞의 글, 41. 이은선의 논문 각주 17번 참조.

166 이은선, 앞의 글, 40, 42, 박순경의 최근 저서 『삼위일체 하느님과 시간-구약편』, 신앙과 지성사, 2014에 이런 논거가 잘 제시되어 있다.

167 이은선, 앞의 글, 42-43.

식민 세력의 침략의 결과로 본 것이다. 1945년을 해방의 원년이 아니라 또 다른 예속의 시작이라 여겼다. 따라서 친일 청산의 부재, 미소 간 이념 대립 그리고 자본주의적 미국에 편승한 우익(친일) 기독교가 분단 발단과 분단 고착화의 원인으로 지적되었다.[168] 박순경이 민족 분단의 시작을 1920~1930년대로 소급시킨 것은 커밍스의 견해와 일치하는 것으로 사려 깊은 판단이다. 여기서 핵심은 저항의 주체가 민중과 여성을 포함한 민족이란 사실이었다. 민중, 여성, 민족을 민족주체성의 세 구성 요소로 본 것이다. 박순경은 이런 민족주체성의 시작을 3·1정신에서 찾았다. 계급, 이념, 성별, 종교와 상관없이 독립을 외쳤던 항일민족운동이 그 기원이란 것이다. 이은선은 이런 통합적 민족주체성을 세계사적 차원에서 볼 때 가히 '혁명적인 것'으로 평가했다.[169] 부르주아 자본주의 체제에서는 도무지 상상할 수 없는 사건이었던 까닭이다. 그럴수록 박순경은 3·1운동의 한계, 곧 신간회 해체 이후 사회주의(혁명)와의 통합이 성사되지 못한 것을 아쉬워했다. 좌우합작의 좌절이 결국 오늘의 분단을 야기했다고 본 것이다. 하지만 좌우합작의 의지 자체는 결코 실종되지 않았다고 믿었다. 앞서 보았듯이 지속적인 노력이 있었고 여전히 우리의 과제로 인식되고 있는 까닭이다. 자신이 좋아했던 몽양 여운형의 꿈, 하느님의 구속사를 끝까지 이루려 한 것이다. 그렇기에 '민족 동질성에 기초한 민족 내 사회 평등', 달리 말하면 민족운동과 민중운동의 불이(不二)적 통합성을 거듭 강조했고 바로 이를 남북이 함께 사는 통일 여

---

168 이은선, 앞의 글, 43. 48. 박순경, "한국 민족과 기독교의 문제", 『민족통일과 기독교』, 한길사 1986, 45-46. 박순경, "민주통일운동의 역사적 조명-1945년부터 1980년까지를 중심으로", 『통일신학의 여정』, 104-105.

169 이은선, 앞의 글, 43, 박순경, "통일신학의 정초를 위하여, 『통일신학의 여정』, 79

정이라 믿었다.[170] 박순경은 바로 여기서 분단 고통의 세계사적 의미를 찾았다. 박순경 식(式)의 '뜻으로 본 분단 역사'라 하겠다. 이를 위해 기독교가 민족과 사회주의–이후에는 주체사상까지[171]–를 연결 짓는 통일신학의 여정에 발 벗고 나설 것을 호소한 것이다.

이렇듯 이은선은 박순경의 통합적인 민족적 주체의식, 기독교와 민족 간의 불이(不二)적 통일신학에 전적으로 동의하며 그를 적극 재조명했다. 민족주체(자주)성의 회복 곧 통일의 세계사적 의미를 말하는 데 두 학자의 생각은 정확히 중첩되었다. 더구나 통일신학을 여성 신학적으로 재구성했기에 더더욱 그러했다. 이들 모두는 여성적 시각으로 신학의 통일(통합)성을 이루려 했다는 점에서 공통적이다.[172] 하지만 감리교를 배경 삼았고 여성신학자라는 공통점에도 불구하고 차이점 역시 존재했다. 통일신학을 구현하기 위해 박순경이 유일회적 기독론을 필히 요청했기 때문이다. 이는 신적 초월성과 세계의 타락을 전제한 박순경 식(式) 세계관의 결론이었다. 좌우합작의 제3의 길, 자본주의는 물론 공산주의를 초극하는 자유, 곧 새 인간 탄생을 기독론 지평으로 한정시킨 것이다. 이는 하느님 영의 보편성을

---

170 이은선, 앞의 글, 44. 46-47. 박순경, "한국민족과 기독교의 문제", 『민족통일과 기독교』, 51-52. 박순경에게 5.18항쟁은 민족/민중/민주항쟁이었다. 이것이 한미 연합군의 군사행동에서 비롯했기 때문이다.

171 향후 통일신학의 과제로서 주체사상에 대한 연구를 필히 요청하는 박순경의 생각에 동의한다. 본 논문에서는 다룰 여백이 없어 아쉬울 뿐이다. 참고로 최근 〈에큐메니안〉에 정대일이 주체사상에 대한 글을 연재하고 있음을 알린다. 장로교 신학대학에서 출판된 그의 박사논문 『주체사상의 영생론에 대한 신학적 고찰』, 2011도 참고할 것. 아울러 신은희의 "기독교와 주체사상과의 대화-생명주의 다문화 통일론", 「민족사상연구」, 1993. 이정배, "주체사상-남북대화를 위한 기독교의 과제", 『3.1정신과 한반도의 평화』, 276-283 참조.

172 이은선, 앞의 글, 51. 박순경, "한국민족과 여성신학의 과제", 『민족통일과 기독교』, 218. 이은선, 『포스트 모던 시대의 한국 여성신학』, 분도출판사, 1997, 157-182.

그리스도 영의 특수성으로 환원시킨 결과였다. 여기서 필자는 '실현된 종말론'의 재현과 그 배타성을 다시 읽을 수 있었다. R. 류터가 적시했듯 메시아적 미래의 차원에서 세계사적 과제를 걸머진 민족 통일의 여정에 다양한 민족주체성의 참여가 보장되어야만 했다. 민족 개념 속에 문화적 다양(원)성이 깃들어 있고 그들도 주체적 행위자인 것을 인정하는 통일신학이 필요한 이유이다. 실현된 종말론이 유대교와 갈등한 것처럼 그렇게 박순경 통일(민족)신학 또한 민족과 갈등하는 누(累)를 단(斷)해야만 할 것이다. 그래서 도올 김용옥은 통일을 위해 원효의 통일의식, 곧 화쟁(和諍)사상은 물론 동학의 인내천(人乃天)의 상상력을 중시했고 이은선 또한 '다른' 구원론의 가종(加宗)을 요구했던 것이다.[173] 이는 향후 박순경이 원했던 주체사상과의 대화를 위해서도 적극 필요한 과제라 생각한다. 통일신학이 민족신학을 넘어 종교신학 차원에서 토론될 이유도 여기서 찾을 일이다. 평소 박순경이 종교신학, 토착화 신학의 정행(正行) 부재를 비판했던 의도를 십분 이해해야 옳다.[174] 하지만 현실이 의식을 지배하지만 의식(상상력) 또한 현실을 이끌 수 있는 동력이 될 것인바 단정과 속단은 금물이다. 통일 불가 현실주의자들이 대세인 상황에서 문화(종교)적 이상주의자들의 반론이 더없이 필요한 시점이다.[175] 이 지점까지 이르러야 비로소 통일신학의 한국적 토대가 재건될 수 있겠고 세계사적 의미 또한 정당성을 부여받을 수 있을 것이다.

---

173 도올 김용옥, 앞의 책, 170-173. 170-178, 190-192. 이은선, 앞의 글, 58. 여기서 이은선의 '다른' 기독론을 논할 여백이 부족하다. 자신의 논문 제목에서 밝혔듯이 유교와의 대화를 통해 3개의 성(聖.性.誠) 개념을 갖고 '다른' 기독론의 의미를 설명했다. 앞의 글, 54-61. 이은선, 『한국여성 조직신학 탐구-聖. 性. 誠의 여성신학』, 대한 기독교서회, 2004. 참조

174 이은선, 앞의 글, 53-54. 박순경, "통일신학의 정립과정에서", 『통일신학의 여정』, 154.

175 도올 김용옥, 앞의 책, 195-201.

3) 통일신학의 세계사적 차원―반(反)제국적 생명연대의 길

이제 본론의 마지막 지점에 이르렀다. 여기서는 양국 체제 비판 그 이상의 대안적 논거가 구체적으로 서술되어야 할 것이다. 70년 넘는 분단 고통의 민족사적 함의와 더불어 이제 미래 세계를 위한 통일의 의미와 가치를 서술할 지면에 이른 것이다. 보았듯이 분단은 본래 한반도의 운명이 아니었다. 패전국 일본이 감당할 몫이었으나 그들의 간계로 식민 지배에 이어 분단 고통까지 대신 감내해야만 했다. 우리 민족의 못남 탓만이 아니었기에 선열들은 고난의 뜻을 거듭 물었다. 말했듯이 한국전쟁은 일제 침략과 이념 갈등 등의 세계적 모순이 집적된 결과였다. 한반도를 지리적, 사상적으로 나누어 민족을 파괴시킨 비극적 사건이었던 것이다. 한반도 내 민족 모순, 계급 모순은 분단 체제의 산물로서 이것은 세계 모순에서 비롯했다. 그럴수록 주체적 평화통일의 본뜻과 방향 또한 역시 세계사적 차원에서 논할 필요가 있다. 평화통일이 민족통일 수준을 넘어 세계사의 궤적과 향방을 바꾸는 대사건이 되어야 하겠기에 말이다. 이 점에서 필자는 지금으로부터 30년 전인 1990년 '정의 · 평화 · 창조 질서의 보존(JPIC)' 대회가 기독교 공의회(Council) 성격으로 이 땅 서울에서 열렸다는 사실에 주목한다.[176] 더구나 한국전쟁 70년 역사와 맞물린, 더욱이 인간세상을 붕괴시킨 코로나가 창궐한 2020년에 그 30주년을 맞았다. 이는 분단 탓에 자본주의, 군사주의, 기후 붕괴(반생태주의)라는 지구적 차원의 모순이 한반도에 집적되었다는 세계 교회의 분석과 판단의 결과였다. 정작 남북 교회들 모두가 JPIC의 본뜻을 느껴 알지 못했으나 분단이 야기한 한반도 내 총체적 모순을 살필 기회가 되

---

176 각주 132번 참조. 폰 봐이젝커는 『시간이 촉박하다』는 책을 통하여 JPIC대회를 발의했다.

었다. 중층으로 쌓인 지구적 난제(難題)의 실마리를 분단의 땅, 이곳에서 찾고자 한 것이다. 이 사실은 결코 예사롭지 않았다. 고난의 신학적 뜻을 묻고 찾을 수 있는 기회였던 까닭이다. 세계적으로 창궐하는 코로나 바이러스 시대를 접하면서 본 난제와 더욱 여실이 만나야만 한다.

흔히들 아우슈비츠 경험과 JPIC 대회를 신학을 변화시킨 20세기의 두 축으로 여겨 왔다. 그만큼 JPIC 주제는 기독교의 미래, 곧 생명적 · 세계사적 구원을 위한 척도가 되었다. 본 공의회를 발의했던 봐이젝커는 "JPIC 문제가 항존 하는 한 기독교적 구원(정신)은 아직 이루어지지 못한 것이다."[177]라고 말하였다. 정의, 평화 그리고 창조의 보전을 메시아적 미래로 여긴 것이다. 이를 위해 시간이 촉박하다고 말하며 모든 이념, 종교, 가치들의 협력을 요청했다. 지구적 차원의 난제인 JPIC, 말을 바꾸면 분배 문제의 불균형, 핵무기의 과다 보유 그리고 자연 생태계가 붕괴하는 속도와 정도가 빠르고 심각한 곳이 한반도라는 세계인들의 인식은 가히 충격적이었다. 세계 교회는 이런 심각성을 분단 상황과 관계 지어 생각했다. 실제로 분단 체제하에서 지난 70여 년간 남북이 모든 영역에서 경쟁하며 살았던 삶의 결과일 것이다. 특별히 북의 핵무기 때문에 세계가 놀라고 있다. 그럴수록 지구적 차원의 모순을 담은 JPIC의 세 주제가 통일신학의 핵심 내용이자 과제가 되어야겠다. 이것을 필자는 통일신학의 반(反)제국적인 생명연대의 책무라 생각한다. 일전에 한 논문에서 필자는 JPIC 신학을 신학의 한류(韓流) 차원에서 수용하여 발전시킬 것을 제안했다.[178] 이 땅의 통일신학이 세계를 구원하길 바

---

177 JPIC 발의 공로로 바젤대학교에서 명예신학박사 학위를 받는 자리에서 행한 수상소감의 일부이다.

178 이정배 외, 『한류로 신학하기-한류와 K-Christianty』, 동연, 2013, 25-73 특히 67-71 참조

랐던 까닭이다.

　무엇보다 자본주의와 사회주의를 취한 남과 북 두 체제는 저마다 많은 문제를 낳았다. 현재로선 남북 간 경제 차(差) 이상으로 남쪽의 빈부 격차 역시 걱정스럽다. 남의 경우 자유주의 시장경제로 절대적 빈곤은 해결했으나 자본, 곧 부(富)의 독점으로 심각한 수위의 계급 모순을 야기시켰다. 계급 갈등이 세대로 이어진 가난의 대물림이 한국 사회의 큰 걱정거리가 된 것이다. 즉 기회를 박탈당한 젊은 층의 분노, 죽음을 외주화시킨 천민자본주의, 외부적 타자의 악마화 등이 통일 여정에 걸림돌이 되고 있다. 어머니들조차 비정규직의 이름으로 값싼 노동력으로 내몰리는 현실에서 '민족'에 대한 관심이 애틋할 수는 없을 것이다. 그럴수록 사회주의란 오해를 무릅쓴 정부의 정책들이 긍정적으로 실험되어야 옳다. 예컨대 기본소득은 물론 기본자산이라는 개념을 도입하여 불평등의 골을 메우는 정부 주도의 과제가 필요한 시점이다.[179] 이것은 지금 한국뿐 아니라 세계적 차원에서 실현해야 할 숙제가 되었다. 지금처럼 자산이 편중되어 재분배되지 못하면 T. 피케티가 말하듯 자본주의 자체가 붕괴될 수도 있는 까닭이다. 여기서 핵심은 자유주의 이념이 신봉했던 '사유재산의 신성성' 자체를 부정하는 데 있다. 물론 이것은 공산주의로의 회귀를 뜻하지 않는다. 그것은 지구적 체제를 유지하기 위한 자발적 세금 제도—예컨대 세계 내 1%에 해당하는 자본가들에게서 90% 환수—하에서 자산을 환수하는 일이다.[180] 급격한 아파트 값 상승으로 보유

179　이정배, "생태 신학적 관점에서 본 '기본소득', 그 올바른 방향성을 위해", NCCK 신학위원회 연속강연, 감리교 신학대학교, 2019. 10.29, 1-9. 특별히 여기서 '기본자산'이란 말은 토마 피케티가 『21세기 자본』, 글 항아리, 2014에 이어서 자신의 신간 『자본과 이데올로기』, 문학동네, 2019에서 언급한 개념이다.

180　토마 피케티, 『자본과 이데올로기』, 문학동네, 2019에서 특히 새롭게 주장한 핵심 개념이다.

세율을 높이는 일이 부정되는 상황에서, 2050년 탄소제로 사회가 정작 관리들에 의해 조롱받는 현실에서 연목구어(緣木求魚)겠으나 통일신학의 이름으로 거듭 시도하고 실현해야 할 과제여야만 한다. 따라서 피케티는 '사유 공유재산'이란 말을 사용했다. 모든 것이 하느님의 것(시편 24:1)이라는 말의 경제적 용어일 것이다. 향후 기독교 신학 역시 이를 위해 기여해야 옳다. 통일 비용으로 일정 비율[181]을 공적 자산으로 내놓을 수도 있어야겠다. 우리가 한국전쟁 70년 되는 2020년을 희년(禧年)으로 선포한 것도 이런 차원에서였다. 하느님의 희년 선포가 민족을 새롭게 하고 창조 질서를 회복하기 위한 신적 폭력(?)[182]인 것을 깨우쳐 배울 일이다. 하지만 그 폭력은 모든 이를 품는 세상 사랑의 다른 표현일 것이다. 하느님 의(義)의 실현을 위한 희년 선포가 통일신학의 출발점인 이유가 여기에 있을 듯싶다.

민족 분단으로 한반도가 무기 경쟁의 장(場)이 된 것이 참으로 애석하다. 북의 경우 체제 안보를 위해 민(民)을 희생시켜 핵무기를 개발했고, 남 또한 군산복합체 국가인 미국의 무기를 수입하는 데 최우수 고객이 되었으니 비극적이다. JPIC 서울대회는 한반도 양쪽에 대해 개발했거나 배치된 핵무기의 위험성을 고지했다. 미국제 핵이 남쪽에 존재하는 한 북의 핵 개발 역시 지속될 것이다. 그로부터 30년 세월이 흘렀기에 핵무기 발전 상태 역시 가늠할 수 없을 정도에 이르렀다. 동시적 해체만이 답이겠으나 상호 불신 탓

---

181 필자는 이를 위해 유산의 1/10를 기부하는 제안을 한 바 있다. 물론 교회에 내는 십일조외의 십일조 차원에서다. 최소한의 제안이었으나 아직까지 이에 대한 공식적인 논의가 없다.

182 필자는 최근 코로나 관련 글을 쓰면서 금번 사태가 신적 폭력성, 곧 인류 미래를 희년 법으로 재탄생시킬 수 있는 사건으로 해석한 바 있다. 나아가 예수 탄생의 사건처럼 그 의미를 살릴 것을 주장했다. 이정배, "문명 비판적 시각에서 본 코로나 바이러스, 그 신학적 의미와 평가 그리고 이후 교회", 2020, 미간행 논문. 1-12.

에 해결이 요원하다. 본래 핵이란 반(反)신학적, 반(反)삼위일체적 속성을 지녔다. 세계적 규모의 파괴를 초래하기에 세상을 다시 멸망치 않겠다는 하느님 계획에 반(反)하고, 민초들의 생존을 희생시켜 만들었기에 예수 정신에 맞서며 사람을 불안케 하는 탓에 용기를 주는 하느님 영을 거역하는 까닭이다.[183] 이 점에서 핵무기는 물론 그것의 평화적 사용이란 말 역시 신학적으로 어불성설이다. 남북한이 동시적으로 탈핵을 이루어야 할 이유도 여기에 있다. 한반도의 탈(脫)핵화는 핵무기를 안보 수단으로 삼는 제(諸) 국가를 다른 체제로 추동할 여지가 될 것이다. 여기서 무엇보다 미군 철수가 본질적인 문제이겠다.[184] 주지하듯 미국은 한일합방과 식민 지배 나아가 분단체제에 기여가 컸다. 샌프란시스코조약으로 전범 일본에게 면죄부를 주어오늘의 일본을 만들었다. 이후 남쪽을 일본 경제권에 포함시켜 미일동맹 체제의 하부구조로 역할하게 구조화시켰다. 남쪽 안보를 구실 삼아 미국이 얻는 군사적 이익은 가늠조차 할 수 없다. 그럼에도 식민지적 친미 종속국가로 조롱받을 만큼 대미 의존도를 높여 왔고 이에 기독교가 앞장섰다. 하지만 미군 주둔으로 아시아 지역이 불안정해졌다는 견해가 세(勢)를 얻는 중이다. 미군 탓에 이 지역에 평화가 아니라 분쟁과 대립이 거듭 발생했던 까닭이다. 미국 식(式) 평화가 있다 한들 그것은 『성서』가 거부했던 로마 식 평화일 뿐이다. 따라서 미군 철수 문제를 거론할 시점이 되었다는 것이 진보적 식자(識者)들의 중론이다. 이것이 전제될 때, 혹은 동시적 차원에서, 남북은 평화적 중립국으로 도약할 수 있을 것이다. 3·1정신이 제국에서 민(民)

---

183 쿠르트 마르티, 『창조신앙과 생태학』, 이정배 역, 종로서적, 1993 참조.

184 '다른 백년'의 열린 광장 아고라에 기고한 〈한겨레신문〉 기자 한승동의 글(2019. 12.24) 제목을 참고하라. "왜 우리는 주한 미군 철수 얘기를 하지 않는가?"가 글 제목이다. 이하 내용은 여기서 발췌 정리한 것이다.

의 공화국을 선포했듯이 한반도의 통일은 '평화(비무장) 중립국'을 지향해야 옳다.[185] 이것이 '차이를 횡단하는 보편성', 즉 진리사건에 부합된 정치적 담론일 수 있다.

본 주제는 자연스럽게 마지막 사안과 연결된다. 기후 붕괴 속도가 가장 빠른 지역이 한반도라는 사실은 널리 알려져 있다. 특별히 남쪽은 슬프게도 기후 악당국가라는 불명예를 걸머진 것이다. 목하 세계는 기후 비상사태를 선포 중이다. 지속 가능한 지구를 회복할 수 있는 시간이 10년 남았다는 위기감 때문이다. JPIC 서울 모임은 1990년을 기점 삼아 이산화탄소 발생량을 30% 줄일 것을 권고했다. 하지만 남쪽의 경우 그 시점과 견줄 때 오히려 배출량이 40% 늘었으니 기후 악당국가로 불릴 이유가 충분하다. 그레타 툰베리(Greta Thunberg, 2003-현재)의 호소 덕분에 이 땅에도 기후비상공동대책모임이 생겼으니 다행스럽다. 북을 남처럼 만드는 일이 우리의 목표가 될 수는 없는 노릇이다. 북의 사람들마저 생태맹(盲)으로 만든다면 그보다 큰 죄악은 없다. 해서 통일신학은 남북 경계를 허물고 심지어 만주까지를 포함하여 생명권 정치학(*Biosphere politics*)[186]을 지향해야 옳겠다. 코로나 위기를 실감하며 사는 이 시점에 생명체의 분포에 따라 지역을 분류하여 새롭게 정치 지도를 그리자는 말이다. 이로써 개별 로칼(지역성)은 생명다양성을 존속시키는 문화적 가치로 재(再)활성화될 수 있겠다.[187] 이것은 GNP위주의 경

---

185 이것은 『녹색평론』 편집자 김종철의 지론이다. 『창비』의 백낙청도 이점에서 동의할 것이다. 《경향신문》(2018, 3,20)에 의하면 김일성 역시 고르바초프를 통해 레이건 미대통령에게 '통일 중립국' 창설을 제안했다고 한다. 미국에 의해 거절되었지만 말이다.
186 제레미 리프킨, 『생명권 정치학』, 이정배 역, 대화출판사, 1996. 참조
187 헬레나 노르베리, 『로칼의 미래』, 남해의 봄날, 2019. 자본주의의 착취적 경제 대신 순환경제란 대안적 체제가 여기서 비롯할 수 있다.

제성장, 즉 생산 총량과 에너지 사용량의 증가가 아니라 생명(체)의 총량이 많아지는 생태국가의 복원을 목적한다. 이를 위해 먼저 DMZ의 생태적 활용 방안이 수립되어야 할 것이다.[188] 향후 DMZ 공간을 전 지구의 생태적 보전을 위한 상상력의 보고(寶庫)로 만들기 위해서이다. DMZ란 말이 '무기 없는 지역'을 뜻하듯이 앞서 말한 비무장 중립국 또한 이런 생태적 함의를 지녀야 옳다. 이렇듯 전 국토의 생명자원화를 통해 미래를 달리 만드는 일에 기독교는 일조해야 옳다. 이것이 통일신학의 세계사적 의미이자 탈(脫)제국적 생명연대의 방식이겠다. 16개국 이상의 젊은이들의 미(未)발굴된 주검이 아직도 산재한 곳이기에 더더욱 그러하다. 이곳의 영령들이 남북 산하가 탈(脫)이념화된 생태적 평화 공간이 되기를 힘써 바랄 것을 유념할 일이다.

나가는 글

처음 계획보다 긴 글이 되었다. 한국전쟁의 발단과 기원에 대한 토론에서 시작하여 3·1정신, 촛불혁명 그리고 4·27판문점선언을 다루었다. 남북연합 론과 양국체제론 간의 논쟁점을 살폈고 주요 신학자들이 제시한 통일신학에 기초하여 전자(남북연합론)를 적극 수용하였다. 남북 간 통일(민족)보다 평화(국가)를 앞세우는 일에 대한 우려에서였다. 분단 체제가 종전(終戰) 체제로 바뀌어 평화를 구축하는 일이 당면 과제이겠으나 통일을 여전히 목표 삼았기 때문이다. 그간의 통일 노력이 분단 체제를 강화시킨 현실을 긍정할

---

188 통일연구원 편, 「DMZ의 평화적 이용」, 2019년 학술회의 프레지던트 호텔, 2019. 1,22, 이곳에 실린 녹색연합 소속 서재철의 두 번째 발표 글 "DMZ의 평화적 이용과 생태환경보전대책" 참조.

지라도 양국 체제가 결코 답이 될 수 없는 이유를 여러 시각에서 적시하였다. 이 과정에서 '민족' 개념을 다시 부각시켰다. 한국전쟁이 파괴시킨 민족을 다시 복원시킬 목적에서이다. 베트남의 이념 통일, 독일의 경제 통일과 달리 한반도의 경우 평화적 민족 통일을 포기할 수 없었던 까닭이다. 궁극적으로는 진리 사건이었던 3·1정신을 구현시키기 위해서였다. 그렇기에 그것을 '하느님의 의(義)' 차원에서 2020년에 사건으로 다시 소환했다. 그렇기에 필자는 서구가 시작한 민족/탈(脫)민족 논쟁을 반복하지 않았고 새로운 관점을 제시했다. 통일신학으로 발전시킨 박순경의 민족신학을 길게 서술한 이유도 여기에 있다. 그러나 통일신학의 한국적, 세계사적 의미를 찾기 위해 종교(토착화)신학과 JPIC 신학을 연계시켰다. 한국전쟁이 야기한 70년 분단 역사 속에서 민족적 고난의 뜻을 찾고 싶어서였다. 세계사의 흐름을 바꿔 세계를 구원할 책임을 통일신학의 몫이라 여긴 것이다. 탈(脫)자본주의, 곧 계급 차별을 극복하기 위한 일정 비율의 사유재의 공유화, 비무장(평화생태) 중립국 재건 그리고 미군 철수(군비축소) 등이 그것이다. 가시적 성과 여부에 관계없이 JPIC 주제와 연관된 이 세 과제는 통일 여정에서 씨름해야 할 주제가 틀림없다. 이런 상상을 하며 『성서』를 읽고 마음 벽을 조금씩 무너뜨리면 도둑같이 임한 해방처럼 그렇게 통일 또한 우리의 현실이 될 수 있겠다. 그것은 우리에게 메시아적 미래가 될 것이다.

앞서 각주를 통해 필자는 민족 분단 상황을 '샴쌍둥이'로 비유했다.[189] 즉 머리는 둘이되 몸이 하나인 상태로 태어난 아기의 모습으로 민족 모순을 묘

---

189 이정배, 『세상 밖에서 세상을 걱정하다-이정배의 수도원 독서』, 54-56. 사실 이 비유는 프랑크 비애의 논문에서 언급되었다. 그의 논문 "샴 쌍둥이 국가-경계상 분리와 합체성에 관한 문제" 『경계에서 분단을 다시보다』, 신한대학교 탈(脫)분단경계연구원(편), 율력 2018. 참조.

사한 것이다. 이 땅의 분단과 통일의 양면을 이 모습으로 그려 낸 것에 찬사를 보낸다. 각기 화해(통약) 불가능한 정치체제를 지녔으나 역사적 운명 공동체인 탓에 분리될 수 없는 한반도가 바로 '샴쌍둥이' 모습이겠다. 여기서 핵심은 마주하는 상대가 외부적 타자가 아니라 자신의 비체적(abjective) 일부란 사실이다. '비체'란 주체와 인접하나 그와 동화될 수 없는 존재를 뜻한다. 각자는 자신들 몸의 절반만을 통제할 수 있다. 양자 간 분리는 곧 죽음으로 귀결될 것이다. 그렇기에 비체(非體)화는 일시적일 뿐 언젠가는 하나의 실체가 될 수밖에 없다. 상호 조율과 적응 과정을 통해서 말이다. 재통합을 위해 개체(독립)성은 감소되어야 옳다. 상호 간 차이에 의해 자신들의 정체성을 규정했던 과거와 단절해야 가능한 일이다. 따라서 한쪽의 변화는 다른 쪽의 변화를 만들어 낼 수 있다. 남이 변하면 북도 달라질 수 있다는 말이겠다. 남과 북은 지금껏 자신이 배제한 타자에 의해서만 새롭게 재(再)주체화될 수 있다. 이 점에서 한국전쟁 트라우마로 고통 받은 남북 민(民) 모두의 치유, 곧 재주체화를 위해서 제인 진 카이젠(Jane Jin Kaisen, 1980-현재)의 말을 결론으로 소개하며 글을 맺고자 한다.

경계에 서서 경계의 양측에서 공명하는 트라우마를 경험하는 것은 아물지 않은 상처를 마주하는 감각인 동시에 내 주체성의 조건이다….[190]

190 신한대학교 탈분단경계연구원(편), 『경계에서 분단을 다시보다』, 120에서 재인용.

참고문헌

한나 아렌트의 '전체주의의 기원'으로 살펴본 한국전쟁 / 이은선

권헌익, 『전쟁과 가족』, 창비, 2020.
김명기, 『민족 · 민주 · 통일운동가 이기홍 평전』, 도서출판 삼인, 2019.
김상준, 『코리아 양국체제』, 아카넷, 2019.
김선욱, "한나 아렌트와 유대주의", 『철학논집』 제60집, 2020.02.
도올 김용옥, 『유시민과 도올 통일, 청춘을 말하다』, 통나무, 2019.
박명림, 『한국 1950 전쟁과 평화』, 나남출판, 2003.
박종혁, 『한말격변기 해학이기의 사상과 문학』, 아세아문화사, 1995.
박찬승, 『마을로 간 한국전쟁』, 돌베개, 2018.
백범 김구 자서전 『백범일지』, 도진순 주해, 돌베개, 2010.
윤건차, 박진우 외 옮김, 『자이니치의 정신사-남 · 북 · 일 세 개의 국가 사이에서』, 한겨레
　　　출판, 2015.
변선환 아키브 편, 『3 · 1정신과 '以後'기독교』, 도서출판 모시는사람들, 2019.
이나미, 『이념과 학살』, 선인, 2013.
一仙 이남순, 『나는 이렇게 평화가 되었다』, 정신세계원, 2010.
이우성/강만길 편, 『한국의 역사인식 下』, 창작과비평사, 2014.
이은선, 『생물권 정치학시대에서의 정치와 교육-한나 아렌트와 유교와의 대화 속에
　　　서』, 도서출판 모시는사람들, 2015.
이은선, 『동북아평화와 聖 · 性 · 誠의 여성신학』, 동연, 2020.
이은선, 『사유하는 집사람의 논어읽기』, 도서출판모시는사람들, 2020.
이향규 지음, 『영국 청년 마이클의 한국전쟁』, 창비, 2019.
전영택, "고당 조만식(古堂 曺晩植) 선생 일대기", 〈씨올의 소리〉, 2020년 11 · 12월(통권
　　　제270호).
조선희, 『세여자 1, 2』, 한겨레출판, 2017.
최인훈, 『광장』, 문학과지성사, 2015.
한국역사연구회 현대사분과 편, 『역사학의 시선으로 읽는 한국전쟁』, 휴머니스트, 2010.
브루스 커밍스, 『브루스 커밍스의 한국전쟁』, 현실문화, 2018.
에릭 홉스봄, 『극단의 시대: 20세기 역사』, 이용우 옮김, 까치, 2017.
와다 하루끼, 『한국전쟁』, 서동만 옮김, 창비, 2009.
조셉 콘래드, 『암흑의 핵심』, 이상욱 옮김, 민음사 세계문학전집 7, 2015.
한나 아렌트, 『전체주의의 기원 1, 2』, 이진우, 박미애 옮김, 한길사, 2006.

Bruce Cumings, *The Origins of the Korea War, Vol. 2: Roaring of the Cataract*, Princeton: Princeton University Press, 1990.

Choi In-Hun, The Square, trans. by Kim Seong-Kon, Kibrary of Korean Literature, 2014.

Hannah Arendt, *The Origins of Totalitarianism*, A Harvest Book.

Jacob Katz, *Exclusiveness and Tolerance, Jewish Gentile Relations in Medieval and Modern Times*, New York, 1962.

Mark Gayn, *Japan Diary*, New York: William Sloane Associates, Inc. 1948.

Reginald Thompson, Cry Korea, London: Macdonald & Co. LTD, 1951.

르네 지라르와 발터 벤야민의 정치신학적 관점에서 읽는 한국전쟁 이야기 / 김정숙

강준만, 『한국현대사 산책: 1940년대 편 1권』, 인물과 사상사, 2006.

김모세, 『욕망, 폭력, 구원의 인류학』, 살림출판사, 2014.

박태균, 『한국전쟁: 끝나지 않은 전쟁, 끝나야 할 전쟁』, 책과 함께, 2005.

박명림, 『한국전쟁의 발발과 기원 1, 2』, 나남, 1996.

벤야민, 발터, 『폭력비판을 위하여』, 최성만 옮김, 도서출판 길, 2009.

라종일, 『세계와 한국전쟁』, 대한민국역사박물관, 2019.

루소, 장 자크, 『인간 불평등 기원론』, 주경복 고봉만 옮김, 책세상, 2009.

수하키, 마조리 휴잇, 『폭력에로의 타락』, 김희헌 옮김, 동연, 2011.

슈퇴버, 베른트, 『한국전쟁: 냉전시대 최초의 열전』, 황은미 옮김, 여문책, 2018.

이문영, "폭력개념에 대한 고찰", 『역사비평』, 2014.

이완범, 『한국전쟁: 국제전적 조망』, 백산서당, 2000.

_____, "미국의 38선 획정 과정과 그 정치적 의도: 1945년 8월 10-15일", 『한국정치학회보』 29, 1995.

지라르, 르네, 『폭력과 성스러움』, 박무호, 김진식 옮김, 민음사, 2000.

_____, 『희생양』, 김진식 옮김, 민음사, 2007.

최성만, 『발터 벤야민의 기억의 정치학』, 도서출판 길, 2014.

커밍스, 브루스, 『한국전쟁의 기원』, 김자동 옮김, 일월서각, 1986.

통일신학의 주체 개념으로 본 분단체제와 한국기독교 / 신혜진

김경재, "해방 후 한국 기독교의 역사인식과 죄책 고백", 『역사신앙고백』, 그물코, 2008.

김기진, 『한국전쟁과 집단학살 ─미국 기밀문서의 최초증언─』, 푸른역사, 2006.

김준형, "한반도 평화와 한미관계", 『한반도의 평화를 위한 6.15의 해법』, 박명림 편,

연세대학교 대학출판문화원, 2019.

류대영, 『한국 근현대사와 기독교』, 푸른역사, 2009.

민경배, 『한국민족교회 형성사론』, 연세대학교 출판부, 2008.

박건영, 『한반도의 국제정치-평화와 통일을 위한 새로운 접근-』, 도서출판 오름, 1999.

박명림, 『한국전쟁의 발발과 기원 I, II-결정과 발발-』, 나남출판, 1997.

박상증, "한국 기독교회의 역사청산에 대한 인식", 『역사신앙고백』, 조형균 편저, 그물코, 2008.

박순경, "통일신학의 정초를 위하여", 『희년신학과 통일희년운동』, 채수일 편, 한국 신학연구소, 1995.

박순경, "통일신학의 정립 과정에서", 『통일신학의 미래』, 사계절, 1997.

박순경, 『민족통일과 기독교』, 한길사, 1990.

박순경, 『하나님 나라와 민족의 미래』, 대한기독교출판사, 1983.

박순경, 『통일신학의 고통과 승리』, 한울, 1992.

박순경, 『통일신학의 여정』, 한울, 1992.

신용하, 『일제의 한국민족말살·황국신민화 정책의 진실』, 문학과지성사, 2020.

이만열, 『한국기독교와 민족의식』, 지식산업사, 2018.

이삼열, 『평화 체제를 향하여』, 동연, 2019.

이종석, 『분단시대의 통일학』, 한울아카데미, 1998.

이효재, 『분단시대의 사회학』, 한길사, 1985.

윤정란, 『한국전쟁과 기독교』, 한울아카데미, 2015.

정성한, 『한국기독교통일운동사』, 그리심, 2006.

한국 서양사학회편, 『서양에서의 민족과 민족주의』, 까치, 1999.

한국역사연구회 현대사연구반, 『한국현대사』, 도서출판 풀빛, 1993.

황석영, "남과 북은 서로를 변화시킨다", 『통일과 문화』, 김누리, 노영돈 엮음, 역사비평사, 2003.

노암 촘스키, 『숙명의 트라이앵글』, 이후, 2001.

브루스 커밍스/존 할리데이 지음, 차성수/양동주 옮김, 『한국전쟁의 전개과정』, 도서출판 태암, 1989.

브루스 커밍스, 『브루스 커밍스의 한국전쟁』, 현실문화, 2019.

브루스 커밍스, 김동노, 이교선, 이진준, 한기욱 옮김, 『한국현대사』, 창비, 2003.

한국전쟁과 한미동맹에 대한 탈신화화 과제 / 김종길

Carr. E. H. *What Is History*, 김택현 역, 『역사란 무엇인가』, 까치, 2015.

Hallberstam, David, *The Coldest Winter*. 정윤미, 이은진 옮김, 『콜디스트 윈터:

한국전쟁의 감추어진 역사』, 경기: 살림, 2015.

Armstrong, Karen. *A Short History of Myth*. 이다희 역, 『신화의 역사』, 경기: 문학동네, 2010.

Nietzsche, Friedrich Wilhelm. *Unzeitgemaeβe Betrachtungen*. 이진우 역, 『비극의 탄생, 반시대적 고찰』, 책세상, 2005.

Schmithals, Walter. *Die Theologie Rudolf Bultmann*. 변선환 역, 『불트만의 실존론적 신학』, 대한기독교출판사, 1983.

권영근, "묘책의 달인: 이승만과 한미동맹(1953-1960)", 『전략연구』 23-1, 2016.

김명기, "국제연합군사령부의 해체와 한국휴전협정의 존속", 『국제법학회논총』 20-1, 1975.

김선표, "한반도 평화 체제 구축과 유엔사 문제에 대한 소고", 『서울국제법연구』 제12권 제2호, 2005.

김영호, 『한국전쟁의 기원과 전개과정』, 성신여자대학교출판부, 2006.

김준형, "동북아 질서와 한미 관계", 김계동 외 12인, 『현대 한미 관계의 이해』, 명인문화사, 2019.

김준형, "한미동맹에서 한미 관계로", 『창작과비평』 46(1), 2018.

김학준, 『한국전쟁: 원인, 과정, 휴전, 영향』, 박영사, 2010.

노영기, "한미상호방위조약: 한미동맹은 과연 '동맹'일까?", 『내일을 여는 역사』 제22호, 2005.

리영희, "1953년 한미상호방위조약: '북진통일'과 예속의 이중주", 『역사비평』, 1992.5.

박기학, 『트럼프 시대, 방위비분담금 바로 알기』, 경기: 한울아카데미, 2017.

박도 엮음, 『미군정 3년사』, 눈빛, 2017.

박명림, 『한국전쟁의 발발과 기원 1』, 경기: 나남, 2017.

박성민, "한미주둔군지위협정(SOFA) 제22조 형사재판권의 형사법적 문제와 개선방안", 『형사정책연구』 제22권 제4호, 2011.

박찬표, 『한국의 48년 체제』, 후마니타스, 2010.

박태균, 『우방과 제국, 한미 관계의 두 신화』, 경기: 창비, 2015.

박태균, 『한국전쟁』, 책과함께, 2005.

서재정, 『한미동맹은 영구화하는가: 군사동맹에서의 군사력, 이해관계 그리고 정체성』, 경기: 한울아카데미, 2010.

안소영, "연합국 최고사령관 총사령부(GHQ/SCAP) 문서와 '점령기 한일관계' 연구", 국민대학교 일본학연구소 편, 『GHQ시대 한일관계의 재조명』, 선인, 2017.

유영익, "한미동맹 성립의 역사적 의의: 1953년 이승만 대통령의 한미상호방위조약 체결을 중심으로", 『한국사 시민강좌 36』, 일조각, 2005.

이시우, 『유엔군사령부』, 들녘, 2013.

이완범, "미국의 38선 획정 과정과 그 정치적 의도", 『한국정치학회보』 제29집1호, 1995.

이우태, "한미동맹의 비대칭성과 동맹의 발전방향", 『정치정보연구』 19(1), 2016.
이장희, "SOFA의 형사주권과 한미 관계", 『고시계』 48-1, 2002.
이해영, 『임정, 거절당한 정부』, 경기: 글항아리, 2019.
이희진, 『625 미스터리: 한국전쟁, 풀리지 않는 5대 의혹』, 가람기획, 2010.
정병준, 『한국전쟁: 38선 충돌과 전쟁의 형성』, 경기: 돌베개, 2018.
정욱식, "한미동맹과 주한미군의 딜레마, 어떻게 풀어야 할까?", 『황해문화』, 2020.
정태욱, "유엔사의 법적 지위와 관련 문제", 〈전문가토론회: 평화협정과 유엔군사령
         부 관계 문제〉 자료집, 2018.05.14.
정태욱, "한반도 평화협정 관련 논의의 전개과정과 시사점", 『법학연구』 19(2), 2016.
제성호, "한국전쟁의 국제법적 재조명", 『전략연구』 통권 제49호, 2010.
조성훈, 『정전협정』, 경기: 살림, 2014.
주원준, 『구약성경과 신들』, 경기: 한님성서연구소, 2018.
차상철, 『미군정시대 이야기』, 경기: 살림출판사, 2014.
최철영, "미국의 UN참여법과 미군의 6.25전쟁 참전의 합법성문제", 『미국헌법연구』
         제21권 제3호, 2010.
하리마오, 『6·25한국전쟁도 미국의 작품이었다』, 새로운사람들, 1998.
한모니까, "유엔군사령부의 '수복지구' 점령정책과 행정권 이양", 한국역사연구회,
         『역사학의 시선으로 읽는 한국전쟁』, 휴머니스트, 2010.
한모니까, 『한국전쟁과 수복지구』, 푸른역사, 2017.
허욱, 테런스 로릭, 『한미동맹의 진화』, 에코리브르, 2019.

학살과 기독교 / 최태육

존 루이스 개디스, 『새로 쓰는 냉전의 역사』, 박건영 옮김, 사회평론, 2003.
"연합전도회 후문", 「기독신보」 1917.3.14.
조선예수교장로회신학교, "蘇聯共産主義에對한反對論", 『조선예수교장로회신학교
         교과서 묶음』 조선예수교장로회신학교, 1931~1933.
조병옥, 『民族 運命의 岐路』, 경무부경찰공보실, 1948.
강아오스딩, 『천주교와 공산주의』, 종현가톨릭청년회, 1948.
장성옥, 『사회문제와 기독교』, 십자가사, 1949.
한경직, 『건국과 기독교』, 서울보린원, 1949.
Harry Truman, President Harry S. Truman's Address before A Joint Session of Congress,
         March 12, 1947.
Flanklin D. Roosevelt, Winston S. Churchill, The Atlantic Chapter, 1941.
Kennan, Moscow Embassy Telegram #511, February 22, 1946.

NSC68: United States Objectives and Programs for National Security, April 14, 1950, 7.

미국 선교사의 한국전쟁에 대한 인식 / 이병성

"우리는 한민족", 『宣明』, 1994년 2월호.

게만, 리차드(Gehman, Richard), 1978, 『나의 마음을 깨뜨리라: 밥 피얼스 박사와 선명회 이야기』, 보이스사, 1978. (*Let My Heart Be Broken with the Things That Break the Heart of God*, Grand Rapids, Mich: Zondervan, 1960).

김동춘, 『전쟁과 사회: 우리에게 한국전쟁은 무엇이었나?』, 돌베개, 2016.

김은수, "해방 이후 한국 교회 사회봉사선교의 역사적 성찰", 『선교신학』 33, 2013.

김흥수, "한국전쟁과 기독교", 『종교문화연구』 Vol, 2, 2000.

김흥수, 한국전쟁 시기 기독교 외원단체의 구호활동, 『한국기독교와 역사』 23, 2005.

민경배, 『월드비전 한국 50년 운동사, 1950-2000』, 월드비전, 2001.

이승준, "한경직 목사와 한국전쟁", 『한국기독교와 역사』 15, 2001.

이은선, "6.25전쟁과 미국 복음주의와 한국 교회", 『영산신학저널』 4차산업혁명, 2018.

커밍스, 브루스, "냉전의 중심, 한국", 나지원 번역, 『아시아리뷰』 5(2), 2016.

한경직, "그리스도인과 반공", 『새가정』 10,3, 1963.

한국선명회, 『한국선명회 40년 발자취』, 사회복지법인 한국선명회, 1993.

Anderson, Ken, and Bob Pierce, *This Way to the Harvest*, Grand Rapids, Mich: Zondervan, 1949.

Barnett, Michael and Janice Gross Stein, *Sacred Aid: Faith and Humanitarianism*, Oxford: Oxford University Press, 2012.

Buckley, Christian, Ryan Dobson, *Humanitarian Jesus: Social Justice and the Cross*, New York: Moody Publishers, 2010.

Cumings, Bruce, *The Origins of the Korean War: The Roaring of the Cataract*, 1947-1950, New Jersey: Princeton University Press, 1990.

Dunker, Marilee P, *Man of Vision: The Candid, Compelling Story of Bob and Lorraine Pierce, Founders of World Vision and Samaritan's Purse*, Waynesboro, Ga: Authentic Media, 2005.

Ellwood, Robert S, 1950, *Crossroads of American Religious Life*, Westminster John Knox Press, 2000.

Graham, Franklin, and Jeanette W, Lockerbie, *Bob Pierce, This One Thing I Do,* Nashville, Tenn: Thomas Nelson, 2007.

Hamilton, John Robert, "An Historical Study of Bob Pierce and World Vision's Development of Evangelical Social Action Film," Ph,D, diss, University of South

California, 1980.

Inboden, William, *Religion and American foreign policy, 1945-1960*: The soul of containment, New York: Cambridge University Press, 2010.

Irvine, Graeme S, *Best Things in the Worst Times: An Insider's View of World Vision*, New York: Book Partners, 1996.

Kennan, George, "Foreign Policy and Christian Conscience," *The Atlantic,* May 1959. https://www.theatlantic.com/magazine/archive/1959/05/foreign-policy-and-christian-conscience/304685/ (Retrieved November 30, 2020)

King, David P, *God's Internationalists: World Vision and the Age of Evangelical Humanitarianism*, Philadelphia: University of Pennsylvania Press, 2019.

King, Martin Luther, Jr, and James Melvin Washington, *A Testament of Hope: The Essential Writings and Speeches of Martin Luther King, Jr*, New York: HarperCollins, 1986.

Pierce, Bob, and Ken Anderson, *The Untold Korea Story*, Grand Rapids: Zondervan Pub, House, 1951.

Pierce, Bob, *Going with God*, Portland: World Vision Inc, 1954.

————, *Emphasizing Missions in the Local Church*, Grand Rapids, Mich: Zondervan, 1964.

————, *The Korean Orphan Choir: They Sing Their Thanks*, Grand Rapids: Zondervan Pub, House, 1965.

Pierce, Bob, Van D, Nguyen, and L Ward, *Big Day at Da Me with Nguyen Van Duc and L, Ward, Photography by J, Gooden*, Waco, Tex: Word Books, 1968.

Powers, Richard Gid, *Not Without Honor: The History of American Anticommunism,* New Haven: Yale University Press, 1998.

Truman, Harry S. *Public Papers of the Presidents: Harry S, Truman, 1951,* Washington: United States Government Printing Office, 1965.

Weber, Max, *The Protestant Ethic and the Spirit of Capitalism,* trans, Talcott Parsons, London; Boston: Unwin Hyman, 1989.

한국전쟁, 사진으로 본 집단기억의 '관점' / 심은록

김형곤, "한국전쟁의 공식기억과 전쟁사진", 서울대학교 언론정보학과 박사논문, 2006.
서상문, "남북한, 미국, 중국, 러시아, 일본 초중고 역사교과서의 6.25전쟁 기술내용 분석과 전쟁기념관의 6.25전쟁 전시방향", 〈전쟁과 유물〉, 2009.
정재윤, "유럽 사회과 교과서에 나타난 한국전쟁", 한국학중앙연구원.
브루스 커밍스, 『브루스 커밍스의 한국전쟁』, 조행복 역, 현실문화, 2017.

"브루스 커밍스, 한국전쟁을 말하다",《중앙일보》, 2013.08.31일자.

A.V 토르쿠노프, 『한국전쟁의 진실과 수수께끼』, 구종서 역, 에디터, 2003.

"중국 교과서에 실린 '6.25전쟁' 왜곡, "미국이 한반도 내정 간섭을 위해 出兵했다"",
《월간조선》, 2020.7.

Hannah Arendt, *Eichmann à Jérusalem, Rapport sur la banalité du mal*, trad. de l'anglais
(États-Unis) par Anne Guérin, Gallimard (《Collection Folio histoire n° 32》), 1991.

[Saint] Augustin, *Confessions*, texte établi et traduit par Pierre de Labriolle, 2, Livres IX-XIII,
Paris : les Belles lettres, 1961.

Roland Barthes, "Le mythe aujourd'hui" *Mythologies*, Éditions du Seuil, Paris, 1957.

Maurice Halbwachs, *Les cadres sociaux de la mémoire*, Paris : Les Presses universitaires de
France, Nouvelle, 1952.

──────, *La mémoire collective*, PUF, 1968.

──────, *La topographie légendaire des évangiles en terre sainte*, PUF, 1971.

Susan Sontag, *Devant la douleur des autres* [Regarding the pain of others], trad. de l'anglais
par Fabienne Durand-Bogaert, Paris : C. Bourgois, 2003. / 수전 손택, 『타인의
고통』, 이재원 역, 이후, 2004.

──────, *Sur la photographie* [On photography] traduit de l'anglais par Philippe
Blanchard avec la collaboration de l'auteur, (Oeuvres complètes / Susan Sontag)
[Paris] : C. Bourgois, DL 2008.

노래로 기억하는 6 · 25한국전쟁 / 이정훈

《경남도민일보》, [고굉무의 음악이야기] '산동애가(山洞哀歌)'를 아시나요? 2016.9.16.

계간 『성실문화』 98-99호, 101-104호

한국전쟁을 기억하는 방식의 변화에 관한 연구 / 최성수

〈문헌〉
김경욱, "한국영화에서 한국전쟁이 재현되는 변화과정에 관한 연구", 『영화연구』(55),
2013.

김병로, 『북한, 조선으로 다시 읽다』, 서울대학교출판문화원, 2016.

김성보 외, 『사진과 그림으로 보는 북한 현대사』, 웅진지식하우스, 2018.

김욱성, "남북한 통일과정에서 갈등해결을 위한 용서전략의 타당성-통일교육의 시사점을
중심으로", 『통일전략』 10-1, 2010.

김학성, "증오와 화해의 국제정치: 한일간 화해의 이론적 탐색", 『국제정치논총』 51-1, 2011.

김형주, "영화 속에 나타난 전쟁의 재현과 의미", 『한국콘텐츠학회논문지』 12, 2012.

김화, 『새로 쓴 한국 영화 전사』, 다인미디어, 2003.

선학태, "북한 갈등해결 메커니즘", 『한국정치학회보』 32-2, 1998.

윤정란, 『한국전쟁과 기독교』, 한울아카데미, 2015.

이상은, "분단의 상황을 넘어선 그리스도의 현실, 칼 바르트 신학의 기여", 『한국조직신학 논총』 45, 2016.

이은선, 『동북아 평화와 聖・性・誠의 여성신학』, 동연, 2020.

정영권, "한국전쟁과 영화, 기억의 정치학", 『씨네포럼』 17, 2013.

조재관, "국제화해의 진행과 전환추세: 새로운 국제질서의 현실적 특성", 『국제문제』 53, 1975.

천자현, "화해의 국제정치", 『국제정치논총』 53-2, 2013.

최성수, "3.1정신과 한반도 평화-자주적인 평화선언의 실천을 위한 소고", 변선환 아키브 편, 『3.1정신과 '以後' 기독교』, 모시는사람들, 2019.

최태육, "화해와 평화를 향한 기독교의 과거사 청산", 『한국기독교역사연구소소식』 91, 2010.

한상진, "동아시아에서 본 응징의 정의, 용서 그리고 딜레마: 화해를 위한 최소주의 자의 상호접근방식", 한국학중앙연구원 편, 『2006 문명과 평화』, 분당: 한국학 중앙연구원, 2008.

호현찬, 『한국영화 100년』, 문학사상사, 2003(개정증보판).

Barret, Lisa Feldman. *How Emotions Are Made?*, 최호영 옮김, 『감정은 어떻게 만들어지는가?』, 생각연구소, 2017.

Cumings, Bruce. *The Korean War: A History*, 조행복 옮김, 『브루스 커밍스의 한국전쟁』, 현실문화, 2017.

Sauter, Gerhard. Rechtfertigung. Art. in: TRE 28. Walter de Gruyter: Berlin/New York, 1997.

_____, "Versöhnung und Vergebung", in: EvTh 36, 1976.

_____, "Versöhnung" *als Thema der Theologie*. Chr. Kaiser/Gütersloher Verlaghaus, 1997.

Truman, Karol K.. *Feelings Alive Buried Never Die*. 신소영 옮김, 『감정인간』. 레디셋고, 2015.

Volf, Miroslav. *The End of Memory*. 홍종락 옮김, 『기억의 종말』, IVP, 2016.

〈영화〉
1940년대: 〈여수순천반란사건〉(국방부, 1948)/〈전우〉(홍개명, 1949)/〈성벽을

뚫고〉(한형모, 1949)/〈무너진 삼팔선〉(윤봉춘, 1949)

1950년대: 〈라쇼몽〉(구로자와 아키라, 1950)/〈정의의 진격〉(한형모, 1951)/〈피아골〉(이강천, 1955)/〈주검의 상자〉(미국공보원, 1955)

1960년대: 〈두고 온 산하〉(신봉승, 1962)/〈돌아오지 않는 해병〉(이만희, 1963)/〈빨간 마후라〉(신상옥, 1964)/〈7인의 여포로〉(이만희, 1965)/〈싸리골의 신화〉(이만희, 1967)

1970년대: 〈평양폭격대〉(신상옥, 1971)/〈들국화는 피었는데〉(이만희, 1974)/〈바보들의 행진〉(하길종, 1975)/〈똘이 장군-제3 땅굴 편〉(김청기, 1978)

1990년대: 〈그 섬에 가고 싶다〉(박광수, 1993)/〈만무방〉(엄종선, 1994)/〈쉬리〉(강제규, 1999)/〈간첩 리철진〉(장진, 1999)

2000년대: 〈공동경비구역 JSA〉(박찬욱, 2000)/〈실미도〉(강우석, 2003)/〈태극기 휘날리며〉(강제규, 2004)/〈웰컴 투 동막골〉(박광현, 2005)/〈밀양〉(이창동, 2007)/〈할매꽃〉(문정현, 2007)

2010년대: 〈작은 연못〉(이상우, 2010)/〈의형제〉(장훈, 2010)/〈포화 속으로〉(이재한, 2010)/〈고지전〉(장훈, 2011)/〈베를린〉(류승완, 2012)/〈코리아〉(문현성, 2012)/〈오빠 생각〉(이한, 2015)/〈서부전선〉(천성일, 2015)/〈인천상륙작전〉(이재한, 2016)/〈강철비 1〉(양우석, 2017)/〈장사리 전투: 잊혀진 영웅들〉(곽경택, 2019)

2020년대: 〈강철비 2〉(양우석, 2020)

2020년 한국 개신교인의 한반도 평화와 통일에 관한 인식 연구 / 신익상

고영은, "투키디데스 함정의 국제질서에서 한반도 비핵화와 평화정착 가능성 모색 -Graham Allison의 이론을 중심으로", 『장신논단』 51.2, 2019.06.

구갑우, "한반도 평화 체제의 역사적, 이론적 쟁점들-2019년 북중정상회담에서 북미정상회담으로 -", 『시민과세계』 34, 2019.06.

구본상, 최준영, "변화하는 한반도 환경하에서의 우리 국민의 통일인식 분석: 현대적 성차, 국가 자부심, 통일효용 인식", 『OUGHTOPIA』 34.1, 2019.05.

김진환, "한반도 평화프로세스와 대북의식 변화", 『경제와사회』 123, 2019.09.

서보혁, "한반도의 비핵화는 가능한가", 『기독교사상』 705, 2017.09.

전득안, "한반도 통일과 사회통합을 위한 기독교(교회)의 역할-체제통일 과정과 통일 이후 사회통합 문제를 중심으로 -", 『종교문화학보』 16.2, 2019.12.

(주)지앤컴리서치. 「한국 사회 주요 현안에 대한 개신교인 인식조사 결과보고서」. 2020.08.

조지 마셜/이은경 옮김, 『기후변화의 심리학: 우리는 왜 기후변화를 외면하는가』, 갈마바람, 2018.

채수일, "독일 통일 30주년과 한반도", 『기독교사상』 730, 2019.10.

David H. Satterwhite, "오만, 겸손, 그리고 희망: 한반도의 평화 및 화해 정착을 위한 근본적 패러다임의 시급한 전환", 『기독교사상』 720, 2018.12.

전쟁과 평화를 바라보는 평화교회의 시선과 그 문맥 / 김복기

강사문, "전쟁에 대한 성서적 이해", 『선교와신학』 26, 2010.

강사문, "전쟁할 때와 평화할 때", 『한국기독교신학논총』 26(1), 2002.

김재천, 안현, "한국전쟁의 발발과 미국 세계전략의 변화", 『21세기정치학회보』 20(3), 2010.

김철범, "한국전쟁의 기원에 관한 연구", 『아시아문화』 제6호, 1990.

김한종, "평화교육과 전쟁사-모순의 완화를 위한 전쟁사 교육의 방향", 『역사교육연구』, 2013.

김항제, "퀘이커의 한국 사회 이식과 그 의미", 『신흥종교연구』 29집, 2013.

박광득, "6·25전쟁의 기원과 원인에 관한 연구", 『통일전략』 10(1), 2010.

박인성, "전쟁의 도덕성, 이라크 전쟁과 연관하여", 『범한철학』 41, 2006.06.

방지원, "'우리 안의 분단'을 넘어 평화와 공존을 지향하는 역사교육 시론", 『역사교육론집』 72호, 2019.

『사상계』, 1958년 8월 61호.

윤정인, "1953년 정전협정", 『통일법연구』 제3권, 2017.10.

이삼성, "한국전쟁과 내전: 세 가지 내전 개념의 구분", 『한국정치학회보』 47(5), 2013.

정경환, "6·25전쟁의 기본성격과 그 의미에 관한 연구", 『통일전략』 1, 2010.

정상규, "양심적 병역거부와 대체복무제에 대한 법적 분석 외국의 입법례 및 대체복무방안에 대한 반대의견", 『인권복지연구』 제20호, 2018.

정지석, "퀘이커의 영성연구", 『신학연구』 62, 2013.

John Howard Yoder. *The Legacy of Michael Sattler*. Scottdale, Pa.:Herald Press, 1973.

Mennonite Encyclopedia. Vol 2. 1995. 5th edition, Herald Press. 표제어 Historic Peace Church.

가이 허쉬버그, 최봉기 옮김, 『전쟁, 평화, 무저항』, 대장간, 2012.

도널드 던바, 최정인 옮김, 『신자들의 교회』, 대장간, 2015.

도널드 케인즈, 김지원 역, 『전쟁과 인간』, 세종연구원, 1998.

루디 배르근, 김복기 번역, 『메노나이트 이야기』, KAP, 2005.

박경수, "메노 시몬스의 무저항 평화주의", 『하나님 나라와 평화』, 대한기독교서회, 2017.

서보혁, 정주진, 『평화운동』, 진인진, 2018.

세계교회협의회 엮음, 기독교평화센터 옮김, 『정의로운 평화동행』, 대한기독교서회,
　　2013.

송강호, 『평화 그 아득한 희망을 걷다』, IVP, 2012.

송강호, 박정경수 지음, 『강정평화서신 평화는 가둘수 없다』, 짓다, 2018.

스티븐 핑거, 김명남 옮김, 『우리 본성의 선한 천사, 인간은 폭력성과 어떻게 싸워 왔는가』,
　　사이언스북스, 2014.

신원하, 『전쟁과 정치』, 대한기독교서회, 2003.

알렌 & 엘리노르 크라이더, 고용목 김경중 옮김, 『평화교회는 가능한가』, KAP, 2003.

알렌 크라이더, 박삼종 외 번역, 『회심의 변질』, 대장간, 2012.

에리카 체노웨스, 마리아 스티븐, 강미경 옮김, 『비폭력 시민운동은 왜 성공을 거두
　　나』, 두레, 2019.

요한 갈퉁, 김종일 외 옮김, 『평화적 수단에 의한 평화』, 들녘, 2000.

윤형오, 『전쟁론』, 한원, 1994.

존 드라이버, 이상규 옮김, 『초기 그리스도인이 본 전쟁과 평화』, KAP, 2010.

진샤프, 백지은 옮김, 『독재에서 민주주의로』, 현실문화, 2015.

코넬리우스 딕, 김복기 옮김, 『아나뱁티스트 역사』, 대장간, 2013.

코넬리우스 딕, 김복기 옮김, 『열 두 사람이야기』, 대장간, 2012.

황병무, 『전쟁과 평화의 이해』, 오름, 2001.

한반도 평화 정착을 위한 한국 교회의 기여 가능성 / 최태관

김병연, 「독일 통일 30주년」, 『지식의 지평』 28, 2020.

김은수, 「독일 통일과 교회의 역할」, 『인문과학연구』.

한국기독교교회협의회 통일위원회 편, 『남북교회의 만남과 평화통일신학』, 한국기
　　독교사회문제연구원, 1988.

김용복, 『민족주의와 기독교』, 민중사, 1981.

김홍수, 「남북한 정부의 통일정책과 한국 교회 통일운동의 관계」, 『선교와신학』 35, 2015.

문익환, 『통일은 어떻게 가능한가?』, 학민사, 1984.

박순경, 『통일신학의 여정』, 도서출판 한울, 1992.

안성찬, 「독일통일의 사례를 통해 본 한반도 통일의 과제」, 『독일언어문학』 73집, 2016.

이인석, 『독일은 어떻게 통일이 되고 한국은 왜 분단이 지속되는가?』, 도서출판 길, 2019.

정일웅, 독일교회를 통해 배우는 한국 교회의 통일노력, 성지, 2015.

황금봉. 「남북한 통일을 위한 교회의 사회정치적인 역할」, 『신학과 목회』 36, 2011.

W. 후버, H.R. 로이터/김윤옥, 손규태 옮김, 『평화윤리』, 대한기독교서회, 1997.

위르겐 몰트만, 조성노 옮김, 『정치신학 정치윤리』, 대한기독교서회, 1992.

슈테판 비카르트, 「베를린 장벽 붕괴직전의 반정부세력들과 교회의 통합에 대한 관점」, 『통일연구』 제 7권 2호, 2003.

라이너 에케르트, 「저항운동, 반대세력, 독재정치: 독일의 두 번째 독재정권(1945-1989/1990)하의 교회」, 『통일연구』 제 7권 2호, 2003.

Krötke, Wolf. 「Die Kirche und friedliche Revolution in der DDR」. 『ZTHK』. 87, 1990.

Motschmann, Klaus. 「Die Stellung der evangelichen Kirchen zur deutschen Einheit, Zehn Jahre deutsche Einheit」. Berlin: Drucker &Humblot, 2000.

Rendtorff, Trutz. 「Die Revolution der kleinen Leute」, 『Vielspaltiges』. Belin: Kohlhammer, 1991.

_____. 「Die Angst vor der Einheit」. 『Vielspatiges』. Berlin: Kohlhammer, 1991.

_____. 「Die Glocken」, 『Vielspatiges』. Berlin: Kohlhammer, 1991.

Grünbaum, Robert. *Deutsche Einheit,* Opladen: Leske Buderich, 2000.

Schröder, Richard. *Die wichtigste Irrtümer über die deutsche Einheit.* Freiburg in Bresgau, Herder, 2007.

이념환원주의를 넘어 진실의 길로 / 최대광

강준만, 김환표, 『희생양과 죄의식』, 개마고원, 2004.

김동춘, 『전쟁과 사회』, 돌베개, 2013.

_____, 『이것은 기억과의 전쟁이다』, 사계절, 2013.

김인회 글, 김수남 사진, 『황해도 지노귀굿』, 영화당, 1993.

김태형, 『트라우마 한국 사회』, 서해문집, 2017.

리영희, 『우상과 이성』, 한길사, 2006.

리영희, 임헌영, 『대화』, 한길사, 2010.

성산의 성 니코디모스, 코린트의 성 마카리오스, 엄성욱 옮김, 『필로칼리아I』, 은성, 2001.

이경엽, 『썻김굿』, 민속원, 2009.

이부영, 『한국 샤머니즘과 분석심리학』, 한길사, 2012.

이창동, 임철우, 박광수 각색, 『그 섬에 가고 싶다』, 커뮤니케이션 북스, 2012.

임철우, 『그섬에 가고싶다』, 살림, 2003(34쇄).

_____, 「곡두운동회」, 『아버지의 땅』 중, 2018.

켄 윌버, 『진실 없는 진실의 시대』, 김영사, 2017.

토마스 베리, 토마스 클락, 김준우 옮김, 『신생대를 넘어 생태대로』, 에코조익, 2006.

황석영, 『손님』, 창비, 2014.

A 홀트크란쯔, 「샤머니즘의 생태학적·현상학적 측면」 V.디오세지, M 호팔외, 『시베리아의 샤머니즘』, 최길성 옮김, 민음사, 1988.

M. Eliade, *Shamanism: Archain Technique of Ecstasy*, (Bellingen foundation, New York, N.Y., 1964)

Matthew Fox, *Original Blessing*, (Nework: Jeremy Tarcher/Putnam, 2000

〈신문기사〉

최재영, 『신천 박물관 참관기』[오작교뉴스] 2015년 6월 3일

《서울신문》, 10월 10일

《한국경제》, 10월 10일

《연합뉴스》, 10월 10일

《한국경제》, op.cit.

《세계일보》, 10월 8일 사설.

《한국경제》, "임수경 밀입북 기밀재판 '국민은 뭘 알고 싶은가'", 《서울경제》10월 4일

탈이데올로기적/보편적 추모를 통한 남북 평화의 길 모색 / 이성호

국방부, 『2010 국방백서』, 국방부, 2011.

강인철, 『전쟁과 희생: 한국의 전사자 숭배』, 고양: 역사비평사, 2019.

김동철, "한국전쟁 제국주의가 한반도에서 충돌하다", 「마르크스 21」 21, 2018.

김영호, "한국전쟁 연구의 향후 과제와 전망", 『탈냉전시대 한국전쟁의 재조명』, 백산서당, 2000.

김태열, 장문선, "한국전쟁 참전 재향군인의 심리적 특성", 『인문학논총』 14(2), 2009.

김춘수, 『꽃: 지식을만드는지식 육필시집』, 지식을만드는지식, 2012.

도진순, "남북한의 경계 허물기-산, 바다, 죽은 자", 신한대학교 탈분단경계연구소 엮은, 『경계에서 분단을 다시 보다』, 율력, 2018.

미셸 바렛, "참전 서발턴: 제1차 세계대전의 식민지 군대와 제국전쟁묘지위원회의 정치", 로절린드 C. 모리스 엮음, 『서발턴은 말할 수 있는가?: 서발턴 개념의 역사에 관한 성찰들』, 태혜숙 옮김, 그린비, 2013.

박두복, "중국의 한국전쟁 개입원인-개입결정의 피동적, 능동적 측면-", 한국전쟁연구회 편, 『탈냉전시대 한국전쟁의 재조명』, 백산서당, 2000.

박종성, 『탈식민주의에 대한 성찰』, 살림출판사, 2006.

볼프 슈나이더, 『군인』, 박종대 옮김, 열린책들, 2015.

부창옥, 『한국전쟁 수첩: 어느 학도병의 참전일기』, 고양: 동문통책방, 2012.

브루스 커밍스, 『브루스 커밍스의 한국전쟁: 전쟁의 기억과 분단의 미래』, 조행복 옮김, 현실문화연구, 2017,

손경호, "6.25 전쟁기 인천지구 학도의용군의 조직과 활동", 『군사』 87, 2013.

서혜림, "코로나로 잠잠하다가…을지로 · 서초대로 등 대규모 주말집회 재개", 뉴스 1. 2020년 7월 25일자. https://www.news1.kr/articles/?4006821. (2020년 7월 30일에 접속).

스텐리 그렌츠 · 로저 올슨, 『20세기 신학』, 신재구 옮김, 한국기독학생회출판부, 1997.

스티븐 모튼, 『스피박 넘기』, 이윤경 옮김, 앨피, 2005.

오민석, 『세계현대사』, 서울대학교출판문화원, 2014.

오세희, 『한국전쟁 포로의 고발수기: 65 포로수용소』, 대구: 만인사, 2000.

윤성준, "한국전쟁기 북한의 점령정책과 조선인민의용군의 동원: 미군 포로심문보고서를 중심으로", 『한국근현대사연구』 89, 2019.

이완범, "한국전쟁의 국제적 기원-세계적 냉전의 동북아 침투-", 한국전쟁연구회 편, 『탈냉전시대 한국전쟁의 재조명』, 백산서당, 2000.

이임하, "상이군인들의 한국전쟁 기억", 『수선사학회』 27, 2007.

이정배, 『없이 계신 하느님, 덜 없는 인간』, 도서출판 모시는사람들, 2009.

이종범, "전광훈 목사 퇴장에도 보수 기독교는 변할 수 없다", 오마이뉴스, 2020년 6월 5일자. http://www.ohmynews.com/NWS_Web/View/at_pg.aspx?CNTN_CD=A0002647628&CMPT_CD=P0001&utm_campaign=daum_news&utm_source=daum&utm_medium=daumnews. (2020년 7월 30일에 접속).

정희상, "일제 앞잡이가 영웅 되면 대한민국이 뭐가 되겠나", 시사인, 2020년 7월 9일자. https://www.sisain.co.kr/news/articleView.html?idxno=42354. (2020년 7월 27일에 접속).

주경배외 2인, "활동이론에 근거한 6.25전쟁 전사자 유해발굴 연동체계 분석", 『한국군사』 1, 2017.

Gadamer, Hans-Georg, *Truth and Method*. 2nd. rev. ed. Continuum Impacts. London ; New York: Continuum, 2004.

Merrill, John. Korea: The Peninsula Origins of the War. Newark, Delaware: University of Delaware Press, 1989.

Pannenberg, Wolfhart. *Systematic Theology 1*. trans. Geoffrey W. Bromiley. 3 vols. vol. 1. Grand Rapids, MI.: Eerdmans, 1991.

Spivak, Gayatri C. "Can the Subaltern Speak?." Marxism and the Interpretation of Culture. eds. Cary Nelson and Lawrence Grossberg. London: Macmillan Education Ltd.: 1988.

Westermann, Claus. *Genesis 1-11 : A Continental Commentary*. trans. John Scullion. Minneapolis, MN: Fortress Press, 1994.

'4.27 판문점 선언 전문', 다음백과. https://100.daum.net/encyclopediview/47XXXXXd1543.(2020년 7월 27일에 접속).

북한 선교의 새 가능성 / 홍정호

기욤 르 블랑, 『안과 밖: 외국인의 조건』, 박영옥 옮김, 글항아리, 2014.

김성경, "북한 출신자와 '사회 만들기': 호혜성과 환대의 가능성", 『문화와 정치』 제5권 1호, 2018.

김진호, "민중신학과 '비참의 현상학'", 『21세기 민중신학』, 삼인, 2014.

김학재 외, 『2019 통일의식조사』, 서울대학교 통일평화연구원, 2020.

방연상, "탈 근대적 선교신학의 주체를 향하여", 『신학연구』 제63집, 2013.

방연상, "포스트 모던 시대에서의 선교학의 역할," 『신학논단』 제35집, 2004.

방연상, "현대 신학 담론에 대한 '트리컨티넨탈리즘'의 도전", 『신학사상』 제163집, 2013.

변선환 아카이브 편, 『종교개혁 500년, '以後' 신학』, 모시는사람들, 2017.

신난희, "남한사회 탈북단체의 활동과 인정의 정치: 국내외 정치적 맥락을 중심으로", 『비교문화연구』 제21집 2호, 2015.

아민 말루프, 『사람 잡는 정체성』, 박창호 옮김, 이론과 실천, 2006.

우치다 타츠루, 『배움은 어리석을수록 좋다』, 박재현 옮김, 샘터, 2015.

유엔난민기구 한국대표부, 「2016년도 공항에서의 난민신청 실태조사 보고서」, 2016.

이신화, "시리아 난민사태: 인도적 위기의 안보적 접근과 분열된 정치적 대응", 『한국과 국제정치』 제32호, 2016.

정동준 외, 『2018 통일의식조사』, 서울대학교 통일평화연구원, 2019.

홍용표 · 모춘흥, "탈북민에 대한 '환대' 가능성 탐색," 『통일인문학』 제78집, 2019.

한국전쟁 발단(원인) 논쟁에서 본 통일과 그 신학적 함의 / 이정배

기독교 대한 감리회 서울연회 본부, 『3.1운동, 그날의 기록』, 도서출판 탁사, 1998.

김상준, 『코리아 양국체제-촛불로 평화적 혁명을 완성하는 길』, 아카넷, 2019.

김낙중, 『탐루』, 한울, 2015.

김용옥, 『유시민과 도올』, 통일, 청춘을 말하다』, 통나무, 2019.

김흥수, 『손정도, 애국적 생애, 한국 기독문화연구원, 2020.

김흥호, 『계시의 한국-자유, 독립, 통일』, 사색인 서고문집, 2019.

노정선, 『지속가능한 평화와 통일전략』, 한울, 2016.

류터 R. 로즈마리, 『신앙과 형제살인-반유대주의의 신학적 뿌리』, 장춘식 역, 기독교 서회. 2018.

리프킨 J, 『생명권 정치학』, 이정배 역, 대화출판사, 1996.

바디유 A, 『사도바울』, 현상환 역, 새물결, 2010.

박명림, 『한국 1950-전쟁과 평화』, 나남신서, 2003.

박순경, 『민족통일과 여성신학의 과제』, 대한 기독교서회, 1988.

_____, 『통일신학의 고통과 승리』, 한울, 1992.

_____, 『삼위일체 하느님과 시간-구약편』, 신앙과 지성사, 2016.

박한식/강국진, 『선을 넘어 생각한다』, 부키, 2018.

백낙청외, 『100년의 약속』, 창비, 2019.

변선환 아키브편, 『3.1정신과 '以後' 기독교』, 모시는사람들, 2019.

보그 M& 도미 크로산 J, 『첫 번째 바울의 복음』, 김준우 역, 한국기독교 연구소, 2010.

브루스 커밍스, 『한국전쟁, 전쟁의 기억과 분단의 미래』, 조행복 역, 현실문학, 2010.

삼일운동 백주년 종교개혁연대, 『3.1운동 백주년과 한국 종교개혁』, 모시는사람들, 2019.

서광선, 『기차길, 나그네길, 평화의 길』, 한울, 2019.

손규태, 『한국 개신교의 신학적, 교회적 실존』, 대한 기독교서회, 2014.

_____, 『한반도의 그리스도 평화윤리』, 동연, 2018.

송두율, 『민족은 사라지지 않는다』, 한겨레신문사, 2000.

스미스 D. 앤서니, 『민족의 인종적 기원』, 그린비, 2018.

신한대학교 탈분단 문화연구원 편, 『경계에서 분단을 다시본다』, 율력, 2018.

와다 하루끼, 『한국전쟁』, 서동만 역, 창비, 2009.

윤정란, 『한국전쟁과 기독교』, 한울아카데미, 2015.

안병무, 『민중신학 이야기』, 한국신학연구소, 1987.

앤더슨 베네딕트, 『상상의 공동체-민족주의 기원과 전파에 대한 성찰』, 나남, 2002.

이덕주, 『손정도, 자유와 평화의 꿈』, 밀알북스, 2020.

이삼열, 『평화 체제를 향하여』, 동연, 2018.

이신, 『슐리얼리즘과 영의 신학』, 동연, 2011.

이은선, 『포스트모던 시대의 한국 여성신학』, 분도출판사, 1997.

_____, 『한국 여성조직신학 탐구-聖.性.誠의 여성신학』, 한국 기독교서회, 2004.

이정배, 『한국 신학의 두 과제-탈민족적 민족, 탈기독교적 기독교』, 도서출판 한들, 2010.

이정배 외, 『한류로 신학하기-한류와 K-Christianity』, 동연, 2013.

_____, 『3.1정신과 한반도 평화』, NCCK 북시리즈 12, 동연, 2018.

_____, 『세상밖에서 세상을 걱정하다-이정배의 수도원 독서』, 신앙과 지성사, 2019.

이찬구, 『천부경과 동학』, 모시는사람들, 2017.

임혁백, 『비동시성과 동시성: 한국 근대정치의 다중적 사건』, 고려대학교 출판문화원, 2016.

제주 4.3사건 진상 규명 및 희생자 명예회복 위원회, 『제주 4.3사건 진상보고서』, 2003.

조성환, 이병한, 『개벽파 선언』, 모시는사람들, 2019.

차상철, 『해방정국 미국의 한반도 정책』, 지식산업사, 1991.

최인훈, 『광장』, 민음사, 1976.

폰 바이젝커, 『시간이 촉박하다』, 이정배 역, 1987.

김경재, "평화협정 체결과 주한미군 철수 때가 왔다", 『씨올의 소리』 255, 2018.
백낙청, "촛불의 새 세상 만들기와 남북관계", 『창비』 178(2017 봄).
_____, "어떤 남북연합을 만들 것인가?" 『창비』 181(2018 가을).
백영서, "연동하는 동아시아와 3.1운동", 『창비』 183(2019 봄).
안세진, "한국 기독교 사회주의 형성과 분류", 『통일이후 신학연구』 4, 2012.
이남주, "3.1운동, 촛불혁명 그리고 진리사건", 『창비』 183(2019 봄).
이은선, "4.27 판문점 선언의 의의", 『씨올의 소리』 256(2018, 7-8).
_____, "한국 여성신학자 박순경 통일신학의 세계문명사적 함의와 聖.性.誠 여성신
　　　학", 한국 여성신학회 하계 세미나(2019 6.8).
이정배, "촛불혁명과 인간혁명", 『씨올의 소리』 255(2018, 5-6).
이정철, "흔들리는 판문점 그리고 평화로의 병진", 『창비』(2018 여름).
임형택, "3.1운동, 한국 근현대사에서 다시묻는다", 『창비』 183(2019 봄).
백낙청, 최장집, "한반도 평화 체제 논쟁", 《프레시안》(2018, 7.6).
한승동, "왜 우리는 주한 미군 철수를 이야기 하지 않는가?", 《한겨레신문》(2019.12.24).

찾아보기

한국전쟁 70년과 '以後' 교회

등록 1994.7.1 제1-1071
1쇄 발행 2021년 2월 20일

엮은이 현장아카데미
지은이 김복기 김정숙 김종길 신익상 신혜진 심은록 이병성 이성호
        이은선 이정배 이정훈 최대광 최성수 최태관 최태육 홍정호
펴낸이 박길수
편집장 소경희
편 집 조영준
관 리 위현정
디자인 이주향
펴낸곳 도서출판 모시는사람들
        03147 서울시 종로구 삼일대로 457(경운동 수운회관) 1207호
전 화 02-735-7173, 02-737-7173 / 팩스 02-730-7173

인 쇄 천일문화사(031-955-8100)
배 본 문화유통북스(031-937-6100)
홈페이지 http://www.mosinsaram.com/

값은 뒤표지에 있습니다.
ISBN 979-11-6629-023-7   93230